D1668056

Klaus-Jörg Barthel & Jürgen Pusch

Die Botaniker des Kyffhäusergebietes

Ein Beitrag zur Geschichte der floristischen Erforschung
Nord-Thüringens und Südwest-Sachsen-Anhalts

Mit insgesamt 237 Abbildungen
(86 Porträts, 78 Herbaretiketten, 25 Briefe bzw. Schriftproben sowie
48 Herbarbelege, Buchtitel und sonstige Abbildungen)

Weissdorn-Verlag Jena 2005

Key words
Flora, Floristik, Geschichte, Pflanzen, Biographien, Kyffhäuser, Thüringen, Sachsen-Anhalt

Zitiervorschlag
BARTHEL, K.-J. & J. PUSCH (2005): Die Botaniker des Kyffhäusergebietes. Ein Beitrag zur Geschichte der floristischen Erforschung Nord-Thüringens und Südwest-Sachsen-Anhalts. Weissdorn-Verlag Jena

Verlag (Titelgestaltung, Werbung, Verkauf)
Weissdorn-Verlag Jena, Wöllnitzer Straße 53, D-07749 Jena, Tel./Fax +49-(0)-3641-396584; www.weissdorn-verlag.de
eMail: weissdorn-verlag@t-online.de

Autoren (Inhalt, Gesamtgestaltung, Herausgabe, Inhaber aller Rechte)
Klaus-Jörg Barthel, Am Frauenberg 13, D-99734 Nordhausen
Dr. rer. nat. Jürgen Pusch, Rottlebener Straße 67, D-06567 Bad Frankenhausen

Druck
Druckerei Möbius Artern, Salzdamm 50, D-06556 Artern

ISBN 3 – 936055 – 06 – 8

Inhaltsverzeichnis

1. Vorwort

In ihrer „Flora des Kyffhäusergebirges und der näheren Umgebung" (BARTHEL & PUSCH 1999) haben die Verfasser die Geschichte der floristischen Erforschung des Kyffhäusergebietes (S. 14–43) ausführlich beschrieben. Dabei wurden von uns nicht nur die floristischen Leistungen und Biographien so bekannter Botaniker wie Friedrich Wilhelm Wallroth, Carl Haussknecht, Hermann Meusel und Stephan Rauschert dargestellt, sondern es kam uns besonders darauf an, die Leistungen und Lebensdaten von weniger bekannten „Freizeitbotanikern" und Lokalfloristen aufzulisten, deren Biographien beinahe schon vergessen waren. Hatte sich doch in früherer Zeit kaum jemand um eine systematische und umfassende Registrierung solcher Lebensdaten bemüht. Von einigen verdienstvollen Heimatforschern konnten wir bis zum Jahre 1999 (BARTHEL & PUSCH 1999) nur wenige oder überhaupt keine biographischen Angaben zusammentragen. Hier setzten die Verfasser in den letzten Jahren verstärkt an, indem Stadtarchive, Pfarr- und Standesämter, Museen, Bibliotheken, Universitäten, Herbarien usw. angeschrieben oder aufgesucht wurden, um noch fehlende biographische Angaben oder Herbardaten zu erbitten. Auch die Informationen von den noch lebenden Ehefrauen bzw. direkten Nachkommen waren uns eine große Hilfe.

Da sich das Untersuchungsgebiet der „Flora des Kyffhäusergebirges und der näheren Umgebung" vor allem auf Nordthüringen und den Raum Sangerhausen beschränkt, wurden die Erforscher der Flora des Eichsfeldes und des Hainichs (u. a. Franz Neureuter, Eberhard Ladwig und Hans-Jürgen Tillich) nicht mehr in unsere Bemühungen einbezogen.

Zu den bekannteren Botanikern lieferten uns vor allem FRAHM & EGGERS (2001), HARDTKE, KLENKE & RANFT (2004), HEIN & SCHWARZ (1975, 1978, 1986, 1997), STAFLEU & COWAN (1976 ff.) sowie WAGENITZ (1982, 1988) wertvolle Ergänzungen. Vor 1999 waren es hauptsächlich die Beiträge von KELLNER (1977 ff.), die uns zu biographischen Daten zahlreicher Lokalfloristen aus dem Großraum Nordhausen verhalfen. So können heute in der nun vorliegenden Arbeit von 146 Botanikern des Kyffhäusergebietes (darunter verstehen wir etwa die Abgrenzung der heutigen Landkreise Kyffhäuserkreis, Nordhausen, Sömmerda, Sangerhausen und des östlichen Teils des Unstrut-Hainich-Kreises) mehr oder weniger vollständige Biographien und Kurzlebensläufe vorgestellt werden. Darunter sind zahlreiche „Erstbiographien" bereits verstorbener Botaniker, wie z. B. von Leonhard Baltzer, Johannes [Hans] Hartmann, Gustav Schmiedtgen, Hermann Sterzing und Gustav Wenzel. Es wurden aber auch zahlreiche lebende Botaniker einbezogen, die wesentlich zur Erforschung des Kyffhäusergebietes beigetragen haben (u. a. Christian Andres, Ulrich Henze, Siegfried Lange, Ernst-Gerhard Mahn, Friedrich Karl Meyer, Jürgen Peitzsch, Karl H. Schubert und Jürgen Thomas). In die Kategorie „Erstbiographien" gehören aber auch die Lebensläufe von Ernst Bradler, Hugo Ilse, Carl Friedrich Lebing, Gustav Oertel, Louis Oßwald und Wilhelm Rudolph, die von uns in Vorbereitung der vorliegenden Arbeit in verschiedenen Fachzeitschriften veröffentlicht wurden. Diese Publikationen hatten das Ziel, eventuell noch verborgene Informationen aufzuspüren, was in einigen Fällen auch zu Mitteilungen und Ergänzungen bezüglich dieser Personen führte. Des Weiteren werden von zahlreichen Botanikern erstmals Porträts (z. B. von Wilhelm Becker, Ernst Bradler, Carl Friedrich Lebing, Ferdinand Quelle und Wilhelm Rudolph) und Schriftproben bzw. Herbaretiketten (z. B. von Franz Buddensieg, Hugo Ilse, Franz Kappel, Richard Scheuermann und Hermann Sterzing) vorgestellt.

Unsere Zusammenstellung soll jedoch nicht nur der Ergänzung, Erweiterung und Präzisierung der Historie bei BARTHEL & PUSCH (1999) dienen, sondern auch zu deren Korrektur. Hatten sich doch einige Fehler (Eingabefehler z. B. bei Jahreszahlen, Fehler aufgrund unzuverlässiger Quellenangaben, u. a.) eingeschlichen, die infolge des Zeitdrucks bei der Drucklegung dieser Flora leider nicht in jedem Falle verbessert werden konnten. In der vorliegenden Arbeit wurde versucht, mögliche Fehler durch eine einjährige Korrektur des gesamten Textes weitgehend zu minimieren. Infolge der übergroßen Datenfülle konnten sie wohl nicht vollständig vermieden werden. Bei den diesbezüglichen Bemühungen hat es sich als vorteilhaft erwiesen, zu einem biographischen Sachverhalt zwei oder mehrere Quellen zu befragen. Des Weiteren wurden die Texte zu den lebenden Botanikern mit diesen abgesprochen und denselben auch vorgelegt.

Die von uns benutzte Nomenklatur richtet sich bis auf wenige Ausnahmen nach JÄGER & WERNER (2002). Die wissenschaftlichen Namen der Moose wurden der von uns benutzten Originalliteratur entnommen. Bei einigen Moosen werden heute zwar andere Namen verwendet, doch sind alle von uns gebrauchten älteren Bezeichnungen als Synonyme in der Moosflora von FRAHM & FREY (1992) im Inhaltsverzeichnis enthalten und können dort nachgeschlagen werden. Auch bei den Flechten, Pilzen und Algen richtet sich unsere Namensgebung nach der benutzten Originalliteratur.

Unser Buch gliedert sich im Wesentlichen in zwei Teile. Die **chronologische Darstellung der Geschichte der floristischen Erforschung des Kyffhäusergebietes** (= chronologischer Teil) gibt einen allgemeinen und gestrafften Überblick über die Geschichte der floristischen Erforschung des Kyffhäusergebirges und dessen näherer Umgebung. Im Hauptteil werden dann die **Biographien der wichtigsten Botaniker des Kyffhäusergebietes** (= biographischer Teil) besprochen. Es werden vor allem die Personen vorgestellt, die sich hauptsächlich mit den Phanerogamen und Gefäßkryptogamen beschäftigt haben. Kryptogamen-Forscher, wie z. B. Friedrich Traugott Kützing, Ferdinand Quelle oder Hermann Reimers, werden in erster Linie wegen ihrer Leistungen auch in der „Phanerogamenfloristik" aufgeführt. Hingegen werden Personen, die sich vorwiegend mit allgemeiner Botanik oder Paläobotanik beschäftigt haben, nicht in unserer Arbeit berücksichtigt.

Im chronologischen Teil werden alle 146 Botaniker, deren floristische Leistungen und Lebensläufe im biographischen Teil aufgeführt sind, bereits kurz vorgestellt. Dabei sind 95 Personen, die im biographischen Teil ausführlich abgehandelt wurden, mit * gekennzeichnet. Es gibt aber auch 14 Personen, deren Biographien uns nur unvollständig vorliegen. Diese wurden mit ** symbolisiert, da deren Biographie an einen mit * gekennzeichneten „Haupt-Botaniker" angehängt wurde. Des Weiteren wurden 37 Kurzbiographien erarbeitet, die als Fußnoten im chronologischen Teil aufgelistet sind. Auf diese Art und Weise sind vor allem lebende, außerhalb des Kyffhäusergebietes wohnende Botaniker besprochen worden. Nur selten werden Personen, die im chronologischen Teil genannt worden sind (z. B. Caspar Bauhin), im biographischen Teil nicht abgehandelt.

Im biographischen Teil beschäftigt sich nach Nennung der Geburts- und Sterbedaten des Betreffenden der 1. Abschnitt mit dessen Beruf und dessen Leistungen auf floristischem Gebiet. Dabei wird ein besonderer Schwerpunkt auf die floristische Tätigkeit (z. B. Erstfunde und Bestätigungen bemerkenswerter Arten) im und am Kyffhäusergebirge gelegt. Wenn vorhanden, wird an dieser Stelle ein Porträt mit abgedruckt. Im 2. Abschnitt „Herbarien, wichtige Herbarbelege" wird dargestellt, wo eventuell vorhandene Herbarien verblieben und wie umfangreich diese sind. Außerdem werden wichtige Belege (vor allem das Kyffhäusergebiet betreffend) aufgelistet. In einem 3. Abschnitt „Wichtige Veröffentlichungen" werden die botanischen Veröffentlichungen chronologisch aufgelistet. Liegt eine größere Anzahl von Veröffentlichungen vor, dann werden nur solche aufgeführt, die sich mit der Flora Nordthüringens bzw. Sangerhausens beschäftigen. Bemerkenswerte nichtbotanische Veröffentlichungen werden mit eckigen Klammern versehen. Die eigentliche Biographie (= 4. Abschnitt) beginnt mit dem Geburtsdatum, dem Geburtsort und dem Beruf der Eltern. Danach folgen Angaben zum Schulbesuch, zum Studium und zum beruflichen Werdegang. Auch die späteren Lebens- und Arbeitsverhältnisse werden beleuchtet. Dabei finden z. T. auch „Kleinigkeiten" Erwähnung, die in anderen Biographien mitunter fehlen. Wert wird auch auf die chronologische Einarbeitung von wichtigen Pflanzenfunden, gehaltenen Vorträgen, Mitgliedschaften in wissenschaftlichen Vereinen und empfangenen Ehrungen gelegt. Ergänzt wird der Abschnitt durch vorhandene Schriftproben, Herbaretiketten und z. T. auch durch Kopien einzelner Herbarbelege. Im 5. und letzten Abschnitt werden die verwendeten Quellen aufgeführt. Dies können Veröffentlichungen, Angaben aus den verschiedensten Archiven sowie briefliche und mündliche Mitteilungen sein. Möglichst viele Sachverhalte der Biographie wurden durch entsprechende Quellenangaben belegt und durch die hochgestellten Quellennummern am entsprechenden Abschnitt gekennzeichnet.

Dem biographischen Teil folgt die Liste der im Bearbeitungsgebiet tätigen Pflanzensammler (4.). Hier werden auch zahlreiche, uns z. T. unbekannte Sammler aufgelistet, die im chronologischen und biographischen Teil keine Berücksichtigung fanden. Im Anschluss werden die von uns genauer besprochenen Botaniker nochmals in Form einer tabellarischen Übersicht (5.) kompakt zusammengestellt. Im Literaturverzeichnis (6.) werden dann vor allem solche Literaturquellen aufgeführt, die als Standardwerke in unserer Zusammenstellung häufiger benutzt wurden. Aus Platzgründen wurden die Abbildungsunterschriften nur sehr kurz abgehandelt und stehen darum noch einmal ausführlicher und mit Quellenangaben erläutert als Abbildungsnachweis (7.) vor dem Verzeichnis der verwendeten Herbar- und sonstigen Abkürzungen (8.). Am Ende dieser Arbeit befindet sich ein umfangreiches Namensregister (9.), in dem alle genannten Botaniker und Pflanzensammler alphabetisch aufgeführt sind. Ein Kurzregister im vorderen Inneneinband dieses Buches dient hingegen nur zum schnellen Auffinden der wichtigsten Botaniker und Sammler.

Mit der vorliegenden Arbeit soll ein weitgehend lückenloses Bild der floristischen Erforschung des Kyffhäusergebietes gezeichnet werden. Insbesondere wurden die Biographien der bedeutendsten Botaniker der Region in einheitlicher Art und Weise zusammengestellt. Herauszustellen ist, dass von zahlreichen, z. T. längst verstorbenen Personen erstmals Porträts, Handschriften und mehr oder weniger vollständige Lebensläufe vorgelegt wurden. Die Vielzahl der hier dargestellten, chronologisch aufgelisteten Informationen zu den verschiedenen Botanikern soll als eine Art Nachschlagewerk dienen und dazu anregen, sich auch in anderen Regionen Deutschlands mit der Geschichte der floristischen Erforschung genauer zu befassen. In diesem Sinne wendet sich unsere Zusammenstellung an historisch interessierte Botaniker, Studenten, Naturschützer und Naturfreunde. Da sie trotz unserer umfangreichen Bemühungen nur unvollständig sein kann, bitten wir alle Leser freundlichst, uns noch fehlende biographische Daten, Porträts, Handschriften usw. zur Verfügung zu stellen.

Zahlreiche Wissenslücken hätten durch das Auffinden der Unterlagen (Mitgliederkartei, „Photographie-Album" usw.) des Botanischen Vereins für Thüringen „Irmischia" geschlossen werden können, dessen langjähriger Sitz in Sondershausen (später in Arnstadt) war. Leider blieben diese Unterlagen bis heute verschollen. Bei ihrer Suche unterstützten uns u. a. die Mitarbeiter des Herbarium Haussknecht an der Friedrich Schiller Universität Jena, das Bildarchiv Preußischer Kulturbesitz Berlin, die Senckenbergische Bibliothek der J. W. v. Goethe-Universität Frankfurt am Main, die Universitätsbibliothek Erlangen-Nürnberg (Handschriftenabteilung), die Stadtverwaltung (Archiv) Sondershausen, das Thüringer Landesmuseum Heidecksburg Rudolstadt und die Stadtverwaltung Arnstadt (Archiv usw., über V. Kögler). F. K. Meyer, Jena, teilte uns in Sachen Unterlagen der „Irmischia" noch Folgendes mit: „Nach Leimbachs Versetzung nach Arnstadt und seinem Selbstmord hatte Haussknecht die Sammlungen Leimbachs erworben. Die Unterlagen der Irmischia waren dabei sicher von geringerem Interesse. Haussknecht hatte selbst ein solches Photoalbum, das aber nach seinem Tod bei der Gründung der Stiftung Herbarium Haussknecht wohl bei der Familie blieb und dort unterging". Allerdings tauchten Bücher aus dem Nachlass von Leimbach später in den verschiedensten Antiquariaten auf. Es ist also anzunehmen, dass Haussknecht nur einen Teil des Nachlasses erhalten hat.

Danksagung

Für die vielfältige Unterstützung beim Zustandekommen dieser Arbeit, vor allem für die zahlreichen, z. T. sehr umfangreichen und aufwändigen Angaben zu verschiedenen Personen, die Manuskriptergänzungen, Korrekturen sowie die extra durchgeführten Recherchen bedanken wir uns besonders bei folgenden Damen und Herren: Prof. Dr. J. Casper (Jena), R. Haasenbruch (Universitätsarchiv Halle/S.), S. Hünert (Universitätsarchiv Halle/S.), Dr. U. Hunger (Universitätsarchiv Göttingen), PD Dr. J. Kiefer (Jena), Dr. H.-U. Kison (Quedlinburg), Dr. H. Korsch (Jena), Dr. A. Krumbiegel (Halle/S.), Dr. P. Kuhlbrodt (Stadtarchiv Nordhausen), E. Lämmel (Archiv Leopoldina Halle/S.), Dr. K. Lenk (Sondershausen), Dr. H. Manitz (Jena), Dr. F. K. Meyer (Jena), U. Raabe (Marl), M. Schmidt (Stadtarchiv Nordhausen), Prof. Dr. G. Wagenitz (Göttingen), Prof. Dr. H. E. Weber (Vechta), Dr. K. Werner (Halle/S.) und A. Zeigerer (Erfurt). Außerdem danken wir allen lebenden Botanikern, die uns ihre Lebensdaten zur Verfügung gestellt haben, auch wenn das in einigen Fällen nur zögerlich oder mit etwas Unbehagen geschah.

Weiterhin bedanken wir uns ganz herzlich bei den zahlreichen Universitäts- und Hochschulmitarbeitern, den Angestellten der Universitäts- und Stadtarchive, Bibliotheken, Museen und Kirchenämtern, den Pfarrern und Bürgermeistern sowie den zahlreichen Privatpersonen, die auf unsere Anfrage hin wesentliche Ergänzungen beigesteuert haben. Häufig sind deren Namen auch im Abschnitt „Quellen" bei den jeweiligen Botanikern aufgeführt. Die Verfasser möchten sich aber auch bei all denen bedanken, die sich entsprechend unserer Anfragen um Informationen zu bestimmten Botanikern bemühten, auf Grund der schlechten Datenlage jedoch dabei keinen Erfolg hatten. Dementsprechend gilt unser Dank allen, die uns in irgendeiner Weise geholfen haben, insbesondere folgenden Damen und Herren: G. Altehage (Alsbach-Hähnlein), S. Bach (Bad Langensalza), Dr. H. J. Baier (Stadtarchiv Coburg), Dr. M. Ballerstedt (Stadtarchiv Magdeburg), H. Baltzer (Peiting), D. Barfknecht (Staatsbibliothek zu Berlin), G. Bartnick (Pastorin in Großfurra), Prof. Dr. L. Bauer (Halle/S.), Dr. J. Bauer (Universitätsarchiv Jena), Dr. J. D. Becker-Platen (Naturhist. Gesellschaft Hannover), P. Beer (Naturkundemuseum Erfurt), T. Behr (Pfarrer in Bendeleben), Dr. D. Benkert (Berlin), S. Besthorn (Greifswald), Dr. H. D. Beyerstedt (Stadtarchiv Nürnberg), G. Bohn (Standesamt Sondershausen), G. Bradler (Erfurt), L. Branco (Bad Berka), J. Brather (Lübeck), Prof. Dr. U. Braun (Halle/S.), K. Breitenbach (Wilhelmshaven), Dr. A. Buhl (Halle/S.), G. Busse (Weißensee), H. Busse (Weißensee), M. Dräger (Pfarrer in Kelbra), Dr. A. Drescher (Graz), A. Duty (Rostock), I. Duty (Rostock), Dr. M. Ebroy (Stadtarchiv Eisleben), B. Eckert (Rothenklempenow), J. Eggers (Scheenefeld), M. Engelhardt (Tübingen), P. Florian (Bad Tennstedt), Dr. D. Frank (Halle/S.), M. Frohriep (Spenglermuseum Sangerhausen), Dr. M. Fruth (Sondershausen), Dr. R. Gaedike (Deutsches Entomologisches Institut Müncheberg), Dr. G. Gärtner (Innsbruck), F. Geissert (Sessenheim/Elsaß), L. Gerlach (Nordhausen), J. Göckeritz (Gera), Dr. P. Goller (Universitätsarchiv Innsbruck), G. Gottschlich (Tübingen), Dr. U. Grandke (Staatsarchiv Rudolstadt), Dr. K.-F. Günther (Jena), D. Hagert (Pfarramt Ranis), Dr. U. Hahnemann (Schlossmuseum Sondershausen), M. Hartleb (Universitätsarchiv

Jena), M. Hartmann (Naturkundemuseum Erfurt), W. Hartmann (Nordhausen), A. Hartwig (Universitätsarchiv Rostock), Dr. U. Hecker (Mainz), V. Heidelck (Karlsruhe), Dr. W. Heinrich (Jena), Dr. J. Heinrichs (Göttingen), M. Helbing (Stadtarchiv Sondershausen), T. Helminger (Musée national d`histoire naturelle Luxembourg), Dr. H. Henker (Neukloster), H. Hermann (Erfurt), P. Hesse (Universitätsarchiv Leipzig), Dr. G. Hirsch (Jena), C. Hirschler (Schlossmuseum Sondershausen), A. Hoch (Roßla), A. Hofmann (Gießen), C. Hopf (Forschungsbibliothek Gotha), I. Hopfstock (Stadtarchiv Sangerhausen), W. Hornung (Osterrönfeld), S. Horticoulon (Göttingen), G. Hotopp (Historisches Museum Hannover), Prof. Dr. E. J. Jäger (Halle/S.), J.-M. Junker (Nordhausen), B. Kaiser (Stadtarchiv Mühlhausen), K. Kauf (Bad Frankenhausen), A. Kerkmann (Staatsbibliothek zu Berlin), E. Kluwe (Bad Frankenhausen), H. Köhler (Stadtverwaltung Sondershausen), Dr. H. Korsch (Jena), J. Kratzing (Abteilungsleiter am Hauptfriedhof Erfurt), M.-L. Krohn (Stadtarchiv Rudolstadt), Dr. K. Kuczius (Museum für Naturkunde und Vorgeschichte Dessau), G. Kühn (Pfarramt Braunsroda), S. Lange (Badra), H. Lauer (Kaiserslautern), U. Liebscher (Artern), C. Lindig (Uhlstädt), Dr. W. Lippert (Botanische Staatssammlung München), U. Lochner (Universitätsarchiv München), C. Loeschmann (Stadtarchiv Artern), C. Mann (Stadtarchiv Jena), Dr. A. Mannetstätter (Floh-Seligenstadt), I. Mansel (Bad Frankenhausen), Dr. L. Meinunger (Ludwigsstadt-Ebersdorf), J. Metze (Stadt- und Verwaltungsarchiv Erfurt), D. Meusel (Rodach), Dr. E. Mey (Thüringer Landesmuseum Heidecksburg Rudolstadt), C. Michel (Standesamt Artern), Dr. M. Mularczyk (Universität Wroclaw), Horst Müller (Bad Frankenhausen), E. Müller (Bad Bibra), Dr. Werner Müller (Barienrode), E. Müller (Pfarrer in Bad Tennstedt), Hermann Müller jun. (Sondershausen), P. Mundhenke (Standesamt Weimar), Dr. W. Neumerkel (Bendeleben), W. Neuner (Tiroler Landesmuseum Ferdinandeum Innsbruck), B. Orlamünde (Evang. Pfarramt Bad Kösen), A. Pischel (Staatliche Kunstsammlungen Dresden), Prof. Dr. H.-H. Poppendieck (Herbarium Hamburgense, Hamburg), Dr. A. Rabitz (Tönisvorst), Dr. T. Raus (Berlin), Dr. R. Rauschert (Freyburg), U. Real (Spenglermuseum Sangerhausen), Dr. H. Reichert (Trier), K. Reinhardt (Ellrich), Dr. R. Reuther (Leipzig), H. Ritter (Bad Frankenhausen), M. Römhild (Stadtmuseum Hildburghausen), U. Richter (Freyburg/Unstrut), R.-P. Rommel (Ammern), Dr. H. Röser (Sondershausen), A. Sanftleben (Museumsdepot Nordhausen), A. Sauer (Institut für Stadtgeschichte Karlsruhe), W. Sauerbier (Bad Frankenhausen), M. Scheuermann (Universitätsarchiv Würzburg), Frau A. Schmidt (Niedersächsisches Landesmuseum Hannover), A. Schmölling (Artern), S. Schöller (Erfurt), Prof. Dr. R. Scholz (Berlin), Dr. P. Scholz (Schkeuditz), R. Scholz (Zierenberg), E. Schroeter (Nordhausen), Prof. Dr. R. Schubert (Halle/S.), K. H. Schubert (Sömmerda), Dr. W. Schultze (Universitätsarchiv Humboldt-Universität Berlin), M. Schumann (Universitätsarchiv Greifswald), U. Schwegmann (Nordrhein-Westfälisches Staatsarchiv Detmold), Dr. B. Skocdopolova (Pruhonice bei Prag), H. Smiatek (Bad Berka), B. Sola (Bad Tennstedt), S. Starke (Greifswald), J. Steinmetz (Greußen), Dr. I. Uhlemann (Dresden), Dr. E. Vitek (Naturhistorisches Museum Wien), Dr. C. Wachter (Universitätsarchiv Erlangen), G. Weber (Teistungen), K. Wegener (Sondershausen), K. Weinert (Halle/S.), R. Weinert (Kreisheimatmuseum Bad Frankenhausen), W. Welß (Herbarium Universität Erlangen), H. Wendt (Museum für Naturkunde Humboldt-Universität Berlin), A. Werner (Universitäts- und Landesbibliothek Sachsen-Anhalt), A.-K. Wittig (Halle), E. Wolf (Pfarrer in Heringen), U. Wölfel (Bitterfeld), P. Wolff (Saarbrücken), B. Wrobel (Universitätsbibliothek Erlangen-Nürnberg), Dr. D. Wrobel (Sangerhausen), R. Wudowenz (Fachhochschule Eberswalde), E.-M. Zeising (Sangerhausen), Dr. R. Zink (Stadtarchiv Bamberg) und R. Zuchold (Sondershausen).

Unser Dank gilt nicht zuletzt Frau Ute Barthel (Nordhausen) für die umfassende sprachliche und orthographische Korrektur der vorliegenden Arbeit. Dies war in einer Zeit der Umstellung von einer Rechtschreibung zur anderen nicht immer ganz einfach, zumal es Bestrebungen gab, die neue Rechtschreibung nachträglich zu verändern oder sogar wieder rückgängig zu machen. Eine bei uns in Einzelfällen auftretende unglückliche Worttrennung am Zeilenende ist dem verwendeten Computerprogramm zuzuschreiben. Diese konnte nicht in jedem Falle behoben werden.

Vor allem aber danken wir unseren Familien, insbesondere unseren Ehefrauen Ute Barthel und Sabine Pusch, die es uns mit ihrer Geduld und ihrem großen Verständnis letztlich erst ermöglicht haben, die gewaltige Arbeit zu leisten und die die Kindererziehung nicht selten allein meistern mussten.

8

2. Chronologische Darstellung der Geschichte der floristischen Erforschung des Kyffhäusergebietes

Von den Anfängen der Floristik bis zur Zeit Carl von Linnés

Zu den ersten Erforschern der thüringischen Flora gehörten Valerius **Cordus*** (1515 bis 1544) und Johann **Thal*** (1542 bis 1583). Der frühe Tod des Cordus im Alter von 29 Jahren hatte zur Folge, dass alle seine botanischen Schriften erst nach seinem Ableben gedruckt werden konnten (SCHULZ 1916). Auch Johann Thal war es nicht vergönnt, seine „Sylva Hercynia", die weltweit allererste wirkliche Flora überhaupt, selbst der Öffentlichkeit zu übergeben. Erst fünf Jahre nach dem Tod des Verfassers wurde sie vom Nürnberger Stadtarzt Joachim **Camerarius*** (1534 bis 1598) herausgebracht. In der „Sylva Hercynia" hatte Thal mehr als 600 Phanerogamen und Kryptogamen des Harzes und seiner Vorberge in alphabetisch geordneter Reihenfolge von *Adiantum Pulcerrimum* (= *Asplenium adiantum-nigrum*) bis *Xylosteon Dodonaei* (= *Lonicera xylosteum*), größtenteils kommentiert und mit Fundorten versehen, zusammengetragen. Thal betrachtet die Pflanzen „um ihrer selbst willen, nicht als pharmazeutische Objekte und als Gegenstand scholastischer Nomenklaturforschung. [...] Aus der 'Sylva Hercynia' spricht als Charakterzug der Renaissance die Freude ihres Verfassers am eigenen Beobachten und Unterscheiden. Thals Plan, die Formenmannigfaltigkeit der Pflanzenwelt eines bestimmten geographischen Raumes möglichst vollständig zu erfassen, ist etwas Erstmaliges, und mit dem bei seiner Durchführung Erreichten übertrifft Thal alle seine Vorgänger" (RAUSCHERT

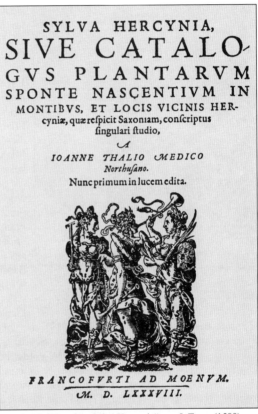

Abb. 1: Titelblatt der „Sylva Hercynia" von J. THAL (1588)

1977). Vielfache Beziehungen sowohl zu Cordus als auch zu Thal hatte der Stolberger Superintendent Georg **Aemylius**** (1517 bis 1569), der sich in seinen Mußestunden auch der Botanik widmete. Vom Naumburger Stadtphysikus Caspar **Ratzenberger*** (1533 bis 1603) wurde in der 2. Hälfte des 16. Jahrhunderts *Artemisia maritima* an den heute längst verschwundenen Salzteichen östlich von Frankenhausen gefunden. Ein Beleg dieser Pflanze liegt im Herbar Ratzenberger in der Forschungsbibliothek in Gotha. Dabei handelt es sich um das älteste noch existierende Herbarium Thüringens (1598) mit leider nur sehr wenigen konkreten Fundortsangaben. Von Ratzenberger existiert ein weiteres Herbarium aus dem Jahre 1592 im Naturkundemuseum Ottoneum in Kassel, das älteste derzeit existierende in Deutschland (vergl. ZAHN 1901).

Zu Beginn des 17. Jahrhunderts sind die Leistungen der Botaniker in und am Kyffhäusergebirge mit dem Wirken von Caspar **Bauhin** (1560 bis 1624) in Basel verbunden. Der aus Nordhausen stammende Johannes **Oswald*** (1557 bis 1617) wurde im Jahre 1587 an der Universität Basel immatrikuliert, wo er Bauhin kennenlernte, der zunächst für seinen „Phytopinax" (1596) Pflanzen sammelte und sichtete. Bauhin hat in seinen Werken [z. B. im „Phytopinax" (S. 667)] auch Pflanzen erwähnt, die er von Oswald erhalten hatte (WEIN 1927). Durch Oswald wurde Bauhin mit dem Nordhäuser Senator Johann Ludwig **Fürer*** (um 1576 bis 1626) bekannt, der bald mit Bauhin in einem langjährigen Briefwechsel stand und ihm zahlreiche Pflanzen zukommen ließ. Es ist Fürers Verdienst, dass auf diese Weise zahlreiche Pflanzenarten aus dem nördlichen Thüringen bekannt geworden sind (WEIN 1927).

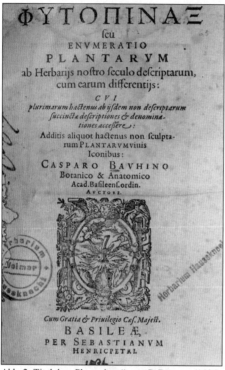

Abb. 2: Titel des „Phytopinax" von C. BAUHIN (1596)

Der spätere Altdorfer Professor Ludwig **Jungermann*** (1572 bis 1653), ein Freund Fürers, hielt sich im Frühjahr 1602 in Frankenhausen auf und schickte *Oxytropis pilosa* sowie eine Grasart [*Carex humilis* ?] aus dem Kyffhäusergebirge zu Bauhin nach Basel, der beide Arten auch beschrieb (PETRY 1889; WEIN 1931).

Im Jahre 1718 erschien in Leipzig und Frankfurt am Main die „Flora Jenensis" von Heinrich Bernhard **Rupp*** (1688 bis 1719), die wir als ersten Versuch werten können, die Flora Gesamtthüringens zu erfassen. Diese Schrift enthielt außer von Jena viele Fundortsangaben aus ganz Mitteldeutschland, aus Vorderthüringen (vorzüglich aus dem unteren Unstrutgebiet, von Eckartsberga, Sulza, Naumburg, Erfurt usw.), vom Harz (namentlich Ilfeld), ferner aus Eisleben, Halle und Wittenberg (SCHULZ 1888). Allerdings sind in einer zweiten, verbesserten Auflage (1726) keine Pflanzen aus dem Kyffhäusergebirge aufgeführt (PETRY 1889). Dafür schrieben bereits Julius Bernhard von **Rohr** (? bis ?) und der Nordhäuser Pfarrer Friedrich Christian **Lesser** (1692 bis 1754) vom Pflanzenreichtums des Kyffhäusergebirges, ohne bestimmte Arten zu nennen (HEINRICH 2003). Wertvolle Mitteilungen verdanken wir in der ersten Hälfte des 18. Jahrhunderts dem bedeutenden Dichter der frühen Aufklärung, hervorragenden Naturwissenschaftler und Arzt, Albrecht von **Haller*** (1708 bis 1777), der von Göttingen aus wiederholt Thüringen durchstreifte und auch im Kyffhäusergebirge floristisch tätig war. Rupps „Flora Jenensis" wurde von ihm im Jahre 1745 in 3. Auflage neu herausgegeben und auf den neuesten Stand gebracht. Darin nennt er auch Pflanzen aus dem Kyffhäusergebirge (PETRY 1889). „Rätselhaft ist die Anführung von *Allium victorialis* [vom Kyffhäusergebirge], einer Pflanze, deren nächste Standorte sich gegenwärtig auf dem Riesengebirge, den Alpen und Vogesen befinden. Allerdings hat Haller diese Art nicht selbst gefunden, sondern er gibt ausdrücklich Rupp als Gewährsmann an, obgleich dieser in der von ihm selbst besorgten zweiten Auflage der 'Flora Jenensis' von ihr nur sagt: 'Ex Silesia transmissa in hortum medicum'. Es bleibt daher nur die Annahme übrig, dass Haller die betreffende Bemerkung in den hinterlassenen Manuskripten Rupps gefunden [hatte], die er nachweislich bei Abfassung der 3. Auflage benutzte" (PETRY 1889).

Mit seinem Werk „Species plantarum" (1753) hatte Carl **von Linné** (1707 bis 1778) der binären Nomenklatur endgültig zur allgemeinen Anerkennung verholfen und damit der Floristik einen enormen Aufschwung verschafft, bestand doch seit dem Mittelalter der Name einer Pflanze aus einer mehr oder weniger langen Beschreibung der Pflanze in lateinischer Sprache. Im Laufe der Zeit wurden die Pflanzennamen, die so genannten Phrasen, immer länger, da die zunehmende Zahl ähnlicher Arten durch neu hinzugefügte Beiworte unterschieden werden musste. So wurde die Benennung fast zur reinen Beschreibung. Bauhin, der bereits als Bahnbrecher der nomenklatorischen Vereinfachung gilt, benennt unser „*Cyclamen europaeum*" noch folgendermaßen: „*Cyclamen orbiculato folio inferne purpurascente*" (SCHUBERT & WAGNER 1965). Linné reformiert zunächst die Gattungsnamen, dem sich die binäre Benennung und die Aufstellung seines künstlichen Systems der Pflanzenwelt (nach der Anzahl der Staubfäden und Griffel und ihrer Anordnung) anschließen. Dass sich die Neuerungen Linnés trotz einflussreicher Gegner (u. a. A. von Haller) schließlich doch durchsetzten, hängt mit seiner Hauptleistung, der Schaffung eines großen wissenschaftlichen Gesamtsystems, zusammen. Er schuf damit die Voraussetzung dafür, dass sich in der Folgezeit u. a. zahlreiche Ärzte, Apotheker und Lehrer nebenberuflich und erfolgreich mit der Botanik befassten.

Die Zeit nach Linné bis zum Ende des 19. Jahrhunderts

Der Linné-Schüler Friedrich **Ehrhart** (1742 bis 1795), Hofbotaniker in Herrenhausen seit 1780 und Herausgeber der „Beiträge zur Naturkunde und den damit verwandten Wissenschaften" (Hannover, Osnabrück 1787–1792) exkursierte in Niedersachsen und im Harz. Er fand am Hohnstein bei Neustadt *Achillea nobilis*, am Mühlberg bei Niedersachswerfen *Biscutella laevigata*, bei Steigerthal *Astragalus danicus, Coronilla coronata, Hornungia petraea, Lactuca quercina, Ligustrum vulgare* und *Viburnum lantana* sowie am Alten Stolberg *Cornus mas, Laserpitium prutenicum, Seseli annuum, Sorbus torminalis* und *Thesium bavarum*. Ehrhart, der „sehr viel mehr hätte können, wenn ihm nicht das wichtigste Hilfsmittel, der Gebrauch einer botanischen Bibliothek gefehlt hätte", beschäftigte sich neben den Phanerogamen auch mit Moosen und Flechten. Große Teile seines Herbariums wurden von der Regierung in Hannover gekauft und der Universität Göttingen übergeben (WEIN 1937; FRAHM & EGGERS 2001; WAGENITZ 2003).

Zu den bedeutendsten Floristen, die in der ersten Hälfte des 19. Jahrhunderts in Nordthüringen botanisierten und in ihren Schriften wiederholt Pflanzen aus dem Kyffhäusergebirge erwähnen, gehören Friedrich Wilhelm **Wallroth** * (1792 bis 1857) und Ernst Gottfried **Hornung** * (1795 bis 1862). Wallroth, ein ausgezeichneter Kenner taxonomisch schwieriger Sippen, nennt in „Annus botanicus" (1815) und „Schedulae criticae" (1822) zahlreiche Arten aus dem Kyffhäusergebirge. Er lieferte eine ausführliche Beschreibung zu *Allium strictum*, einer Art, die er wohl vom Kyffhäusergebirge her kannte. Er ist der Ansicht, dass Rupp *Allium strictum* mit *Allium victorialis* verwechselt haben muss (PETRY 1889).

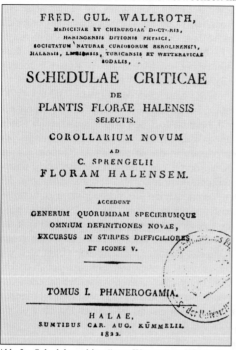

FRED. GUL. WALLROTH,
MEDICINAE ET CHIRURGIAE DOCTORIS,
HERZINGENSIS DITIONIS PHYSICI,
SOCIETATUM NATURAE CURIOSORUM BEROLINENSIS,
HALENSIS, LIPSIENSIS, TURICENSIS ET WETTERAVICAE
SODALIS, -

SCHEDULAE CRITICAE
DE
PLANTIS FLORAE HALENSIS
SELECTIS.

COROLLARIUM NOVUM
AD
C. SPRENGELII
FLORAM HALENSEM.

ACCEDUNT
GENERUM QUORUMDAM SPECIERUMQUE
OMNIUM DEFINITIONES NOVAE,
EXCURSUS IN STIRPES DIFFICILIORES
ET ICONES V.

TOMUS I. PHANEROGAMIA.

HALAE,
SUMTIBUS CAR. AUG. KÜMMELII.
1822.

Abb. 3: „Schedulae criticae" von WALLROTH (1822)

Wallroth hatte schon vor 1825, dem Jahr seiner Übersiedelung nach Nordhausen, fleißig den Harz durchstreift und eine größere Sammlung von Harzpflanzen zusammengetragen. Der bekannte Nordhäuser Phykologe Friedrich Traugott **Kützing*** (1807 bis 1893), der sich um 1830 zunächst erfolgreich mit den Wassersternen (*Callitriche*) beschäftigte, äußerte sich über Wallroth folgendermaßen: „Es hat wohl kein Botaniker so anhaltend, ununterbrochen und so lange im Harz gesammelt wie er. Aber er war auch in Bezug auf diesen Punkt sehr eifersüchtig; er wollte allein auf diesem Gebiete sein und sich von Keinem, wer es auch sei, ins Gehege gehen lassen. Seine Fundorte hielt er sämtlich sehr geheim und selbst im Herbarium sind bei den selteneren Sachen keine solchen speziellen Angaben gemacht, dass ein anderer sie leicht finden könnte" (vergl. SCHROETER 1991). Sowohl Wallroth als auch Kützing hörten botanische Vorlesungen bei Kurt **Sprengel** (1766 bis 1833) in Halle. Dieser hatte im Jahre 1806 eine „Florae Halensis"

(2. Auflage 1832) herausgegeben, mit der sich Wallroth später kritisch auseinandersetzte. Hornung zog schon im Jahre 1823 von Frankenhausen nach Aschersleben, wo er die dortige Ratsapotheke übernahm. Seine im Kyffhäusergebirge sowie in und am Harz gemachten Beobachtungen hat er zumeist in der „Flora" erscheinen lassen. Zahlreiche Fundortsangaben von ihm sind u. a. im „Systematischen Verzeichniß der in dem unterherrschaftlichen Theile der Schwarzburgischen Fürstenthümer wildwachsenden phanerogamischen Pflanzen" (IRMISCH 1846), im „Taschenbuch der Flora Thüringens" (SCHÖNHEIT 1850) und in der „Flora von Halle" (GARCKE 1848 und 1856) zu finden. Mit großer Wahrscheinlichkeit sind Angaben Hornungs auch in der „Flora Hercynica" (HAMPE 1873) verwendet worden (KISON & GRASER 1998). Von einem wichtigen Exkursionsgefährten Wallroths, dem Floristen und Pflanzensammler Carl **John**** (geb. 1803), liegt eine große Zahl von Herbarbelegen im Herbarium Hausknecht (JE) in Jena. Er fand z. B. als Erster (1827) *Omphalodes scorpioides* an der Rothenburg bei Kelbra. Im Jahre 1834 wurden die wildwachsenden Giftpflanzen aus dem Rudolstädter Raum und aus dem Kyffhäusergebiet von Carl August

Abb. 4: Kurt Sprengel

Ferdinand **Otto**[1] in einem Oktavbändchen vorgestellt. Dabei werden u. a. *Cicuta virosa* aus der Umgebung von Frankenhausen (hinter der Bachmühle), *Digitalis grandiflora* vom Kalktal nördlich Frankenhausen, *Helleborus viridis* von der Sachsenburg und *Oenanthe fistulosa* von den Wiesengräben nahe Seehausen und Esperstedt aufgeführt. Im Jahre 1842 erschien sowohl die „Flora von Sachsen" von Christian Friedrich **Holl** (1794 bis 1856) und Gustav **Heynhold** (1798 bis 1862) als auch die „Flora Saxonica" von Heinrich Gottlieb Ludwig **Reichenbach** (1793 bis 1879). Das Einzugsgebiet beider Florenwerke reicht im Westen bis in das Kyffhäusergebiet. Der Sondershäuser Gymnasiallehrer Thilo **Irmisch*** (1816 bis 1879), ein Freund Wallroths und hervorragender Florist,

Abb. 5: Carl August Ferdinand Otto

Morphologe und Geschichtsschreiber der Botanik, verfasste im Jahre 1846 mit dem „Systematischen Verzeichniß der in dem unterherrschaftlichen Theile der Schwarzburgischen Fürstenthümer wildwachsenden phanerogamischen Pflanzen" eine erste Lokalflora, die auch das Kyffhäusergebirge und das Salzgebiet an der Numburg mit einschloss. Dieses kleine, aber inhaltsreiche Bändchen zeichnet sich durch große Zuverlässigkeit aus, sofern Irmisch die Pflanzen selbst gefunden hat oder Hornung als Gewährsmann nennt. Viele Fundortsangaben der von Irmisch genannten Seltenheiten wurden später in zahlreiche Floren Thüringens und Deutschlands übernommen. Auf den Sondershäuser Hofgarteninspektor Tobias Philipp **Ekart*** (1799 bis 1877), der bereits im Jahre 1843 eine botanisch-topographische Skizze vom Kyffhäusergebirge verfasste, gehen hingegen einige fehlerhafte Angaben zurück, so von *Lonicera nigra* (Kyffhäusergebirge) und *Melampyrum sylvaticum* (bei Badra).

Das im Jahre 1850 erschienene „Taschenbuch der Flora Thüringens" vom Singener Pfarrer Friedrich Christian Heinrich **Schönheit*** (1789 bis 1870) war das Ergebnis einer Gemeinschaftsarbeit thüringischer Floristen. Die nach seiner Veröffentlichung erschienenen Rezensionen waren stets des Lobes voll, jedoch auch kritisch wegen fehlender Angaben bestimmter Pflanzenfundorte. Das lag vor allem an der geringen Zahl der wirklichen Mitarbeiter (MEYER 1997). Die Fundortsangaben für viele Gebiete Nordthüringens, einschließlich des Kyffhäusergebirges, gehen vor allem auf Wallroth, Hornung und Irmisch, aber auch auf Ekart und Buddensieg zurück. Der Tennstedter Apotheker Franz **Buddensieg*** (1812 bis 1894) wurde vor allem durch sein „Systematisches Verzeichnis der in der Umgebung von Tennstädt wildwachsenden und kultivierten phanerogamischen Pflanzen nebst einigen Kryptogamen und Algen" bekannt, welches in den Jahren 1884 und 1885 in der „Irmischia" erschien. In den Jahren 1838 oder 1839 hatte er noch *Allium strictum* im Kyffhäusergebirge gefunden (PETRY 1889). Auch die „Flora von Halle" (1848 und 1856) von Friedrich August **Garcke*** (1819 bis 1904) beschränkte sich nicht nur auf die unmittelbare Umgebung von Halle, sondern erfasste teilweise sehr weit entfernte Gebiete. Sie war das Ergebnis zahlreicher botanischer Fußwanderungen ihres Verfassers. Nach Westen hin reicht ihr Bearbei-

---

1) Carl August Ferdinand **Otto**: geb. am 3. Mai 1810 in Rudolstadt; beschäftigte sich schon von frühester Jugend an mit den Naturwissenschaften; promovierte im Jahre 1831 in Würzburg zum Dr. med.; bemühte sich besonders um das Rudolstädter Naturalienkabinett, zu dessen Kustos er 1833 ernannt wurde; gehörte zu den ersten Botanikern, die durchweg sehr konkrete Fundorte aus dem Kyffhäusergebiet aufführten; er starb am 12. Februar 1872 in Rudolstadt.

13

tungsgebiet bis in die Kyffhäuserregion (z. B. Artern, Kachstedt und Borxleben).

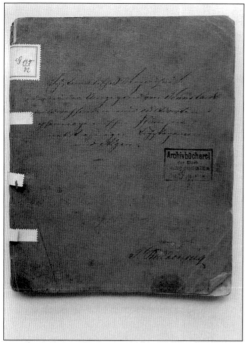

Im Jahre 1873 erschien mit der „Flora Hercynica" das botanische Hauptwerk von Ernst **Hampe*** (1795 bis 1880). Dieses war bis in die Gegenwart hinein ein Standardwerk für den Harz und ist einer der wichtigsten Meilensteine der Erforschung dieses Mittelgebirges. Es enthält zahlreiche Fundortsangaben aus dem Südharzgebiet (u. a. Ilfeld, Niedersachswerfen, Neustadt, Alter Stolberg, Questenberg) und reicht damit weit in das Kyffhäusergebiet. Schon 1836 hatte Hampe einen „Prodromus Florae Hercyniae oder Verzeichniss der in dem Harzgebiete wildwachsenden Pflanzen" verfasst. Leider hatte er eine im Jahre 1834 von Wallroth vorgeschlagene gemeinsame Bearbeitung der Harzflora aus nicht ganz einsichtigen Gründen abgelehnt, so dass es zu keiner fruchtbaren Zusammenarbeit beider Botaniker kam (KISON & SACHER 1995).

Abb. 6: Handschriftliches Manuskript (Titelblatt) von F. Buddensieg, „Systematisches Verzeichniß ..."

Wesentliche Impulse zur Erforschung der Flora Nordthüringens gingen von der Universität Göttingen aus, die sich die Aufgabe gestellt hatte, die Pflanzenwelt der Hannoverschen Lande am Südharz umfassend zu erforschen. Bereits 1738 führte A. von Haller eine erste Exkursion mit Studenten in den Harz durch (WAGENITZ & ECK 1993). Sein Nachfolger Johann Gottfried **Zinn*** (1727 bis 1759), der die Flora des Harzes und des Alten Stolbergs kannte, war der Erste gewesen, der die Nomenklatur Linnés, wenn auch noch nicht voranstellte, so doch mit verwandte. „Da Zinn bei der Aufzählung der Pflanzen auf 'Kreiden- und Gypsfelsen' ohne Zweifel, wie die Aufzählung von *Allium montanum, Gypsophila fastigiata, Laserpitium latifolium, Libanotis montana, Asperula tinctoria* u. a. m. erkennen lässt, in erster Linie an den Alten Stolberg gedacht hat, ist er der Erste gewesen, durch den Teile der heimatlichen Vegetation unter Verwendung pflanzengeographischer Gesichtspunkte betrachtet worden sind" (WEIN 1937). Auch Georg Franz **Hoffmann** (1760 bis 1826), von 1792 bis 1804 ordentlicher Professor für Medizin und Botanik und Direktor des Botanischen Gartens in Göttingen, erwähnt in seinen Schriften *Asperula cynanchica* vom Alten Stolberg, *Centaurea pseudophrygia* und *Cynoglossum germanicum* von Ilfeld sowie *Carex humilis, Gypsophila fastigiata* und *Lactuca quercina* von Steigerthal. „Wenn aber Nordhausen als Fundort von *Myrica gale*, [...], *Melittis melissophyllum*, [...] und *Artemisia maritima* angegeben worden ist, so kann damit nur ein Gebiet in einem größeren Umkreise um die alte Reichsstadt verstanden worden sein" (WEIN 1937). Hoffmann, der sich schon in seiner Dissertation mit den Flechten beschäftigt hatte, arbeitete besonders über Pilze und Flechten. Pilze sammelte er auch in den Bergwerken des Harzes. Er war es, der J. W. von

14

Goethe mit den Kryptogamen „näher bekannt“ machte (WAGENITZ 1988; FRAHM & EGGERS 2001; WAGENITZ 2003). Der unter Hoffmann vernachlässigte Botanische Garten zu Göttingen wurde unter Heinrich Adolph **Schrader*** (1767 bis 1836) wesentlich erweitert und vorbildlich geführt. Schrader beschäftigte sich ebenfalls mit der Flora des Hannoverischen Anteils des südlichen Harzvorlandes, von wo er Pflanzen von Ilfeld, von Steigerthal und vom Alten Stolberg aufführt (WEIN 1937). Die „Chloris Hanoverana“ (1836), herausgegeben vom Göttinger Professor für Forstwissenschaften Georg Friedrich Wilhelm **Meyer*** (1782 bis 1856) berücksichtigte die Pflanzenwelt der damaligen Grafschaft Hohnstein, die zum Königreich Hannover gehörte. Sie wurde von T. Irmisch wegen ihrer mangelhaften Angaben für die Gebiete am Südharz eingehend kritisiert. Auch Meyers in Göttingen erschienene „Flora Hanoverana excursoria“ (1849) schließt den Harz und Nordthüringen mit ein. Weitere wichtige Florenwerke niedersächsischer Botaniker, die den Südharz um Nordhausen mit umfassen, waren die „Flora der Provinz Hannover“ (1897) des Hannoverschen Apothekers Wilhelm **Brandes*** (1834 bis 1916) und die „Flora von Südhannover“ (1901) des Göttinger Botanikprofessors Albert **Peter*** (1853 bis 1937).

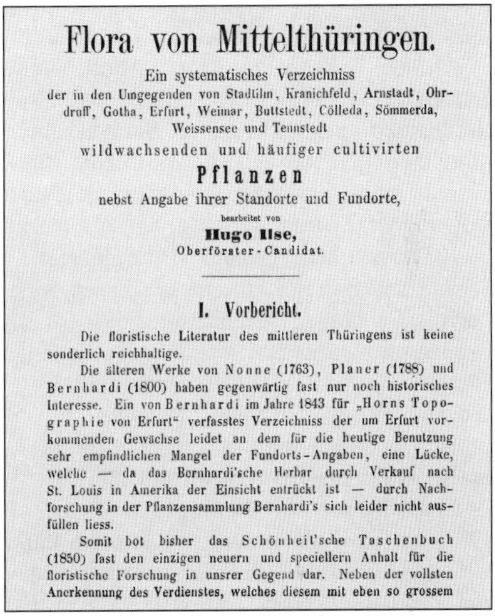

Flora von Mittelthüringen.

Ein systematisches Verzeichniss
der in den Umgegenden von Stadtilm, Kranichfeld, Arnstadt, Ohrdruff, Gotha, Erfurt, Weimar, Buttstedt, Cölleda, Sömmerda, Weissensee und Tennstedt
wildwachsenden und häufiger cultivirten
Pflanzen
nebst Angabe ihrer Standorte und Fundorte,
bearbeitet von
Hugo Ilse,
Oberförster - Candidat.

I. Vorbericht.

Die floristische Literatur des mittleren Thüringens ist keine sonderlich reichhaltige.

Die älteren Werke von Nonne (1763), Planer (1788) und Bernhardi (1800) haben gegenwärtig fast nur noch historisches Interesse. Ein von Bernhardi im Jahre 1843 für „Horns Topographie von Erfurt“ verfasstes Verzeichniss der um Erfurt vorkommenden Gewächse leidet an dem für die heutige Benutzung sehr empfindlichen Mangel der Fundorts-Angaben, eine Lücke, welche — da das Bernhardi'sche Herbar durch Verkauf nach St. Louis in Amerika der Einsicht entrückt ist — durch Nachforschung in der Pflanzensammlung Bernhardi's sich leider nicht ausfüllen liess.

Somit bot bisher das Schönheit'sche Taschenbuch (1850) fast den einzigen neuern und speciellern Anhalt für die floristische Forschung in unsrer Gegend dar. Neben der vollsten Anerkennung des Verdienstes, welches diesem mit eben so grossem

Abb. 7: „Flora von Mittelthüringen“ von H. ILSE (1866)

Im Jahre 1866 verfasste der damalige Oberförster-Kandidat Hugo **Ilse*** (1835 bis 1900) seine „Flora von Mittelthüringen“, deren Untersuchungsgebiet weit in die Kyffhäuserregion hineinreicht. Er nennt für Mittelthüringen insgesamt 1151 „wildwachsende oder meistens völlig eingebürgerte“ Phanerogamen und Gefäßkryptogamen. Gewährsmann dieser Flora war u. a. August **Haertel**** (? bis ?), der vor allem um Roßleben botanisierte. Bereits wenige Jahre später (1871) erschienen die „Beiträge zur Flora von Thüringen“ des Apothekers und Sammlungsreisenden Carl **Haussknecht*** (1838 bis 1903) in den „Verhandlungen des Botanischen Vereins für die Provinz Brandenburg“. Aus Nordthüringen übernahm er zahlreiche Funde von Irmisch, gibt aber für Mittelthüringen und die Randzonen des Kyffhäusergebirges, insbesondere aus dem Raum Artern – Bretleben – Sachsenburg, eine Vielzahl eigener Funde an. Leider umfassten diese „Beiträge...“ nur einen Teil der Pflanzenfamilien. Später wurde Haussknecht nicht zuletzt durch den Bau eines Herbarhauses (Herbarium Haussknecht) bekannt, das am 18. Oktober 1896 in Weimar eingeweiht wurde. Eine „Flora von Thüringen“ (1875) verfasste Heinrich **Vogel** (1843 bis 1920), Lehrer in Markneukirchen (Vogtland), wobei er die bisher erschienenen „verschiedenen Floren einzelner Gegenden Thüringens, eine Reihe von Abhandlungen in Zeit- und Vereinsschriften und zahlreiche Privatmittheilungen gewissenhaft“ benutzte. [Nach HARDTKE et al. (2004) könnte diese Flora auch von einem Namensvetter herausgebracht worden sein.]

Abb. 8: Ludwig Möller (1820–1877)

In der 2. Hälfte des 19. Jahrhunderts erfreuten sich die Naturwissenschaften, insbesondere die naturwissenschaftliche Heimatforschung, immer größerer Beliebtheit. Aus diesem Grunde kam es am 11. November 1876 zur Gründung des Naturwissenschaftlichen Vereins zu Nordhausen. Ein Hauptziel seiner Tätigkeit war die Zusammenstellung eines dem damaligen „Standes der Wissenschaft entsprechendes und zugleich dem Laien Rechnung tragendes Pflanzenverzeichnis", wie es die Nachbarstädte Sondershausen, Mühlhausen [Eine „Flora von Nordwest-Thüringen" wurde im Jahre 1873 vom Mühlhäuser Lehrer Ludwig **Möller**[2] veröffentlicht], Erfurt, Göttingen und Halle seit geraumer Zeit schon besaßen. Diese Aufgabe wurde im Jahre 1886 mit der Herausgabe der „Flora von Nordhausen und der weiteren Umgebung" vom Rentner Adolf **Vocke*** (1821 bis 1901) und vom Lehrer Carl **Angelrodt*** (1845 bis 1913) gelöst. Diese Flora „umfasst den größten Teil des Unterharzes, Nordhausen, die Goldene Aue, Sondershausen und den Kyffhäuser, einzelne Gegenden von Mittelthüringen, Allstedt, die Grafschaft Mansfeld usw. Bei der Aufzählung der [...] Standorte sind keinerlei pflanzengeographische Gesichtspunkte befolgt. Von der großen Menge der aufgeführten Ziergewächse werden sehr viele im Gebiete gar nicht gebaut" (SCHULZ 1888).

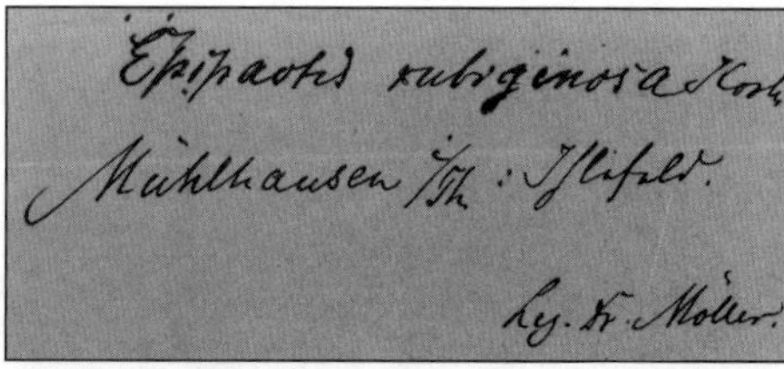

Trotz der genannten kleineren Schwächen ist dieses Florenwerk für jeden floristisch tätigen Heimatforscher im Großraum Nordhausen noch heute sehr nützlich. Gewährsleute waren neben Buddensieg, Garcke, Hampe, Haussknecht, Irmisch, auch der Rentner Clemens **Lammers*** (1806 bis 1893) aus Rottleben, der Gymnasiallehrer Carl **Lebing*** (1839 bis 1907) aus Sangerhausen, der Kustos am Landwirtschaftlichen Institut in Halle Gustav **Oertel*** (1834 bis 1908), der Revierförster Gustav **Schmiedtgen*** (1839 bis 1911) aus Bendeleben, der Lehrer Richard **Staritz**** (1851 bis 1922) aus Eisleben und der Kantor Hermann **Sterzing*** (1843 bis 1910) aus Großfurra. Verwandt mit H. Sterzing war der Oberlehrer Julius **Sterzing**** (1820 bis 1909), der sich vor allem für Pilze interessierte. Der spätere Rechnungsrat in Minden, Gustav **Wenzel*** (1860 bis 1932) aus Großwechsungen, sammelte

Abb. 9: Handschriftliches Herbaretikett von L. Möller

---

2) Ludwig **Möller**: geb. am 18. Juni 1820 in Bindersleben bei Erfurt; nach seiner Universitätsausbildung ging er 1843 nach Mühlhausen und erhielt eine Anstellung als Oberlehrer an der dortigen Mädchen-Bürgerschule; schon vor 1873 war er von einer Nervenlähmung befallen, die ihn hinderte, seine Wohnung zu verlassen; 1873 erschien sein botanisches Hauptwerk, die „Flora von Nordwest-Thüringen"; er starb am 22. Januar 1877 in Mühlhausen (ROMMEL 2002). Möller erstellte außerdem eine unveröffentlichte „Flora Berkiana 1869", die er dem Amtsphysikus und Badearzt, Dr. Ebert, zu Bad Berka an der Ilm aus Liebe und Dankbarkeit gewidmet hat. Hierin benennt er 345 Pflanzenarten aus Bad Berka und dessen unmittelbarem Umfeld mit Fundorten und legt gleichzeitig zu einem Großteil der Pflanzen einen Beleg bei (Exsikkaten-Werk). J. Pusch sah dieses Werk 1997 bei Diethard Weber (Bad Berka, 1997 verstorben), der es sich von einer nicht genannt wollenden Person in Bad Berka ausgeliehen hatte. Wo sich dieses Werk heute befindet, ist leider unklar.

um 1878/79 im Kyffhäusergebiet. Bereits 1880 erschien in Nordhausen „Das Kyffhäuser-Gebirge in mineralogischer, geognostischer und botanischer Beziehung" von Leonhard Volkmar **Baltzer*** (1847 bis 1885). Der botanische Teil dieser Arbeit „enthält von S. 45–169 eine sehr unzuverlässige und lückenhafte Aufzählung der Pflanzen des Kyffhäusergebirges" (SCHULZ 1888). Der Nordhäuser Gymnasiallehrer Arthur **Petry*** (1858 bis 1932) hingegen war einer der besten Kenner der Flora des Kyffhäusergebirges und Nordthüringens. In seiner Dissertation „Die Vegetationsverhältnisse des Kyffhäuser Gebirges" (Halle 1889) und in seiner leider nur wenig bekannten Studie „Beiträge zur Kenntnis der heimatkundlichen Pflanzen- und Tierwelt. I. Teil: Über Naturdenkmäler und Verbreitungsgrenzen in der Umgebung von Nordhausen" (1910) hat Petry die Verbreitungslinien der xerothermen und boreal-montanen Leitpflanzen des Kyffhäusergebirges und des südlichen Harzvorlandes umfassend dargestellt. Bemerkenswert ist, dass er (etwa um 1910) in einem Handexemplar der „Flora von Nordhausen und der weiteren Umgebung" (VOCKE & ANGELRODT 1886) handschriftliche Eintragungen vornahm. Diese Notizen wurden im Jahre 1979 von Stephan Rauschert veröffentlicht und enthalten sehr wertvolle Ergänzungen und Bemerkungen zur Flora des gesamten Nordthüringer Raums.

In der 2. Jahreshälfte 1880 gründete der Sondershäuser Gymnasiallehrer Gotthelf **Leimbach*** (1848 bis 1902) den Botanischen Verein „Irmischia" für das nördliche Thüringen (Ende 1881 wurde der Name in Botanischer Verein für Thüringen „Irmischia" umbenannt), der eine gründliche (planmäßige) allseitige Erforschung der Flora zunächst für das nördliche Thüringen auf seine Fahnen geschrieben hatte. Mitglieder waren viele der o. g. Gewährsleute von VOCKE & ANGELRODT (1886), aber auch zahlreiche Floristen aus dem gesamten Thüringen, so z. B. Lehrer Ludwig **Besthorn**** (1833 bis 1921), Apotheker Christian **Hesse*** (1841 bis 1916), Gymnasiallehrer Ludwig **Grube-Einwald**** (1855 bis 1913), Seminarlehrer Eduard **Gunkel*** (1846 bis 1935) und Oberförster Friedrich **Steinmann*** (1827 bis 1889). Angelrodt, Petry und Vocke gehörten ebenfalls der „Irmischia" an. Garcke und Kützing wurden zu Ehrenmitgliedern ernannt. Botaniker aus Artern waren recht spät vertreten – als 195. und 196. Mitglied traten Apotheker L. **Sondermann**** (1824 bis ?) und Rektor Albert

DIE VEGETATIONSVERHÄLTNISSE

DES

KYFFHÄUSER GEBIRGES.

INAUGURAL-DISSERTATION

DER

PHILOSOPHISCHEN FACULTÄT

DER VEREINIGTEN

FRIEDRICHS-UNIVERSITÄT HALLE-WITTENBERG

VORGELEGT

VON

ARTHUR PETRY,

DR. PHIL.

HALLE A. S.

VERLAG VON TAUSCH & GROSSE.

1889.

Abb. 10: Titelblatt von PETRY (1889) „Die Vegetationsverhältnisse des Kyffhäuser Gebirges"

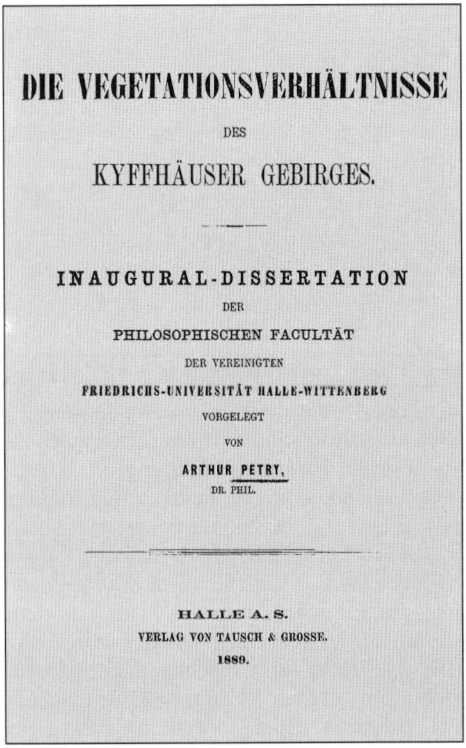

Bösel* (1834 bis 1920) in die „Irmischia" ein. Der Pfarrer Georg **Evers*** (1837 bis 1916) veröffentlichte zwar kleinere Beiträge im Korrespondenzblatt der „Irmischia", war aber unseres Wissens kein Mitglied dieses Vereins. Der Schriftführer der „Irmischia", der Sonderhäuser Realschullehrer Günther **Lutze*** (1840 bis 1930), brachte im Jahre 1892 die „Flora von Nord-Thüringen" heraus.

Herbarium Haussknecht.

Flora

von

Nord-Thüringen.

Mit Bestimmungstabellen

zum Gebrauche

auf Exkursionen, in Schulen und beim Selbstunterrichte.

Bearbeitet

von

G. Lutze.

Sondershausen.
Druck und Verlag von Fr. Aug. Eupel.
1892.

Abb. 11: „Flora von Nord-Thüringen" von LUTZE (1892)

Diese behandelt neben den Schwarzburgischen Landesteilen auch weite Gebiete Nordthüringens. Berücksichtigt sind sämtliche wildwachsenden Phanerogamen und Gefäßkryptogamen, daneben wurden alle Kulturpflanzen und zahlreiche Zierpflanzen in Kleinschrift aufgeführt. Neben Irmisch und Vocke sind als Gewährsleute vor allem Buddensieg, Evers, Haussknecht, Lammers, Petry, Schmiedtgen und H. Sterzing zu nennen.

Am 20. Oktober 1881 beschlossen in Neudietendorf etwa 30 Mitglieder der „Irmischia", u. a. aus Erfurt, Weimar, Jena und Gotha, sich in einer besonderen „Sektion Erfurt" zu sammeln, um auch den vom Zentralpunkt Sondershausen weit entfernten Vereinsmitgliedern gemeinsame botanische Arbeit und Anregung zu ermöglichen. Am 10. Dezember 1881 fand ebenfalls in Neudietendorf eine erste Sitzung der neu gegründeten Sektion statt, auf der Haussknecht zum Vorsitzenden gewählt wurde. Alle diese Vorgänge konnten nicht im Sinne des kleinbürgerlichen Leimbach sein, der weiterhin am Zentralpunkt Sondershausen und die Beschränkung des Vereinsgebietes auf Nordthüringen festhielt. Die „Irmischia" wirklich zu einem „Botanischen Verein für Thüringen" werden zu lassen, war nunmehr das Hauptziel der Männer, in deren Händen die Führung der „Sektion Erfurt" lag. Für die Leitung einer solchen Organisation konnte aber in deren Augen Leimbach nicht der geeignete Mann sein, zumal es ihm an sicheren Kenntnissen der thüringischen Flora fehlte. Im Gegensatz dazu besaß Haussknecht ausgezeichnete botanische Kenntnisse, die er u. a. auf seinen Forschungsreisen erworben hatte. Nicht zuletzt auch deshalb sprach sich die „Sektion Erfurt" für eine Verlegung des Sitzes der „Irmischia" nach Erfurt oder Weimar aus. Auf Drängen zahlreicher Mitglieder kam es schließlich auf der letzten Sitzung der „Sektion Erfurt" am 12. November 1882 in Erfurt zur Gründung eines selbstständigen „Botanischen Vereins für Gesamt-Thüringen", der am 19. Mai 1891 den Namen „Thüringischer Botanischer Verein" erhielt. Die „Irmischia" hingegen sank, nachdem Leimbach einen Ruf nach Arnstadt angenommen hatte, zu einem unbedeutenden, auf Arnstadt beschränkten Verein herab, der wenige Jahre nach dem Tod seines Gründers einging (WEIN 1933; MEYER 1984). Mit dem Niedergang der Sondershäuser „Irmischia" wurden viele ihrer Mitglieder (z. B. Lutze, Oertel, Petry, Schmiedtgen) vom Botanischen Verein für Gesamt-Thüringen übernommen. Erst später traten (in den Thüringischen Botanischen Verein) u. a. ein: der Lehrer und Veilchenspezialist

Wilhelm **Becker*** (1874 bis 1928) aus Wettelrode, der Lehrer und Diatomeen-Forscher Ernst **Bradler*** (1877 bis 1954) aus Erfurt, der Kanalinspektor Friedrich **Breitenbach*** (1865 bis 1925) aus Artern, der Gymnasiallehrer Edmund **Döring*** (1860 bis 1938) aus Sondershausen, der Salinensekretär Franz **Kappel*** (1855 bis 1909) aus Artern, der Lehrer Louis **Oßwald*** (1854 bis 1918), der Gymnasiast Ferdinand **Quelle*** (1876 bis 1963), der Rechnungsrat Carl **Riemenschneider**** (1858 bis 1918), ferner Lehrer Carl Angelrodt und Rentner Adolf Vocke (letztere alle aus Nordhausen). Der Lehrer Wilhelm **Rudolph*** (1841 bis 1913) aus Erfurt war schon 1882 Mitglied des Botanischen Vereins für Gesamt-Thüringen geworden (Mitt. Thüring. Bot. Ver. 20; IV–VI; 1904/05). Einer der Schriftführer des Thüringischen Botanischen Vereins (seit 1900) war Bernhard **Hergt*** (1858 bis 1920), der u. a. eine wichtige Arbeit über die Farne Thüringens verfasste, in der auch zahlreiche Nachweise aus dem Kyffhäusergebiet genannt sind. Ebenfalls Mitglied des Vereins war der Lehrer an der Landesschule Pforta, Ernst **Sagorski** (1847 bis 1929), der sich besonders mit den Rosen in der Umgebung von Naumburg, aber auch des Kyffhäusergebietes beschäftigte.

Vom Beginn des 20. Jahrhunderts bis zum 2. Weltkrieg

Nach dem Tode Haussknechts am 7. Juli 1903 wurde der Gärtner und Orientbotaniker Joseph **Bornmüller*** (1862 bis 1948) zum neuen Vorsitzenden des Thüringischen Botanischen Vereins gewählt. Er unternahm eine Vielzahl von Forschungsreisen u. a. auf den Balkan, nach Vorderasien und Nordafrika, die er mit dem Verkauf des Sammelmaterials finanzierte. In zahlreichen Veröffentlichungen (besonders in den Mitt. Thüring. Bot. Vereins) beschrieb er eine Vielzahl neuer Arten zur Flora des Balkans und des Orients. Aber auch die Flora seiner näheren Heimat interessierte ihn durchaus. So botanisierte er oft auch im Kyffhäusergebirge und fand z. B. als Erster (1882) *Orobanche artemisiae-campestris* an der Sommerwand westlich der Ruine Rothenburg. Ein langjähriges Mitglied des Thüringischen Vereins war der außerordentliche Professor für Botanik an der Universität Halle, August **Schulz*** (1862 bis 1922), dessen Name aufs Engste mit der Erforschung der thüringischen Flora

Abb. 12: Oscar Drude (1852–1933)

verbunden ist (BERNAU 1933). Er veröffentlichte zahlreiche Abhandlungen in den „Mitteilungen des Thüringischen Botanischen Vereins" über die Flora des Kyffhäusergebietes. Bereits um 1885 plante er gemeinsam mit Gustav Oertel die Herausgabe einer „Flora von Thüringen und der angrenzenden Gegenden" [Irmischia 5(10): 73 und 80; 1885], die aber niemals fertig gestellt wurde. Mit dem späteren Professor und Direktor des Geologisch-Paläontologischen Institutes der Universität Kiel, Ewald **Wüst*** (1875 bis 1934), unternahm Schulz im Jahre 1895 eine botanische Exkursion in den Raum Roßla und Sangerhausen, die eine Vielzahl neuer Pflanzenfunde brachte. In seiner Arbeit „Der hercynische Florenbezirk" (1902) erläuterte Oscar **Drude**[3] die Grundzüge der Pflanzenverbreitung für den herzynischen Raum. Fundortsangaben zu bestimmten Arten sind eher allgemein gehalten und werden zumeist nur dann aufgeführt, wenn sie hinsichtlich der Verbreitungsgrenzen dieser Pflanzen von Bedeutung sind. So werden u. a. die Verbreitungslinien thüringischer Charakterarten der Hügelformationen aufgezeigt. Drude nennt *Amelanchier ovalis, Carduus defloratus, Centaurea montana, Cynoglossum germanicum, Erysimum odoratum, Euphorbia amygdaloides, Helleborus viridis, Linum tenuifolium* und *Phleum paniculatum* für das Kyffhäusergebirge als fehlend; alles Arten, die für Nordwestthüringen charakteristisch sind.

In der ersten Hälfte des 20. Jahrhunderts erreichte die floristische und vegetationskundliche Erforschung des Kyffhäusergebirges und seiner Randzonen mit Kurt **Wein*** (1883 bis 1968), Ernst **Kaiser*** (1885 bis 1961) und Hermann **Meusel*** (1909 bis 1997) einen neuen Höhepunkt.

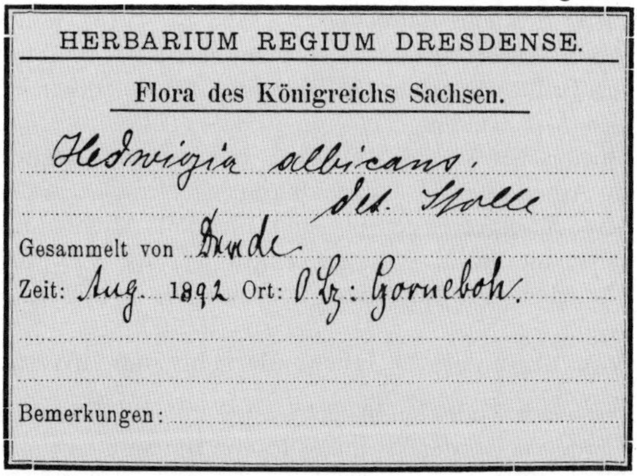
HERBARIUM REGIUM DRESDENSE.

Flora des Königreichs Sachsen.

Hedwigia albicans.

det. Stolle

Gesammelt von Drude

Zeit: Aug. 1892 Ort: O.Lz: Gorneboh.

Bemerkungen:

Abb. 13: Handschriftliches Herbaretikett von O. Drude

Kurt Wein, der im Jahre 1904 dem Thüringischen Botanischen Verein beitrat, gehörte zu den besten Kennern der Flora des herzynischen Raums. In seinen Veröffentlichungen hat er eine Vielzahl floristischer Neufunde aus Nordthüringen und des Harzes zusammengetragen. Er besaß ausgezeichnete Kenntnisse der vorlinnéischen Literatur und schrieb zahlreiche Arbeiten zur Geschichte der Botanik. Ein weiterer Forschungskomplex von Wein befasste sich mit der Einbürgerungsgeschichte fremdländischer Garten- und Kulturpflanzen. Gemeinsam mit dem pensionierten Postbeamten und bekannten Adventivfloristen Richard **Scheuermann*** (1873 bis 1949), der aus Mecklenburg stammte, verfasste er im Jahre 1938 eine Arbeit über die Gartenunkräuter Nordhausens. Auch Ernst Kaiser trat im Jahre 1904 dem Thüringischen Botanischen Verein bei. In seinen Veröffentlichungen, die sich auf ganz Thüringen beziehen, bringt er aus dem Kyffhäusergebirge und dessen Umgebung zahlreiche bemerkenswerte Pflanzenfunde. Besonders zu erwähnen ist ein Fund von *Viola ambigua* vom Falkenburg-Massiv, der wohl auf Kurt Wein zurückgeht und der bis jetzt nicht wieder bestätigt werden konnte. Nach dem 2. Weltkrieg unternahm Kaiser mehrere Exkursionen mit Paul **Rabitz*** (1888 bis 1977), der sich auf heimische Orchideen spezialisiert hatte. Auch der Lehrer Hermann **Müller*** (1891 bis 1984) interessierte sich besonders für die heimischen Orchideen. Bereits 1933 bemühte sich Studienrat Franz **Heidelck**** (1891 bis 1961) um die Ausweisung der Georgshöhe am Nordrand von Bad Frankenhausen als Naturschutzgebiet. Zu den Heimatforschern, die in der Zeit vor und während des 2. Weltkrieges im Kyffhäusergebirge und dessen Umgebung

---

3) Oscar **Drude**: geb. am 5. Juni 1852 in Braunschweig als Sohn eines Arztes; Studium in Braunschweig und Göttingen; 1874 Promotion mit der Dissertation: „Die Biologie von *Monotropa Hypopitys* L. und *Neottia Nidus avis* L. unter vergleichender Hinzuziehung anderer Orchideen" bei F. G. Bartling zum Dr. phil.; 1873 bis 1879 Assistent am Herbarium der Universität Göttingen; Habil. Vorlesung (vom 19. Februar 1876): „Die Anwendung physiologischer Gesetze zur Erklärung der Vegetationslinien", Göttingen 1876; 1876 bis 1879 Privatdozent für Botanik in Göttingen; ab 1879 ordentlicher Professor der Botanik am Polytechnikum (Technische Hochschule) in Dresden, wo er den Botanischen Garten neu anlegte; im Jahre 1879 wurde er Mitglied der Leopoldina und im Jahre 1907 ordentliches Mitglied der Sächsischen Akademie der Wissenschaften; Hauptwerke: „Handbuch der Pflanzengeographie" (1890), „Der hercynische Florenbezirk" (1902) und „Ökologie der Pflanzen" (1913); er starb am 1. Februar 1933 in Bühlau bei Dresden (WAGENITZ 1988).

botanisierten, ist auch Ernst **Apel**[4] zu rechnen.

Hermann Meusel war im Jahre 1932 seinem Lehrer Wilhelm **Troll*** (1897 bis 1978) von München nach Halle gefolgt. Er wurde vor allem durch seine Habilitationsschrift „Die Vegetationsverhältnisse der Gipsberge im Kyffhäuser und im südlichen Harzvorland" (1939) bekannt. Er widmete diese Abhandlung dem süddeutschen Pflanzengeographen Robert Gradmann und dem Andenken Arthur Petrys. Die zahlreichen hier mit abgedruckten Vegetationsaufnahmen und Verbreitungskarten liefern zugleich eine Fülle von Fundortsangaben bemerkenswerter Arten. Unterstützung bei seinen Freilanduntersuchungen fand er durch zahlreiche Lokalfloristen, u. a. durch Kurt Wein, Johannes [Hans] **Hartmann*** (1902 bis 1944) aus Oberbösa und Karl **Kellner*** (1905 bis 1988) aus Nordhausen. Ebenfalls im Jahre 1939 erschienen die „Vegetationskundlichen Untersuchungen der Halophytenflora binnenländischer Salzstellen im Trockengebiet Mitteldeutschlands" von Carl **Altehage*** (1899 bis 1970) und dem Chemiker B. **Rossmann** (? bis ?) aus Wiesbaden. Dabei wurde schwerpunktmäßig die Halophytenvegetation Nordthüringens (Umgebung von Artern, Esperstedter Ried, Numburg) in ihrer zonenmäßigen Gliederung festgestellt und gleichzeitig durch Entnahme von Bodenproben die NaCl-Konzentration der Bodenlösung berechnet.

Im Jahre 1927 übernahm Otto **Schwarz*** (1900 bis 1983) den Vorsitz des Thüringischen Botanischen Vereins. Da er zu dieser Zeit noch in Berlin studierte, gab er den Vorsitz im Jahre 1928 wieder ab. Er unternahm bereits als Schüler Exkursionen mit J. Bornmüller, an denen sich auch seine Freunde Kurt **Branco*** (1904 bis 1969) und Werner **Rothmaler*** (1908 bis 1962) beteiligten (MEYER 1984). Schwarz wurde später besonders durch sein Buch „Thüringen, Kreuzweg der Blumen" (1952) bekannt, das sich an weite Kreise der Bevölkerung wandte. Unter seiner Leitung kam es in den Jahren 1949/50 zur Überführung des Herbarium Haussknecht von Weimar nach Jena. Als sich im November 1947 der Thüringische Botanische Verein unter dem Namen „Thüringische Botanische Gesellschaft" neu konstituierte, wurde Schwarz zum Vorsitzenden gewählt. Dieses Amt übergab er im Jahre 1967 an Friedrich Karl **Meyer*** (geb. 1926), den langjährigen Kustos des Herbarium Haussknecht in Jena. Trotz des 2. Weltkrieges kam die floristische Geländearbeit in unserer näheren Heimat nicht zum Erliegen. So erschienen in den Jahren vor und während des 2. Weltkrieges unter der Leitung von H. Meusel insgesamt sechs Reihen der Verbreitungskarten mitteldeutscher Leitpflanzen. Zwischen 1939 und 1945 erschienen sowohl in der „Hercynia" als auch in den „Mitteilungen des Thüringischen Vereins" mehrere Beiträge zur Flora Thüringens und des Kyffhäusergebietes, u. a. von K. Branco, H. Hartmann und W. Troll.

Die Zeit nach dem 2. Weltkrieg (1945) bis zur Gegenwart

Nach 1945 gehörte Stephan **Rauschert*** (1931 bis 1986) zu den bedeutendsten Floristen des mitteldeutschen Raums, der bereits als Oberschüler der Thüringischen Botanischen Gesellschaft angehörte und Exkursionstagebücher (ab 1948) führte. Ihm ist es zu verdanken, dass zwischen 1960 und 1983 eine Vielzahl von bemerkenswerten Arten neu aufgefunden oder bestätigt werden konnte. Etwa zur gleichen Zeit botanisierten die Lehrer Siegfried **Lange***

---

4) Ernst Apel: geb. 4. Oktober 1894 in Milbitz bei Stadtilm als Sohn eines Pfarrers; arbeitete nach dem 1. Weltkrieg im Bad Frankenhäuser Finanzamt; galt unter den damaligen Zeitgenossen als bester Frankenhäuser Florist, der viel im Kyffhäusergebiet exkursierte, jedoch nichts veröffentlichte; nach 1945 verschollen.

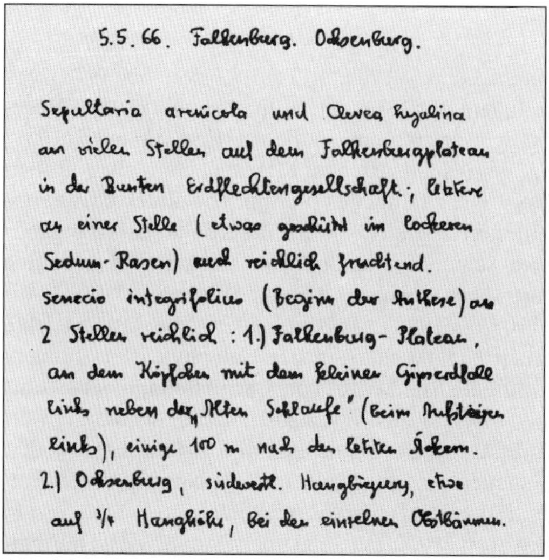

5.5.66. Falkenburg. Ochsenburg.

Sepultaria arenicola und Clevea hyalina
an vielen Stellen auf dem Falkenburgplateau
in der Bunten Erdflechtengesellschaft; letztere
an einer Stelle (etwas geschützt im lockeren
Sedum-Rasen) auch reichlich fruchtend.
Senecio integrifolius (Beginn der Anthese) an
2 Stellen reichlich : 1.) Falkenburg-Plateau,
an dem Köpfchen mit dem kleinen Gypserdfall
links neben der alten Schlaufe" (Beim Aufstieg
links), einige 100 m nach der letzten Felsen.
2.) Ochsenburg, südwestl. Hangbiegung, etwa
auf ¼ Hanghöhe, Bei den einzelnen Ostkämmen.

Abb. 14: Auszug aus einem Exkursionsbuch von S. Rauschert

(geb. 1927), Kurt **Reinhardt*** (geb. 1924), Werner **Schroeter*** (1922 bis 1992), Ernst **Stiede*** (geb. 1926) und Richard **Zeising*** (1929 bis 1979) im Kyffhäusergebirge, in der Hainleite und im Südharzvorland. Sie gehörten größtenteils der Arbeitsgemeinschaft „Herzynische Floristen" an, deren Mitglieder sich das Ziel gesetzt hatten, auf Messtischblattquadranten-Basis einen Verbreitungsatlas der Farn- und Blütenpflanzen der DDR zu erstellen. Hierzu gehört auch der Kirchenmusiker Karl H. **Schubert*** (geb. 1926) aus Sömmerda, der durch den Leubinger Pfarrer Berthold **Würzburg**** (1894 bis 1966) in die heimatliche Flora um Sömmerda eingeführt wurde. Bereits um 1955 begann die Bad Frankenhäuser Museums-Direktorin, Liselotte **Pflaumbaum*** (1917 bis 1998), ein Herbarium mit Pflanzen des Kyffhäusergebirges und der Hainleite anzulegen und Klaus **Helmecke*** (geb. 1939) führte Mitte der 60er Jahre im Rahmen seiner Diplomarbeit bzw. Dissertation soziologisch-ökologische Untersuchungen im NSG „Ochsenburg-Ziegelhüttental" durch. Im Jahre 1961 erschienen die „Botanischen Exkursionen im Ostharz und im nördlichen Thüringen", wobei Rudolf **Schubert**[5] den Abschnitt „Die Kattenburg und Ochsenburg am Südrand des Kyffhäusers" (S. 29–37) verfasste. Andreas **Buhl**[6] war maßgeblich an der Herausgabe der Verbreitungskarten mitteldeutscher Leitpflanzen beteiligt. Im Rahmen seiner Dissertation kartierte er auch im Kyffhäusergebiet. Ein bedeutender Pflanzensammler im Kyffhäusergebiet (und ganz Mitteldeutschland) war Klaus **Werner**[7], der uns in Vorbereitung unserer

---

5) Rudolf **Schubert**: geb. am 26. August 1927 in Kobitzschwalde/Vogtl.; 1946 bis 1950 Studium der Biologie und Geographie an der Universität Halle; 1950 Staatsexamensarbeit: „Die Geschichte und die Pflanzenbesiedlung der Kupferschieferhalden in der früheren Grafschaft Mansfeld"; 1952 Promotion mit der Dissertation: „Die Pflanzengesellschaften der schwermetallhaltigen Böden des östlichen Harzvorlandes" bei W. Rothmaler an der Universität Halle zum Dr. rer. nat.; 1959 Habilitation mit der Schrift: „Die zwergstrauchreichen azidiphilen Pflanzengesellschaften Mitteldeutschlands" zum Dr. rer. nat. habil.; 1953 Oberassistent; 1954 Wahrnehmungsdozent; 1964 Professor mit Lehrauftrag; 1969 ordentlicher Professor für Botanik an der Universität Halle; seit September 1991 im Ruhestand; Mitherausgeber der Exkursionsflora von W. Rothmaler; verfasste Bestimmungsbücher (mit W. Hilbig und S. Klotz) der Pflanzengesellschaften Mittel- und Nordostdeutschlands (1995) bzw. Deutschlands (2001) sowie einen Prodromus der Pflanzengesellschaften Sachsen-Anhalts (2001); Mitglied der Leopoldina seit 1989 und der Leibniz-Sozietät seit 1993.

6) Andreas **Buhl**: geb. am 28. März 1935 in Bautzen; 1953 bis 1958 Studium der Biologie an der Universität Halle; Diplomarbeit: „Beitrag zur Kenntnis der Standorte heimischer Pyroloideen"; 1971 Promotion mit der Dissertation „Verbreitungskarten mitteldeutscher Leitpflanzen für den Bereich des Meßtischblattes 4835 und des unteren Unstrutgebietes" bei H. Meusel zum Dr. rer. nat.; 1959 bis 1973 hauptamtlicher Wissenschaftlicher Mitarbeiter am Kartierungszentrum der Arbeitsgemeinschaft Mitteldeutscher Floristen (Herzynischen Floristen); danach Wissenschaftlicher Mitarbeiter an der Universitäts- und Landesbibliothek Halle/Saale; seit April 2000 im Ruhestand; ab 1951 Pflege eines eigenen großen Herbariums (vor allem Gefäßpflanzen, Schwerpunkt Mitteldeutschland) mit weit über 40.000 Nummern.

Arbeit u. a. seine umfangreiche Kartei zu den Sammlern des Hallenser Herbars (HAL) zur Verfügung stellte. Rolf **Reuther*** (geb. 1926) befasste sich vor allem mit den endemischen Kleinarten des *Sorbus latifolia*-Aggregates. Hartmut* (geb. 1936) und Kuno **Hirschfeld**** (1900 bis 1973) sowie Ernst **Schneider** (geb. 1935) lieferten wichtige Fundortsangaben zu den Orchideen des Kyffhäusergebietes. Zahlreiche Pflanzen- und Pilzfunde aus dieser Zeit gehen auf Kurt **Engelmann*** (1908 bis 1995) zurück, der im Kyffhäusergebirge u. a. die Zipfel-Lorchel (*Gyromitra fastigiata*) nachweisen konnte.

Seitens des Institutes für Landschaftsforschung und Naturschutz Halle (ILN) verfasste Hugo **Weinitschke**[8] mehrere Arbeiten über die Waldgesellschaften bzw. Pflanzenverbreitung der Hainleite und Nordthüringens (1959, 1963 und 1965) und Werner **Westhus**[9] einen Beitrag zur Entstehung und Pflegebedürftigkeit der Solwiese im NSG „Schlossberg-Solwiesen" östlich von Auleben (1984), worin er u. a. auf historische und aktuelle Vorkommen mehrerer Salzpflanzen eingeht. Als Kustos und Kreisnaturschutzbeauftragten lag Friedrich **Ebel**[10] der Gedanke nahe, den Hallenser Botanischen Garten in die Bemühungen um die Erhaltung vom Aussterben bedrohter Pflanzen einzubeziehen. So wurde Saatgut und Stecklingsmaterial am natürlichen Standort gesammelt und die daraus im Botanischen Garten angezogenen Jungpflanzen an naturnahen Standorten wieder ausgebracht bzw. zum Aufbau von Erhaltungskulturen im Botanischen Garten verwendet. Da beide Methoden nur bedingt zum Erfolg führten, initiierte Ebel (2000) die Einrichtung eines Schutzgartens, in dem zahlreiche gefährdete Arten frei von Konkurrenzdruck in großer Individuenzahl erhalten werden können. Im Kyffhäusergebiet wurden von Ebel und S. Rauschert erfolgreiche „Rettungsmaßnahmen" vor allem für *Artemisia rupestris* und die Gipsform von *Pinguicula vulgaris* durchgeführt. Neben den Erhaltungskulturen in Halle und an der Kapenmühle (Biosphärenreservat „Mittlere Elbe") existieren vom Felsen-Beifuß neben der Ursprungspopulation derzeit noch drei Pflanzbeete am Arterner Solgraben. Die Umsiedlung von 7 Individuen des Gips-Fettkrautes (1979) von dem stark bedrohten Standort bei Stempeda an einen neuen, ökolo-

---

7) Klaus **Werner**: geb. am 19. November 1928 in Landeshut/Schlesien; 1948 bis 1954 Biologiestudium an der Universität Halle; Diplomarbeit (1954): „Die Wuchsformen der Gattungen *Isoplexis* LINDL. ex BENTH. und *Digitalis* L. – I. *Isoplexis* LINDL. ex BENTH."; 1961 Promotion mit der Dissertation „Wuchsform und Verbreitung als Grundlagen der taxonomischen Gliederung von *Digitalis* L." bei H. Meusel zum Dr. rer. nat.; als Leiter des Herbariums der Universität Halle kustodiale Tätigkeit seit 1954 zunächst als Wissenschaftlicher Assistent und ab 1959 als Wissenschaftlicher Mitarbeiter; 1969 Ernennung zum Kustos; Betreuung des Herbariums bis November 1993; seit 1969 Mitarbeiter und seit 1989 Mitherausgeber der Exkursionsflora von Deutschland (Begr. W. Rothmaler).

8) Hugo **Weinitschke**: geb. am 21. Februar 1930 in Oppeln/Schlesien; 1949 bis 1953 Biologiestudium in Halle/Saale; Diplomarbeit (1953): „Die Waldgesellschaften des Hakels"; 1959 Promotion mit der Dissertation „Die Waldgesellschaften der Hainleite" zum Dr. rer. nat.; 1968 Habilitation mit der Arbeit: „Ökologische Beziehungen zwischen Waldvegetationen und geologischen Standortfaktoren in der Hainleite"; ab 1974 Direktor des ILN; 1975 durch die AdL zum Professor ernannt; besonders bekannt durch die Herausgabe des Buches „Naturschutz und Landnutzung" (1987) und der 2. Aufl. des „Handbuches der Naturschutzgebiete der DDR".

9) Werner **Westhus**: geb. am 2. Juni 1954 in Wolmirstedt/Sachsen-Anhalt; 1975 bis 1980 Biologiestudium (Fachrichtung Terrestrische Ökologie) an der Universität Halle; Diplomarbeit (1980): „Die Pflanzengesellschaften der Umgebung von Friedeburg (Kr. Hettstedt) und Wanzleben während des Zeitraumes 1978/79 im Vergleich mit Untersuchungsergebnissen von 1958/59 bzw. 1961/62"; 1985 Promotion mit der Dissertation: „Landwirtschaftliche Wasserspeicher als Lebensraum – eine Ökosystemstudie als Beitrag zur Lösung landeskultureller Aufgaben" bei H. Weinitschke und R. Schubert in Halle zum Dr. rer. nat.; Mitarbeiter der Thüringer Landesanstalt für Umwelt und Geologie in Jena; wissenschaftliche Beratung des Thüringer Ministeriums für Landwirtschaft, Naturschutz und Umwelt, insb. zu Botanischem Artenschutz, Biotopschutz und -kartierungen, Schutzgebietssystem, Umsetzung der Fauna-Flora-Habitatrichtlinie der EU und Landschaftspflege; zahlreiche Veröffentlichungen zur Flora und Vegetation sowie deren Schutz in Thüringen.

gisch vergleichbaren Standort bei Ellrich erwies sich als sehr erfolgreich, zumal das offensichtlich letzte ursprüngliche Vorkommen dieser Sippe erloschen ist (Casper mündl.). Als Mitglieder der Arbeitsgemeinschaft Herzynischer Floristen und der Thüringischen Botanischen Gesellschaft führten Klaus-Jörg **Barthel*** (geb. 1940) und Jürgen **Pusch*** (geb. 1962) im Kyffhäusergebirge und seinen Randzonen ab 1980 umfangreiche Kartierungsarbeiten durch. Etwa seit 1987 trugen sie sich mit dem Gedanken, eine „Flora des Kyffhäusergebirges und der näheren Umgebung" zu erarbeiten, die im Jahre 1999 erschien. Dabei erhielten sie wertvolle Hilfe u. a. von Christian **Andres*** (geb. 1966), Josef [Joe] **Duty*** (1931 bis 1990), Ernst-Gerhard **Mahn*** (geb. 1930), Jürgen **Peitzsch*** (geb. 1940) und Erich **Weinert*** (1931 bis 1999), mit denen sie im Kyffhäusergebiet exkursierten. Jürgen **Thomas*** (geb. 1951) stellte eine große Zahl eigener Fundortsangaben zur Verfügung, die er im Rahmen seiner Tätigkeit für die Naturparkverwaltung „Kyffhäuser" ermittelt hatte. Für die Flora des Kyffhäusergebirges (BARTHEL & PUSCH 1999) bearbeitete Günther **Gottschlich*** (geb. 1951) nach 1990 die Gattung *Hieracium* und entwarf einen lokalen Bestimmungsschlüssel. Ebenso wurden von Werner **Jansen*** (geb. 1941) in den Jahren 1996 bis 1998 die Kleinarten des *Rubus fruticosus*-Aggregates in und am Kyffhäusergebirge erfasst. Außerdem übernahm er auch die *Rubus*-Kartierung für den „Verbreitungsatlas der Farn- und Blütenpflanzen Thüringens" (KORSCH et al. 2002). Des Weiteren übernahm Heinz **Henker**[11] gemeinsam mit J. Pusch die Bearbeitung der Gattung *Rosa* des Kyffhäusergebietes. Dabei wurde das vorhandene Herbarmaterial kritisch aufgearbeitet und ebenso ein separater Bestimmungsschlüssel entworfen.

Unabhängig von Barthel und Pusch verfasste Ulrich **Henze*** (geb. 1963) mehrere Beiträge zur Flora des nordwestlichen Kyffhäuservorlandes, zur Flora der Windleite und zur Flora der Hainleite, deren Ergebnisse er uns zur Verfügung stellte. Mit den Verfassern botanisierte auch Karl Friedrich **Günther**[12] zwischen 1990 und 2004 mehrfach im südlichen und

---

10) Friedrich **Ebel**: geb. am 3. Dezember 1934 in Liegnitz; nach dem Abitur (1953) zunächst Praktikant im Botanischen Garten und ab 1954 Pädagogikstudium (Biologie, Chemie) an der Universität Halle; 1956 Wechsel zum Diplomstudium; 1960 Diplomarbeit: „Zur Morphologie einiger kanarischer *Sonchus*-Arten"; 1961 Lehrberechtigung bis zur 12. Klasse; 1969 Promotion mit der Dissertation „Ein Beitrag zur modernen Gestaltung botanischer Gärten in hochschuldidaktischer Sicht" bei H. Meusel zum Dr. rer. nat.; 1960 bis 1971 Wissenschaftlicher Mitarbeiter mit kustodialen Aufgaben am Botanischen Garten der Universität Halle; seit 1971 verantwortlicher Kustos; 1979 Beginn des Aufbaus von Erhaltungskulturen für seltene und vom Aussterben bedrohte Pflanzenarten im Botanischen Garten, aber auch an naturnahen Standorten und im Schutzgarten des Biosphärenreservates „Mittlere Elbe"; ab 2000 im Ruhestand; 1969 bis 2002 Kreisnaturschutzbeauftragter des Saalkreises; seit 1992 anerkannter Sachverständiger für tropische, subtropische und extratropische Pflanzen im Sinne des Washingtoner Artenschutzübereinkommens und des Bundesnaturschutzgesetzes; seit 2002 Naturschutzbeauftragter mit besonderen Aufgaben des Landes Sachsen-Anhalt (Aufgabenbereich: Landeskoordinator für die Schutzgärten gefährdeter Pflanzenarten).

11) Heinz **Henker**: geb. am 7. Februar 1930 in Stargard/Pommern; 1956 bis 1960 Pädagogikstudium (Fachrichtung Biologie) an der Pädagogischen Hochschule Potsdam; seine Staatsexamensarbeit beschäftigte sich mit der Flora um Wismar, Neukloster und Warin; 1974 Promotion mit der Dissertation „Vegetationskundliche Untersuchungen im nordwestmecklenburgischen Jungmoränengebiet" bei F. Fukarek in Greifswald zum Dr. rer. nat.; Lehrer bis 1990; ab 1990 im Ruhestand.

12) Karl Friedrich **Günther**: geb. am 22. März 1941 in Langenleuba-Niederhain (Kreis Altenburg); 1959 bis 1964 Biologiestudium an der Universität Halle; Diplomarbeit: „Über die Wuchsformen von *Delphinium*, Untergattung *Consolida*"; 1978 Promotion mit der Dissertation „Beiträge zur Morphologie und Verbreitung der Papaveraceae unter besonderer Berücksichtigung der Tribus Chelidonieae" bei H. Meusel zum Dr. rer. nat.; berufliche Schwerpunkte: Betreuung der Sammlung im Herbarium Haussknecht, Lehrtätigkeit an der Universität Jena (Spezielle Botanik), Mitverfasser der neuen „Flora von Thüringen"; ab Oktober 2003 im Ruhestand.

südöstlichen Kyffhäusergebirge. Hierbei konnte am Schlachtberg u. a. *Sagina apetala* ARD. (= *S. ciliata* FR.) nachgewiesen werden (30. Juni 1990). Eine weitere Exkursion (12. September 1992) führte zur Heidestelle nördlich von Udersleben und in das Leopoldstal nordwestlich von Ichstedt, wo *Filago lutescens* bzw. *Gentianella baltica* aufgesucht wurden. Günther hat die Verfasser stets bei der Klärung floristischer Fragestellungen, insbesondere bei Nachbestimmungen, bereitwillig unterstützt. Bereits im Jahre 1990 hatte er einen Beitrag über eine „Exkursion in die Windleite und das westliche Kyffhäuser-Gebiet am 18. September" [des Jahres 1988] verfasst, wo er u. a. *Ceratophyllum submersum* an den Wasserlöchern südwestlich von Steinthaleben, *Gentianella amarella* am Solberg östlich von Auleben und *Datura stramonium* im Uferschlamm des Kelbraer Stausees angibt.

In ihrer Arbeit über die „Halophytenstandorte im Ostteil des Kyffhäuserkreises, Thüringen" (1994) nennt Elke **Hiller**[13] (verheiratete Petzoldt) *Althaea officinalis, Samolus valerandi* und *Trifolium fragiferum* in und an wasserführenden Gräben bei Gehofen, Ritteburg und Schönewerda. In den 10 ha großen „Schlammteichen" der ehemaligen Roßlebener Zuckerfabrik fand sie u. a. *Aster tripolium, Centaurium pulchellum, Lythrum hyssopifolia, Melilotus dentata* und *Samolus valerandi*. An der Roßlebener Kalirückstandshalde (z. T. Sachsen-Anhalt) wurden u. a. *Aster tripolium, Atriplex rosea, Hordeum jubatum, Hymenolobus procumbens, Juncus gerardii, Salicornia europaea, Sonchus palustris, Suaeda maritima* und *Triglochin maritimum* von ihr registriert. Wedig **Kausch-Blecken von Schmeling**[14] suchte im Kyffhäusergebirge und in der Hainleite nach aktuellen Speierlingsvorkommen. Auf diesen Exkursionen, die schwerpunktmäßig 1986/87 stattfanden, konnten mehrere Speierlinge vorgeführt bzw. neu aufgefunden werden. Am 31. August 2002 wurden in der Umgebung von Wallhausen weitere Speierlinge festgestellt, die z. T. bereits K. Kellner kannte.

Am 23. Juni 1990 unternahmen die Verfasser erstmals eine Exkursion mit Dieter **Korneck**[15] in das südliche Kyffhäusergebirge. Er stellte uns am Schlachtberg *Scleranthus polycarpos* und *Spergula pentandra* vor. Später machte Korneck uns u. a. darauf aufmerksam, dass *Viola collina* im südlichen Kyffhäusergebirge und im gesamten Kyffhäusergebiet weit häufiger vorkommt, als bisher angenommen. Eine Exkursion der Verfasser in das süd-

---

13) Elke **Petzoldt** geb. **Hiller**: geb. am 1. November 1963 in Sangerhausen; 1980 bis 1984 Lehrerstudium am Institut für Lehrerbildung in Weißenfels; von 1984 bis 1995 Heimerzieherin und Horterzieherin sowie Unterstufenlehrerin in Marienthal, Artern und Gehofen; 1995 bis 2001 Erziehungsurlaub (2 Kinder); seit 2001 Angestellte im Ingenieurbüro Petzoldt; seit etwa 1995 bis September 2004 wohnhaft in Hünfelden bei Limburg und seit Oktober 2004 in Renchen.

14) Wedig **Kausch-Blecken von Schmeling**: geb. 17. April 1934 in Hamburg; Forststudium in Hann. Münden und München; 1962 Staatsexamen; 1962 bis 1965 Wissenschaftlicher Assistent; 1965 Promotion mit der Dissertation „Die Verwaltungskosten bei den verschiedenen Ertragsklassen der Baumarten Buche und Fichte"; von 1965 bis 1967 Forstreferent der Europäischen Gemeinschaft im Statistischen Amt Brüssel; 1967 bis 1972 Forsteinrichter; 1972 bis 1977 Leiter des Forstamtes Bovenden; 1977 bis 1999 Professor an der Fachhochschule Hildesheim/Holzminden/Göttingen (Forstnutzung und Forsteinrichtung); seit 1999 im Ruhestand; Herausgeber der Zeitschrift „Corminaria"; Verfasser der Bücher „Der Speierling" (1992; 2000) und „Die Elsbeere" (1994).

15) Dieter **Korneck**: geb. am 22. Juni 1935 in Mainz; von 1950 bis 1969 kaufmännischer Beruf; vom 1. Juli 1970 bis 30. Juni 2000 tätig beim heutigen Bundesamt für Naturschutz (Bonn), dort Mitarbeit bei der Kartierung der potentiell natürlichen Vegetation, Populationserhebungen an gefährdeten Pflanzenarten, Mitarbeit bei der Erstellung Roter Listen gefährdeter Pflanzenarten und -gesellschaften Deutschlands, Mitwirkung bei der Bundesartenschutzverordnung, Mitarbeit bei der Berner Konvention; erhielt am 21. Juni 2002 die Ehrendoktorwürde der Johannes-Gutenberg-Universität in Mainz.

östliche Kyffhäusergebirge am 30. August 1992 mit Uwe **Raabe**[16] erbrachte, dank dessen ausgezeichneter floristischer Kenntnisse, eine Vielzahl von Neufunden und Bestätigungen bemerkenswerter Arten (u. a. *Amaranthus blitoides, Chenopodium murale, Chondrilla juncea, Iva xanthiifolia, Kickxia elatine, Malva pusilla, Nardus stricta, Orobanche reticulata, Podospermum laciniatum*). In späteren Jahren führten mehrere Exkursionen zu weiteren bemerkenswerten Funden: *Centunculus minimus* und *Hypericum humifusum* am Nordfuß des Kyffhäusergebirges südlich von Sittendorf (1996), *Draba muralis* unterhalb der Rothenburg (1996), *Gagea minima* am Fuß des Kyffhäusernordrandes nahe der Rothenburg (1995) und *Viola collina* am Wilhelmsteig nördlich von Bad Frankenhausen (1995). An den *Hieracium*-Aufsammlungen für die „Flora des Kyffhäusergebirges und der näheren Umgebung" (BARTHEL & PUSCH 1999) war Raabe ebenfalls wesentlich beteiligt.

Im Jahre 1994 publizierten Barthel und Pusch ein Pflanzenverzeichnis des Kyffhäusergebirges, ohne Anspruch auf Vollständigkeit zu erheben (BARTHEL & PUSCH 1994). Anhand der mitveröffentlichten Liste der verschollen gebliebenen Arten kam es in den Jahren 1995 bis 1998 nochmals zu einer intensiven Nachsuche. Hierbei wurden die Verfasser sowohl durch U. Raabe als auch durch weitere Botaniker bei der Geländearbeit unterstützt. Auf einer Exkursion am 13. Juni 1996 mit Günther **Dersch**[17] wurde u. a. *Sagina apetala* ARD. (= *S. ciliata* FR.) und *Elytrigia intermedia* nördlich von Udersleben aufgefunden. Dersch gilt als der Entdecker von *Calamagrostis phragmitoides* im Landkreis Nordhausen (1993, oberes Beretal und östlich Forsthaus Birkenmoor). Eine große Zahl wertvoller Fundortsangaben von weiten Teilen des Kyffhäusergebietes verdanken wir auch Jochen **Müller**[18], der im Rahmen seiner Gutachtertätigkeit (1997) die Rüdigsdorfer Schweiz, den Alten Stolberg, das Naturschutzgebiet „Schlossberg-Solwiesen" und den Südwestkyffhäuser bearbeitete. *Arabis auriculata*, im Alten Stolberg etwa seit 100 Jahren verschollen, wurde von ihm wieder bestätigt (Hang über dem Forsthaus Stempeda). Im Jahre 1998 machte er uns auf ein größeres Vorkommen von

16) Uwe **Raabe**: geb. am 30. August 1960 in Halle/Westfalen; vom September 1976 bis Juni 1978 Gärtnerlehre (Garten- und Landschaftsbau) in Gütersloh; 1978/79 Besuch einer Fachoberschule in Herford; 1979 bis 1982 Studium der Landespflege an der Fachhochschule Osnabrück; Diplomarbeit: „Das geplante Naturschutzgebiet 'Sültsoid' bei Salzkotten, Kreis Paderborn: Schutzwürdigkeit – Gefährdung – Pflege- und Erhaltungsmaßnahmen"; seit Oktober 1982 Mitarbeiter der Landesanstalt für Ökologie, Bodenordnung und Forsten Nordrhein-Westfalen in Recklinghausen (in der Abteilung Biotop- und Artenschutz); bis 1997 Leiter der Geobotanischen Arbeitsgemeinschaft im Naturwissenschaftlichen Verein für Bielefeld und Umgegend, in diesem Rahmen auch Leiter der Regionalstelle Ostwestfalen (ohne Kreis Höxter) bei der Kartierung der Flora Nordrhein-Westfalens; Mitarbeit an der „Roten Liste der in Nordrhein-Westfalen gefährdeten Farn- und Blütenpflanzen" und der „Florenliste von Nordrhein-Westfalen"; zahlreiche Veröffentlichungen zur Geschichte der floristischen Erforschung, zu Geobotanik, Vegetationskunde und Naturschutz.

17) Günther **Dersch**: geb. am 9. Juli 1932 in Marburg; 1951 bis 1959 Biologie- und Chemiestudium an der Universität Marburg; 1959 Promotion mit der Dissertation „Mineralsalzmangel und Sekundärcarotinoide in Grünalgen" bei A. Pirson an der Universität Marburg; seit 1965 Gartenkustos in der wissenschaftlichen Leitung des Botanischen Gartens der Universität Göttingen; floristische Beobachtungen in Mitteleuropa (bes. Nordhessen und Südniedersachsen) sowie Verbreitung, Taxonomie und Zytologie von Sippen aus kritischen Formenkreisen, besonders Polyploidiekomplexen; als Akademischer Oberrat im Jahre 1993 pensioniert.

18) Jochen **Müller**: geb. am 6. September 1968 in Köln; 1992 bis 1999 Biologiestudium an der Universität Göttingen; Diplomarbeit über die Systematik einiger neotropischer Lebermoosarten (Gattung *Plagiochila*); seit 1999 Arbeit an seiner Dissertation an der Universität Jena über die „Systematik von *Baccharis* L. (Compositae – Asteraceae) in Bolivien"; daneben Beschäftigung mit *Festuca* (weltweit) und *Hieracium* sect. *Hieracium* (besonders der Saale-Ilm-Muschelkalkplatte); promovierte im Juni 2004 bei F. Hellwig zum Dr. rer. nat.

Torilis arvensis am Ostrand des Roten Berges bei Bad Frankenhausen aufmerksam, einer Pflanze, die wir viele Jahre übersehen hatten. Weiterhin sammelte er gezielt *Hieracium-* und *Rosa*-Belege, um deren Verbreitung im Kyffhäusergebiet genauer zu dokumentieren.

Im Rahmen der Erstellung eines Pflege- und Entwicklungsplanes (PEPL) zum Naturschutzgroßprojekt „Kyffhäuser" erstellte Silke **Uthleb**[19] in den Jahren 1998 und 1999 eine Vielzahl von Vegetationsaufnahmen, die auch zur Klärung der Pflanzenverbreitung im Kyffhäusergebirge beitrugen. Für ein geplantes NSG „Harzfelder Holz" im Landkreis Nordhausen fertigte sie ein Schutzwürdigkeitsgutachten an, in dem sie u. a. *Achillea nobilis, Antennaria dioica, Asplenium trichomanes, Cephalanthera longifolia, Cynoglossum germanicum, Erysimum odoratum* und *Trifolium striatum* aufzählt. Bereits im Jahre 1993 hatte sie ein Gutachten zum einstweilig gesicherten Naturschutzgebiet „Sülzensee/Mackeröder Wald" im Landkreis Nordhausen erstellt.

In seinen „Kleinen Beiträgen zur Flora von Thüringen" (1993, 1995, 1997, 1999a, 1999b, 2000, 2002, 2003) bringt Heiko **Korsch**[20] eine Vielzahl von bemerkenswerten Neufunden und Bestätigungen aus dem gesamten Kyffhäusergebiet. Davon seien genannt: *Bothriochloa ischaemum* am Südrand des Ziegelrodaer Forstes nördlich Roßleben, *Carex hordeistichos* an einem feuchten Feldweg südöstlich Bahnhof Kölleda, *Catabrosa aquatica* am Unstrut-Flutkanal zwischen Roßleben und Wiehe, *Cnidium dubium* an der Flutrinne zwischen Helme und Flutgraben nordwestlich Heygendorf (mit *Iris sibirica, Lathyrus palustris* und *Stellaria palustris*), *Fumaria schleicheri* an einer Ruderalstelle östlich Friedhof Artern, *Gypsophila muralis* im ehemaligen Spurstreifen an der Grenze nordwestlich Ellrich, *Hymenolobus procumbens* an der Halde am ehemaligen Kaliwerk Heygendorf, *Scutellaria hastifolia* an einer Grabenböschung nordwestlich der Flutrinne zwischen Helme und Flutgraben nordwestlich Heygendorf, *Solanum physalifolium* an einer Ruderalstelle an der Unstrutbrücke östlich Oldisleben und *Ventenata dubia* an einem Wegrand 200 m westlich Bahnhof Göllingen. Als Erster entdeckte er das massenhafte Auftreten von *Cerastium dubium* in den Riedgebieten zwischen Ringleben und Schönfeld (einer Art, die erstmals 1992 von E. Petzoldt, geb. Hiller, auf einem LPG-Hof für Thüringen nachgewiesen wurde). Derzeit erarbeitet Korsch gemeinsam mit K. F. Günther, W. Westhus, Hans-Joachim **Zündorf**[21] und weiteren Spezialisten für einzelne Pflanzenfamilien eine neue „Flora von Thüringen", während der „Verbreitungsatlas der Farn- und Blütenpflanzen Thüringens" (KORSCH et al. 2002) schon Jahre früher fertig gestellt wurde. Auf Anregung und unter Betreuung von J. Pusch

---

19) Silke **Uthleb**: geb. am 11. September 1963 in Erfurt; 1983 Abitur; 1988 bis 1995 Biologiestudium (mit Unterbrechung) an der Universität Jena; 1995 Diplomarbeit: „Biotopkartierung im Stadtgebiet von Jena"; z. Z. (2003) Beschäftigung im Landesverwaltungsamt (Obere Naturschutzbehörde) in Weimar.

20) Heiko **Korsch**: geb. am 30. Juni 1965 in Themar/Kreis Hildburghausen; 1988 bis 1993 Biologiestudium an der Universität Halle; Diplomarbeit: „Die Kalkflachmoore Thüringens"; 1998 Promotion mit der Dissertation „Möglichkeiten der Anwendung floristischer Datenbanken" bei E. J. Jäger zum Dr. rer. nat.; z. Z. verantwortlich für Betreuung und Auswertung der Floristischen Kartierung Thüringens; Mitherausgeber des „Verbreitungsatlas der Farn- und Blütenpflanzen Ostdeutschlands" (1996).

21) Hans-Joachim **Zündorf**: geb. am 20. August 1953 in Themar/Kreis Hildburghausen; von 1972 bis 1976 Biologiestudium an der Universität Halle; Diplomarbeit: „Vegetationskundliche Untersuchungen im oberen Werratal bei Themar; 1986 Promotion mit der Dissertation: „Die Laubmoose Cubas, eine pflanzengeographische Analyse" bei G. Klotz in Jena zum Dr. rer. nat.; beschäftigt sich mit der Flora der Farn- und Blütenpflanzen Thüringens, mit der Geschichte der botanischen Erforschung Thüringens sowie mit den Laubmoosen Mittel- und Nordeuropas.

verfasste Heiko **Böttcher**[22] eine Diplomarbeit zu den Auswirkungen der landwirtschaftlichen Nutzung auf die Halophytenflora des Esperstedter Riedes. Die Arbeit analysiert neben der floristischen Erforschung und der Entwicklungsgeschichte vor allem den aktuellen Zustand der bedeutendsten salzbeeinflussten Bereiche des Esperstedter Riedes. Außerdem werden sowohl Salzstellen als auch Häufungsgebiete der Sumpf-Löwenzähne (*Taraxacum* sect. *Palustria*) im Vergleich zu 1995 bewertet und Schlussfolgerungen abgeleitet.

Verschiedene Botaniker aus Sachsen-Anhalt trugen in neuerer Zeit ganz wesentlich zur Erforschung der Flora des Kyffhäusergebietes bei. Unter Leitung von Hagen **Herdam***(geb. 1939) wurde eine „Neue Flora von Halberstadt" (1993) erarbeitet, deren Bearbeitungsgebiet bis nach Nordthüringen hineinreicht. Ein weiteres Ziel der sachsenanhaltinischen Botaniker ist es, in den nächsten Jahren eine „Flora Sachsen-Anhalts" herauszubringen. In diesem Zusammenhang botanisierte Herdam auch im Kyffhäusergebiet und teilte uns seine interessantesten Funde mit. Auch Hans-Ulrich **Kison**[23] botanisierte mit den Mitgliedern des Botanischen Arbeitskreises Nordharz e. V. im Kyffhäusergebiet (MTB 4533 Sangerhausen). Bei einer Exkursion im August 1996 wurden u. a. *Campanula bononiensis* an der Lehmgrube norwestlich Wallhausen, *Lonicera periclymenum* im Großen Holz

Neue Flora von Halberstadt

Farn- und Blütenpflanzen
des Nordharzes und seines Vorlandes
(Sachsen - Anhalt)

Von **Hagen Herdam**

unter Mitwirkung von

**Hans-Ulrich Kison, Uwe Wegener, Christiane Högel,
Werner Illig, Alfred Bartsch, Achim Groß, Peter Hanelt**

mit einem Geleitwort von Hermann Meusel

mit 137 Abbildungen, 10 Tabellen
und 1994 Verbreitungskarten

Herausgegeben vom

Botanischen Arbeitskreis Nordharz e. V.

Gefördert durch das

Ministerium für Wissenschaft und Forschung des Landes Sachsen-Anhalt

Quedlinburg 1993

Abb. 15: Titelblatt „Neue Flora von Halberstadt"

nördlich Wallhausen und *Melittis melissophyllum* am Hohen Berg nördlich Sangerhausen gefunden. Kison hatte wesentlichen Anteil an der Erarbeitung der in dieser Arbeit angeführten Biographien von Ernst Ludwig Hampe und Ernst Gottfried Hornung. In seinen Beiträgen

---

22) Heiko **Böttcher**: geb. am 26. Dezember 1969 in Bad Frankenhausen; 1986 bis 1988 Fliesenlegerlehre; 1988 bis 1998 Arbeit als Fliesenleger; 1990 Abitur an der Volkshochschule in Artern; 1999 bis 2003 Studium an der Fachhochschule Eberswalde (Landschaftsnutzung und Naturschutz); Diplomarbeit: „Untersuchung der Auswirkungen der aktuellen landwirtschaftlichen Nutzung auf die Halophytenflora und Betrachtung der historischen Entwicklung des Esperstedter Riedes in Nordthüringen sowie die Untersuchung der Vorkommen von *Taraxacum* sect. *Palustria* im Untersuchungsgebiet"; seit Dezember 2003 Projektleiter des LIFE-Natur-Projektes (Förderprogramm der EU) „Erhaltung und Entwicklung der Binnensalzstellen in Nordthüringen".

23) Hans-Ulrich **Kison**: geb. am 15. August 1950 in Staßfurt; von 1969 bis 1973 Biologiestudium (Fachrichtung Genetik) an der Universität Halle; 1973 Diplomarbeit: „Untersuchungen zur Geschlechtsausprägung beim Mais (*Zea mays* L.) unter besonderer Berücksichtigung von Klassifizierungsprinzipien; Dissertation A: „Pollenlebensfähigkeit und Reproduktionsgrad bei Weizen/Roggen-Allopolyploiden" 1980 im Institut für Züchtungsforschung in Quedlinburg (AdL) zum Dr. rer. nat.; Dissertation B: „Introgression genetischer Information von *Triticum monococcum* L. in 6x-Triticale" 1990 im Institut für Züchtungsforschung in Quedlinburg zum Dr. rer. nat. habil.; bis 1991 Züchtungsforschung bei Getreide; ab 1992 wiss. Mitarbeiter im Nationalpark Hochharz Wernigerode; beschäftigte sich seit 1972 mit der Floristik und seit etwa 1995 auch mit der Lichenologie; Hauptautor der Arbeit „Die Farn- und Blütenpflanzen des Nationalparks Hochharz" (2004).

„Bemerkenswerte Pflanzenfunde im Landkreis Sangerhausen" (2003, 2004) bringt Armin Hoch[24] zahlreiche neue Fundortsangaben aus dem Kyffhäusergebiet, darunter auch von *Sorbus domestica* (drei Exemplare) vom Haardtberg nordöstlich von Wickerode.

Zu den Botanikern aus den alten Bundesländern, die wertvolle Beiträge zur Flora des Kyffhäusergebietes lieferten, gehört auch Thomas **van Elsen**[25]. In seiner Arbeit „Binnensalzstellen an Rückstandshalden der Kali-Industrie" (1997) stellt er uns die Gesamtheit der Groß- und Kleinhalden des Südharz-Kalireviers (insbesondere des Kyffhäusergebietes) vor. Nach einer kurzen Beschreibung jeder Rückstandshalde folgt eine Charakterisierung der einzelnen Teilbereiche und der dort vorkommenden Salzpflanzenarten. So nennt er u. a. *Apium graveolens* von der Halde Bleicherode, *Gypsophila scorzonerifolia* von den Halden bei Roßleben und Wolkramshausen, *Hymenolobus procumbens* von der Halde bei Roßleben (zuerst von E. Petzoldt, geb. Hiller, gefunden) und *Podospermum laciniatum.* von den Halden bei Roßleben, Berka und Wolkramshausen. Er stellte weiterhin fest, dass *Salicornia europaea* und *Suaeda maritima* an mehreren Halden des Kyffhäusergebietes vorkommen.

Abb. 16: Titelblatt der Zeitschrift „Naturschutzreport" 12 (1997)

24) Armin **Hoch**: geb. am 5. August 1961 in Köthen; 1978 bis 1980 Forstfacharbeiterlehre in Bernau; 1983 bis 1986 Forststudium in Raben-Steinfeld; 1986 bis 2002 verschiedene Funktionen (u. a. Revierleiter) in den Forstämtern Hayn, Ballenstedt und Harzgerode; arbeitet als Diplom-Forstingenieur (FH) in der Biosphärenreservatsverwaltung Karstlandschaft Südharz in Roßla.

25) Thomas **van Elsen**: geb. am 29. August 1959 in Wuppertal; 1981 bis 1987 Biologiestudium an der TU Braunschweig und an der Universität Göttingen; Diplomarbeit: „Auswirkungen ungespritzter Ackerrandstreifen auf die Entwicklung von Ackerwildkraut-Gesellschaften"; 1994 Promotion mit der Dissertation „Die Fluktation von Ackerwildkraut-Gesellschaften und ihre Beeinflussung durch Fruchtfolge und Bodenbearbeitungs-Zeitpunkt" an der Universität Kassel (bei H. Freitag) zum Dr. rer. nat.; Forschung und Lehre am FB Ökologische Agrarwissenschaften der Universität Kassel (Witzenhausen) insbesondere zu Naturschutz und Kulturlandschaftsentwicklung durch Ökologischen Landbau.

Nach 1990 führten Gerhard **Wagenitz**[26)] und Klaus **Lewejohann**[27)] Studentenexkursionen von Göttingen aus in das Kyffhäusergebirge durch. Wagenitz stellte uns zahlreiche biographische Daten von Göttinger Biologen zur Verfügung, die im Kyffhäusergebiet floristisch tätig waren. Von Lewejohann erhielten wir mehrfach floristische Angaben, u. a. zu *Carex supina* vom Schlachtberg bei Bad Frankenhausen und zu *Carex hordeistichos* vom Salzgebiet zwischen Hackpfüffel und Riethnordhausen.

Abb. 17: Dissertation von U. JANDT (1999)

In ihrer Dissertation „Kalkmagerrasen am Südharzrand und im Kyffhäuser" (1999), die einen Beitrag zur Vereinheitlichung der gegenwärtig nebeneinander existierenden verschiedenartigen Vegetationsklassifikationen leisten will, beschreibt Ute **Jandt**[28)] die Vegetation insbesondere der Zechsteingebiete am südwestlichen und südlichen Rand des Harzes sowie des südlichen Kyffhäusergebirges. Zusätzlich zu den Vegetationsaufnahmen wurden für alle Gebiete Florenlisten erstellt, die alle Pflanzenarten (Phanerogamen, Moose und Flechten) enthalten, die im jeweiligen Gebiet in den Kalkmagerrasen angetroffen worden sind. Alle diese Florenlisten wurden in einer Tabelle zusammengefasst. Aus der Vielzahl der Funde sind aus unserer Sicht besonders *Botrychium lunaria* von den Sattelköpfen bei Hörningen, vom Kalkberg bei Krimderode und von der Rüdigsdorfer Schweiz, *Melampyrum sylvaticum* und *Rosa arvensis* von Uftrungen sowie *Minuartia hybrida* von den Sattelköpfen bei Hörningen zu nennen.

---

26) Gerhard **Wagenitz**: geb. am 31. Mai 1927 in Potsdam; 1946 bis 1952 Studium in Berlin und Göttingen; 1955 Promotion mit der Dissertation „ Pollenmorphologie und Systematik in der Gattung *Centaurea* L. s. l." zum Dr. rer. nat.; 1955 Wissenschaftlicher Angestellter am Systematisch-Geobotanischen Institut Göttingen; 1956 Stipendiat der Deutschen Forschungsgemeinschaft an der Botanischen Abteilung des Naturhistorischen Museums in Wien; 1956 bis 1958 Wissenschaftlicher Assistent am Institut für Systematische Botanik und Pflanzengeographie der FU Berlin; 1958 bis 1965 Wissenschaftlicher Angestellter am Botanischen Garten und Botanischen Museum; 1962 Habilitation für Botanik an der FU Berlin mit der Arbeit „Die Eingliederung der '*Phaeopappus*'-Arten in das System von *Centaurea*"; 1965 bis 1969 Kustos am Botan. Garten und Botan. Museum Berlin-Dahlem; 1966 Ernennung zum apl. Professor; 1969 bis 1993 Professor am Systematisch-Geobotanischen Institut der Universität Göttingen; emeritiert zum 1. Oktober 1993; seit 1982 ordentliches Mitglied der Akademie der Wissenschaften zu Göttingen; Arbeitsgebiete: Systematik der Blütenpflanzen, Wissenschaftsgeschichte; Sammelreisen u. a. Alpen, Türkei, Griechenland, Spanien.

27) Klaus **Lewejohann**: geb. am 20. Mai 1937 in Münster/Westfalen; Chemie- und Biologie-Studium an der Universität Göttingen; von 1969 bis zum Ruhestand (2000) Wissenschaftlicher Mitarbeiter (Betreuung der botanischen Sammlung) am Systematisch-Geobotanischen Institut der Universität Göttingen; zahlreiche Sammelreisen (u. a. Frankreich, Korsika, Schweden, Norwegen, Türkei, Kapverden, Kanaren, Spanien).

28) Ute **Jandt**: geb. am 13. Juni 1965 in Göttingen; 1985 bis 1992 Biologiestudium an der Universität Göttingen; Diplomarbeit: „Vegetation und Flora von Kalkmagerrasen im westlichen Teil des Landkreises Heiligenstadt (Thüringen)"; 1999 Promotion mit der Dissertation „Kalkmagerrasen am Südharzrand und im Kyffhäuser. Gliederung im überregionalen Kontext, Verbreitung, Standortsverhältnisse und Flora" bei H. Dierschke zum Dr. rer. nat.; z. Z. (2003) Erziehungsurlaub, floristisch-vegetationskundliche Gutachten und FFH-Kartierung.

Mit dem Stängellosen Tragant (*Astragalus exscapus*), der in Mitteldeutschland und dem Kyffhäusergebiet einen Verbreitungsschwerpunkt besitzt, beschäftigte sich Thomas **Becker**[29] in seiner Dissertation. In seiner Diplomarbeit (Universität Göttingen, 1996) behandelte er vor allem vegetationskundlich-populationsbiologische Fragestellungen am Beispiel des unteren Unstruttales. Auch seine späteren Arbeiten (1998a, 1998b, 1999, 2000) haben die Vegetation des unteren Unstruttales zum Gegenstand.

Zahlreiche, vor allem im Naturschutz engagierte Naturfreunde (behördliche Naturschutzvertreter, Naturschutzhelfer) unterstützten die floristische Erforschung des Kyffhäusergebietes und lieferten Ergänzungen zur „Flora des Kyffhäusergebirges und der näheren Umgebung" (BARTHEL & PUSCH 1999). Wolfgang **Sauerbier**[30], der neben seinem großen Engagement für den Naturschutz und für die faunistische Erforschung des Kyfhäusergebietes (Fledermausforschung, Vogelerfassungen) auch botanisch interessiert ist, fand u. a. *Sorbus domestica* im Bärental bei Bad Frankenhausen, *Plantago maritima* am Solgraben am Ostrand von Bad Frankenhausen und *Orchis ustulata* oberhalb des Keltertalsteinbruches bei Steinthaleben. Dieter **Bauer**[31] sah im Jahre 1989 an den Steinbrüchen östlich der Rothenburg-Ruine Exemplare einer Sommerwurzart, die sich als die zur damaligen Zeit im Kyffhäusergebirge verschollene *Orobanche alba* auf *Origanum vulgare* erwies. Von seinen weiteren Funden sind vor allem *Aristolochia clematitis* vom mittleren Hopfental nordöstlich von Badra und *Digitalis grandiflora* nahe der Rothenburg-Ruine (Sommerwand) zu nennen. Der Friseurmeister Norbert **Röse**[32] botanisierte vor allem in der östlichen Hainleite im Gebiet der Thüringer Pforte, wo er Bestandserfassungen an Orchideen vornahm. So nennt er u. a. *Epipactis microphylla* nahe der Sachsenburgen. Auf mehreren Exkursionen führte er uns seine Orchideen- und *Orobanche*-Funde (*O. caryophyllacea* und *O. purpurea* s. str.) unweit der Sachsenburgen und am Wächterberg vor. Er ist Mitautor einer Publikation über die Flora der östlichen Hainleite (1997).

Zur floristischen Erforschung des Kyffhäusergebietes in den letzten Jahrzehnten haben auch Heinz **Engelmann**** (1917 bis 1997), die Lehrer Klaus **Karlstedt**** (1937 bis 1994), Gerhard **Gramm-Wallner** (geb. 1957 in Rehna) und Bodo **Schwarzberg*** (geb. 1964) so-

29) Thomas **Becker**: geb. am 8. Januar 1967 in Kassel; 1990 bis 1996 Biologiestudium an der Universität Göttingen; Diplomarbeit: „Flora und Vegetation von Felsfluren und Magerrasen im unteren Unstruttal (Sachsen-Anhalt)"; 2003 Promotion mit der Dissertation „Auswirkungen langzeitiger Fragmentierung auf Populationen am Beispiel der reliktischen Steppenrasenart *Astragalus exscapus* L. (Fabaceae)" zum Dr. rer. nat. an der Universität Göttingen; z. Z. populationsbiologische Untersuchungen an seltenen, gefährdeten Arten, Vegetationskunde (Schwerpunkt Trockenrasen), floristische und faunistische Erfassungen (Landschnecken, Tagfalter, Libellen, Vögel), Biotopkartierungen, Umweltbildung.

30) Wolfgang **Sauerbier**: geb. am 28. April 1951 in Bad Frankenhausen; 1967 bis 1971 Lehre als Maschinenbauer; 1972 bis 1976 Fernstudium (Verfahrenstechnologie Maschinenbau) an der Ingenieurschule Schmalkalden; Ingenieurarbeit: „Konstruktive und technologische Verfahrensoptimierung der Induktorherstellung"; 1971 bis 1990 Fertigungstechnologe im VEB Inducal Göllingen; 1994 Nachgraduierung zum Dipl.-Ing. (FH); ab 1990 Leiter der Unteren Naturschutzbehörde (UNB) im Landratsamt Artern und nach der Gebietsreform ab 1994 auch im Landratsamt Kyffhäuserkreis (Sondershausen).

31) Dieter **Bauer**: geb. am 22. Januar 1949 in Kelbra; als gelernter Dreher besuchte er von 1971 bis 1973 die Abendoberschule in Nordhausen; 1973 bis 1976 Studium der Ur- und Frühgeschichte an der Universität Halle (ohne Abschluss); schon vor 1990 betreute er ehrenamtlich das NSG „Rothenburg"; 1990 Beteiligung an den Biotopkartierungen am Kyffhäusernordrand und in der Goldenen Aue; nach 1992 kümmerte er sich vor allem um die Naturschutzstation an der Numburg; er veröffentlichte eine größere Zahl kleinerer Arbeiten über naturschutzrelevante und historische Themen in der örtlichen Presse.

wie der Forstarbeiter Kurt **Lange** (geb. 1932 in Bad Frankenhausen) beigetragen. Letzterer informierte uns u. a. über einige Speierlinge im Kyffhäusergebirge (Georgshöhe, Napptal) und fand um 1980 *Lycopodium clavatum* im mittleren und östlichen Kyffhäusergebirge. Bereits im 19. Jahrhundert und in der ersten Hälfte des 20. Jahrhunderts waren u. a. Wallroth, Hampe, Oertel, Quelle, Leopold **Loeske** (1865 bis 1935), Hermann **Reimers*** (1893 bis 1961), Meusel und Hartmann in Nordthüringen und im Südharzgebiet bryofloristisch tätig.

Aus den letzten Jahren nennen z. B. MÜLLER (1997) und JANDT (1999) Moose aus dem Kyffhäusergebiet. Ludwig **Meinunger** (geb. am 11. Mai 1936 in Steinach/Kr. Sonneberg) bestimmte uns aus dem Kyffhäusergebirge verschiedene Moose (seit 2002). Von ihm erhielten wir auch die Mitteilung über ein Vorkommen von *Ceterach officinarum*, das seine Lebensgefährtin Wiebke **Schröder** (geb. am 15. Mai 1934 in Bentheim/Emsland) im Jahre 1994 an der Stadtmauer in Bad Frankenhausen entdeckte. Im Dezember 2003 fand Jan **Eckstein**[33] *Acaulon casasianum* am Kalkberg bei Nordhausen-Krimderode, eine Art, die man bisher nur von Spanien her kannte. Bereits im Jahre 1993 wurde von D. G. **Long** mit *Gymnostomum viridulum* ein weiteres, südlich verbreitetes Moos bei Steigerthal nahe Nordhausen entdeckt.

Abb. 18: Schlachtberg bei Bad Frankenhausen mit seiner typischen Gipskarstlandschaft, u. a. Fundort von *Riccia gougetiana*

---

32) Norbert **Röse**: geb. am 10. Juli 1937 in Kölleda; Schulbesuch in Sondershausen-Jecha und Oldisleben; danach Friseur-Lehre; später Friseurmeister mit eigenem Geschäft in Oldisleben; beschäftigt sich vor allem mit der Erfassung der Fledermausvorkommen im Gebiet der Thüringer Pforte (mit W. Sauerbier); für seine Verdienste um den Naturschutz erhielt er eine Einladung zum Neujahrsempfang (14. Januar 1998) beim Bundespräsidenten Roman Herzog in Berlin.

33) Jan **Eckstein**: geb. am 20 Juni 1976 in Rudolstadt; 1996 bis 2003 Biologiestudium an der Universität Jena; Diplomarbeit: „Ökotypenbildung bei *Galium aparine* – untersucht mit RAPD-Markern"; z. Z. (2004) als wissenschaftliche Hilfskraft am Herbarium Haussknecht in Jena angestellt, wo er sich mit der Erfassung der Typus-Belege im Moosherbar von Theodor Herzog beschäftigt.

In letzter Zeit wird auch von einem Fund des Lebermooses *Riccia gougetiana* am Schlachtberg bei Bad Frankenhausen (Abb. 18) berichtet (Erstfund für Deutschland) (WÜNSCHIERS 2000). Rolf **Marstaller**[34], der eine Vielzahl von Beiträgen zur Moosvegetation Thüringens verfasste, konnte *Acaulon casasianum* im Jahre 2004 auch im Kyffhäusergebirge (Mittelberg östlich Auleben, Badraer Lehde, Ochsenburg, Falkenburg, Spatenberg, Breiter Berg, Kosakenstein, Schlachtberg) nachweisen. Auf der Basis einer bryosoziologischen Analyse beschrieb er die für die Gipsböden Thüringens und Sachsen-Anhalts spezifische Moosgesellschaft Acauletum casasiani als Erster.

In neuerer Zeit wurde die lichenologische Erforschung des Kyffhäusergebietes, deren Grundlagen von Wallroth, Oßwald, Quelle, Reimers und Meusel gelegt wurden, weiter voran getrieben. In seinem Beitrag „Zur Flechtenflora der Naturschutzgebiete im Thüringer Südharz" (1991) untersucht Peter **Scholz**[35] die Flechtenflora von insgesamt fünf Naturschutzgebieten im Landkreis Nordhausen. Die Gesamtartenzahl aller fünf Gebiete wurde mit 119 ermittelt („Alter Stolberg": 74; „Mühlberg": 45; „Gräfenthal": 37; „Vogelherd": 25; „Brandesbachtal": 31), Darüber hinaus konnten 15 weitere (zusätzliche) Arten in der unmittelbaren Umgebung des NSG „Alter Stolberg" [in den Grenzen von 1990] nachgewiesen werden. Die Gipsböden im NSG „Alter Stolberg" zeigten sich von Arten der „Bunten Erdflechtengesellschaft" besiedelt, unter denen die *Psora decipiens* reichlich fruchtend angetroffen wurde. Die weißen Gipsfelsen hingegen erwiesen sich, auf Grund der schnellen Verwitterung des Gipses, als fast völlig flechtenfrei. In den Jahren 1998 bis 2001 unternahmen Regine **Stordeur**[36] und Astrid **Ernst**[37] flechtenfloristische Untersuchungen im gesamten Kyffhäusergebirge. Die Ergebnisse wurden in einem „Beitrag zur Flechtenflora des Kyffhäuser-Gebirges" (Schlechtendalia 2002) zusammengefasst. Insgesamt konnten für das Kyffhäusergebirge 149 Flechtenarten und 5 lichenicole Pilze festgestellt werden. Dabei wurde *Caloplaca thuringiaca* als neue Art beschrieben. 22 Taxa, von denen es ältere Nachweise gibt, konnten nicht

---

34) Rolf **Marstaller**: geb. am 8. Januar 1939 in Jena; 1957 bis 1963 Studium der Biologie an der Universität Jena; Diplomarbeit: „Experimentelle Untersuchungen über Köcherbau bei Trichopterenlarven"; Promotion im Jahre 1969 am Institut für Tierphysiologie der Universität Jena bei Prof. Gersch, Dissertation: „Experimentelle und histologische Untersuchungen über die Steuerung des Köcherbaus bei Trichopteren"; danach Wissenschaftlicher Mitarbeiter am Institut für Ökologie an der Universität Jena; Ruhestand seit 2000.

35) Peter **Scholz**: geb. am 19. November 1956 in Lichtenstein/Erzgeb.; 1977 bis 1981 Pädagogikstudium (Fachrichtung Biologie/Chemie) an der Universität Halle; Diplomarbeit: „Untersuchungen zur anthropogenen Veränderung von Auwäldern (Burgholz und Collenbeyer Holz) im Industrieballungsraum Halle"; 1992 Promotion mit der Dissertation: „Untersuchungen zur Flechtenflora des Harzes" an der Universität Halle bei R. Schubert zum Dr. rer. nat.; 1981 bis 1990 Schuldienst in Markkleeberg; danach Wissenschaftlicher Mitarbeiter am Unabhängigen Institut für Umweltfragen e. V. in Halle und seit 2000 überwiegend freischaffend, zeitweilig Botanische Staatssammlung München; arbeitet schwerpunktmäßig über Flechten (Gutachten u. ä.) und ist Mitglied des Fachbeirates für Arten- und Biotopschutz des Freistaates Thüringen für das Fachgebiet Flechten.

36) Regine **Stordeur**: geb. am 20. November 1950 in Cunnersdorf bei Königstein (Sächsische Schweiz); 1969 bis 1973 Pädagogikstudium (Fachrichtung Biologie/Chemie) an der Universität Halle; Diplomarbeit: „Untersuchungen zum Einfluß von Magnesiumchlorid-Sole auf Keimung und Entwicklung von *Puccinellia distans* (JACQ.) PARL. und *Lolium perenne* L."; 1977 Promotion mit der Dissertation „Untersuchungen zum Einfluß von MgCl$_2$-Sole sowie anderer Salzlösungen auf das ökologische Verhalten von *Puccinellia distans* (JACQ.) PARL. und *Lolium perenne* L." an der Universität Halle bei E.-G. Mahn zum Dr. rer. nat.; bis 1982 Erfassung und Auswertung floristischer Daten für den Florenatlas der DDR; seit 1983 Beschäftigung mit Fragen der Lichenologie (Floristik, Ökologie, Soziologie, Systematik).

37) Astrid **Ernst**: geb. am 14. November 1970 in Bremen; 1994 bis 2000 Biologiestudium an der Universität Halle; Diplomarbeit „Untersuchungen zur Flechtenflora des Kyffhäusers".

wieder bestätigt werden. „Nachträge zur Flechtenflora des Kyffhäuser-Gebirges" (STORDEUR & ERNST) erschienen bereits im Jahre 2003 in der „Schlechtendalia".

Nach dem 2. Weltkrieg befassten sich neben dem Frankenhäuser Kurt Engelmann zahlreiche Mykologen aus den verschiedensten Teilen Ostdeutschlands mit der Pilzflora des Kyffhäusergebirges. Als Beispiel sei Dieter **Benkert** (geb. 1933) mit seinem „Beitrag zur Kenntnis der Pilzflora des Kyffhäuser" (1976) erwähnt. Aber auch Heinrich **Dörfelt** (geb. 1940), Gerald **Hirsch** (geb. 1953), Rosemarie **Rauschert** (geb. 1932) und S. Rauschert haben sich in den letzten Jahrzehnten intensiver mit der Pilzflora des Kyffhäusergebietes beschäftigt.

Die Vielzahl der im Kyffhäusergebiet tätigen Botaniker und floristisch Interessierten lässt eine vollständige Erfassung und Nennung wohl nicht zu. Neben den bereits genannten Botanikern, die nur eine subjektive Auswahl aus der Sicht der Autoren darstellen, müsste sicher noch eine Vielzahl weiterer Personen genannt und deren Tätigkeit gewürdigt werden. Hierzu zählen unter anderem Heinz Aschenbach (geb. 1925, aus Ringleben), Konrad Barthel (1915 bis 1984, aus Bad Frankenhausen), Dr. Wolfgang Böhnert (geb. 1949, aus Halle/S.), Dr. Frank Böhme (geb. 1972, aus Halle/S.), Prof. Dr. Wolfgang Eccarius (geb. 1935, aus Eisenach), Karl Engel (1878 bis 1956, aus Sondershausen), Markus Heiland (geb. 1963, ehemals Bad Frankenhausen), Dr. Werner Hilbig (geb. 1935, aus Petershausen), Prof. Dr. Eckehart J. Jäger (geb. 1934, aus Halle/S.), Jörg-Michael Junker (geb. 1959, aus Nordhausen), Karl-Heinz Kindervater (geb. 1930, aus Nordhausen), Dr. Karl Lenk (geb. 1933, aus Sondershausen), Dr. Hermann Manitz (geb. 1941, aus Jena), Helge Meizies (geb. 1939, aus Esperstedt), Werner Mogk (geb. 1940, aus Nordhausen), Dr. Wilfried Neumerkel (geb. 1941, aus Bendeleben), Rolf Richter (geb. 1933, aus Neustadt/Südharz), Helga Ritter (geb. 1939, aus Bad Frankenhausen), Dr. Hans-Jörg Spangenberg (geb. 1933, aus Nordhausen), Margot und Winfried Tauer (aus Eisleben), Nicole Voß (geb. 1974, aus Göttingen) und Renate Weinert (geb. 1945, aus Bad Frankenhausen).

Weiterhin wurden über das Kyffhäusergebiet zahllose Doktor-, Diplom-, Examens-, Beleg- und Hausarbeiten geschrieben. Jeden Autor an dieser Stelle zu nennen, ist praktisch unmöglich und würde sicher auch der angestrebten Übersichtlichkeit und Kompaktheit der vorliegenden Darstellung entgegenstehen.

Sollten trotz unseres Bemühens wichtige Botaniker des Kyffhäusergebietes vergessen worden sein, so bitten wir um eine entsprechende Mitteilung und gleichzeitig höflich um Entschuldigung und ihr Verständnis.

3. Biographien der wichtigsten Botaniker des Kyffhäusergebietes

Auf den folgenden, mehr als 300 Seiten werden die Biographien von 109 Botanikern des Kyffhäusergebietes vorgestellt. Dabei sind die Botaniker, von denen mehr oder weniger vollständige Lebensdaten vorliegen (95 Personen), in alphabetischer Reihenfolge aufgeführt. Zu einigen Botanikern liegen uns jedoch nur unvollständige Biographien vor, diese (14 Personen) wurden an andere, mit diesen im Zusammenhang stehenden Botanikern „angehängt". Zum Auffinden aller näher besprochenen Personen siehe Abschnitt 9 (Namensregister der genannten Botaniker).

Altehage, Carl   1899–1970

geboren: 1. April 1899 in Vlotho/Weser
gestorben: 12. Dezember 1970 in Osnabrück

<u>Beruf, Leistungen auf floristischem Gebiet</u>
Realschullehrer, Pflanzensoziologe, Naturschutzbeauftragter. Untersuchte insbesondere die Vegetationsverhältnisse des Merseburger Raumes und des Osnabrücker Landes. Unter seinen zahlreichen Veröffentlichungen beschäftigen sich die „Vegetationskundlichen Untersuchungen der Halophytenflora binnenländischer Salzstellen im Trockengebiet Mitteldeutschlands" (ALTEHAGE & ROSSMANN 1939) u. a. mit den naturnahen Binnensalzstellen Nordthüringens. Insgesamt werden in dieser Arbeit 104 Vegetationsaufnahmen erstellt, die zugleich wichtige Angaben zur floristischen Ausstattung der untersuchten Salzstellen liefern. Als Beispiele seien genannt: Aufnahme 30 – Wiese nordwestlich Numburger Westquelle mit *Salicornia europaea, Aster tripolium, Halimione pedunculata, Puccinellia distans* und

Abb. 19: C. Altehage am Experimentiertisch

Spergularia maritima und Aufnahme 91 – Wiese bei Esperstedt u. a. mit *Triglochin maritimum, Juncus gerardii, Glaux maritima, Plantago maritima, Lotus tenuis, Carex distans, Melilotus dentata, Scorzonera parviflora, Leontodon saxatilis, Hordeum secalinum, Centaurium pulchellum* und *Taraxacum palustre*.
Altehage sammelte durch intensive floristische und pflanzensoziologische Arbeit bereits ab 1930 Argumente für die Begründung der Schutzwürdigkeit wertvoller mitteldeutscher Areale.[7] Er wird bei FRAHM & EGGERS (2001) auch als Bryologe genannt. Seine Funde wurden in der Arbeit „Die Moose des Niedersächsischen Tieflandes" (KOPPE 1964) mit berücksichtigt.

<u>Herbarien, wichtige Herbarbelege</u>
Nach dem Tode Altehages erbte H. E. Weber, Vechta, die umfangreichen Flechten- und Moosherbarien, die auch Belege von Nordthüringen enthalten. Dieser übergab sie im Jahre 1999 dem „Museum am Schölerberg – Natur und Umwelt, Planetarium" in Osnabrück. Das weniger umfangreiche Gefäßpflanzenherbarium, ebenfalls mit Belegen aus Nordthüringen (fast nur *Carex* und Gramineae), wurde in das Herbar H. E. Weber integriert. Auch dieses wird später an das genannte Museum übergeben werden.[4]
    Folgende von Altehage gesammelte Belege sollen genannt werden: *Carex montana*: Freyburg, Rödel (Herbar H. E. Weber, 15.5.1932); *Carex tomentosa*: Kattenburg bei Frankenhausen (Herbar H. E. Weber, 27.5.1939); *Stipa pennata* subsp. *eu-pennata* ASCHERS. et GRAEBNER: Steinklöbe bei Nebra (Herbar H. E. Weber, 3.7.1932). – Von Altehage befinden sich zwei Briefe im Archiv des Herbarium Haussknecht.[6]

Wichtige Veröffentlichungen
• Die Vegetation und Entwicklung eines mitteldeutschen Trockenrasenbodens bei Merseburg (ALTEHAGE, C. & F. JONAS). – Beihefte Bot. Centralbl. 55 B(3): 347–372; 1936. – • Die Steppenheidehänge bei Rothenburg-Könnern im unteren Saaletal. – Abh. Ber. Mus. Naturk. Vorgesch. u. Naturw. Ver. Magdeburg 6(4): 233–262; 1937. – • Pflanzengeographische und vegetationskundliche Grundlagen und Ergebnisse der Naturschutzarbeit. – Abh. Ber. Mus. Naturk. Vorgesch. u. Naturw. Ver. Magdeburg 6(5): 323–334; 1938. – • Die Geiseltalniederung zwischen Merseburg und Kötzschen. – Das Merseburger Land 34: 50–57; 1938. – • Vegetationskundliche Untersuchungen der Halophytenflora binnenländischer Salzstellen im Trockengebiet Mitteldeutschlands (ALTEHAGE, C. & B. ROSSMANN). – Beihefte Bot. Centralbl. 60 B: 135–180; 1939. – • Die Neue Göhle bei Freyburg/Unstrut. – Der Deutsche Erzieher, Halle/Merseburg 8; 1939. – • Die Naturschutzgebiete des Landkreises Bersenbrück. – Mitt. Kreisheimatbundes Bersenbrück 13; 1965. – • Die Orchideen des Lengericher Gebietes. – Veröff. Naturw. Ver. Osnabrück 33: 26–28; 1970.

Biographie

Carl Altehage wurde am 1. April 1899 in Vlotho (Weser) als Sohn eines Schuhmachers geboren. Er ging bis 1913 in Melbergen zur Schule, danach besuchte er die Präparandie und das evangelische Lehrerseminar (bis 1916) in Osnabrück. Nach der Teilnahme am 1. Weltkrieg war er von 1920 bis 1929 Volksschullehrer in Neuenhaus, Kreis Bentheim.[2][3] Zur gleichen Zeit war er nebenamtlich als Lehrer für Fachzeichnen und Fachrechnen an der Gewerblichen Berufsschule beschäftigt und gab Physikunterricht an der Landwirtschaftlichen Winterschule.[8] Am 30.

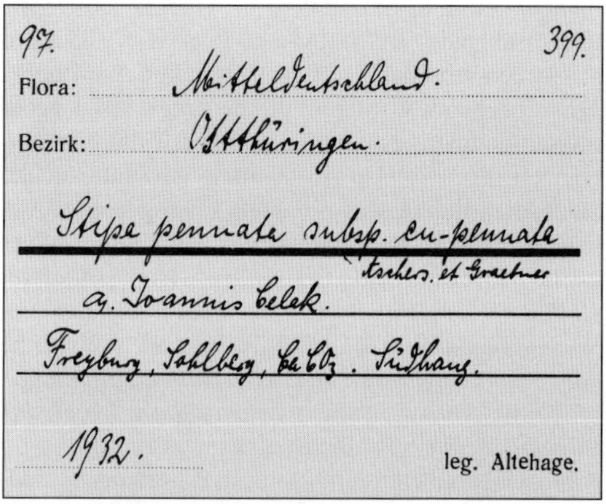

Abb. 20: Handschriftliches Herbaretikett von C. Altehage

März 1929 heiratete er in Emden die Lehrerin Louise Schmidt; aus dieser Ehe gingen zwei Kinder (Sohn und Tochter) hervor.[8] Bereits im Jahre 1928 legte er die Mittelschullehrerprüfung in Biologie, Chemie und Physik ab und kam im Jahre 1929 als Mittelschullehrer nach Merseburg.[2][3] [In Merseburg wohnte er in der Bismarckstraße 27.[1]] Bis zum Schuljahresende 1937 war er hier an der Mittelschule angestellt.[7] Von 1930 bis 1932 gab er auch Unterricht (u. a. Mathematik und Erdkunde) an der Polizeiberufsschule Merseburg.[8] Neben dem Unterricht übernahm er den Schulgarten der Mittelschule und kümmerte sich um den Garten des Vereins für Heimatkunde.[7] Altehage war sehr an seiner Weiterbildung interessiert. So nahm er an mehreren Turn- und Schwimmkursen, an Fortbildungskursen der Universität Jena, der Vogelwarte Helgoland, der Hydrobiologischen Station in Staad bei Konstanz, der Physikalischen Werkstätten Göttingen und an einem Lehrerfortbildungskursus für Biologie mit Lehrwanderungen in Braunlage teil.[8] In den Jahren 1930 bis 1938 (schwerpunktmäßig 1934) untersuchte er die Vegetation der Binnensalzstellen im mitteldeutschen Trockengebiet. Die hierfür entnommenen Bodenproben wurden von B. Rossmann, Wiesbaden, chemisch analysiert.[5] Ab 1937 war er Realschullehrer in Osnabrück. Von 1939 bis 1945 nahm er am 2. Weltkrieg teil.[2][3] [West- und Ostfront mit viermaliger Verwundung[8]] Zuletzt war er Hauptmann der Reserve.[7] Dass Altehage das Kriegsende als Wissenschaftlicher Mitarbeiter an der Weser verbringen konnte, hatte er R. Tüxen zu verdanken. Als Leiter der Zentralstelle für Vegetationskartierung betraute er ihn noch im Jahre 1945 mit vegetationskundlichen Arbeiten.[7] Danach unterrichtete er wieder bis zu seiner Pensionierung im Jahre 1962 (zuletzt an der Möser-Realschule für Mädchen in Osnabrück). Er starb nach längerer Krankheit am 12. Dezember 1970 in Osnabrück.[2][3]

Altehage wurde im Jahre 1932 Mitglied des Thüringischen Botanischen Vereins[1] und gehörte der im Jahre 1934 gegründeten Botanischen Vereinigung Mitteldeutschlands an.[7] Am 23. April 1935 wurde er durch den Reichs- und Preußischen Minister für Wissenschaft, Erziehung und Volksbildung zum Bezirkskommissar für Naturschutz im Regierungsbezirk Merseburg ernannt. Bereits im Oktober 1936 berichtete Altehage über die gute Zusammenarbeit zwischen der Bezirksnaturschutzstelle und der Botanischen Vereinigung Mitteldeutschlands (u. a. erfolgten Absprachen zur künftigen Abgrenzung der vorgeschlagenen Naturschutzgebiete Bottendorfer Höhen, Steinklöbe und Tote Täler). An der Vorbereitung und Durchführung der Reichstagung für Naturschutz, am 14. November 1936 in Berlin, war er aktiv beteiligt. Die Fülle der Aufgaben und die rege Reisetätigkeit forderten ihn aber so sehr, dass er sich veranlasst fühlte, den Reichsforstmeister auch aus „Rücksichtnahme auf meine Eltern" um Entbindung vom Amt per 1. Oktober 1937 zu bitten.[7] Ab 1952 ernannte man ihn zum Bezirksbeauftragten für Naturschutz und Landschaftspflege des Regierungsbezirkes Osnabrück [bestehend aus der Stadt Osnabrück und den Landkreisen Osnabrück, Grafschaft Bentheim und Emsland[9]]. Dafür war er für nur 4 Stunden vom Unterricht freigestellt.[9] Seit 1965 war er Vorsitzender des Osnabrücker Naturwissenschaftlichen Vereins. Des Weiteren entfaltete er als Dozent an der Volkshochschule Osnabrück, als Mitglied der Floristisch-Soziologischen Arbeitsgemeinschaft und als Beirat im Bund für Vogelschutz eine außerordentliche Aktivität für die Erhaltung der heimischen Natur.[2][3] Er hat gerade heroisch versucht, dem rigorosen Zerstörungswerk nach 1950 einige schutzwürdige Flächen abzuringen, was ihm zu großen Teilen auch gelang.[4] Im Jahre 1968 erhielt er für seine Verdienste im Naturschutz das Verdienstkreuz 1. Klasse des Niedersächsischen Verdienstordens verliehen.[2][3] Altehage war mit H. E. Weber befreundet. So wurden Exkursionen zusammen unternommen und pflanzensoziologische Aufnahmen erstellt.[4]

Quellen
(1) Mitgliederverzeichnis in Mitt. Thüring. Bot. Ver. 41: III–V; 1933. – (2) NIEMANN, J. & A. HÖTTLER-MEIER: Beitrag zur Geschichte der Naturwissenschaftlichen Forschung im Raum Osnabrück. – Osnabrücker Naturwiss. Mitt. 15: 7–48; 1989. – **(3)** STREDELMANN, W.: Nachruf auf Carl Altehage. – Osnabrücker Naturwiss. Mitt. 1: 10–12; 1972. – **(4)** Weber, H. E., Vechta (7.2.2000, briefl. an K.-J. Barthel). – **(5)** ALTEHAGE, C. & B. ROSSMANN: Vegetationskundliche Untersuchungen der Halophytenflora binnenländischer Salzstellen im Trockengebiet Mitteldeutschlands. – Beihefte Bot. Centralbl. 60 B: 135–180; 1939. – **(6)** Manitz, H., Herbarium Haussknecht Jena (8.3.2004, briefl. an J. Pusch). – **(7)** HENSEL, G.: Carl Altehage – sein Wirken für den Naturschutz in Mitteldeutschland. – Mitt. Florist. Kartierung Sachsen-Anhalt 8: 19–23; 2003. – **(8)** Altehage, G., Sohn von C. Altehage in Alsbach-Hähnlein (12.5.2004, briefl. an K.-J. Barthel). – **(9)** Weber, H. E., Bramsche (31.5.2004, briefl. an J. Pusch).

Andres, Christian 1966–

geboren: 16. Mai 1966 in Beckum

Abb. 21: Christian Andres ca. 1993

Beruf, Leistungen auf floristischem Gebiet

Biologe, Naturschutzgutachter. Parallel zu den Untersuchungen für seine Diplomarbeit über Flora und Vegetation im NSG „Badraer Lehde – Große Eller" im Jahre 1993 erstellte Andres (gemeinsam mit T. Fechtler) ein Gutachten über dieses damals einstweilig gesicherte Naturschutzgebiet. Er fand u. a. *Allium sphaerocephalon* an einer Gipsinsel westlich Schorn, *Crepis tectorum* an der Großen Eller, *Gagea bohemica* subsp. *saxatilis* an der Badraer Lehde, *Marrubium vulgare* an den Südhängen der Dorl, *Podospermum laciniatum* am Südausgang des Mäusetals, *Stipa tirsa* an den Westhängen der Dorl und *Vicia pannonica* am Südfuß der Badraer Lehde. In einem weiteren Gutachten (1994, mit T. Fechtler) nennt Andres u. a. *Arnoseris minima, Cerinthe minor, Elytrigia intermedia, Poa badensis, Podospermum laciniatum* und *Vulpia bromoides* aus dem Gebiet der westlichen Schmücke. Im Jahre 1995 erarbeitete er für die Thüringer Landesanstalt für Umwelt Jena einen Pflege- und Entwicklungsplan (PEPL) für das Gebiet der Numburger Salzstellen. Hier führte er in den Jahren 1996 bis 1999 und 2002 Erfolgskontrollen zur Pflegeplanumsetzung durch. In seinem Beitrag „Artenhilfsmaßnahmen für hochgradig gefährdete Stromtalpflanzen" (2000, mit W. Westhus) nennt er u. a. *Allium angulosum, Cnidium dubium, Scutellaria hastifolia* und *Teucrium scordium*, alles Arten, die er schwerpunktmäßig für das nördliche Thüringen angibt. Andres ist Gewährsmann der „Flora des Kyffhäusergebirges und der näheren Umgebung" (BARTHEL & PUSCH 1999). An der Erarbeitung des „Verbreitungsatlas der Farn- und Blütenpflanzen in Nordrhein-Westfalen" (HAEUPLER et al. 2003) war er beteiligt. Im Jahre 2004 fand er *Samolus valerandi* an der Numburg wieder auf.

Herbarien, wichtige Herbarbelege

Andres hat nur ein kleines „Besonderheiten-Herbar" angelegt, mit dem er „schwierige Fälle" oder Seltenheiten, die unter Umständen angezweifelt werden könnten, belegen möchte.[1] Einige wenige von Andres gesammelte Belege befinden sich auch im Herbarium J. Pusch, so z. B.: *Cnidium dubium*: Mönchsdamm nordwestlich Heygendorf (HPu-2782, leg. Andres 12.8.1999); *Kickxia spuria*: Acker ostnordöstlich Bretleben (HPu-2591, leg. Andres 12.9.1998); *Ranunculus arvensis*: Südeingang Mäusetal östlich Badra (HPu-2563, leg. Andres 19.5.1998).

Wichtige Veröffentlichungen

• Neufunde und Bestätigungen bemerkenswerter Arten im nordwestlichen Kyffhäuservorland, 5. Beitrag (BARTHEL, K.-J., C. ANDRES & J. PUSCH). – Mitt. Florist. Kartierung (Halle) 19: 30–34; 1994. – • Die westliche Schmücke – ein Gebiet besonderer Schutzwürdigkeit in Nordthüringen (ANDRES, C. & T. FECHTLER). – Landschaftspflege Naturschutz Thüringen 32(1): 12–17; 1995. – • Chronik einer Binnensalzstelle – die Salzstellen an der Numburg (ANDRES, C. & W. WESTHUS). – Naturschutzreport 12: 158–162; 1997. – • Zur

Schutz- und Pflegebedürftigkeit naturnaher Binnensalzstellen (ANDRES, C., J. PUSCH & M. GROSSMANN). – Naturschutzreport 12: 170–181; 1997. – • Zur Regeneration von Salzwiesen aus Schilfröhrichten und Queckenrasen – erste Ergebnisse von Dauerflächen-Untersuchungen an den Numburger Salzstellen (Nordthüringen). – Braunschweiger Geobotanische Arbeiten 3: 21–27; 1999. – • Artenhilfsmaßnahmen für hochgradig gefährdete Stromtalpflanzen (ANDRES, C. & W. WESTHUS). – Landschaftspflege Naturschutz Thüringen 37(2): 33–38; 2000. – • Regeneration einer Binnensalzstelle mit Heckrindern. Erste Ergebnisse einer ganzjährigen Beweidung auf Flora, Vegetation, Heuschrecken und Wiesenbrüter an den Numburger Salzstellen (Nordthüringen) (ANDRES, C. & E. REISINGER). – Natur- und Kulturlandschaft 4: 290–297; 2001.

Biographie

Christian Josef Andres wurde am 16. Mai 1966 als Sohn eines Fernmeldetechnikers (die Mutter war Hausfrau) in Beckum geboren. Nach der Grundschule (1972 bis 1976) in Wadersloh besuchte er ab 1976 das dortige Gymnasium „Johanneum", wo er im Jahre 1985 das Abiturzeugnis erhielt. Von 1985 bis 1987 absolvierte er seinen Zivildienst an einer Schule für

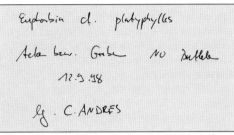

Abb. 22: Handschriftliches Herbaretikett von C. Andres

geistig Behinderte in Beckum.[1] Schon in dieser Zeit beschäftigte er sich mit der heimatlichen Pflanzenwelt.[2] Im Jahre 1987 nahm er ein Biologiestudium an der Universität Göttingen auf, das er im Jahre 1994 mit seiner Diplomarbeit zur „Flora und Vegetation im Naturschutzgebiet Badraer Lehde – Großer Eller am Kyffhäuser" unter H. Dierschke beendete. [Während seines Studiums interessierte er sich besonders für die Flora und Vegetation der Magerrasen Nordthüringens und im Raum Göttingen.[2]]. Danach war er freiberuflich als Naturschutzgutachter tätig (bis zum Jahre 2000 in Göttingen, seit Januar 2001 in Gamburg).[1] Mit seiner Lebensgefährtin Christiane Busch aus Kiel, mit der er zwei Kinder hat und ein Planungsbüro in Gamburg betreibt, erstellte er u. a. Pflegepläne und FFH-Gebietsgutachten im Raum Nordhessen und in Baden-Württemberg.[2] Andres beschäftigt sich neben floristisch-vegetations-kundlichen Sachverhalten auch mit zoologischen Fragestellungen (dabei interessieren ihn besonders Vögel, Reptilien, Amphibien, Fische, Heuschrecken, Tagfalter und Libellen).[1]

Andres ist Mitglied der Floristisch-Soziologischen Arbeitsgemeinschaft, des Thüringer Entomologenverbandes, der Nordrhein-Westfälischen Ornithologengesellschaft, der Deutschen Gesellschaft für Orthopterologie, der Gesellschaft deutschsprachiger Odonatologen, des Arbeitskreises Heuschrecken Nordrhein-Westfalens,[1] der Schutzgemeinschaft Libellen in Baden-Württemberg sowie der Botanischen Arbeitsgemeinschaft Südwestdeutschlands.[3] Die Rote Liste der Heuschrecken (Saltatoria) Nordrhein-Westfalens (1999) entstand unter seiner Mitarbeit.[3]

Quellen
(1) Andres, C., Werbach-Gamburg (20.8.2001, briefl. an K.-J. Barthel). – (2) Andres, C. (1.9.2003, telef. mit J. Pusch). – (3) Andres, C. (12.1.2004, briefl. an J. Pusch).

Angelrodt, Carl   1845–1913

geboren: 12. November 1845 in Frömmstedt
gestorben: 12. Mai 1913 in Nordhausen

Beruf, Leistungen auf floristischem Gebiet

Volksschullehrer, Botaniker und Entomologe. Als Mitverfasser der „Flora von Nordhausen und der weiteren Umgebung" (VOCKE & ANGELRODT 1886), deren Redaktion in seinen Händen lag,[3] bearbeitete er die „auf Feldern, in Gärten und Anlagen zu ökonomischen, technischen und medizinischen Zwecken oder zur Zierde gezogenen Kulturgewächse"[10] und brachte zugleich zahlreiche eigene Fundortsangaben, insbesondere aus dem Raum Greußen–Frömmstedt–Oldisleben. So fand er u.

a. *Astragalus exscapus, Lactuca saligna, Oxytropis pilosa, Potentilla supina* und *Turgenia latifolia* bei Frömmstedt, *Laserpitium latifolium* bei Bleicherode, *Nicandra physalodes* zwischen Bielen und Nordhausen, *Potentilla alba* in der Heide bei Oberbösa und *Pulicaria dysenterica* bei Grüningen.[10] Eine Angabe von ihm „*Thlaspi montanum* an der Rothenburg, sehr selten (Angelrodt, 1877)" bei VOCKE & ANGELRODT (1886, S. 24) erwies sich als falsch.[11]

Abb. 23: Handschriftliches Herbaretikett von C. Angelrodt

Herbarien, wichtige Herbarbelege

Angelrodts Herbarium, das zuletzt in drei Koffern verpackt in einem Bodenraum lag, bestand aus etwa 40 Mappen einheimischer, deutscher und europäischer Pflanzen und stammte aus den Jahren 1880 bis 1905 (darunter war eine in Helgoland gekaufte Sammlung von Nordseealgen). Dieses Herbarium, das auch Exsikkate des Mühlhäuser Lehrers L. Möller enthielt, bot Angelrodt im Jahre 1912 für 60 Mark J. Bornmüller zum Verkauf an.[9] Es ist möglicherweise verloren gegangen, denn es sind uns nur die 12 nachfolgend genannten Herbarbelege (vor 1880 gesammelt) von ihm bekannt geworden. Diese liegen in Halle (HAL), Jena (JE), München (M) und Göttingen (GOET). Die Göttinger Belege stammen nach WAGENITZ (1982) aus dem Harz und dessen Vorland; sie kamen über die Herbarien von F. C. H. Paeske, E. C. F. Roth und A. Vocke nach Göttingen.

Folgende von Angelrodt gesammelte Belege sind den Verfassern bisher bekannt geworden: *Androsace elongata*: Uferkies der Zorge bei Nordhausen (GOET, 15.5.1878); *Arabis auriculata*: Schlachtberg bei Frankenhausen (GOET, 15.5.1877); *Arabis auriculata*: Rothenburg bei Kelbra (HAL, 10.5.1877); *Bupleurum tenuissimum*: Numburg bei Kelbra (M, 27.7.1873); *Campanula cervicaria*: Nonnenforst bei Ilfeld (HAL, 20.7.1878); *Carex appropinquata*: Nordhausen, Feldsumpf bei Salza (JE, 19.8.1877); *Corrigiola litoralis*: auf Geröll der Zorge bei Nordhausen (M, 15.9.1875); *Inula britannica*: Aumühle bei Kelbra (JE, 15.8.1875); *Spiranthes spiralis*: Auf Triften unterm Kyffhäuser (JE, 6.10.1877); *Spiranthes spiralis*: unter dem Kyffhäuser bei Sittendorf (JE, o. D.); *Taraxacum rubicundum*: Steigerthal (JE, 19.5.1877, rev. J. v. Soest); *Urtica pilulifera*: Kirchhof zu Windehausen (JE, 27.6.1878). – Von Angelrodt befinden sich zwei Briefe im Archiv des Herbarium Haussknecht.[13]

Wichtige Veröffentlichungen
• Flora von Nordhausen und der weiteren Umgebung (VOCKE, A. & C. ANGELRODT). – Berlin 1886.

Biographie
Johann Carl Angelrodt wurde am 12. November 1845 in Frömmstedt bei Kindelbrück als Sohn eines Landwirtes (Anspänner) geboren. Nach dem Besuch der Volksschule und der Sondershäuser Realschule[3] ging er von Oktober 1863 bis September 1866 auf das Lehrerseminar nach Erfurt, das er mit gutem Erfolg abschloss. Im Oktober 1866 bekam er eine Anstellung an den Volksschulen der Stadt Nordhausen. Im November 1867 wurde er zu einer sechswöchigen militärischen Übung einberufen und nahm in den Jahren 1870/71 am Feldzug gegen Frankreich teil.[2] Über seine Erlebnisse in Frankreich (1870/71) führte er ein genaues Tagebuch, wobei er beabsichtigte, das Original an das Archiv des Kriegsministeriums in Berlin abzugeben.[2] [Eine Abschrift davon erwarb das Nordhäuser Stadtarchiv. Sie wurde im Jahre 1913 von H. Heineck veröffentlicht.[2]]

Angelrodt war langjähriges Vorstandsmitglied des Naturwissenschaftlichen Vereins zu Nordhausen (seit der Gründung im Jahre 1876)[5] und Mitglied der „Irmischia" (Mitgliedsnummer 11).[4] Ab 1880 sammelte er in Mittelthüringen (Kreis Weißensee), in der Schwarzburgischen Unterherrschaft und im Südharz Pflanzen für sein Herbarium.[9] Als Vertreter des Naturwissenschaftlichen Vereins zu Nordhausen hielt er auf der Herbst-Hauptversammlung der „Irmischia" am 2. Dezember 1883 eine Ansprache über das Leben

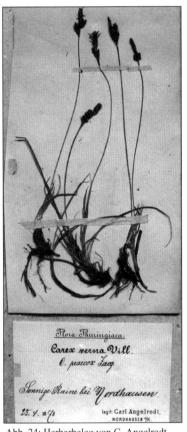

Abb. 24: Herbarbeleg von C. Angelrodt

und Wirken J. Thals in Nordhausen.[7] Er schenkte der „Irmischia" mehrere botanische Werke, darunter fünf verschiedene medizinisch-botanische Dissertationen.[6] Hatte er doch bereits um 1870 mit dem Anlegen einer wissenschaftlichen Bibliothek begonnen.[14] Am 2. März 1885 hielt er einen Vortrag im Nordhäuser Männerbildungsverein über „Der Mensch und die Kulturpflanzen".[12] Im Oktober 1892 trat er dem Thüringischen Botanischen Verein bei.[1] Zum 1. Oktober 1901 ging er in den Ruhestand.[2] Im Jahre 1902 wohnte er als Lehrer a. D. in Nordhausen am Neumarkt 30.[8] Auf einer zum 100. Geburtstag von F. T. Kützing veranstalteten Ausstellung des Naturwissenschaftlichen Vereins zu Nordhausen im Jahre 1907 wurde seine umfangreiche Käfersammlung einer breiteren Öffentlichkeit vorgeführt.[5] Noch im Jahre 1912 zog er in eine neue Wohnung. Diese war allerdings kleiner als die ursprüngliche, so dass er sich veranlasst fühlte, sein Herbarium zu verkaufen.[9] Er starb kinderlos am 12. Mai 1913 in Nordhausen.[2] Hier wohnte er zuletzt in der Blödaustraße 22.[9] In einem Nachruf des Lehrerkollegiums[2] heißt es: „Viele Jahre hat er in den Schulen unserer Stadt mit reichem Segen gearbeitet und sich durch seine Berufstreue und sein umfangreiches Wissen, gepaart mit gewinnender Bescheidenheit und köstlichem Humor, die Liebe seiner Schüler und Mitarbeiter erworben". Seine Käfersammlung (über 8.000 einheimische und exotische Exemplare) schenkte er dem Nordhäuser Museum. Leider gingen große Teile dieser Sammlung im Jahre 1945 verloren.[3] Ein Schrank mit zahlreichen Käfer-Sammelkästen befindet sich z. Z. (2005) im Walkenrieder Hof (Museumsdepot) zu Nordhausen. Ob es sich hierbei um die Angelrodtsche Käfersammlung handelt, konnte bisher noch nicht eindeutig festgestellt werden. Angelrodt soll auch Konchylien gesammelt haben.[15]

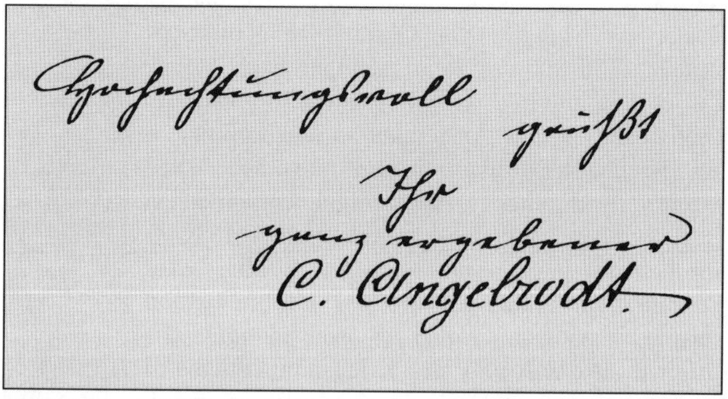

Quellen
(1) Bericht über die Herbst-Hauptversammlung zu Nordhausen am 2. Oktober 1892 – Mitt. Thüring. Bot. Ver. 3/4: 18–30; 1893. – **(2)** HEINECK, H. (Hrsg.): Kriegstagebuch 1870/71 des Lehrers Carl Angelrodt. – Nordhausen 1913. – **(3)** KELLNER, K.: Die floristische Erforschung der Südharzlandschaft um Nordhausen, 3. Teil. – Beitr. Heimatk. Stadt Kreis Nordhausen 5: 23–43; 1980. – **(4)** Mitgliederverzeichnis „Irmischia". – Irmischia 1(1): 3–4; 1881. – **(5)** NEITZSCH, M.: Zum 50jährigen Jubiläum des Naturwissenschaftlichen Vereins zu Nordhausen. – Allgemeine Zeitung (Nordhäuser Tageblatt und Anzeiger) vom 11. November 1926, S. 3–4. – **(6)** An Geschenken [für die „Irmischia"]. – Irmischia 3(2/3): 14; 1883. – **(7)** Herbst-Hauptversammlung der „Irmischia" am 1. und 2. Dezember 1883 zu Sondershausen. – Irmischia 4(8/9): 34–37; 1884. – **(8)** Adreßbuch der Stadt Nordhausen für das Jahr 1902. – **(9)** Brief vom 20.10.1912 an J. Bornmüller. – **(10)** VOCKE, A. & C. ANGELRODT: Flora von Nordhausen und der weiteren Umgebung. – Berlin 1886. – **(11)** PETRY, A.: Die Vegetationsverhältnisse des Kyffhäuser Gebirges. – Inauguraldissertation, Halle 1889. – **(12)** Festschrift zum 50jährigen Stiftungs-Feste des Bildungs-Vereins zu Nordhausen 1913. – **(13)** Manitz, H., Herbarium Haussknecht Jena (8.3.2004, briefl. an J. Pusch). – **(14)** Brief vom 7. September 1912 an B. Hergt. – **(15)** Franke, A., Arnstadt (15.9.1938, Abschrift zur Arnoldschen Konchyliensammlung im Museumsdepot Nordhausen.

Abb. 25: Handschriftliches Briefende mit Unterschrift von C. Angelrodt

Baltzer, Leonhard   1847–1885

geboren: 22. Mai 1847 in Nordhausen
gestorben: 4. März 1885 in Grötzingen

<u>Beruf, Leistungen auf floristischem Gebiet</u>
Arzt, Mineraloge, Botaniker. Mit seiner Arbeit „Das Kyffhäuser-Gebirge in mineralogischer, geognostischer und botanischer Beziehung" (1880) schrieb er eine erste, allerdings sehr lückenhafte Flora des Kyffhäusergebirges. Baltzer schreibt selbst: „Gewiß wird das Verzeichniß auch seine großen Mängel tragen, sowohl was Vollständigkeit als mangelnde Standortsbezeichnung anbetrifft, das verhehlt sich [der] Verfasser durchaus nicht". Er nennt u. a. *Astragalus exscapus* von der Numburg, *Carlina acaulis* von Frankenhausen, *Genista pilosa* zwischen Steinthaleben und den Kelbraer Steinbrüchen, *Hypericum elegans* von den Kalkbergen bei Frankenhausen, *Legousia speculum-veneris* unter dem Getreide bei Sondershausen, *Marrubium vulgare* an Wegen und Zäunen bei Frankenhausen, *Menyanthes trifoliata* von der Numburg und von Tilleda, *Orthilia secunda* von Frankenhausen, *Torilis arvensis* von Frankenhausen und von der Arnsburg sowie *Urtica pilulifera* von Heringen und Windehausen bei Nordhausen. Leider werden auch Pflanzenarten genannt, die im und am Kyffhäusergebirge zur damaligen Zeit überhaupt nicht vorkamen (z. B. *Atriplex tatarica, Amelanchier ovalis, Melampyrum sylvaticum* und *Thalictrum aquilegiifolium*).

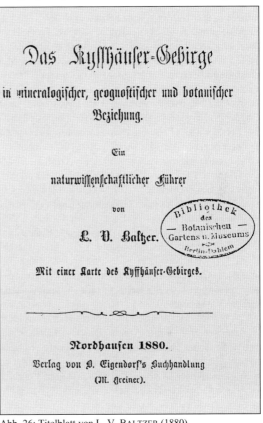

Abb. 26: Titelblatt von L. V. BALTZER (1880)

<u>Herbarien, wichtige Herbarbelege</u>
Über ein Herbarium von Baltzer ist uns nichts bekannt, ebenso konnten wir in keinem der untersuchten Herbarien Belege von ihm auffinden.

<u>Wichtige Veröffentlichungen</u>
• Das Kyffhäuser-Gebirge in mineralogischer, geognostischer und botanischer Beziehung. – Nordhausen 1880. – [• Die Nahrungs- und Genussmittel des Menschen in ihrer chemischen Zusammensetzung und physiologischen Bedeutung – Nordhausen 1874. Eine 2. Auflage erschien im Jahre 1877 in Leipzig.]

Biographie
Leonhard Volkmar Baltzer wurde am 22. Mai 1847 in Nordhausen geboren. Seine Eltern waren Wilhelm Eduard Baltzer (1814 bis 1887), Prediger an der Freien Gemeinde in Nordhausen und Luise Helene Charlotte Marie, geb. Reil (1826 bis 1894).[2] Nach dem Besuch der Realschule in Nordhausen (hier war F. T. Kützing einer seiner Lehrer)[11] ging er im Herbst 1867 an das Collegium Carolinum (Polytechnikum) nach Braunschweig, um Chemische Technik zu studieren.[9] Da sein Onkel Wilhelm Reil vizeköniglicher Leibarzt in Kairo wurde, verspürte auch er Neigung zur Medizin.[1] Mit einem Abgangszeugnis des Braunschweiger Polytechnikums ließ er sich am 23. Oktober 1868 an der Universität Göttingen immatrikulieren, um Naturwissenschaften und Medizin zu studieren.[6][9] Während des Deutsch-Französischen Krieges meldete er sich als Freiwilliger zum Lazarettdienst in Berlin.[1] Nach einer erneuten Immatrikulation studierte er von Mai 1871 bis zu seinem Abgang im Frühjahr 1872 [als Folge einer Meningitis[1]] in Göttingen Medizin.[6] Baltzer muss später sein Medizinstudium beendet haben [nicht in Göttingen,[6] Leipzig[8] und Halle[7]], denn im Mitgliederverzeichnis der „Irmischia" wird er als Dr. med. (Mitgliednummer 35) geführt.[3] In den Jahren 1877 und 1880 wohnte er als „Mediziner" in Nordhausen bei seinen Eltern „Auf dem Hagen 7". Er gehörte aber nicht zu den angestellten Medizinal-Personen der Stadt.[12][13] Am 24. Februar 1877 heiratete er in Nordhausen Anna Zink aus Berlin. Aus dieser Ehe ging eine Tochter hervor. Die Ehe wurde am 10. November 1883 wieder geschieden.[21] Von 1877 bis 1880 hielt er insgesamt 7 Vorträge im Nordhäuser Männerbildungsverein, darunter einen am 29. Oktober 1877 über Pilze an Feldfrüchten und einen am 8. Dezember 1878 über die Geologie des Harzgebietes.[22] Auf Grund fortdauernder gesundheitlicher Probleme folgte er bald (1882) seinem Vater nach Grötzingen (heute zu Karlsruhe).[1] Hier lebte er als „Privatgelehrter" und „Schriftsteller".[21] Er starb am 4. März 1885 in Grötzingen an den Spätfolgen seiner nicht ausgeheilten Meningitis. Seine letzte Ruhestätte fand er auf dem Grötzinger Friedhof.[1] [Der Grötzinger Friedhof wurde 1916 geschlossen und kurz vor dem 2. Weltkrieg geräumt.[20]] Sein Nachlass, u. a. eine „reichhaltige Mineraliensammlung", neue medizinische und geologische Werke sowie chirurgische Instrumente, wurde am 17. Juni 1885 in Grötzingen versteigert.[21] Eine Baltzerstraße in Nordhausen (in der Nähe des Theaters) wurde nach seinem Vater benannt.

Neben der „Irmischia" gehörte Baltzer auch dem Naturwissenschaftlichen Verein zu Nordhausen an.[4] Seine Arbeit „Das Kyffhäuser-Gebirge in mineralogischer, geognostischer und botanischer Beziehung" (1880) widmete er „seinem hochverehrten Lehrer in den Naturwissenschaften Herrn Professor Dr. Tr. Kützing sowie seinem mineralogischen Freunde Herrn Oberlehrer Dr. Krenzlin in dankbarer Verehrung". Sie enthält auf den Seiten 45–169 eine „sehr unzuverlässige und lückenhafte Aufzählung der Pflanzen des Kyffhäusergebirges".[5] Gewährsleute waren vor allem A. Vocke und C. Angelrodt, aber auch T. P. Ekart, G. Evers, E. G. Hornung, T. Irmisch und C. Lammers. Ein Exemplar dieser Arbeit schenkte Baltzer im Jahre 1881 der Bibliothek der „Irmischia".[10]

Ebenso wie Baltzer beschäftigte sich **Ludwig Grube-Einwald** [geb. am 8. Januar 1855[14]] mit dem geologischen Aufbau des Kyffhäusergebirges. In seinen „Geognostisch-geologischen Exkursionen in der Umgebung Frankenhausens" (I. Teil 1894; II. Teil 1896) beschreibt er anhand von 9 Exkursionen die Eigenschaften und die Lagerungsverhältnisse der am Aufbau des Kyffhäusergebirges beteiligten Erdschichten. Am Schluss seiner Ausführungen schreibt er: „Mit [dem] Reichtum unserer Gegend an Gesteins- und Bodenarten hängt zusammen die Reichhaltigkeit ihrer Flora, die in ganz Deutschland und darüber hinaus den Botanikern wohl bekannt ist; nicht minder ist die Fauna eine sehr interessante, wenn ihre Seltenheiten auch nicht so bekannt sind wie diejenigen der hiesigen Flora." Mit einer weiteren Veröffentlichung „Die Spaziergänge in der näheren und weiteren Umgebung Frankenhausens" (1. Auflage 1897, 2. unveränderte Auflage 1898) will er Kurgäste und Fremde anhand von 9 Spaziergängen mit den verschiedenen Örtlichkeiten und Sehenswürdigkeiten des Kyffhäusergebirges vertraut machen. Zwei weitere Spaziergänge führen in Gebiete außerhalb des Gebirges (Arnsburg bzw. Sachsenburg). Leider bringt diese Arbeit kaum Angaben zur Flora des Kyffhäusergebirges. Nur eine

Abb. 27: Von L. Grube-Einwald gesammelter und an E. Torges übergebener Herbarbeleg von *Astragalus exscapus* (Handschrift von E. Torges)

Hecke mit *Hippophae rhamnoides* sowie Vorkommen von *Stipa pennata*, *S. capillata*, *Briza media* und *Asparagus officinalis* nahe Frankenhausen werden erwähnt.

Dr. phil. Grube-Einwald trat unseres Wissens nicht mit eigenen botanischen Veröffentlichungen zur Flora Nordthüringens hervor, beteiligte sich aber an den Vorträgen und Diskussionen der Hauptversammlungen des Thüringischen Botanischen Vereins, dem er bereits vor 1891 angehörte.[15] [Mitglied der „Irmischia" war er seit 1885.[16]]. Er fand u. a. *Dactylorhiza sambucina* in zwei Farben in der Hainleite, *Muscari neglectum* auf Feldern zwischen Ochsenburg und Barbarossahöhle,[19] *Aristolochia clematitis* und *Orchis militaris* x *O. purpurea* bei Frankenhausen[18] sowie zwei hybride Minzen am Fuße des Kyffhäusergebirges.[23]

Grube-Einwald kam um 1882 an das Realprogymnasium nach Frankenhausen, wo er Naturkunde, Geographie und Französisch unterrichtete. [Auch an der Höheren Töchterschule unterrichtete er einige Stunden.[17]] Bereits vom 2. September 1882 ist die Durchführung einer Schulfeier überliefert, an der er die Gedenkrede hielt. Ein Jahr später (20. November 1883) wirkte er als Festredner zum Geburtstag des regierenden Fürsten Georg von Schwarzburg-Rudolstadt. Am 28. Januar 1894 wurde er zum Oberlehrer ernannt.[17] Da er der Frühjahrs-Hauptversammlung des Thüringischen Botanischen Vereins am 31. Mai und 1. Juni 1898 in Frankenhausen „die Wege geebnet hatte“, erhielt er vom Vereinsvorsitzenden C. Haussknecht daselbst den „warmen Dank“ vor den Versammelten ausgesprochen. Grube-Einwald erhob auf dieser Versammlung Klage, dass im Gegensatz zu Artern, in Frankenhausen und Sondershausen zum Schutze der Flora nichts geschehe und führte als Beispiele hier fast ausgerottete Pflanzen an. So seien *Hymenolobus procumbens, Prunus fruticosa* und *Spiranthes spiralis* fast ausgerottet.[18] In den Jahren 1904/05 wohnte Grube-Einwald bereits in Coburg,[15] wo er als „Professor“ geführt wurde. Er war verheiratet, hatte drei Kinder (zwei Söhne und eine Tochter) und starb am 9. Mai 1913 höchstwahrscheinlich in Coburg.[14]

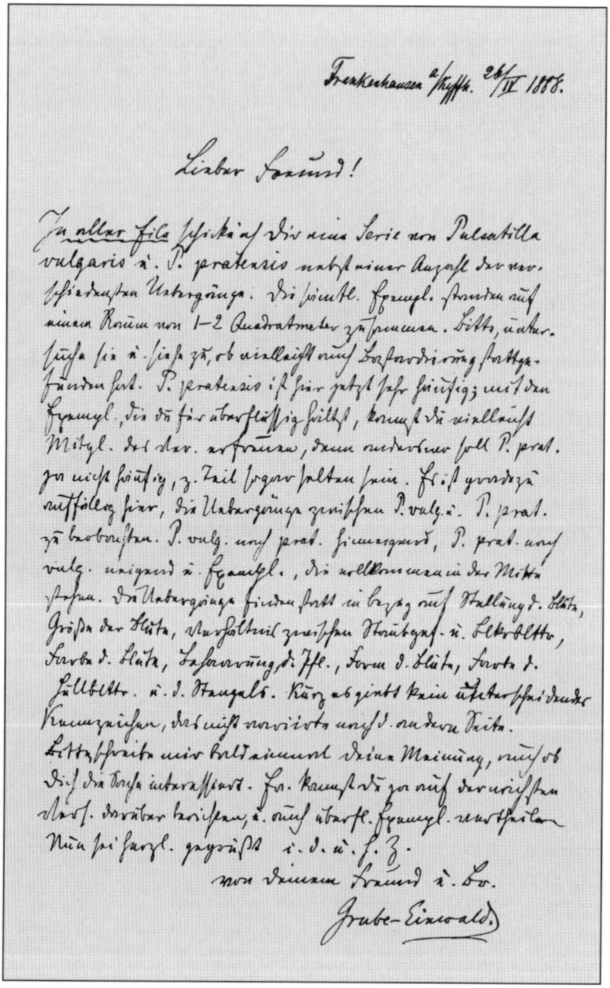
Frankenhausen a/Kyffh. 26/IV 1888.

Lieber Freund!

von deinem Freund u. Br.

Grube-Einwald

Abb. 28: Brief von L. Grube-Einwald an C. Haussknecht vom 26.4.1888

Im Archiv des Herbarium Haussknecht befinden sich Briefe von Grube-Einwald an Haussknecht und Hergt.[24] In diesen schreibt er über Pflanzenfunde aus dem Kyffhäusergebirge und seiner Umgebung (u. a. *Senecio germanicus* an der Fuchsliethe bei Frankenhausen und *Apium graveolens* in „kolossaler Menge“ bei Esperstedt). Vorkommen von *Sisymbrium strictissimum* bei Udersleben und von *Lactuca virosa* hatte er der Herbst-Hauptversammlung des Botanischen Vereins für Gesamtthüringen am 6. Oktober 1889 in Weimar brieflich mitgeteilt.[26] Im Zusammenhang mit der Veröffentlichung „Eine neu entdeckte Salzflora" (BREITENBACH 1909) in den Mitteilungen des Thüringischen Botanischen Vereins ist er geradezu empört, dass Breitenbach die längst bekannte Salzflora bei Esperstedt als „neu entdeckt" hingestellt hatte.[25]

Quellen

(1) BALTZER, E.: Erinnerungen – Bilder aus meinem Leben. – Frankfurt am Main 1907. – (2) BALTZER, H.: Stammbaum der Familie Baltzer (im Stadtarchiv Nordhausen). – (3) Mitgliederverzeichnis „Irmischia". – Irmischia 1(1): 3–4; 1881. – (4) NEITZSCH, M.: Zum 50jährigen Jubiläum des Naturwissenschaftlichen Vereins zu Nordhausen. – Allgemeine Zeitung (Nordhäuser Tageblatt und Anzeiger) vom 11. November 1926, S. 3–4. – (5) SCHULZ, A.: Die floristische Litteratur für Nordthüringen, den Harz und den provinzialsächsischen wie anhaltischen Teil an der norddeutschen Tiefebene. – Halle 1888. – (6) Hunger, U., Universitätsarchiv Göttingen (13.3.2000, briefl. an K.-J. Barthel). – (7) Haasenbruch, R., Universitätsarchiv Halle-Wittenberg (24.3.2000, briefl. an K.-J. Barthel). – (8) Hesse, P., Universitätsarchiv Leipzig (31.3.2000, briefl. an K.-J. Barthel). – (9) Wagenitz, G., Göttingen (2.3.2000, briefl. an K.-J. Barthel). – (10) Bibliothek. – Irmischia 1(11/12): 53; 1881. – (11) BALTZER (1880) nennt Kützing „seinen hochverehrten Lehrer in den Naturwissenschaften". Da Kützing Lehrer an der Nordhäuser Realschule war, ist anzunehmen, dass auch Baltzer diese Schule besuchte. – (12) Adressbuch und Wohnungs-Anzeiger für die Stadt Nordhausen 1877. – (13) Adressbuch und Wohnungs-Anzeiger für die Stadt Nordhausen 1880. – (14) Baier, H.-J., Stadtarchiv Coburg (10.12.2001, briefl. an K.-J. Barthel). – (15) Mitglieder in Mitt. Thüring. Bot. Ver. 20: IV–VI; 1904/05. – (16) Amtliche Mitteilungen – Irmischia 5(5/6): 33; 1885. – (17) Müller, H., Bad Frankenhausen (20.1.2002, briefl an J. Pusch). – (18) DIEDICKE, H.: Bericht über die Frühjahrs-Hauptversammlung in Frankenhausen am 31. Mai u. 1. Juni 1898. – Mitt. Thüring. Bot. Ver. 12: 1–8; 1898. – (19) Bericht über die Frühjahrs-Hauptversammlung auf der Sachsenburg vom 23. und 24. Mai 1893. – Mitt. Thüring. Bot. Ver. 5: 1–10; 1893. – (20) Sauer, A., Institut für Stadtgeschichte Karlsruhe (22.8.2002, briefl. an J. Pusch). – (21) Nachlassakte Leonhard Baltzer des Amtsgerichtes Durlach im Generallandesarchiv Karlsruhe (GLAK 259 IV Grötzingen 2075) (10.9.2002, briefl. an J. Pusch). – (22) Festschrift zum 50jährigen Stiftungs-Feste des Bildungs-Vereins zu Nordhausen 1913. – (23) Bericht über die Herbst-Hauptversammlung in Artern am 25. September 1898. – Mitt. Thüring. Bot. Ver. 12: 10–21; 1898. – (24) Manitz, H., Herbarium Haussknecht Jena (8.3.2004, briefl. an J. Pusch). – (25) Postkarte an B. Hergt vom 1. Juli 1909. – (26) Bericht über die Herbsthauptversammlung in Weimar (6. Oktober 1889). – Mitt. Geograph. Ges. (Thüringen) Jena 8: 11–19; 1890.

Barthel, Klaus-Jörg   1940–

geboren: 13. Juli 1940 in Dresden

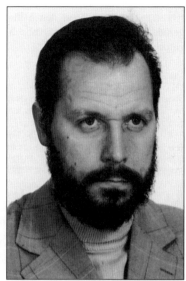

Beruf, Leistungen auf floristischem Gebiet
Gärtner, Oberstufenlehrer, Botaniker (insbesondere
Salzpflanzen, Orobanchen des Kyffhäusergebirges,
Speierlinge, Flora Nordthüringens). Barthel botani-
sierte nach 1978 zunächst im Raum Nordhausen, im
Windehäuser Holz bei Steigerthal, im nordwestlichen
Kyffhäuservorland und an der Kyffhäusernordrandstufe. Er fand u. a. *Corispermum leptopterum* im
Ufersand des Strandbades Kelbra, *Geranium lucidum*
an der südlichen Außenmauer der Kyffhäuserober-
burg, *Muscari comosum* an der Südseite des Solberges
östlich von Auleben, *Oenanthe fistulosa* in einem
Graben zwischen Aumühle und Solberg, *Orchis militaris* in der Rüdigsdorfer Schweiz und *Vaccaria
hispanica* an der Großen Eller bei Badra. Ab 1986/87
führten ihn die Exkursionen (vielfach mit J. Pusch)
vorwiegend in das südliche und östliche Kyffhäusergebirge. Dabei wurden besonders die *Orobanche*-

Abb. 29: Klaus-Jörg Barthel im Jahre 1983

Vorkommen erfasst. Barthel fand u. a. *Allium sphaerocephalon* östlich der Barbarossahöhle,
Dianthus armeria am Ausgang des Pfützentales bei Udersleben, *Filago arvensis* am Kom-
munikationsweg vom Rathsfeld nach Rottleben, *Isatis tinctoria* am Fahrweg Steinthaleben–
Kelbra, *Orobanche artemisiae-campestris* in der Badraer Lehde, *Papaver hybridum* am Lückenhügel östlich von Bad Frankenhausen, *Scleranthus verticillatus* an der Südseite des
Solberges und *Valerianella rimosa* an einem Acker östlich der Barbarossahöhle. Während
seiner Exkursionen in das Wippertal zwischen Hachelbich und Günserode (1989 bis 1991)
sah er u. a. *Campanula bononiensis* und *Dianthus armeria* an den Südhängen der Gatterberge nördlich von Hachelbich, *Helianthemum canum* am Pfarrkopf bei Seega, *Helichrysum
arenarium* an der Südseite des Jacobsberges bei Göllingen, *Orobanche lutea* am Filsberg bei
Hachelbich sowie *Trifolium striatum* am östlichen Plateau der Gatterberge. Seit etwa 1987
trugen sich Barthel und Pusch mit dem Gedanken, eine „Kyffhäuserflora" zu schreiben. In
diesem Zusammenhang wurde besonders in den Jahren 1989 bis 1996 die Flora der Binnensalzstellen im Umfeld des Kyffhäusergebirges umfassend untersucht. Die sehr aufschlussrei-
chen Ergebnisse erschienen u. a. in den „Veröffentlichungen des Naturkundemuseums Erfurt" (1992) und im „Naturschutzreport" (1997). Seit 1990 nahm Barthel an der Floristischen
Kartierung Thüringens teil. An bemerkenswerten Funden der letzten Jahre seien genannt:
Bunium bulbocastanum an den Sattelköpfen bei Hörningen (2001) und nördlich des
Schlachtberges bei Bad Frankenhausen (1998), *Cephalanthera longifolia* an der Wöbelsburg
bei Hainrode (2000), *Rumex stenophyllus* an den Fischteichen bei Auleben (1995), *Senecio
inaequidens* am Bahnhof Nordhausen (2001), *Salvia verticillata* am Mühlberg bei Niedersachswerfen (2000), *Sorbus domestica* an der Wöbelsburg (2000) und oberhalb der Pfanne
bei Steinthaleben (1998) sowie *Teucrium scordium* in einem Graben zwischen Aumühle und
Solberg (1995). Im September 2004 fand er erstmals *Thymelaea passerina* im Kyffhäuserge-

birge (in der Nähe eines Ackers 300 m nordöstlich Lohmühle nördlich Rottleben, etwa 150 Exemplare).

Herbarien, wichtige Herbarbelege
Ein eigenes umfangreicheres Herbarium wurde nicht angelegt. Einige Exsikkate, vor allem aus der Kyffhäuser- und Südharzflora (insgesamt etwa 30 Belege), wurden in das Herbarium von J. Pusch übernommen.[2]

Davon seien genannt: *Allium sphaerocephalon*: Acker an der Nordseite der Ochsenburg (HPu-1554, 26.8.1996); *Amaranthus blitoides*: Nordausgang Kleinleinungen (HPu-2160, 26.9.1997); *Bunium bulbocastanum*: Kyffhäusergebirge, Schlachtberg am Weg zum Jägerskreuz (HPu-2475, 23.6.1998); *Sclerochloa dura*: Nordwestrand der Badraer Lehde (HPu-2729, 10.6.1999); *Vicia dumetorum*: Marienbrunnen südlich Hachelbich (HPu-2095, 18.8.1997).

Abb. 30: Handschriftliches Herbaretikett von K.-J. Barthel

Wichtige Veröffentlichungen
Zunächst veröffentlichte Barthel (ab 1988 mit J. Pusch) mehrere Beiträge zur Flora des nordwestlichen Kyffhäuservorlandes (1985 bis 1995), zur Flora der Kyffhäusernordrandstufe (1986 bis 1995), zur Flora des südlichen und südwestlichen Kyffhäusergebirges (1988 bis 1995) sowie zur Flora des Wippertales zwischen Hachelbich und Günserode (1991). Alle diese Beiträge sind als Vorarbeiten der „Flora des Kyffhäusergebirges und der näheren Umgebung" (BARTHEL & PUSCH 1999) zu werten und sind im Literaturverzeichnis dieser Flora aufgelistet.
Mehrere Arbeiten von Barthel (mit J. Pusch) beschäftigen sich mit den naturnahen Binnensalzstellen in der Umgebung des Kyffhäusergebirges, u. a. mit der Flora längs des Solgrabens Bad Frankenhausen–Schönfeld (1991, 1994) und mit den aktuellen Vorkommen von *Scorzonera parviflora* im Esperstedter Ried (1993) und zwischen Riethnordhausen und Hackpfüffel (1995, 1996). Die Ergebnisse all dieser Untersuchungen wurden in dem Beitrag „Naturnahe Binnensalzstellen in Thüringen" (PUSCH, J., K.-J. BARTHEL & W. WESTHUS) – Naturschutzreport 12: 9–62; 1997 zusammengefasst. Im Jahre 2000 erschien noch eine weitere Arbeit (mit J. Pusch) „Über historische und aktuelle Vorkommen von Salzpflanzen in den Niederungen zwischen Bad Frankenhausen und Bendeleben (Thüringen)" in den „Veröffentlichungen des Naturkundemuseums Erfurt". Damit wurde eine bis dahin weitgehend unbekannte Salzstelle der Öffentlichkeit vorgestellt.
Gemeinsam mit J. Pusch schrieb Barthel (als Zweit- bzw. Drittautor) mehrere Arbeiten über die Orobanchen des Kyffhäusergebirges und Ostdeutschlands. Davon seien aufgeführt: • Über Merkmale und Verbreitung der Gattung *Orobanche* L. in den östlichen Bundesländern Deutschlands – Gleditschia 20(1): 33–56; 1992. – • Die Sommerwurzarten Europas (mit H. Uhlich als Erstautor) – Neue Brehm-Bücherei Bd. 618, Magdeburg 1995. – • Über die Verbreitung von *Orobanche caryophyllacea* SM. (Nelken-Sommerwurz) und *Orobanche lutea* BAUMG. (Gelbe Sommerwurz) in den östlichen Bundesländern Deutschlands (mit R. Schäfter als Drittautor) – Haussknechtia 6: 21–34; 1997.
Zu den umfangreicheren Veröffentlichungen von Barthel (mit J. Pusch als Erstautor) gehören auch die Beiträge zu den floristischen Erfassungen an den Ackerrändern in Nordthüringen und im nordöstlichen Mittelthü-

ringen (1996, 2001) und „Zur aktuellen Situation der Therophyten-Fluren im Kyffhäusergebirge/Thüringen" (1998), die in den „Veröffentlichungen des Naturkundemuseums Erfurt" erschienen. Eine weitere größere Arbeit „Zum Vorkommen der *Stipa*-Arten im Kyffhäusergebirge" erschien im Jahre 2003 in der „Hercynia". Von den historischen Arbeiten (mit J. Pusch) seien genannt: • Vorarbeiten „Zu den Botanikern des Kyffhäusergebietes" am Beispiel von Gustav Oertel (1834–1908) – Schlechtendalia 8: 23–31; 2002. – • Carl Friedrich Lebing (1839 bis 1907) – ein bedeutender Sangerhäuser Botaniker – Beitr. Heimatf. (Sangerhausen) 12: 112–120; 2002 – • Die Lehrer Ernst Bradler (1877–1954) und Wilhelm Rudolph (1841–1913) – zwei bedeutende Erfurter Botaniker – Veröff. Naturkundemuseum Erfurt 21: 63–68; 2002.

Biographie

Erich Klaus-Jörg Barthel wurde am 13. Juli 1940 als Sohn eines Drogisten in Dresden geboren. Nach den Bombenangriffen am 13. Februar 1945 auf Dresden zog die Familie nach Lohmen bei Pirna/Elbe, wo Barthel von 1946 bis 1954 die Grundschule besuchte. Schon in dieser Zeit beschäftigte er sich mit der heimatlichen Pflanzenwelt und las naturwissenschaftliche Bücher. Obwohl er gern die Oberschule (9. bis 12. Klasse) besucht hätte, um später Biologie zu studieren, bestimmte ihn der Vater zum Gärtnerberuf. So erlernte Barthel in den Jahren 1954 bis 1957 in Dresden den Beruf eines Zierpflanzengärtners. Ganz widersprach diese Lehre nicht seinen Neigungen, lernte er doch eine Vielzahl von exotischen Pflanzen kennen. Große Freude bereitete ihm u. a. der Botanik- und Biologieunterricht in der Berufsschule. Von 1957 bis 1959 arbeitete er als Gärtnergehilfe ebenfalls in Dresden. In diesen Jahren begann er sich für Atomphysik zu interessieren, arbeitete autodidaktisch auf botanischem Gebiet und besuchte im Jahre 1958 kurzzeitig die Abendoberschule in Pirna. Von 1959 bis 1960 erwarb er im Rahmen eines Vorkurses am Pädagogischen Institut Dresden die Hochschulreife. Noch im Jahre 1960 begann er ein Pädagogikstudium (Fachrichtung Mathematik/Physik) am Pädagogischen Institut Dresden, das er mit der Staatsexamensarbeit „Die Nutzung des Unterrichtes über die Grundlagen der Quantenphysik für die Entwicklung eines materialistisch-dialektischen Weltbildes" im Jahre 1964 abschloss. Auch in seiner Studentenzeit arbeitete er autodidaktisch auf botanisch-biologischem Gebiet und interessierte sich besonders für organische Chemie. Von 1964 bis 1973 war er im Kreis Lübben/Spreewald (Stadt Lübben und Groß-Lubolz) an den Polytechnischen Oberschulen als Lehrer angestellt, wo er vorwiegend Physik, aber auch Mathematik, Chemie und Astronomie unterrichtete. In den Jahren 1970/71 studierte er an der Pädagogischen Hochschule Potsdam (im Fernstudium) zwei Semester Astronomie.[1]

Im Jahre 1973 heiratete er in Nordhausen die Lehrerin Ute Bykowski, geb. Praefke, aus Bützow/Meckl. [mit ihrem Sohn Jörg Bykowski]. Aus dieser Ehe ging der Sohn Thomas hervor. Von 1973 bis 1975 arbeitete er als Physik- und Mathematiklehrer an der Polytechnischen Oberschule in Wipperdorf und von 1975 bis 1981 an der Polytechnischen Oberschule „Dr. Theodor Neubauer" in Nordhausen. Hier lernte er auf zahlreichen Wanderungen, u. a. mit Karl Kellner, Nordhausen, zu dem er im Jahre 1980 Kontakt aufnahm, die besondere Flora der Zechsteinlandschaft am Südharzrand und im Kyffhäusergebirge kennen und lieben. Aber auch der Flora der naturnahen Binnensalzstellen im Umfeld des Kyffhäusergebirges galt sein besonderes Interesse. Von 1981 bis zu ihrer Auflösung im Jahre 1996 arbeitete Barthel als Studienorganisator (verantwortlich für Stundenplanbau im Direkt- und Fernstudium, Vertretungsstunden und Raumverteilung) an der Ingenieurschule für Landtechnik in Nordhausen (ab 1994 Staatliche Fachschule für Technik und Wirtschaft), wo er nach der politischen Wende im Rahmen kleinerer Exkursionen auch Fachlehrer und Studenten mit den Salzstellen an der Numburg vertraut machte. Nach seiner ersten Veröffentlichung „Neufunde und Bestätigungen bemerkenswerter Arten im nordwestlichen Kyffhäuservorland" (1985) kam es zur Kontaktaufnahme mit J. Pusch, mit dem er am 12. Juli 1986 erstmals in Nordhausen zusammentraf. Die seither fruchtbare Zusammenarbeit (u. a. zu den naturnahen Binnensalzstellen Thüringens, zu den Orobanchen Ostdeutschlands, zur Segetalflora Nordthüringens und zu den Therophyten des Kyffhäusergebirges) erreichte im Jahre 1999 mit der Herausgabe der „Flora des Kyffhäusergebirges und der näheren Umgebung" einen vorläufigen Höhepunkt. Nach Monaten der Arbeitslosigkeit, die Barthel für die Abfassung verschiedener botanischer Manuskripte nutzte, wurde er am 1. Februar 1998 am Institut für Biologische Studien Jörg Weipert, Ilmenau, für ein Jahr als Wissenschaftlicher Mitarbeiter (Botaniker) fest angestellt. Seine Aufgabe war es, im Rahmen des Naturschutzgroßprojektes „Kyffhäuser" die Kennarten (Flora) von insgesamt 8 Kerngebieten zu erfassen und in vorgegebene Karten einzutragen. Des Weiteren hatte er im Landkreis Nordhausen floristische und vegetationskundliche Untersuchungen in den NSG „Rüdigsdorfer Schweiz", „Gräfental" und „Vogelherd" vorzunehmen. Nach weiteren Monaten der Arbeitslosigkeit, in denen er auf freiwilliger Basis seine Arbeiten am Naturschutzgroßprojekt „Kyffhäuser" abschloss, trat er am 1. August 2000 in den Ruhestand.[1]

Barthel ist seit 1998 Mitglied der Thüringischen Botanischen Gesellschaft und seit 2003 des Botanischen Vereins von Sachsen-Anhalt. Am 25. September 1999 hielt er vor den Mitgliedern der Thüringischen Botanischen Gesellschaft und zahlreichen Gästen anlässlich der Herausgabe der „Flora des Kyffhäusergebirges und der näheren Umgebung" in Bad Frankenhausen einen Vortrag zur floristischen Erforschung des Kyffhäusergebirges aus historischer Sicht. Als Mitglied der Arbeitsgemeinschaft Herzynischer Floristen kartierte er ab 1982 die MTB 4531 (Heringen) und 4532 (Kelbra). Im Jahre 1993 erstellte er Gutachten über die einstweilig gesicherten Naturschutzgebiete „Brandesbachtal" (mit M. Taeger, Nordhausen) und Südwestkyffhäuser (mit J. Pusch und W. Sauerbier, Bad Frankenhausen). Im Sommer 1988 untersuchte Barthel an zwei Tagen die Salzflora des Solgrabens Bad Frankenhausen–Schönfeld auf seiner gesamten Länge. Ab dem Jahre 2000 botanisierte Barthel vorwiegend mit Werner Mogk (Mitglied der Thüringischen Botanischen Gesellschaft seit 1999) im Landkreis Nordhausen, insbesondere in der Hainleite, im Alten Stolberg und im Südharzgebiet. Gleichzeitig beschäftigte er sich verstärkt (gemeinsam mit J. Pusch) mit der Geschichte der floristischen Erforschung des Kyffhäusergebietes (Nordthüringen, Landkreis Sangerhausen).[1]

Quellen
(1) Eigene Angaben Klaus-Jörg Barthel. – (2) Herbarbuch zum Herbarium von J. Pusch (HPu).

Becker, Wilhelm   1874–1928

geboren: 24. Januar 1874 in Halberstadt
gestorben: 12. Oktober 1928 in Berlin

Abb. 31: Wilhelm Becker (rechts) neben seiner Frau (links)

Beruf, Leistungen auf floristischem Gebiet
Volksschullehrer, Botaniker (Veilchenspezialist). Er schrieb mehr als 100 Arbeiten über die Gattung *Viola*. Eine geplante Monographie der Veilchen konnte er nicht mehr verwirklichen. Becker war auch ein guter Kenner der mitteldeutschen Flora. So nennt er in seiner Arbeit „Floristisches aus der Umgebung von Sangerhausen am Harz" (1896, 1897, 1898) auch zahlreiche bemerkenswerte Arten aus Nordthüringen und aus dem näheren Umfeld des Kyffhäusergebirges. Bemerkenswert sind u. a. folgende Funde: *Gentiana cruciata, Lactuca quercina, Melittis melissophyllum, Prunus fruticosa* und *Trifolium rubens* vom Hohen Berg bei Sangerhausen, *Tordylium maximum* von verschiedenen Orten südlich des Hohen Berges, *Podospermum laciniatum* von Acker- und Wegrändern bei Sangerhausen und Wettelrode, *Campanula cervicaria* von der Chaussee Grillenberg–Wippra, *Erucastrum gallicum* von der Eisenbahn bei Bennungen, *Lactuca saligna* vom Bahnhof Berga-Kelbra, *Lathyrus palustris* von den Schafsdorfer Wiesen bei Artern sowie *Pedicularis sylvatica* von einer Wiese bei Lengefeld. In einer weiteren Veröffentlichung „Zur Flora Nord-Thüringens und des Süd-Harzes" (1897) nennt er *Chelidonium majus* var. *laciniatum* vom Gottlob, einem Haselwäldchen bei Wettelrode. Hier bringt er auch eine Aufzählung der Veilchen aus der Umgebung von Wettelrode. In seinem Beitrag „*Viola pumila* CHAIX, eine xerophile Pflanze des pontischen Elements" (1916) gibt er Vorkommen dieses Veilchens bei Artern und Kannawurf an, weist aber darauf hin, dass diese Stromtalpflanze in den Karpaten (Bukowina) in ganz typischer Form auf sonnigen Hügeln zu finden ist. Er nimmt an, dass *Viola pumila* ursprünglich xerophil war, dass sie sich nach der Eiszeit in nordwestlicher und westlicher Richtung bis Frankreich verbreitet hat und dann hygrophil geworden ist.

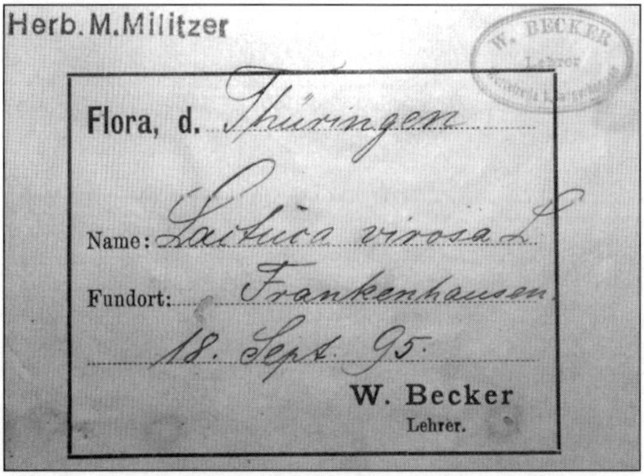

Abb. 32: Handschriftliches Herbaretikett von W. Becker

Herbarien, wichtige Herbarbelege
Nach STAFLEU & COWAN (1976, S. 161) befindet bzw. befand sich das Herbarium von Becker in Berlin (B). Seine Veilchen-Exsikkatensammlung (Violae exsiccatae germanicae, austro-hungaricae et helvetiae; 8 Lieferungen 1900–1908) ist sowohl in Berlin (B), in Graz (GJO), in Zürich (Z) als auch in Göttingen (GOET) und wahrscheinlich noch in

anderen größeren Herbarien vorhanden. In Halle (HAL) liegen z. B. die 6. Lieferung (1905/06) und die 7. Lieferung (1906).[8] Einzelbelege von Becker aus dem Kyffhäusergebiet sind auch in Gatersleben (GAT), Halle (HAL), Hamburg (HBG), Pruhonice bei Prag (PR) und Jena (JE) zu finden. In der gesamten Heimatsammlung des Herbariums der Martin-Luther-Universität Halle (HAL) befindet sich nur ein Beleg von Becker aus dem heutigen Sachsen-Anhalt.[8] Folgende Herbarbelege von Becker sollen genannt werden: *Artemisia maritima*: Artern (HAL, 29.9.1895); *Bupleurum tenuissimum*: Artern (JE, 24.8.1896; HAL, 29.9.1895); *Puccinellia distans*: Artern, Solgraben (B, 29.6.1895, rev. H. Scholz 1962 als *Puccinellia limosa*); *Hymenolobus procumbens*: Frankenhausen (JE, 26.4.1896); *Hypericum elegans*: Steinklöbe bei Freyburg (HAL, 12.7.1896, ex Herbar M. Militzer); *Lactuca saligna*: Heringen bei Nordhausen (HAL, 26.7.1895); *Lactuca virosa*: Frankenhausen (HAL, 18.9.1895); *Ventenata dubia*: Wettelroda auf Rotliegendem (JE, 7.6.1900). – Von Becker befinden sich viele Briefe im Archiv des Herbarium Haussknecht.[12]

Abb. 33: Herbarbeleg von W. Becker (*Orobanche lutea*, Beleg in PR)

Wichtige Veröffentlichungen (Raum Nordthüringen und Nachbargebiete betreffend)

• Floristisches aus der Umgebung von Sangerhausen am Harz, 1. Teil. – Deutsche Bot. Monatsschr. 14: 21–24; 1896. – • Floristisches aus der Umgebung von Sangerhausen am Harz, 2. Teil. – Deutsche Bot. Monatsschr. 15: 84–86; 1897. – • Zur Flora Nord-Thüringens und des Süd-Harzes. – Mitt. Thüring. Bot. Ver. 11: 76–78; 1897. – • Floristisches aus der Umgebung von Sangerhausen am Harz, nebst einigen Angaben zur Flora Nordthüringens und des Südharzes. – Deutsche Bot. Monatsschr. 16: 66–68; 1898. – • *Ajuga genevensis* L. und *reptans* L. und ihre Hybriden. – Deutsche Bot. Monatsschr. 19: 33–36; 1901. – • Die Veilchen der bayerischen Flora mit Berücksichtigung des übrigen Deutschlands. – Ber. Bayr. Bot. Ges. 8(2): 249–281; 1902. – • Systematische Behandlung der *Viola arvensis* auf Grundlage unserer phylogenetischen Kenntnisse. – Mitt. Thüring. Bot. Ver 19: 26–49; 1904. – • Violae Europaeae. Systematische Bearbeitung der Violen

Europas und seiner benachbarten Gebiete. – Dresden 1910. – • *Viola pumila* CHAIX, eine xerophile Pflanze des pontischen Elements. – Mitt. Thüring. Bot. Ver. 33: 28–30; 1916.

Biographie

Wilhelm Becker wurde am 24. Januar 1874 in Halberstadt geboren, wo sein Vater beim Infanterieregiment 27 als Militärmusiker in Garnison stand.[1][5] Später verzog die Familie nach Berlin. Dort war der Vater als Steuererheber tätig. Becker besuchte das Friedrich-Gymnasium in Berlin, wo er erste Anregungen zur Beschäftigung mit der Botanik erhielt. Da sein Vater schwer erkrankte und sich von seinen Leiden nicht mehr erholte, kam Becker mit 14 Jahren in das Haus seines Onkels nach Halberstadt.[1] Hier besuchte er seit 1889 die Präparandenanstalt und das Lehrerseminar in Halberstadt, wo er sich intensiv mit Botanik beschäftigte. Seine erste Anstellung als Volksschullehrer [und Kantor[7]] erhielt er im März 1894 in Wettelrode bei Sangerhausen. In diesem Ort wurde er durch das Auffinden der *Viola persicifolia* und ihrer Hybride mit *Viola canina* zum umfassenden Studium der Veilchen angeregt.[5] Im Jahre 1898 unternahm er eine Reise durch Tirol, Norditalien, Triest, Krain und zurück durch die Steiermark und Salzburg.[1] Becker war mit dem Nordhäuser Botaniker Louis Oßwald befreundet.[11] Im September 1902 verließ er Wettelrode [hier war er nicht nur als Jugendbildner geschätzt, sondern auch als Geflügelzüchter von Ruf bekannt[7]] und hatte seitdem Lehrerstellen an verschiedenen Orten inne.[5] Nachdem er im Winter 1902/3 in Burgörner bei Hettstedt amtiert hatte, ging er nach Hedersleben bei Halberstadt,[1][3] wo er bis 1909 tätig war. Nach dem Tode Haussknechts am 7. Juli 1903 bewarb er sich um die Stelle eines Konservators am Herbarium Haussknecht in Weimar, die jedoch der Orientbotaniker J. Bornmüller erhielt.[6] Schon 1900 hatte er mit der Ausgabe einer Exsikkaten-Sammlung der Veilchen (Violae exiccatae) begonnen, die er acht Jahre hindurch fortsetzte. In dieser Zeit legte er im Hakel einen botanischen Garten an.[1] Als er sich im Juli 1904 auf der Insel Juist (Ostfriesische Inseln) aufhielt, sammelte er auch Pflanzen.[10] Auf der Herbst-Hauptversammlung des Thüringischen Botanischen Vereins am 2. Oktober 1904 in Erfurt sprach er über Vorkommen von *Aster alpinus* und *Woodsia ilvensis* im Bodetal zwischen Thale und Treseburg.[10] Von Hedersleben ging Becker an ein Privat-Pädagogikum nach Filehne (Bez. Bromberg) als Lehrer der Naturwissenschaften. Er beschäftigte sich hier mit der Gattung *Anthyllis*, obwohl er wenig freie Zeit zur Verfügung hatte. Im Jahre 1913 zog er nach Schlanstedt bei Oschersleben, 1914 nach Loitsche (Kreis Wolmirstedt) und 1916 nach Haferland (Kreis Osterburg). Im Jahre 1914 heiratete er Marie Haase. Aus dieser Ehe ging ein Sohn hervor. Im Oktober 1916 wurde er zum Kriegsdienst nach Lothringen einberufen. Nach seiner Entlassung ging er nach Rosian (Kreis Jerichow). Er beschäftigte sich hier besonders mit der formenreichen Gattung *Euphrasia* und plante, eine Veilchen-Monographie zu verfassen. Da er dem Herbarium in Berlin-Dahlem möglichst nahe sein wollte, ließ er sich 1926 nach Kirchmöser bei Brandenburg versetzen.[1] Um das *Viola*-Material der Herbarien in Leiden, Kew und Paris zu studieren, reiste er im Frühjahr 1928 nach Holland, England und Frankreich. Die von hier mitgebrachten Aufzeichnungen konnte er nicht mehr vollständig aufarbeiten, denn schon im Herbst 1928 stellte sich ein Kopfleiden ein, an dem er am 12. Oktober 1928 in der Charité in Berlin verstarb.[5] Seine letzte Ruhestätte fand er auf dem Urnenfriedhof in Brandenburg.[1]

Wilhelm Becker gehörte seit September 1895 dem Thüringischen Botanischen Verein an, dem er bis zu seinem Tode die Treue hielt.[2][4] Infolge seiner Verdienste auf dem Gebiet der Veilchenforschung hatten ihn die Regensburger und die Niederländische Botanische Gesellschaft zu ihrem korrespondierenden Mitglied gewählt. Er besaß eine ausgesprochen musikalische Veranlagung, war leidenschaftlicher Jäger und guter Schütze.[1] Kurt Wein benannte im Jahre 1911 *Rosa rubiginosa* L. var. *beckeri* K. WEIN nach Becker.[9]

Quellen

(1) GÖRZ, R.: Wilhelm Becker. – Verh. Bot. Ver. Provinz Brandenburg 71: 142–150; 1929. – (2) Hauptversammlung in Mitt. Thüring. Bot. Ver. 9: 13; 1896. – (3) Mitgliederverzeichnis in Mitt. Thüring. Bot. Ver. 20: IV–VI; 1904/1905. – (4) Mitgliederverzeichnis in Mitt. Thüring. Bot. Ver. 37: 83–87; 1927. – (5) WEIN, K.: Wilhelm Becker – Mitt. Thüring. Bot. Ver. 39: XIV–XVI; 1930. – (6) MEYER, F. K.: 100 Jahre Thüringische Botanische Gesellschaft. – Haussknechtia 1: 3–16; 1984. – (7) Sangerhäuser Zeitung vom 6. Oktober 1902. – (8) Krumbiegel, A., Halle (9.1.2002, briefl. an J. Pusch, in Auswertung des Herbars HAL in Vorbereitung einer neuen Flora von Sachsen-Anhalt). – (9) ECKARDT, Th.: Ein Leben für die Geschichte der Botanik. – Ber. Bayer. Bot. Ges., 30: 9–15; 1954. – (10) Bericht über die Herbst-Hauptversammlung in Erfurt am 2. Oktober 1904. – Mitt. Thüring. Bot. Ver. 20: 86–93; 1904/05. – (11) BECKER, W.: *Ajuga genevensis* L. und *reptans* L. und ihre Hybriden. – Deutsche Bot. Monatsschr. 19: 33–36; 1901. – (12) Manitz, H., Herbarium Haussknecht Jena (8.3.2004, briefl. an J. Pusch).

Besthorn, Ludwig   1833–1921

geboren: 17. November 1833 in Crottorf
gestorben: 6. März 1921 in Nordhausen

Beruf, Leistungen auf floristischem Gebiet
Lehrer, Ornithologe, Botaniker. Stellte gemeinsam mit
Adolf Vocke ein Pflanzenverzeichnis des Kohnsteins
bei Nordhausen zusammen, das an die 600 Arten
enthielt.[10] Dieses Verzeichnis ging ein in die „Flora
von Nordhausen und der weiteren Umgebung" (VO-
CKE & ANGELRODT 1886). Am 30. Juli 1886 fand er
Epipogium aphyllum in einem Hochwald östlich vom
Straußberg bei Sondershausen.[5] Sein Aufsatz „Der
Kohnstein bei Nordhausen" (1880) hat durch KELL-
NER (1980) eine ausführliche Würdigung erfahren.[2]

Herbarien, wichtige Herbarbelege
Über ein Herbar von Besthorn ist uns nichts bekannt,
ebenso konnten wir in keinem der untersuchten Herbarien Belege von ihm auffinden.

Abb. 34: Ludwig Besthorn

Wichtige Veröffentlichungen
[• Der Kohnstein bei Nordhausen. Mit Karte Tf. XI. – Zeitschr. ges. Naturwiss. 53: 341–345; 1880. – • Ornithologische Mitteilungen. – Irmischia 2(5/6): 38; 1882].

Biographie
Andreas Christian Ludwig Besthorn wurde am 17. November 1833 in Crottorf (Kreis O-
schersleben) als Sohn des Bäckermeisters Johann Daniel Andreas Besthorn geboren. Nach
dem Besuch des Lehrerseminares in Halberstadt (1851 bis 1854) war er Lehrer in Halberstadt
(1854 bis 1855), Calbe/Saale (1855 bis 1858), Hamburg (1858 bis 1860) und Langenwed-
dingen (1861 bis 1863).[1][11] Im Jahre 1863 kam er nach Nordhausen,[1][11] wo er am 9. Juli
desselben Jahres Christiane Caroline Pauline Graf aus Nordhausen heiratete.[7][11] In dieser
Stadt war er von 1863 bis 1865 als Lehrer an den Volksschulen und von 1865 bis 1904 zunächst als Lehrer, später als Oberlehrer an der damaligen Höheren Töchterschule tätig.[1] Im
Jahre 1880 veröffentlichte er eine Arbeit über die Tier- und Pflanzenwelt des Kohnsteins
nahe Nordhausen. Er beschreibt darin einen gedachten Spaziergang, der für die Teilnehmer
der 44. Generalversammlung des Naturwissenschaftlichen Vereins für Sachsen und Thüringen (vom 17. bis 19. Mai 1880 in Nordhausen) Wirklichkeit werden sollte.[10] In seiner
Nordhäuser Zeit war er neben A. Vocke besonders mit A. Petry durch gemeinsame Interessen verbunden. Noch im hohen Alter blieb ihm der Kohnstein bei Nordhausen, neben dem
Ilfelder Tal, ein bevorzugtes Exkursionsziel. Er starb am 6. März 1921 in Nordhausen,[1][8][11]
wo er zuletzt „Am Altenthore 6" wohnte.[6] Seine letzte Ruhestätte fand er auf dem Altendor-
fer Friedhof in Nordhausen.[2][8] Seine Frau war schon im Dezember 1905 verstorben.[8]
Besthorn war Mitglied (seit 1916 Ehrenmitglied) des Naturwissenschaftlichen Vereins zu
Nordhausen,[4] des Naturwissenschaftlichen Vereins für Sachsen und Thüringen[2] und der
„Irmischia" (Mitgliedsnummer 37).[3] Seine nicht unbedeutende Vogelbalgsammlung wurde

nach seinem Tode an verschiedene Nordhäuser Schulen verkauft.[1] Zum Verbleib dieser Sammlung schrieb K. Kellner, Nordhausen, im Jahre 1975: „Die Besthornschen Vogelsammlungen waren mir bekannt. Leider ist nicht viel davon übriggeblieben. Ein Teil der Sammlung verbrannte 1945 in der ehemaligen Mädchen-Mittelschule, und viel ging auch in den Nachkriegswochen im Meyenburg-Museum verloren. Hier befindet sich aber noch ein Teil, allerdings nicht in bester Verfassung."[9]

Quellen

(1) Besthorn, R., Sohn von L. Besthorn in Greifswald (22.3.1975 und 10.12.1980, briefl. an K. Kellner). – (2) KELLNER, K.: Die floristische Erforschung der Südharzlandschaft um Nordhausen, 3. Teil. – Beitr. Heimatk. Stadt Kreis Nordhausen 5: 23–43; 1980. – (3) Mitgliederverzeichnis „Irmischia". – Irmischia 1(1): 3–4; 1881. – (4) NEITZSCH, M.: Zum 50jährigen Jubiläum des Naturwissenschaftlichen Vereins zu Nordhausen. – Allgemeine Zeitung (Nordhäuser Tageblatt und Anzeiger) vom 11. November 1926, S. 3–4. – (5) LUTZE, G.: Flora von Nord-Thüringen. – Sondershausen 1892. – (6) Adreßbuch der Stadt Nordhausen für das Jahr 1919. – (7) Trauungen Kirche Altendorf (1838 bis 1881) in Nordhausen. – (8) Sterbebuch Kirche Altendorf (1881 bis 1948) in Nordhausen. – (9) Kellner, K., Nordhausen (11.7.1975, briefl. an Prof. R. Besthorn, Greifswald). – (10) Der Kohnstein bei Nordhausen. Mit Karte Tf. XI. – Zeitschr. ges. Naturwiss. 53: 341–345; 1880. – (11) Besthorn, S., Greifswald (26.2.2004, briefl. an J. Pusch).

Bösel, Albert   1834–1920

geboren: 11. Mai 1834 in Kösen
gestorben: 13. Juni 1920 in Friedrichroda

<u>Beruf, Leistungen auf floristischem Gebiet</u>
Lehrer, Entomologe, Botaniker. Er hatte wesentlichen Anteil daran, dass die Behörden der Stadt Artern bereits 1885 den Beschluss gefasst hatten, „das
Terrain am Arterner Soolgraben in seiner gegenwärtigen Gestalt zu erhalten und der teilweise schon
begonnenen Urbarmachung Einhalt zu tun".[1] Ein
entsprechender Antrag wurde im Jahre 1884 von
Bösel, Apotheker Sondermann und Rentner Poppe
beim Magistrat der Stadt Artern gestellt.[2] Im selben
Jahr erschien auch der Beitrag „Begründung der
Bitte, einen kleinen Theil des an den hiesigen
Soolgraben grenzenden Terrains in seiner gegenwärtigen Gestalt zu erhalten" in mehreren Fortsetzun-
gen. Dieser ist, obwohl kein Autor genannt wird, mit
Bestimmtheit Bösel zuzuschreiben.[3] [Möglicher-
weise war Apotheker **L. Sondermann** Mitautor.[4]]

Abb. 35: Albert Bösel

Eine weitere Arbeit von Bösel beschäftigt sich mit den Gehölzen der Arterner Gärten und
Anlagen. Als Gewährsmann der „Flora von Nordhausen und der weiteren Umgebung" (VO-
CKE & ANGELRODT 1886) nennt er *Orobanche ramosa* und *Sclerochloa dura* aus oder um
Artern.

<u>Herbarien, wichtige Herbarbelege</u>
Ein umfangreicheres Herbarium scheint Bösel nicht angelegt bzw. besessen zu haben. Uns
sind in den untersuchten Herbarien nur drei Einzelbelege im Herbarium Haussknecht in Jena
(JE) begegnet, die von Bösel gesammelt wurden. Vermutlich sind die Herbaretiketten jedoch
nicht von ihm beschriftet worden. Es ist anzunehmen, dass Bösel zwar die Pflanzen gesam-
melt, diese jedoch an andere Botaniker weiter gegeben hat.
Folgende Belege von Bösel sind uns bisher bekannt geworden: *Bupleurum tenuissimum*: bei
Artern (JE, 30.9.1885, com. Bösel, ex Herbar F. Thomas aus Ohrdruf); *Lotus tenuis*:
Soolgraben bei Artern (JE, 21.9.1888, leg. Bösel, com. O. Appel); *Plantago maritima*:
Soolgraben bei Artern (JE, 21.9.1888, leg. Bösel, com. O. Appel).

<u>Wichtige Veröffentlichungen</u>
• Begründung der Bitte, einen kleinen Theil des an den hiesigen Soolgraben grenzenden Terrains in seiner
gegenwärtigen Gestalt zu erhalten. – Anzeiger für Artern und Umgebung Nr. 31–36, Nr. 86; 1884. – • Wanderungen durch unsere Gärten und Anlagen zur Orientierung über die darin wachsenden Bäume und Sträucher. –
Anzeiger für Artern und Umgebung Nr. 38–89; 1884. – • Sitzungsbericht über die Herbst-Hauptversammlung
des Bot. Vereins für Gesamt-Thüringen am 30. September 1888 in Erfurt (Flora und Fauna des Arterner
Solgrabens). – Mitt. Geograph. Ges. (Thüringen) 7: 9–10; 1888–1889.

Biographie

Albert Friedrich Bösel wurde am 11. Mai 1834 [in Kösen[10][14]] geboren.[5][14] Seine Eltern waren Carl Friedrich Bösel, Pfannenschmied in Kösen, und Johanna Friederike, geb. Schwanitz.[14] Da er ein recht schwächliches Kind war, schickten ihn die Eltern in eine Privatschule, die von den Beamten der Saline Kösen gegründet worden war. Ostern 1849 wurde er in die Präparandenanstalt zu Weißenfels aufgenommen und 1852 kam er an das dortige Lehrerseminar. Ostern 1855 bestand er die Lehrerprüfung. Anschließend war er Lehrer in Halle/Saale. Wegen zu geringer Bezahlung übernahm er am 1. Oktober 1858 eine Lehrerstelle an der Privat-Töchterschule in Merseburg. Am 1. Januar 1862 wurde er Rektor der Volksschule in Artern. Auch die Leitung der 1858 gegründeten, aber 1871 wegen Ausbleibens des städtischen Zuschusses wieder aufgegebenen Präparandenanstalt lag in seinen Händen. In der früher in Artern vorhandenen Privat-Mädchenschule gab er naturwissenschaftlichen Unterricht. Auch erteilte er Privatunterricht in französischer und englischer Sprache. Er schrieb ein Lehrbuch der Geometrie, das er für den Unterricht in seiner Klasse nutzte.[15] Als im Februar des Jahres 1880 ein „Populärwissenschaftlicher Verein" in Artern gegründet wurde, wählte man ihn später (am 20. April 1880) in dessen Vorstand. 1881 beauftragte man ihn mit der hiesigen Lokalschulinspektion.[2] Auf der Herbst-Hauptversammlung des Botanischen Vereins für Gesamtthüringen am 27. September 1885 in Artern hielt er einen Vortrag über die Flora des Arterner Solgrabens, die in frischen Exemplaren vorlag oder im getrockneten Zustand vorgezeigt wurde.[1] Einen weiteren Vortrag über Flora und Fauna des Arterner Solgrabens hielt er auf der Herbst-Hauptversammlung dieses Vereins am 30. September 1888 in Erfurt.[10] Am 25. Februar 1892 führte der Bürgerverein zu Artern eine Versammlung durch, in der Bösel einen Vortrag über den Wert der Fortbildungsschulen hielt.[2] Viele Arterner Einwohner lernten ihn als Festredner schätzen.[15] Als am 21. Oktober 1896 das Arterner Kriegerdenkmal mit Wasserkunst auf dem Marktplatz eingeweiht wurde, sprach er am Abend vor versammelter Schuljugend.[3] Unter dem Namen „Gewerbliche Fortbildungsschule" wurde am 1. April 1901 eine Berufsschule ins Leben gerufen, deren Leitung er übernahm.[16] Bösel ging am 1. Juli 1909 in den Ruhestand.[5] Danach lebte er als Pensionär in Friedrichroda,[10][11] hielt sich aber mit seiner Frau Anna „lange Wochen" bei seiner Tochter Luise in Rosa (über Wernshausen) auf.[11] Noch im hohen Alter durchwanderte er die Wälder und Berge bei Friedrichroda.[15] Er starb am 13. Juni 1920 in Friedrichroda[10][11] und wurde am 17. Juni in Rosa beerdigt. Seine Frau überlebte ihn.[11]

Bösel war Mitglied der „Irmischia" (Mitgliedsnummer 196)[6] und des Botanischen Vereins für Gesamtthüringen (seit September 1885).[1] Er war im September 1898 nicht mehr Mitglied des in „Thüringischen Botanischen Verein" umbenannten „Botanischen Vereins für Gesamtthüringen".[7] Bösel war entomologisch interessiert; so sammelte er Käfer aus Artern und Umgebung.[10] Es ist ihm gelungen, eine große Zahl von Solkäfern zu bestimmen.[15]

Der Apotheker **L. Sondermann** war ebenfalls Mitglied der „Irmischia" (Mitgliedsnummer 195)[6] und seit September 1885 Mitglied des Botanischen Vereins für Gesamtthüringen.[1] Er veröffentlichte Arbeiten zur Flora und Fauna des Arterner Solgrabens sowohl im „Archiv der Pharmacie" (1869) als auch im „Correspondenzblatt des Botanischen Vereins Irmischia" (1883). Im Beitrag von 1869 gibt er einen kurzen Überblick über Lage, Geologie und Historie der Solquelle und des Solgrabens bei Artern. Er geht insbesondere auf die Solquelle ein, die bei Fluten und Gewitterregen eine verstärkte Ausflussmenge hat und dabei merkwürdigerweise ihren Salzgehalt vergrößert. So zeigte sie sich nach einem in der Gegend von Agnesdorf niedergegangenen Wolkenbruch ungewöhnlich ergiebig. Hin und wieder stößt sie organische Stoffe, wie Holz, Wurzeln und Knochen aus. Von den Salzpflanzen am Solgraben nennt Sondermann u. a. *Artemisia maritima, A. rupestris, Bupleurum tenuissimum, Halimione pedunculata, Juncus gerardii, Melilotus dentata, Plantago maritima, Ruppia maritima, Samolus valerandi, Salicornia europaea, Spergularia maritima, Suaeda maritima, Tetragonolobus maritimus* und *Triglochin maritimum*. Weiterhin führt er einige Nichtsalzpflanzen aus dem Umfeld des Solgrabens an. Davon seien genannt: *Asperugo procumbens, Lavatera thuringiaca, Lemna gibba, Myosurus minimus, Triglochin palustre, Ventenata dubia* und *Veronica verna*. Auch zahlreiche Moose (insbesondere Laubmoose) und einige Flechten sowie Algen (auch Diatomeen) werden vorgestellt. Ein größerer Abschnitt dieser Arbeit ist der Tierwelt im und am Solgraben gewidmet.[12]

Auch im Beitrag von 1883, der wesentlich kürzer als der von 1869 ist, zählt Sondermann die am Arterner Solgraben vorhandenen Salzpflanzen auf, u. a. sah er *Ruppia maritima* in „großen Massen" am Boden des Solgrabens. Er nennt weiterhin Moose, Flechten und Algen sowie verschiedene Tierarten, insbesondere Käfer, die er am Solgraben fand.[13] [Die von Sondermann hier genannten Laufkäfer-Arten wurden neuerdings von FRITZLAR & SPARMBERG (1997) in einer Tabelle zusammengefasst.[17]]

Sondermann war als Naturwissenschaftler eine in weiten Kreisen gesuchte Persönlichkeit.[2] Zur Versammlung der „Irmischia" am 11. September 1881 in Nordhausen spendete er eine „reiche Sendung" von *Ruppia maritima* aus Artern.[9] Er teilte A. Vocke einen Fund von *Elodea canadensis* vom Ententeich nördlich von Frankenhausen mit (vergl. VOCKE & ANGELRODT 1886, S. 240).

Unter dem „Apotheker L. Sondermann" ist wohl Leopold Franz Ludwig Sondermann zu verstehen, der am 27. Juli 1824 als Sohn des Apothekers (und Lehrmeisters von F. T. Kützing) Ludwig Ferdinand Sondermann (1795 bis 1887) in Artern geboren wurde.[8)(19] „Apotheker Sondermann" wurde 1870, 1875 und 1882 als öffentlicher Fleischbeschauer genannt. Er verkaufte im Jahre 1886 die Engelapotheke in Artern an den Apotheker Opitz aus Frankfurt am Main für 90.000 Mark, nachdem er bereits jahrzehntelang das Geschäft geführt hatte. Nach dem Tod des Vaters (im Juni 1887) verzog er am 23. September 1887 nach Dresden.[2] Über seinen weiteren Verbleib ist uns leider nichts bekannt. Die Insektensammlung von Sondermann gilt heute als verschollen.[18]

Quellen
(1) Sitzungsbericht der Herbst-Hauptversammlung des Botanischen Vereins für Gesamtthüringen in Artern am 27. September 1885. – Mitt. Geograph. Ges. (Thüringen) 4: 65–68; 1885–1886. – **(2)** WAGNER, O.: Wichtige Ereignisse in unserem Gemeindeleben seit Anfang 1800. – Sonderbeilage der Arterner Zeitung 1932. – **(3)** ENGELHARDT, E.: Arterner Heimatbuch. – Artern 1913. – **(4)** BARTHEL, K.-J. & J. PUSCH: Die Herbst-Hauptversammlung des Botanischen Vereins für Gesamt-Thüringen am 27. September 1885 in Artern und die Rolle Albert Bösels bei der Erhaltung der Salzflora am Arterner Solgraben. – Aratora 12: 107–113; 2002. – **(5)** 100 Jahre Knaben-Schulgebäude. Ein Markstein in der Arterner Schulgeschichte. – Arterner Zeitung vom 10. November 1935. – **(6)** Mitglieder-Verzeichnis. – Irmischia 1(8): 33; 1981. – **(7)** TORGES, E.: Bericht über die Herbst-Hauptversammlung in Artern am 25. September 1898. – Mitt. Thüring. Bot. Ver. 12: 10–21; 1898. – **(8)** Schmölling, A., Artern (2001, telef. mit K.-J. Barthel und am 9.11.2004 briefl. an K.-J. Barthel). – **(9)** LUTZE, G.: Ueber Veränderungen in der Flora von Sondershausen, bezw. Nordthüringen. – Programm Fürstl. Realschule Sondershausen, Nr. 636, 1882. – **(10)** Beer, P., Naturkundemuseum Erfurt (9.7.2003, briefl. an K.-J. Barthel). – **(11)** Beer, P., Naturkundemuseum Erfurt; Kopie einer Postkarte von Anna Bösel an Otto Rapp (16.7.2003, briefl. an K.-J. Barthel). – **(12)** SONDERMANN, L.: Flora und Fauna des Soolgrabens zu Artern. –

Archiv der Pharmacie 19(187): 84–95; 1869. – **(13)** SONDERMANN, L.: Flora und Fauna des Solgrabens zu Artern. – Irmischia 3(4/5): 18–20; 1883. – **(14)** Orlamünde, B., Evang. Pfarramt Bad Kösen (17.9.2004, briefl. an J. Pusch). – **(15)** Zeitungsausschnitt vom 15. Juni 1920, registriert unter „Artern Schule II" im Stadtarchiv Artern. – **(16)** Stein und Leben der Arterner Schulen. Festblatt zur 100jährigen Wiederkehr des Einweihungstages des Knabenschulgebäudes. – Arterner Anzeiger vom 10. November 1935. – **(17)** FRITZLAR, F. & H. SPARMBERG: Faunistische Bedeutung der naturnahen und sekundären Binnensalzstellen. – Naturschutzreport 12: 133–157; 1997, S.140. – **(18)** Deutsches Entomologisches Institut Müncheberg (9.12.2004, briefl. an J. Pusch) – **(19)** Kernbach, W., Pfarrer in Artern (18.1.2005, briefl. an K.-J. Barthel).

Bornmüller, Joseph   1862–1948

geboren: 6. Dezember 1862 in Hildburghausen
gestorben: 19. Dezember 1948 in Weimar

Beruf, Leistungen auf floristischem Gebiet
Gärtner, Botaniker, Sammlungsreisender. In zahlrei-
chen Veröffentlichungen beschrieb er eine Vielzahl
neuer Arten zur Flora des Balkans und des Orients.
Er beschäftigte sich aber auch mit der heimischen
Pflanzenwelt, u. a. mit der des Kyffhäusergebietes.
Bereits im Jahre 1909 machte er Mitteilung über das
Vorkommen von *Stipa pulcherrima* in der Flora von
Frankenhausen, wo die Grasart bereits 1887 im
Kalktal von Haussknecht gesammelt wurde, ohne als
solche erkannt zu werden. Alle anderen zur damaligen Zeit im Herbarium Haussknecht in Weimar
zugänglichen Belege der *Stipa pennata* s. l. aus dem
thüringisch-herzynischen Raum (u. a. aus dem Kyffhäusergebirge und dem Alten Stolberg) erwiesen
sich als zu *Stipa joannis* gehörig.[7] Bornmüller ist
mit K. H. Zahn (1865 bis 1940) auch Erstbeschrei-

Abb. 36: Joseph Bornmüller

bungsautor von *Hieracium pallidum* subsp. *rothenburgense*, einer Habichtskraut-Sippe, die
noch heute in der Umgebung der Rothenburg zu finden ist. „Zahn hat die Rothenburg-Sippe,
fußend auf einen Fund von Bornmüller, als eigene Unterart (*H. pallidum* BIV.-BERN. fil.
subsp. *rotenburgense* BORNM. et ZAHN) beschrieben und sah als wesentliches Unterschei-
dungsmerkmal die starke Behaarung der Blattoberseite an. Dieses Merkmal ist aber nicht
immer konstant, so daß noch offenbleiben muss, ob hier tatsächlich ein heraushebenswertes
Taxon vorliegt".[8]

> ### Flora Germanica.
> ── Herbarium J. Bornmüller. ──
>
> *Artemisia Pontica L.*
>
> *Frankenhausen, Gipsberge nahe Stadt.*
>
> 19/2. 6/5   leg. J. Bornmüller.

Abb. 37: Handschriftliches Herbaretikett von J. Bornmüller

Herbarien, wichtige Herbarbelege
Der Hauptteil des insbesondere
durch die zahlreichen darin enthaltenen Typen neuer Taxa äußerst
wertvollen Herbars von Bornmüller
kam nach Berlin (B), wo es im 2.
Weltkrieg z. T. verbrannte. Erste
Teile des Herbars wurden in den
Jahren 1941 und 1942 nach Berlin
überführt und fielen dem Brand des
Botanischen Museums am 1. März
1943 zum Opfer. Andere Teile
seines Herbars waren im Krieg
verlagert worden bzw. befanden
sich noch in Weimar und kamen
erst nach 1945 nach Berlin. Heute gehört das Herbarium Bornmüller zum wertvollsten Besitz

des Berliner Herbars und sollte bei Arbeiten über Gattungen der orientalischen Flora immer mit herangezogen werden.[6] Ein beträchtlicher Teil von Duplikaten der Aufsammlungen Bornmüllers verblieb jedoch in Jena (JE) und ist hier erhalten geblieben. Auch in anderen Herbarien befinden sich Belege Bornmüllers, so in Göttingen (GOET), z. B. aus der Türkei, dem Iran und aus Bulgarien.[10]

Folgende Belege von Bornmüller aus dem Bearbeitungsgebiet sollen genannt werden: *Apium graveolens*: Gräben bei Kachstedt (JE, 7.8.1924); *Artemisia pontica*: Frankenhausen, Gipsberge nahe der Stadt (JE, 6.10.1912); *Carex hordeistichos*: Grabenrand zwischen Artern und Kachstedt (JE, 24.8.1924); *„Prunus fruticosa"*: Kalktal bei Frankenhausen (JE, 6.6.1925); *Orobanche artemisiae-campestris*: Kelbra, Sommerwand westlich der Ruine Rothenburg (B, 1882); *Oxytropis pilosa*: Kalktal bei Frankenhausen (JE, 1916); *Salix hastata*: am Alten Stolberg (JE, 7.6.1909); *Stipa joannis*: Rothenburg, am Kyffhäuser (JE, 14.7.1916). – Von Bornmüller liegt der gesamte dienstliche Briefwechsel im Archiv des Herbarium Haussknecht.[9]

Wichtige Veröffentlichungen

• Bericht über die Frühjahrs-Hauptversammlung in Nordhausen am 5. und 6. Juni 1909 (über das Vorkommen von *Stipa pulcherrima* C. KOCH in der Flora von Frankenhausen). – Mitt. Thüring. Bot. Ver. 27: 33–34; 1910. – • Bemerkungen zu *Carex pilosa* SCOP. in Thüringen. – Mitt. Thüring. Bot. Ver. 35: 29–30; 1921. – • Notizen aus der Flora des Fichtelgebirges, der Rhön und Thüringens. – Mitt. Thüring. Bot. Ver. 38: 84–92; 1929. – • *Veronica filiformis* SM., ein lästiger Neubürger der Flora Deutschlands. – Repert. Spec. Nov. Beih. 126: 21–26; 1941.

Ein Verzeichnis der bis 1937 von Bornmüller verfassten Arbeiten findet sich bei WISNIEWSKI (1938).[11]

Biographie

Joseph Friedrich Nicolaus Bornmüller wurde am 6. Dezember 1862 in Hildburghausen geboren. Sein Vater Franz Bornmüller war Schriftleiter am „Bibliographischen Institut", seine Mutter war die Tochter Joseph Meyers, dem Begründer dieses Verlages. Nach der Volksschule besuchte er bis 1873 das Gymnasium in Hildburghausen und, da das „Bibliographische Institut" 1874 nach Leipzig verlegt wurde, das dortige Thomasgymnasium[1] [bis 1881[2]]. Schon frühzeitig interessierte ihn die Flora der Umgebung von Leipzig, wo er u. a. die Hybride *Anemone nemorosa* x *A. ranunculoides* fand.[1] Nach einer Gärtnerlehre (1881 bis 1883) studierte er von 1883 bis 1885 unter Direktor F. Jühlke an der Königlichen Gärtner-Lehranstalt am Wildpark bei Potsdam.[2] Von März bis September 1886 unternahm er eine erste Sammelreise, die ihn quer durch den Balkan bis nach Kleinasien führte.[1] Anschließend (1886 bis 1887) war er Gärtner am Botanischen Garten in Breslau unter A. Engler.[2] Als Inspektor des Botanischen Gartens zu Belgrad [1887 bis 1888 unter J. Pancic[2]] unternahm er zahlreiche Reisen durch Serbien.[1] Im Jahre 1887 wandte er sich erstmals an C.

Abb. 38: J. Bornmüller 1943 bei Kahla

Haussknecht in Weimar, um Bestimmungshilfe zu *Epilobium*-Arten zu erhalten, die er in Kleinasien gesammelt hatte. Bornmüller hatte nach dem Tod von Pancic 1888 Belgrad verlassen und war von da an als Botanischer Sammler und bald als Privatgelehrter tätig.[3] In den Jahren 1889 und 1890 führten ihn zwei weitere Reisen nach Kleinasien. Die Bearbeitung des gesammelten Materials wurde zu großen Teilen von Haussknecht in Weimar übernommen. Gemeinsam mit P. Sintenis unternahm er im Jahre 1891 eine viermonatige Reise nach Griechenland. Abgesehen von einigen kritischen Gattungen konnte er das Material nun selbst bearbeiten. Bereits im Dezember 1891 war er wieder unterwegs, um in weiten Teilen Persiens, Arabiens, Mesopotamiens und Palästinas Pflanzen zu sammeln. Wieder in der Heimat, übersiedelte er nun nach Weimar [1893[2]], wo ihm durch Haussknecht und dessen Herbar die beste Unterstützung für die Bewältigung des Sammelmaterials (in den Jahren 1894 bis 1896) zur Verfügung stand. Im Jahre 1895 heiratete er Frieda Amelung (1877 bis 1969), die ihm auf zahlreichen weiteren Forschungsreisen stets Begleiterin war. Bornmüller, der seit 1895 in Bad Berka wohnte, zog nach Haussknechts Tod (1903) endgültig nach Weimar, wo er zum Konservator der Haussknechtschen Sammlungen [ab 1. Januar 1904[2]] berufen wurde.

Weitere, nun meist kürzere Reisen führten ihn nach Norwegen, Norditalien, Westanatolien, Ägypten, dem Libanon, Dalmatien und nach Siebenbürgen. Im Jahre 1913 unternahm er auf Einladung der russischen Regierung wieder eine größere und beschwerliche Reise in die ostturkistanischen Gebirge und Steppengebiete unter Fedtschenko (sein Freund G. Kükenthal erkrankte unterwegs). Während des 1. Weltkrieges (1917/18) weilte er

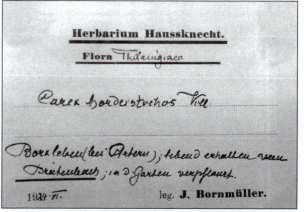

Abb. 39: Handschriftliches Herbaretikett von J. Bornmüller

wieder in Serbien und Mazedonien, um die botanische Durchforschung der von Deutschland besetzten Landstriche zu übernehmen. Da nach dem Krieg das Stiftungsvermögen des Herbarium Haussknecht und das eigene Vermögen infolge der Inflation dahinschwand,[1] wurde Bornmüller mit dem 1. April 1923 besoldeter außerplanmäßiger Assistent an der Universität Jena (in der Funktion als Konservator des Herbarium Haussknecht).[2] Schon bald unternahm er weitere Sammelreisen nach Mittelitalien (1924), Griechenland (1926), in den Orient (1929), nach Albanien (1930), Libyen (1933) und nach Süditalien (1937).[1] Das Ansehen, das sich Bornmüller in der botanischen Wissenschaft erworben hatte, fand Ausdruck in einer Festschrift zu seinem 75. Geburtstag (1937) sowohl in den würdigenden Worten von O. Schwarz wie auch in der Liste der Botaniker, die ihre Beiträge dazu geliefert hatten.[6] Am 31. Dezember 1938 trat er vom Amt des Konservators des Herbarium Haussknecht zurück und schied aus dem Angestelltenverhältnis mit der Universität Jena.[2] Bis in sein hohes Alter war er von erstaunlicher Rüstigkeit und geistiger Frische, nur in den allerletzten Jahren ließ seine Sehschärfe nach. Noch im Jahre 1945 sammelte er Pflanzen in der Umgebung von Weimar.[6] Er starb am 19. Dezember 1948 in Weimar.[2][6]

Schon zu Lebzeiten wurde Bornmüller hoch geehrt. Am 1. Juni 1918 verlieh ihm der Großherzog von Sachsen-Weimar-Eisenach den Professoren-Titel. Die Universität Jena ernannte ihn am 1. April 1943 zum Dr. rer. nat. h. c. Die Goethe-Medaille für Kunst und Wissenschaft erhielt er am 6. Dezember 1942.[2] Im Jahre 1891 wurde er Mitglied des Thüringischen Botanischen Vereins[4] [Schon vor 1891 gehörte er dem Botanischen Verein für Gesamt-Thüringen an[5]], dessen Vorsitzender von 1904 bis 1927 und späterer Ehrenvorsitzender (ab 1927) er war.[2] 1927 ernannte ihn der „Botanische Verein der Provinz Brandenburg" zu seinem Ehrenmitglied.[1]

Quellen

(1) SCHWARZ, O.: Zu Joseph Bornmüllers fünfundsiebzigstem Geburtstage. – In der Bornmüller-Festschrift. Repert. Spec. Nov. Regni Veg. Beih. 100: 1–10; 1938. – (2) CASPER, J. (Hrsg.): Herbarium Hausknecht, Weimar 1896 – Jena 1996, Geschichte und Gegenwart. – Hausknechtia Beiheft 8: 1–48; 1997. – (3) MEYER, F. K.: Carl Hausknecht, ein Leben für die Botanik. – Hausknechtia 5: 5–20; 1990. – (4) Mitgliederverzeichnis in Mitt. Thüring. Bot. Ver. 41: III–V; 1933. – (5) Mitgliederverzeichnis. – Mitt. Thüring. Bot. Ver. 20: IV–VI; 1904/05. – (6) WAGENITZ, G.: Joseph Bornmüller 1862–1948. – Willdenowia 2(3): 343–360; 1960. – (7) Bericht über die Frühjahrs-Hauptversammlung in Nordhausen am 5. und 6. Juni 1909. – Mitt. Thüring. Bot. Ver. 27: 25–37; 1910. – (8) GOTTSCHLICH, G. & J. PUSCH: Gattung Hieracium L. – Habichtskraut. In: BARTHEL, K.-J. & J. PUSCH: Flora des Kyffhäusergebirges und der näheren Umgebung. – Jena 1999. – (9) Manitz, H., Herbarium Hausknecht Jena (8.3.2004, briefl. an J. Pusch). – (10) WAGENITZ, G.: Index collectorum principalium herbarii Gottingensis. – Göttingen 1982. – (11) WISNIEWSKI, T.: Verzeichnis der von J. Bornmüller verfaßten Arbeiten. – Repert. Spec. Nov. Regni Veg. Beih. 100: 11–27; 1938.

Bradler, Ernst   1877–1954

geboren: 18. Dezember 1877 in Beuthen/Ober-
           schlesien
gestorben: 22. März 1954 in Erfurt

<u>Beruf, Leistungen auf floristischem Gebiet</u>
Oberschullehrer, Botaniker (insbesondere Diatomeen der Salzflorenstätten). [Die Kieselalgen (Diatomeen, Bacillariaceen) umfassen etwa 10.000 Arten, die hauptsächlich in Süß- und Salzwasser verbreitet sind.[22]] In seiner umfangreichen Arbeit „Die
Brackwasser-Diatomeen im Esperstedter Ried"
(1935) nennt er nicht nur eine große Zahl seltener
und interessanter Diatomeen, sondern geht auch auf
das Vorkommen einiger salztoleranter Blütenpflanzen ein [u. a. *Centaurium pulchellum*, *Glaux maritima*, *Plantago maritima* und *Salicornia europaea*
agg.]. Die in Deutschland sehr seltene Kleinblütige
Schwarzwurzel (*Scorzonera parviflora*) sah er am
Nordrand des Esperstedter Rieds zwischen Bad
Frankenhausen, Esperstedt und Oldisleben „in solch

Abb. 40: Ernst Bradler

riesigen Mengen, daß sie buchstäblich gemäht wird".[14] Für Brancos „Floristische Beobachtungen in Thüringen" (1942) stellte er „eine umfangreiche Pflanzenliste" zusammen, u. a.
fand er *Adonis vernalis* am Totenhügel bei Nausiß, *Arabis pauciflora* im Schlossholz über
Tonndorf, *Astragalus exscapus* am Totenhügel und Katzenberg bei Nausiß, *Euphorbia palustris* in Gräben der Unstrutwiesen bei Sömmerda, *Inula germanica* über der Burg bei
Straußfurt, *Oenanthe fistulosa* in Gräben bei Sömmerda, *Oxytropis pilosa* an der Straße
Sömmerda–Weißensee sowie *Stachys germanica* an der Adolfsburg über Treffurt.[15] Noch
im Jahre 1954 erschien sein Beitrag „Die Algen des Schollener Heilschlammes", worin er die
Algen des Schollener Sees bei Rathenow beschreibt.[18] Bradler schrieb auch Berichte über
die Hauptversammlungen des Thüringischen Botanischen Vereins, so über die Frühjahrs-
Hauptversammlung am 7. und 8. Juni 1941 in Weimar.

<u>Herbarien, wichtige Herbarbelege</u>
Das Herbarium von Bradler (vermutlich einige hundert Belege) kam nach dessen Tod in das
Herbarium Haussknecht (JE) nach Jena. [Bradler hatte im früheren Erfurter Naturkundemu-
seum (Haus zum Stockfisch) einen Raum für seine Niederlagen, die F. K. Meyer nach seinem
Tod nach brauchbaren Hinterlassenschaften (insbesondere Herbarbelege) durchsah und nach
Jena mitnahm.[5]]
    Einige dieser Herbarbelege sollen nachfolgend genannt werden: *Ajuga chamaepitys*:
Kyffhäuser, bei der Falkenburg (JE, 3.6.1944); *Artemisia pontica*: Kyffhäuser, unterhalb des
Kosakensteins (JE, August 1938); *Artemisia rupestris*: Artern (JE, 27.8.1933); *Glaux mari-
tima*: Esperstedt, am Solgraben (JE, 27.8.1933); *Halimione pedunculata*: Solgraben Artern
(JE, 27.8.1933); *Leontodon saxatilis*: Esperstedter Ried (JE, 13.9.1943); *Melilotus dentata*:
Artern, am Solgraben (JE, 12.8.1944); *Omphalodes scorpioides*: Rothenburg (JE, Juni 1939);

Salicornia europaea: Artern (JE, 12.8.1944); *Scorzonera parviflora*: Esperstedter Ried, am Solgraben (JE, 27.8.1933); *Tephroseris integrifolia*: Ochsenburg am Kyffhäuser (JE, 3.6.1944); *Suaeda maritima*: am Solgraben Artern (JE, 12.8.1944). – Von Bradler liegen viele Briefe im Archiv des Herbarium Haussknecht.[20]

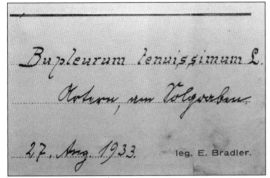

Abb. 41: Handschriftliches Herbaretikett von E. Bradler

Wichtige Veröffentlichungen
• Zur Biologie der Planktonorganismen. – Natur und Schule 6(2): 503–519; 1907. – • Botanische Spaziergänge im Unterengadin. – Jahrb. Deutsch. u. Österr. Alpenverein, Sektion Erfurt 48: 16–24; 1930. – • Die Brackwasser-Diatomeen im Esperstedter Ried. – Mitt. Thüring. Bot. Ver. 42: 42–64; 1935. – • Die Diatomeen-Vegetation des Erlensees. – Mitt. Thüring. Bot. Ver. 43: 46–56; 1936. – • Frühjahrshauptversammlung des Thüringischen Vereins e. V. am 7. und 8. Juni 1941. – Mitt. Thüring. Bot. Ver. 49: 197–202; 1942. – • Hermann Diedicke. – Mitt. Thüring. Bot. Ver. 49: 205–209; 1942. – • Die Algen des Schollener Heilschlammes. – Urania 17(3): 110–114; 1954.

Biographie
Ernst Bradler wurde am 18. Dezember 1877 als Sohn des Postbeamten Emanuel Bradler in Beuthen/Oberschlesien geboren.[1][2][12] Nach dem Besuch der Volksschule in Breslau und einer Präparandenanstalt studierte er vom 7. August 1894 bis zum 2. Juni 1897 am Königlichen Evangelischen Schullehrerseminar zu Oels/Schlesien. Ab 1. Oktober 1897 arbeitete er zunächst als provisorischer zweiter Lehrer an der Volksschule in Guetz bei Landsberg (zwischen Halle und Delitzsch). Am 19. Mai 1900 bestand er die 2. Lehrerprüfung in Eisleben. Danach (ab 14. Juni 1900) wurde er als endgültiger Lehrer in Guetz angestellt.[1][11] Zu seiner Weiterbildung hörte er pädagogische und naturwissenschaftliche Vorlesungen in Halle.[12] Vom 1. Januar 1902 bis zum 31. März 1902 war er Lehrer an der Volksschule in Benndorf bei Mansfeld. Danach ging er nach Erfurt, wo er vom 1. April 1902 bis zum 31. März 1909 an der Evangelischen Volksschule II (Andreasschule in der Talstraße) tätig war. Am 2. April 1903 heiratete er Ida Scharf (geb. 1877) aus Stolberg am Harz;[1][11] aus dieser Ehe ging der Sohn Hans Werner (geb. 1904) hervor.[1][6] In der Zeit vom 28. April bis zum 2. Mai 1908 legte er in Magdeburg die Prüfung als Mittelschullehrer ab (Fächer Pädagogik, Zoologie, Botanik, Physik, Chemie, Mineralogie; Lehrbefähigung zur Anstellung als Lehrer für Mittelschulen und höhere Mädchenschulen). Vom 1. April 1909 bis zum 31. März 1914 war er an der Mittelschule für Mädchen (heutiges Ratsgymnasium in der Meister-Eckehart-Str.) angestellt. Vom 1. April 1914 bis zum 30. November 1945 war Bradler als Lyzeallehrer (später als Oberschullehrer) am Erfurter Königin-Luise-Lyzeum (nach 1945 Theodor-Neubauer-Schule; heute Königin-Luise-Gymnasium) angestellt. Hier unterrichtete er alle naturwissenschaftlichen Fächer.[1][11] Er war Soldat im 1. Weltkrieg (ab 20. August 1915). Im September 1916 nahm er an der Schlacht an der Somme teil. Während eines Heimaturlaubes erkrankte er an der Gicht. Vom 15. November 1916 bis zum 7. Februar 1917 lag er in Erfurt im Lazarett. Anschließend (bis zum 30. November 1917) war er wieder im Kriegsdienst.[11] Auf der Hauptversammlung des Thüringischen Botanischen Vereins am 28. Juni 1936 in Meiningen-Römhild sprach er über Pflanzenfunde auf der Schwellenburg bei Kühnhausen[8] und auf der

Frühjahrs-Hauptversammlung am 7. und 8. Juni 1941 in Weimar über Pflanzen der südkärntener Flora.[9] Schon vorher, auf der Herbstversammlung des Vereins am 13. November 1932 in Erfurt, zeigte er eine *Pelargonium*-Pflanze, auf der *Orobanche crenata* in üppiger Entwicklung schmarotzte. Der Parasit war in den Gewächshäusern und Gärtnereien seinerzeit eine häufige Erscheinung.[19] Wegen des 2. Weltkrieges wurde sein ursprünglich für den 31. März 1940 festgesetztes Ruhestandsdatum im Nachhinein aufgehoben.[11] In Erfurt wohnte Bradler in der Blumenstraße 5.[1][3] Er starb am 22. März 1954 in Erfurt. Am 15. April wurde er auf dem Erfurter Hauptfriedhof beigesetzt. Die Grabstätte ist seit 1999 aufgehoben und beräumt.[6][7] Seine Frau war bereits am 28. Juni 1945 in Erfurt gestorben.[11]

Bradler war von 1901 bis 1920 und dann wieder ab 1928 Mitglied des Thüringischen Botanischen Vereins.[3] Während des Winters 1905/06 hielt er in der Sektion Erfurt einen Vortrag über das Plankton.[21] Im Jahre 1950 wurde er zum Ehrenmitglied der Thüringischen Botanischen Gesellschaft ernannt.[4] Er gehörte einer im Jahre 1919 gegründeten Arbeitsgemeinschaft an, die sich das Ziel gesetzt hatte, in ehrenamtlicher Tätigkeit ein naturwissenschaftliches Heimatmuseum in Erfurt aufzubauen. In diesem 1922 gegründeten Museum (Haus zum Stockfisch) war Bradler über viele Jahre ehrenamtlich tätig.[17] Bereits im Jahre 1921 stellte er eine kleine Gesteinssammlung aus Thüringen und dem Harz zur Verfügung.[2] Eine weitere aus dem Fichtelgebirge folgte im Jahre 1924. Bis zum August 1924 hatte er die „Geologische Abteilung" des Museums umgearbeitet.[16] Erstmals im Jahre 1930 wurde er als ehrenamtlicher Naturschutzkommissar des Regierungsbezirkes Erfurt geführt. Durch Freistellungsaufträge ist diese Funktion bis 1937 nachgewiesen.[1] Auf der Hauptver-

Abb. 42: Herbarbeleg von E. Bradler (*Scorzonera parviflora*, JE)

sammlung des Thüringischen Botanischen Vereins am 1. und 2. Juni 1929 in Sondershausen sprach er über eine Tafel der im Regierungsbezirk Erfurt geschützten Pflanzen. Betont wurde auch die Notwendigkeit eines Schutzes des Mittelberges östlich von Auleben, den der damalige Besitzer mit Kiefern aufzuforsten gedachte.[10] Als der Phykologe Schussnig aus Wien nach 1950 eine Professur in Jena erhielt, organisierte F. K. Meyer, Jena, eine Algenexkursion für die Thüringische Botanische Gesellschaft in das Esperstedter Ried, zu der auch Bradler eingeladen wurde.[13]

Quellen

(1) Metze, J., Stadt- und Verwaltungsarchiv Erfurt (23.10.2001, briefl. an J. Pusch). – (2) Hartmann, M., Naturkundemuseum Erfurt (19.9.2001, briefl. an J. Pusch). – (3) Verzeichnis der Mitglieder. – Mitt. Thüring. Bot. Ver. 41: III–V; 1933. – (4) MEYER, F. K.: 100 Jahre Thüringische Botanische Gesellschaft. – Hausknechtia 1: 3–16; 1984. – (5) Meyer, F. K., Jena (18.9.2001, briefl. an J. Pusch). – (6) Bradler, G., Erfurt, Schwiegertochter von E. Bradler (26.12.2001, briefl. an J. Pusch). – (7) Kratzing, J., Abteilungsleiter am Hauptfriedhof Erfurt (25.3.2002, briefl. an K.-J. Barthel). – (8) Hauptversammlung am 28. Juni 1936 in Meiningen-Römhild. – Mitt. Thüring. Bot. Ver. 43: 12–14; 1936. – (9) Frühjahrs-Hauptversammlung des Thüringischen Botanischen Vereins e. V. am 7. und 8. Juni 1941 in Weimar. – Mitt. Thüring. Bot. Ver. 49: 197–202; 1942. – (10) Hauptversammlung in Sondershausen am 1. und 2. Juni 1929. – Mitt. Thüring. Bot. Ver. 39: III–VI; 1930. – (11) Zeigerer, A., Erfurt, Angaben aus dem Stadt- und Verwaltungsarchiv Erfurt (16.1.2002, briefl. an J. Pusch). – (12) Handgeschriebener Lebenslauf von Ernst Bradler aus Stadt- und Verwaltungsarchiv Erfurt, über A. Zeigerer (16.1.2002, briefl. an J. Pusch). – (13) Meyer, F. K., Jena (22.8.2001, briefl. an K.-J. Barthel). – (14) BRADLER, E.: Die Brackwasser-Diatomeen im Esperstedter Ried. – Mitt. Thüring. Bot. Ver. 42: 42–64; 1935. – (15) BRANCO, K.: Floristische Beobachtungen in Thüringen. – Mitt. Thüring. Bot. Ver. 49: 210–228; 1942. – (16) Hartmann, M., Naturkundemuseum Erfurt (28.5.2002, briefl. an K.-J. Barthel). – (17) PONTIUS, H.: 60 Jahre Erfurter Naturkundemuseum (Teil 1). – Veröff. Naturkundemuseum Erfurt 1: 5–22; 1982. – (18) BRADLER, E.: Die Algen des Schollener Heilschlammes. – Urania 17(3): 110–114; 1954. – (19) Herbstversammlung am 13. November 1932 in Erfurt. – Mitt. Thüring. Bot. Ver. 41: XIV–XV; 1933. – (20) Manitz, H., Herbarium Haussknecht Jena (8.3.2004, briefl. an J. Pusch). – (21) DIEDICKE, H.: Berichte von Vereinssektionen, Sektion Erfurt. – Mitt. Thüring. Bot. Ver. 21: 122; 1906. – (22) AUTORENKOLLEKTIV: Brockhaus ABC Biologie. – Leipzig 1967.

Branco, Kurt   1904–1969

geboren: 24. Dezember 1904 in Weimar
gestorben: 2. Juni 1969 in Veszprem/Ungarn

<u>Beruf, Leistungen auf floristischem Gebiet</u>
Apotheker, Botaniker. In seinen „Floristischen Beobachtungen in Thüringen" (1942), die unter Mitwirkung zahlreicher Gewährsleute mitten im 2. Weltkrieg entstanden, nennt er u. a. *Astragalus exscapus*
auf einer Trift nördlich Kachstedt, *Hippuris vulgaris*
und *Oenanthe fistulosa* im Esperstedter Ried, *Parie-
taria officinalis* am Schloss Beichlingen, *Parnassia
palustris* auf Zechsteingips bei Frankenhausen, *Seseli annuum* westlich von Udersleben und *Tordylium
maximum* von der Steinklöbe bei Nebra. *Bunias
orientalis* fand er in ganz Mittelthüringen stark in
Ausbreitung begriffen. Dagegen war *Hypecoum
pendulum* bei Greußen nicht mehr anzutreffen. Vom
Nacken südlich Bad Frankenhausen werden *Achillea
nobilis, Inula hirta, Lactuca quercina, Lathyrus
sylvestris, Melampyrum cristatum, Mespilus germa-

Abb. 43: Kurt Branco am Mikroskop

nica und *Nonea pulla* aufgeführt. Von September 1942 bis Juni 1943 hatte er des Öfteren
Gelegenheit zu Exkursionen in den Raum Pößneck, wobei ihm auffiel, dass die großen Umbelliferen, wie *Laserpitium latifolium, Libanotis pyrenaica* und *Peucedanum cervicaria* in
der Umgebung von Pößneck offensichtlich fehlten.[11] Branco setzte sich besonders für den
Schutz der Eibe ein, die seit dem 10. April 1934 in Thüringen unter Naturschutz stand. Auf
seine Anregung hin wurden die thüringischen Forstämter angewiesen, solche Waldbestände,
denen Eiben beigemischt sind, künftig nur noch im Plenterbetrieb zu bewirtschaften.[13]

<u>Herbarien, wichtige Herbarbelege</u>
Branco hatte ein eigenes Herbarium angelegt, das später in einer „großen Holzkiste" in das
Herbarium Haussknecht nach Jena kam.[2] So findet man in Jena zahlreiche Belege aus dem
Kyffhäusergebiet (Etiketten vorwiegend mit Schreibmaschine geschrieben) und aus dem
Raum Pößneck.
Folgende Herbarbelege von Branco sollen genannt werden: *Achillea setacea*: Steinthalebener
Berg (JE, 25.5.1952); *Antennaria dioica*: Kyffhäuser, Steinthaleben (JE, 22.5.1953); *Aster
linosyris*: Bilzingsleben (JE, 31.7.1952); *Plantago maritima*: Arterner Solgraben (JE, 21. 9.
1937); *Podospermum laciniatum*: Kyffhäuser, Falkenburg (JE, 11.6.1939); *Stipa joannis*:
Kyffhäuser, Steinthaleben (JE, 22.5.1953), *Tephroseris integrifolia*: Falkenburg (JE,
11.6.1939). – Von Branco liegen viele Briefe im Archiv des Herbarium Haussknecht.[14]

<u>Wichtige Veröffentlichungen</u>
• Die Weimarer Landschaft und ihre Geschichte. – Weimar 1933. – • Der Schutz der Eibe in Thüringen. –
Mitt. Thüring. Bot. Ver. <u>42</u>: 133; 1935. – • Taschenbuch für Sammler von wildwachsenden Heilpflanzen. Teil
1. – Stollberg 1938. – • Taschenbuch für Sammler von wildwachsenden Heilpflanzen. Teil 2. – Stollberg
1940. – • Floristische Beobachtungen in Thüringen. – Mitt. Thüring. Bot. Ver. <u>49</u>: 210–228; 1942. – • Floris-

tische Beobachtungen zwischen Ilmensee und Oranienbaum. – Mitt. Thüring. Bot. Ver. <u>50</u>: 30–46; 1943. – •
Floristische Beobachtungen in Thüringen II. Beitrag zur Flora von Pößneck. – Mitt. Thüring. Bot. Ver. <u>51</u>(2):
365–374; 1944. – • Der Giftchampignon. – Sonderdruck aus „Natur und Nahrung", Zeitschrift für Volkser-
nährung und Gesundheit (11/12) 1949, Ausgabe B. – • Zur Systematik des Arzneibaldrians (BRANCO, K. & E.
WALTHER). – Pharmazeutische Zeitung <u>85</u>(31): 547–548; 1949.

Abb. 44: Herbarbeleg von K. Branco in JE (vgl. Abb. 45)

Biographie

Kurt Branco wurde am 24. Dezember 1904 als Sohn des Sei-
fensiedermeisters Robert Branco
in Weimar geboren. Nach dem
Besuch der Volksschule und des
Realgymnasiums in Weimar
(Abitur 1924)[1] ging er vom 1.
April 1924 bis 31. März 1926 zu
Dr. Bauer als Apothekerprakti-
kant an die Alte Apotheke nach
Plauen/Vogtland. Hier erlernte er
als zukünftiger Pharmaziestudent
das „Apothekerhandwerk", u. a.
musste er sich Kenntnisse im
Mikroskopieren aneignen und ein
Herbarium mit selbst gesammelten Pflanzen anlegen.[2] Die
pharmazeutische Vorprüfung
bestand er am 24. März 1926 in
Zwickau mit der Note „sehr
gut".[1] Anschließend absolvierte
er vom 1. April 1926 bis 21.
April 1927 das Vorexaminierten-
jahr in der Löwenapotheke in
Weimar bei Dr. Friedrich Lüd-
de.[1][2] Vom 2. Mai 1927 bis 19.
Juli 1927 studierte er in München
Pharmazie. Aus finanziellen
Gründen wechselte er an die
Universität Jena, an der er von
Oktober 1927 bis zum 14. Mai
1929 studierte.[2] Hier beschäftigte sich Branco im Rahmen der
gegebenen Möglichkeiten auch
mit Medizin, Zoologie und Geologie. Nach der pharmazeutischen Staatsprüfung (Mai 1929)
war er wieder an der Löwenapotheke in Weimar angestellt.[1] Die Approbation als Apotheker
erhielt er am 14. Mai 1931. Bis 1945 leitete er die Reichsarbeitsgemeinschaft für Heilpflanzenkunde und Heilpflanzenbeschaffung, in der er u. a. die Heilpflanzensammlungen der
Schulen im Land Thüringen zu betreuen hatte.[2] Auf der Frühjahrs-Versammlung des Thüringischen Botanischen Vereins am 30. Mai 1937 in Eichicht bei Saalfeld warnte er vor der

übereilt angeordneten Ausrottung der Wildkirschen zur Bekämpfung der Kirschfliege.[9] Im Rahmen der Frühjahrs-Hauptversammlung dieses Vereins am 11. und 12. Juni 1938 in Jena führte er die Mitglieder zu den Südhängen des Tautenburger Forstes und zum Alten Gleisberg (am 11. Juni) sowie in das Leutratal bei Göschwitz (am 12. Juni).[8] Von 1940 bis 1945 absolvierte er seinen Kriegsdienst als Heeresapotheker,[7] u. a. war er auf der Krim, wo er auch botanische Studien betreiben konnte.[2] [In den Jahren 1941/42 war er im Raum Narwa, Luga, Nowgorod auch botanisch tätig.[10]] In der Zeit von September 1942 bis Juni 1943 konnte Branco im Rahmen von Kurzurlauben die wichtigsten Verwaltungsarbeiten im Herbarium Haussknecht erledigen.[5] Ihm war es mit zu verdanken, dass dem Herbarium Haussknecht in den Jahren des 2. Weltkrieges kein wesentlicher Schaden entstand.[3] Nach dem 2. Weltkrieg war er Leiter der Thüringischen Landesarbeitsgemeinschaft für Heilpflanzenkunde und Heilpflanzenbeschaffung in Weimar (im Auftrag des Ministeriums für Arbeit und Sozialwesen, Hauptabteilung Gesundheitswesen).[1] Im September 1949 ging er als Leiter an die Stadtapotheke nach Bad Berka, wo er auch Kreisapotheker, Mitglied der Prüfungskommission für Apothekerpraktikanten (bis 1953) und Kreispilzsachverständiger war. Am 1. Januar 1954 wurde er Chefapotheker (Pharmazierat) an der Zentralklinik Bad Berka. Im Sommer 1968 ging Branco in den Ruhestand. Er starb am 2. Juni 1969 während einer Urlaubsreise in Veszprem/Ungarn. Seine letzte Ruhestätte fand er auf dem Hauptfriedhof in Weimar.[2]

Branco war seit 1929 Mitglied des Thüringischen Botanischen Vereins.[4] Er war wesentlich an der Herausgabe der „Mitteilungen des Thüringischen Botanischen Vereins" beteiligt.[7] So ist der Gedanke, das 50. Heft der „Mitteilungen des Thüringischen Botanischen Vereins" als Bornmüller-Festschrift herauszugeben, von ihm ausgegangen.[12] Nach Beendigung des 2. Weltkrieges konnte durch seinen Einsatz die Tätigkeit des Vereins wieder aufgenommen werden (unter besonderer Berücksichtigung der Schulung von Heilpflanzensammlungsbeauftragten). Auf der Haupt-

Abb. 45: Handschriftliches Herbaretikett (unten) von Branco (vgl. Abb. 44)

versammlung der Thüringischen Botanischen Gesellschaft am 25. April 1954 in Jena wurde er in deren Vorstand gewählt. In den Jahren 1949 bis 1960 gab er ein Heft und drei Beihefte der Thüringischen Botanischen Gesellschaft heraus, die durch die Thüringische Landesarbeitsgemeinschaft für Heilpflanzenkunde und Heilpflanzenbeschaffung subventioniert wurden.[3] Von 1937 bis 1944 gab er die „Deutsche Heilpflanze" heraus.[7] Der Nachlass von

Branco befindet sich im Stadtarchiv Bad Berka und bei der Thüringischen Botanischen Gesellschaft.[6]

Quellen

(1) Lebenslauf von K. Branco vom 23. September 1949 (eigenhändig mit Schreibmaschine). – Im Nachlass von K. Branco bei Witwe L. Branco. – (2) Informationen zu K. Branco von Witwe L. Branco und Frau H. Smiatek (21.4.2001, bei J. Pusch). – (3) MEYER, F. K.: 100 Jahre Thüringische Botanische Gesellschaft. – Hausknechtia 1: 3–16; 1984. – (4) Mitgliederverzeichnis in Mitt. Thüring. Bot. Ver. 41: III–V; 1933. – (5) Herbarium Haussknecht, Bericht über die Jahre 1942 und 1943. – Mitt. Thüring. Bot. Ver. 51(2): 323–330; 1944. – (6) Branco, L. (21.9.2001, mündl. mit J. Pusch). – (7) HEIN, W.-H. & H.-D. SCHWARZ (Hrsg.): Deutsche Apotheker-Biographie. Ergänzungsband II. – Stuttgart 1997. – (8) Frühjahrs-Hauptversammlung am 11. und 12. Juni 1938 in Jena. – Mitt. Thüring. Bot. Ver. 45: 8–10; 1939. – (9) Frühjahrs-Versammlung des Thüringischen Botanischen Vereins am 30. Mai 1937 in Eichicht bei Saalfeld. – Mitt. Thüring. Bot. Ver. 44: 5–6; 1937. – (10) BRANCO, K.: Floristische Beobachtungen zwischen Ilmensee und Oranienbaum. – Mitt. Thüring. Bot. Ver. 50: 30–46; 1943. – (11) BRANCO, K.: Floristische Beobachtungen in Thüringen II. Beitrag zur Flora von Pößneck. – Mitt. Thüring. Bot. Ver. 51: 365–374; 1944. – (12) MARBACH, F.: Vorwort. – Bornmüller-Festschrift, Mitt. Thüring. Bot. Ver. 50: VII–VIII; 1943. – (13) BRANCO, K.: Der Schutz der Eibe in Thüringen. – Mitt. Thüring. Bot. Ver. 42: 133; 1935. – (14) Manitz, H., Herbarium Haussknecht Jena (8.3.2004, briefl. an J. Pusch).

Brandes, Wilhelm　　　　　　　　　　　　　　　**1834–1916**

geboren:　　2. April 1834 in Hildesheim
gestorben:　8. Juli 1916 in Hannover

<u>Beruf, Leistungen auf floristischem Gebiet</u>
Apotheker, Botaniker. In seiner „Flora der Provinz Hannover" (1897) nennt er Fundortsangaben aus den Regierungsbezirken Hannover, Hildesheim, Lüneburg, Stade, Osnabrück und Aurich sowie aus einigen angrenzenden Gebieten. Im Regierungsbezirk Hildesheim reichte der „Kreis Ilfeld" in den heutigen Landkreis Nordhausen hinein. So werden zahlreiche Pflanzenfunde u. a. von Petersdorf, Harzungen, Rothesütte, Neustadt, Ilfeld, Niedersachswerfen, Steigerthal und Stempeda aufgeführt. Folgende Angaben seien erwähnt: *Bunias orientalis* von Luzerneäckern bei Niedersachswerfen, *Campanula cervicaria* vom Ilfelder Tal und vom Beretal, von Sophienhof und Neustadt, *Centaurea pseudophrygia* von Neustadt, Ilfeld und Rothesütte, *Centunculus minimus* von Krimderode, Steigerthal und der Gumpe bei Nordhausen, *Hornungia petraea* von Steigerthal und dem Windehäuser Holz, *Hypochoeris maculata* vom Windehäuser Holz, *Marrubium vulgare* von Krimderode und Steigerthal, *Phleum paniculatum* von Urbach, *Potentilla palustris* von Neustadt, Harzungen und Birkenmoor, *Pyrola media* von Neustadt, *Scandix pecten-veneris* von Harzungen und Rüdigsdorf, *Silene dichotoma* von Ilfeld und Krimderode, *Trifolium spadiceum* vom Ilfelder Tal, *Turgenia latifolia* von der Kuckucksmühle bei Nordhausen sowie *Veronica opaca* von Steigerthal. Brandes dürfte die allermeisten Angaben aus diesen Gebieten von A. Vocke, Nordhausen, erhalten haben [aus der „Flora von Nordhausen und der weiteren Umgebung" (1886), aber auch durch separate Mitteilungen], der ihm nicht nur seine Beobachtungen mitteilte, sondern auch „durch Einsendung getrockneter Pflanzen" das Provinzherbarium wesentlich bereicherte.[6] Dank „der Unterstützung vieler befreundeter Botaniker" konnte bereits im Jahre 1900 ein erster Nachtrag zur „Flora der Provinz Hannover" (BRANDES 1897) erscheinen. Auch hierzu lieferte Vocke zahlreiche Fundortsangaben aus dem „Kreis Ilfeld". Brandes hebt die Mitarbeit von Vocke ausdrücklich hervor und stattet „dem scharfen Beobachter und unermüdlichen Sammler der Pflanzen des Florengebietes des südlichsten Teiles unserer Provinz" seinen besonderen Dank ab.[7]

<u>Herbarien, wichtige Herbarbelege</u>
Das Herbarium von Brandes befand sich ursprünglich im Provinzialmuseum in Hannover, dessen Sammlungen Brandes geordnet und betreut hatte. Das gab seine botanischen Sammlungen zunächst an das Institut für Geobotanik der Universität Hannover ab. Von dort gelangten sie schließlich Ende der 1990er Jahre an das Herbarium Hamburgense (HBG). Sie sind dort z. Z. (August 2002) ausgelagert, aber bei vorheriger Anfrage

Abb. 46: Handschriftliches Herbaretikett von W. Brandes

in vollem Umfang zugänglich.[5] Einige weitere Herbarbelege von Brandes befinden sich im Roemer-Pelizaeus-Museum in Hildesheim. Diese sind über das „Herbar Schlauter“ hierher gelangt.[3] Einige Belege sind jedoch in den 50er Jahren des 20. Jahrhunderts von Hildesheim an das Botanische Institut der Universität Göttingen (GOET) gekommen,[4] obwohl WAGENITZ (1982) Brandes im „Index collectorum principalium herbarii Gottingensis“ nicht nennt. Die Faszikel wurden in Göttingen in ihrer ursprünglichen Einheit aufgelöst und in einzelne Blätter je nach systematischer Zugehörigkeit in das Generalherbar eingefügt.[4]

Uns lagen Kopien folgender Herbarbelege von Brandes vor: *Gymnadenia conopsea*: Rgbz. Hildesheim, Finkenberg (HBG, o. D.); *Viola mirabilis*: Rgbz. Hildesheim, Giessener Holz (HBG, 1907).

Trotz intensiver Nachforschungen sind weder in der Naturkunde-Abteilung des Niedersächsischen Landesmuseums Hannover noch bei der Naturhistorischen Gesellschaft Hannover (angeschlossener Verein des Landesmuseums) Unterlagen über Wilhelm Brandes zu finden.[10]

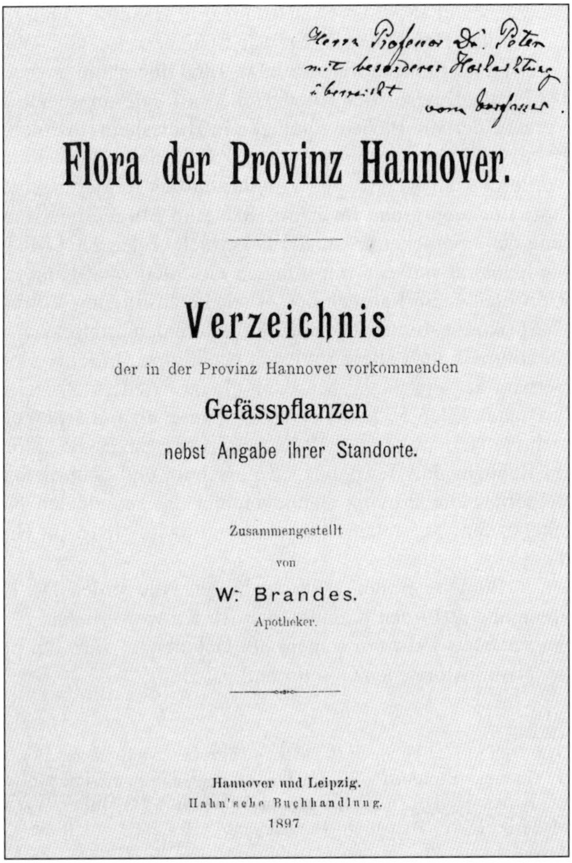
Herrn Professor Dr. Peter mit besonderer Hochachtung überreicht vom Verfasser.

Flora der Provinz Hannover.

Verzeichnis
der in der Provinz Hannover vorkommenden
Gefässpflanzen
nebst Angabe ihrer Standorte.

Zusammengestellt
von
W. Brandes.
Apotheker.

Hannover und Leipzig.
Hahn'sche Buchhandlung.
1897

Abb. 47: Titelblatt der „Flora der Provinz Hannover“ (1897) mit handschriftlicher Widmung von W. Brandes an A. Peter

Wichtige Veröffentlichungen

• Flora der Provinz Hannover. – Hannover und Leipzig 1897. – • Neue Beiträge und Veränderungen zur Flora der Provinz Hannover.– Jahresber. Naturhist. Ges. Hannover 48/49: 127–200; 1900. – • Zweiter Nachtrag zur Flora der Provinz Hannover. – Jahresber. Naturhist. Ges. Hannover 50–54: 137–221; 1905. – • Dritter Nachtrag zur Flora der Provinz Hannover. – Jahresber. Naturhist. Ges. Hannover (1. und 2. Jahresber. Niedersächs. Bot. Ver.) 58/59: 70–88; 1910.

Biographie

Wilhelm Brandes wurde am 2. April 1834 als Sohn eines Apothekers in Hildesheim geboren.[1][2] Er besuchte das Gymnasium Andreanum [in Hildesheim, Hagentorwall 17 [8]] und erlernte den Apothekerberuf bei seinem Vater.[1] Danach studierte er in Göttingen Pharmazie,[2] bestand 1858 das Staatsexamen in Hannover und ging zur weiteren Ausbildung an die Universität Heidelberg.[1] Er war Schüler u. a. von Wöhler, Bartling, Grisebach, Weber, Bunsen und Frauenhofer. Im Jahre 1860 übernahm er die Apotheke seines Vaters und wurde 1867 zum Revisor der Apotheken des Regierungsbezirkes Hildesheim ernannt. Nach dem Verkauf der väterlichen Apotheke in Hildesheim übernahm er eine andere in Hannover [am 1. Juli 1871 die Apotheke Andrae & Co.], deren Verwaltung er 1892 aufgab.[1] Im Jahre 1877 wurde er zum Revisor der Apotheken des Regierungsbezirkes Hannover und des Fürstentums Bückeburg und im Jahre 1880 zum Mitglied der Prüfungskommission für die Vorprüfung der Apotheker ernannt. 1894 erhielt er den Titel Medizinal-Assessor und 1900 den Titel Medizinalrat mit der Berufung in das Medizinal-Kollegium.[1] Ab 1880 bis in sein hohes Alter hielt er im Rahmen der Apothekerausbildung Voträge über chemische, botanische und pharmakognostische Themen. Er unternahm zahlreiche botanische Exkursionen, an denen sich oftmals auch ältere Kollegen beteiligten. Im Jahre 1890 übernahm er die Verwaltung des Herbars des Provinzial-Museums [heute Niedersächsisches Landesmuseum Hannover, Willy-Brandt-Allee 5[9]], wo er in Gemeinschaft mit Apotheker C. Beckmann (1845 bis 1898) mehrere Herbare ordnete.[1] Im Jahre 1897 gab er die „Flora der Provinz Hannover" heraus.[2] Im Rahmen der Bewegung „Naturschutz und Naturdenkmäler" bereiste er im Auftrag der Regierung die Provinz Hannover, um die gemeldeten Naturdenkmäler zu besichtigen und unter Schutz zu stellen.[1] Er starb am 8. Juli 1916 [in Hannover[2]] an einer Lungenentzündung.[1]

Brandes erhielt 1898 den Roten Adlerorden IV. Klasse, 1904 das Lippische Ehrenkreuz und 1914 den Kronenorden III. Klasse verliehen.[1] Die Göttinger Universität ernannte ihn im Jahre 1914 (zu seinem 80. Geburtstag) zum Dr. phil. h. c.[1][2] Er war Ehrenmitglied der Naturhistorischen Gesellschaft.[1]

Quellen

(1) ENGELKE, C.: Wilhelm Brandes. – Jahresber. Niedersächs. Bot. Ver. 6–11: o. S.; 1919. – (2) WAGENITZ, G.: Göttinger Biologen 1737–1945. Eine biographisch-bibliographische Liste. – Göttingen 1988. – (3) Müller, W., Barienrode (18.10.2001, briefl. an J. Pusch). – (4) Müller, W. (8.11.2001, briefl. an J. Pusch). – (5) Poppendieck, H.-H., Herbarium Hamburgense (19.8.2002, briefl. an J. Pusch). – (6) BRANDES, W.: Flora der Provinz Hannover. – Hannover und Leipzig 1897. – (7) BRANDES, W.: Neue Beiträge und Veränderungen zur Flora der Provinz Hannover. – Jahresber. Naturhist. Ges. Hannover 48/49: 127–200; 1900. – (8) Müller, W. (29.5.2004, briefl. an J. Pusch). – (9) Hotopp, G., Historisches Museum Hannover (30.8.2004, briefl. an J. Pusch). – (10) Schmidt, A., Niedersächsisches Landesmuseum Hannover (14.10.2004, briefl. an J. Pusch).

Breitenbach, Friedrich

1865–1925

geboren: 30. November 1865 in Kaan-Marienborn
gestorben: 3. Juli 1925 in Artern

<u>Beruf, Leistungen auf floristischem Gebiet</u>
Wiesenbaumeister, Kanalbauinspektor, Botaniker
(insbesondere Salzpflanzen). In seinen Abhandlungen in den Mitteilungen des Thüringischen Botanischen Vereins (z. T. als Antwort auf G. Lutze) berichtet er über eine zunehmende Versalzung der Unstrutniederung durch die Abwässer der Kaliindustrie und eine damit verbundene „ungeheure Vermehrung und Verbreitung der Halophytenfluren".[1]
Im Oktober 1909 durchforschte er die Niederungen zwischen Schönfeld und Seehausen, wobei er insgesamt 11 Salzpflanzen (darunter *Plantago maritima, Spergularia media* und *Samolus valerandi*) auffand.[9] Im Spätherbst 1921 sah er *Scorzonera parviflora* im Esperstedter Ried, eine bis dahin in Deutschland nicht nachgewiesene Salzpflanze.[1] Sie wurde auf der Hauptversammlung des Thüringischen

Abb. 48: Friedrich Breitenbach

Botanischen Vereins am 11. Juni 1924 im Burgkeller der Wachsenburg bei Haarhausen erstmals der Öffentlichkeit vorgestellt.[11] Schon vorher (um 1918) hatte er *Plantago maritima* auf völlig kochsalzfreiem Boden (auf Gips) am Kanzelberg bei Badra nachgewiesen.[12] Große Verdienste erwarb er sich durch den feldmäßigen Anbau von *Artemisia maritima* in der Zeit nach dem 1. Weltkrieg im Großraum Artern zu pharmazeutischen Zwecken.[6] [Der Wirkstoff Santonin diente zur Bekämpfung von Eingeweidewürmern bei Rindern und Schweinen.[6]] Seine Veröffentlichung „Eine neu entdeckte Salzflora" (1909), worin er ein vermeintlich neues Salzpflanzengebiet bei Esperstedt beschreibt, rief seinerzeit unter den thüringischen Botanikern Unverständnis, ja sogar Empörung hervor, war doch diese Binnensalzstelle allen Botanikern Nordthüringens bereits bekannt. Insbesondere L. Grube-Einwald und G. Lutze brachten ihren Unwillen diesbezüglich zum Ausdruck.[14]

<u>Herbarien, wichtige Herbarbelege</u>
Breitenbach besaß „zahlreiche Spezialalben mit gepressten Pflanzen",[2] deren Verbleib uns heute unbekannt ist. Er vergab auch zahlreiche Herbarbelege an andere Sammler. Aus diesem Grunde sind diese z. T. in den Herbarien anderer Botaniker (z. B. in den Herbarien Bornmüller, Rothmaler und Schwarz) zu finden. Bei *Scorzonera parviflora* werden nachfolgend die Sammler mit aufgeführt, in deren Herbarium sich Belege von Breitenbach befanden.
Folgende von Breitenbach offenbar gesammelte Herbarbelege sollen genannt werden: *Carex hordeistichos*: Salzsumpf bei Kachstedt (JE, Juni 1924); *Hordeum secalinum*: Salzwiesen zwischen Schönfeld und Frankenhausen (JE, Juni 1924); *Juncus gerardii*: Salzsumpf bei Kachstedt (JE, Juni 1924); *Plantago maritima*: Esperstedt bei Oldisleben (JE, 1908); *Scorzonera parviflora*: im Sumpf bei Kachstedt, leg. Breitenbach, im Herbar W. Rothmaler (JE, Juni 1924); *Scorzonera parviflora*: Wiesen gen Frankenhausen, leg. Breitenbach, im

Herbar O. Schwarz (JE, Juni 1923); *Scorzonera parviflora*: auf Salzwiesen zwischen Artern und Frankenhausen, leg. Breitenbach, im Herbar K. Reinecke (JE, Juni 1924). – Von Breitenbach befinden sich Briefe an Bornmüller, Hergt und Rothmaler im Archiv des Herbarium Haussknecht.[13]

<u>Wichtige Veröffentlichungen</u>
• Eine neu entdeckte Salzflora. – Mitt. Thüring. Bot. Ver. <u>25</u>: 31–35; 1909. – • Die Salzflorenstätten von Nordthüringen. – Mitt. Thüring. Bot. Ver. <u>30</u>: 86–107; 1913. – • Die Salzflorenstätten von Nordthüringen. – Mitt. Thüring. Bot. Ver. <u>36</u>: 18–20; 1925.

<u>Biographie</u>
Friedrich Heinrich Eduard Breitenbach wurde am 30. November 1865 als Sohn des Landwirtes Johannes Heinrich Breitenbach in Kaan-Marienborn (heute Stadt Siegen) geboren.[17] Von 1880 bis 1885 besuchte er die Wiesenbauschule in Siegen. Danach arbeitete er als Meliorationstechniker und wurde preußischer Beamter. Er leitete verschiedene Meliorationsobjekte in den Regierungsbezirken Koblenz,

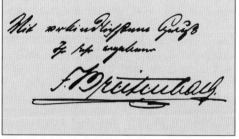

Abb. 49: Briefende mit Unterschrift von F. Breitenbach

Danzig und Marienwerder (Ostpreußen). Von 1891 bis 1893 übernahm er den Bauabschnitt Breiholz des Kaiser-Wilhelm-Kanals. In Hamdorf heiratete er am 28. Dezember 1893 Frieda Ella Meta Kujawski aus Hannover. Aus dieser Ehe gingen die Söhne Fritz (geb. 1894) und Ernst Heinz (geb. 1909) sowie die Töchter Elfriede (geb. 1899) und Ilse (geb. 1903) hervor. Am 22. März 1894 wurde er Wiesenbaumeister und kurz darauf zum preußischen Kanalbauinspektor befördert. Im Jahre 1897 bekam er die Leitung der Unstrutsozietät in der Lindenstraße in Artern übertragen.[2] Diese Sozietät war ein Gemeinschaftsunternehmen von etwa 2900 Mitgliedern mit 5.000 ha Land im Unstrutbereich zwischen Bretleben und Nebra. Ihr oblag es, die Unstrutregion vor Hochwässern zu schützen und die Ländereien für eine verbesserte landwirtschaftliche Nutzung zu entwässern bzw. bedarfsweise zu bewässern.[6] Während seiner Tätigkeit in Artern wurde Breitenbach Mitglied des Thüringischen Botanischen Vereins (am 25. September 1898 in Artern)[4], Stellvertreter des Stadtverordnetenvorstehers und stellvertretender Vorsitzender des Heimatvereins „Aratora".[5][6] Umso verwunderlicher war es, dass er sich 1898 in der Stadtverordnetenversammlung für die Beseitigung einer Schwarzpappel-Allee in der hiesigen Flur einsetzte und damit Erfolg hatte. Am 8. September 1900 erfolgte die Grundsteinlegung für das neue Gebäude der Unstrutsozietät, der Breitenbach persönlich beiwohnte.[15] Zum Zwecke der Feststellung etwaiger Schäden durch die Endlaugenzuleitung der im Wipper- und Unstrutgebiete entstandenen Kaliwerke nahm er im August 1908 gemeinsam mit Prof. A. Orth (Berlin) an einer Begehung des Unstruttales teil.[9] Im November 1911 hielt er auf einer Protestversammlung in Naumburg einen Vortrag gegen eine zunehmende Versalzung der Unstrut und ihrer Nebenflüsse durch die Abwässer der neu entstandenen Kaliindustrie.[1] Ihm ist es zu verdanken, dass das Gleis der neuen Kyffhäuser-Kleinbahn (Artern–Berga-Kelbra, 1916 bis 1966) die Stadt Artern südlich umlief und nicht den Arterner Weinberg unschön durchschnitt.[5] Vor dem 1. Weltkrieg beschäftigte sich das „Kulturtechnische Büro von F. Breitenbach" mit der Anfertigung und Ausführung von Projekten zu Ent- und Bewässerungen, Drainagen, Moordammkulturen, Fluss- und Bachregulierungen, Wasserleitungen, Hydraulischen Widderanlagen, Windmotoranlagen, Brücken-, Wehr- und Schleusenbauten sowie Wege- und Deichbauten.[16] Durch Breitenbach erfolgte der Bau des großen Schöpfwerkes bei Wendelstein (1915 bis 1918 und abschließend 1925/26).[6] Während der Inflationszeit hat er das Notgeld von Artern mit unterschrieben.[8] Etwa im Jahre 1920 begann er mit Versuchen zur künstlichen Vermehrung (durch Samen oder Stecklinge) der am Arterner Solgraben vorkommenden *Artemisia maritima*-Population zu pharmazeutischen Zwecken.[6] Über diese Versuche berichtete er auf der Hauptversammlung des Thüringischen Botanischen Vereins am 11. Juni 1922 in Erfurt.[10] Erste *Artemisia*-Kulturen bei Artern und Kachstedt konnten bereits während einer Exkursion des Thüringischen Botanischen Vereins am 24. August 1924 vorgestellt werden.[3] Da Breitenbach bereits am 3. Juli 1925 plötzlich und unerwartet starb[2][17], konnte er die für 1926 vorgesehene erste große Erweiterung des *Artemisia*-Anbaus im Raum Artern–Kachstedt–Schönfeld nicht mehr miterleben.[6] [Der *Artemisia*-Anbau wurde 1955 eingestellt. Die letzten Waggons Rohdrogen wurden um 1960 nach Berlin verladen.[6]]

In einem Nachruf des Thüringischen Botanischen Vereins[7] heißt es: „Heftige Kämpfe mit den Verwaltungen der neu entstandenen Kaliwerke und deren Sachverständigen hat er auszufechten gehabt; in den letzten Jahren hat er im vaterländischen Interesse noch den feldmäßigen Anbau der *Artemisia maritima* zur Gewinnung von Santonin in die Wege geleitet. Immer, auch bei den kleinsten Anlässen, gefällig, immer hilfsbereit, hat er noch kurz vor seinem Tode unserem Verein eine Zuwendung von 500 Mark vermittelt und damit unserer durch die Inflationszeit erschöpften Kasse zu einem festen Grundstock verholfen." Seine Grabstätte auf dem Arterner Friedhof wurde im Jahre 1993 leider eingeebnet,[2] eigentlich hätte sie seitens der Stadt Artern als Kulturdenkmal erhalten werden müssen.

Quellen
(1) BREITENBACH, F.: Die Salzflorenstätten von Nordthüringen. – Mitt. Thüring. Bot. Ver. 36: 18–20; 1925. – (2) Breitenbach, K., Enkel von F. Breitenbach in Wilhelmshaven (14.12. 1999, briefl. an A. Schmölling). – (3) DIEDICKE, H.: Exkursion bei Artern. – Mitt. Thüring. Bot. Ver. 36: 13; 1925. – (4) Hauptversammlung in Mitt. Thüring. Bot. Ver 12: 20; 1898. – (5) ENGELHARDT, E.: Arterner Heimatbuch. – Artern 1913. – (6) HEROLD, M. & C. BOHR: Friedrich Heinrich Eduard Breitenbach. Eine Würdigung aus Anlass seines 75. Todestages (3. Juli 1925). – Aratora 11: 119–123; 2001. – (7) Nachruf des Thüring. Bot. Ver. 37: 13–14; 1927. – (8) Breitenbach, K., Enkel von F. Breitenbach (25.1.2002, telef. mit J. Pusch. – (9) BREITENBACH, F.: Eine neu entdeckte Salzflora. – Mitt. Thüring. Bot. Ver. 25: 31–35; 1909. – (10) Berichte über die Hauptversammlungen. 3. Erfurt (Steiniger), am 11. Juni 1922, 10 Uhr. – Mitt. Thüring. Bot. Ver. 36: 7–10; 1925. – (11) Berichte über die Hauptversammlungen. 5. Burgkeller der Wachsenburg bei Haarhausen, am 11. Juni 1924, 10 Uhr. – Mitt. Thüring. Bot. Ver. 36: 11–13; 1925. – (12) Bericht über die Herbst-Hauptversammlung in Weimar am 6. Oktober 1918. – Mitt. Thüring. Bot. Ver. 35: 2–7; 1921. – (13) Manitz, H., Herbarium Haussknecht Jena (8.3.2004, briefl. an J. Pusch). – (14) Brief von L. Grube-Einwald an B. Hergt vom 19. September 1909. – (15) WAGNER, O.: Wichtige Ereignisse in unserem Gemeindeleben seit Anfang 1800. – Sonderbeilage der Arterner Zeitung 1932. – (16) Briefkopf eines Briefes von F. Breitenbach an B. Hergt vom 5. November 1912. – (17) Breitenbach, K. (29.9.2004, telef. mit K.-J. Barthel). Die Angabe „16. Januar 1865" als Geburtsdatum von Friedrich Breitenbach in (2) hat sich als ein Versehen erwiesen.

Buddensieg, Franz   1812–1894

geboren: 22. August 1812 in Gangloffsömmern
gestorben: 22. Oktober 1894 in Tennstedt

Beruf, Leistungen auf floristischem Gebiet
Apotheker, Badehausbesitzer, Senator,[4] Botaniker. Mit seinem „Systematischen Verzeichnis der in der Umgebung von Tennstädt wildwachsenden und kultivierten phanerogamischen Pflanzen" (1884/85) lieferte Buddensieg eine große Zahl von Neufunden und Bestätigungen bemerkenswerter Arten aus der Umgebung von Tennstedt und Greußen. [Nach K. Wein enthält es „viele schätzenswerte Mitteilungen über die Pflanzenwelt im Herzen der Thüringer Triasmulde".[21]] Er fand u. a. *Arabis auriculata* bei Ebeleben, *Helichrysum arenarium* am Steingraben bei Clingen, *Orobanche reticulata* am Chausseegraben zwischen Schwerstedt und Straußfurt, *Scorzonera purpurea* am Dreisenberg bei

Abb. 50: Handschriftliches Herbaretikett von F. Buddensieg

Gangloffsömmern, *Sisymbrium austriacum* auf der Stadtmauer in Tennstedt und auf der Sachsenburg sowie *Ruppia maritima* in Gräben bei Weißensee. Auf Brach- und Kleeäckern in den Fluren von Greußen und Clingen sah er im Jahre 1840 *Ceratocephala falcata* in Massen.[1] Buddensieg ist Gewährsmann des „Taschenbuches der Flora Thüringens" (SCHÖNHEIT 1850), der „Flora von Mittelthüringen" (ILSE 1866), der „Flora von Nordhausen und der weiteren Umgebung" (VOCKE & ANGELRODT 1886) und der „Flora von Nord-Thüringen" (LUTZE 1892). Im „Taschenbuch der Flora Thüringens" (SCHÖNHEIT 1850) nennt er sowohl Funde aus der Umgebung von Tennstedt und Greußen als auch von weiter entfernten Gegenden (z. B. Jena, Erfurt, Gotha, Sachsenburg, Inselsberg). So fand er u. a. *Campanula cervicaria* im Steiger bei Erfurt, *Gnaphalium luteo-album* bei Jena, *Helleborus viridis* bei Tennstedt, *Lathyrus nissolia* in Roda bei Erfurt, *Pinguicula vulgaris* bei Alperstedt, *Trifolium spadiceum* am Inselsberg, bei Ruhla und Kranichfeld, *Urtica pilulifera* in Grasgärten bei Erfurt und *Vicia dumetorum* bei Jena und Wandersleben.[19] Bereits vor 1850 stellte er für die „Nachträge zur Flora der Sondershäuser Gegend" (IRMISCH 1849) ein umfangreiches Pflanzenverzeichnis der Umgebung von Greußen zur Verfügung.[11] Im Jahre 1838 oder 1839 fand er einige Exemplare von *Allium strictum* im Kyffhäusergebirge (westlich des Kyffhäuserturmes).[2] Nach IRMISCH (1862) gilt Buddensieg als Wiederentdecker bzw. Entdecker der *Artemisia rupestris* bei Staßfurt.[24]

Herbarien, wichtige Herbarbelege
Inwieweit Buddensieg ein umfangreicheres Herbarium besaß, ist derzeit noch unklar. Von ihm konnten bei selteneren Arten im Herbarium Hausknecht (JE) in Jena etwa 15 Belege aus Thüringen gefunden werden. Auch in München (M) existiert zumindest ein Beleg von Buddensieg (*Carex secalina*). Dieser kam über das Herbar von C. Correns nach München. Ob sich in der 29 Kisten umfassenden Sammlung von Correns noch weitere Belege Buddensiegs befinden, ist unklar.[15] Im Heimatmuseum von Bad Langensalza befindet sich ein etwa

1.000 Arten umfassendes Herbar (10 Sammelmappen) eines unbekannten Sammlers (stets ohne Sammeldatum und nur in wenigen Fällen mit Fundortsangaben), das mit einer gewissen Wahrscheinlichkeit von Franz Buddensieg stammen könnte.[14]

Folgende von Budensieg gesammelte und in Jena bzw. München befindliche Herbarbelege sollen genannt werden: *Carex secalina*: Erfurt, auf sumpfigen Stellen bei der Saline Louisenhall (M, 1844); *Ceratocephala falcata*: auf Äckern bei Tennstedt (JE, 1852); *Euphorbia seguieriana*: Tennstedt (JE, 29.6.1887, leg. Buddensieg ?); *Lactuca perennis*: Frankenhausen in Thüringen (JE, 1839); *Malva pusilla*: Tennstedt (JE, 1850); *Peucedanum palustre*: Alperstedt bei Erfurt (JE, 1842); *Salicornia europaea*: Artern (JE, 1842).

Wichtige Veröffentlichungen
• Systematisches Verzeichnis der in der Umgebung von Tennstädt wildwachsenden und kultivierten phanerogamischen Pflanzen nebst einigen Kryptogamen und Algen. – Irmischia 4: 25–26, 46–47, 50–54, 57–60; 1884 und Irmischia 5: 13–15, 21–24, 29–32, 35–42, 47–51; 1885.

Abb. 51: Herbarbeleg von F. Buddensieg (vgl. Abb. 52)

Biographie
Franz Volkmar Buddensieg wurde am 22. August 1812, 10 Uhr abends in Gangloffsömmern geboren und am 31. August 1812 getauft. Seine Eltern waren Carl Gottlieb Buddensieg, Pfarrer zu Gangloffsömmern und Schilfa, und dessen Ehefrau Johanna Friederike Buddensieg, geb. Weberstädt. Er hatte noch vier Geschwister: Carl Rudolph (geb. 1809), Friedrich Moritz (geb. 1815), Heinrich Wilhelm Robert (geb. 1817) und Christian Hermann (geb. 1819).[10] Eine höhere Schulbildung erhielt er wahrscheinlich in Pforta.[25] Am 1. April 1845 heiratete er in Tennstedt die zwanzigjährige Johanna Elisabeth Emilie Henriette Koch, die Tochter des Apothekers Herbert Friedrich Koch aus Erfurt[16]; ein Indiz dafür, dass er möglicherweise in Erfurt eine Apothekerlehre absolvierte. [Ein Universitätsstudium, so z. B. im

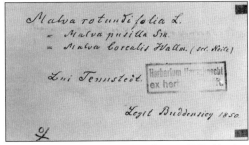

Abb. 52: Handschriftliches Herbaretikett von F. Buddensieg (vgl. Abb. 51)

81

Zeitraum von 1829/30 bis 1850/51 in Jena, ließ sich nicht nachweisen.[26]] Aus dieser Ehe gingen folgende Kinder hervor: Friedrich Carl Otto (geb. 11. August 1846), Karl Hugo (geb.17. Juli 1848, als Kleinkind verstorben), Franz Hermann (geb. 1. Januar 1850), Marie Elisabeth (geb. 24. April 1852), Georg Bernhard (geb. 30. Dezember 1854), Auguste Clementine (geb. 20. Oktober 1856), Hermine Louise (geb. 10. Oktober 1859) und Adolph Christian (geb. 12. Mai 1861).[16][17] Buddensieg war schon 1845 Apotheker in Tennstedt.[16] Er erwarb um 1845 die Schneidersche Apotheke und baute Heilkräuter in größeren Mengen an, die er auch selbst verarbeitete. In einer benachbarten Scheune richtete er Trockenböden für die Heilkräuter ein.[17] Sein Bruder Moritz, der seit 1843 ein Materialwaren-, Tabak- und Papiergeschäft in Greußen betrieb, belieferte ihn mit in der Greußener Gegend gesammelten Vegetabilien.[20] [Später wurde dieses Greußener Geschäft von **Robert Buddensieg** zu einer Großhandlung von Arzneikräutern und Gewürzen ausgebaut.[20]]

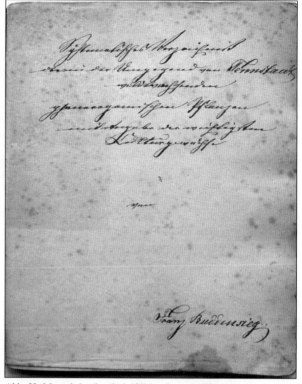

Abb. 53: Manuskript (handschriftliches Innentitelblatt) des „Systemat. Verzeichniß ..." von F. Buddensieg, (Irmischia 1884 und 1885)

Am 13. September 1856 kaufte Buddensieg das Schwefelbad vom Tennstedter Magistrat [Hier weilte bereits J. W. v. Goethe vom 24. Juli bis 10. September 1816 zur Kur.[18]] und erbaute ein Kurhaus mit 6 Badezellen und 12 Wohnräumen. Der Badegarten wurde parkähnlich angelegt und mit seltenen Bäumen und Sträuchern bepflanzt. Schon im ersten Geschäftsjahr stieg die Zahl der Badegäste von 5 auf 75.[9][13] Die Kuren waren wirksam bei chronischem Rheumatismus, Gicht, Hautkrankheiten, Hämorrhoiden, Skrophulose, Lähmungen, Frauenleiden u. a.[9] Im Jahre 1857 bemühte sich Buddensieg um die Genehmigung, einen Dampfkessel in das neue Bad einbauen zu dürfen, um das Badewasser besser erwärmen zu können. Erst 1860 kam es zur Verwirklichung dieses Vorhabens.[13][25] 1864 musste der Dampfkessel überprüft werden, denn verschiedene Mängel hatten sich eingestellt. Bereits zehn Jahre später war der Zustand der Anlage so schlecht, dass eine völlig neue eingebaut werden musste.[25] 1875 wurde von Buddensieg die Quelle neu gefasst.[13] Noch im hohen Alter war er mit der Ausarbeitung einer Tennstedter Chronik beschäftigt. Zwecks Bitte um Beantwortung mehrerer diesbezüglicher Fragen wandte er sich am 30. Oktober 1893 an die

Tennstedter Einwohnerschaft.[3] Buddensieg starb am 22. Oktober 1894 in Tennstedt. Die Beerdigung fand am 25. Oktober statt.[4] Seine Frau war schon am 1. Juni 1889 in Tennstedt gestorben.[16] Nach Buddensiegs Tod ging das Schwefelbad an seine Erben. Im Jahre 1898 verkauften diese es an Fräulein Antonie Burckas aus Langensalza. Als Erben wurden folgende „Geschwister Buddensieg" aufgeführt: Hermann B. in Erfurt, Marie Elisabeth Bürger, geb. Buddensieg, in Tennstedt, Georg B. in Chicago, Clementine Dilthey, geb. Buddensieg, in Weimar, Hermine Schatz, geb. Buddensieg, und Adolph B. in Basel.[13][17] Das Badehaus wurde 1993 abgerissen, jetzt steht dort nur noch der Quellenpavillon.[13]

Buddensieg war Mitglied der „Irmischia" (Mitgliedsnummer 79).[5] Für das Photographie-Album der Irmischianer stellte er im Jahre 1881 seine Photographie zur Verfügung.[22] Sein Bruder Moritz und dessen jüngster Sohn **Robert Buddensieg** (hier als Kaufleute in Greußen genannt) waren ebenfalls Mitglieder der „Irmischia".[23] Letzterer bereicherte im Jahre 1881 die Samensammlung dieses Vereins durch Samen von *Glaucium flavum* und *Glaucium corniculatum*.[6] Auf der 6. Sitzung der „Irmischia" am 8. Mai 1881 in Greußen wurde „der körperlich wie geistig noch jugendfrische Senator Buddensieg aus Tennstedt vom Vereinsvorsitzenden Leimbach freundlichst willkommen geheißen". Auf dieser Sitzung legte Buddensieg *Potentilla thuringiaca* BERNH. aus der Umgebung von Tennstedt vor.[7] Für das zweite Vereinsjahr (1881/82) der „Irmischia" wurde er in deren Wissenschaftlichen Ausschuss gewählt.[8] Er besaß eine interessante Sammlung von Kalktuffsteingebilden und Versteinerungen aus der Gegend zwischen Tennstedt und Großballhausen.[9] Das Manuskript zum „Systematischen Verzeichnis der in der Umgebung von Tennstädt wildwachsenden und kultivierten Pflanzen nebst einigen Kryptogamen und Algen" (BUDDENSIEG 1884/85) befindet sich im Stadtarchiv von Bad Langensalza (registriert unter G 135). Hier liegt auch ein handgeschriebenes Heft „Pilze und Schwämme, welche bis jetzt um Tennstädt beobachtet wurden". Die Angaben hierzu (178) sind systematisch geordnet, nur mit wissenschaftlichen Namen versehen und ohne Fundortsangaben. Von Interesse ist auch der im Stadtarchiv Bad Langensalza aufbewahrte Schriftwechsel zum „Systematischen Verzeichnis..." (BUDDENSIEG 1884/85).[12]

Robert Buddensieg wurde am 1. November 1854 in Greußen geboren. Er arbeitete nach dem Besuch der Greußener Bürgerschule und des Gymasiums zu Eisenach zunächst im väterlichen Geschäft und trat dann als Lehrling in das Landesproduktengeschäft von Philipp Buch zu Erfurt ein und verblieb dort nach Beendigung der Lehre als Angestellter. 1879 kam er in den Greußener Vorschusskassen- und Sparverein. Im Jahre 1880 übernahm er die väterliche Firma, vergrößerte sie und pflegte neben dem Handel mit Arzneikräutern in steigendem Umfang auch das Geschäft mit Gewürzen, in- und ausländischen Würzkräutern und ähnlichen Waren. Einer seiner Hauptartikel war der in Thüringen und im Harz angebaute Majoran.[20]

Quellen
(1) BUDDENSIEG, F.: Systematisches Verzeichnis der in der Umgebung von Tennstädt wildwachsenden und kultivierten phanerogamischen Pflanzen nebst einigen Kryptogamen und Algen. – Irmischia 1884 und 1885. – (2) PETRY, A.: Die Vegetationsverhältnisse des Kyffhäuser Gebirges. – Inauguraldissertation, Halle 1889.– (3) Anzeige in Tennstedter Zeitung vom Montag, dem 30. Oktober 1893. – (4) Pfarrer E. Müller, Kirchenbuchauszug Jahrgang 1894, Seite 237, Nr. 59 der evang. Kirchengemeinde Bad Tennstedt (29. 11. 2000, briefl. an K.-J. Barthel). – (5) Mitglieder-Verzeichnis. – Irmischia 1(3/4): 12–13; 1881. – (6) Sammlungen. - Irmischia 1(7). 27, 1881. – (7) Sitzungsberichte. – Irmischia 1(10): 43–44; 1881. – (8) Geschäftliche Mitteilungen. -

Irmischia 2(1): 12; 1881. – **(9)** WOHLFAHRT, H.: Tennstedt in Gegenwart und Vergangenheit (Chronik). – Bad Tennstedt 1894. – **(10)** Reuther, R., Schlotheim, bei Nachforschungen mit Pfarrer Heinrich im Pfarramt Gangloffsömmern (25.3.2002, briefl. an J. Pusch). – **(11)** IRMISCH, T.: Nachträge zur Flora der Sondershäuser Gegend. – Jahresbericht Gymnasium Sondershausen 1849. – **(12)** Reuther, R., Schlotheim (1.2.2002, briefl. an J. Pusch). – **(13)** Florian, P., Bad Tennstedt, über R. Reuther (Mai 2002, briefl. an J. Pusch). – **(14)** Reuther, R., Schlotheim, Nachforschungen zum Herbarium im Heimatmuseum von Bad Langensalza im Jahre 2002 (25.3.2002, briefl. an J. Pusch). – **(15)** Lippert, W., Botanische Staatssammlung München (7.5.2002, briefl. an J. Pusch). – **(16)** Florian, P., Bad Tennstedt, Auszüge aus Kirchenbüchern und dem Sterbebuch Standesamt Bad Tennstedt (15.5.2002, briefl. an K.-J. Barthel). – **(17)** Florian, P., Bad Tennstedt (4.6.2002, briefl. an K.-J. Barthel). – **(18)** SCHLEGELMILCH, V.: Das Schwefelbad Bad Tennstedt. – Veröff. Naturkundemuseum Erfurt 3: 71–77; 1984. – **(19)** SCHÖNHEIT, F. C. H.: Taschenbuch der Flora Thüringens. – Rudolstadt 1850. – **(20)** Zeitungsausschnitt „100 Jahre Firma M. Buddensieg - Greußen" im Archivordner über ehemalige Greußener Betriebe (Bürgermeister J. Steinmetz, Greußen, 4.7.2002, briefl. an K.-J. Barthel). – **(21)** WEIN, K.: Die Geschichte der Floristik in Thüringen. – Feddes Repert., Beiheft 62: 1–26; 1931 – **(22)** Photographie-Album der Irmischianer. – Irmischia 1(7): 28; 1881. – **(23)** Mitglieder-Verzeichnis. – Irmischia 1(7): 26; 1881. – **(24)** IRMISCH, T.: Ueber einige Botaniker des 16. Jahrhunderts, welche sich um die Erforschung der Flora Thüringens, des Harzes und der angrenzenden Gegenden verdient gemacht haben. – Jahresbericht Gymnasium Sondershausen 1862. – **(25)** FLORIAN, P.: Franz Buddensieg. Apotheker, Schwefelbad-Besitzer und Botaniker, ein Tennstedter Bürger. – Moment. Das Magazin für Kunst, Kultur, Leute, Natur und Termine 07: 7–10; 2004. – **(26)** Hartleb, M., Universitätsarchiv Jena (26.8.2002, briefl. an J. Pusch).

Camerarius, Joachim 1534–1598

geboren: 6. November 1534 in Nürnberg
gestorben: 11. Oktober 1598 in Nürnberg

Beruf, Leistungen auf floristischem Gebiet
Arzt, Gartenbesitzer, Botaniker. Er erhielt im Jahre 1577 von seinem botanischen Freund Johann Thal aus Stolberg am Harz ein Verzeichnis der Pflanzen des Harzes und seiner Vorberge, das im Jahre 1588 unter dem Namen „Sylva Hercynia" gedruckt wurde.[3][4] Camerarius kultivierte in seinem Garten nicht nur eine Reihe seltener Gewächse, er war „auch ein mit der heimischen Flora wohl vertrauter Botaniker, dem es darauf ankam, durch eigene Beobachtungen mit der Natur vertraut zu werden".[4] Er kannte, wie sich aus den Anmerkungen aus seiner Feder in Thals „Sylva Hercynia" (1588) ergibt, aus Thüringen *Arabis glabra* (S. 17), *Conringia orientalis* (S. 18) und *Nonea pulla* (S. 19) und von Gräfenthal *Trientalis europaea* (S. 15).[4] Das unter dem Titel „Hortus

Abb. 54: Joachim Camerarius

medicus et philosophicus" (1588) veröffentlichte Verzeichnis der Gewächse seines Gartens nennt auch Pflanzen, die er von Thüringen kannte. So werden u. a. aufgeführt: *Adonis aestivalis, Asperula cynanchica, Bupleurum rotundifolium, Caucalis platycarpos, Cornus mas, Gypsophila muralis, Lavatera thuringiaca, Scabiosa ochroleuca* und *Scorzonera hispanica*.[4] Es ist anzunehmen, dass er zumindest einige dieser Arten in der nördlichen Hälfte Thüringens sah, zumal er *Salvia nemorosa* als „zwischen Langensalza und Weißensee" angibt.[4]

Herbarien, wichtige Herbarbelege
Nach STAFLEU (1981) befindet sich das Herbarium von Camerarius angeblich im Botanischen Institut der Universität Erlangen (ER).[6] Nach telefonischer Auskunft durch die Herbarmitarbeiter (ER) ist sein Herbarium jedoch nicht in Erlangen vorhanden. Auch in der Erlangener Universitätsbibliothek gibt es hierzu keine Informationen.[7]
Herbarbelege von Camerarius konnten wir bisher in keinem der von uns untersuchten Herbarien auffinden.

Wichtige Veröffentlichungen
• Hortus medicus et philosophicus. – Frankfurt am Main 1588. Diesem Werk fügte er Thals Verzeichnis der Pflanzen des Harzes und seiner Vorberge bei, das er unter dem Namen „Sylva Hercynia" drucken ließ.[2] Auch das Titelblatt[2] und mehrere Holzschnitte aus Gesners Nachlass hatte Camerarius zur „Sylva Hercynia" geliefert.[3] Camerarius ist auch der Herausgeber und Bearbeiter des Kräuterbuches von Petrus Andreas Matthiolus (1586): „Neu vollkommenes Kreutter-Buch".[8] Auch hier brachte er verschiedene Mitteilungen über Pflanzen der Thüringer Flora (u. a. *Adonis vernalis, Bupleurum rotundifolium, Lysimachia nemorum, Orobanche ramosa, Virga pilosa*).[4]

85

Biographie

Joachim Camerarius wurde am 6. November 1534 als Sohn des Lehrers und Humanisten Joachim Camerarius I. (1500 bis 1574) in Nürnberg geboren. Er wuchs ab 1535 in Tübingen und ab 1541 in Leipzig auf, wo sein Vater eine Professur innehatte.[1][5] Von Jugend an zeigte er eine große Neigung zur Botanik.[5] Nach dem Besuch der Landesschule in Pforta ging er zum Medizinstudium nach Wittenberg, wo er zum engsten Bekanntenkreis von Philipp Melanchthon gehörte.[1] Anschließend studierte er in Leipzig, wo W. Meurer einer seiner Lehrer war.[5] Nach einem zweijährigen Aufenthalt bei Johannes Crato in Breslau [mit ihm reiste er nach Ungarn[5]] schloss er seine Studien in Padua und Bologna ab, wo er im Jahre 1562 zum Dr. med. promovierte.[1][5] Überall in Italien, so in Bologna, Pisa, Livorno, Genua, Florenz, Rom und Salerno, war er um die Erweiterung seiner Pflanzenkenntnisse bemüht.[5] Noch im Jahre 1562 kehrte er zu den Eltern nach Leipzig zurück[5] und ließ sich auf Wunsch seines Vaters anschließend in Nürnberg nieder, wo er 1564 als ordenlicher Stadtarzt angenommen wurde.[1] Hier hatte er einen Garten, der damals zu den berühmtesten gehörte. Der weithin reichende Handelsverkehr und die Bekanntschaft des Camerarius mit den angesehensten Botanikern bereicherten alljährlich seinen Garten mit den seltensten Gewächsen. Durch Kauf gelangte er im Jahre 1581 in den Besitz des botanischen Nachlasses von Gesner.[5] Im Jahre 1592 richtete er das Collegium Medicum Norimbergense ein, dessen erster Dekan er bis zu seinem Tode blieb.[1] Mit dem Bamberger Bischof Ernst von Mengersdorff unternahm er im Jahre 1588 eine Reise nach Kärn-

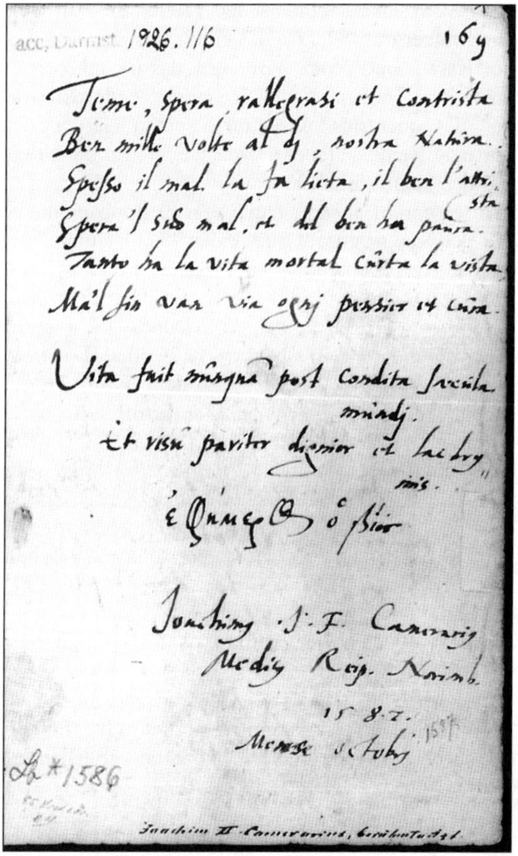

Abb. 55: Handschriftprobe von J. Camerarius

ten, Venedig und Padua. In seinen letzten Lebensjahren wurde er öfter von Krankheiten heimgesucht.[5] Er starb am 11. Oktober 1598 in Nürnberg.[1][5] Camerarius war dreimal verheiratet und hatte 4 Söhne und eine Tochter.[1]

Die umfangreichen naturwissenschaftlichen Kenntnisse von Camerarius fanden ihren praktischen Niederschlag u. a. bei der Neugestaltung des Kasseler Schlossparks;[1] er ist auch Verfasser eines „vierbändigen Emblembuches, in dem er Pflanzen, Tiere der Erde, der Luft sowie Wassertiere und Reptilien aufgrund genauer Naturbeobachtung und Kenntnis der aktuellen Literatur zu Objekten sinnbildlicher Auslegung und religiöser und moralisierender Weltdeutung machte".[1]

Quellen

(1) DIEFENBACHER, M. & R. ENDRES (Hrsg.): Stadtlexikon Nürnberg. – Nürnberg 2000. – **(2)** KELLNER, K.: M. Johann Thal und seine Sylva Hercynia. – Beitr. Heimatk. Stadt Kreis Nordhausen 1: 29–36; 1977. – **(3)** RAUSCHERT, S.: Johannes Thal, Sylva Hercynia. Neu herausgegeben, ins Deutsche übersetzt, gedeutet und erklärt. – Leipzig 1977. – **(4)** WEIN, K.: Die Geschichte der Floristik in Thüringen. – Feddes Repert., Beiheft 62:1–26: 1931. – **(5)** IRMISCH, T.: Ueber einige Botaniker des 16. Jahrhunderts, welche sich um die Erforschung der Flora Thüringens, des Harzes und der angrenzenden Gegenden verdient gemacht haben. – Jahresbericht Gymnasium Sondershausen 1862. – **(6)** STAFLEU, F. A.: Index Herbariorum, Part I, The Herbara of the world; 1981. – **(7)** Welß, W., Herbarium der Universität Erlangen, Institut für Botanik und pharmazeutische Biologie (9.10.2001, telef. mit J. Pusch). – **(8)** HARDTKE, H.-J., F. KLENKE & M. RANFT: Biographien sächsischer Botaniker. – Berichte Arbeitsgemeinschaft sächsischer Botaniker 19 (Sonderheft): 1–477; 2004.

Cordus, Valerius 1515–1544

geboren: 18. Februar 1515 in Erfurt
gestorben: 25. September 1544 in Rom

<u>Beruf, Leistungen auf floristischem Gebiet</u>
Pharmakognost, Naturwissenschaftler, Botaniker.
Schon vor J. Thal beschäftigte sich Cordus sehr
gründlich mit der Flora Mitteldeutschlands und des
gesamten herzynischen Raums. Obwohl zu seinen
Lebzeiten keine Arbeit von ihm erschienen ist [Auch
sein Arzneibuch „Pharmacorum conficiendorum
ratio. Vulgo vocant Dispensatorium" wurde von ihm
nur zum Druck vorbereitet.[1] Dies ist das erste offi-
zielle Deutsche Arzneibuch.[9]], hat er doch vier
botanische Schriften als Manuskript unfertig hinter-
lassen. Es sind dies die „Annotationes in Pedacii
Dioscoridis Anazarbei de medica materia libros V",
die „Historiae stirpium libri IV", die „Sylva observationum variarum" und der „Stirpium descriptionis
liber V". Die erste Schrift ist 1549 von Walther Ryff
(Gualtherus Rivius) veröffentlicht worden. Die drei

Abb. 56: Valerius Cordus

anderen Schriften hat erst Conrad Gesner (die zweite und dritte gemeinsam mit der ersten im
Jahre 1561 und die vierte im Jahre 1563) herausgegeben. Am wertvollsten für die mitteldeutsche Floristik sind vor allem die „Historiae stirpium libri IV" und die „Sylva observationum
variarum". Hier werden u. a. genannt: *Malva moschata* (*Alcea quaedam tenuissimis foliis*)
vom Auerberg bei Stolberg [später wurde die Pflanze von J. Thal an dieser Stelle wieder
gefunden[3)(4)], *Dentaria bulbifera* (*Coralloides*) zwischen Stolberg und Nordhausen sowie
zwei Farne aus der Umgebung von Nordhausen (*Pteridion masculum* und *Pteridion foemina*), die nach der vorliegenden Beschreibung nicht zu bestimmen sind [*Pteridion foemina
Cordi* = *Gymnocarpium dryopteris* (L.) NEWMAN[3)]. Auch *Damasonium calliphyllon* aus
der Umgebung dieser Stadt lässt sich nicht eindeutig bestimmen, es könnte sich sowohl um
Epipactis helleborine s. l. als auch um *E. atrorubens* handeln. Unter dem Namen „*Stachys*"
nennt er *Marrubium peregrinum* bzw. *Marrubium peregrinum* x *M. vulgare* als zwischen
Eisleben und Seeburg vorkommend, also aus einem Gebiet, in dem die Pflanzensippen noch
heute vorhanden sind.[1] Zwischen Eisleben und Seeburg fand er auch *Hippuris vulgaris*. Bei
Seeburg am Salzigen See entdeckte er *Artemisia maritima*[1] und bei Staßfurt sah er *Aster
tripolium, Plantago maritima, Salicornia europaea, Suaeda maritima* und möglicherweise
Artemisia rupestris.[1)(5] Damit wäre Cordus der Erstentdecker sowohl von *Artemisia maritima*[8] als auch von *Artemisia rupestris*.[5] *Stratiotes terrestris minor*, die Cordus zwischen
Eisleben und Halle bzw. zwischen Halle und Merseburg fand, deutet A. Schulz [1] nach der
vorliegenden Beschreibung als *Achillea nobilis*. S. Rauschert hingegen hält die „*Stratiotes
terrestris minor*" für *Achillea setacea*. Somit wäre Cordus der Entdecker auch dieser Pflanze.[2]
„Cordus hatte eine klarere Vorstellung von dem Unterschied zwischen Gattung und Art als
seine Vorgänger und seine Zeitgenossen. Er suchte die Nomenklatur durch Einführung neuer

Benennungen dieser Erkenntnis anzupassen. Den Lebensvorgängen der Pflanzen schenkte er Aufmerksamkeit. Er beobachtete die Keimung der Farne aus den Sporen und beschrieb die Bewegung der Blätter der Leguminosen. Er erkannte auch, dass Steinkohle aus Holz entstanden ist. Er prüfte die Pflanzen auf Geruch und Geschmack, um Hinweise auf arzneiliche Verwendbarkeit zu finden. Sorgfältige Aufzeichnungen betreffen die Standorte der Gewächse und seltene Fundstellen. Er ist damit der Begründer der Phytogeographie."[7]

Herbarien, wichtige Herbarbelege

Über ein Herbar von Cordus ist uns nichts bekannt. Auch nach STAFLEU & COWAN (1976) hat er kein Herbar angelegt.

Wichtige Veröffentlichungen

Leider war es Cordus nicht vergönnt, selbst eine botanische Schrift zu veröffentlichen. Zu seinen Lebzeiten ist überhaupt keine Schrift von ihm erschienen.[1] Zu seinen „unfertig im Manuskript hinterlassenen Schriften", die später veröffentlicht wurden, siehe Abschnitt „Beruf, Leistungen auf floristischem Gebiet"!

Biographie

Valerius Cordus wurde am 18. Februar 1515 als Sohn des Dichters, Arztes, Lehrers und Botanikers Euricius Cordus in Erfurt geboren. In Kassel, wo der Vater vorübergehend tätig war, verlebte er die ersten Kindheitsmonate. Danach kam er nach Erfurt, wohin der Vater im Jahre 1516 zurückgekehrt war. Als er sechs Jahre alt war, verließ der Vater die Familie (um in Italien zum Doktor der Medizin zu promovieren) und kehrte erst im Jahre 1522 nach Erfurt zurück. 1523 wurde der Vater zum Stadtarzt von Braunschweig ernannt. Diese Stadt wurde nun bis 1527 die Heimat von Valerius.[7] Bereits 1527, als der Vater als Professor an die Universität Marburg berufen wurde, nahm er an der dortigen Universität ein Medizinstudium auf. Hier schloss er seine Studien im Jahre 1531 mit dem Baccalaureusgrad ab.[5][7] 1533 wurde er in Leipzig immatrikuliert, wo sein Onkel Johannes Ralla eine Apotheke besaß.[7] „Erst die Praxis im Betriebe seines Onkels Ralla in Leipzig und der [...] Verkehr mit anderen Apothekern ermöglichten ihm tiefere Einblicke in die Praxis der Pharmazie und gaben ihm die Erkenntnis, woran es ihr fehlte."[7] Wie lange er in Leipzig verblieb, ist umstritten.[7] Im Wintersemester 1539/40 ließ er sich an der Universität Wittenberg immatrikulieren. Er hörte Vorlesungen bei Philipp Melanchthon und hielt wahrscheinlich schon zu dieser Zeit selbst Vorlesungen über pharmakognostische Themen. Sicher ist, dass er vor dem Herbst 1543 in Wittenberg Vorlesungen über die „Materia medica" des Dioscorides gehalten hat,[1] die viel Beifall fanden.[5] In Wittenberg knüpfte er zur Apotheke des Malers Lucas Cranach und deren Provisor Caspar Pfruend alsbald enge Beziehungen an.[7] In dieser Zeit gingen die meisten seiner botanischen Exkursionen und Reisen wohl nicht über die Grenzen Mitteldeutschlands hinaus. Dabei interessierten ihn nicht nur Pflanzen, sondern auch Tiere und Gesteine, hauptsächlich wegen etwaiger medizinisch verwertbarer Stoffe.[1] Mit den Studenten unternahm er Exkursionen in die Umgebung von Wittenberg.[5] Auf mindestens zwei Reisen (1542 und 1543) hat er auch außerdeutsche Länder besucht.[1] Im Jahre 1542 reiste er von Wittenberg über Rochlitz und Altenburg in das Erzgebirge, dann in das nördliche Böhmen (Karlsbad). Von hier aus wandte er sich über Nürnberg, Innsbruck, Augsburg, Tübingen, Speyer, Frankfurt am Main, Stolberg, Seeburg, Bernburg, Staßfurt [hier fand er mehrere Salzpflanzen, u. a. möglicherweise *Artemisia rupestris*[1][5]] wieder nach Wittenberg.[5] „Die Reise [...] war aber jedenfalls, sie mag nun eine Richtung eingeschlagen haben, welche sie will, sie mag eine stetige oder unterbrochene gewesen sein, eine längere, vom

Frühling bis in den Herbst dauernde."[5] Auf seiner letzten Reise, die ihn im Jahre 1543 nach Italien führte, [über Nürnberg, Venedig, Padua, Ferrara, Bologna, Florenz, Livorno, Siena nach Rom[5]] starb er am 25. September 1544 in Rom [an den Folgen eines Unfalls[5]], wo er in der Kirche „D. Mariae de anima, regione Parionis" beigesetzt wurde.[1]

„Valerius Cordus war ausgezeichnet durch Redlichkeit, lauteren Charakter, Genie und Freundlichkeit. Er erweckte die Bewunderung aller, selbst hervorragender Gelehrter. Die vor ihm unerforschte Natur der Kräuter und ihre Kräfte konnte er, noch ein Jüngling, älteren Wissenschaftlern erklären."[7] Cordus hat um 1540 als einer der Ersten die Herstellung von Äther aus Weingeist und Schwefelsäure beschrieben. Auch stellte er mehrere ätherische Öle destillativ her.[9]

Von Cordus sind zwei Briefe bekannt; der eine vom 15. April 1544 war an den deutschen Arzt Andreas Aurifaber (1512 bis 1559) gerichtet und der andere (vom 20. April 1544) an den Naturforscher Georgius Agricola (1494 bis 1555). Der erste ist verloren gegangen (er wurde jedoch im 16. Jahrhundert gedruckt), der zweite befindet sich im Original in der Kirchenbibliothek in Annaberg.[6]

J. Thal kannte die Schriften des Cordus gut, wie bei THAL (1588) z. B. auf Seite 79 zu lesen ist: „... eine gewisse Verwandtschaft mit dieser [*Andromeda polifolia* L.] hat vermutlich jener *fruticulus exiguus foliis myrtinis* des Cordus [*Polygala chamaebuxus* L.], den dieser in seiner „Sylva observationum" S. 221a, Absatz 3, beschreibt".

Nicht nur die gedruckten Schriften, sondern auch die Manuskripte des Cordus waren J. Thal bekannt. THAL (1588) schreibt auf Seite 37: „... findet sich eher bei der *Libanotis amara* [*Libanotis pyrenaica* (L.) BOURGEAU], und diese hat Cordus gleichwohl anderswo gesondert beschrieben, in dem Büchlein betitelt Liber VI, das ich vorzeiten als Manuskript von Cordus eigener Hand bei **Aemylius** sah und das noch nicht publiziert ist" [Liber VI blieb unpubliziert und verschollen[3]].

Georg Aemylius (ursprünglich Oemler), der vielfache Beziehungen zu V. Cordus, C. Gesner und J. Thal unterhielt, wurde am 25. Juni 1517 als Sohn eines Bergmanns in Mansfeld geboren. Nach dem Studium der Theologie in Wittenberg wurde er im Jahre 1540 „Pädagog, Schul- und Zuchtmeister" an der Lateinschule in Siegen (bis 1553). Nachdem er in Wittenberg den theologischen Doktorgrad erworben hatte, ging er nach Stolberg am Harz, wo er als Pfarrer und Superintendent amtierte. Hier betrieb er botanische Studien, widmete sich der Pflege seines Gartens und stand mit C. Gesner im Briefwechsel.[5] „Durch Gesner hat sein Garten eine gewisse Berühmtheit erlangt, indem dieser ihn nach dem Kataloge der darin gezogenen Pflanzen, den Aemylius nach Zürich gesandt hatte, als einen an seltenen Pflanzen reichen bezeichnet und in seiner Schrift 'de hortis Germaniae' viele davon namhaft macht."[5] Aemylius hat kein selbstständiges botanisches Werk veröffentlicht; er beschrieb aber viele Pflanzen in Gedichten, die leider verloren gegangen sind. Er besaß einige Arbeiten des Cordus in dessen eigener Handschrift und zu diesen machte er bei einigen dort beschriebenen Pflanzen ganz kurze Zusätze; Gesner hat sie mit abdrucken lassen. Gestorben ist Aemylius im Mai 1569 an der Schwindsucht und einem hinzutretenden „Schlagfluss".[5]

Quellen
(1) SCHULZ, A.: Valerius Cordus als mitteldeutscher Florist. – Mitt. Thür. Bot. Ver. 33: 37–66; 1916. – (2) RAUSCHERT, S.: Valerius Cordus (1515–1544) als Entdecker der *Achillea setacea* W. et K. – Hercynia 4(3): 339–343; 1967. – (3) RAUSCHERT, S.: Johannes Thal, Sylva Hercynia. Neu herausgegeben, ins Deutsche übersetzt, gedeutet und erklärt. – Leipzig 1977. – (4) THAL, J.: Sylva Hercynia. – Frankfurt am Main 1588. – (5) IRMISCH, T.: Ueber einige Botaniker des 16. Jahrhunderts, welche sich um die Erforschung der Flora Thüringens, des Harzes und der angrenzenden Gegenden verdient gemacht haben. – Jahresbericht Gymnasium Sondershausen 1862. – (6) HORST, U.: Die einzige erhaltene Handschrift des Valerius Cordus, ein Brief aus seinem letzten Lebensjahr 1544. – Beiträge zur Geschichte der Pharmazie, Beilage der Deutschen Apotheker-Zeitung 26(2): 9–14; 1974. – (7) DANN, G. E.: Leben und Leistung des Valerius Cordus aus neuerer Sicht. – Pharmazeutische Zeitung 113(29): 1062–1072; 1968. – (8) SCHMID, G.: Pflanzenforschung in der Grafschaft Mansfeld. – Hercynia 3(7/8): 414–477; 1944. – (9) STOLZ, R.: Naturforscher in Mitteldeutschland. Bd. 1 (Thüringen). – Jena 2003.

Döring, Edmund 1860–1938

geboren: 10. Januar 1860 in Sondershausen
gestorben: 8. März 1938 in Sondershausen

Beruf, Leistungen auf floristischem Gebiet

Gymnasiallehrer, Heimatforscher, Botaniker. Im Jahre 1895 sammelte er auf Kleefeldern zwischen Heringen und Uthleben mehrere Exemplare von *Eruca sativa,* die G. Lutze auf der Herbst-Hauptversammlung des Thüringischen Botanischen Vereins am 29. September 1895 in Erfurt vorlegte.[4] Döring botanisierte oft mit seinem Schwiegersohn P. Rabitz aus Sondershausen. Seine Beobachtungen hielt er als Notizen in einem Handexemplar der „Flora von Nord-Thüringen" (LUT-ZE 1892) fest.[5] In seiner Arbeit „Das Leben der Tulpe" (1910), die er T. Irmisch widmet, beschreibt er die Grundachse, die Wurzeln, das Speichersystem, das Assimilations- und Fruktifikationssystem sowie das vegetative Vermehrungssystem der Tulpe und das Verhalten derselben unter besonderen Umständen.[6]

Abb. 57: Edmund Döring

Herbarien, wichtige Herbarbelege

Über ein Herbar von Döring ist uns nichts bekannt, ebenso konnten wir in keinem der untersuchten Herbarien Belege von ihm auffinden. – Von Döring befinden sich Briefe an Bornmüller und Hergt im Archiv des Herbarium Haussknecht.[14]

Wichtige Veröffentlichungen

• Das Leben der Tulpe. – Sondershausen 1910. – • Oberlehrer Günther Lutze verstorben. – Mitt. Ver. deutsche Geschichts- und Altertumskunde Sondershausen 6: 56; 1931. – [• Beiträge zu einer Laut- und Wortlehre der Sondershäuser Mundart. – Beilage Programm des Fürstl. Gymnasiums mit Realschule zu Sondershausen, Ostern 1912. – • Zur Namens- und Baugeschichte des Jagdschlosses „Zum Possen" bei Sondershausen. – Mitt. Ver. deutsche Geschichts- und Altertumskunde Sondershausen 5: 3–15; 1928]

Biographie

Carl Friedrich Edmund Döring wurde am 10. Januar 1860 als Sohn des Kanzlisten beim Fürstlichen Landratsamt Johann Heinrich Christian Friedrich Döring und dessen Ehefrau Emma, geb. Schilling, in Sondershausen geboren und am 29. Januar getauft.[7][8] Nach dem Besuch der Bürgerschule[2] und der Realschule in Sondershausen kam er im Jahre 1876 an das Sondershäuser Lehrerseminar, wo er sich besonders für die Naturwissenschaften interessierte. Am 27. März 1879 bestand er die Lehrerprüfung. Im selben Jahr wurde er als Lehrer in Behringen in der Nähe von Arnstadt angestellt. Im Jahre 1886 kam er an die Bürgerschule nach Arnstadt.[1] Bereits zwei Jahre später (1888) unterrichtete er in Arnstadt an der dortigen dreiklassigen, mit der Realschule verbundenen Vorschule.[11] Nach Sondershausen kehrte er im Jahre 1895 zurück, wo er zunächst an der Realschule [an der Vorschule zur Realschule[11]] und danach [ab 1. April 1903[3]] am Gymnasium vorwiegend Naturkunde und Erdkunde unterrichtete. Da er an seiner Weiterbildung interessiert war, besuchte er im Jahre 1898

Ferienkurse an der Universität Jena, wo er pflanzenphysiologische Vorlesungen bei Detmer hörte und ein zoologisches Praktikum bei Kükenthal absolvierte.(1) Er zeigte bei „den mikroskopischen Untersuchungen und pflanzenphysiologischen Arbeiten das lebhafteste Interesse, viel Sorgfalt und große Aufmerksamkeit".(1) Kurz vor der Jahrhundertwende [(1896)(3)] wurde auf seine Initiative hin und nach seinen Plänen der Botanische Schulgarten eingerichtet.(1) Hier führte Döring in den Jahren 1904 bis 1909 für seine Arbeit „Das Leben der Tulpe" (1910) zahlreiche Experimente durch.(6) Mit besonderem Engagement betreute und verwaltete er die umfangreichen naturwissenschaftlichen Sammlungen des Sondershäuser Gymnasiums.(2) „Unermüdlicher Wissensdrang, Schaffensfreude und gemeinnützige Sinne befähigten ihn, auch auf dem Gebiete der Heimatkunde und Kulturgeschichte Hervorragendes zu leisten, sei es als kundiger Führer durch Wald und Flur, als Interpret heimischer Flurnamen, sei es als Erforscher des nordthüringischen Dialektes oder als Verfasser heimatkundlicher Artikel. Innig vertraut mit der Regionalgeschichte, ihren Zeugen und Quellen, altheimischem Brauch, Sagen und Mären, geologischem Aufbau der Landschaft und heimischem Florenkleid, immer geneigt, sein reiches Wissen auch anderen zu vermitteln, wurde Döring auf fürstliche Empfehlung ordentliches Mitglied des Vereins für Geschichts- und Altertumskunde."(1) Döring legte auf der Frühjahrs-Hauptversammlung des Thüringischen Botanischen Vereins am 29. Mai 1910 in Elgersburg seine Schrift „Das Leben der Tulpe" (1910) vor und überreichte ein Exemplar an die Bibliothek des Vereins.(9) Im Jahre 1910 wurden die Son-

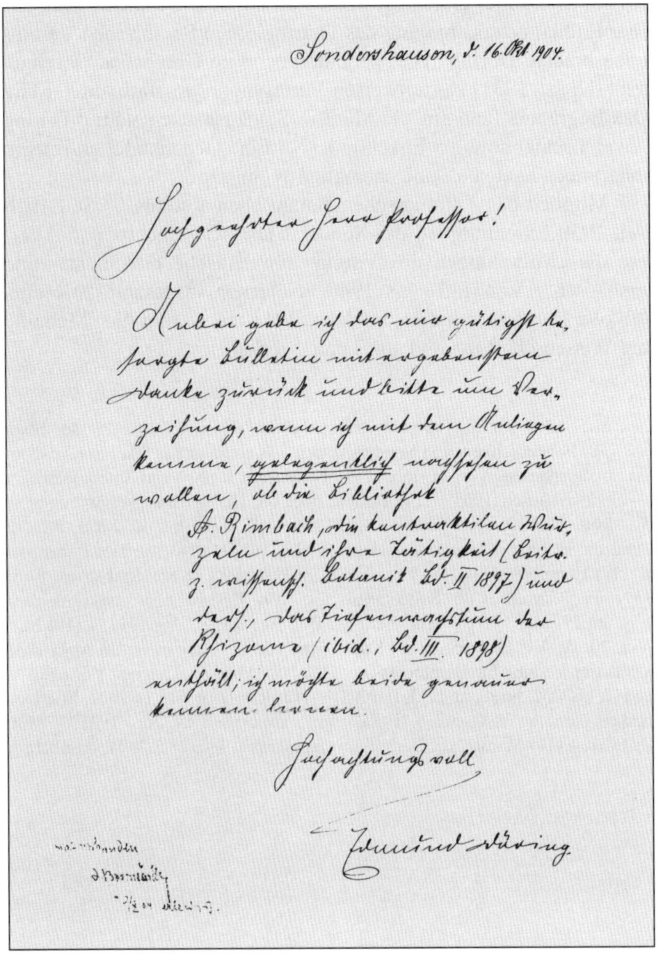
Sondershausen, d. 16. Okt. 1904.

Hochgeehrter Herr Professor!

Anbei gebe ich das mir gütigst besorgte Bulletin mit ergebenstem Danke zurück und bitte um Verzeihung, wenn ich mit dem Anliegen komme, gelegentlich nachsehen zu wollen, ob die Bibliothek
A. Rimbach, die kontraktilen Wurzeln und ihre Tätigkeit (Beitr. z. wissensch. Botanik Bd. II 1897) und ders., das Tiefenwachstum der Rhizome (ibid., Bd. III. 1898) enthält; ich möchte beide genauer kennen lernen.

Hochachtungsvoll

Edmund Döring

nicht vorhanden
J. Bornmüller

Abb. 58: Brief von E. Döring an J. Bornmüller vom 16.10.1904 dershäuser städtischen Sammlungen, das Fürstliche Naturalienkabinett und die Sammlung des Geschichts- und Altertumsvereins zu einem Museum vereinigt, dessen Obmann Döring bis zuletzt war. Auch auf dem Possen bei Sondershausen richtete er ein Museum ein.[1][2] Nachdem er im Jahre 1921 zum Oberlehrer ernannt worden war, trat er 1924 in den wohlverdienten Ruhestand.[1] Auf der Frühjahrsversammlung des Thüringischen Botanischen Vereins am 14. Juni 1931 in Greußen brachte Döring „Die Veränderungen im Greußener Florengebiet in den letzten 50 Jahren" (HESSE 1931) zur teilweisen Verlesung.[13] Er starb am 8. März 1938 in Sondershausen. Das Begräbnis fand am 11. März in Sondershausen statt.[8] Döring war verheiratet und hatte zwei Töchter sowie 5 Enkelkinder.[12] Eine Gedenktafel an seinem Hause, Gartenstraße 5, erinnert noch heute an seine ehemalige Wohnstätte.[1]

Döring war seit 1897 Mitglied des Thüringischen Botanischen Vereins.[10] Seit 1918 war er Vorsitzender und seit 1930 Ehrenmitglied des Sondershäuser Geschichts- und Altertumsvereins. Er begründete die „Mitteilungen des Vereins für deutsche Geschichts- und Altertumskunde in Sondershausen". Von 1922 bis 1940 erschienen insgesamt 10 Hefte. Döring selbst hat dazu wertvolle Beiträge geliefert. Im Jahre 1913 wurde ihm die „Medaille für Geschichte zu Kunst und Wissenschaft in Gold am Bande" verliehen.[1]

Quellen

(1) LANGE, S.: Persönlichkeiten in Sondershausen, Edmund Döring (1860–1938). – Kulturamt der Stadt Sondershausen, 1996. – (2) LANG, R.: Persönlichkeiten in Sondershausen. – Kulturamt der Stadt Sondershausen, 1993. – (3) LUTZE, G.: Aus Sondershausens Vergangenheit. Ein Beitrag zur Kultur- und Sittengeschichte früherer Jahrhunderte, 1. Bd. – Sondershausen 1905. – (4) Bericht über die Herbst-Hauptversammlung in Erfurt am 29. September 1895. – Mitt. Thüring. Bot. Ver. 9: 1–13; 1896. – (5) BARTHEL, K.-J & J. PUSCH: Flora des Kyffhäusergebirges und der näheren Umgebung. – Jena 1999. – (6) DÖRING, E.: Das Leben der Tulpe. – Sondershausen 1910. – (7) Geburtsbuch (G 1849 bis 1862) im Pfarramt I in Sondershausen. – (8) Sterbebuch (St 1921 bis 1939) im Pfarramt I in Sondershausen. – (9) Bericht über die Frühjahrs-Hauptversammlung in Elgersburg am 29. Mai 1910. – Mitt. Thüring. Bot. Ver. 28: 80–86; 1911. – (10) Mitglieder. – Mitt. Thüring. Bot. Ver. 20: IV–VI; 1904/05. – (11) Kopie eines von Dr. Caemmerer im April 1938 vor den Mitgliedern des Sondershäuser Vereins für Geschichte und Altertumskunde gehaltenen Vortrages. – Rabitz, A., Enkel von E. Döring (12.11.2002, briefl. an K.-J. Barthel). – (12) Rabitz, A. (12.11.2002, briefl. an K.-J. Barthel). – (13) Frühjahrsversammlung in Greußen (Hotel zum Schwan) am 14. Juni 1931. – Mitt. Thüring. Bot. Ver. 40: VII– XI; 1931. – (14) Manitz, H., Herbarium Haussknecht Jena (8.3.2004, briefl. an J. Pusch).

Duty, Josef [Joe]   1931–1990

geboren: 10. Januar 1931 in Niemes (CSR)
gestorben: 24. März 1990 in Rostock

<u>Beruf, Leistungen auf floristischem Gebiet</u>
Hydrobiologe, Botaniker. Duty hat gemeinsam mit H.
Pankow, die vom Letzteren herausgegebene „Flora
von Rostock und Umgebung" (1967) bearbeitet. Er
war weiterhin bedeutender Mitarbeiter der „Neuen
kritischen Flora von Mecklenburg, Teil 1–5" (FUKA-
REK, F. & H. HENKER 1983–1987). Die Verfasser der
„Flora des Kyffhäusergebirges und der näheren Umgebung" (BARTHEL & PUSCH 1999) verdanken ihm
zahlreiche Angaben zur Flora des Kyffhäusergebirges.
Im Rahmen kleinerer Exkursionen während seiner
Kuraufenthalte in Bad Frankenhausen machte er sie
zwischen 1985 und 1990 auf die floristischen Besonderheiten des Sumpfes südöstlich vom Rathsfeld, des
Lückenhügels östlich von Bad Frankenhausen und der
Salzstelle am Ostrand von Bad Frankenhausen auf-
merksam. Er fand u. a. *Artemisia pontica* am Lücken-

Abb. 59: Josef [Joe] Duty

hügel [von Barthel und Pusch noch nicht wieder aufgefunden], *Carex vulpina* s. str. am
Sumpf südöstlich vom Rathsfeld, *Oxytropis pilosa* am Lückenhügel und *Senecio germanicus*
an der Fuchsliethe nordöstlich von Bad Frankenhausen. Duty hatte eine Vorliebe für adventi-
ve Arten[11], da er durch seine berufliche Position ständigen Zugang zum Rostocker Übersee-
hafen und zu Mülldeponien hatte.[2] „Nicht nur die Gefäßpflanzen faszinierten ihn, mit gleicher Begeisterung zog es ihn zu den Moosen und Flechten, erschloss er sich durch beharrli-
ches Selbststudium auch das Reich der Algen und besonders das der Pilze. Selbst über viele
Tiergruppen konnte er Auskunft geben, was ihm bei seiner langjährigen Tätigkeit als Kreisnaturschutzbeauftragter von Rostock-Stadt zugute kam."[11]

<u>Herbarien, wichtige Herbarbelege</u>
Das private Herbarium von J. Duty kam nach seinem Tode offenbar nach Jena (JE). An diesem hatte auch seine erste Frau Inge Duty großen Anteil.[3] Es umfasst insgesamt etwa
30.000 Belege.[9] In dieser in Jena derzeit noch unaufgearbeiteten Aufsammlung, wovon
etwa 10% leider nicht etikettiert sind, befinden sich zahlreiche Exsikkate aus dem Kyffhäusergebiet.[7] In Jena (JE) befinden sich auch einige noch vor seinem Tode hierher gekommene
und von ihm gesammelte Herbarbelege, so z. B. von *Carex hordeistichos*: Esperstedter Ried
(JE, 1958, cult. 1959/1960); *Spergularia maritima*: Esperstedter Ried (JE, 2.07.1951); *Eleocharis uniglumis*: Esperstedter Ried (JE, Juli 1953); *Chenopodium vulvaria*: Stedten bei
Sangerhausen (JE, 15.09.1961).
„Duty war ein leidenschaftlicher Sammler, der Unmengen von Herbarbelegen in einem
Raum seiner Wohnung in Bananenkisten hatte. Auch von gemeinen Arten hatte er oftmals
mehr als 100 Belege gesammelt."[12]

Wichtige Veröffentlichungen
- *Glyceria declinata* BREBISSON bei Leipzig. – Wiss. Zeitschr. Univ. Halle, math.-nat. R. 8 (4/5): 495–499; 1959. – • *Carex nemorosa* REBENTISCH bei Leipzig. – Wiss. Zeitschr. Univ. Halle, math.-nat. R. 8(4/5): 499; 1959. – • Zur Unterscheidung von *Koeleria pyramidata* (LAM.) DOMIN *Koeleria gracilis* PERS. s. ampl. – Wiss. Zeitschr. Univ. Halle, math.-nat. R. 8(4/5): 499–500; 1959. – • Floristische Neufunde. – Wiss. Zeitschr. Univ. Halle, math.-nat. R. 8(4/5): 510; 1959. – • Floristische Neufunde (DUTY, J. & P. HANELT). – Wiss. Zeitschr. Univ. Halle, math.-nat. R. 8(4/5): 511; 1959. – • *Oxycoccus macrocarpus* PERS. – Wiss. Zeitschr. Univ. Halle, math.-nat. R. 9(3): 419; 1960.
- • *Oxycoccus microcarpus* TURCZ. – Wiss. Zeitschr. Univ. Halle, math.-nat. R. 9(3): 419–420; 1960. – • Notiz zu *Echinocystis lobata* (MICHX.) TORR. et GRAY. – Wiss. Zeitschr. Univ. Halle, math.-nat. R. 9(3): 420–421; 1960. – • Notiz zu *Bidens melanocarpus* WIEGAND. – Wiss. Zeitschr. Univ. Halle, math.-nat. R 9(3): 421–422; 1960. – • Die *Carex flava*-Gruppe. – Wiss. Zeitschr. Univ. Halle, math.-nat. R. 9(3): 422–423; 1960. – • Beitrag zur Landschaftsökologie der Vogelinsel Langenwerder bei Poel (DUTY, J. & G. SCHMIDT). – Wiss. Zeitschr. Univ. Rostock, math.-nat. R. 15(7/8): 961–970; 1966. – • Flora von Rostock und Umgebung (Hrsg: PANKOW, H.; bearbeitet von DUTY, J. & H. PAN-

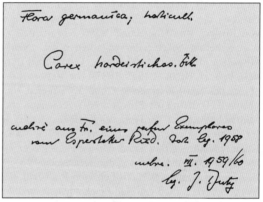

Abb. 60: Handschriftliches Herbaretikett von J. Duty

KOW). – Rostock 1967. – • Die *Fagus*-Sippen Europas und ihre geographisch-soziologische Korrelation zur Verbreitung der Assoziationen des Fagion s. l. – Vegetation 59: 177–184; 1985. – • Die Bitterkraut-Sommerwurz (*Orobanche picridis* F. W. SCHULZ) neu in Mecklenburg (SLUSCHNY, H., G. MATTHES & J. DUTY). – Bot. Rundbrief Bezirk Neubrandenburg 17: 53–58; 1985. – • Pilze des Züsower Forstes (WEST-PHAL, B., H. HENKER & J. DUTY). – Bot. Rundbrief Mecklenburg-Vorpommern 22: 55–68; 1990.

Biographie
Josef [Joe] Franz Adolf Duty wurde am 10. Januar 1931 als Sohn eines Försters und Schlossverwalters in Niemes (CSR) geboren. Er besuchte von 1938 bis 1942 die Volksschule und von 1943 bis 1945 die Hauptschule in Niemes.[1] Im Jahre 1945 kam er nach Sachsen (Gaußig bei Bautzen), erwarb im Jahre 1950 in Bautzen das Abiturzeugnis und nahm noch im selben Jahr ein Biologiestudium an der Universität Leipzig auf.[1][2] Hier lernte er seine spätere erste Frau, Inge Seidel aus Breslau, kennen, die er am 28. September 1953 heiratete. Aus dieser Ehe gingen eine Tochter und zwei Söhne hervor.[3][4] Im Jahre 1952 ging er zum weiteren Studium an die Universität Halle, das er im Jahre 1956 mit der Diplomarbeit „*Pulsatilla vulgaris* MILL. s. l. Untersuchungen zur Systematik und Verbreitung im mitteldeutschen Raum" abschloss. Die Diplomprüfung bestand er am 28. Februar 1956.[8] Von 1956 bis 1958 arbeitete er als Abteilungsleiter im Arzneimittelwerk Leipzig.[1][3][9] Danach war er für längere Zeit Mitarbeiter am Geographischen Institut der Universität Rostock.[2][11] Als Wissenschaftlicher Assistent hatte er hier die Möglichkeit zu weiterer fachlicher Qualifikation und Spezialisierung. So war er Schüler R. Tüxens in angewandter Pflanzensoziologie. Vertiefende Studien in Bodenkunde bei Reuther sowie Geographie und Landschaftsökologie bei G. Schmidt machten ihn zu einem herausragenden Kenner mecklenburgischer Landschaft und Vegetation. Im Jahre 1963 beschäftigte er sich bei F. Firbas in Göttingen mit der Pollenanalyse.[11] Im Jahre 1965 heiratete er seine zweite Frau, Anne Schröder aus Rostock; aus

dieser Ehe gingen zwei Söhne hervor.[9] Von 1965 bis zu seiner Invalidisierung im Jahre 1988 wirkte er in der Wasserwirtschaftsdirektion Küste als Hydrobiologe[2] [als Leiter des Bezirkslabors der Wasserwirtschaftsdirektion[11]]. Im Jahre 1976 schloss er die postgraduale Ausbildung als Fachingenieur für Gewässeraufsicht ab.[11] Er starb am 24. März 1990 [in Rostock[9]] an den Folgen eines langjährigen Tumorleidens.[2] Seine letzte Ruhestätte fand er auf dem Neuen Friedhof in Rostock.[9]

Duty gehörte von 1955 bis 1961 der Thüringischen Botanischen Gesellschaft an.[10] Er war aktiver Pilzberater im Stadtkreis Rostock.[5] „Er organisierte die Beratungstätigkeit in seinem Kreis, leitete mit großem Eifer seine Ortsbeauftragten und die Mitglieder seiner mykologischen Arbeitsgruppe an, war für die medizinischen Einrichtungen der Stadt mykologischer Berater bei der Aufklärung von Vergiftungsgeschehen und für die Sektion Biologie der Universität ein maßgeblicher, wenn auch bescheiden im Hintergrund agierender Mitveranstalter der großen Pilzausstellungen im Botanischen Garten."[5] Dutys „phänomenales Gedächtnis, sein Bestreben, sein ohnehin unendliches Wissen ständig zu erweitern, aber auch bereitwillig weiterzugeben, und sein freundliches Wesen machten ihn über viele Jahre hinweg zu einem Anziehungspunkt besonders für Nachwuchsbotaniker, Schüler und Studenten, denen er Lehrer und väterlicher Freund zugleich war".[11]

Seit 1993 verleiht die Stadt Rostock für hervorragende Leistungen auf dem Gebiet des Umweltschutzes einen Umweltpreis „Joe Duty". „Damit ehrt die Hansestadt einen ihrer Bürger, durch dessen Einsatz als Kreisnaturschutzbeauftragter zahlreiche ökologisch wertvolle Lebensräume erhalten werden konnten. Er nutzte die gegebenen Möglichkeiten maximal aus, um für die Erforschung und den Erhalt der Natur, besonders der Pflanzenwelt, in ganz Mecklenburg-Vorpommern zu wirken."[6] In einem Neubaugebiet von Rostock wurde eine Straße nach Duty benannt.[3]

Quellen
(1) Mitteilungen der Zwillingsschwester „Rosel" Magnusson, Schweden (I. Duty, 10.12.2001, telef. mit J. Pusch). – (2) KREISEL, H.: Joe Duty zum Gedenken. – Boletus 15(4): 128; 1991. – (3) Duty, I., Rostock (Juli 2001, briefl. an J. Pusch). – (4) Duty, I., Rostock (1.7.1998, briefl. an J. Pusch). – (5) SCHMIDT, I.: Zum Gedenken an Joe Duty. – Mykologisches Mitteilungsblatt 34(1): 43; 1991. – (6) PÖKER, A.: Richtlinie für die Vergabe des Umweltpreises der Hansestadt Rostock „Joe Duty". – Rostock, den 4.3.1996. – (7) Günther, K.-F., Herbarium Haussknecht Jena (7.12.2001, mündl. mit J. Pusch). – (8) Hünert, S., Universitätsarchiv Halle (28.11.2001, briefl. an K.-J. Barthel). – (9) Duty, A., zweite Ehefrau von J. Duty in Rostock (30.11.2001, briefl. an J. Pusch). – (10) Göckeritz, J., Gera (Vorstand Thür. Bot. Ges.) (26.3.2002, briefl. an J. Pusch). – (11) BERG, C. & R. REHBEIN: Joe Duty 1931–1990. – Bot. Rundbrief Mecklenburg-Vorpommern 23: 5–6; 1991. – (12) Henker, H., Neukloster (22.5.2002, briefl. an J. Pusch).

Ekart, Tobias Philipp   1799–1877

geboren: 21. Mai 1799 in Simau
gestorben: 1. November 1877 in Bamberg

Beruf, Leistungen auf floristischem Gebiet
Gärtner, Botaniker (auch Kryptogamen). Ekart brachte mit seiner „Botanisch-topographischen Skizze zur Charakteristik des Kyffhäuser Gebirges in Thüringen" (1843) eine erste Zusammenstellung der Pflanzen des Kyffhäusergebirges (etwa 200 Phanerogamen) und der Salzpflanzen „in der Ausdehnung von Auleben und der Numburg bis in die Gegend von Borxleben und Artern" [es werden hier auch zahlreiche Arten vom Harz und seinen südlichen Vorbergen genannt]. An den „sonnigen Bergseiten" des Kyffhäusergebirges fand er u. a. *Achillea setacea, Arabis auriculata, Artemisia pontica, Chondrilla juncea, Hornungia petraea, Hypericum elegans, Marrubium vulgare, Oxytropis pilosa, Scorzonera purpurea, Seseli annuum* und *Tephroseris integrifolia.* Von den Salzpflanzen aus den „eigentlichen Salzgründen" am Fuße des Kyffhäusergebirges nennt er *Apium graveolens, Atriplex rosea, Bupleurum tenuissimum, Glaux maritima, Halimione pedunculata, Melilotus dentata, Plantago maritima, Puccinellia distans, Salicornia europaea, Suaeda maritima* und *Triglochin maritimum. Artemisa maritima* und *A. rupestris* sah er bei Artern bzw. Schönfeld sowie *Hymenolobus procumbens* an den Gradierwerken bei Frankenhausen. Einige der von ihm genannten Arten, wie *Amelanchier ovalis* und *Lonicera nigra,* kamen wohl niemals im Kyffhäusergebirge vor. Ekart ist Gewährsmann des „Systematischen Verzeichnisses der in dem unterherrschaftlichen Theile der Schwarzburgischen Fürstenthümer wildwachsenden phanerogamischen Pflanzen" (IRMISCH 1846). Hier werden u. a. *Artemisia pontica, Sium latifolium* und *Teucrium scordium* von Göllingen, *Erysimum crepidifolium* und *Ventenata dubia* von

Abb. 61: Herbarbeleg von T. P. Ekart (vgl. Abb. 62)

Stockhausen, *Melampyrum sylvaticum* (?), *Ophrys sphegodes* und *Orchis pallens* von Badra, *Sambucus ebulus* vom Kyffhäusergebirge sowie *Viola collina* von Jechaburg als Ekartsche

98

Funde genannt. Auch im „Taschenbuch der Flora Thüringens" (SCHÖNHEIT 1850) sind Angaben von Ekart zu finden.

Herbarien, wichtige Herbarbelege
In der Personalakte Ekart [14] befindet sich eine Druckschrift vom 22. Juli 1846, in der es heißt: „Anzeige für höhere Lehranstalten, forst- und landwirthschaftliche Institute und Botaniker, in Betreff eines großen und reichhaltigen Herbariums, das den 28. November 1846, Nachmittags von 3 Uhr an in der Behausung des Eigentümers, Herrn Dr. Ekart zu Sondershausen, an den Meistbietenden veräußert werden soll". Es wird

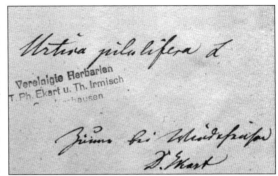

Abb. 62: Handschriftliches Herbaretikett von T. P. Ekart zum Herbarbeleg von *Urtica pilulifera* (vgl. Abb. 61)

erläutert, dass es fast ohne Ausnahme die „sämmtlichen phanerogamischen Gewächse von Deutschland, der Schweiz, Illyrien, Dalmatien und eines Theils von Ungarn umfasst", dass es „eines der reichsten und größten Sammlungen der Art auf dem Continent" ist. Es ist ihm aber nicht mehr möglich, „diese, ein ganzes Zimmer erfüllende Sammlung länger eigenhändig zu conservieren".

Vermutlich ist Ekarts Herbarium in den Besitz von Irmisch selbst oder den Besitzer des Herbarium Irmisch nach Irmischs Tod (1879) gelangt. Beide Herbarien wurden zu dieser Zeit vereinigt und z. T. etwas laienhaft zusammensortiert. Sie enthielten nicht nur das von beiden Botanikern gesammelte Material, sondern auch von anderen Sammlern eingetauschte Exsikkate, die nach der erfolgten Zusammensortierung nicht mehr eindeutig als zu einem der beiden Herbarien zugehörig erkannt werden konnten. Gegen Ende des 19. Jahrhunderts wurde das so vereinigte Herbarium C. Haussknecht zum Kauf angeboten. Dieser zeigte hierfür jedoch wenig Interesse, so dass die Sammlung offenbar in Sondershausen verblieb.[4)(5)]

Das Schlossmuseum Sondershausen bot etwa in der Mitte des 20. Jahrhunderts dem Herbarium Haussknecht (JE) ein Herbarium an, da es in Sondershausen vermutlich ohne größeren Ausstellungswert war. F. K. Meyer (Jena) fand das Herbarium im unteren Abstellraum des Museums vor. Es stellte sich als das von Irmisch zusammengestellte Herbarium des Fürstlichen Naturalienkabinetts heraus. Auf Anfrage an den Hausmeister des Sondershäuser Schlossmuseums verwies dieser auf eine ähnliche Aufsammlung auf dem Schlossboden. Dort fand F. K. Meyer Reihen von Lattenrosten mit Herbarfaszikeln vor, die sich als das zusammensortierte Herbar von Ekart und Irmisch herausstellten. Nach Überführung der Herbarien des Fürstlichen Naturalienkabinetts und des zusammensortierten Herbariums von Ekart und Irmisch in das Herbarium Haussknecht (JE) nach Jena wurden alle Belege des Letzteren mit dem Wortlaut „Vereinigte Herbarien T. Ph. Ekart u. T. Irmisch" gestempelt.[(5)] Nicht selten ist jedoch aus dem Namenszug, dem Kürzel oder der Handschrift des Sammlers zu erkennen, ob ein Beleg von Irmisch oder von Ekart stammt [z. B. anhand der Unterschrift in einem Brief von Ekart vom 19. Juni 1835, der sich im Archiv der Deutschen Akademie der Naturforscher Leopoldina zu Halle befindet (Fasz. 28/11/1/171)].

Folgende von Ekart gesammelte bzw. von ihm beschriftete Herbarbelege sind zu nennen: *Artemisia maritima*: Artern (JE, 1838); *Plantago maritima*: Gegend bei Auleben (JE, o. D.); *Tetragonolobus maritimus*: am Göldner bei Sondershausen (JE, o. D.).

Wichtige Veröffentlichungen

• Cryptogamische Gewächse Koburgs, Fascicles I–VI. – Coburg 1827–1828 [Titel von Faszikel 1: Die Flechten, Laub- und Lebermoose, welche im Coburgschen auf dem Lande und im Wasser gefunden werden]. – • Frankens und Thüringens Flora in naturgetreuen Abbildungen. 1. Heft. Mit einem Theile der Kleearten. – Bamberg, Aschaffenburg 1828. – • Synopsis Jungermanniarum in Germania vicinisque terris hucusque cognitarum, figuris 116 microscopico-analyticis illustrata. – Coburg 1832. – • Betrachtungen über bildende Landschaftsgartenkunst in einer erläuternden Beschreibung des Fürstlichen Parkes zu Sondershausen. – Potsdam 1840. – • Botanisch-topographische Skizze zur Charakteristik des Kyffhäuser Gebirges in Thüringen. – Flora oder allg. bot. Zeitg. königl. bayer. bot. Ges. Regensburg. Neue Reihe, 1. Jahrg., Bd. 1(11): 169–182; 1843.

Biographie

Tobias Philipp Ekart wurde am 21. Mai 1799 in Simau bei Coburg als Sohn eines Gärtners geboren. Er erlernte bei Gartendirektor Zeyher in Schwetzingen bei Mannheim den Gärtnerberuf und widmete sich zugleich dem Studium der Botanik. Im Jahre 1822 ging er nach Coburg zurück, um im herzoglichen Garten zu arbeiten und um nach den Vorstellungen des verstorbenen Herzogs Gartenanlagen anzulegen. Diese ihm nicht zusagende Stelle verließ er im Jahre 1824 wieder und war mehrere Jahre privatisierend und literarisch tätig. So arbeitete er unter seinem Schwiegervater, dem Pfarrer Hieronymi in Neuses bei Coburg, an einer Abhandlung über die thüringischen Kryptogamen.[2] Er beschäftigte sich besonders mit den Flechten und Moosen, so gab er in den Jahren 1827/28 zu den kryptogamischen Gewächsen Coburgs ein Exsikkaten-Werk heraus.[13] Im Jahre 1829 ging er in seine vorherige Stellung zurück und arbeitete unter seinem Vater, der hier Hofgärtner war, im herzoglichen Garten zu Coburg.[2] Im Jahre 1832 veröffentlichte er die „Synopsis Jungermanniarum in Germania vicinisque terris hucusque cognitarum", ein Bestimmungsbuch der deutschen Lebermoose, in welchem etwa 110 Lebermoosarten auf 13 Lithographietafeln abgebildet sind. Bei den Zeichnungen handelt es sich zumeist um Kopien aus dem Prachtwerk „British Jungermanniae" (1816) von W. J. HOOKER, aber auf diese Weise wurden die Zeichnungen des großen englischen Farn- und Moosforschers auch weniger bemittelten Botanikern zugänglich.[10] Von seinem Vater empfohlen, ging Ekart im Jahre 1836 nach Sondershausen, wo er zum Hofgarteninspektor ernannt wurde.[2] [Günther Friedrich Carl, Fürst zu Schwarzburg-Sondershausen fordert Ekart am 5. Oktober 1836 auf, in seine Dienste zu treten. Er solle als Garteninspektor den Park einrichten bzw. erhalten, da er Gartenbau und die Landschaftsgärtnerei gründlich kennengelernt habe.[14]] Hier legte er, zunächst mit seinem Vater und später auch allein, den Fürstlichen Park zu Sondershausen an.[7] Um 1840 erhielt er vom damaligen Brockenwirt Eduard Nehse zahlreiche Exemplare von *Salix bicolor,* die er im Fürstlichen Park auspflanzte.[9] 1840 gab er in Potsdam bei Ferdinand Riegel eine Schrift über diesen Park unter dem Titel „Betrachtungen über bildende Landschaftsgartenkunst in einer erläuternden Beschreibung des Fürstlichen Parkes zu Sondershausen" heraus. [Im Schlossmuseum zu Sondershausen liegt unter VI 423 eine Kopie dieser Arbeit.] Dieser Schrift ist ein Plan des Fürstlichen Parks beigegeben. Der ursprüngliche Plan hat in der Ausführung manche Abänderung erfahren.[12] Da Ekart oft kränklich war, ließ er sich nach zehnjähriger Tätigkeit in Sondershausen pensionieren.[7] Er zog im Jahre 1847 nach Bamberg,[14] wo er als Privatmann und Kunstgelehrter (Kupferstich-Restaurator) lebte. Hier soll er sich auch mit Astronomie beschäftigt haben. Die Botanik hatte er ganz aufgegeben.[2] Zurückgezogen starb er am 1.

November 1877 in Bamberg.[1][6][11] Seine Frau Johanna, geb. Hieronymi, war bereits vor ihm gestorben.[11]

Ekart war Mitglied der Leopoldina [seit 3. August 1835, Matrikel-Nr. 1407, cognomen Mohr[8]] und der Königlichen bayerisch botanischen Gesellschaft zu Regensburg. Weiterhin war er Ehrenmitglied der Königl. märkischen ökonomischen Gesellschaft zu Potsdam und der sächsischen ökonomischen Gesellschaft zu Dresden sowie korrespondierendes Mitglied der Frankfurter Gesellschaft zur Beförderung der Künste und ihrer Hilfswissenschaften, der naturforschenden Gesellschaft zu Halle, der physiographischen Gesellschaft zu Lund und des Vereins für Naturkunde im Herzogtum Nassau zu Wiesbaden.[2] In seiner Arbeit über die Lebermoosgattung *Jungermannia* (1832) erscheint er auf der Titelseite als „TOBIA PHILIPPO EKART, PHILOS. DOCTORE". Er hat damit nicht „infolge dieses Werkes auch bei der Universität Erlangen zum Dr. philos. promoviert",[2] sondern schon vor dessen Erscheinen. [Im Universitätsarchiv der Friedrich-Alexander-Universität Erlangen-Nürnberg ließ sich nur die Promotionsurkunde eines Jacob Philipp Eckardt nachweisen. Diese ist datiert auf den 30. Mai 1830 (Promotionsakte UAE C4/3b Nr. 163). Eckardt wurde promoviert aufgrund seiner dissertatione botanica de fungis Germaniae veneni suspectus aut vere venenatis, aliusque scriptis, nec non responsis ad quaestiones sibi propositas rite comparatam. Möglicherweise ist Jacob Philipp Eckardt identisch mit unserem Tobias Philipp Ekart.[3]] In der Personalakte Ekart im Staatsarchiv Rudolstadt[14] gibt es keinerlei Hinweise auf eine Promotion an der Universität Erlangen und auch keinerlei Angaben über seine Tätigkeiten vor 1836.[15]

Quellen

(1) LUTZE, G.: Ueber Veränderungen in der Flora von Sondershausen, bezw. Nordthüringen. – Sondershausen 1882. – (2) Notiz in Bonplandia 8 (19/20): 321–322; 1860. – (3) Wachter, C., Universitätsarchiv Erlangen-Nürnberg (23.1.2001, briefl. an K.-J. Barthel). – (4) Meyer, F. K., Jena (16.10.1998, mündl. mit J. Pusch). – (5) Meyer, F. K., Jena (1.9.2001, briefl. an J. Pusch). – (6) FRAHM, J.-P. & J. EGGERS: Lexikon deutschsprachiger Bryologen. – Norderstedt 2001. – (7) LUTZE, G.: Aus Sondershausens Vergangenheit – Ein Beitrag zur Kultur und Sittengeschichte früherer Jahrhunderte. – Sondershausen 1901. – (8) Lämmel, E., Archiv Leopoldina Halle (29.11.2001 und 30.9.2002, briefl. an K.-J. Barthel). – (9) IRMISCH, T.: Beiträge zur Schwarzburgischen Heimathskunde, 2. Bd., S. 64–65. – Sondershausen 1906. – (10) MÄGDEFRAU, K.: Die Geschichte der Moosforschung in Bayern. – Hoppea 37: 129–159; 1978. – (11) Zink, R., Stadtarchiv Bamberg (20.9.2002, briefl. an J. Pusch). – (12) IRMISCH, T.: Beiträge zur Schwarzburgischen Heimatkunde, 2. Bd. (Fußnote von G. W. Hallensleben, S. 65). – Sondershausen 1906. – (13) SAYRE, G.: Cryptogamae Exsiccatae, an annotated bibliography of published exsiccatae of algae, lichenes, hepaticae and musci. Memoires of the New York Botanical Garden. – Vol. 19 (1) 1–174; 1969. – (14) Personalakte Ekart im Staatsarchiv Rudolstadt (über W. Heinrich, Jena). – (15) Grandke, U., Staatsarchiv Rudolstadt (27.1.2004, briefl. an K.-J. Barthel).

Engelmann, Kurt   1908–1995

geboren: 25. Oktober 1908 in Frankenhausen
gestorben: 21. April 1995 in Bad Frankenhausen

Beruf, Leistungen auf floristischem Gebiet
Kaufmann, Naturschützer, Botaniker (insbesondere
Mykologe). Etwa seit dem Jahre 1950 beobachtete er
im Kyffhäusergebirge eine im Laub auf Schieferton-,
Rotsandstein- und Zechsteinböden wachsende Lorchel, die zuerst nicht korrekt bestimmt werden konnte
und zunächst als „Kyffhäuser-Lorchel" bezeichnet
wurde. Erst im Jahre 1972 konnte sie als Zipfel-
Lorchel (*Gyromitra fastigiata* [KROMBH.] REHM)
identifiziert werden, die sich in der Folge als in Europa weit verbreitet herausstellte. Aber auch weitere
Besonderheiten, wie der Große Scheibenbovist (*Disci-
seda bovista* [KLOTZSCH] P. HENN.) und der Stern-
schuppige Tintling (*Coprinus vosoustii* PIL.) wurden
von ihm im Kyffhäusergebirge nachgewiesen.[1][3][4]
Er zeigte J. Pusch u. a. die Vorkommen verschiedener
Orchideen- und Enzianarten, aber auch einen der beiden uns heute im Kyffhäusergebiet
bekannten Fundorte von *Artemisia pontica* oberhalb der Ausgrabungen südlich der Kattenburg.[2] Engelmann sammelte auch Flechten und beschäftigte sich mit der heimatlichen Geologie.[6]

Abb. 63: Kurt Engelmann mit seinem Hund

Herbarien, wichtige Herbarbelege
Über die Existenz eines Gefäßpflanzenherbars ist den Verfassern nichts bekannt. Nach dem
Tode Engelmanns gingen dessen Präparate, Pflanzen und Skizzen zu Kurt Lange (Bad Fran-
kenhausen), mit dem er befreundet war. Die kleine Flechten-Sammlung befindet sich im
Besitz von W. Sauerbier, Bad Frankenhausen.

Wichtige Veröffentlichungen
• Praktischer Ratgeber für Pilzfreunde. – Herausgeber: Kreishygieneinspektion Artern, 2. überarbeitete Aufl.
1980. – [• Bad Frankenhausen und seine Umgebung (ENGELMANN, K. & H. GÜNTHER). – Bad Frankenhausen, neubearbeitet 1980. – • Wanderungen um Bad Frankenhausen (Kyffhäuser). – Bad Frankenhausen o. D.]

Biographie
Kurt Engelmann wurde am 25. Oktober 1908 als Sohn eine Textilkaufmanns in Frankenhausen geboren. Nach dem Besuch der Margrafschen Schule und des Realgymnasiums in Frankenhausen kam er im Juli 1923 für ein Jahr in das väterliche Textilgeschäft. Von 1924 bis
1926 absolvierte er eine kaufmännische Lehre in Apolda. Anschließend besuchte er die Ma-
ler-Dekorationsschule bei Prof. Max Heymann in München und war danach als Textilfach-
verkäufer bei B. W. Kirsten in Ilmenau angestellt. Am 30. Dezember 1933 heiratete er Margarete Blossfeld aus Oldisleben. Aus dieser Ehe gingen drei Kinder hervor. Im Januar
1937 übernahm Engelmann das Textilfachgeschäft seines Vaters. Am 4. April 1940 wurde er
zur Wehrmacht eingezogen, wo er zuletzt (1941 bis 1945) als Sanitätssoldat eingesetzt war.

KURT ENGELMANN

Praktischer

Ratgeber

für Pilzfreunde

Parasol, eßbar

Abb. 64: Praktischer Ratgeber für Pilzfreunde von Kurt Engelmann aus dem Jahre 1980, oben links Unterschrift von K. Engelmann

Er vermietete ab November 1948 das Textilgeschäft an den Konsum, behielt aber die Bettfederreinigung, die er bis 1978 betrieb. Seit 1949 war er als Pilzsachverständiger tätig. Im Jahre 1953 nahm er an einem Arzthelfer-Lehrgang in Naumburg teil und arbeitete danach (1954 bis 1955) als Arzthelfer in Sangerhausen. Im Jahre 1955 kehrte er nach Bad Frankenhausen zurück und nahm 1956 eine Tätigkeit als Reiseleiter auf. Als Mitglied des Kulturbundes und der Gesellschaft zur Verbreitung wissenschaftlicher Kenntnisse (Urania) organisierte er Pilzausstellungen, Dia-Vorträge und mykologische Wanderungen.[1] Stets sprach er mit großer Begeisterung über die Vielfalt und Schönheit der Kyffhäuserlandschaft und deren Flora.[2] Um 1960 leitete er einen Malzirkel und einen Fotozirkel in Bad Frankenhausen. Im Rahmen mehrerer Sonderausstellungen wurden seine Bilder im Schloss seiner Heimatstadt einer größeren Öffentlichkeit vorgestellt.

Kurt Engelmann zeigte auch reges Interesse für die Frankenhäuser Mundart und schrieb selbst mehrere Mundartgedichte.[1] Überhaupt war er als originelle und vielseitige Persönlichkeit im Kyffhäusergebiet sehr populär.[7] Zu seinem 75. Geburtstag (1983) erhielt er zahlreiche Auszeichnungen, u. a. wurde er vom Rat des Kreises Artern mit der Ehrennadel für Naturschutz in Bronze geehrt. Er starb nach kurzer Krankheit am 21. April 1995 in Bad Frankenhausen, wo er auch seine letzte Ruhestätte fand.[1]

Auch sein Bruder **Heinz Engelmann** war botanisch interessiert. Dieser kannte u. a. die Orchideen im Umkreis von Bad Frankenhausen und stellte für J. Pusch auch eine kleine Pflanzenliste von etwa 30 Arten (Schwerpunkt Orchideen) zum Kyffhäusergebirge zusammen.

Heinz Engelmann wurde am 16. April 1917 in Frankenhausen geboren. Da er sich sehr für die heimische Natur interessierte, nahm er im Jahre 1934 die Lehre eines Berufsjägers auf. Entsprechend seinen literarischen Neigungen arbeitete er 1938 als Volontär und von 1939 bis 1957 im Buch- und Kunsthandel. Von 1959 bis 1964 war er schriftstellerisch tätig

(u. a. Hausautor und Dramaturg in Zwickau - Crimmitschau). Nach einer sechsjährigen Tätigkeit (1965 bis 1971) als Leiter des Kulturpalastes Murchin bei Anklam ging er wieder

nach Bad Frankenhausen, wo er beim Rat der Stadt als Abteilungsleiter für Kultur tätig war. Er starb am 13. November 1997 in Bad Frankenhausen. Seine Stücke „Der Ketzer aus Nola" (1961), „Die Beduinenbande" (1962), „Hilde und Peter" (1968) und „Wolf Heinrich" (1969) wurden an den verschiedensten Bühnen der DDR aufgeführt".[5]

Abb. 65: Heinz Engelmann

Quellen
(1) Busse, G., H. Busse, E. Kluwe & K. Kauf, Bad Frankenhausen (20.3.2001, briefl. an J. Pusch). – (2) BARTHEL, K.-J. & J. PUSCH: Flora des Kyffhäusergebirges und der näheren Umgebung. – Jena 1999. – (3) Hirsch, G., Jena (6.7.2001, briefl. an J. Pusch). – (4) HERRMANN, M.: Kurt Engelmann wurde 80 Jahre alt. – Mykologisches Mitteilungsblatt 32(2): 59; 1989. – (5) SAUERBIER, W.: Heinz Engelmann in memoriam. – Veröff. Kreisheimatmus. Bad Frankenhausen 17: 5–6; 1999. – (6) SAUERBIER, W.: Kurt Engelmann 75 Jahre. – Landschaftspflege und Naturschutzarbeit, Kreis Artern 1984. – (7) DÖRFELT, H., U. RICHTER, G. SAUPE & P. SCHOLZ (Hrsg.): Mykologiegeschichte des 20. Jahrhunderts von Sachsen-Anhalt. – Boletus 25(1/2): 99; 2002.

Evers, Georg   1837–1916

geboren: 26. August 1837 in Mengershausen bei Göttingen
gestorben: 24. Juli 1916 in Innsbruck

Beruf, Leistungen auf floristischem Gebiet

Pfarrer, Rektor, Botaniker. Er fand u. a. *Campanula cervicaria* bei Uthleben, *Epipactis palustris* am Rodeberg bei Urbach, *Galeopsis ladanum* zwischen Windehausen und Heringen, *Gnaphalium luteum-album* im Kies der Helme bei Heringen, *Inula britannica* bei Windehausen, *Iris germanica* in Berggärten bei Heringen, *Omphalodes scorpioides* an der Rothenburg und *Scorzonera hispanica* bei Badra.[4] Am Kyffhäuser will er *Hieracium caespitosum*,[4][6] bei Heringen *Hieracium floribundum*[4] und auf einem Acker am Mittelberg östlich von Auleben *Papaver rhoeas* var. *trilobum* WALLR. (*P. trilobum* WALLR.)[4][5] gesehen haben. In Tirol beschäftigte er sich zunächst mit der Flora in der Umgebung von Innsbruck und später (in Südtirol) u. a. mit den kritischen Gattungen *Alchemilla, Hieracium* und *Rubus*. Er beschrieb eine Reihe von neuen *Hieracien* (Arten und Varietäten). Die Nachprüfung anhand der Typen erbrachte jedoch, dass sich nur weniges davon halten lässt. Es ist ihm nicht gelungen, ausreichend zwischen Modifikationen und real abgegrenzten Sippen zu unterscheiden.[18] In der „Flora der gefürsteten Grafschaft Tirol, des Landes Vorarlberg und des Fürstenthumes Liechtenstein" (DALLA TORRE & SARNTHEIN 1900–1913) wird Evers als Gewährsmann genannt.[1]

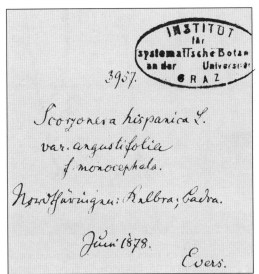

Abb. 66: Handschriftliches Herbaretikett von G. Evers (GZU)

Herbarien, wichtige Herbarbelege

Ein beträchtlicher Teil seines Herbariums befindet sich mit insgesamt etwa 20.000 Bögen an der Universität Graz (GZU). Diese stammen aus den Jahren 1902 bis 1906.[13] Zahlreiche Belege liegen auch in Wien (WU, W). Das Tiroler Landesmuseum in Innsbruck (IBF) besitzt nur Einzelbelege von Evers, die über das Herbar der Pädagogischen Akademie Feldkirch dorthin gelangt sind.[14] Belege von Evers liegen auch in Kopenhagen (C), im Steirischen Landesmuseum Graz (GJO), in Leiden (L) und in Petersburg (LE). Zahlreiche *Rubus*-Typen befinden sich ebenfalls im Herbar der Universität Graz (GZU). Evers sammelte in Thüringen, in Dalmatien und im nördlichen Adriaraum, in Frankreich, Italien, Kreta und Festlandgriechenland (bes. Attika), Österreich (besonders Osttirol), Serbien und Ungarn.[13] Er hat nach H. E. Weber, Vechta, keine „guten Brombeerarten" erstmals benannt, sondern lediglich taxonomisch irrelevante individuelle (vielleicht auch teilweise eng lokale) Biotypen, von denen es unzählige gibt. H. E. Weber hatte mit dessen Aufsammlungen zu tun, weil er Belege von ihm für seine Arbeit über die Brombeeren des Trentino-Distriktes überprüfte. Diese Arbeit ist in den Schriften des Museums von Rovereto erschienen.[17] Die *Hieracium*-Belege von Evers enthalten zahlreiche von ihm vergebene Herbarnamen und sauber ausgeführte Diagnosen nebst sorgfältigen und instruktiven teilweise sogar aquarellierten Zeichnungen.[18] Nach G. Gottschlich, Tübingen, sammelte er *Hieracien* an folgenden Orten: 1868 Schladen (Kreis Goslar), 1876 Lienzer Dolomiten, 1877/78 Kyffhäusergebirge, 1880 Vogesen, 1882 bis 1884 Innsbruck, 1883, 1884, 1886 Arlberg, 1884 Pitztal, 1886 Ötztal, 1887 bis 1896 Prov. Trento, 1897 Istrien, 1902 Prov. Trento, 1903 Isonzotal, 1904/1905 Trieste, Karst.[18]

Im Herbarium der Universität Graz (GZU) befindet sich auch ein sehr bemerkenswerter, von Evers gesammelter *Orobanche*-Beleg aus Südtirol (leg./det. Evers 19.7.1902, „Fondo (Nonsberg): in colle S. Luciae ad radices *Artemis. camp.*" als *Phelipaea caerulea* VILL.), den J. Pusch am 20.3.2003 zu *O. bohemica* revidierte. Hierbei handelt es sich um den einzigen bisher bekannten Nachweis dieser sehr seltenen Sommerwurzart aus der Region westsüdwestlich von Bozen (Norditalien).

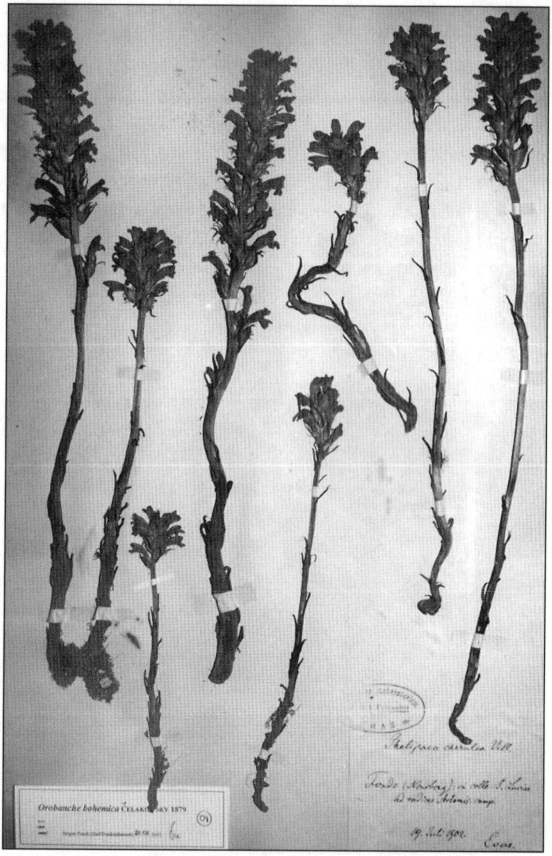

Wichtige Veröffentlichungen
• Correspondenz (über *Arabis alpina* am Südharz). – Oesterr. bot. Zeitschr. 28: 37–38; 1878. – • *Mimulus luteus* L. im Harz (2.) – Irmischia 2(3/4): 23; 1882. – • Korrespondenzen – Irmischia 2(10/11): 76–77; 1882. – • Korrespondenz aus Tirol ddo. Innsbruck 19. Februar 1883. – Deutsche Bot. Monatsschr. 1: 28; 1883. – • Korrespondenz aus Innsbruck. – Deutsche Bot. Monatsschr. 1: 43–44; 1883. – • Korrespondenz aus Tirol ddo. Innsbruck 25. September 1883. – Deutsche Bot. Monatsschr. 1: 172; 1883. – • *Hieracium Solilapidis* m. und *Hieracium pulchrum* ARV.-T. – Oesterr. bot. Zeitschr. 43: 86–88; 1893. – • Einige südliche Rubusformen. – Deutsche Bot. Monatsschr. 13: 35–37, 72–74, 148–150; 1895 und 14: 24–26; 1896. – • Beiträge zur Flora des Trentino, mit Rücksicht auf Gelmi's Prospetto della Flora Trentina. – Verh. zool. bot. Ges. Wien 46: 55–89; 1896.

Abb. 67: Von G. Evers im Jahre 1902 gesammelter Herbarbeleg aus Fondo (Norditalien) der von J. Pusch zu *O. bohemica* revidiert wurde.

Biographie
Georg Gotthilf Evers wurde am 26. August 1837 als Sohn des Superintendenten Ludwig Chr. Daniel Evers in Mengershausen bei Göttingen geboren. Nach dem Studium der Theologie [nicht an der Universität Göttingen[12]] kam er im Jahre 1868 als evangelischer Pfarrer nach Steigerthal bei Nordhausen und wurde 1873 zur Nachbargemeinde Urbach versetzt.[1] Während seiner Tätigkeit in beiden Gemeinden botanisierte er im und am Alten Stolberg, bei Windehausen, bei Heringen, bei Uthleben und im nördlichen Kyffhäusergebirge. Im Mai 1876 fand er *Omphalodes scorpioides* an der Rothenburg[4] [Da die Pflanze bereits von C. John im Jahre 1827 an dieser Stelle aufgefunden wurde,[3] ist Evers nicht der Erstfinder, wie Lutze fälschlicherweise behauptet[4][5]]. Das von Wallroth im Südharz entdeckte Glazialrelikt *Arabis alpina* [auf Gipshügeln in der Nähe der Ellricher Papiermühle] will Evers 1876 und 1877 an zwei weiteren Stellen im Südharz gefunden haben, gibt aber keine weiteren Fundorte an.[15][16] „In den Jahren von 1872 bis 1887 herrschte zwischen Staat und katholischer Kirche der sogenannte Kulturkampf, der vor allem die antipreußischen Tendenzen der hohen katholischen Geistlichkeit abbauen sollte. Evers war überzeugter Welfe und treuer Anhänger des 1866 abgesetzten Hannoverschen Königshauses und als solcher ein entschiedener Gegner Bismarcks und der preußisch-deutschen Politik. Durch diese Parteinahme [...] sollten die Wogen des Kulturkampfes bis in unsere engere Heimat schlagen und ihre Bewohner aufhorchen lassen, als Evers seinen Übertritt zum katholischen Glauben erklärte. Er kam der von der Superintendentur zu Ilfeld beschlossenen Absetzung zuvor und verkündete am Karfreitag 1880 von der Kanzel der Urbacher Kirche seinen Übertritt zum Katholizismus. Evers hatte schon vorher die Lithurgie seiner Kirche schrittweise dem katholischen Ritus angeglichen und 1879 zwei Töchter zur Ausbildung in ein Heim nach Toul (Frankreich) gegeben. Aus kirchlichen Akten sind über das weitere Verbleiben von Evers keinerlei Hinweise zu erfahren".[1] Er soll nach Aussage älterer Urbacher Einwohner zuerst als katholischer Priester auf dem Eichsfeld gewirkt haben und danach nach Tirol gegangen sein. Nach brieflicher Auskunft von Pfarrer Opfermann, Struth/Eichsfeld, könnte er sich nach seinem Glaubenswechsel wohl im katholischen Eichsfeld aufgehalten haben, ein kirchliches Amt hatte er aber nicht.[2] Möglicherweise hat er sich nach 1880 zunächst in oder bei Wertheim (Baden) für längere Zeit aufgehalten.[9][10] Er untersuchte die Flora in der Umgebung von Wertheim und unternahm im Frühjahr 1882 auch Exkursionen in die Umgebung von Genua, Spezia, Pisa, Rom und Neapel.[10] Von 1883 [er hielt sich schon 1882 in Tirol auf[11]] bis 1889 arbeitete er als Lehrer und Rektor in Mühlau bei Innsbruck.[1] Während seines Innsbrucker Aufenthaltes sammelte er vom Arlberg besonders *Hieracium*.[13] Als Rektor a. D. lebte er ab 1890 in Trient (Südtirol).[1] Hier schrieb er an seinen „Beiträgen zur Flora des Trentino, mit Rücksicht auf Gelmi's Prospetto della Flora Trentina" (1896), die „eine große Zahl von neuen Arten und neuen Fundstellen, namentlich aus den Gattungen *Potentilla, Rubus, Alchemilla* und *Hieracium*" brachte.[7] Um 1896 wohnte er in Triest[13] und seit 1898 in Icici bei Abbazia (Istrien/heute Kroatien).[1][7] [In Icici wohnte er noch 1902.[13]] Im Jahre 1905 sammelte er einen Perlgras-Beleg mit der Aufschrift „Carnio Gorizianus: Sdraussina vers. Peteano 16.4.1905 leg. Evers", der sich im Herbarium des Botanischen Instituts der Universität Wien (WU) befindet. Hierbei handelt es sich um die äußerst seltene Hybride *Melica nutans* x *M. uniflora* (*M.* x *weinii* HEMPEL), von der bisher nur fünf Belege nachgewiesen werden konnten.[8] Evers starb am 24. Juli 1916 in Innsbruck.[13]
Evers war seit 1888 Mitglied der k. k. Zoologisch-Botanischen Gesellschaft in Wien.[13]

Quellen
(1) KELLNER, K.: Die floristische Erforschung der Südharz-Landschaft um Nordhausen, 3. Teil. – Beitr. Heimatk. Stadt Kreis Nordhausen 5: 23–43; 1980. – (2) Nachlass K. Kellner im Besitz von J. Pusch. – (3) BARTHEL, K.-J. & J. PUSCH: Flora des Kyffhäusergebirges und der näheren Umgebung. – Jena 1999. – (4) LUTZE, G.: Ueber Veränderungen in der Flora von Sondershausen. bezw. Nordthüringen. – Programm der Fürstl. Realschule Sonderhausen 1882. – (5) LUTZE, G.: Flora von Nord-Thüringen. – Sondershausen 1892. – (6) PETRY, A.: Die Vegetationsverhältnisse des Kyffhäuser Gebirges. – Inauguraldissertation, Halle 1889. – (7) DALLA TORRE, K. W. von & L. Grafen von SARNTHEIN: Flora der gefürsteten Grafschaft Tirol, des Landes Vorarlberg und des Fürstenthumes Liechtenstein I. Bd.: Die Litteratur der Flora von Tirol, Vorarlberg und Liechtenstein. – Innsbruck 1900. – (8) HEMPEL, W.: *Melica nutans* L. x *Melica uniflora* RETZ. (*Melica* x *weinii,* hybr. nov.) - ein interessanter Bastard zweier Perlgrasarten. – Hercynia 7: 329–336; 1970. – (9) E-VERS, G: *Mimulus luteus* L. im Harz (2.). – Irmischia 2(3/4): 23; 1882. – (10) EVERS, G.: Korrespondenzen. – Irmischia 2(10/11): 76–77; 1882. – (11) In seiner „Korrespondenz aus Tirol ddo. Innsbruck 19. Februar 1883". – Deutsche Bot. Monatsschr. 1: 28; 1883 berichtete er über *Mentha alpigena* KERN., die er bereits „Ende Oktober" sammelte. – (12) Hunger, U., Universitätsarchiv Göttingen (6.6.2001, briefl. an K.-J. Barthel). – (13) Drescher, A., Universität Graz (17.9.2001 und 23.10.2001, briefl. an K.-J. Barthel). – (14) Neuner, W., Tiroler Landesmuseum Ferdinandeum Innsbruck (15.5.2001, briefl. an K.-J. Barthel). – (15) EVERS, G.: Correspondenz (Über *Arabis alpina* am Südharz). – Oesterr. bot. Zeitschr. 28: 37–38; 1878. – (16) RAU-SCHERT, S.: Zur Flora von Thüringen (12. Beitrag). – Mitt. Florist. Kartierung (Halle) 5(2): 39–52; 1979. – (17) Weber, H. E., Vechta (20.11.2002, e-mail an J. Pusch). – (18) Gottschlich, G., Tübingen (25.1.2003, briefl. an J. Pusch).

Fürer, Johann Ludwig   1576–1626

geboren: um 1576 in Nordhausen
gestorben: 16. September 1626 in Nordhausen

Beruf, Leistungen auf floristischem Gebiet
Ratsherr, Botaniker. Fürer führte mit C. Bauhin eine umfangreiche Korrespondenz. Die Briefe Fürers beschäftigten sich zumeist mit Antworten auf Fragestellungen seitens Bauhins zu Pflanzen der „Sylva Hercynia" (THAL 1588) und waren z. T. von Pflanzensendungen begleitet. Bauhin erwähnt die Pflanzensendungen Fürers (Ludovicus Fürer, Senator Nordhusanus) sowohl im „Prodromus" (1620) als auch im „Pinax" (1623); ja sogar im „Theatri botanici sive Historae plantarum" (1658) wird Fürer noch erwähnt.[4]
Carl Riemenschneider, Nordhausen (siehe Biographie J. Oswald), fand bei seinen Nachforschungen in der Universitätsbibliothek zu Basel drei Originalbriefe Fürers, die dieser an Bauhin gesandt hatte.[2] Der erste wurde am 14. März 1616, der zweite am 26. Februar 1617 und der dritte am 25. Juli 1620 geschrieben. Mit dem Brief vom 14. März 1616 schickte Fürer *Gypsophila repens* nach Basel. „Dieser habe ich außerdem mein *Cicer acaulon et montanum* [*Astragalus exscapus* L.] beigefügt, eine sehr schöne Pflanze, wenn sie lebend ist. Die Blütchen sind bleich, etwas länglich, in der Form den Blüten des *Lotus tetragonolobus* [*Tetragonolobus maritimus* (L.) ROTH] sich nähernd, im Frühjahr erscheinend, die später in sehr aufgeblasene, zweikappige Schötchen übergehen, die mit nierenförmigen Samen angefüllt sind."[4] Bei einem entsprechenden Herbarbeleg in Basel mit dem Datum „Northusa 14. Mart. 1616" handelt es sich zweifellos um dasselbe Exemplar, das Fürer in seinem Brief erwähnte.[4]
Im zweiten Brief vom 26. Februar 1617 erwähnt Fürer mit seinem „*Leucojum sylvaticum*" eine Pflanze, die später von Bauhin (Prodromus 1620, S.102) unter dem Namen „*Leucojum luteum sylvestre hieracifolium*" beschrieben wurde und heute als *Erysimum odoratum* EHRH. anzusprechen ist. Fürcr hat wohl in einer späteren Sendung sein „*Leucojum sylvaticum*" nachgeschickt, das er bei Neustadt im Südharz, wie auch Bauhin angibt, aufgefunden hatte.[4]
Im dritten Brief vom 25. Juli 1620 schreibt Fürer u. a. über *Arabis pauciflora*, die er in der Hainleite fand.[4]
Die drei von Riemenschneider aufgefundenen Briefe können nur als ein Teil der Fürerschen Korrespondenz an Bauhin angesehen werden, da aus den Werken des Letzteren zu ersehen ist, dass Fürer weit mehr Material geliefert haben muss. Darunter befinden sich neben *Astragalus exscapus* und *Erysimum odoratum* noch weitere Arten, die wohl als neu für die damalige Wissenschaft galten. Dazu gehören *Androsace elongata* (von Nordhausen), *Cardaminopsis petraea* (aus dem Südharzgebiet), *Corrigiola litoralis* (von Nordhausen), *Halimione pedunculata* (aus der Goldenen Aue), *Hymenolobus procumbens* (von Frankenhausen), *Polystichum aculeatum* (von Stolberg), *Sparganium minimum* (von Nordhausen) und *Trifolium spadiceum* (von Ilfeld).[5] Außerdem hatte er *Hornungia petraea* und *Oxytropis pilosa* bei Frankenhausen gesammelt.[4]
Fürers Name wird auch in dem Manuskript gebliebenen „Viridarium Lipsiense spontaneum" (Universitäts-Bibliothek Erlangen, Mss. 892) von L. Jungermann genannt. Daraus geht hervor, dass beide gemeinsam an den Salzstellen der Numburg botanisierten.[5] Weitere Exkursionsziele Fürers waren die Hainleite, Frankenhausen, Ilfeld, Stolberg, Walkenried, das Bo-

detal und der Brocken.[4] Einen Nachweis, dass er Artern besuchte und „die Arterner Salzflora behandelt hat",[2] gibt es dagegen nicht.[4] Fürer kannte aus der heimischen Flora u. a. *Allium rotundum, Allium lusitanicum, Alyssum montanum, Artemisia pontica, Aster linosyris, Bupleurum tenuissimum, Prunus fruticosa, Cirsium eriophorum, Coronilla coronata, Securigera varia, Lactuca quercina, Lavatera thuringiaca, Minuartia verna, Peucedanum officinale, Sisymbrium strictissimum, Sorbus domestica, Stipa capillata, Stipa pennata* und *Teucrium scorodonia*. Augenmerk richtete er auch auf etwaige Farbenspielarten, so waren ihm Albinos von *Centaurea scabiosa, Cirsium palustre, Colchicum autumnale, Cynoglossum officinale, Epilobium angustifolium, Iris sibirica, Lathyrus vernus, Lunaria rediviva* u. a. bekannt.[5] Er war nach J. Thal der erste Forscher, der am Beispiel von *Minuartia verna* auf die Beziehungen zwischen Pflanze und ihrer schwermetallhaltigen Bodenunterlage wiederum aufmerksam machte.[5]

Herbarien, wichtige Herbarbelege

Ebenso wie schon J. Thal richtete auch Fürer Pflanzen herbarmäßig her. Des Weiteren stellte er einige schöne „Herbaria viva" zusammen, die er anscheinend an angesehene Persönlichkeiten verschenkte. Eines dieser Herbarien befand sich noch zu Beginn des 18. Jahrhunderts im Besitz von Georg Henning Behrens (1662 bis 1712), dem Verfasser der 1703 erschienenen „Hercynia Curiosa", und wurde wohl erst beim Nordhäuser Stadtbrand vom 23. August 1710 vernichtet.[3] Ferner liegen im „Hortus siccus" des Joachim Burser (1583 bis 1639) Belege in Uppsala, die mit Bestimmtheit bzw. mit großer Wahrscheinlichkeit von Fürer gesammelt wurden (*Lathyrus nissolia, Gypsophila fastigiata, Gypsophila repens*).[4] Mehrere der von Fürer an Bauhin gesandten Pflanzen sind noch heute in Bauhins Herbar in Basel vorhanden (u. a. *Halimione pedunculata, Hymenolobus procumbens* und *Oxytropis pilosa*).[4]

Wichtige Veröffentlichungen

Wohl als Folge des Dreißigjährigen Krieges veröffentlichte Fürer keine eigenen Schriften. Er stellte aber zwei Pflanzenverzeichnisse zusammen, die er am 26. Februar 1617 seinem Freund L. Jungermann sandte. Davon enthält das eine Pflanzen aus dem Umfeld des Harzes und das andere Gewächse aus seinem Garten. Diese „Catalogi Fureriani" befinden sich heute in der Universitäts-Bibliothek zu Erlangen (Mss. 894).[1][5]

Biographie

Johann Ludwig Fürer wurde im Jahre 1576 [um 1576[4]] als Sohn des Lehrers und späteren Rektors, Matthias Fürer [gest. 1613[5]], in Nordhauśen geboren.[1] Von 1590 bis 1595 besuchte er mit Unterbrechung (im Wintersemester 1591/92 ließ er sich an der Universität Leipzig immatrikulieren) die Klosterschule zu Ilfeld im Südharz. Im Jahre 1596 (nach dem 5. Februar) ging er an die Universität Jena[5] unter Rektor Liborius Hofmann. Welches Studium er ergriffen hat, lässt sich nicht mit völliger Sicherheit angeben. Da er aber den Beruf eines Arztes nicht ausgeübt hat, ist anzunehmen, dass er sich an der philosophischen Fakultät „facultas artium" eingeschrieben hatte. Nach Nordhausen zurückgekehrt, erlebte er den großen Stadtbrand vom 21. August 1612, wo das Fürersche Haus (Johann Ludwig war unverheiratet und lebte bei seinen Eltern) zumindest teilweise von den Flammen ergriffen wurde.[4] Hier hatte er einen Garten, wo er u. a. *Helianthus annuus, Mirabilis jalapa* und *Solanum tuberosum* kultivierte.[5] Überhaupt schenkte Fürer seinem Garten große Aufmerksamkeit, schrieb er doch in seinem Brief vom 26. Februar 1617 an Bauhin: „Süßer als *Lotos* war mir Ihr Brief [...], weil ich ihn angefüllt mit zahlreichen gefüllten Papierschächtelchen mit seltenen Samen empfing, ein Umstand, der mich zu großer Bewunderung hinriß."[4] Am 6. Januar 1617 wählte man ihn zu einem der Nordhäuser Ratsherren (Senatoren).[5] Als nachweisbares Jahr der Brockenreise von Fürer ist spätestens 1617 anzusetzen. Er besuchte neben dem Gipfel des Brockens auch die Baumannshöhle.[4] Er starb am 16. September 1626 [nicht 1627, wie fälschlich bei (5) angegeben] an der Pest in Nordhausen.[4]

In der Briefsammlung des Nürnberger Arztes Christoph Jacob Trew (1695 bis 1769) befinden sich ein Brief von Fürer an Hieronymus Hornschuch (1573 bis 1616) und 12 Briefe von Fürer an Ludwig Jungermann.[6] Wein benannte im Jahre 1912 *Sedum füreri* K. WEIN (= *Sedum acre* x *S. mite*) nach Fürer.[7]

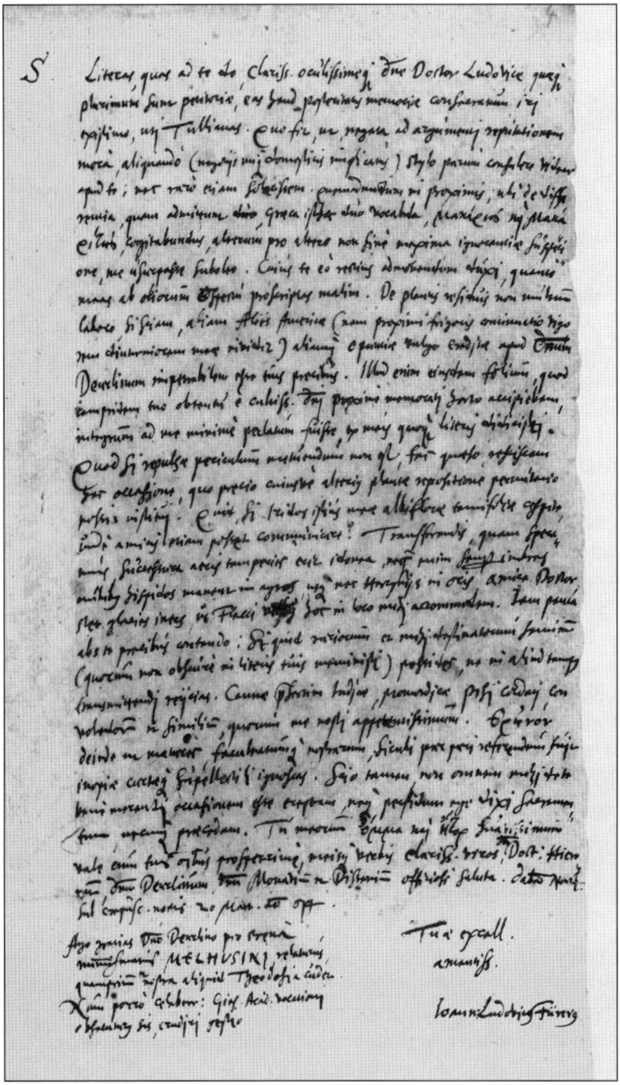

Abb. 68: Handschriftprobe von J. L. Fürer mit dessen Unterschrift

Quellen
(1) KELLNER, K.: Die floristische Erforschung der Südharzlandschaft um Nordhausen, 1. Teil. – Beitr. Heimatk. Stadt Kreis Nordhausen 2/3: 44–57; 1978. – (2) Riemenschneider in Frühjahrsversammlung in Weimar am 25. Mai 1915. – Mitt. Thüring. Bot. Ver. 33: 73–76; 1916. – (3) WEIN, K.: Die Stellung von Johann Thal in der Geschichte der Herbarien. – Mitt. Thür. Bot. Ver. 28: 76–79; 1911. – (4) WEIN, K.: Johannes Oswald und Johann Ludwig Fürer, zwei Nordhäuser Botaniker des 16. und 17. Jahrhunderts. – Der Roland von Nordhausen 4: 1–89; 1927. – (5) WEIN, K.: Die Erforschung des Florenkleides von Nordhausen in ihrer geschichtlichen Entwicklung bis zum Ende des 18. Jahrhunderts. – Festschr. z. 39. Hauptvers. d. deutsch. Ver. Förder. math. und naturwiss. Unterrichts e. V. in Nordhausen vom 30. Mai bis 3. April 1937: 80–111. – (6) SCHMIDT-HERRLING, E.: Die Briefsammlung des Nürnberger Arztes Christoph Jacob Trew (1695–1769) in der Universitätsbibliothek Erlangen. – Erlangen 1940. – (7) RAUSCHERT, S.: In memoriam Kurt Wein. – Hercynia 9(2): 166–178; 1972.

111

Garcke, August   1819–1904

geboren: 25. Oktober 1819 in Bräunrode bei
            Mansfeld
gestorben: 10. Januar 1904 in Berlin

Abb. 69: August Garcke

<u>Beruf, Leistungen auf floristischem Gebiet</u>
Theologe, Hochschullehrer, Botaniker. Seine „Flora
von Halle" (1848, 1856) ist nicht nur auf die unmittelbare Umgebung von Halle beschränkt, sondern
erfasst auch (unter Mithilfe von Gewährsleuten, z. B.
Hornung) recht weit entfernte Gebiete. Nach Westen
hin reicht ihr Bearbeitungsgebiet bis Roßleben, Artern
und Allstedt. Garcke nennt insbesondere Salzpflan-
zenfunde bei Artern und zwischen Artern und
Kachstedt (u. a. *Artemisia laciniata, A. maritima* und
*A. rupestris, Bupleurum tenuissimum, Centaurium
littorale, Halimione pedunculata, Hymenolobus procumbens, Plantago maritima, Ruppia maritima, Salicornia europaea* sowie *Suaeda maritima*). Von den
zahlreichen Fundortsangaben aus dem Raum Allstedt
(Gewährsmann war der bekannte Bryologe Karl Mül-
ler) seien genannt: *Adonis flammea, Artemisia pontica, Dianthus armeria, Gagea minima,
Gnaphalium luteo-album, Hypericum elegans, Laserpitium prutenicum, Peucedanum officinale, Potentilla rupestris, Pyrola chlorantha, Teucrium scordium, Trifolium rubens* und
Vicia dumetorum. Aus der Kyffhäuserregion zählt Garcke u. a. weiterhin auf: *Cicuta virosa*
im Rieth bei Roßleben und Bottendorf, *Chenopodium urbicum* bei Artern, *Senecio paludosus*
im Lossgraben zwischen Roßleben und Wiehe, *Orobanche elatior* an den Abhängen des
Buchberges bei Roßleben sowie *Tetragonolobus maritimus* am Hopfberg im Riethe bei Roßleben. GARCKEs „Flora von Halle" war der Grundstein zu der bereits 1849 veröffentlichten
„Flora von Nord- und Mitteldeutschland", die später zur „Flora von Deutschland" vereinigt
wurde.[2] Noch zu seinen Lebzeiten erschienen die Auflagen 1 bis 12 als „Flora von Nord-
und Mitteldeutschland" (1849–1875), die 13. bis 16. Aufl. als „Flora von Deutschland"
(1878–1890) und die 17. bis 19. Aufl. als „Illustrierte Flora von Deutschland" (1895–1903).
Dies waren insgesamt mehr als 60.000 Exemplare ![1]

<u>Herbarien, wichtige Herbarbelege</u>
Der größte Teil der reichhaltigen Pflanzensammlungen Garckes wurde vom Königlichen
Herbarium Berlin käuflich erworben[1] und befindet sich noch heute in Berlin-Dahlem (B),
wobei ein Großteil sicherlich im 2. Weltkrieg verbrannt ist.[4] Garcke stellte außerdem zwi-
schen 1860 und 1862 ein Herbarium nord- und mitteldeutscher Pflanzen in 5 Exemplaren
zusammen, diese erhielten Dr. C. Müller (Berlin), Prof. Münter für das Universitätsherbar
Greifswald, Inspektor Dick in Halle/Saale für seine Schule, Prof. Schlechtendal für das Universitätsherbar Halle sowie ein Bekannter von C. Müller. Für diese Sammlung (etwa 2.000
Arten in 20 Mappen) bezahlte Schlechtendal 100 Taler. Hieraus stellte dieser 22 gebundene
Foliobände mit insgesamt 1400 Farn- und Blütenpflanzen als Unterrichtssammlung der Uni-

versität Halle zusammen. Diese wurden bis 1960 auch noch als Unterrichtsmaterial ge-nutzt.[3] Auch heute noch befindet sich das 22-bändige, von Garcke gesammelte und von Schlechtendal zusammengestellte und als dicke Bücher gebundene Herbarium im Herbar der Universität Halle (HAL). Außerdem liegen in der Heimatsammlung des Herbariums der Martin-Luther-Universität Halle (HAL) insgesamt 42 Herbarbelege von Garcke aus dem heutigen Sachsen-Anhalt.[8]

Auch in Jena (JE) befinden sich einzelne Belege von Garcke, so z. B. zu *Artemisia rupestris*: bei Artern (JE, September 1847), die meisten aus unserem Bearbeitungsgebiet sind jedoch in Halle zu finden, so z. B. *Bolboschoenus maritimus*: Salziger See bei Halle (HAL, August 1850); *Blysmus compressus*: Halle, bei Wansleben (HAL, 1851); *Carex digitata*: Freyburg (HAL, Mai 1846); *Carex distans*: Gutenberg bei Halle (HAL, Juni 1850); *Juncus subnodulosus*: Querfurt (HAL, August 1847); *Hieracium alpinum*: Brocken (HAL, Juli 1846). – Von Garcke liegen Briefe an Hausknecht und Bornmüller im Archiv des Herbarium Hausknecht.[12]

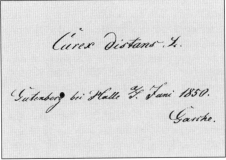

Abb. 70: Handschriftliches Herbaretikett von A. Garcke

Wichtige Veröffentlichungen
• Flora von Halle. 1. Phanerogamen. – Halle 1848. – • Über *Fumaria wirtgeni* KOCH, *F. rostellata* KNAF. und *F. micrantha* LAG. – Zeitschr. ges. Naturwiss. **7**: 493–504; 1856. – • Flora von Halle. 2. Kryptogamen nebst einem Nachtrag zu den Phanerogamen. – Berlin 1856. – • Flora von Nord- und Mitteldeutschland (1. bis 12. Auflage, Berlin 1849 bis 1875). – • Flora von Deutschland (13. bis 16. Auflage, Berlin 1878 bis 1890). – • Illustrierte Flora von Deutschland (17. bis 19. Auflage, Berlin 1895 bis 1903). – Kleinere von Garcke veröffentlichte Arbeiten werden von ROTTENBACH (1904), S. (47)–(48)[1] aufgelistet.

Biographie
Friedrich August Garcke wurde am 25. Oktober 1819 in Bräunrode bei Mansfeld als Sohn eines Oberförsters geboren. Schon frühzeitig lernte er die Bäume und Kräuter seiner näheren Umgebung kennen.[1] „Aber schon vom sechsten Jahre kam er aus dem elterlichen Hause und wurde verschiedenen, zum Teil als Lehrer durchaus ungeeigneten Männern überwiesen, welche weder Kenntnis von der Natur, noch Sinn für dieselbe besaßen und so fand die angeborene Neigung keine Unterstützung".[2] Er besuchte ab Ostern 1830 das Gymnasium in Eisleben [Obwohl auch hier der naturwissenschaftliche Unterricht mangelhaft war, machte er sich mit der Flora von Eisleben vertraut[2]] und bezog Ostern 1840 die Universität Halle, um Theologie zu studieren [1][Immatrikulationsdatum: 14. Mai 1840[14]]. Nebenbei hörte er Vorlesungen über Zoologie und Botanik.[1] An der Universität Halle ist er zum letzten Mal Ostern 1844 als Studierender aufgeführt.[7] Nach Ablegung des ersten theologischen Staatsexamens promovierte er am 21. November 1844 an der Universität Jena[1] zum Dr. phil.[13] [Im UAJ, Bestand M 305 Bl. 197–205 sind die Anträge des Kandidaten und der Fakultät (November 1844) sowie Zeugnisse der Schule in Eisleben und ein Testimonium Lic. aus Halle überliefert. Auf Bl. 235–239 folgen die üblichen Quittungen für die Bezahlung durch den Kandidaten und auf Bl. 387 die unter dem 21. November 1844 datierte Promotionsurkunde. In M 306 Bl. 1 (Stücknummer) ist die handschriftliche Promotion zum Thema „Exponitur

biblica de instificatione doctrina" überliefert.[15]] Danach widmete er sich ganz der Botanik. Er blieb zunächst in Halle und lernte die reichhaltige Flora in dessen Umgebung noch gründlicher kennen. In dieser Zeit begannen viele seiner Exkursionen, die er zu Fuß unternahm, bald nach Mitternacht. Bei Anbruch des Morgens hatte er dann bereits einen Großteil des Weges zurückgelegt und sein erstes Ziel schon erreicht. Dadurch sammelte sich in wenigen Jahren soviel Material an, dass im Jahre 1848 der erste Teil seiner „Flora von Halle" erscheinen konnte. Michaelis 1851 ging er nach Berlin, wo er zuächst als Privatmann lebte.[1] Hier erschien 1856 der zweite Teil der „Flora von Halle", der die Kryptogamen und einen ausführlichen Nachtrag zu den Phanerogamen enthielt.[2] Am 1. September 1856 erhielt er eine Anstellung als erster Assistent am damaligen Königlichen Herbarium in Berlin. Hier wurde er am 1. April 1865 zum Kustos ernannt.[1] Nach Schlechtendals Tod (1866) übernahm er die Redaktion der „Linnaea".[1][9] Im Jahre 1867 erfolgte seine Ernennung zum Mitglied der Prüfungskommission für Pharmazeuten. 1869 gab er die vierte und im Jahre 1879 die fünfte Auflage der Pharmakognosie des Pflanzen- und Tierreiches von O. Berg heraus. Garcke habilitierte sich am 13. April 1869 an der Universität Berlin als Privatdozent für Botanik und Pharmakognosie und wurde im Juni 1871 zum außerordentlichen Professor ernannt. In allen seinen Ämtern hat er bis kurz vor seinem Tode unermüdlich und gewissenhaft gewirkt. Er starb am 10. Januar 1904[1] in Berlin.[9] Sein nicht unbedeutendes Vermögen vermachte er zu gleichen Teilen dem Gymnasium in Eisleben, der Universität Berlin und dem Deutschen Apothekerverein. Letzterer erhielt auch die reichhaltige Bibliothek (mehrere Tausend Bände).[1]

Garcke war Ehrenmitglied der „Irmischia"[6] und des Thüringischen Botanischen Vereins,[11] Mitglied der Leopoldina [seit 25. Januar 1892, Matrikel-Nr. 2944, kein cognomen[10]] und bis zu seinem Tode ordentliches Mitglied des Botanischen Vereins der Provinz Brandenburg.[5] Zu seinem 50-jährigen Doktorjubiläum wurde ihm der Kronenorden III. Klasse und zu seinem 80. Geburtstag der Titel „Geheimrat" verliehen.[1] Karl Müller benannte nach ihm die Gattung *Garckea*.[9]

Quellen
(1) ROTTENBACH, H.: August Garcke. – Ber. Deutsche Bot. Ges. 22: (44)–(48); 1904. – (2) FITTING, H.: Geschichte der hallischen Floristik. – Zeitschr. f. Naturwiss. Bd. 69: 289–386; 1896. – (3) Sammlerkartei des Herbariums der Universität Halle, geführt von K. Werner. – (4) STAFLEU, F. A. & R. S. COWAN: Taxonomic literature, 2. Aufl. – Utrecht 1976. – (5) Benkert, D., Potsdam (20.9.2001, briefl. an K.-J. Barthel). – (6) Ehrenmitglieder der „Irmischia". – Irmischia 4(1/2): 1; 1884. – (7) Hünert, S., Universitätsarchiv Halle (28.11.2001, briefl. an K.-J. Barthel). – (8) Krumbiegel, A., Halle (9.1.2002, briefl. an J. Pusch, in Auswertung des Herbars HAL in Vorbereitung einer neuen Flora von Sachsen-Anhalt). – (9) FRAHM, J.-P. & J. EGGERS: Lexikon deutschsprachiger Bryologen. – Norderstedt 2001. – (10) Lämmel, E., Archiv Leopoldina Halle (30.9.2002, briefl. an K.-J. Barthel). – (11) Verzeichnis der Mitglieder. – Mitt. Thüring. Bot. Ver. 15: III–VI; 1900. – (12) Manitz, H., Herbarium Haussknecht Jena (8.3.2004, briefl. an J. Pusch). – (13) Bauer, J., Leiter des Universitätsarchiv Jena (20.7.2004, briefl. an J. Pusch). – (14) Haasenbruch, R., Universitätsarchiv Halle (12.7.2004, briefl. an J. Pusch). – (15) Bauer, J., Leiter des Universitätsarchivs Jena (13.9.2004, briefl. an J. Pusch).

Gottschlich, Günther   1951–

geboren: 14. August 1951 in Braunlage/Harz

Beruf, Leistungen auf floristischem Gebiet
Gymnasiallehrer, Botaniker (insbesondere *Hieracium*). Bearbeiter der Gattung *Hieracium* für verschiedene Landes- und Gebietsfloren, darunter auch für die „Flora des Kyffhäusergebirges und der näheren Umgebung" (BARTHEL & PUSCH 1999). So wurden bis 1999 im und am Kyffhäusergebirge insgesamt 34 aktuelle und historische *Hieracium*-Arten nachgewiesen und mit einem regionalen Bestimmungsschlüssel versehen. Gottschlich fand (bzw. bestimmte oder bestätigte) u. a. folgende bemerkenswerte Arten: *Hieracium bauhini* an der Panoramastraße nördlich der Rehaklinik bei Bad Frankenhausen, *H. bifidum* subsp. *caesiiflorum* und *H. caesium* subsp. *basifolium* westlich des Schlachtberges bei Bad Frankenhausen, *H. fallax* subsp. *durisetum* an der Kattenburg, am Schlachtberg und am Roten Berg östlich von Bad Frankenhausen, *H. glaucinum* subsp. *glaucinum* am

Abb. 71: Günther Gottschlich im Jahr 1998

Südhang der Ochsenburg, *H. glaucinum* subsp. *heteroschistum* am Westhang der Rothenburg, *H. glaucinum* subsp. *verum* zwischen Kelbra und Badra, *H. peleterianum* subsp. *peleterianum* an der Kattenburg und am Kosakenberg bei Bad Frankenhausen, *H. rothianum* subsp. *rothianum* am Lückenhügel östlich von Bad Frankenhausen und *H. schmidtii* subsp. *rothenburgense* am Westhang der Rothenburg. Die Spontanhybride *H. peleterianum* x *pilosella* (= *H. longisquamum*), von Barthel und Pusch am 24. Mai 1999 am Südhang des Kosakenberges gefunden, wurde von Gottschlich als solche bestätigt.

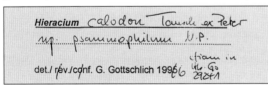

Abb. 72: Handschriftlicher Revisionszettel von G. Gottschlich

Herbarien, wichtige Herbarbelege
Im Privat-Herbarium Gottschlich befinden sich über 42.000 Belege, darunter 25.000 zumeist europäische *Hieracium*-Belege.[1] Aus dem Kyffhäusergebiet sind u. a. folgende wichtige Herbarbelege zu nennen: *Hieracium bifidum* subsp. *caesiiflorum*: Bad Frankenhausen, westl. Schlachtberg (18.5.1994); *H. caesium* subsp. *basifolium*: Bad Frankenhausen, westl. Schlachtberg (18.5.1994); *H. fallax* subsp. *durisetum*: Bad Frankenhausen, Kattenburg (10.6.1993); *H. glaucinum* subsp. *glaucinum*: Steinthaleben, Südhang der Ochsenburg (9.6.1993); *H. glaucinum* subsp. *heteroschistum*: Kelbra, Westhang der Rothenburg (10.6.1993); *H. glaucinum* subsp. *verum*: Kelbra, zwischen Kelbra und Badra (18.5.1994); *H. peleterianum* subsp. *peleterianum*: Bad Frankenhausen, Kattenburg (10.6.1993); *H. rothianum* subsp. *rothianum*: Bad Frankenhausen, Lückenhügel (10.6.1993); *H. rothianum* subsp. *rothianum* var. *pseudechioides*: Bad Frankenhausen, Roter Berg (10.6.1993); *H. schmidtii* subsp. *rothenburgense*: Kelbra, Westhang der Rothenburg (10.6.1993).

Wichtige Veröffentlichungen

• Die Haupt- und Zwischenarten der Gattung *Hieracium* L. (*Compositae*) in Südwest-Deutschland – Jh. Ges. Naturkde. Württ. 140: 151–182; 1985. – • *Hieracium*. In: HEGI, G. (Begr.): Illustrierte Flora von Mitteleuropa, 2. Aufl. 6(4): 1437–1452; 1987. – • Zum Vorkommen von *Hieracium wiesbaurianum* UECHTR. ex BAENITZ und *Hieracium bifidum* KIT. ex HORNEM. im nordhessischen Muschelkalkgebiet. – Hess. Flor. Briefe 37(1): 2–12; 1988. – • Zur Verbreitung, Ökologie und Taxonomie der Gattung *Hieracium* L. (Compositae) in Westfalen und angrenzenden Gebieten (GOTTSCHLICH, G. & U. RAABE). – Abh. Westfäl. Mus. Naturkde. 53(4): 1–140; 1991. – • Daten zur Verbreitung infraspezifischer *Hieracium*-Sippen in Hessen und in den unmittelbaren Nachbargebieten (GOTTSCHLICH, G. & W. SCHNEDLER). – Jb. Nass. Ver. Naturk. 113: 45–90; 1991. – • Über ein bemerkenswertes extraalpines Vorkommen von *Hieracium guthnickianum* HEGETSCHW. im südniedersächsisch-nordhessischen Grenzgebiet. – Hess. Flor. Briefe 41(3): 42–48; 1992. – • Die Gattung *Hieracium* L. (Compositae) auf der Insel Rügen und ihre pflanzengeographische Beziehung zur skandinavischen *Hieracium*-Flora – nebst ergänzenden bio- und bibliographischen Angaben zur Rügen-Floristik (GOTTSCHLICH, G., U. RAABE & J.-C. SCHOU). – Bot. Rundbr. Mecklenburg-Vorpomm. 31: 1–94; 1998. – • Gattung *Hieracium* L. - Habichtskraut (GOTTSCHLICH, G. & J. PUSCH). In: BARTHEL, K.-J. & J. PUSCH: Flora des Kyffhäusergebirges und der näheren Umgebung. – Jena 1999.

Biographie

Günther Gottschlich wurde am 14. August 1951 als Sohn eines Postbeamten in Braunlage/Harz geboren. Er besuchte von 1958 bis 1962 die Volksschule, von 1962 bis 1966 die Mittelschule und ab 1966 das Gymnasium in Braunlage, das er im Jahre 1970 mit dem Abitur abschloss. Vom 1. Juli 1970 bis 31. Juli 1972 war er Soldat auf Zeit bei der Luftwaffe (mit Reserveoffiziersausbildung). Im Wintersemester 1972/73 nahm er an der Universität Tübingen ein Studium der Biologie (Schwerpunkte Systematik, Geobotanik, Phylogenetik) und Chemie auf, das er im Wintersemester 1977/78 mit einer Staatsexamensarbeit über „Rasterelektronenmikroskopische Untersuchungen an Arten der Gattung *Solanum*" bei F. Oberwinkler abschloss. Am 13. Mai 1977 heiratete er Susanne Gienger aus Wuppertal. Aus dieser Ehe gingen zwei Töchter hervor. Nach einer Referendarzeit für das höhere Lehramt (1978/79) am Seminar für Studienreferendare in Tübingen bekam er im Jahre 1979 eine Anstellung als Gymnasiallehrer am Tübinger Wildermuth-Gymnasium.[1] Im Jahre 1981 wurde er zum Studienrat ernannt. Die Beförderung zum Oberstudienrat erfolgte im Jahre 1991.[2]

Gottschlich ist seit 1992 Mitglied der Thüringischen Botanischen Gesellschaft. Er ist weiterhin Mitglied der Floristisch-Soziologischen Arbeitsgemeinschaft zu Göttingen (seit 1977), der Gesellschaft für Naturkunde in Württemberg (seit 1979), der Bayerischen Botanischen Gesellschaft (seit 1986), der Baseler Botanischen Gesellschaft (seit 1989), des Naturhistorischen Vereins der Rheinlande und Westfalen (seit 1990), der Botanischen Arbeitsgemeinschaft Südwestdeutschlands (Gründungsmitglied 2000) und des Vereins zur Erforschung der Flora von Österreich (seit 2001).[1]

Quellen
(1) Gottschlich, G., Tübingen (11.5.2001, briefl. an J. Pusch). – (2) Gottschlich, G., Tübingen (17.7.2002, briefl. an J. Pusch).

Gunkel, Eduard   **1846–1935**

geboren: 25. November 1846 in Keula
gestorben: 7. Januar 1935 in Sondershausen

Beruf, Leistungen auf floristischem Gebiet
Lehrer am Sondershäuser Lehrerseminar, Botaniker
(insbesondere Pomologe und Rosenkenner). Als Gewährsmann der „Flora von Nordhausen und der weiteren Umgebung" (VOCKE & ANGELRODT 1886), der
„Flora von Nord-Thüringen" (LUTZE 1892) und „Ueber Veränderungen in der Flora von Sondershausen,
bezw. Nordthüringen" (LUTZE 1882) lieferte er mehrere Fundortsangaben aus der weiteren Umgebung
von Sondershausen. Er fand u. a. *Peucedanum alsati-*
cum am Göldner bei Sondershausen und *Orchis tri-*
dentata x *O. ustulata* an der Kattenburg. Gunkel
sammelte eine Vielzahl von Herbarbelegen aus der
Umgebung von Sondershausen und aus dem Kyffhäusergebirge. In seinen „Beiträgen zur Rosenflora von

Abb. 73: Eduard Gunkel im Jahre 1900

Sondershausen" (1884) nennt er u. a. *Rosa majalis* vom Kalktal bei Frankenhausen bzw. am
Wege von Frankenhausen zum Rathsfeld. Im August 1887 fand er *Epipogium aphyllum* bei
Keula.[1]

Herbarien, wichtige Herbarbelege
Die Herbarbelege von E. Gunkel liegen vor allem in Jena (JE), einzelne auch in Berlin
(BHU), Halle (HAL) und in Göttingen (GOET). Es ist anzunehmen, dass nach dem Tode
Gunkels dessen Herbarsammlung
mehr oder weniger vollständig nach
Jena gekommen sind.

Folgende Belege von Gunkel
sollen genannt werden: *Allium ro-*
tundum: Frauenberg bei Sondershausen (JE, 6.7.1880); *Arabis auricula-*
ta: Frauenberg bei Sondershausen
(JE, 5.5.1880); *Artemisia pontica*: bei
Göllingen (JE, September 1882);
Cardaminopsis petraea: Walkenried
(JE, 13.6.1879); *Chenopodium mura-*
le: Schutthaufen bei Heringen (JE,
21.10.1881); *Epipactis microphylla*:

Abb. 74: Handschriftliches Herbaretikett von E. Gunkel

Possen bei Sondershausen (HAL, 24.7.1887); *Gentianella amarella*: Mittelberg östlich Aule-
ben (JE, 13.9.1879); *Helianthemum canum*: Kahler Berg bei Göllingen (GOET, o. D., ex
Herbar Vocke); *Lactuca saligna*: Heringen (JE, August 1879); *Laserpitium prutenicum*:
Schneidtal südlich Hachelbich (JE, 18.8.1884); *Leontodon saxatilis*: Salzwiesen bei der
Numburg (JE, 1.9.1892); *Oenanthe fistulosa*: Bebraer Teich bei Sondershausen (JE, 1878);

Orlaya grandiflora: Äcker bei Greußen (HAL, 21.4.1880); *Pinguicula vulgaris*: Gipsberge bei Stempeda (JE, 11.7.1881); *Schoenoplectus triqueter*: am Schacht zwischen Steinthaleben und Bendeleben (JE, 24.8.1881); *Stipa pulcherrima*: Rothenburg (JE, 7.6.1881); *Trifolium rubens*: Schneidtal südlich Hachelbich (HAL, Juni 1885); *Turgenia latifolia*: auf Äckern beim Bahnhof [Sondershausen] (JE, 27.7.1880); *Ventenata dubia*: Berka (JE, Juni 1882). – Von Gunkel befinden sich Briefe an Dufft im Archiv des Herbarium Haussknecht.[6]

Wichtige Veröffentlichungen
• Beiträge zur Rosenflora von Sondershausen. – Deutsche Bot. Monatsschr. 2: 185–187; 1884.

Biographie
Heinrich Friedrich Eduard Gunkel wurde am 25. November 1846 als Sohn eines Schuhmachermeisters in Keula geboren.[2][5] Nach der dortigen Volksschule besuchte er die Realschule in Sondershausen und danach das Sondershäuser Lehrerseminar. Ostern 1866 bestand er die Lehrerprüfung. Da zunächst keine Stelle für ihn frei war, wirkte er kurze Zeit als Hauslehrer in Thalebra (am Gut) und wurde noch 1866 Volksschullehrer in Ebeleben. Bereits im April 1867 kam er auf Grund seiner guten Leistungen als „zweiter Seminarschullehrer" an das Sondershäuser Lehrerseminar.[2] Am 15. April 1873 heiratete er Wilhelmine Maria Hebestreit aus Sondershausen (geb. 1847); aus dieser Ehe gingen drei Töchter (geb. 1874, 1875, 1877) und ein Sohn hervor (geb. 1884).[5] Am Lehrerseminar wurde er 1878 „erster Seminarschullehrer", 1880 Kollaborator und ab 1892 ordentlicher Seminarlehrer.[2]
Nachdem er einen Bienenzuchtkurs in Oßmannstedt und mehrere Obstbaukurse besucht hatte, verwaltete er die Seminarbaumschule, leitete Obstbaukurse, gründete den Obst- und Gartenverein, den Bienenzuchtverein[1][2] und war zugleich gerichtlicher Sachverständiger. Am 1. Oktober 1910 wurde er in den Ruhestand versetzt, erteilte aber noch Obstbauunterricht am Lehrerseminar bis zum 31. März 1913.[2] Er starb am 7. Januar 1935 in Sondershausen an Altersschwäche. Die Trauerfeier fand am 10. Januar statt. Seine Frau war schon vor ihm gestorben (1904).[5]
Gunkel war Vorstandsmitglied der „Irmischia" („Conservator", Mitgliedsnummer 3).[3] Auf der 1. Sitzung der „Irmischia" am 12. Dezember 1880 in Sondershausen legte er sämtliche Orchideen aus der Flora von Sondershausen zur Ansicht vor und erntete für die sauber präparierten Exemplare den Beifall der Versammlung.[4] Er meldete sich als Erster zum Botanischen Tauschverein für Thüringen (gegründet von G. Leimbach im Jahre 1881).[7] Im Jahre 1892 feierte er sein 25-jähriges Amtsjubiläum, erhielt im Jahre 1901 das Schwarzburgische Ehrenkreuz IV. Klasse und im Jahre 1904 die „silberne Medaille für landwirtschaftliches Verdienst".[2]

Quellen
(1) HENZE, U., W. ECCARIUS, H. HIRSCHFELD, K. LENK & E. SCHNEIDER: Orchideen im Kyffhäuserkreis. – Arbeitskreis Heimische Orchideen Thüringen e. V. 2000. – (2) Lenk, K., Sondershausen (2.5.2000, briefl. an J. Pusch). – (3) Mitgliederverzeichnis „Irmischia". – Irmischia 1(1): 3–4; 1881. – (4) Sitzungsberichte. – Irmischia 1(3/4): 9–12; 1881. – (5) Sterbebücher (ST 1895–1911 und ST 1921–1939) im Pfarramt I in Sondershausen. – (6) Manitz, H., Herbarium Haussknecht Jena (8.3.2004, briefl. an J. Pusch). – (7) Zum Botanischen Tauschverein für Thüringen. – Irmischia 1(5): 20; 1881.

Haller, Albrecht von   1708–1777

geboren: 16. Oktober 1708 in Bern
gestorben: 12. Dezember 1777 in Bern

Beruf, Leistungen auf floristischem Gebiet
Arzt, Hochschullehrer, Dichter der frühen Aufklärung, Botaniker. Haller durchstreifte von Göttingen
aus wiederholt Thüringen und war auch im Kyffhäusergebirge floristisch tätig. Er unternahm im Juni
1738 mit acht Medizinstudenten eine Exkursion in
den Harz, die ihn u. a. zum Brocken führte. Schon am
1. Tag (bei Clausthal) fand er eine Pflanze, die er
nicht kannte, jedoch ausführlich beschrieb und die
später von Linné nach ihm benannt wurde (heute
Cardaminopsis halleri).[11] Rupps „Flora Jenensis"
wurde 1745 von ihm in dritter Auflage neu herausgegeben, stark erweitert und auf den neuesten Stand
gebracht.[6] Es gelang ihm, „die Manuskripte und
nachgelassenen Papiere Rupps aufzufinden, aus denen
er noch manche neue Standorte aufnahm. Es ist er-
freulich und beweist die Hochachtung, die Haller vor

Abb. 75: Albrecht von Haller

Rupp hegte, dass er im allgemeinen genau die Anordnung, wie sie Rupp gewählt hatte, bei-
behielt und die eigenen Beobachtungen, die er hier und da einzelnen Arten zufügte, stets
durch eckige Klammern als solche kenntlich machte. Nur ersetzte er die äußerst schlechten
Abbildungen Rupps durch vorzüglich neue".[12] Haller nennt folgende Arten aus dem Kyffhäusergebirge: *Allium scorodoprasum, Allium victorialis* (mit Rupp als Gewährsmann) und
Sedum rupestre. Rätselhaft bleibt die Angabe von *Allium victorialis*, denn es ist höchst unwahrscheinlich, dass die Art im 18. Jahrhundert im Kyffhäusergebirge vorkam.[6] In der
„Enumeratio plantarum horti regii et agri Gottingensis" (1753) sind die Ergebnisse von Hallers floristischer Arbeit zusammengefasst (etwa 770 Arten), dabei hat er ein Verzeichnis von
Gartenpflanzen mit der Flora kombiniert, was ziemlich ungewöhnlich ist.[11] Hier werden
zusätzlich *Galium boreale, Hypericum montanum, Lathyrus linifolius* und *Orobanche alba*
vom Kyffhäusergebirge aufgeführt.[6] Bei Ilfeld fand er *Chrysanthemum segetum, Cynoglossum germanicum, Lunaria rediviva* und *Pyrola minor*. Vom Alten Stolberg kannte er u. a.
*Allium oleraceum, Astrantia major, Erysimum durum, Geranium sanguineum, Gypsophila
fastigiata, Laserpitium latifolium, Orobanche lutea* und *Thesium bavarum*.[7] Haller war einer
der ersten Pflanzengeographen durch seine klare Gliederung der Vegetation der Alpen in
Höhenstufen und durch den Vergleich der Alpen mit dem Harz. Er veröffentlichte dies in
seiner Schweizerflora (1742), zu der er das Material schon vorher gesammelt hatte, die er
aber erst in Göttingen fertigstellte.[11]

Herbarien, wichtige Herbarbelege
Nach STAFLEU & COWAN (1979) und WAGENITZ (1982) befindet sich das Herbarium Hallers
in Paris. Es wurde zunächst mit dem übrigen Nachlass von Kaiser Joseph II. in Wien gekauft,
der es an die Universität Pavia weitergab. Im Krieg 1796 wurde es von Napoleon geraubt. Es

liegt heute im Pariser Museum National d' Histoire Naturelle (P).[10] Belege von Haller befinden sich auch in Göttingen (GOET) und Moskau (MW). [Zu seinen Aufsammlungen siehe **(3)**] Uns lag folgender Beleg vor: *Chaerophyllum aureum* [„Myrrhis perennis alba"]: Wernigerode (GOET, o. D.).[14]

<u>Wichtige Veröffentlichungen</u>
• Ex itinere in sylvam Hercyniam hac aestate suscepto observationes botanicas. – Goettingae 1738. – • Enumeratio methodica stirpium Helvetiae indigenarum. – Goettingae 1742. – • Flora Ienensis Henrici Bernhardi Ruppii, ex posthumis auctoris schedis et propriis observationibus aucta et emendata. Accesserunt plantarum rariorum novae icones. – Ienae 1745. – • Enumeratio plantarum horti regii et agri Gottingensis. – Gottingae 1753. – [• De partibus corporis humani sensilibus et irritabilibus. – Gottingae 1753.]

<u>Biographie</u>
Albrecht von Haller wurde am 16. Oktober 1708 als Sohn eines Juristen und Verwaltungsbeamten in Bern geboren.[2][5] Zunächst von Hauslehrern unterrichtet, musste er nach dem Tod des Vaters das Berner Gymnasium besuchen (1721/22).[2] [Die Mutter ist der Familie schon sehr früh durch den Tod entrissen worden.[9]] Ein in Biel ansässiger Verwandter, der eine ärztliche Praxis betrieb, vermittelte ihm erste Kenntnisse in der Medizin.[9] Von 1723 bis 1725 studierte er zunächst an der Universität Tübingen und danach von 1725 bis 1727 an der Universität Leyden unter H. Boerhave Medizin und Naturwissenschaften.[3] Im Jahre 1727 promovierte er in Leyden zum Dr. med.[5] Anschließend ging er

Abb. 76: Herbarbeleg von A. v. Haller (vgl. Abb. 77)

nach England und Frankreich, um sich an den dortigen Kranken- und Lehranstalten allseitig weiter zu bilden.[2] Um bei J. Bernoulli in Basel Mathematik zu studieren, kehrte er 1728 in die Schweiz zurück. Erst in Basel widmete er sich dem systematischen und umfassenden Studium der Botanik, wo er das wertvolle Herbarium von C. Bauhin kennenlernte[3] [Die auf seinen Reisen durch Deutschland, Holland und England vorher gemachten Aufzeichnungen waren spärlich und gingen über kommentarloses Aufzählen von Gewächsen in botanischen Gärten kaum hinaus[3]]. Noch im Jahre 1728 unternahm er mit J. Gessner eine botanische Reise in die Alpen.[3] Im Anschluss an diese Reise (1729) entstand sein bekanntes Lehrgedicht „Die Alpen", in dem er mit großer Empfindungstiefe die natürliche Schönheit der Alpen beschreibt.[1] Da sich in Basel die Hoffnung auf eine feste Anstellung zerschlug, ließ er sich 1729 in Bern als Arzt nieder. Am 19. Februar 1731 heiratete er Marianne Wyss.[2] 1735 arbeitete er als Stadtbibliothekar in Bern.[4] A. J. Hugo, königlicher Leibmedikus in Hannover, wurde auf Haller aufmerksam und beauftragte ihn, eine Sammlung von Alpenpflanzen anzulegen. Durch Empfehlung von Hugo (1686 bis 1760) und P. G. Werlhof übernahm er den frei gewordenen Lehrstuhl für Medizin und Botanik an der Universität Göttingen,[3] wo er im Jahre 1736 ordentlicher Professor der Anatomie, Chirurgie und Botanik wurde.[5] Hier

begründetete er den botanischen Garten, das Anatomische Theater[4] und erweiterte sein Herbar um Pflanzen aus Mitteldeutschland. Von Göttingen aus unternahm er mehrere Reisen, die ihn u. a. in die Alpen und in die Sandgebiete bei Celle führten. Er erforschte die Flora des mitteldeutschen Raums, die er auf mehreren Harzreisen sowie auf Exkursionen durch Thüringen und Sachsen-Anhalt kennenlernte.[3] Ehrenvolle Berufungen nach Utrecht, Oxford und Berlin lehnte er ab.[2][9] Da die medizinische Fakultät nur aus wenigen Professoren bestand, ist es verständlich, dass

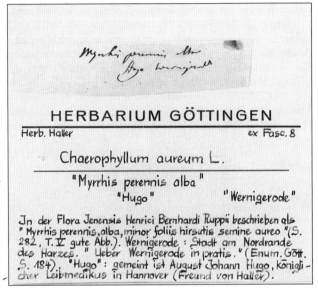

Abb. 77: Handschriftliches Herbaretikett von Haller (oben) mit einem erläuternden Beizettel des Herbariums in Göttingen (unten), (vgl. Abb. 76)

Haller in seiner Göttinger Zeit fünfmal Dekan der medizinischen Fakultät war.[13] „Haller hatte in Göttingen eine wissenschaftlich sehr ertragreiche, aber auch eine persönlich schwierige Zeit. Seine erste und zweite Frau starben hier, und drei seiner Kinder. Dazu kamen allerlei Zwistigkeiten mit Kollegen in Göttingen und literarische Fehden, an denen er durchaus nicht immer unschuldig war".[13]
Als ihm 1753 die Stelle eines Rathausammanns in Bern zugesprochen wurde, verließ er Göttingen in der trügerischen Hoffnung, bald eine einträgliche Landvogtei zu erhalten.[2] Im Jahre 1758 wurde er zum Direktor der Salzwerke in Roche ernannt,[2][5] wo er auch, von Freunden unterstützt, in den Alpen botanisierte.[3] Nach Ablauf seiner Amtszeit nahm er erneut Kontakt zur Universität Göttingen auf, wo man ihm den Posten eines Kanzlers anbot. Er zögerte jedoch, da die Familie sich einer Übersiedlung widersetzte.[2] [Auch Hallers ständiges Hoffen auf eine staatsmännische Laufbahn in Bern spielte eine Rolle.[3]] Von wichtigen Regierungsämtern in Bern weiterhin ausgeschlossen, machte sich bei ihm eine zunehmende Kränklichkeit bemerkbar. In seinen letzten Lebensjahren erschienen seine drei Staatsromane „Usong" (1771), „Alfred" (1773) sowie „Fabius und Cato"(1774).[2] Noch kurz vor seinem

Tod stattete ihm Kaiser Joseph II. einen Besuch ab, was ihm eine große Genugtuung war.[9] Er starb am 12. Dezember 1777 in Bern[2][5] nach längerem Leiden an einem Magenkarzinom.[9] Haller wurde 1749 geadelt.[2] Er war Mitglied der Leopoldina [seit 10. Januar 1750, Matrikel-Nr. 560, cognomen Herophilus III.[8]], von 1751 bis 1777 Präsident der Gesellschaft der Wissenschaften zu Göttingen und seit 1759 auswärtiges Mitglied der Bayerischen Akademie der Wissenschaften. Er stand mit bedeutenden Botanikern seiner Zeit im Briefwechsel, u. a. mit C. v. Linné, mit dem er sich über nomenklatorische Fragen auseinandersetzte.[5][10] Die binäre Nomenklatur lehnte er ab, da sie ein Bruch mit der Tradition war.[10] Er mochte sich auch nicht mit dem künstlichen Sexualsystem von Linné anfreunden.[13] Als gläubiger Verfechter der christlichen Offenbarungslehre hielt Haller am Dogma der Präformation fest und lehnte die Epigenesetheorie der Embryonalentwicklung ab.[9] Von besonderer Bedeutung für die Physiologie war seine Lehre von den empfindlichen und reizbaren Teilen des Körpers.[5] Haller hat wesentlichen Anteil am frühen Ruhm der Georgia Augusta und der „Königlichen Sozietät der Wissenschaften".[5]

Als wichtige neuere Arbeiten zur Biographie von Haller sind zu nennen: BALMER, H.: Albrecht von Haller. – Bern 1977 und BOSCHUNG, U.: Albrecht von Haller in Göttingen 1736–1753. Briefe und Selbstzeugnisse. – Bern 1994. „Erwähnenswert wäre auch das 'Repertorium zu Albrecht von Hallers Korrespondenz 1724–1777', mit Angaben zu den 1.200 Korrespondenten und ihren Briefen (es sind 13.300 an Haller und 3.700 von ihm erhalten!)".[15]

Quellen

(1) AUTORENKOLLEKTIV: Deutsches Schriftstellerlexikon von den Anfängen bis zur Gegenwart. – Weimar 1963. – (2) KILLY, W. (Hrsg): Literaturlexikon, Autoren und Werke deutscher Sprache, Bd. 4. – Gütersloh/München 1989. – (3) ZOLLER, H.: Albrecht von Hallers Pflanzensammlungen in Göttingen, sein botanisches Werk und sein Verhältnis zu Carl von Linné. – Nachr. Akad. Wiss. Göttingen, II. Math.-Phys. Kl. 10: 217–252; 1958. – (4) DÖRFELT, H. & H. HEKLAU: Die Geschichte der Mykologie. – Schwäbisch Gmünd 1998. – (5) WAGENITZ, G.: Göttinger Biologen 1737–1945. Eine biographisch-bibliographische Liste. – Göttingen 1988. – (6) PETRY, A.: Die Vegetationsverhältnisse des Kyffhäuser Gebirges.– Halle 1889. – (7) WEIN, K.: Die Erforschung des Florenkleides von Nordhausen in ihrer geschichtlichen Entwicklung bis zum Ende des 18. Jahrhunderts. – Festschr. 39. Hauptvers. deutsch. Ver. Förder. math. naturwiss. Unterricht e. V. Nordhausen 30. März bis 3. April 1937: 80–111. – (8) Lämmel, E., Archiv Leopoldina Halle (29.11.2001 und 30.9.2002, briefl. an K.-J. Barthel). – (9) METTE, A.: Albrecht von Haller (1708–1777). In: KOCH, E., H. SCHÜLER & I. WINTER (Hrsg.): Lebensbilder deutscher Ärzte, ed. 3. – Leipzig 1966. – (10) WAGENITZ, G: Anfänge der Botanik an der Georgia Augusta im Spannungsfeld zwischen Haller und Linné. – Nachr. Akad. Wiss. Göttingen, II. Math.-Phys. Kl., Jg. 2001(2): 1–21; 2001. – (11) WAGENITZ, G.: Floristik und Geobotanik in Göttingen von Albrecht von Haller bis Heinz Ellenberg. – Tuexenia 23: 41–50; 2003. – (12) FITTING, H.: Geschichte der hallischen Floristik. – Zeitschr. f. Naturwiss. 69: 289–386; 1896. – (13) WAGENITZ, G.: Albrecht von Haller als Botaniker in Göttingen. – Sonderdruck aus Göttinger Jahrbuch 51: 15–26; 2003. – (14) J. Heinrichs, Göttingen (30.7.2002, briefl. an J. Pusch). – (15) Wagenitz, G., Göttingen (22.7.2003; briefl. an J. Pusch).

Hampe, Ernst

1795–1880

geboren: 5. Juli 1795 in Fürstenberg/Weser
gestorben: 23. November 1880 in Helmstedt

Beruf, Leistungen auf floristischem Gebiet
Apotheker, Botaniker (auch Moose und Flechten). Mit seinem „Prodromus Florae Hercyniae" (1836) und seiner „Flora Hercynica" (1873) schuf er bedeutende Werke zu einer Gesamtflora des Harzes. Im Gegensatz zum „Prodromus" wird in der „Flora Hercynica" eine Vielzahl konkreter Fundorte, u. a. aus dem nördlichen Thüringen, aufgeführt. Aus dem nördlichen Thüringen werden u. a. genannt: *Arabis pauciflora* am Mühlberg bei Niedersachswerfen, *Biscutella laevigata* an den Abhängen des Kohnsteins bei Niedersachswerfen, *Cardaminopsis petraea* am Fuße des Kohnsteins sowie am Alten Stolberg bei Stempeda, *Chenopodium urbicum* bei Woffleben, *Crepis praemorsa* und *Rosa majalis* am Alten Stolberg über Steigerthal, *Erysimum odoratum* bei Ilfeld und Neustadt, *Linaria arvensis* bei Neustadt am Wege nach Ilfeld, *Podospermum*

Abb. 78: Ernst Hampe

laciniatum bei Neustadt und *Teucrium scordium* bei Allstedt und Ellrich. Zahlreiche Moosarten wurden von Hampe erstmals beschrieben. Er ist u. a. Gewährsmann der „Flora von Halberstadt" (SCHATZ 1854) und der „Flora von Nordhausen und der weiteren Umgebung" (VOCKE & ANGELRODT 1886). So entlehnte Vocke die Oberharz- und Nordharzangaben zu großen Teilen aus der „Flora Hercynica". Eine Rose, die Hampe erstmals im Jahre 1846 an der Roßtrappe in Richtung Treseburg fand, wurde von Grisebach als *Rosa hampeana* GRISEB. benannt.

„Es spricht viel dafür, dass die Mehrzahl der genannten Fundorte in der „Flora Hercynica" aus dem nördlichen Thüringen von Karl Müller stammen. Dass Hampe selbst dort überhaupt intensiver gearbeitet hat, bezweifle ich. Seine Domäne war der Harz und Nordharz; daß Allstedt für die Harzflora als sehr abgelegener Punkt überhaupt mehrfach auftaucht, ist ein Indiz dafür. Karl Müller stammte von hier. Dieses ist eine reine Vermutung und nicht belegbar. Man muss die „Flora Hercynica" neben der großen Eigenleistung Hampes auch als Produkt der Arbeit des Naturwissenschaftlichen Vereins des Harzes sehen. So wurde behauptet, und das ist nicht ganz aus der Welt, dass Hampe kaum weiter im Osten als im Bodetal war. Die Ostharzer Angaben stammen wohl dann von den Ascherslebener Kollegen."[11]

Herbarien, wichtige Herbarbelege
Das Bryophyten-Herbar von Hampe wurde vom Britischen Museum (BM) in London erworben. Durch eigene Sammeltätigkeit, durch Tausch oder Erwerb trug er eines der größten Moosherbarien zusammen, die sich je in Privathand befanden.[2] Einzelne Belege (Spermatophyta und Pteridophyta) zur Flora des Harzes liegen z. B. in Göttingen (GOET). Auch in

der Heimatsammlung des Herbariums der Martin-Luther-Universität Halle (HAL) liegen insgesamt 6 Herbarbelege von Hampe aus dem heutigen Sachsen-Anhalt.[7]

In Halle (HAL) befindet sich ebenfalls eine lichenologische Exsikkatensammlung Hampes mit etwa 50 Flechten-Belegen aus dem Harz („Vegetabilia Cellularia in Germania septemtrionali praesertim in Hercynia lecta ab E. Hampe"). Diese sind größtenteils mit gedruckten Etiketten und nur wenigen handschriftlichen Ergänzungen versehen.[8]

Zum Phanerogamen-Herbar Hampes teilte uns H.-U. Kison Folgendes mit: „Ein Jahr nach dem Tode Hampes (1881) bot sein Sohn Karl Hampe (Arzt in Helmstedt) die Sammlung zum Verkauf an: 15–20.000 Arten, wie es hieß (gemeint waren Belege). Dazu zahlreiche Farne, Schachtelhalme und *Chara*-Arten (Botanische Zeitung 39, 1881). Erworben wurde das Herbar von A. Wiegand (1821 bis 1886) in Marburg. Zu diesem hatte Hampe selbst Kontakt und einen Verbündeten im Kampf gegen die Ansichten Darwins. Nach dem Tode Wiegands wurde das Herbarium wieder angeboten (mit 13.000 Belegen) (Botanische Zeitung 45, 1887). Auf Umwegen ist die Sammlung dann nach Amerika gelangt. Herr Bartolomew von der California Academy of Sciences (CAS) teilte mir mit (Brief vom 6. Juni 1994), dass die Hampe-Sammlung in das Albert Prager Herbarium

HERBARIUM HAUSSKNECHT, JENA

Herbarium F.W.Sporleder

Wernigerode

Abb. 79: Handschriftliches Herbaretikett von E. Hampe

(Leipzig) eingegangen ist. Diese Sammlung wurde ab 1878 aufgebaut und das Herbarium Hampeanum von Prager käuflich erworben. Prager gibt an, dass er das Herbarium zu einem sehr hohen Preis vom Sohn Hampes erworben habe (vergl. EASTWOOD, A. 1952. Leaflets of Western Botany Vol. VI, S. 205). Das heißt, dass offenbar Karl Hampe nach Wiegands Tod das Herbarium wieder übernommen hat? Das Prager-Herbarium wiederum ist fusioniert im Herbarium der CAS und kein Mensch kann mehr nachkommen, wie viele Belege von Hampe in dem riesigen Material aufgegangen sind. Leider das Schicksal vieler Sammlungen! Allerdings wird die Suche nach Hampe-Belegen bei den Phanerogamen nicht so viel bringen, da nur mit wenigen Typus-Belegen zu rechnen ist (im Gegensatz zu den Moosen). Ansonsten ist Hampe dafür bekannt, dass er die Fundortsangaben sehr spartanisch gehalten hat. Z. B. findet man: 'In den Bergen des Harzes'. Damit ist relativ wenig anzufangen."[10]

Von den Phanerogamen sollen folgende Belege genannt werden: *Betula pubescens*: Wälder bei Blankenburg (HAL, o. D.); *Campanula latifolia*: pr. Ilfeld, Hercynia (GOET, August 1872); *Cynoglossum germanicum*: am Unterharz (HAL, o. D.); *Dianthus superbus*: bei Eisenach (GOET, 1841); *Hymenolobus procumbens*: Frankenhausen (GOET, 1841); *Saxifraga rosacea*: an Felsen im Unterharz (HAL, o. D.); *Sorbus domestica*: Harz, Waldränder bei

Blankenburg: (HAL, o. D.). – Von Hampe befinden sich drei Briefe an Haussknecht im Archiv des Herbarium Haussknecht.[12]

<u>Wichtige Veröffentlichungen</u>
• Bericht über eine Reise nach dem Brocken. – Flora <u>18</u>(2): 711–720; 1835. – • Prodromus Florae Hercyniae oder Verzeichniss der in dem Harzgebiete wildwachsenden Pflanzen. – Halle 1836. – • Die Vegetation des Brockens vorzüglich in Rücksicht der Phanerogamen. – Linnaea <u>13</u>: 367–377; 1839. – • Was sind Laubmoose und wie ist deren systematische Eintheilung übersichtlich und verständlich. – Bot. Zeitung <u>18</u>: 157–161; 1860. – • Flora Hercynica oder Aufzaehlung der im Harzgebiete wildwachsenden Gefaesspflanzen. – Halle 1873. – Ein vollständiges Schriftenverzeichnis Hampes findet sich bei KISON & SACHER (1995), S. 467–472.[2]

Biographie
Georg Ernst Ludwig Hampe wurde am 5. Juli 1795 in Fürstenberg/Weser als dritter Sohn des [Kaufmanns und Spediteurs[6]] Johann Heinrich Ludwig Hampe geboren. Nach dem Besuch des Gymnasiums (1807 bis 1810) in Holzminden trat er Michaelis 1810 als Lehrling in die Apotheke seines Onkels, Karl Friedrich Kohl, zu Brakel ein. Als freiwilliger Jäger nahm er von 1813 bis 1815 an den Befreiungskriegen teil, anschließend (1815/1816) studierte er in Halle Naturwissenschaften (u. a. bei Kurt Sprengel) und war gleichzeitig Gehilfe in der Apotheke seines Onkels C. E. F. Kohl (heute Hirschapotheke). Danach ging er als Apothekengehilfe nach Worms (1817) und von 1819 bis 1821 an die Universitätsapotheke nach Göttingen. Hier studierte er mehrere Semester an der hiesigen Universität und wurde mit später so namhaften Botanikern wie J. A. C. Röper (1801 bis 1885) und E. H. Meyer (1791 bis 1858) bekannt.[2] Im Jahre 1820 legte Hampe in Kassel das Staatsexamen ab und übernahm nach kurzer Gehilfentätigkeit in Allendorf und Braunschweig[3] [in Braunschweig arbeitete er von 1822 bis 1825 unter Apotheker Mühlenpfordt in der dortigen Hagenmarkt-Apotheke[2]] am 1. Juli 1825 die etwas in Verfall geratene Apotheke zu Blankenburg am Harz. Kurz danach, am 8. September 1825, heiratete er in Hannover Sophie Marie Georgine Deicke. Aus dieser Ehe gingen eine Tochter und drei Söhne hervor.[2] Hier in Blankenburg lebte Hampe mehr als ein halbes Jahrhundert und nutzte jede ihm zur Verfügung stehende Zeit, die Flora des Harzes und seiner Vorlande intensiv zu durchforschen. „Wenn er auf der Suche nach irgendeiner interessanten Pflanze war oder nach irgendeiner seltenen Moosart, dann konnte er den ganzen Tag die Wälder durchstreifen und die Berge erklettern. Oft kam er von solchen Exkursionen erst spät am Abend, machmal erst in der Nacht nach Haus. Weder Sturm noch Regen konnten ihn dabei hindern, und sein großer, starker gewandter Körper überwand alle Anstrengungen und Hindernisse mit beinahe spielender Leichtigkeit."[2] Ließen sich Pflanzen nicht sicher an Ort und Stelle bestimmen, so säte oder verpflanzte Hampe sie in seinen Garten, wo er sie über längere Zeit beobachten konnte.[2]
In vielen kleineren und auch längeren Aufsätzen gab Hampe Kunde von seinen Forschungen und Entdeckungen, die zu großen Teilen in den „Berichten des Naturwissenschaftlichen Vereins des Harzes" erschienen. Der „Naturwissenschaftliche Verein des Harzes" war 1831 auf Initiative von E. G. Hornung in Aschersleben gegründet worden. Die zweite Versammlung fand bereits am 20. Juli 1832 in Blankenburg statt. Anlässlich der 7. Versammlung in Alexisbad am 26. Juli 1837 legte Hampe seinen „Prodromus Florae Hercyniae oder Verzeichniss der in dem Harzgebiete wildwachsenden Pflanzen" (Halle 1836) vor. Dieses Werk brachte neben den Phanerogamen erstmals Übersichten zu Moosen und Flechten des Harzes. Insgesamt erschienen elf Nachträge zum „Prodromus", die ersten fünf in der „Linnaea" und die letzten sechs in den „Berichten Naturwissenschaftlichen Vereins des Harzes". Der

dritte Nachtrag (1841) ist in erster Linie der Auseinandersetzung mit F. W. Wallroth gewidmet.[2] Hampe hatte eine von F. W. Wallroth am 17. Februar 1834 brieflich vorgeschlagene gemeinsame Bearbeitung der Harzflora aus nicht ganz einsichtigen Gründen abgelehnt. Für einen im Jahre 1836 zugeschickten „Prodromus" bedankte sich Wallroth zunächst, durch einen in der Folgezeit unsachlich geführten Briefwechsel kam es aber im Jahre 1839 zu einem offenen Bruch. Im „Scholion, ein Sendschreiben an den Apotheker Herrn Ernst Hampe zu Blankenburg" (1840) richtete der verärgerte Wallroth scharfe Angriffe gegen Hampe und stellte dessen „Prodromus", den er zunächst freundlich aufgenommen hatte,[2] nun als „unvollständige Arbeit" hin.[1] Hampes Hauptwerk, die „Flora Hercynica", erschien erst im Jahre 1873, zu einer Zeit, als der Naturwissenschaftliche Verein des Harzes längst nicht mehr existierte. Er hatte das Manuskript schon um 1860 fertig gestellt und damit den Teil seines Schaffens abgeschlossen, der sich mit den Phanerogamen des Harzes beschäftigte.[2] Die „Flora Hercynica" enthält eine Aufzählung der im Harzgebiet wildwachsenden Gefäßpflanzen. Des Weiteren werden in einem Anhang (Seiten 339–374) die Laub- und Lebermoose des Harzes mit ihren Fundorten aufgezählt. Hampe hatte die Diagnosen zu den Phanerogamen in lateinischer Sprache abgefasst, um zu „zeigen, dass er stets eine rein wissenschaftliche Aufgabe vor Augen hatte, welche ihren schärfsten Ausdruck nur in dieser strengen Form erhält".[5] Eine solche, nur lateinische Abfassung der Diagnosen, wurde allerdings schon kurz nach dem Erscheinen der „Flora Hercynica" von verschiedenen Rezensenten kritisiert.[2] Etwa ab 1860 übergab Hampe die Blankenburger Apotheke nach und nach (offiziell 1864) seinem ältesten Sohn Georg (geb. 1828), der aber am 22. März 1876 durch Selbstmord aus dem Leben schied. Schon vorher, am 28. Mai 1872, verstarb seine Frau Georgine. Hampe hat sich von diesen Schicksalsschlägen nicht mehr erholt. Er verkaufte die Apotheke in Blankenburg und zog zu seinem zweitältesten Sohn Karl (geb. 1832) nach Helmstedt, der dort eine Arztpraxis innehatte. Er starb am 23. November 1880 in Helmstedt, wo auch am 26. November die Beerdigung stattfand.[2]

Hampe war Mitglied der Leopoldina [seit 22. Oktober 1874, Matrikel-Nr. 2144, kein cognomen[9]]. Schon vorher (1860) verlieh ihm die Universität Göttingen den Dr. phil. h. c.[4] und im Jahre 1875 erfolgte die Verleihung des Professoren-Titels durch die Landesregierung in Braunschweig.[2]

Quellen
(1) KELLNER, K.: Die floristische Erforschung der Südharzlandschaft um Nordhausen, 2. Teil. – Beitr. Heimatk. Stadt Kreis Nordhausen 4: 45–61; 1979. – (2) KISON, H.-U. & P. SACHER: Ernst Hampe (1795–1880) Leben und Werk. – Quedlinburg 1995. – (3) MÜLLER, K.: Nekrolog auf Ernst Hampe. In: KISON, H.-U. & P. SACHER: Ernst Hampe (1795–1880) Leben und Werk, Anhang S. 463–466. – Quedlinburg 1995. – (4) WAGENITZ, G.: Göttinger Biologen, 1737–1945. Eine biographisch-bibliographische Liste. – Göttingen 1988. – (5) HAMPE, E.: Flora Hercynica. – Halle 1873. – (6) Kison, H.-U., Quedlinburg (30.9.2001, briefl. an K.-J. Barthel). – (7) Krumbiegel, A., Halle (9.1.2002, briefl. an J. Pusch, in Auswertung des Herbars HAL in Vorbereitung einer neuen Flora von Sachsen-Anhalt). – (8) Pusch, J. (18.12.2001, eingesehen in HAL). – (9) Lämmel, E., Archiv Leopoldina Halle (30.9.2002, briefl. an K.-J. Barthel). – (10) Kison, H.-U. (10.1.2003, briefl. an K.-J. Barthel). – (11) Kison, H.-U. (17.1.2004, briefl. an K.-J. Barthel). – (12) Manitz, H., Herbarium Haussknecht Jena (8.3.2004, briefl. an J. Pusch).

Hartmann, Johannes [Hans]   1902–1944

geboren: 13. Juli 1902 in Erfurt
gestorben: Ende 1944 bei Stalingrad

Beruf, Leistungen auf floristischem Gebiet
Volksschullehrer, Botaniker (auch Moose) und Sammlungsreisender. Botanisierte besonders im Kyffhäusergebirge, aber auch an der Numburg, in der Hainleite, in der Windleite, im Alten Stolberg, an den Sattelköpfen bei Hörnigen und an den Steinbergen bei Petersdorf. In seinem Nachlass finden sich Fotos u. a. von *Vaccinium vitis-idaea* an den Sattelköpfen bei Hörningen und von *Pinguicula vulgaris* vom Alten Stolberg bei Stempeda.[1] In den Jahren von 1938 bis 1942 fand er in Hainleite und Windleite insgesamt 28 Lebermoose und 64 Laubmoose. Dabei hatte er das Gebiet vom Schneidtal bei Hachelbich bis zur Kratzleite bei Günserode besonders berücksichtigt.[11] Er nennt u. a. *Bartramia pomiformis , Blepharostoma trichophyllum, Diphyscium foliosum* und *Haplozia atrovirens* von der Kapellwand bei Günserode sowie

Abb. 80: Johannes [Hans] Hartmann

Fissidens exilis und *Orthodicranum flagellare* von den Birkensümpfen im Forst Bebra bei Sondershausen. Eine Angabe von *Ditrichum pallidum* von der Kapellwand bei Günserode ist überprüfungsbedürftig.[13] Einige seiner „besonders bemerkenswerten" Moosfunde wurden durch H. Reimers in dessen Nachtrag zur Moosflora des südlichen Harzvorlandes (1942) veröffentlicht.[9][11] Des Weiteren trug er in bedeutendem Maße zum Gelingen der „Vegetationsverhältnisse der Gipsberge im Kyffhäusergebirge und im südlichen Harzvorland" (MEUSEL 1939) bei, so unterstützte er H. Meusel bei den Freilanduntersuchungen und zeichnete die zahlreichen Vegetationsprofile.[2] Auch die „Vergleichende Arealkunde" (MEUSEL 1943) entstand unter seiner Mithilfe (bei Niederschrift, Vereinheitlichung der Nomenklatur und Korrektur).[12] In der östlichen Hainleite (am Fußwege von der Kapellenmühle nach Oberbösa) konnte er erstmals *Carex pilosa* auffinden.[8] R. Scheuermann schrieb über diesen Fund: „Am 26. Juli 1936 massenhaft am oberen Rande des Waldes zwischen Oberbösa und der Kapellenmühle bei Seega. Von Lehrer Hartmann, Oberbösa, dort entdeckt."[10]

Herbarien, wichtige Herbarbelege
Nach dem Tod von Hartmann kam das Herbarium über H. Meusel nach Halle (HAL). Hier fanden wir einige Belege von ihm, insbesondere zu salztoleranten Arten aus dem Kyffhäusergebiet. Nach der Kartei zum Hallenser Herbar (HAL) von K. Werner (ehemaliger Kustos) befinden sich in Halle auch noch unbestimmte Aufsammlungen von seiner Sammelreise nach Brasilien und ein umfangreiches dendrologisches Herbar.
Folgende Belege der Hallenser Heimatsammlung, die von Hartmann gesammelt wurden, sollen genannt werden: *Chenopodium vulvaria*: an der Numburg oberhalb der Salzquelle (HAL, 20.9.1936); *Lotus corniculatus*: Thüringen, bei Oberbösa (HAL, 30.8.1936); *Lotus tenuis*: Thüringen, Esperstedter Ried, Salzwiesen (HAL, 27.8.1936); *Nigella arvensis*: Thü-

ringen, an der Numburg (HAL, 20.9.1936); *Trifolium dubium*: Thüringen (HAL, 1931); *Trifolium fragiferum*: Thüringen, an der Numburg (HAL, 15.9.1936).

Wichtige Veröffentlichungen
• Zur Moosflora der Hainleite und Windleite. – Mitt. Thüring. Bot. Ver. <u>50</u>: 66–70; 1943. – • Vegetationskundliche Studien über mitteleuropäische Waldgesellschaften. 2. Die Gliederung der Buchenwälder im mitteldeutschen Trias-Hügelland (MEUSEL, H. & H. HARTMANN). – Bot. Archiv <u>44</u>: 521–543; 1943.

Biographie
Johannes [Hans] Karl Hartmann wurde am 13. Juli 1902 als Sohn eines Beamten in Erfurt geboren. Hier besuchte er die Schule, eine Präparandenanstalt, und von September 1920 bis September 1922 das Staatliche Evangelische Lehrerseminar. Da er zunächst keine Anstellung als Lehrer fand, arbeitete er als Angestellter bei Zander & Co in Erfurt.[5] In Erfurt wohnte er zu dieser Zeit in der Lessingstraße 4.[7] Mit einem Empfehlungsschreiben von Prof. Dr. L.

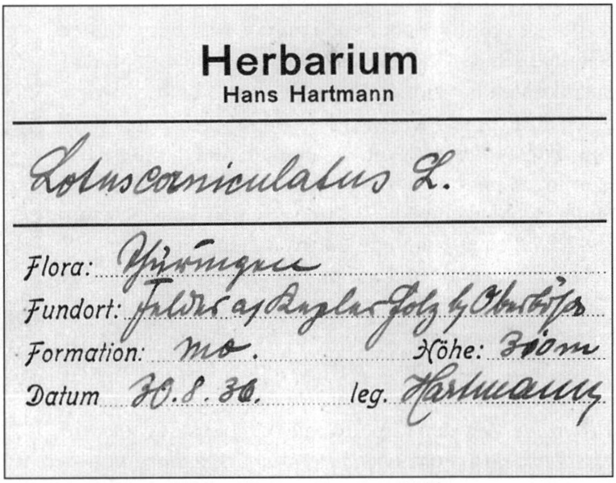

Abb. 81: Handschriftliches Herbaretikett von H. Hartmann

Diels, Berlin-Dahlem, versehen,[6] unternahm er von 1927 bis 1930 eine botanische und zoologische Sammelreise nach Brasilien, wo er in der Deutschensiedlung Corrego da Ponte bei Colatina auch Unterricht gab. Im Jahre 1932 heiratete er Auguste Trappe aus Erfurt; aus dieser Ehe gingen ein Sohn und drei Töchter hervor. Im gleichen Jahr zog die Familie nach Oberbösa, wo Hartmann in einer Zweiklassenschule unterrichtete und auch über den Schulräumen wohnte.[1] Im Rahmen vegetationskundlicher Untersuchungen mit H. Meusel fand er im Jahre 1938 das Stipetum stenophyllae oberhalb der Falkenburg im Kyffhäusergebirge,[2] wo es noch heute vorhanden ist. Am 10. Juni 1939 führte er die Mitglieder des Thüringischen Botanischen Vereins im Rahmen der Frühjahrs-Hauptversammlung am 10./11. Juni 1939 in Bad Frankenhausen in die Gras- und Waldsteppengebiete des Kyffhäusergebirges (zu Falkenburg, Ochsenburg und Rothenburg).

Am nächsten Tag (11. Juni) hielt er einen Vortrag über „die Vegetationsverhältnisse des Kyffhäuser Gebirges und ihre kartographische Darstellung".[4] Im März 1943 wurde er zum Kriegsdienst eingezogen (Grundwehrdienst in Bad Hersfeld) und im Mai 1943 an die Ostfront (Krim) versetzt. Nachdem er in Rumänien in sowjetische Gefangenschaft geraten war, starb er Ende 1944 als Kriegsgefangener bei Stalingrad.[1]

Hartmann war seit 1922 Mitglied des Thüringischen Botanischen Vereins.[3] Er wurde durch H. Meusel zur Beschäftigung mit den Moosen angeregt.[9] Dabei standen ihm besonders H. Reimers und F. Koppe (Bielefeld) hilfreich zur Seite.[11]

128

Quellen

(1) Hartmann, W., Nordhausen, Sohn von H. Hartmann (13.12.1999, mündl. mit J. Pusch). – (2) MEUSEL, H.: Die Vegetationsverhältnisse der Gipsberge im Kyffhäuser und im südlichen Harzvorland. – Hercynia 2(4): 1–372; 1939. – (3) Mitgliederverzeichnis in Mitt. Thüring. Bot. Ver. 41, III–V; 1933. – (4) Hauptversammlung in Mitt. Thüring. Bot. Ver. 46: 5–7; 1940. – (5) Hartmann, W. (13.2.2001, mündl. mit K.-J. Barthel). – (6) Empfehlungsschreiben von L. Diels, Berlin-Dahlem, vom 8. Juli 1927 (Original im Besitz von W. Hartmann). – (7) Mitgliederverzeichnis in Mitt. Thüring. Bot. Ver. 37: 83–87; 1927. – (8) Herbstversammlung zu Arnstadt am 26. August 1934. – Mitt. Thüring. Bot. Ver. 42: XI–XIII; 1935. – (9) FRAHM, J.-P. & J. EGGERS: Lexikon deutschsprachiger Bryologen. – Norderstedt 2001. – (10) Handexemplar der „Flora von Nordhausen und der weiteren Umgebung" (VOCKE & ANGELRODT 1886) von R. Scheuermann mit zahlreichen datierten Eintragungen zwischen 1927 und 1949. Handexemplar im Besitz der Bibliothek des Botanischen Gartens und Museums Berlin-Dahlem. – (11) HARTMANN, H.: Zur Moosflora der Hainleite und Windleite. – Mitt. Thüring. Bot. Ver. 50: 66–70; 1943. – (12) MEUSEL, H.: Vergleichende Arealkunde. – Berlin 1943. – (13) Meinunger, L., Ludwigsstadt-Ebersdorf (1.12.2004, briefl. an K.-J. Barthel und J. Pusch).

Abb. 82: Herbarbeleg von H. Hartmann (*Chenopodium vulvaria*)

Haussknecht, Carl 1838–1903

geboren: 30. November 1838 in Bennungen
gestorben: 7. Juli 1903 in Weimar

Beruf, Leistungen auf floristischem Gebiet
Apotheker, Botaniker, Sammlungsreisender. Für die Kenntnis der Pflanzenwelt Griechenlands, Kleinasiens, Syriens, Mesopotamiens, Kurdistans und Persiens sind seine Reisen von höchster Bedeutung gewesen. In seiner bedeutenden „Monographie der Gattung *Epilobium*" (1884) beschrieb er die Gesamtheit der Arten dieser Gattung mit ihren Varietäten und Formen aus allen Gebieten der Erde und schuf Klarheit über die zahlreichen Hybriden. In den „Beiträgen zur Flora von Thüringen" (1871) gibt er für die Randzonen des Kyffhäusergebirges, insbesondere aus dem Raum Artern – Bretleben – Sachsenburg eine Vielzahl von eigenen Funden an (u. a. *Ceratocephala falcata* bei Greußen „wie besät", *Lathyrus nissolia* auf Feldern bei Artern, *Trollius europaeus* bei Oberbösa und *Viola elatior* zwischen Artern, Bretleben und Reinsdorf).

Abb. 83: Carl Haussknecht

Er sammelte noch im Jahre 1856 *Artemisia laciniata* bei Borxleben und ist damit einer der letzten Botaniker, der die Pflanze an dieser Stelle sah. Im Jahre 1887 fand er völlig überraschend *Centaurium littorale* an den Gipshängen von Frankenhausen, eine Art, die er bisher nur von den Salzwiesen bei Artern kannte. Er ist Gewährsmann der „Flora von Mittelthüringen" (ILSE 1866), der „Flora von Nordhausen und der weiteren Umgebung" (VOCKE & ANGELRODT 1886) und der „Flora von Nord-Thüringen" (LUTZE 1892).

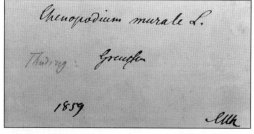

Abb. 84: Handschriftliches Herbaretikett von C. Haussknecht

Herbarien, wichtige Herbarbelege
Die sehr umfangreiche Herbarsammlung Haussknechts, die als Stiftung weiter geführt wurde, (einschließlich zahlreicher Typen) bildet einen wichtigen Teil des nach ihm benannten Herbarium Haussknecht, das sich seit 1949 an der Friedrich-Schiller-Universität Jena (JE) befindet. In verschiedenen Herbarien der Welt (vergl. STAFLEU & COWAN 1979) liegen außerdem Exsikkate seiner Sammlungsreisen, vor allem aus dem Orient. Haussknecht war wie Vocke (und vermutlich wie weitere Botaniker des Kyffhäusergebietes) „Mitarbeiter" am sogenannten „Herbarium Europaeum" von K. G. Baenitz (1837 bis 1913). Dieses war ähnlich wie andere „Botanische Tauschvereine" darauf ausgerichtet, ein möglichst umfangreiches Herbarium aufzubauen (Doublettentausch). Das Baenitzsche „Herbarium Europaeum" war ein weniger auf Vollständigkeit der europäischen

Flora ausgerichtetes Projekt, eher eine Ansammlung von Belegen aus der Flora Europas. Auch aus diesem Grund werden die Baenitzschen Beleg-Nummern nur selten zitiert.[5] Folgende von Haussknecht gesammelte Belege aus unserem Bearbeitungsgebiet sollen genannt werden: *Artemisia laciniata*: Borxleben bei Artern (JE, 1856); *Artemisia pontica*: Frankenhausen, Waldränder östlich vom Waldschlösschen (JE, Juli 1887); *Artemisia rupestris*: Artern, gen Ringleben (JE, 1856); *Astragalus exscapus*: Oberhalb des Hausmannsturms bei Frankenhausen (JE, 1877); *Biscutella laevigata*: Gips des Kohnsteins bei Niedersachswerfen (JE, 18.6.1890); *Cardaminopsis petraea*: Gipsfelsen bei Walkenried (JE, 22.7.1890); *Centaurium littorale*: Gipshügel bei Frankenhausen im Kalktal (JE, Juli 1887); *Euphorbia falcata*: Frankenhausen (JE, 1858); *Filago vulgaris*: lehmige Äcker oberhalb Seega (JE, Juli 1887); *Glyceria distans* var. *versicolor*: Artern, auf salzigen Wiesen gen Schönfeld (JE, Juli 1864, rev. H. Scholz 1962 als *Puccinellia limosa*); *Gymnocarpium robertianum*: Alter Stolberg (JE, 20.6.1896); *Hymenolobus procumbens*: Solgraben in Frankenhausen (JE, 1859); *Leontodon saxatilis*: Wiesen westlich Frankenhausen (JE, Juli 1887); *Minuartia hybrida*: Fuß des Kohnsteins [bei Nordhausen] im Geröll (JE, 18.6.1890); *Poa badensis*: Kalkfelsen bei der Sachsenburg (JE, Juli 1864); *Salix hastata*: Alter Stolberg (JE, 20.6.1890); *Schoenoplectus triqueter*: Erdfall bei Bendeleben (JE, 1887); *Sisymbrium spec.*: Sachsenburg (JE, Mai 1879, det. O. E. Schulz als *S. austriacum*); *Torilis arvensis*: Hausmannsturm bei Frankenhausen (JE, Juli 1887); *Teucrium scordium*: Artern (JE, 1856).

Wichtige Veröffentlichungen
• Beiträge zur Flora von Thüringen. – Verh. Bot. Ver. Provinz Brandenburg 13: 98–141; 1871. – • Monographie der Gattung *Epilobium*. – Jena 1884. – • Kleinere botanische Mitteilungen (u. a. über *Centaurium littorale* auf Gipshängen bei Frankenhausen). – Mitt. Geograph. Ges. (Thüringen) 6: 21–32; 1887–1888. – • Ueber einige kritische *Rumex*-Arten. – Mitt. Thüring. Bot. Ver. 1: 31–35; 1891. – • Ueber einige *Polygala*-Arten. – Mitt. Thüring. Bot. Ver. 1: 35–43; 1891 – • Pflanzengeschichtliche, systematische und floristische Besprechungen und Beiträge. – Mitt. Thüring. Bot. Ver. 2: 45–67; 1892. – • Über Geschichte und Vorkommen der Hambuttenbirne (*Pirus Bollwylleriana* DC.). – Mitt. Thüring. Bot. Ver. 17: 102–105; 1902. – • Zur Flora von Eisleben. – Mitt. Thüring. Bot. Ver. 17: 105–108; 1902.

Biographie
Heinrich Carl Haussknecht wurde am 30. November 1838 als Sohn des Rittergutsbesitzers Johann Ernst Friedrich Haussknecht (1794 bis 1879) in Bennungen am Südharz geboren. Die ersten Jahre seiner Kindheit verlebte er in Bennungen und Hauterode. Von 1850 bis 1855 besuchte er das Zenkersche Institut (eine Gymnasialanstalt) in Jena. Von September 1855 bis Dezember 1856 begann er bei seinem Schwager Poppe eine Apothekerlehre in Artern, die er bis zum Gehilfenexamen im Jahre 1859 in der Kielschen Löwenapotheke in Greußen fortsetzte. Danach war er Apothekengehilfe in Erkelenz (Rheinland) und in Mühlheim an der Ruhr. Um die Flora der Alpen näher kennen zu lernen, ging er als Apothekengehilfe in die Schweiz (Bremgarten; Aigle). Durch das Auffinden der seltenen Umbellifere *Trochiscanthes nodiflorus* bei Aigle wurde er mit zahlreichen schweizer Botanikern bekannt. Bereits im Oktober 1862 war er wieder in Thüringen, wo ihn ein Brief von E. Boissier (1810 bis 1885) erreichte, mit dem Angebot, pro Jahr eine Forschungsreise für dessen „Flora Orientalis" zu unternehmen. Um seine berufliche Ausbildung abzuschließen, ging Haussknecht zunächst an die Universität Breslau [1863[1]], an der er im Mai 1864 die pharmazeutische Staatsprüfung bestand. Danach kehrte er zu seinen Eltern nach Weimar zurück. Bereits am 1. Februar 1865 verließ er Genf, um zu seiner ersten Sammelreise aufzubrechen, die ihn nach Syrien und

Südostanatolien führte. Anfang Dezember 1865 ging es mit reicher botanischer Ausbeute wieder zurück nach Europa. Schon am 8. Dezember 1866 brach er von Weimar zu seiner zweiten Orientreise auf, die ihn diesmal nach Syrien und Südostanatolien sowie in den Irak und Iran bringen sollte. Am 20. Februar 1869 traf er wieder in Triest ein. Nach einer Auswertung der Herbarausbeute mit E. Boissier in Genf für dessen „Flora Orientalis", ließ sich Haussknecht endgültig in Weimar nieder, wo ihm der Großherzog von Sachsen-Weimar-Eisenach noch im Jahre 1869 den Professoren-Titel verlieh.[2] Im Jahre 1873 ging er nochmals für kurze Zeit an die Kielsche Apotheke nach Greußen. Er bewarb sich auch erfolglos um eine Konzession in Berlin. Später erhielt er eine solche in Lübeck, aber übernahm die dortige Apotheke nicht selbst, sondern verkaufte sie schon 1876 wieder.[2][3] Am 23. März 1876 heiratete er Lorenza Watermeyer aus Bremen; aus dieser Ehe ging eine Tochter hervor.[2] In Weimar beschäftigte sich Haussknecht neben der Sichtung und kritischen Durchsicht seiner botanischen Sammlungen auch mit dem Studium einiger heimischer Pflanzengattungen, so auch monographisch mit der Gattung *Epilobium*.[2] Große Verdienste erwarb er sich um die Kenntnis der Hybriden verschiedener Pflanzenarten.[3] Ab 1881 war er Vorsitzender der Erfurter Sektion der „Irmischia". Am 12. November 1882 gründete er hieraus den „Botanischen Verein für Gesamt-Thüringen", der im Jahre 1891 in „Thüringischer Botanischer Verein" (heute Thüringische Botanische Gesellschaft) umbenannt wurde.[2] Im Juli und August 1887 war er für mehrere Wochen mit der Familie in Frankenhausen und durchforschte dort die ganze Umgebung gründlich.[7] Da seine Sammlungen im Laufe der Zeit sehr umfangreich wurden, (nicht zuletzt infolge einer weiteren Sammelreise nach Griechenland im Jahre 1885), entschloss er sich zum Bau eines eigenen Herbarhauses. Am 18. Oktober 1896 wurde es als „Herbarium Haussknecht" in Weimar eingeweiht.[2] Anlässlich eines Besuches des Großherzogs von Sachsen-Weimar-Eisenach in diesem Herbarhaus wurde Haussknecht in Anerkennung seiner Leistungen im Jahre 1900 der Titel „Hofrat" verliehen. [1][2] Bereits am 30. Januar 1889 war er Mitglied der Leopoldina geworden (Matrikel-Nr. 2831).[1] In seinen letzten Lebensjahren beschäftigte er sich vor allem mit der Flora von Thüringen und trat besonders für deren Schutz ein. Mit J. Bornmüller, der zu ihm 1887 wissenschaftliche Beziehungen aufnahm, verband ihn in dieser Zeit der produktiven Zusammenarbeit eine enge Freundschaft. Haussknecht begann die Bearbeitung der von Theodor Strauß (1859 bis 1911) gesandten Pflanzensammlungen aus dem Iran, die dann von Bornmüller beendet wurde. Des Weiteren bearbeitete er die anatolischen Sammlungen von Paul Sintenis (1847 bis 1907) und Walter Siehe (1859 bis 1928). Nachdem er schon im Winter 1902/03 oft kränklich war, verstarb er am 7. Juli 1903 in Weimar.[2]

Haussknecht war Mitglied des Botanischen Vereins für die Provinz Brandenburg.[6] Viele Pflanzen wurden nach ihm benannt. Auch eine Gattung der Umbelliferen, die zu den prächtigsten Doldengewächsen Turkestans zählt, trägt den Namen *Haussknechtia*.[4]

Quellen

(1) CASPER, J. (Hrsg.): Herbarium Haussknecht, Weimar 1896 – Jena 1996, Geschichte und Gegenwart. – Haussknechtia Beiheft 8: 1–48; 1997. – (2) MEYER, F. K.: Carl Haussknecht, ein Leben für die Botanik. – Haussknechtia 5: 5–20; 1990. – (3) HERGT, B.: Hofrat Prof. Carl Haussknecht. – Mitt. Thüring. Bot. Ver. 18: 1–14; 1903. – (4) MARBACH, F.: Carl Haußknecht, der Mann und sein Werk. – Mitt. Thüring. Bot. Ver. 45: 13–23; 1939. – (5) Meyer, F. K., Jena (21.4.2003, briefl. an J. Pusch). – (6) Fußnote in Verh. Bot. Ver. Provinz Brandenburg 30: 77; 1889. – (7) Grube-Einwald, L., Coburg (19.9.1909, briefl. an B. Hergt).

Helmecke, Klaus   1939–

geboren: 14. Februar 1939 in Erfurt

Abb. 85: Klaus Helmecke

Beruf, Leistungen auf floristischem Gebiet
Gärtner, Gartenbauingenieur, Hochschullehrer (FH),
Botaniker. Bereits während seines Biologiestudiums
an der Universität Halle befasste sich Helmecke mit
der Flora und der Vegetation des südwestlichen Kyffhäusergebirges, was sowohl in seiner Diplomarbeit
(1967) als auch in seiner Dissertation (1972) seinen
Niederschlag fand. Dabei wurden besonders ökologische Sachverhalte, wie Wasserhaushalt und Mikro-
klima, berücksichtigt. Die im Rahmen dieser Arbeiten
angefertigten Vegetationsaufnahmen aus dem Gebiet
der Ochsenburg wurden seinerzeit bei Studentenprak-
tika an der Fachhochschule Erfurt mit zur Auswertung
herangezogen. Sein Beitrag „Der Naturpark 'Kyffhäuser' – ein Gebiet von einmaliger Naturausstattung"
(1992, unter Mitarbeit von W. SAUERBIER und H.
DÖRFELT) beschäftigt sich u. a. mit der Geologie, dem
Klima, der Flora, der Fauna und den Lebensgemein-
schaften des Kyffhäusergebirges. Ein besonderer Abschnitt ist der Pilzflora gewidmet. So
sind Steppenpilze mit pontisch-zentralasiatischem und mediterran-submediterranem Areal
am Südabfall des Kyffhäusergebirges in einer für Deutschland einmaligen Konzentration
vorhanden. Aber auch die subkontinental beeinflussten Eichen-Elsbeerenwälder und me-
sophilen Laubwälder des Untersuchungsgebietes erweisen sich mykofloristisch als besonders
artenreich. Einige bemerkenswerte Pflanzenarten des zunächst weitgehend ausgesparten
Ostteils des Kyffhäusergebirges wurden in einer 2. Auflage (1993) nachgetragen, u. a. *Gentianella baltica, Sisymbrium strictissimum, Spiranthes spiralis* und *Vicia cassubica*, die noch
heute im Raum Udersleben – Ichstedt zu finden sind.

Herbarien, wichtige Herbarbelege
Ein eigenes Herbarium wurde von Helmecke nicht angelegt, auch vom Kyffhäusergebirge
(Diplom- und Doktorarbeit) existieren keine Aufsammlungen.[1] In der Heimatsammlung des
Herbariums der Martin-Luther-Universität Halle (HAL) sind insgesamt 15 Herbarbelege von
Helmecke aus dem heutigen Sachsen-Anhalt vorhanden.[2] Etwa 150 Belege von Helmecke
liegen in einem Herbar an der Fachhochschule in Erfurt.[5]
        Auch aus unserem Untersuchungsgebiet befinden sich wenige Belege in Halle (HAL),
so z. B. von *Buglossoides arvensis* subsp. *sibthorpianum*: Ochsenburg, Westteil (HAL,
1.6.1970) und *Lithospermum officinale*: Ochsenburg nordwestlich Bad Frankenhausen
(HAL, 14.11.1967, mit H. Meusel und G. Mörchen). Genannt werden sollen auch folgende
außerhalb unseres Untersuchungsgebietes gesammelte Belege: *Carex praecox*: Henne bei
Naumburg (HAL, 25.4.1964); *Gypsophila scorzonerifolia*: Braunkohle bei Etzdorf im Saal-
kreis (HAL, 28.9.1977, det. S. Rauschert); *Viola stagnina*: Hintere Saalberge bei Dessau, am
Auswurf des Wasserlochs (HAL, 22.5.1968). Im Herbar der FH Erfurt, FB Landschaftsarchi-

tektur liegen u. a. folgende Belege von Helmecke aus dem Kyffhäusergebiet: *Asperugo procumbens*: Kyffhäuser, Straße von Rottleben nach Steinthaleben (17.6.1995); *Arabis auriculata*: Ochsenburg, Kyffhäuser (22.4.1998); *Hornungia petraea*: Ochsenburg, Kyffhäuser (22.4.1998); *Saxifraga tridactylitis*: Ochsenburg, Kyffhäuser (22.4.1998) und *Sclerochloa dura*: Nasswiesen nördlich Seehausen bei Bad Frankenhausen (4.6.1997).

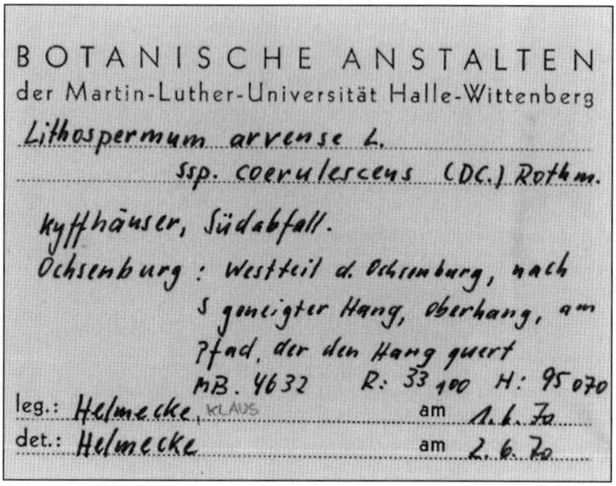
BOTANISCHE ANSTALTEN
der Martin-Luther-Universität Halle-Wittenberg
Lithospermum arvense L.
ssp. coerulescens (DC.) Rothm.
Kyffhäuser, Südabfall.
Ochsenburg: Westteil d. Ochsenburg, nach S geneigter Hang, Oberhang, am Pfad, der den Hang quert
MB. 4632 R: 33100 H: 95070
leg.: Helmecke, KLAUS am 1.6.70
det.: Helmecke am 2.6.70

Abb. 86: Handschriftliches Herbaretikett von K. Helmecke

Wichtige Veröffentlichungen

• Botanik. In: EBERHARDT, H. (Bearb.): Der Kyffhäuser und seine Umgebung (Werte unserer Heimat 29). – Berlin 1976. – • Beiträge zur Wirkung des Herbizideinsatzes auf Struktur und Stoffhaushalt von Agro-Ökosystemen (HELMECKE, K., B. HICKISCH, E.-G. MAHN, J. PRASSE & G. STERNKOPF). – Hercynia 14(4): 375–398; 1977. – • Auswertung von Dauerflächenbeobachtungen mittels mathematisch-statistischer Methoden. – Phytocoenosis 7: 227–244; 1978. – • Veränderungen der Populationsdynamik ausgewählter Segetalarten in Agrophytozönosen durch Herbizide (HELMECKE, K. & E.-G. MAHN). – Wiss. Zeitschr. Univ. Halle, math.-nat. R. 33(5): 3–20; 1984. – • Der Naturpark „Kyffhäuser" – ein Gebiet von einmaliger Naturausstattung (HELMECKE, K. unter Mitarbeit von W. SAUERBIER & H. DÖRFELT). – Sonderheft Landschaftspflege Naturschutz Thüringen" 29: 1–23; 1992 (2. Aufl. 1993, letztere mit einem Nachtrag von J. PUSCH und K.-J. BARTHEL auf S. 24). – • Exkursion 1: Naturpark Kyffhäuser (HELMECKE, K. & J. PUSCH). – Exkursionsführer 47. Jahrestagung Floristisch-soziologische Arbeitsgem. e. V. vom 6.–9. Juni 1997 in Jena: 26–38; 1997. – • Außerdem schrieb er mit R. SCHUBERT, Halle, 4 Ergebnisberichte zu botanischen Untersuchungen in Kuba (in Feddes Repert. 1979–1980).

Biographie

Klaus Helmecke wurde am 14. Februar 1939 als Sohn eines Sattlers in Erfurt geboren. Von 1945 bis 1953 besuchte er die Grundschule in Gera. Da er keinen Platz an der Oberschule erhielt, begann er im Jahre 1953 eine Gärtnerlehre in Gera, die er im Jahre 1956 mit der Facharbeiterprüfung abschloss. Anschließend war er am Botanischen Garten der Universität Jena als Reviergärtner tätig. Von 1958 bis 1961 studierte er Garten- und Landschaftsgestaltung an der Fachschule für Gartenbau in Erfurt. Nach erfolgreichem Abschluss als Gartenbauingenieur ging er als Bauleiter an den VEB Gewässerunterhaltung und Meliorationsbau Cottbus, Außenstelle Landschaftsgestaltung. Hier war er an der Rekultivierung der Kippen und Halden in den Braunkohlentagebauen der Lausitz eingesetzt. Im Jahre 1962 begann Helmecke ein Biologiestudium an der Universität Jena, das er nach der Emeritierung von O. Schwarz (1965) an der Universität Halle fortsetzte und mit der Diplomarbeit „Soziologisch-ökologische Untersuchungen im Gebiet Ochsenburg-Habichtstal" im Jahre 1967 abschloss. Mit der Dissertation „Ökologische Untersuchungen an Pflanzengesellschaften im NSG Ochsenburg-Ziegelhüttental" promovierte er im November 1972 unter H. Meusel und R. Schubert zum Dr. rer. nat. Anschließend war er im Bereich der Agroökologie tätig. Im Rahmen von verschiedenen interdisziplinären Forschungsaufgaben wurde der Einfluss von Herbiziden und unterschiedlichen Stickstoffdüngern auf die Agrozönose untersucht. Weitere Forschungen befassten sich mit der Pflege von Naturschutzgebieten und mit Fragen der Bioindikation.[1] „Anerkennung fand seine Arbeit auch durch Teilnahme an drei Expeditionen in die Mongolische Volksrepublik in den Jahren 1973, 1979 und 1987 unter anderem an Forschungsthemen wie 'Soziologische und ökologische Untersuchungen an Pflanzengesellschaften der Gobi bzw. in Gebirgsregionen der Mongolischen Volksrepublik'. Auch an zwei Forschungsaufenthalten in Kuba war Klaus Helmecke beteiligt, die sich mit soziologischen und ökologischen Untersuchungen in den unterschiedlichsten Pflanzenformationen beschäftigten."[7] Auf eigenem Wunsch verließ Helmecke im Jahre 1987 die Universität Halle und war kurzzeitig am Bezirkshygieneinstitut Gera (Bereich Umweltmikrobiologie) beschäftigt. 1988 nahm er eine Tätigkeit am Institut für Landschaftsforschung und Naturschutz in Halle auf, wo ihm der Aufbau von Datenbanken für den Datenspeicher „Naturschutz" übertragen wurde. Aus persönlichen Gründen wechselte er im Jahre 1990 an die Außenstelle dieses Instituts nach Jena. Auch hier stand der Aufbau computergestützter Auswerteprogramme im Vordergrund seiner Arbeit. Gemeinsam mit R. Haupt wurde er 1991 an das neu zu schaffende Ministerium für Umwelt und Naturschutz nach Erfurt delegiert, wo u. a. das „Vorläufige Thüringische Naturschutzgesetz" ausgearbeitet wurde. Mit der Neugründung der Fachhochschule Erfurt erhielt er im Jahre 1991 einen Ruf als Professor an diese Einrichtung. Hier vertrat er im Fachbereich Landschaftsarchitektur die Lehrgebiete Botanik, Vegetationskunde und Pflanzenökologie.[1] „In die Selbstverwaltung der Hochschule brachte er sich als Dekan, als Mitglied des Fachbereichsrates und weiterer Gremien der Hochschule ein. Gerechtigkeit, Nachvollziehbarkeit und Vorhersehbarkeit sowie Zuverlässigkeit sind die hervorstechenden Merkmale seiner Arbeit."[7] Helmecke engagierte sich seit 1997 in Zusammenarbeit mit J. Pusch, W. Westhus, F. Hellwig und anderen für Erhaltungsmaßnahmen akut vom Aussterben bedrohter Pflanzenarten Thüringens. So wurden unter seiner Zuständigkeit von Frau D. Fiebich zahlreiche seltene Arten der Flora Thüringens zwecks Saatgutgewinnung kultiviert, um es an den Ursprungsfundorten zur Populationsstabilierung wieder auszubringen.[6] Anlässlich seiner Verabschiedung in den Ruhestand wurde Helmecke an seinem 65. Geburtstag (14. Februar 2004) mit einem Botanischen Festkolloquium an der Fachhochschule Erfurt geehrt.[4]

Helmecke ist seit 1997 in der Thüringischen Botanischen Gesellschaft[3] sowie seit 1996 Mitglied des Landesnaturschutzbeirates in Thüringen.[7]

Quellen
(1) Helmecke, K., Fachhochschule Erfurt (eingegangen am 14.5.2001, briefl. an J. Pusch). – (2) Krumbiegel, A., Halle (9.1.2002, briefl. an J. Pusch, in Auswertung des Herbars HAL in Vorbereitung einer neuen Flora von Sachsen-Anhalt). – (3) Göckeritz, J., Gera (Vorstand Thür. Bot. Ges.) (26.3.2002, briefl. an J. Pusch). – (4) Programm zum Botanischen Festkolloquium an der Fachhochschule Erfurt am 14. Februar 2004. – (5) Helmecke, K. (1.3.2004, telef. mit J. Pusch). – (6) eigene Angaben J. Pusch. – (7) GROSSER, N. & W. WESTHUS: Prof. Dr. rer. nat. Klaus Helmecke zum 65. Geburtstag. – Landschaftspflege Naturschutz Thüringen 41(3): 97–98; 2004.

Henze, Ulrich

1963–

geboren: 9. März 1963 in Halle/Saale

Beruf, Leistungen auf floristischem Gebiet
Gartenbauingenieur, Botaniker (insbesondere heimische Orchideen und dendrologische Aspekte). In seiner Arbeit „Zur Flora der Badraer Gipsberge im westlichen Kyffhäusergebirge" (1994) lieferte er wertvolle Ergänzungen zur Flora des nordwestlichen Kyffhäuservorlandes. Auch in seinen Beiträgen „Zur Flora der Hainleite im Landkreis Sondershausen" (1994), „Vegetationskundliche Aspekte des oberen Helbetales" (1995) und „Zur Flora der Windleite und des Wippertales zwischen Großfurra und Göllingen" (1995) bringt er eine Vielzahl von Neufunden und Bestätigungen bemerkenswerter Arten. Wesentlichen Anteil hat er am Gelingen der Broschüre „Orchideen im Kyffhäuserkreis" (2000) des AHO Thüringen e. V. Er war auch an mehreren *Orobanche*-Funden in Nordthüringen beteiligt.

Abb. 87: Ulrich Henze im Jahre 2001

Von seinen Funden seien u. a. genannt: *Acorus calamus* vom Segelteich bei Badra, *Botrychium matricariifolium* vom Vorderen Manntalskopf nördlich Sondershausen, *Bromus arvensis* vom Hühnerberg nordöstlich Jecha, *Carlina acaulis* und *Orobanche elatior* vom Filsberg bei Hachelbich, *Corallorrhiza trifida* vom Großen Totenberg bei Sondershausen, *Juniperus communis* vom Großen Loh bei Berka, *Marrubium vulgare* vom Kanzelberg bei Badra, *Orobanche alba* auf *Origanum vulgare* vom Frauenberg bei Sondershausen, *Pulmonaria angustifolia* von der Abtsliethe bei Badra, *Tephroseris helenitis* vom Kuhberg bei Göllingen sowie *Trifolium rubens* vom Frauenberg bei Sondershausen. In letzter Zeit beschäftigt er sich besonders mit *Hieracium*. Er ist ein wichtiger Gewährsmann der „Flora des Kyffhäusergebirges und der näheren Umgebung" (BARTHEL & PUSCH 1999), insbesondere aus dem Raum Badra, Bendeleben, Göllingen, Hachelbich und Berka.

Herbarien, wichtige Herbarbelege
Das Privat-Herbar von Henze umfasst derzeit etwa 500 Belege an Gefäßpflanzen, vor allem aus dem unmittelbaren Umfeld von Sondershausen.[2]
Von diesen Belegen sollen folgende genannt werden: *Agrostis canina* (Sumpf nordöstlich Immenrode, 30.8.1995); *Blysmus compressus* (Kalkquellsumpf im Helbetal südsüdwestlich Niederspier, 22.7.1996); *Bromus secalinus* (Sperlingsberg am östlicher Ortsrand von Jecha bei Sondershausen, 28.7.2002), *Crepis mollis* (lichter Laubwald im Steingraben südsüdöstlich Hachelbich, 26.6.1996); *Hieracium rothianum* (aufgelassene Sandgrube nordwestlich Hachelbich, 9.7.1995); *Juncus ranarius* (ehemalige Kiesgrube in der Wipperaue beim Bahnhof Glückauf östlich Großfurra bei Sondershausen, 21.9.1995); *Potamogeton lucens* (Segelteich südsüdwestlich Badra, 22.6.1992). Einzelbelege befinden sich im Herbarium von J. Pusch, so z. B. von *Rosa tomentosa* (Sondershausen, leg. U. Henze 20.9.1997, HPu-2161)

und *Orobanche lutea* (Saum südlich der Bungalowsiedlung nördlich Badra, leg. U. Henze 18.7.2002, HPu-OR-141).

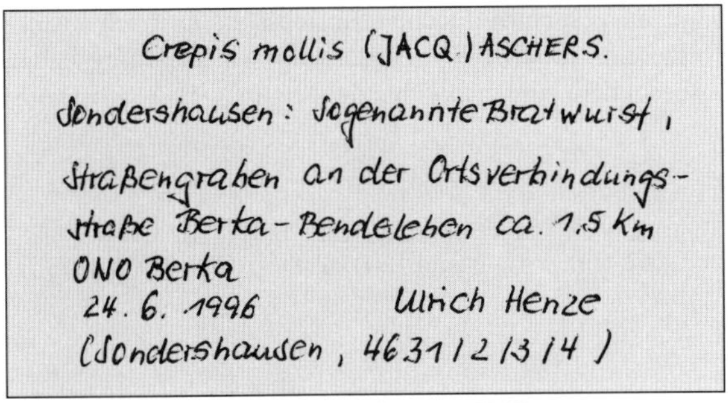
Crepis mollis (JACQ.) ASCHERS.
Sondershausen: sogenannte Bratwurst,
Straßengraben an der Ortsverbindungs-
straße Berka-Bendeleben ca. 1,5 km
ONO Berka
24. 6. 1996 Ulrich Henze
(Sondershausen, 4631/2/3/4)

Abb. 88: Handschriftliches Herbaretikett von U. Henze

Wichtige Veröffentlichungen

• Zur Flora der Badraer Gipsberge im westlichen Kyffhäusergebirge. – Mitt. Florist. Kartierung (Halle) 19: 16–25; 1994. – • Zur Flora der Hainleite im Landkreis Sondershausen. – Mitt. Florist. Kartierung (Halle) 19: 34–51; 1994. – • Zur Flora der Windleite und des Wippertales zwischen Großfurra und Göllingen. – Mitt. Florist. Kartierung (Halle) 20: 44–58; 1995. – • Vegetationskundliche Aspekte des oberen Helbetales. – Mitt. Florist. Kartierung (Halle) 20: 37–44; 1995. – • Neufunde und Bestätigungen bemerkenswerter Arten im nordwestlichen Kyffhäuservorland (7. Beitrag) (BARTHEL, K.-J., J. PUSCH & U. HENZE). – Inform. Florist. Kartierung Thüringen 9: 21–26; 1995. – • Floristische Erfassung an Ackerrändern Nordostthüringens in den Jahren 1993 und 1996 (PUSCH, J., U. HENZE & K.-J. BARTHEL). – Veröff. Naturkundemuseum Erfurt 15: 50–67; 1996. – • Orchideen im Kyffhäuserkreis (HENZE, U., W. ECCARIUS, H. HIRSCHFELD, K. LENK & E. SCHNEIDER). – Arbeitskreis Heimische Orchideen Thüringen e. V. 2000. – • Zur Verbreitung und Vergesellschaftung von *Allium sphaerocephalon* L. (Kugelköpfiger Lauch) und *Torilis arvensis* (HUDS.) LINK (Feld-Klettenkerbel) in Nordostthüringen (BARTHEL, K.-J., J. PUSCH & U. HENZE). – Inform. Florist. Kartierung Thüringen 19: 17–22; 2000. – • *Orobanche gracilis* und weitere bemerkenswerte *Orobanche*-Neufunde (Sommerwurz) im nördlichen Thüringen (PUSCH, J., M. DUCHECK, U. HENZE & P. LAUSER). – Veröff. Naturkundemuseum Erfurt 20: 51–55; 2001.

Biographie

Ulrich Lutz Henze wurde am 9. März 1963 als Sohn eines Chemikers in Halle/Saale geboren. Da seine Eltern in Sondershausen wohnten, besuchte er von 1969 bis 1977 die Polytechnische Oberschule und von 1977 bis 1981 die Erweiterte Oberschule in dieser Stadt. Nach seinem Wehrdienst (NVA) von November 1981 bis August 1982 in Bad Düben und Peenemünde (er wurde aus medizinischen Gründen vorzeitig ausgemustert) arbeitete er zunächst in der Schlossgärtnerei in Sondershausen und studierte von September 1983 bis Februar 1988 Gartenbau an der Humboldt-Universität zu Berlin. Er schloss sein Studium mit der Arbeit „Vorschlag für einen Gehölzsichtungsgarten in Berlin-Blankenfelde“ als Diplom-Gartenbauingenieur ab. Von März 1988 bis Dezember 1988 arbeitete er in einem Gartenbaubetrieb bei Erfurt (VEG Saatzucht Zierpflanzen Erfurt, Betriebsteil Mittelhausen). Danach ging er von Januar 1989 bis August 1990 als Mitarbeiter für Forst- und Naturschutz zum Staatlichen Forstwirtschaftsbetrieb nach Sondershausen. Seit September 1990 arbeitet er bei der Unteren Naturschutzbehörde beim Landratsamt des Kyffhäuserkreises in Sondershausen (verantwortlich für Landschaftspflege und Artenschutz). Am 4. September 1992 heiratete er Anette Schubert aus Sondershausen; aus dieser Ehe ging eine Tochter (geb. 1993) hervor.(1)

Henze ist seit 1988 Mitglied der Thüringischen Botanischen Gesellschaft(1) und seit Juli 2000 Mitglied des Arbeitskreises Heimische Orchideen Thüringen e. V.(3) Er interessierte sich in seiner Oberschulzeit zunächst für Ornithologie und kam später nach intensiver Beschäftigung mit den heimischen Orchideen seit etwa 1989 auch zur allgemeinen Floristik.(1) Ab 1990 nahm er an der floristischen Kartierung Thüringens teil (MTB 4630 Schernberg, 4631 Sondershausen, 4731 Greußen sowie Teile von 4531 Heringen und 4629 Menteroda).[4] Im Rahmen seiner umfangreichen Erfassungen der Segetalflora in den Großräumen Sondershausen und Sömmerda bemühte er sich um die Einbindung der wertvollsten Flächen in Ackerrandstreifenprogramme. Seit 1989 unternahm er Versuche zur Wiedereinführung der Nieder- und Mittelwaldwirtschaft auf ausgesuchten Flächen zunächst streng nach historischen Überlieferungen. Später erfolgte eine modifizierte Umsetzung zur Schaffung hauptsächlich lichter Waldstrukturen, insbesondere, um lichtliebende Arten (z. B. *Cypripedium calceolus*) zu fördern.[4]

Quellen
(1) Henze, U., Sondershausen (12.2.2001, mündl. mit K.-J. Barthel). – (2) Henze, U. (11.7.2001, mündl. mit J. Pusch). – (3) Frau C. Lindig, Uhlstädt (19.7.2002, telef. mit J. Pusch). – (4) Henze, U. (20.8.2002, schriftl. an J. Pusch).

Herdam, Hagen

Abb. 89: Hagen Herdam im Jahre 2004

1939–

geboren: 7. September 1939 in Halberstadt

Beruf, Leistungen auf floristischem Gebiet

Getreidezüchter, Botaniker. Für die „Neue Flora von Halberstadt" (HERDAM et al. 1993), die ein Gemeinschaftswerk zahlreicher Mitglieder des Botanischen Arbeitskreises Nordharz e. V. ist, verfasste er das Vorwort und den gesamten speziellen Teil (S. 80 bis 336). [Für die Geschichte der floristischen Erforschung zeichneten A. Bartsch und H.-U. Kison verantwortlich.] Das Untersuchungsgebiet dieser Flora, das 4.121 km² und 143 Messtischblatt-Quadranten umfasst, reicht im Süden auch in das Kyffhäusergebiet (Nordteile der Landkreise Nordhausen und Sangerhausen) etwa bis zur Linie Netzkater – Schwenda – Wippertalsperre. Damit werden sowohl aktuelle als auch historische Fundortsangaben u. a. von Rothesütte, Sülzhayn, Sophienhof, vom Flussgebiet der Bere, vom Forsthaus Birkenmoor und vom Auerberg aufgeführt. Herdam nennt u. a. *Acorus calamus* von Sophienhof, *Agrimonia procera* vom Großen Kunzental bei Rothesütte, *Bidens cernua* westlich vom Forsthaus Birkenmoor, *Campanula cervicaria* vom Beretal, *Campanula latifolia* aus dem Raum Sophienhof, Eisfelder Talmühle und Rothesütte, *Securigera varia* von Schwenda, *Cynoglossum germanicum* vom Beretal nördlich Netzkater, *Geranium lucidum* vom Steinmühlental bei Sülzhayn, *Oenanthe aquatica* von Rothesütte, *Potentilla norvegica* von Straßenrändern bei Netzkater sowie *Virga pilosa* vom Beretal nördlich Netzkater. Auch in seinen Beiträgen „Nachweise zur Flora Sachsen-Anhalts" (1997, 1998) bringt er eine Vielzahl von Neufunden und Bestätigungen bemerkenswerter Arten: *Anemone sylvestris* von den Königsköpfen südwestlich Hainrode, *Carex tomentosa* von den Triften östlich des Hohen Kopfes bei Questenberg, *Cerinthe minor* vom Geiersberg westsüdwestlich Breitungen (11 Exemplare), *Dorycnium herbaceum* nahe dem Wolfstal westlich Blankenheim, *Moneses uniflora* vom Westabfall des Hohnberges südwestlich von Kelbra, *Orobanche alsatica* nahe Questenberg, *Pedicularis sylvatica* von der Fohlentränke nordwestlich Wettelrode, *Phyllitis scolopendrium* vom Spatenberg südwestlich Breitungen und *Phyteuma nigrum* zwischen Agnesdorf und Questenberg. Zahlreiche seiner Fundortsangaben stellte Herdam für die „Flora des Kyffhäusergebirges und der näheren Umgebung" (BARTHEL & PUSCH 1999) zur Verfügung. Später teilte er uns u. a. mit, dass er im anhaltinischen Teil des Hopfentales (westliches Kyffhäusergebirge) *Gentianella amarella* auffinden konnte.[1] Auch ein Fund von *Xanthium strumarium* an einer Ruderalstelle am Ostrand von Sittendorf (mit A. Hoch, 2004) ist sehr bemerkenswert.

Herbarien, wichtige Herbarbelege

Nach eigener Auskunft wurde kein nennenswertes Herbarium angelegt.[1]

Wichtige Veröffentlichungen
• Zum Vorkommen geschützter Pflanzenarten im Kreis Wanzleben. – Naturkundl. Jahresber. Mus. Heineanum Halberstadt 10: 11–19; 1975. – • Neue Flora von Halberstadt (HERDAM, H. unter Mitwirkung von H.-U. KISON, U. WEGENER, C. HÖGEL, W. ILLIG, A. BARTSCH, A. GROß & P. HANELT). – Quedlinburg 1993. – • Neufunde und Nachträge zu Herdam et al.: Neue Flora von Halberstadt (1. Mitteilung). – Mitt. Botan. Arbeitskr. Nordharz, Quedlinburg. 1: 1–49; 1994. – • Neufunde und Nachträge zur „Neuen Flora von Halberstadt", 2. Mitteilung. – Abh. Ber. Mus. Heineanum 2: 1–71; 1994. – • Neufunde und Nachträge zur „Neuen Flora von Halberstadt", 3. Mitteilung. – Abh. Ber. Mus. Heineanum 3: 9–65; 1996. – • Nachweise zur Flora Sachsen-Anhalts. – Mitt. Florist. Kartierung Sachsen-Anhalt 2: 39–52; 1997. – • Nachweise zur Flora Sachsen-Anhalts, 2. Mitteilung. – Mitt. Florist. Kartierung Sachsen-Anhalt 3: 133–143; 1998. – • Neufunde und Nachträge zur „Neuen Flora von Halberstadt", 4. Mitteilung. – Abh. Ber. Mus. Heineanum 4: 21–69; 1998. – • Neufunde und Nachträge zur „Neuen Flora von Halberstadt", 5. Mitteilung. – Abh. Ber. Mus. Heineanum 5: 15–87; 2001.

Biographie

Hagen Herdam wurde am 7. September 1939 als Sohn eines Tischlers in Halberstadt geboren.[1][2] Er besuchte zunächst von 1945 bis 1953 die Grundschule und von 1953 bis 1956 (9. bis 11. Klasse) die Oberschule in Halberstadt.[1] Schon als Oberschüler eignete er sich als Autodidakt umfangreiche floristische und ornithologische Kenntnisse an.[2] Die 12. Klasse absolvierte er an der Arbeiter-und-Bauernfakultät (ABF) in Halle, wo er im Jahre 1957 das Abiturzeugnis erhielt. Nach einer einjährigen Arbeit als Gartenhilfsarbeiter in der Universitätsgärtnerei zu Halle ging er im Jahre 1958 zum Studium der Pflanzenzüchtung an die Timirjasew-Akademie nach Moskau. Dieses Studium schloss er 1963 mit der Diplomarbeit „Evaluation von Mais-Inzuchtlinien und einige Fragen der Verrechnung von Versuchsdaten" am Lehrstuhl für Genetik und Pflanzenzüchtung der Landwirtschaftlichen Timirjasew-Akademie in Moskau als Agronom und Pflanzenzüchter ab. Danach ging er für ein Jahr zum VEG Saatzucht Bernburg. Von 1964 bis 1985 war er zunächst Wissenschaftlicher Assistent und später Abteilungsleiter am Institut für Getreideforschung in Hadmersleben. Im Jahre 1971 promovierte er mit der Dissertation „Zur morphologischen Ertragsstruktur zwei- und sechszeiliger Sommergersten unter besonderer Berücksichtigung der Umwelt- und Versuchsbedingungen" an der Universität Halle zum Dr. agr. Bereits im Jahre 1976 graduierte er mit der Dissertation „Untersuchungen zur Konstruktion und Prüfung von Selektionsindizes für die Winterweizenzüchtung" an der Akademie der Landwirtschaftswissenschaften der DDR zum Dr. sc. agr.[1] Von 1977 bis 1981 und 1983 arbeitete Herdam gemeinsam mit seiner Frau an landwirtschaftlichen Entwicklungsprojekten in Mosambik, wo er für die Weizenforschung verantwortlich war.[1][2] Im Jahre 1985 wurde er durch den Präsidenten der Akademie der Landwirtschaftswissenschaften der DDR zum Professor ernannt. Noch im selben Jahr ging er als Bereichsleiter Genetik und Züchtung an das Institut für Züchtungsforschung nach Quedlinburg, wo er bis zum Jahre 1991 angestellt war. Er habilitierte sich im Jahre 1991 mit dem Thema „Computersimulation in der Pflanzenzüchtung – Anforderungen und Effekte" an der Universität Halle zum Dr. agr. habil. Seit 1992 arbeitet er freiberuflich als Beratender Ingenieur für Ökologie (floristische und Biotopkartierung, Gutachtertätigkeit, Naturschutz).[1][2]

Als Mitglied der Arbeitsgemeinschaft Herzynischer Floristen hatte Herdam infolge „Bearbeitung sehr großer Gebiete" einen wesentlichen Anteil am Erscheinen des „Verbreitungsatlas der Farn- und Blütenpflanzen Ostdeutschlands" (BENKERT et al. 1996).[3] Er ist Mitglied des Botanischen Arbeitskreises Nordharz e. V. (vormals Floristischer Arbeitskreis Nordharz) seit seinem Bestehen und Gründungsmitglied des Botanischen Vereins Sachsen-

Anhalt. Außerdem ist er Mitglied des Arbeitskreises Heimische Orchideen.[1] In den letzten Jahren beteiligte sich Herdam an der selektiven Biotopkartierung für Sachsen-Anhalt, am Arten- und Biotopschutzprogramm für den Harz, an den Grundlagen zur Ausweisung von FFH-Gebieten, an der floristischen Kartierung von geschützten und Rote Liste-Arten in Sachsen-Anhalt sowie an den Vorarbeiten zu einer „Flora von Sachsen-Anhalt". Am 8. Oktober 1999 wurde er mit dem Bundesverdienstkreuz geehrt.[2]

Quellen
(1) Herdam, H., Straßberg (4.3.2003, briefl. an K.-J. Barthel). – (2) WEGENER, U.: Prof. Dr. Hagen Herdam mit dem Bundesverdienstkreuz geehrt. – Naturschutz im Land Sachsen-Anhalt 37(1): 32–33; 2000. – (3) BENKERT, D., F. FUKAREK & H. KORSCH (Hrsg.): Verbreitungsatlas der Farn- und Blütenpflanzen Ostdeutschlands. – Jena 1996.

Hergt, Bernhard

1858–1920

geboren: 10. Mai 1858 in Bergsulza
gestorben: 22. Januar 1920 in Bad Sulza

Beruf, Leistungen auf floristischem Gebiet
Gymnasiallehrer, Botaniker (insbesondere Gefäßkryptogamen). Er veröffentlichte eine Arbeit über die
Farnpflanzen Thüringens (1906). Dabei ging es dem
Verfasser im Wesentlichen darum, die von den Botanikern bisher in Thüringen gemachten Beobachtungen
zu sammeln und einen möglichst vollständigen Überblick über die Verbreitung der Farnpflanzen in Thüringen zu geben. Auch vom Kyffhäusergebirge und
seinen Randzonen werden zahlreiche Arten genannt
(u. a. *Asplenium trichomanes* von der Rothenburg,
Asplenium septentrionale vom Kyffhäuser, von der
Rothenburg und vom Steintal, *Gymnocarpium robertianum* aus dem Umfeld von Frankenhausen, Steinthaleben, Badra und Sondershausen sowie *Pilularia
globulifera* aus Artern).

Abb. 90: Bernhard Hergt

Herbarien, wichtige Herbarbelege
Nach dem Tode Hergts wurden die reichhaltigen Sammlungen (wertvoll besonders durch die
Farne und Abnormitäten) dem Herbarium Haussknecht übereignet, in dessen Besitz sich
diese noch heute befinden.

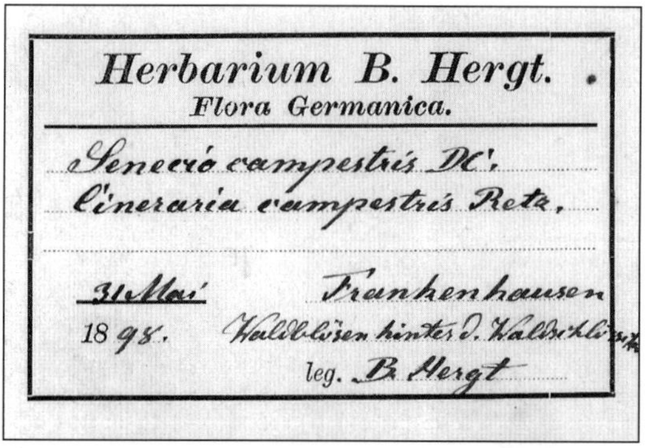

Abb. 91: Handschriftliches Herbaretikett von B. Hergt

Wichtige Herbarbelege von Hergt
aus dem Umfeld des Kyffhäusergebirges sind u. a.: *Artemisia pontica*:
Frankenhausen, Waldrand unterhalb
Bellevue (JE, 6.10.1912); *Bupleurum
tenuissimum*: Artern, Solgraben (JE,
7.10.1912); *Cardaminopsis petraea*:
Alter Stolberg, Gipsfelsen bei Stempeda (JE, 5.6.1909); *Centaurium
pulchellum*: Artern, Feldrain (JE,
25.9.1898); *Glyceria distans* var.
caesia: Artern, Solgraben (JE,
26.9.1898, rev. H. Scholz 1962 als
Puccinellia limosa); *Gymnocarpium
robertianum*: Alter Stolberg bei Nordhausen (JE, 5.6.1909); *Halimione pedunculata*: Solgraben Artern (JE, 24.9.1898); *Leontodon saxatilis*: Frankenhausen, Kalktal (JE, 6.10.1912);
Plantago maritima: Solgraben Artern (JE, 7.10.1912); *Podospermum laciniatum*: Rottleben
bei Frankenhausen (JE, 27.7.1897); *Tephroseris integrifolia*: Frankenhausen, Waldblöße
hinter dem Waldschlösschen (JE, 31.5.1898); *Trifolium fragiferum*: Artern, Wiese am
Solgraben (JE, 24.9.1898).

Wichtige Veröffentlichungen
• Hofrat Prof. Carl Haussknecht. – Mitt. Thüring. Bot. Ver. 18: 1–14; 1903. – • Gedächtnisrede an Hofrat
Prof. C. Haussknecht. – Mitt. Thüring. Bot. Ver. 18: 14–20; 1903. – • Die Farnpflanzen Thüringens. – Mitt.
Thüring. Bot. Ver. 21: 1–50; 1906 [ist auch als Beilage zum Jahresbericht des Realgymnasiums zu Weimar
erschienen, Progr.-Nr. 846, S. 21–70]. – • Gedächtnisrede auf F. C. H. Schönheit auf der Frühjahrshauptver-
sammlung in Singen am 29. Mai 1912. – Mitt. Thüring. Bot. Ver. 30: 109–114; 1913.

Biographie

Bernhard Julius Eduard Hergt wurde am 10. Mai 1858 in Berg-sulza im Großherzogtum Sachsen-Weimar geboren.[1] Seine Eltern waren der Pfarrer Eduard Ludwig Hergt und Marie Emilie Luise geb. Bauch wohnhaft in Bergsulza.[5] Zunächst vom Vater vorbereitet, besuchte er bis 1878 das Wilhelm-Ernst-Gymnasium in Weimar. Zum Studium der Mathematik und der Naturwissenschaften ging er von 1878 bis 1879 an die Univer-sität Jena und von 1879 bis 1881 an die Universität Göttingen. Im Jahre 1881 legte er sein Staatsex-amen in Jena ab. Nach Ableistung des Militärdienstes wurde er zu-nächst im Jahre 1884 Probekandi-dat und im Jahre 1888 ordentlicher Lehrer an der Realschule (dem späteren Realgymnasium) in Wei-mar. Hergt, der verheiratet war, botanisierte in seiner Freizeit u. a. in den Alpen (Berner Oberland, Engadin, Salzkammergut, Tirol), in Bremen, auf Helgoland, in den Vogesen, in Norwegen und in Italien. Im Jahre 1914 weilte er in

Abb. 92: Herbarbeleg von B. Hergt (*Gymnocarpium robertianum*)

in Marienbad zur Kur; anschließend unternahm er eine Reise in den Böhmerwald, wo er eifrig botanisierte. Bei Ausbruch des 1. Weltkrieges meldete er sich sofort zum aktiven Wehrdienst, er war zunächst Bahnschutzoffizier und danach Kompaniechef eines Erfurter Gefangenenlagers. Anschließend kehrte er in den Schuldienst zurück. Nachdem er sich noch im Herbst 1919 einer Augenoperation in Jena unterzogen hatte, starb er am 22. Januar 1920 an einem Herzschlag[1] in Bad Sulza.[5] Der Tod wurde von J. Bornmüller bei der Stadtver-waltung in Weimar angezeigt.[5] Seine Frau überlebte ihn.[1]

Hergt gehörte dem Thüringischen Botanischen Verein seit seiner Gründung an.[1] [Er war bereits vor 1891 Mitglied des Botanischen Vereins für Gesamt-Thüringen.[4]] Im Jahre 1900 wurde er zu dessen Schriftführer gewählt und verfasste in dieser Eigenschaft eine Viel-

143

zahl von Berichten über die Hauptversammlungen dieses Vereins. Er leitete die Herausgabe der „Mitteilungen des Thüringischen Botanischen Vereins" mit großer Umsicht und beteiligte sich rege an den Diskussionen und Exkursionen der Hauptversammlungen. Als eifriges Mitglied der Weimarer Sektion des Thüringerwald-Vereins war er oft Führer der von ihr durchgeführten Exkursionen.[1] „Hergt hat bei zahlreichen Exkursionen in seiner heimatlichen Umgebung, die er meist in Begleitung seiner Frau, zum Teil aber auch mit Schülern unternahm, viele Orchideenfundorte entdeckt."[6] Er machte sich nach dem Tode Haussknechts am 7. Juli 1903 um die Erhaltung und Weiterführung von dessem Herbariums in Weimar verdient.[1] Bereits am Todestag wandte sich die Witwe Lorenza Haussknecht an ihn: „Mein Mann hat gewünscht, daß das Herbarium erhalten bleibt und unter Aufsicht des Thüringischen Botanischen Vereins weitergeführt wird. Da Sie jetzt meinen Mann im Vorstande des Vereins vertreten müssen, müssen Sie auch für das Herbarium sorgen".[2)(3] Auch die Berliner Botaniker A. Engler, I. Urban und P. Ascherson waren für den Verbleib des Herbariums in Weimar und schrieben in einem Brief an Hergt: „Die Garantien für eine ordnungsgemäße Verwaltung würden wohl am besten gegeben sein, wenn der Thüringische Botanische Verein die Aufsicht übernimmt."[2)(3] Nur der Initiative von Hergt ist es zu verdanken, dass die „Stiftung Herbarium Haussknecht" ganz im Sinne von Haussknecht zustande kam.[7] Hergt erhielt mehrere militärische Auszeichnungen.[1]

Quellen
(1) ANONYM: Professor B. Hergt. – Mitt. Thüring. Bot. Ver. 35: 1–2; 1921. – (2) MEYER, F. K.: 100 Jahre Thüringische Botanische Gesellschaft. – Haussknechtia 1: 3–16; 1984. – (3) CASPER, J. (Hrsg.): Herbarium Haussknecht, Weimar 1896 – Jena 1996, Geschichte und Gegenwart. – Haussknechtia Beiheft 8: 1–48; 1997. – (4) Mitgliederverzeichnis. – Mitt. Thüring. Bot. Ver. 20: IV–VI; 1904/05. – (5) Mundhenke, P., Standesamt Weimar (14.7.2003, telef. mit J. Pusch). – (6) FELBER, P., W. ECCARIUS, L. FINKE, E. HERR, S. KÄMPFE, H. KORSCH, K. PETERLEIN, M. SALZMANN & H.-J. SEIDLER: Orchideen im Kreis Weimarer Land und der Stadt Weimar. – Arbeitskreis Heimische Orchideen Thüringen e. V. 2004. – (7) MEYER, F. K.: Die Entwicklung der Haussknecht'schen Gründungen – Herbarium Haussknecht und Thüringische Botanische Gesellschaft – bis zur Gegenwart. – Haussknechtia 5: 71–78; 1990.

Hesse, Christian   1841–1916

geboren: 23. April 1841 in Scheßlitz
gestorben: 13. Juni 1916 in Greußen

Beruf, Leistungen auf floristischem Gebiet
Apotheker, Botaniker. Als Gewährsmann der „Flora von Nord-Thüringen" (LUTZE 1892) und „Ueber Veränderungen in der Flora von Sondershausen, bezw. Nordthüringen" (LUTZE 1882) aber auch der „Flora von Nordhausen und der weiteren Umgebung" (VOCKE & ANGELRODT 1886) lieferte er eine große Zahl von Neufunden und Bestätigungen bemerkenswerter Arten aus Greußen und der weiteren Umgebung. Er fand u. a. *Androsace maxima* bei Lützensömmern, *Drosera rotundifolia* bei Greußen, *Euphorbia seguieriana* bei Gangloffsömmern, *Glaucium flavum* zwischen Greußen und Gangloffsömmern, *Orchis coriophora* auf feuchten Wiesen am Fuße der Arnsburg bei Seega, *Polygonatum verticillatum* bei Bonnrode, *Sclerochloa dura* bei Clingen und Heygendorf, *Scutellaria hastifolia* im Sumpf bei Kirchengel, *Sisymbrium austriacum* an der Ruine Sachsenburg, *Teucrium scordium* bei Bliederstedt und *Turgenia latifolia* bei Gangloffsömmern. Im Jahre 1858 sah er gemeinsam mit C. Haussknecht *Hypecoum pendulum* (mit fremden Samen eingeführt) auf einem Esparsetteacker bei Niedertopfstedt. Die Pflanze ist seit etwa 1870 wieder verschwunden.[4][5]

Herbarien, wichtige Herbarbelege
Es ist davon auszugehen, dass C. Hesse ein Herbarium angelegt hatte, zumindest existieren einzelne Belege mit vorgedruckten Herbaretiketten „Aus dem Herbarium von Apoth. Chr. Hesse, Greußen in Thür." Wo sich dieses Herbar gegenwärtig befindet, konnte nicht ermittelt werden. Im Herbarium Haussknecht in Jena (JE), in Göttingen (GOET) und in Halle (HAL) konnten von uns Einzelstücke, die von C. Hesse gesammelt wurden, gefunden werden. Diese sind z. T. über die Herbarien von Sagorski, Leimbach und Rothmaler hierher gelangt. Auch sein Sohn

Abb. 93: Handschriftliches Herbaretikett von Christian Hesse

Hermann Hesse (siehe unten) hat schon in seiner frühen Jugendzeit gesammelt, so z. B. *Myriophyllum verticillatum* an der Helbe bei Greußen (JE, Juli 1881). Da sowohl H. als auch C. Hesse im gleichen Gebiet gesammelt haben und mitunter auf der Herbarschede der Sammler nur mit „Hesse" vermerkt wurde, ist heute bei einigen Belegen nicht völlig klar, von welchem Hesse sie stammen, so z. B. von *Androsace maxima*: vom Acker zwischen Gangloffsömmern und Tennstedt (JE, 1882).

Folgende von C. Hesse gesammelten Herbarbelege aus unserem Bearbeitungsgebiet sollen genannt werden: *Ajuga chamaepitys*: Greußen (JE, Juli 1881); *Ceratocephala falcata*: Kirchberg bei Greußen (HAL, Mai 1881); *Ceratocephala falcata*: Galgenberg bei Clingen (JE, Mai 1884); *Glaucium flavum*: Greußen (JE, Juli 1879); *Orchis coriophora*: feuchte Wiese unterhalb der Arnsburg (JE, 1864).

Das Herbarium von C. Hesse befand sich um 1929 noch im Besitz seines Sohnes H. Hesse. Dieses wurde von Letzterem W. Rothmaler zur Verfügung gestellt, der es in Vorbereitung seiner Arbeit „Die Pteridophyten Thüringens" (1929) durchsehen durfte.[10]

Abb. 94: Herbarbeleg von C. Hesse (*Glaucium luteum* = *Glaucium flavum*, Greußen, Juli 1879; Beleg in JE)

Wichtige Veröffentlichungen
Uns sind sind keine botanischen Veröffentlichungen von C. Hesse bekannt.

Biographie
Karl Stephan Christian Hesse wurde am 23. April 1841 als Sohn eines Apothekers in Scheßlitz bei Bamberg geboren. Er besuchte von 1846 bis 1853 in Scheßlitz und Bamberg zunächst die Volksschule und die Lateinschule, um später an das Gymnasium nach Sondershausen zu gehen. Am 1. April 1856 trat er als Lehrling in die väterliche Apotheke zu Greußen ein. [Der Vater hatte inzwischen eine Apotheke in Greußen erworben.] Schon 1857 erhielt er bei der Lösung einer vom norddeutschen Apothekerverein gestellten Preisfrage eine lobende Anerkennung. Er ging dann als Lehrling an die Hofapotheke „Zum weißen Adler" nach Leipzig und bezog nach weiteren Ausbildungsaufenthalten im Jahre 1865 die Universität Jena, wo er Mitglied des Naturwissenschaftlichen Vereins wurde. Im Jahre 1866 bestand er das Staatsexamen und übernahm am 1. Oktober 1866 die väterliche Apotheke in Greußen. Noch im gleichen Jahre heiratete er in der Sondershäuser Trinitatiskirche Anna Herbig aus Sondershausen. Am 5. April 1876 wurde er in den Greußener Gemeinderat und am 11. Februar 1891 zum Vorsitzenden des hiesigen Bankvereins gewählt. Bereits am 12. Juni 1861 hatte er den Greußener Turnverein gegründet. Im Jahre 1894 wurde er zum Fürstl. Hofapotheker ernannt. Am 1. Juli 1905 übergab er die Apotheke an seinen Sohn. Er starb am 13. Juni 1916 in Greußen.[1]

Zu Hesses Lieblingsbeschäftigungen gehörten die Botanik und die Geologie. Er war ein guter Beobachter des Wetters und weiterer Naturvorgänge.[1] Als Mitglied der „Irmischia" (Mitgliedsnummer 15)[2] verteilte er auf der Herbst-Hauptversammlung des Vereins am 1./2. Dezember 1883 in Sondershausen eine Reihe interessanter Pflanzen aus der Flora von Greußen, u. a. *Ceratocephala falcata, Glaucium corniculatum, Glaucium flavum, Myriophyllum verticillatum* und *Sclerochloa dura.* Von einer Wiese bei Ottenhausen legte er *Samolus valerandi* und *Triglochin maritimum* vor.[3] Zum Schluss dieser Versammlung wurde er zum Rechnungsrevisor der „Irmischia" ernannt.[3] Im Jahre 1904 erhielt er das Fürstlich Schwarzburgische Ehrenkreuz und im Jahre 1905 die Fürstliche Erinnerungsmedaille.[1]

Auch sein Sohn, der Apotheker **Carl Christian Hermann Hesse,** geboren am 24. September 1867 in Greußen,[6] war botanisch sehr interessiert. In seinem Beitrag „Die Veränderungen im Greußener Florengebiet in den letzten 50 Jahren" (1931) berichtet er über die Umwandlung von Feldrainen, dürren Lehden, trockenen Wiesen, Grasgärten, Sümpfen und Wassertümpeln in fruchtbringendes Ackerland oder Gemüsegärten. Von den im Raum Greußen noch erhalten gebliebenen Arten nennt er u. a. *Anchusa officinalis* an Wegrändern zwischen Clingen und Greußen, *Hippuris vulgaris* im Flusslauf der Helbe bei Westgreußen sowie *Adonis vernalis* und *Oxytropis pilosa* am Hängsberg südöstlich von Greußen. [Bis etwa 1890 waren am Hängsberg noch *Dictamnus albus, Glaucium flavum, G. corniculatum* und *Hornungia petraea* vorhanden.] Die „Torfwiesen mit halophytischem Einschlag" unterhalb des Hängsberges mit *Aster tripolium, Bupleurum tenuissimum, Centaurium pulchellum, Drosera rotundifolia, Glaux maritima, Salicornia europaea, Samolus valerandi, Tetragonolobus maritimus* und *Triglochin maritimum* seien schon vor längerer Zeit verschwunden. Dafür habe sich *Erucastrum gallicum* im Osten und Westen von Greußen „außerordentlich ausgebreitet".[5]
[Auf der Frühjahrsversammlung des Thüringischen Botanischen Vereins am 14. Juni 1931 in Greußen kamen „Die Veränderungen im Greußener Florengebiet ...." zur teilweisen Verlesung. Manche der darin gelieferten Angaben fanden im Kreise der Versammelten starke Zweifler. So wurde das frühere Vorkommen von *Nardus stricta* als höchst unwahrscheinlich bezeichnet. *Triglochin maritimum* sei hingegen bei Ottenhausen noch vorhanden.[9]] Über die Flora

Abb. 95: Hermann Hesse

des Hängsberges hatte H. Hesse auch in seinem „Heimatbuch der Stadt Greußen in Thüringen" (1927) geschrieben. Der Hängsberg war ursprünglich ein kahler, der ungehinderten Sonnenbestrahlung ausgesetzter Hang, auf dem zahlreiche wärmeliebende Arten vorkamen. Nach der Aufforstung mit Schwarzkiefern verschwanden u. a. auch *Allium rotundum, Anthericum liliago, Gypsophila muralis, Lappula squarrosa, Salvia nemorosa* und *Teucrium montanum.*[1]

Hermann Hesse lernte in der Hofapotheke zu Sondershausen. Danach war er in verschiedenen Apotheken Deutschlands tätig. Im Jahre 1892 begann er an der Universität Jena ein Studium der Pharmazie.[8] Nach dem Staatsexamen[8] übernahm er am 1. Juli 1905 die

Apotheke seines Vaters in Greußen.[1] Er war mit Marie Franziska Tschacher aus Jena verheiratet.[6] Da er naturwissenschaftlich sehr interessiert war, besuchte er später nochmals die Universität Jena, wo er im Jahre 1908 mit der Dissertation „Beiträge zur Morphologie und Biologie der Wurzelhaare" zum Dr. phil. promovierte.[8] Im Jahre 1927 veröffentlichte er sein „Heimatbuch der Stadt Greußen in Thüringen" im Selbstverlag.[7] Bereits im Jahre 1924 hatte er den Beitrag „Aus dem unteren Helbetale" verfasst.[11] Am 25. Mai 1930 verstarb er in Greußen.[6][8] Im Jahre 1998 benannte die Stadt Greußen eine Straße nach seinem Namen.[12] „Hermann Hesse betrieb botanische und geologische Studien, war geschichtlich interessiert und war sowohl im Stadtrat als auch im Kirchenrat tätig. Sein Lebenswerk war die Greußener Chronik".[8] In dieser befinden sich auch botanische Ausführungen im Abschnitt „Das Helbegebiet" (S. 215–223).[6]

Quellen

(1) HESSE, H.: Heimatbuch der Stadt Greußen in Thüringen – Greußen 1927. – (2) Mitgliederverzeichnis „Irmischia". – Irmischia 1(1): 3–4; 1881. – (3) Herbst-Hauptversammlung der „Irmischia" am 1./2. Dezember 1883 zu Sondershausen. – Irmischia 4(3/4): 10–13; 1884 und Irmischia 4(8/9): 34–37; 1884. – (4) LUTZE, G.: Flora von Nord-Thüringen. – Sondershausen 1892. – (5) HESSE, H.: Die Veränderungen im Greußener Florengebiet in den letzten 50 Jahren. – Mitt. Thüring. Bot. Ver. 40: VII–XI; 1931. – (6) Steinmetz, J., Bürgermeister in Greußen (25.9.2001, briefl. an K.-J. Barthel). – (7) Steinmetz, J. (29.10.2001, briefl. an K.-J. Barthel). – (8) HEIN, W.-H. & H.-D. SCHWARZ (Hrsg.): Deutsche Apotheker-Biographie. Ergänzungsband. – Stuttgart 1986. – (9) Frühjahrsversammlung in Greußen (Hotel zum Schwan) am 14. Juni 1931. – Mitt. Thüring. Bot. Ver. 40: VII–XI; 1931. – (10) ROTHMALER, W.: Die Pteridophyten Thüringens. – Mitt. Thüring. Bot. Ver. 38: 92–118; 1929. – (11) HESSE, H.: Aus dem unteren Helbetale. – Mitt. Ver. deutsche Geschichts- und Altertumskunde Sondershausen 3: 39–43; 1924. – (12) Steinmetz, J. (24.7.2000, briefl. an H. Hirschfeld).

Hirschfeld, Hartmut

1936–

geboren: 5. März 1936 in Bad Frankenhausen

Beruf, Leistungen auf floristischem Gebiet

Oberstufenlehrer, Orchideologe, Ornithologe. In seiner Arbeit „Orchideenverbreitung um Bad Frankenhausen" (1967) berichtet er über die Verbreitung der Orchideen im Kyffhäusergebirge, in der Hainleite, in der Windleite, im Numburger Ried und im mittleren Unstruttal bis Wangen. Er nennt Funde von *Anacamptis pyramidalis* im mittleren Unstruttal (bis zu 35 Exemplare), von *Cephalanthera longifolia* im Ziegelrodaer Forst (einige hundert Exemplare), von *Orchis morio* im Kyffhäusergebirge (1966 über 100 Exemplare), von *Orchis tridentata* in der östlichen Hainleite und von *Spiranthes spiralis* im Kyffhäusergebirge (um 1965 an die 500 bis 1.000 Exemplare). Im östlichen Kyffhäusergebirge sah er *Orchis* x *dietrichiana* und in der östlichen Hainleite *Orchis* x *hybrida*.[1] In Vorbereitung der Broschüre „Orchideen im Kyffhäuserkreis" (2000) ermittelte er

Abb. 96: Hartmut Hirschfeld im Jahre 2003

wichtige biographische Daten zu E. Gunkel (Sondershausen) und F. Kappel (Artern) und stellte uns diese zur Verfügung. Auch zur Biographie von Clemens Lammers (Rottleben) gab er uns wesentliche Hinweise.

Herbarien, wichtige Herbarbelege

Ein Herbarium wurde nach eigener Auskunft von H. Hirschfeld nicht angelegt.

Wichtige Veröffentlichungen

• Orchideenverbreitung um Bad Frankenhausen. – Mitt. Arbeitskreis Heimische Orchideen DDR 3: 3–11; 1967. – • Orchideen im Kyffhäuserkreis (HENZE, U., W. ECCARIUS, H. HIRSCHFELD, K. LENK & E. SCHNEIDER). – Arbeitskreis Heimische Orchideen Thüringen e. V. 2000. – [• Der Wiedehopf als Brutvogel im Kyffhäuser-Unstrut-Gebiet. – Veröff. Kreisheimatmus. Bad Frankenhausen 3: 60–80; 1971. – • Der Weißstorch, *Ciconia ciconia* (L.), in der Goldenen Aue – eine Dokumentation der Kreise Nordhausen und Sangerhausen. – Thür. Orn. Mitt. 46: 26–46; 1996.] Insgesamt veröffentlichte H. Hirschfeld, z. T. mit anderen Autoren, etwa 15 ornithologische Arbeiten.

Biographie

Hartmut Hirschfeld wurde am 5. März 1936 als Sohn eines Lehrers in Bad Frankenhausen geboren. Er besuchte zunächst von 1942 bis 1950 die Grundschule und danach von 1950 bis 1952 die Oberschule in seiner Vaterstadt. Von 1952 bis 1954 erlernte er im Staatlichen Forstwirtschaftsbetrieb Nordhausen den Beruf eines Forstfacharbeiters. Bereits im Jahre 1954 nahm er ein Lehrerstudium am Institut für Lehrerbildung in Erfurt auf, das im Jahre 1955 seine Fortsetzung am Pädagogischen Institut in Güstrow fand. Hier erwarb er im Jahre 1958 mit der Staatsexamensarbeit „Beobachtungen über die Lebensweise des Wiedehopfes (*Upupa epops* L.) im Kyffhäusergebiet" die Qualifikation eines Fachlehrers für Biologie und Chemie bis zur 10. Klasse.[8] Von 1958 bis 1959 war er an der Grundschule in Voigtstedt und von 1959 bis 1965 an der Zentralschule in Bottendorf angestellt. Im Jahre 1969 heiratete er Ilse Dening aus Bad Frankenhausen; aus dieser Ehe ging ein Sohn hervor. Durch ein Fernstudium (ab 1964) an der Pädagogischen Hochschule Potsdam (in Betreuung durch die Universität Halle) erwarb Hirschfeld die Qualifikation eines Fachlehrers für Biologie bis zur 12. Klasse. Dieses Studium beendete er im Jahre 1968 mit der Staatsexamensarbeit „Brut- und ernährungsbiologische Untersuchungen an *Upupa epops* L." bei Prof. Hüsing in Halle. Ab 1965 arbeitete er als Lehrer an der Polytechnischen Oberschule in Rottleben.[2] Seit dieser Zeit zeichnete er für die Erfassung und Beringung des Weißstorches im nördlichen Thüringen und südwestlichen Sachsen-Anhalt verantwortlich. Auch seine Untersuchungen am Wiedehopf im Kyffhäusergebiet setzte er mit seinem Vater fort. Seit der Wiederausbreitung des Wanderfalken im nördlichen Thüringen (seit etwa 1998) bemüht er sich für dessen Erfassung und die Kontrolle bzw. Pflege ehemaliger Horstplätze.[8] Im Jahre 1973 heiratete er seine zweite Frau, Karin Laube, aus Weimar; aus dieser Ehe ging eine Tochter hervor. Im Jahre 1991 trat er in den Ruhestand.[2] Hartmut Hirschfeld ist seit 1994 Mitglied des Arbeitskreises Heimische Orchideen Thüringens e. V.[7]

Auch sein Vater, **Kuno Hirschfeld,** war botanisch interessiert. Gemeinsam fanden Vater und Sohn im Jahre 1961 in der östlichen Hainleite ein Vorkommen von *Ophrys apifera* mit etwa 75 Exemplaren.[1] Kuno Hirschfeld arbeitete wie sein Sohn vorwiegend auf ornithologischem Gebiet. Seit 1929 war er im Auftrag der Vogelwarte Rossitten (später der Vogelwarten Helgoland und Hiddensee) als Beringer tätig. Häufig übernahm er Führungen und hielt Vorträge über die heimatliche Vogelwelt.[3] Sein ornithologisches

Abb. 97: Kuno Hirschfeld bei der Vogelbeobachtung etwa 1970

Wissen erwarb er sich autodidaktisch und auch auf Lehrgängen.[6]

Kuno Hirschfeld wurde am 1. August 1900 als Sohn eines Lehrers in Frankenhausen geboren.[3] Nach dem Besuch der Volksschule, des Realprogymnasiums in Frankenhausen (1911 bis 1917) und des Realgymnasiums in Weimar (1917 bis 1918) absolvierte er von 1919 bis 1921 die Oberrealschule in Sondershausen.[8] [In der Zeit des 1. Weltkrieges diente er von Juni bis Dezember 1918 als Telegraphist in Königswusterhausen.] Nach dem Abitur ging er an das Sondershäuser Lehrerseminar.[6] Ab 1922 war er Lehrer in Hohenleuben/Kr. Greiz, wo er auch seine spätere Frau kennenlernte.[3][6] Seine 2. Lehrerprüfung legte er im Januar 1925 ab.[8] Im Jahre 1935 kehrte er mit Frau und Tochter nach Bad Frankenhausen zurück, wo er an der Volksschule eine Lehrerstelle übernahm. Ab 1940 arbeitete er als Lehrer in Udersleben. Nach 1945 wurde er als Lehrer entlassen und versuchte als Bauarbeiter und mit etwas Privatunterricht seine nunmehr fünfköpfige Familie zu ernähren. Im März 1951 konnte er wieder in den Schuldienst zurück und wurde zunächst als Lehrer an der Grundschule in Gebesee und danach (September 1951) an der Thomas-Müntzer-Schule in Bad Frankenhausen eingesetzt.[8] Aus gesundheitlichen Gründen trat er 1958 in den vorzeitigen Ruhestand. Er starb am 31. Mai 1973 in Bad Frankenhausen.[3][6] Seit 1950 war Kuno Hirschfeld Mitglied der Deutschen Ornithologischen Gesellschaft. Im Jahre 1963 wurde er in den Fachausschuss für Ornithologie und Vogelschutz des Bezirkes Halle berufen.[3] Während der Neueinrichtung des Kreisheimatmuseums Bad Frankenhausen übernahm er die fachliche Betreuung des ornithologischen Raums. Gemeinsam mit der Museumsleitung redigierte er die ersten drei Hefte des Kreisheimatmuseums (1969 bis 1971). Er veröffentlichte 65 Beiträge in Fachzeitschriften und rund 160 Aufsätze in Tageszeitungen.[6]

Ein weiterer heimatkundlich sehr interessierter Lehrer war der Fachlehrer für Biologie und Chemie an der Erweiterten Oberschule Bad Frankenhausen, **Klaus Karlstedt**, der u. a. Jürgen Pusch zum Abitur führte. Karlstedt leitete zahlreiche außerunterrichtliche Arbeitsgruppen mit floristisch-ökologischen Aufgabenstellungen, wobei sein Hauptinteresse der Ornithologie und den Fledermäusen galt (u. a. publizierte er mehrere Beiträge zur Vogelwelt des Kyffhäusergebietes und des Kelbraer Stausees). Er gehörte zu den Pionieren der Fledermausforschung in der ehemaligen DDR. Bei seinen Unterrichtsgängen und Exkursionen in das nahe Kyffhäusergebirge begeisterte er die Schüler für die lebende Natur, u. a. zeigte er ihnen *Orchis ustulata* und *Pulsatilla pratensis* südlich des ehemaligen Waldschlösschens. Er nahm an der floristischen Kartierung Ostdeutschlands teil, wobei er eine Pflanzenliste aus der Gemarkung Voigtstedt zusammenstellte, die er an J. Pusch sandte.[4]

Abb. 98: Klaus Karlstedt

Klaus Karlstedt wurde am 21. August 1937 in Bad Frankenhausen geboren. Er besuchte die Grundschule (1944 bis 1952) und von 1952 bis 1956 die Oberschule in seiner Vaterstadt. Nach einem Pädagogikstudium (Fachrichtung Biologie/Chemie, 1956 bis 1960) in Mühlhausen arbeitete er zunächst an den Polytechnischen Oberschulen in Artern und Göllingen und danach an der Erweiterten Oberschule in Bad Frankenhausen. Um 1980 wurde er aus dem Schuldienst entlassen und arbeitete danach einige Jahre bei der Reichsbahn. Er starb am 9. Juni 1994 in Bad Frankenhauen.[5]

Quellen
(1) HIRSCHFELD, H.: Orchideenverbreitung um Bad Frankenhausen. – Mitt. Arbeitskr. Heim. Orchideen DDR **3**: 3–11; 1967. – **(2)** Hirschfeld, H., Rottleben (13.5. 2002, briefl. an J. Pusch). – **(3)** SANDER-HIRSCHFELD, U.: Lehrer und Wissenschaftler. Kuno Hirschfeld war ein wahrer Kenner der heimatlichen Vogelwelt. – Kyffhäuser-Allgemeine vom 1.8.2000. – **(4)** Eigene Angaben Jürgen Pusch – **(5)** Müller, Horst, Bad Frankenhausen (20.1.2002, briefl. an J. Pusch). – **(6)** SAUERBIER, W.: Kuno Hirschfeld zum Gedächtnis. – Monatsschr. Ornithologie u. Vivarienkunde, Ausgabe A „Der Falke" **21**(1): 28–29; 1974. – **(7)** Frau C. Lindig, Uhlstädt (19.07.02, telef. mit J. Pusch). – **(8)** Hirschfeld, H. (20.1.2004, mündl. mit J. Pusch).

Hornung, Ernst Gottfried   1795–1862

geboren: 15. September 1795 in Frankenhausen
gestorben: 30. September 1862 in Aschersleben

<u>Beruf, Leistungen auf floristischem Gebiet</u>
Apotheker, Coleopterologe und Botaniker (u. a. Beschäftigung mit systematisch-taxonomischen Fragestellungen). Hornung botanisierte zunächst im und am Kyffhäusergebirge. Seine hier und anderswo gemachten Beobachtungen hat er nie in einem abgeschlossenen Werk zusammengestellt, sondern in verschiedenen Periodika (zumeist in der „Flora") erscheinen lassen. Bereits im Jahre 1819
führte Hornung in der
„Flora", Bd. II eine
Anzahl von Arten mit
der Fundortsangabe „bei
Frankenhausen" an, die
sich mit Ausnahme von
Chenopodium opulifoli-um und *Hymenolobus procumbens* allein auf
das Kyffhäusergebirge
beziehen dürften. Davon
seien genannt: *Arabis auriculata, Astragalus*

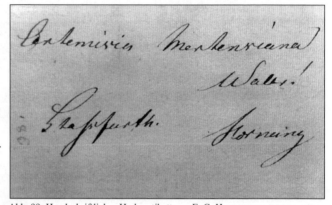

Abb. 99: Handschriftliches Herbaretikett von E. G. Hornung

exscapus, Atriplex sagittata, Hornungia petraea, Oxytropis pilosa, Scabiosa canescens, Scorzonera purpurea und *Sisymbrium loeselii*. Bei *Halimione pedunculata* wird als Fundort Artern genannt.[6] Viele seiner Angaben wurden von späteren Autoren [so z. B. von SCHÖNHEIT (1850)] bei der Abfassung von Pflanzenverzeichnissen und Florenwerken übernommen. Auch Irmisch nennt in seinem „Systematischen Verzeichniß der in dem unterherrschaftlichen Theile der Schwarzburgischen Fürstenthümer wildwachsenden phanerogamischen Pflanzen" (1846) zahlreiche Funde, die auf Hornung zurückgehen. Hier werden u. a. *Linum tenuifolium* am Fußweg von Kindelbrück nach Frankenhausen sowie *Prunus tenella* (=*Amygdalus nana*), *Erysimum crepidifolium, Euphorbia falcata, Glaucium corniculatum, Orobanche purpurea, Pleurospermum austriacum* und *Sorbus domestica* von bzw. bei Frankenhausen als Hornungsche Funde aufgeführt. Im Jahre 1835 berichtete er erstmals über *Ruppia maritima* an der Numburg.[4] Er gilt als der Entdecker von *Artemisia laciniata* und *A. rupestris* bei Staßfurt.[2] [Nach IRMISCH (1862) sind Cordus bzw. Buddensieg die Entdecker der *Artemisia rupestris* bei Staßfurt.[8]] An beiden Teilen der „Flora von Halle" (GARCKE 1848 und 1856) war er maßgeblich beteiligt. Mit hoher Wahrscheinlichkeit sind Angaben Hornungs auch für die „Flora von Halberstadt" (SCHATZ 1854) und für die „Flora Hercynica" (HAMPE 1873) verwendet worden.[2] Hornung wandte sich stets gegen einen allzu leichtfertigen Umgang mit der Artbenennung, gegen Versuche verschiedener botanischer Zeitgenossen (z. B. von Wallroth), Kleinarten und Sonderformen als Arten auszuweisen, nur um damit als Autor zu erscheinen.[2]

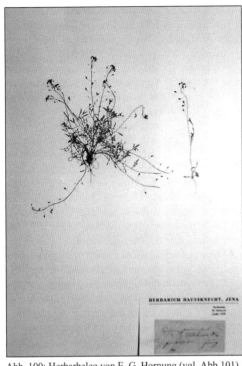

Abb. 100: Herbarbeleg von E. G. Hornung (vgl. Abb 101)

Herbarien, wichtige Herbarbelege

In seinen Schriften verweist Hornung auf seine Pflanzensammlung, „die durch eigene Sammlung während seiner Reisen, Tausch (Hornung beteiligte sich u. a. am Prager Pflanzentausch-Verein [gegründet von P. M. Opiz 1819[11]]) und die in jener Zeit übliche Verteilung von Herbarmaterial neu beschriebener Sippen einen bedeutenden Umfang gehabt haben muß".[2] Über den Verbleib seiner Sammlung gibt es keinerlei Hinweise.[2] Von Hornung haben uns nur wenige Einzelbelege vorgelegen, so in Prag (PR), Münster (MSTR) und Jena (JE). Auch in Halle (HAL) befinden sich Exsikkate Hornungs aus Deutschland.[5]

Folgende von Hornung gesammelte Belege aus unserem Bearbeitungsgebiet bzw. dessen Umfeld sollen genannt werden: *Adonis flammea*: Frankenhausen (JE, o. D.); *Artemisia laciniata*: Staßfurt (PR, 1824); *Artemisia rupestris*: Thuringia (PR, 1824); *Chenopodium urbicum*: Thüringen (JE, o. D.); *Gagea bohemica* subsp. *saxatilis*: Frankenhausen (JE, o. D.); *Hymenolobus procumbens*: Frankenhausen (JE, o. D.); *Nonea pulla*: bei Aschersleben (HAL, o. D.).

Wichtige Veröffentlichungen

• Recension von Mößler, gemeinnütziges Handbuch der Gewächskunde. – Flora 2(2): 619–631 und 635–643; 1819. – • Sendschreiben an Herrn Prof. Hoppe über Wallroths „Schedulae criticae in floram halensem". – Flora 7(1): 193–208; 1824. – • *Carex vaginata* TAUSCH. – Flora 11(2): 736; 1828. – • Über die Gattung *Thalictrum* und namentlich über *Thalictrum minus*. – Flora 14(2): 545–558; 1831. – • Kritische botanische Bemerkungen. – Flora 15(1): 209–220 und 225–232; 1832. – • *Bromus brachystachys*; eine neue deutsche Pflanze. – Flora 16(2): 417–421; 1833. – • Botanische Bemerkungen. – Flora 18(2): 609–624 und 627–639; 1835. – [• Grundlagen zu einem Verzeichnis der Käfer des Harzes und seiner Umgebungen. – Aschersleben 1844.] – Eine Zusammenstellung der wichtigsten Schriften von Hornung findet sich bei KISON & GRASER (1998), S. 18–20.

Biographie

Ernst Gottfried Hornung wurde am 15. September 1795 als Sohn einer Kaufmannsfamilie in Frankenhausen geboren,[2][3] wo er auch seine frühe Kindheit und Schulzeit verlebte.[2] Seine Eltern waren Johann Christian Hornung (gest. 1836) und Christiane Friedericke Auguste, geb. Schmalfuß (gest. 1832) aus Wickerode. Sein Großvater Friedemann David Hornung (gest. 1792) war schon um 1755 als Kaufmann von Kelbra nach Frankenhausen gezogen.[3] Seither gehörte die Familie Hornung zu den angesehensten Bürgern der Stadt. Von 1810 bis 1813 ließ sich Hornung bei J. B. Trommsdorff (1770 bis 1837) in Erfurt zum Apotheker ausbilden. Im Mai 1813 wechselte er an das Chemisch-Pharmazeutische Institut Trommsdorffs, das er im April 1814 wieder verließ. Hier erhielt er eine für seine Zeit ungewöhnlich profunde und vielseitige naturwissenschaftliche Ausbildung. Nach 1814 ging er als Apothekengehilfe nach Coburg, Aachen und Genf, wo er besonders seine chemischen Kenntnisse vervollständigte. Anschließend bereiste er die Schweiz, Italien und Frankreich und besuchte an der Universität Berlin Vorlesungen, wo er auch die pharmazeutische Staatsprüfung bestand.[2] Nach Frankenhausen zurückgekehrt, war er dort Apotheker bis 1823[1] [an welcher Apotheke?, ob überhaupt?]. Noch im selben Jahr (1. Oktober 1823) übernahm Hornung die Ratsapotheke in Aschersleben; die grundbuchamtliche Eintragung erfolgte am 23. Januar 1824. Mit F. T. Kützing, der von 1823 bis 1827 eine Lehrstelle bei Hornung innehatte, und den hiesigen Lehrern L. E. Suffrian (1805 bis 1876), G. C. Wölfert und A. Lüben (1804 bis 1874) botanisierte er bald im Raum Aschersleben, im Nordharz und in der salzreichen Umgebung von Staßfurt.[2][7] Kützing blieb auch nach Beendigung seiner Lehrzeit mit Hornung freundschaftlich verbunden.[2] Im Jahre 1825 heiratete Hornung Emilie Quidde, die Tochter des Gutsbesitzers Carl Philip Bernhard Dietrich Quidde aus Frose. Aus dieser Ehe gingen ein Sohn und drei Töchter hervor.[3] Hornung war der Erste, der das an subkontinentalen Arten so reiche Wippertal um Aschersleben botanisch bearbeitete. Seine Liste enthält von vielen Arten die ersten sicheren Nachweise im Ostharzgebiet (darunter auch von *Hornungia petraea*).[2] Aufsehen erregte der Fund der bis dahin unbekannten Kurzährigen Trespe (*Bromus brachystachys*), die Hornung im Jahre 1831 zusammen mit Suffrian bei Mehringen fand. Etwa ab 1835 widmete er sich verstärkt der Entomologie; besonders die Käfer des Harzes hatten es ihm angetan. Im Jahre 1836 unternahm er, u. a. mit dem Bernburger Apotheker L. F. Bley (1801 bis 1868), eine Reise nach Sachsen, Böhmen, Mähren und Österreich, um dort die Technologie der Rübenzuckergewinnung zu studieren. Später (1838) wollte er sogar die Leitung einer Rübenzuckerfabrik übernehmen und seine Apotheke verkaufen, was ihm aber nicht gestattet wurde. Von 1832 bis 1838 und von 1842 bis 1858 (oder nur bis 1850) war er im Magistrat der Stadt Aschersleben tätig (als unbesoldeter Ratmann).[2] Im Herbst des Jahres 1861 beschloss Hornung sich zur Ruhe zu setzen und seine Apotheke zu verkaufen. Bereits am 30. September 1862 verstarb er in Aschersleben. Die Beisetzung fand am 3. Oktober auf dem St. Stephanie-Kirchhof in Aschersleben statt. Seine Frau überlebte ihn.[2]

Hornung gründete im Jahre 1829 einen Botanischen Verein in Aschersleben.[2] Zu den Gründungsmitgliedern gehörten u. a. die Lehrer Lüben und Suffrian, später kam Wölfert hinzu. Die Vereinsmitglieder richteten in Aschersleben einen Botanischen Garten ein, der u. a. für Lehrzwecke an den Schulen genutzt wurde.[2] Auf Hornungs Initiative hin wurde im Jahre 1831 der „Naturwissenschaftliche Verein des Harzes" gegründet, dem er als Geschäftsführer vorstand. Später gab er dessen Leitung aus der Hand, blieb aber auf Lebzeiten Ehrenpräsident.[1] Hornung nannte *Glaucium flavum* an der Alten Burg von Aschersleben, *Artemisia maritima* an Mauern der Burgruine Arnstein bei Harkerode und *Jovibarba sobolifera* an Südhängen der Burg Falkenstein im Selketal.[2] Da er gute Kenntnisse auf chemischem Gebiet besaß, wurde er vielfach von Landwirten, Gewerbetreibenden und Privatpersonen konsultiert.[2] Der Botaniker H. G. L. Reichenbach (1793 bis 1879), Prof. in Dresden, würdigte Hornungs Verdienste auf botanischem Gebiet, indem er im Jahre 1837 der u. a. im Kyffhäusergebirge vorkommenden Steppenkresse den Gattungsnamen *Hornungia* gab.[2] Auch in Bad Frankenhausen ist das Wirken der Familie Hornung unvergessen, so trägt z. B. noch heute ein Bergsporn mit Pavillon [1883 errichtet[9]] nördlich der Stadt den Namen „Hornungshöhe". Hier ist prägnanter Weise ein großes Vorkommen von *Hornungia petraea* zu finden. In Bad Frankenhausen gab es früher auch eine „Hornungstraße", die 1937 so benannt und nach 1945 in Franz-Winter-Straße (nach einem Arbeiterführer) umbenannt wurde.[9][10]

<u>Quellen</u>
(1) BARTSCH, A. & H.-U. KISON: Geschichte der floristischen Erforschung. In HERDAM, H.: Neue Flora von Halberstadt. – Quedlinburg 1993. – (2) H.-U. KISON & K. GRASER: Ernst Gottfried Hornung (1795–1862) Naturforscher und Apotheker in Aschersleben. – Abh. Ber. Mus. Heineanum <u>4</u>: 1–20; 1998. – (3) WIPPERMANN. E. A. A.: Stammtafeln Frankenhausener Familien (Nachdruck der Ausgabe von 1843).

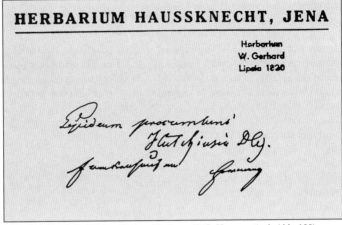

HERBARIUM HAUSSKNECHT, JENA

Herbarium
W. Gerhard
Lipsia 1820

Abb. 101: Handschriftliches Herbaretikett von E. G. Hornung (vgl. Abb. 100)

– Neustadt/Aisch 1984. – (4) HORNUNG, E. G.: Botanische Bemerkungen. – Flora <u>18</u>(2): 628; 1835. – (5) Sammlerkartei des Herbariums der Universität Halle (HAL), geführt von K. Werner. – (6) HORNUNG, E. G.: Recension von Mößler, gemeinnütziges Handbuch der Gewächskunde. – Flora <u>2</u>(2): 619–631 und 635–643; 1819. – (7) MÜLLER, W. & R. ZAUNICK (Hrsg.): Friedrich Traugott Kützing, 1807–1893, Aufzeichnungen und Erinnerungen. – Leipzig 1960. – (8) IRMISCH, T.: Über einige Botaniker des 16. Jahrhunderts, welche sich um die Erforschung der Flora Thüringens, des Harzes und der angrenzenden Gegenden verdient gemacht haben. – Jahresbericht Gymnasium Sondershausen 1862. – (9) Hornung, W. Osterrönfeld (2.3.2004, briefl. an J. Pusch). – (10) Mansel, J., Bad Frankenhausen (8.3.2004, telef. mit J. Pusch) – (11) FRAHM, J.-P. & J. EGGERS: Lexikon deutschsprachiger Bryologen. – Norderstedt 2001.

Ilse, Hugo   1835–1900

geboren: 14. August 1835 in Brühl bei Köln
gestorben: 25. Februar 1900 in Pfalzburg

Beruf, Leistungen auf floristischem Gebiet

Förster, Botaniker. Ilse schlug eine Forstbeamtenlaufbahn ein (zuletzt war er Forstmeister) und galt als außergewöhnlich begabter, eifriger und kooperativer Florist.[7] Schon als Gymnasiast (in Erfurt)[17], aber auch später,[17] durchforschte er eifrig die Flora der weiteren Umgebung von Erfurt. Im Jahre 1863 fand er bei einer Exkursion in den Willröder Forst südöstlich von Erfurt *Carex ovalis* x *C. remota*, eine damals neue *Carex*-Hybride der deutschen Flora.[5] Das Untersuchungsgebiet seiner „Flora von Mittelthüringen" (1866) wird im Süden durch die Orte Ohrdruf, Gräfenroda, Stadtilm und Kranichfeld, im Osten durch die Orte (Bad) Berka, Weimar und Buttstädt, im Norden durch die Orte Rastenberg, Oldisleben und Großenehrich sowie im Westen durch die Orte Gräfentonna, Gotha und Georgenthal begrenzt. Bei der Auflistung seltener Arten finden wir auch

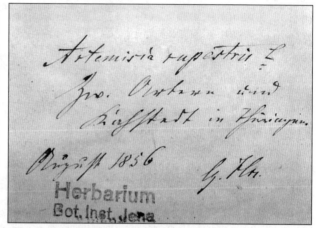

Abb. 102: Handschriftliches Herbaretikett von Hugo Ilse

Angaben außerhalb des eigentlichen Untersuchungsgebietes (z. B. Jena, Ilmenau, Mühlhausen, Eckartsberga, Frankenhausen, Sondershausen, Artern, Roßleben, Numburg), wobei ihn verschiedene Lokalfloristen „durch gütige Mitteilung mancher interessanter Pflanze ihrer Gegend [...] in erfreulicher Weise" unterstützten. Gewährsleute waren u. a. Buddensieg, Georges, Haussknecht, Irmisch, Mühlefeld und Schönheit. Ilse nennt für Mittelthüringen insgesamt 1151 „wildwachsende oder meistens völlig eingebürgerte" Phanerogamen und Gefäßkryptogamen. Es werden u. a. aufgeführt: *Arnoseris minima* von Sondershausen, *Ceratocephala falcata* vom Galgenhügel bei Greußen, *Chenopodium foliosum* von Frankenhausen, *Hypericum elegans* von der Schwellenburg bei Kühnhausen, *Marrubium vulgare* von der Sachsenburg, *Orlaya grandiflora* von Ebeleben, *Plantago maritima* von der Saline Luisenhall bei Stotternheim, *Sisymbrium austriacum* von der Sachsenburg und *Trifolium rubens* vom Willröder Forst bei Erfurt.[17] In einer Rezension in der „Botanischen Zeitung" (1866) heißt es: „Diese mit Fleiß ausgearbeitete Flora ist ein sehr wertvoller Beitrag zur Flora Thüringens überhaupt."[24] Anerkennende Worte fand auch J. Roeper, Prof. der Zoologie und Botanik in Rostock: „Diese Flora von Mittelthüringen geschrieben zu haben, würde ich mir zur Ehre anrechnen. Gleiches gilt von den kleineren Arbeiten [von Ilse], deren Wert sich übrigens schon aus den Zeitschriften ergibt, die sie aufnahmen".[9]

156

An bedeutenden Funden aus dem Raum Trier, wo sich Ilse von 1869 bis 1871 aufhielt, sind zu nennen: *Ranunculus hederaceus* bei Trier-Irsch, *Moenchia erecta* bei Trier-Kürenz, *Wahlenbergia hederacea* und *Rhynchospora alba* am Peterkopf bei Mettlach sowie *Globularia elongata* und *Ajuga pyramidalis* bei Schönecken.[7] Ilse war nach 1872 auch in Elsaß-Lothringen floristisch tätig.[21] In der Artikelserie „La Flore d' Alsace depuis la mort de Kirschleger" von Ph. Vosselmann (1879/80), erschienen im „Journal de Pharmacie d' Alsace-Lorraine", wird Ilse mehrmals erwähnt.[23]

Herbarien, wichtige Herbarbelege
Das Herbar von Ilse befindet sich in Luxemburg (LUX).[27] Im Herbarium des Musée national d'histoire naturelle liegen insgesamt 8.249 Belege aus dem Ilse-Herbar. (Die größte Anzahl stammt aus den Jahren 1853 bis 1872 mit mehreren hundert Belegen pro Jahr).[28] Die Belege stammen aus insgesamt 24 Ländern, darunter 4.695 aus Deutschland, 631 aus Polen, 232 aus Frankreich, 229 aus der Schweiz, 210 aus Österreich, 157 aus Tschechien, 98 aus Ungarn, 82 aus der Slowakei und 79 aus Italien. 1.667 konnten (noch) keinem Land zugeordnet werden.[28] Fast die Hälfte der Belege aus Deutschland stammt aus Thüringen (2.046), 282 stammen aus Brandenburg, 218 aus Sachsen und Sachsen-Anhalt, 159 aus Rheinland-Pfalz und 120 aus Berlin. 831 konnten noch keinem Bundesland zugeordnet werden, die restlichen stammen aus weiteren Bundesländern.[28] Bei weitem nicht alle Belege aus der Sammlung von Ilse in Luxemburg wurden von Ilse selbst gesammelt. Anhand uns vorliegen-

Abb. 103: Herbarbeleg von H. Ilse (*Adonis vernalis*, vgl. Abb. 104)

der Herbarkopien gehen zahlreiche Belege auf G. Oertel zurück, weitere stammen von A. Haertel, T. Irmisch und weiteren Sammlern.[34] Im Rahmen einer Diplomarbeit über *Sorbus* (R. Düll) schickte das Museum in Luxemburg thüringische *Sorbus*-Belege aus dem Ilse-Herbar (nach 1950) als Geschenk an das Herbarium Haussknecht (JE) nach Jena.[27] Drei Belege aus dem Herbar in Luxemburg (LUX) seien hier genannt: *Adonis vernalis*: Erfurt,

Nordhang der Schwellenburg bei Kühnhausen (24.4.1862); *Filago vulgaris*: Sandacker zwischen Wandersleben und dem Rennberge (10.6.1862, teste G. Wagenitz 1963); *Pyrola minor*: Tautenburger Forst bei Jena (26.6.1854).

Auch im Herbarium Haussknecht (JE) in Jena konnten bei den selteneren Arten (außer *Sorbus*) einige Belege von Ilse gefunden werden. Ein Großteil hiervon stammt aus dem Erfurter Raum, Einzelbelege jedoch auch aus Nord- und Südthüringen. Folgende Herbarbelege sollen genannt werden (alle JE, leg. Ilse): *Ajuga chamaepitys*: Gangloffsömmern bei Weißensee (1.8.1854); *Artemisia rupestris*: zwischen Artern und Kachstedt (August 1856); *Centaurium littorale*: Artern (1854); *Euphorbia falcata*: Erfurt, zwischen Schallenburg und der Gramme Mühle (Juni 1862); *Minuartia viscosa*: Westgreußen (Mai 1863); *Medicago minima*: Erfurt, Schwellenburg (17.6.1855); *Melilotus dentata*: Alperstedt bei Erfurt (1862).

Dass sich ein größeres Herbar von Ilse in Berlin (B) [STAFLEU & COWAN (Vol. 2, 1979)] befand, ist zweifelhaft. Es ist davon auszugehen, dass dort nur Einzelbelege lagen, denn eine Nachsuche (Dezember 2001) bei den in Berlin nicht verbrannten Farnen und Bärlappen zu ausgewählten Belegen zu Ilse (*Cystopteris fragilis, Asplenium trichomanes, A. septentrionale, Pteridium aquilinum* und *Lycopodium clavatum*) blieb erfolglos, obwohl Ilse in seiner „Flora von Mittelthüringen" (1866) Eigenfunde dieser Arten aufgezählt hat.[18] Moosbelege von Ilse befinden sich in der Botanischen Staatssammlung in München (M).[25] Des Weiteren liegen von ihm Briefe an Haussknecht und M. Schulze im Archiv des Herbarium Haussknecht.[33]

Wichtige Veröffentlichungen
• *Carex leporina* x *remota* ILSE. Ein neuer *Carex*-Bastard der deutschen Flora. – Verh. Bot. Ver. Provinz Brandenburg **5**: 224–228; 1863. – • *Gagea saxatilis* KOCH bei Oderberg. – Verh. Bot. Ver. Provinz Brandenburg **5**: 228–229; 1863. – • Forstbotanische Wanderung im Thüringer Wald. – Verh. Bot. Ver. Provinz Brandenburg **6**: 1–81; 1864. – • Flora von Mittelthüringen. – Jahrb. Königl. Akad. gemeinnütz. Wiss. Erfurt N.F. **4**: 14–375; 1866. – • Noch eine Karpaten-Reise. – Verh. Bot. Ver. Provinz Brandenburg **10**: 1–37; 1868.

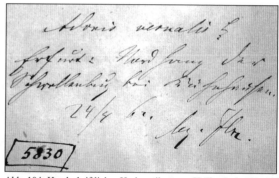

Abb. 104: Handschriftliches Herbaretikett von H. Ilse (vgl. Abb. 103)

Biographie

Adolf Ferdinand[8] Hugo Ilse wurde am 14. August 1835[2][15] [als Sohn eines Oberförsters[3][15]] in Brühl bei Köln geboren.[1][3][10] [Sein Vater hieß Wilhelm, seine Mutter Margaretha, geb. Castor.[10]] Er besuchte zunächst die Schule in Brühl[10] und danach [da der Vater Oberförster in Willrode bei Erfurt war[15]] zehn Jahre das Gymnasium in Erfurt (unter Direktor Schoeler), wo er das Reifezeugnis erhielt.[9][15] Nach dem Schulabschluss schlug er eine Forstlaufbahn ein. 1854 war er Assistent der Revierverwaltung bei der Königlichen Regierung in Potsdam.[8] In den Jahren 1856/57 [Immatrikulationsdatum 12. April 1856[15]] studierte er zwei Semester Rechtswissenschaften und Philosophie an der Universität Greifswald.[9][10] Hier nahm er auch am freiwilligen Militärdienst teil.[8] Von Mai 1857 bis März 1858 erhielt er praktischen Unterricht bei Oberförster Lauprecht in Breitenworbis.[3] Am 15. April 1858 wurde Ilse unter der Matrikel-Nr. 729 an der Forstakademie Eberswalde immatrikuliert. Laut Eintragung hatte er sein Studium „wegen Militärverhältnis" im Sommersemester 1859 unterbrochen, es dann aber 1860 abgeschlossen. [Sein Aufenthalt an der Forstakademie dauerte zweieinhalb Jahre, von dieser Zeit ist ein dreiviertel Jahr Freiwilligendienst abzurechnen.[9]] Im „Chronologischen Verzeichnis der Studierenden der Forstakademie Eberswalde, 1830–1880" ist sein Name im Sommersemester 1858 unter der Nr. 878 aufgeführt.[4] Seine weitere berufliche und botanische Tätigkeit war mit einem häufigen Ortswechsel verbunden:[8] Wilhelmswalde (Regierungsbezirk Danzig)[12], Schleusinger Neundorf bei Schleusingen,[19] Oderberg/Mark Brandenburg[8][19] [Hier fand er im Frühjahr 1864 *Gagea bohemica* subsp. *saxatilis*[14]], Liepe bei Potsdam, Freyburg an der Unstrut (1864), Anklam/Mark Brandenburg [In Anklam war er drei Jahre Erster Custos der Forsten im Zivildienst[10]], Forsthaus Hohehaide bei Ducherow.[8][19] Auf einer Sitzung der Akademie gemeinnütziger Wissenschaften zu Erfurt hielt er am 6. Juli 1864 einen Vortrag „Über die Flora Erfurts". Am 24. Mai 1865 wurde er korrespondierendes Mitglied der Akademie gemeinnütziger Wissenschaften zu Erfurt.[1] Seine „Flora von Mittelthüringen" erschien im Jahre 1866 in den Jahrbüchern dieser Akademie.[1] Als Mitglied der Landwehr wurde er weiterhin zu Militärübungen herangezogen; so nahm er im Jahre 1866 am Krieg gegen Österreich teil.[8] Im Juli und August 1867 unternahm er mit Heidenreich aus Tilsit und Apotheker R. Fritze aus Rybnik eine botanische Sammelreise in die Karpaten (Tatra), die mit einem viertägigen Aufenthalt (14. bis 17. Juli) bei Fritze in Rybnik begann und am 10. August in Bochnia endete.[16] Im Juli 1868 weilten Ilse und Fritze nochmals in dieser Gegend.[16]

Von April 1869 bis 1871 war Ilse Oberförster-Kandidat in Trier[8] [„Hülfsarbeiter bei der Regierung in Trier, Abtl. Steuern, Domainen und Forsten"[6]]. In Trier war er Gewährsmann der „Flora von Trier" (ROSBACH 1880). Rosbach nennt von Ilse allein 144 Funde seltenerer Arten. Dieser war wahrscheinlich stark im Außendienst eingesetzt, möglicherweise zu Pferd und mobiler als andere Floristen. Er registrierte zahlreiche seltene Ackerwildkräuter, demnach muss er auch außerhalb der Wälder intensiv botanisiert haben, was wohl nur in seiner Freizeit möglich war. Ilse entdeckte während seines kurzen Aufenthaltes in Trier mehr seltene Pflanzen als manch andere Freizeitbotaniker in ihrem ganzen Leben. Seine Fundortsmeldungen sind absolut zuverlässig, was schon Rosbach feststellte.[7] Während seiner Zeit als „Hülfsarbeiter der Königl. Preuß. Regierung in Trier" sandte Ilse, insbesondere zur künftigen Förderung seiner botanischen Studien, ein Promotionsgesuch an die Universität Rostock. Zur Unterstützung seines Gesuches reichte er u. a. ein: das sehr günstig lautende Zeugnis der Reife, das Zeugnis über ein Greifswalder Studium, das Zeugnis über einen Aufenthalt an der Forstakademie Eberswalde, das Zeugnis über eine 1862 bestandene forstwissenschaftliche Vorprüfung, das Zeugnis über ein 1865 bestandenes Staatsexamen (Oberförster-Examen), eine lateinische Vita und seine „Flora von Mittelthüringen" (1866).[9] Am 2. August 1869 wurde Ilse, gemäß seines Wunsches, „in absentia" an der Philosophischen Fakultät der Universität Rostock promoviert,[11][13] wobei die „Flora von Mittelthüringen" als Promotionsarbeit anerkannt wurde.[8][11] Während des Deutsch-Französischen Krieges (1870/71) war er in Koblenz in militärischen Diensten.[8] Von 1873 bis 1876 arbeitete Ilse als Oberförster in der Oberförsterei Bitsch-Süd, Forstmeisterbezirk Straßburg-Bitsch/Elsaß-Lothringen.[6] Von 1877 bis 1880 war er Oberförster in der Oberförsterei Hagenau-Ost, Forstmeisterbezirk Straßburg-Hagenau[6] und von 1881 bis 1893 Oberförster in der Oberförsterei Diedenhofen, Forstmeisterbezirk Metz-Diedenhofen.[6] Im Jahre 1894 ging er als Forstmeister in die Oberförsterei Pfalzburg, Forstinspektion Metz-Saarburg.[6] Er starb am 25. Februar 1900 als Forstmeister a. D. in Pfalzburg.[1][2][8]

Ilse war [neben seiner korrespondierenden Mitgliedschaft der Akademie gemeinnütziger Wissenschaften zu Erfurt] ordentliches Mitglied des Botanischen Vereins für die Provinz Brandenburg, des Botanischen Vereins für die Provinz Preußen[17] und der k. k. Zoologisch-Botanischen Gesellschaft in Wien.[19] Er war gut bekannt mit international namhaften Botanikern, wie P. Ascherson und C. Haussknecht, mit denen er viele Jahre im Briefwechsel stand.[8] In den Jahren 1855 bis 1871 schrieb er insgesamt 9 Briefe an T. Irmisch.[22] [Die bei MÜLLEROTT (1980) genannten Briefe an Irmisch (es existierten nur noch Abschriften von H. Müller)[22] waren 2002 im Schlossmuseum Sondershausen nicht mehr vorhanden.[26]] Die Hybride *Carex ovalis* x *C. remota* wurde von G. F. Ruhmer *Carex* x *ilseana* benannt.[20]

Ein nicht unbedeutender Gewährsmann bei ILSE (1866) war Kantor **August Haertel** [Härtel], der vor allem in und um Roßleben botanisierte, wo er u. a. *Achillea nobilis, Althaea officinalis, Campanula bononiensis, Chenopodium botrys, Ch. murale, Dictamnus albus, Euphorbia palustris, Lythrum hyssopifolia, Pulicaria dysenterica, Salvia verticillata, Teucrium scordium, Trifolium rubens* und *Viola pumila* fand. *Astragalus exscapus* hatte er bei Bottendorf, *Scutellaria hastifolia* zwischen Memleben und Roßleben sowie *Samolus valerandi* zwischen Roßleben und Wiehe registriert. Härtel wird auch bei VOCKE & ANGELRODT (1886) als Gewährsmann genannt. Hier sind insgesamt 30 Pflanzenfunde aufgeführt, die auf ihn zurückgehen. Von Härtel existiert ein Herbarbeleg von *Liparis loeselii* mit der Ortsangabe „moorige Wiesen bei Heldrungen" aus dem Jahre 1875 im

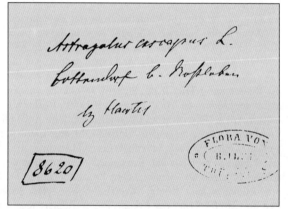

Abb. 105: Handschriftliches Herbaretikett von A. Haertel

Herbarium Haussknecht (JE) in Jena.[32] In der Sammlung von H. Ilse in Luxemburg wurden insgesamt 114 Belege erfasst, bei denen Härtel als Sammler/Bestimmer erwähnt wird.[34] Zur Biographie von Härtel ist uns so gut wie nichts bekannt. Nach LEBING (1885) soll er in Eisleben gewohnt haben: „nach Härtel, Eisleben, soll *Aruncus silvester* [= *A. dioicus*] auch bei Lodersleben und Langenroda bei Wiehe vorkommen".[29] Bei der Durchsicht des Adressbuches der Stadt Eisleben von 1880 wurde folgende Eintragung gefunden: „August Härtel, Lehrer und Kantor, Andreaskirchplatz 3". Weitere Angaben konnten im Stadtarchiv zu Eisleben nicht ermittelt werden.[30] Lehrer Härtel war um 1886 Mitglied der „Irmischia".[31]

Quellen
(1) Kiefer, J., Institut für Geschichte der Medizin in Jena, Angaben zur Akademie gemeinnütziger Wissenschaften zu Erfurt (13.3.2001, briefl. an K.-J. Barthel). – (2) ASCHERSON, P. & P. GRAEBNER: Synopsis der mitteleuropäischen Flora, Bd. 6, erste Abt., S. 61. – Leipzig 1905. – (3) Schultze, W., Universitätsarchiv der Humboldt-Universität zu Berlin, Kopie aus Matrikelbuch der Forstakademie Eberswalde mit handschriftlicher Eintragung von Ilse (FHS, Matrikelbuch 1821–1880, 715 ff.) (30.5. 2001, briefl. an K.-J. Barthel). – (4) Schultze, W., Universitätsarchiv der Humboldt-Universität zu Berlin (30.5.2001, briefl. an K.-J. Barthel). –

(5) ILSE, H.: *Carex leporina* x *remota* ILSE. – Verh. Bot. Ver. Prov. Brandenburg <u>5</u>: 224–228; 1863. – **(6)** Wudowenz, R., Fachhochschule Eberswalde (26.4.2001, briefl. an K.-J. Barthel). – **(7)** REICHERT, H.: Die Erforschung der Flora von Trier und Umgebung durch Freizeit-Botaniker vom 16. Jahrhundert bis zur Gegenwart. – Neues Trierisches Jahrbuch 1998 (Sonderdruck). – **(8)** Reichert, H., Trier (19.6.2001, briefl. an K.-

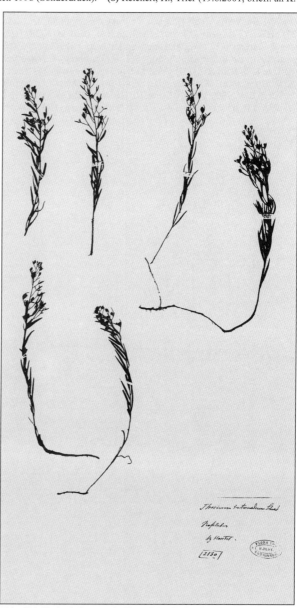

(9) Hartwig, A., Universitätsarchiv Rostock, Kopie des Promotionsprotokolls zu Ilse (27.6.2001, briefl. an K.-J. Barthel). – **(10)** Hartwig, A., Universitätsarchiv Rostock, Kopie der handschriftlichen lateinischen Vita von Ilse (27.6.2001, briefl. an K.-J. Barthel). – **(11)** Hartwig, A., Universitätsarchiv Rostock, Kopie der Promotionsurkunde von Ilse (27.6.2001, briefl. an K.-J. Barthel). – **(12)** ASCHERSON, P.: Flora der Provinz Brandenburg, der Altmark und des Herzogthums Magdeburg – Aufzählung und Beschreibung der in der Provinz Brandenburg, der Altmark und dem Herzogthum Magdeburg bisher wildwachsend beobachteten und der wichtigeren kultivierten Phanerogamen und Gefäßkryptogamen. – Berlin 1864. – **(13)** Hartwig, A, Universitätsarchiv Rostock (27.6.2001, briefl. an K.-J. Barthel). – **(14)** ILSE, H.: *Gagea saxatilis* KOCH bei Oderberg. – Verh. Bot. Ver. Prov. Brandenburg <u>5</u>: 228–229; 1863. – **(15)** Schuhmann, M, Universitätsarchiv Greifswald, Matrikeleintragung von Ilse (UAG Matrikel Bd. VII) (13.7.2001, briefl. an K.-J. Barthel). – **(16)** ILSE, H.: Noch eine Karpaten-Reise. – Verh. Bot. Ver. Provinz Brandenburg <u>10</u>: 1–37; 1868. – **(17)** ILSE, H.: Flora von Mittelthüringen. – Abdruck aus den Jahrbüchern der Königl. Preuss. Akademie gemeinnütziger Wissenschaften, Erfurt 1866. – **(18)** Raus, T., Freie Universität Berlin (26.2.2001, briefl. an J. Pusch). – **(19)** GRUMMANN, V.: Biographisch-bibliographisches Handbuch der Lichenologie. – Lehre 1974. – **(20)** JÄGER, E. J. & K. WERNER (Begr. W. ROTHMALER): Exkursionsflora von Deutschland. Bd. 4, kritischer

Abb. 106: Herbarbeleg von A. Haertel (ex Herbar H. Ilse, LUX)

161

Band Gefäßpflanzen, 9. Aufl. – Heidelberg, Berlin 2002. – **(21)** Wolff, P., Saarbrücken (4.7.2000, briefl. an K.-J. Barthel). – **(22)** MÜLLEROTT, M.: Thilo Irmisch 1816–1879, ein biobibliographischer Versuch nebst Proben seines wissenschaftlichen Briefwechsels. – Hoppea 39: 51–76; 1980. – **(23)** Geissert, F, Sessenheim/Elsaß über P. Wolff, Saarbrücken (31.5.2000, briefl. an K.-J. Barthel). – **(24)** Literatur – Botanische Zeitung 24: 385–386; 1866. – **(25)** FRAHM, J.-P. & J. EGGERS: Lexikon deutschsprachiger Bryologen, 2. Aufl. – Norderstedt 2001. – **(26)** Hirschler, C., Schlossmuseum Sondershausen (21.5.2002, telef. mit J. Pusch). – **(27)** Meyer, F. K., Jena (7.7.2002, briefl. an K.-J. Barthel). – **(28)** Helminger, T., Musée national d'histoire naturelle Luxembourg (8.8.2002, briefl. an J. Pusch). – **(29)** LEBING, C.: Neue Funde aus der Umgebung von Sangerhausen. – Irmischia 5(3): 20; 1885. – **(30)** Ebruy, M., Stadtarchiv Lutherstadt Eisleben (28.1.2004, briefl. an K.-J. Barthel). – **(31)** Gezahlte Beiträge. – Irmischia 6(1/2): 3; 1886. – **(32)** HENZE, U., W. ECCARIUS, H. HIRSCHFELD, K. LENK & E. SCHNEIDER: Orchideen im Kyffhäuserkreis. – Arbeitskreis Heimische Orchideen e. V. 2000. – **(33)** Manitz, H., Herbarium Haussknecht Jena (8.3.2004, briefl. an J. Pusch). – **(34)** Helminger, T., mit zahlreichen Kopien von Herbarbelegen (11.3.2004, briefl. an J. Pusch).

Irmisch, Thilo   1816–1879

geboren: 4. Januar 1816 in Sondershausen
gestorben: 28. April 1879 in Sondershausen

Abb. 107: Thilo Irmisch

Beruf, Leistungen auf floristischem Gebiet
Gymnasiallehrer, Botaniker. Irmisch machte sich nicht
nur als Florist einen Namen, sondern war auch ein
bedeutender Morphologe, der sich u. a. mit Monstrosi-
täten, Knollen- und Zwiebelbildung, Sprossfolge
sowie Anordnung der Blütenstände beschäftigte. Auch
als Geschichtsschreiber der Botanik trat er hervor. In
seinen „Nachträgen zu Meyer's Chloris Hanoverana
aus der Grafschaft Hohnstein" (1838) bringt er eine
Vielzahl bemerkenswerter Arten aus der näheren
Umgebung von Nordhausen (u. a. *Arabis auriculata*
vom Alten Stolberg bei Stempeda, *Atriplex rosea* nahe
Görsbach, *Caltha palustris* auf Wiesen bei Steigerthal,
Lycopodium clavatum im Windehäuser Holz bei Steigerthal, *Stachys arvensis* um Himmelgarten und Petersdorf und *Vaccinium vitis-idaea* am Rabenstein bei
Ilfeld). Mit seinem „Systematischen Verzeichniß der
in dem unterherrschaftlichen Theile der Schwarzburgischen Fürstenthümer wildwachsenden
phanerogamischen Pflanzen" (1846) schuf er eine erste umfassende Flora der schwarzburgischen Landesteile, einschließlich großer Teile des Kyffhäusergebirges. Irmisch nennt zwar
das Kyffhäusergebirge recht selten, jedoch beziehen sich die Fundortsangaben mit der Bezeichnung „Frankenhausen", „Steinthaleben" und „Badra" auf dieses. Er fand u. a. *Corrigiola litoralis* an der Helme bei Heringen, *Geranium lucidum* an der Rothenburg, *Hypericum
elegans* bei Frankenhausen, *Orlaya grandiflora* bei Ebeleben, *Parnassia palustris* an den
Gipsbergen bei Badra sowie *Gagea minima, Oenanthe fistulosa* und *Turgenia latifolia* bei
Sondershausen. Ein ergänzender Beitrag erschien bereits im Jahre 1849 im Jahresbericht des
Gymnasiums zu Sondershausen. Irmisch ist Gewährsmann des „Taschenbuches der Flora
Thüringens" (SCHÖNHEIT 1850), der „Flora von Nordhausen und der weiteren Umgebung"
(VOCKE & ANGELRODT 1886) und der „Flora von Nord-Thüringen" (LUTZE 1892). Irmisch
hat Anteil an der Entdeckung des Generationswechsels der Moose und Farne durch W. Hof-
meister, indem er gemeinsam mit Letzterem die bis dahin noch nicht beobachteten Prothal-
lien von *Botrychium lunaria* auffand.[1]

Herbarien, wichtige Herbarbelege
Vermutlich wurden nach dem Tode Irmischs im Jahre 1879 die Herbarien von T. P. Ekart
und T. Irmisch in Sondershausen vereinigt und z. T. etwas laienhaft zusammensortiert. Sie
enthielten nicht nur das von beiden Botanikern gesammelte Material, sondern auch von anderen Sammlern eingetauschte Exsikkate, die nach der erfolgten Zusammensortierung nicht
mehr eindeutig als zu einem der beiden Herbarien zugehörig erkannt werden konnten. Gegen
Ende des 19. Jahrhunderts wurde das so vereinigte Herbarium C. Haussknecht zum Kauf

angeboten. Dieser zeigte hierfür jedoch wenig Interesse, so dass die Sammlung offenbar in Sondershausen verblieb.[6]

Das Schlossmuseum Sondershausen bot etwa in der Mitte des 20. Jahrhunderts dem Herbarium Haussknecht (JE) ein Herbarium an, da es in Sondershausen vermutlich keinen größeren Ausstellungswert hatte. F. K. Meyer (Jena) fand das Herbarium im unteren Abstellraum des Museums vor. Es stellte sich als das von Irmisch zusammengestellte Herbarium des Fürstlichen Naturalienkabinetts heraus. Auf Anfrage an den Hausmeister des Sondershäuser Schlossmuseums verwies dieser auf eine ähnliche Aufsammlung auf dem Schlossboden. Dort fand F. K. Meyer Reihen von Lattenrosten mit

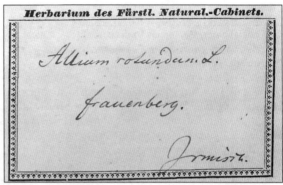

Abb. 108: Handschriftliches Herbaretikett von T. Irmisch

Herbarfaszikeln vor, die sich als das zusammensortierte Herbar von Ekart und Irmisch herausstellten. Nach Überführung der Herbarien des Fürstlichen Naturalienkabinetts und des zusammensortierten Herbariums von Ekart und Irmisch in das Herbarium Haussknecht (JE) nach Jena wurden alle Belege des Letzteren mit dem Wortlaut „Vereinigte Herbarien T. Ph. Ekart u. T. Irmisch" gestempelt.[6] Nicht selten ist jedoch aus dem Namenszug, dem Kürzel oder der Handschrift des Sammlers zu erkennen, ob ein Beleg von Irmisch oder von Ekart stammt.

Nach STAFLEU & COWAN (1979) befand sich ein Herbar Irmischs in Berlin, dieses wurde aber 1943 infolge von Bombenangriffen fast völlig vernichtet. Einige Belege von Irmisch aus dem Thüringer Raum befinden sich nach WAGENITZ (1982) im Göttinger Herbar (GOET). Auch in der Heimatsammlung des Herbariums der Martin-Luther-Universität Halle (HAL) liegen insgesamt 5 Herbarbelege von Irmisch aus dem heutigen Sachsen-Anhalt.[7]

An wichtigen Herbarbelegen von Irmisch aus dem Bearbeitungsgebiet sind beispielsweise zu nennen: *Arabis auriculata*: Sondershausen, auf einem Kleefelde unter dem Göldner (JE, 1877) und Straußberg (JE, o. D.); *Aster tripolium*: Im Ried bei der Numburg und Auleben (HAL, „1835 und später"); *Astragalus exscapus*: Frankenhausen, Kattenburg, nicht weit vom Kosakenstein (JE, 13.4.1846); *Halimione pedunculata*: Auleben (JE, 1835); *Minuartia viscosa*: Sondershausen (JE, 1860); *Oenanthe fistulosa*: Stockhausen [Sondershausen] (JE, o. D.); *Oxytropis pilosa*: Badra, auf dem Gyps (JE, Juni 1847); *Polycnemum arvense*: Ebeleben, 1859 und Heide bei Furra, Juli 1847 (JE); *Turgenia latifolia*: Stockhausen [Sondershausen] (JE, Juni 1847). – Von Irmisch befinden sich Briefe an Haussknecht im Archiv des Herbarium Haussknecht.[11]

Wichtige Veröffentlichungen

• Nachträge zu Meyer's Chloris Hanoverana aus der Grafschaft Hohnstein. – Linnaea 12: 38–49; 1838. – • Systematisches Verzeichniß der in dem unterherrschaftlichen Theile der Schwarzburgischen Fürstenthümer wildwachsenden phanerogamischen Pflanzen. – Sondershausen 1846. – • Nachträge zur Flora der Sondershäuser Gegend.– Jahresbericht Gymnasium Sondershausen 1849. – • Über das Vorkommen des Eibenbaums im nördlichen Thüringen. – Bot. Zeitung 5: 882–884; 1847. – • Zur Morphologie der monokotylischen Knollen- und Zwiebelgewächse. – Berlin 1850. – • Beiträge zur Naturgeschichte der einheimischen *Valeriana*-Arten, insbesondere der *V. officinalis* und *dioica*. – Abh. naturf. Ges. Halle 1: 19–42; 1853. – • Bemerkung über *Spergula pentandra* und *Morisonii*. – Zeitschr. ges. Naturwiss. 11: 53–55; 1858. – • Ueber einige Pflanzen der thüringischen Flora. – Bot. Zeitung 16: 235–236; 1858. – • Ueber zwei Varietäten der Brunnenkresse, eine langfrüchtige und eine kurzfrüchtige Form: var. *longisiliqua*, var. *brevisiliqua*. – Bot. Zeitung 19: 316–319; 1861. – • Ueber einige Botaniker des 16. Jahrhunderts, welche sich um die Erforschung der Flora Thüringens, des Harzes und der angrenzenden Gegenden verdient gemacht haben. – Jahresbericht Gymnasium Sondershausen 1862. – • Über *Papaver trilobum* WALLR. Ein Beitrag zur Naturgeschichte der Gattung *Papaver*. – Abh. naturf. Ges. Halle 9: 113–132; 1866. – • Ueber seltenere Pflanzen Thüringens. – Zeitschr. ges. Naturwiss. 32: 17–18; 1868. – • Ein neuer Standort von *Sisymbrium strictissimum* L. in Thüringen. – Bot. Zeitung 29: 775; 1871. – • Einige Nachrichten über Johann Thal, den Verfasser der „Sylva Hercynia". – Z. Harz-Ver. Gesch. Altertumskunde 8: 149–161; 1875.

Ein nahezu vollständiges Schriftenverzeichnis von Irmisch findet sich bei MÜLLEROTT (1980), S. 69–76.

Biographie

Johann Friedrich Thilo Irmisch wurde am 4. Januar 1816 [nicht am 14. Januar, wie bei (1) (2) und (5) angegeben] in Sondershausen geboren. Seine Eltern waren der Förster und ehemalige Fürstliche Jäger Johann Friedrich Irmisch (gest. 1864) und Antoinette Marianna Dorothea, geb. Freytag (gest. 1834).[9] Da der Vater bei den Schlotheimer Herren von Hopfgarten als Privatförster angestellt war, verbrachte Irmisch seine frühe Kindheit in Schlotheim, wo er auch die Grundschule besuchte. Ostern 1829 ging er an das Gymnasium nach Sondershausen. Von der Reifeprüfung wurde er wegen seiner hervorragenden schulischen Leistungen befreit,[2][9] wobei u. a. seine botanischen Kenntnisse hervorgehoben wurden, die er im Selbststudium erworben hatte.[1] Ab Mai 1836 studierte er an der Universität Halle Theologie und Naturwissenschaften, wo er schon im 1. Semester ein botanisches Kolleg bei Schlechtendal hörte.[2] Im Jahre 1837 botanisierte er wochenlang fast Tag für Tag mit F. W. Wallroth an den sonnigen Bergen des Windehäuser Holzes bei Steigerthal.[3] Da er nach einer Probepredigt in Sondershausen das Interesse an der Theologie verlor, wandte sich Irmisch ab dem 7. Semester verstärkt den Naturwissenschaften zu. Er hörte Zoologie bei Burmeister, Mineralogie bei Germar und arbeitete im Herbarium der Universität in Halle.[2] Nach Ablauf seiner Studienzeit in Halle [1839[9]] übernahm er zunächst für reichlich vier Jahre eine Hauslehrerstelle [bei der Familie Felber[5]] auf dem Gut Teistungenburg bei Worbis[4] und danach (Michaelis 1844) eine Stelle als Aushilfslehrer am Gymnasium in Sondershausen. Da er aber kein Abschlussexamen vorlegen konnte, stimmte die vorgesetzte Behörde nur sehr zögerlich zu. Erst am 8. September 1846 erfolgte seine feste Anstellung als Kollaborator mit einem Jahresgehalt von 150 Talern.[2] Er unterrichtete Naturbeschreibung, Latein, Griechisch, Deutsch und Religion.[9] Inzwischen wurde ihm auch die Erziehung des Prinzen Hugo mit übertragen; in dieser Stellung reiste er im Sommer 1850 mit seinem Zögling nach Karlsbad.[5][8] Im Juni 1851 heiratete er Mathilde Auleb aus Arnstadt; aus dieser Ehe gingen zwei Töchter hervor. Im Jahre 1852 wurde er zum Oberlehrer und im Jahre 1855 zum Professor ernannt. In das Jahr 1862 fällt Irmischs Berufung an das Fürstliche Archiv und Naturalienkabinett (Custos und Conservator), mit der die Verleihung des Titels Archivrat (1874) verbunden war.[2] Im Jahre 1873 machte er über dem ehemaligen Chorherrenstift Jechaburg Ausgrabungen auf dem Frauenberg, dabei gelang ihm die Freilegung der Grundmauern der bis dahin gesuchten Kapelle Beatae Virginis.[5] Als Redakteur des Sondershäuser Regierungs- und Nachrichtenblattes (1864 bis 1879) veröffentlichte er viele Aufsätze zu heimatkundlichen Themen. Bereits im Sommer 1855 hatte er für fast 5 Jahre die Redaktion der „Blumenzeitung" übernommen. Wegen seiner schon angegriffenen Gesundheit entschloss er sich im

Herbst 1876 zu einer Reise nach Südtirol. Nach kurzer Krankheit verstarb Irmisch am 28. April 1879 an einem Gehirnschlag in Sondershausen.[2] Die Beerdigung fand am 1. Mai in aller Frühe statt.[8] Seine Grabstätte auf dem Sondershäuser Friedhof ist nicht mehr erhalten.[2] [Im Jahre 1939 wurde sie noch gepflegt.[5]] Eine kleine Gedenktafel in der Langen Straße 36 erinnert noch heute an seine frühere Wohnstätte. Die lange Zeit verschwundene Platte des Grabsteines wurde im Jahre 1999 wieder aufgefunden und befindet sich jetzt im Sondershäuser Schlossmuseum.[9]

Irmisch war seit 1857 [= Ausstellungsjahr der mit abgedruckten Promotionsurkunde bei Quelle (9)] Dr. phil. h. c. der Universität Rostock.[9] [Nach Quelle (2) wurde er am 30. Juni 1853 zum Dr. phil. h. c. promoviert.] Er war Mitglied und Ehrenmitglied zahlreicher naturwissenschaftlicher Vereine, u. a. der Leopoldina [seit 10. Februar 1866, Matrikel-Nr. 2058, cognomen Brisseau-Mirbel[10]], der Bayerischen Botanischen Gesellschaft zu Regensburg, des Naturwissenschaftlichen Vereins für Thüringen und Sachsen in Halle, des Botanischen Vereins für die Provinz Brandenburg, des Naturwissenschaftlichen Vereins zu Bremen, der Societät für Naturwissenschaften in Cherbourg sowie der Botanical Society of Edinburgh.[1][9] Auch im Sondershäuser altertumsforschenden Verein bildete er die belebende Seele.[4] Er war auch Ehrenmitglied des Landwirtschaftlichen Vereins zu Sondershausen.[5] Irmisch schlug eine ganze Reihe von Berufungen als Hochschullehrer aus, so die der Universitäten München, Rostock, Halle, Erlangen und Leipzig.[9] Von 1838 bis 1879 veröffentlichte er etwa 146 größere und kleinere Abhandlungen floristischen, morphologischen und historischen Inhalts. Mit mehr als 44 bedeutenden Botanikern seiner Zeit stand er im Briefwechsel,[2] u. a. mit Schlechtendal, Hofmeister, Kerner, Braun, Ilse, Hampe und Hausknecht.[2][5] In seinem Nachlass wurden insgesamt 420 Briefe gesichtet.[5] Zu Ehren Irmischs erhielt der im Herbst 1880 durch G. Leimbach in Sondershausen gegründete Botanische Verein für das nördliche Thüringen den Namen „Irmischia". Dieser Verein hatte „eine gründliche allseitige Erforschung der Flora des nördlichen Thüringens" auf seine Fahnen geschrieben.[9]

Quellen

(1) KELLNER, K.: Zum 100. Todestag von Thilo Irmisch (1816–1879). – Mitt. Florist. Kartierung (Halle) 4(2): 2–5; 1978. – **(2)** MÜLLEROTT, M.: Thilo Irmisch 1816–1879. Ein biobibliographischer Versuch nebst seines wissenschaftlichen Briefwechsels. – Hoppea, Denkschr. Regensb. Bot. Ges. 39: 51–76; 1980. – **(3)** OβWALD, L.: Aus dem Leben Wallroths. – Mitt. Thüring. Bot. Ver. 9: 14–27; 1896. – **(4)** LANG, R.: Persönlichkeiten in Sondershausen. – Sondershausen 1993. – **(5)** ENGEL, K.: Thilo Irmisch, der Mann und sein Werk. – Mitt. Thüring. Bot. Ver. 46: 13–24; 1940. – **(6)** Meyer, F. K., Jena (1.9.2001, briefl. an J. Pusch). – **(7)** Krumbiegel, A., Halle (9.1.2002, briefl. an J. Pusch, in Auswertung des Herbars HAL in Vorbereitung einer neuen Flora von Sachsen-Anhalt. – **(8)** KIEFER, W.: Nekrolog über den Archivrath Prof. Dr. Irmisch. – Programm Gymnasium Sondershausen 1880. – **(9)** MAY, W. & H. KÖHLER: Persönlichkeiten in Sondershausen, Thilo Irmisch (1816–1879). – Kulturamt der Stadtverwaltung Sondershausen, 2002. – **(10)** Lämmel, E., Archiv Leopoldina Halle (30.9.2002, briefl. an K.-J. Barthel). – **(11)** Manitz, H., Herbarium Hausknecht Jena (8.3.2004, briefl. an J. Pusch).

Jansen, Werner

1941–

geboren: 26. Oktober 1941 in Kiel

<u>Beruf, Leistungen auf floristischem Gebiet</u>
Zollbeamter, Botaniker (insbesondere Gattung *Rubus*). Veröffentlichte bereits im Jahre 1986 eine „Flora des Kreises Steinburg" mit insgesamt 403 Seiten.[6] Im Rahmen seiner Kartierungsarbeiten für den „Verbreitungsatlas der Farn- und Blütenpflanzen Thüringens" (KORSCH et al.

2002) und der neuen „Flora von Thüringen" erfasste er in den Jahren 1996 bis 1998 auch die Brombeeren des Kyffhäusergebirges und seiner näheren Umgebung. Dabei erwiesen sich die Funde von *Rubus sorbicus* an der Heidestelle nördlich von Udersleben (Erstnachweis für Thüringen), von *R. horridus* am östlichen Rennweg südlich des Kirchenratskopfes (Erstnachweis für Thüringen) sowie von *R. lidforssii* und *R. josefianus* an verschiedenen Stellen des Kyffhäusergebirges und seiner Umgebung als besonders bemerkenswert.[2] Für die „Flora des Kyffhäusergebirges und der näheren Umgebung" (BAR-

Abb. 109: Werner Jansen im Jahre 1993

THEL & PUSCH 1999) schrieb Jansen den Abschnitt „Gattung *Rubus* L. – Brombeere, Himbeere", dem er einen lokalen Bestimmungsschlüssel voranstellte. Insgesamt wurden damals im und am Kyffhäusergebirge 27 *Rubus*-Arten nachgewiesen.[3] Durch Jansens Spezialkartierung für *Rubus* in Thüringen (seit 1993) konnten für den „Verbreitungsatlas der Farn- und Blütenpflanzen Thüringens" (KORSCH et al. 2002) bereits sehr aussagefähige Karten erarbeitet werden, so wurden bereits 75% der Landesfläche kartiert.[5] Auch an der Erarbeitung der 4. Fassung der Roten Liste der Farn- und Blütenpflanzen Thüringens (KORSCH & WESTHUS 2001, erstmals mit Berücksichtigung der *Rubus*-Arten) war Jansen maßgeblich beteiligt.[8]

<u>Herbarien, wichtige Herbarbelege</u>
Jansen besitzt ein eigenes *Rubus*-Herbar (Kürzel: HJa), das vorwiegend Belege aus Schleswig-Holstein, Mecklenburg-Vorpommern und Thüringen umfasst. Alles andere (etwa 3.000 Belege) wurde an das Kreisherbarium Steinburg abgegeben, dieses wird durch die Botanische Arbeitsgruppe des Heimatverbandes für den Kreis Steinburg verwaltet.[2] Nach dem Abschluss der Thüringen-Kartierung sollen die Exsikkate aus diesem Bundesland zum größten Teil dem Herbarium Haussknecht überlassen werden.[7]

    Folgende *Rubus*-Belege aus unserem Bearbeitungsgebiet sollen genannt werden: *Rubus grossus*: Seegaer Straße, ca. 1500 m westsüdwestlich Bahnhof Bad Frankenhausen (HJa, 26.8.1998); *R. hevellicus*: Fahrstraße zum Schießplatz s Bad Frankenhausen (HJa, 22.8.1998, det. G. Stohr, teste H. E. Weber); *R. horridus*: Waldweg s Kirchenratskopf (beim Aussichtspunkt) (HJa, 27.7.1997, det. H. E. Weber); *R. josefianus*: westlicher Teil des westlichen Rennweges (Kyffhäusergebirge) (HJa, 23.8.1998, teste H. E. Weber); *R. lidforssii*: Waldweg s Gietenkopf (Kyffhäusergebirge) (HJa, 27.7.1997, det. H. E. Weber); *R. sorbicus*: Waldsaum oberhalb Heidefläche n Udersleben (HJa, 23.8.1998, det. H. E. Weber).

Wichtige Veröffentlichungen
- Die Ausbreitung der Mauerraute in Schleswig-Holstein. – Kieler Notizen 3(2): 24–25; 1971. – • *Rubus schleicheri* WH. für Schleswig-Holstein nachgewiesen. – Kieler Notizen 6(4): 50–51; 1974. – • Die Schachblume im Kreis Steinburg. – Steinburger Jahrbuch: 113–117; 1975. – • *Polygonum minus* HUDS. und *Polygonum mite* SCHRANK in Schleswig-Holstein. – Kieler Notizen 7(4): 70–75; 1975. – • Beitrag zur Verbreitung, Ökologie und Soziologie des Schwedischen Hartriegels (*Cornus suecica* L.) in Schleswig-Holstein. – Kieler Notizen 12(1): 8–20; 1980. – • Flora des Kreises Steinburg. – Kiel 1986. – • Die Vegetation der Moorlandswiesen bei Schenefeld (HORST, E., W. JANSEN & J. SCHRAUTZER). – Steinburger Jahrbuch: 226–251; 1989. – • Der Finger-Steinbrech (*Saxifraga tridactylites* L.) auch im Kreis Steinburg fester Bestandteil der Bahnhofsflora ? – Kieler Notizen 20(4): 108–110; 1990. – • Aufruf zum Sammeln von *Rubus*-Belegen. – Inform. Florist. Kartierung Thüringen 6: 13–15; 1994. – • *Rubus orthostachyoides* H. E. WEBER – neu für die Flora Schleswig-Holsteins. – Die Heimat 105(5/6): 113–116; 1998. – • Gattung *Rubus* L. – Brombeere, Himbeere (JANSEN, W. & J. PUSCH). In: BARTHEL, K. & J. PUSCH: Flora des Kyffhäusergebirges und der näheren Umgebung, S. 150–162. – Jena 1999. – • Zwei neue Brombeerarten der Serie Glandulosi (WIMMER & GRABOWSKI) FOCKE aus Mitteleuropa (WEBER, H. E. & W. JANSEN) – Osnabrücker Naturwiss. Mitt. 27: 77–87; 2001.

Abb. 110: *Rubus*-Herbarbeleg von W. Jansen

Biographie

Werner Jansen wurde am 26. Oktober 1941 als Sohn eines Schlossermeisters in Kiel geboren.[1] Nach der Grundschule (1948 bis 1952) besuchte er ab 1952 das Hebbel-Gymnasium in Kiel, wo er im Jahre 1961 das Abiturzeugnis erhielt.[1][2] Anschließend absolvierte er eine dreijährige Ausbildung bei der Bundesfinanzverwaltung (Zoll) in Kiel und Herrsching/Ammersee, die er im Jahre 1964 als Diplomfinanzwirt beendete. Von 1964 bis 1965 war er Abfertigungsbeamter beim Zollamt Brunsbüttel. Im Jahre 1965 heiratete er Ingrid Stien aus Jübek; aus dieser Ehe gingen ein Sohn und eine Tochter hervor. Noch im selben Jahr ging er (u. a. als Zollkommissar, Außenprüfer, Leiter der Sachgebiete Außenprüfung und Steueraufsicht sowie des Sachgebietes Zölle und Verbrauchsteuern) an das Hauptzollamt nach Itzehoe, wo er nacheinander die genannten Stationen durchlief.[2] Hier war er von

1994 bis zu seiner Freistellung (Altersteilzeit) Ende November 2003 auch ständiger Vertreter des Vorstehers.[7]

Jansen, der sich schon in seiner Schulzeit für Botanik interessierte,[1] beschäftigt sich seit etwa 1976 mit der Gattung *Rubus* (seit 1993 auch mit den Brombeeren Thüringens), eine Tätigkeit, die ihn voll in Anspruch nimmt.[1][2] Er ist Mitglied der Thüringischen Botanischen Gesellschaft [seit Januar 1995[4]], der Arbeitsgemeinschaft Geobotanik in Kiel, der Floristisch-Soziologischen Arbeitsgemeinschaft in Göttingen, des Naturwissenschaftlichen Vereins zu Bremen, der Senckenbergischen Naturforschenden Gesellschaft und des Vereins zur Förderung naturkundlicher Untersuchungen in Nordwestdeutschland.[2]

H. E. Weber benannte eine *Rubus*-Art nach Jansen. *Rubus jansenii* H. E. WEBER wächst vor allem in Südthüringen, ist aber auch in Sachsen, Bayern und Hessen zu finden und wurde seit dem 19. Jahrhundert schon von früheren Botanikern gesammelt und mit verschiedenen Arten verwechselt.[6] H. E. Weber schreibt: „Die beschriebene Art ist in freundschaftlicher Verbundenheit benannt nach Werner Jansen (Itzehoe). Nach einem 1973 veranstalteten batologischen Einführungskurs [Batologie = Brombeerkunde] des Verfassers in Schleswig hat sich W. Jansen verstärkt mit Brombeeren befasst und zunächst in seiner Flora des Kreises Steinburg (JANSEN 1986) detailliert die Gattung *Rubus* berücksichtigt und seitdem unter anderem auch verschiedene batologische Arbeiten publiziert. Seit 1993 arbeitet er an einer flächendeckenden Kartierung der Brombeeren von Thüringen im Viertelquadranten-Raster der TK 25 (Messtischblatt) und hat durch alljährlich wochenlange Untersuchungen im Gelände und durch Revision von Herbarien eine Fülle von Daten zusammengetragen, die erstmals ein zutreffendes Bild der Brombeerflora dieses Bundeslandes liefern."[6]

Quellen
(1) Jansen, W., Itzehoe (25.9.2000, briefl. an K.-J. Barthel). – (2) Jansen, W. (27.9.2001, briefl. an K.-J. Barthel). – (3) BARTHEL, K.-J. & J. PUSCH: Flora des Kyffhäusergebirges und der näheren Umgebung. – Jena 1999. – (4) Jansen, W. (11.11.2001, briefl, an J. Pusch). – (5) KORSCH, H., W. WESTHUS & H.-J. ZÜNDORF: Verbreitungsatlas der Farn- und Blütenpflanzen Thüringens. – Jena 2002. – (6) WEBER, H. E.: Beitrag zur Kenntnis der Brombeerflora in Thüringen. – Haussknechtia 10: 147–156; 2004. (7) Jansen, W. (17.10.2004, briefl. an K.-J. Barthel). – (8) KORSCH, H. & W. WESTHUS: Rote Liste der Farn- und Blütenpflanzen (Pteridophyta et Spermatophyta) Thüringens (4. Fassung). – Naturschutzreport 18: 273–296; 2001.

Jungermann, Ludwig

1572–1653

geboren: 4. Juli 1572 in Leipzig
gestorben: 7. Juni 1653 in Altdorf

<u>Beruf, Leistungen auf floristischem Gebiet</u>
Hochschullehrer, Botaniker. Er hielt sich im Frühjahr 1602 in Frankenhausen auf, wo er *Cicer montanum lanuginosum* (*Oxytropis pilosa*) sowie eine interessante Grasart sammelte und zu C. Bauhin nach Basel schickte, der diese Arten auch in seinem „Prodromus" (1620) beschrieb.[4] Nach A. Petry ist die Identität der von Jungermann geschickten Grasart, die Bauhin „*Gramen sparteum variegatum*" nannte, anhand der Beschreibung des Letzteren nicht festzustellen.[2] Für S. Rauschert ist *Gramen sparteum variegatum*, das Linné als *Corynephorus* deutete und Wein als *Koeleria macrantha* ansprach, bestimmt *Carex humilis*. „Dafür sprechen vor allem die rostroten Verfärbungen der oberen Blatthälfte, die für diese Segge sehr charakteristisch sind, aber auch alles andere paßt ganz ausgezeichnet auf diese Art".[3] Jungermann und J. L.

L UDOVIC, IUNGERMANNUS.

Medicinæ Prof. Altdorf.

Abb. 111: Ludwig Jungermann

Fürer untersuchten beide die Salzflora im Umfeld des Mittelberges östlich von Auleben,[5] damit waren sie die ersten, die mit Sicherheit Salzpflanzen vom Fuße des Kyffhäusers kannten.[2] Jungermann war auch der Erste, der sich an die Unterscheidung der *Salicornia*-Sippen gewagt hat.[5] Seine Lokalfloren von Altdorf und Gießen gehören zu den ältesten ihrer Art in Deutschland.

<u>Herbarien, wichtige Herbarbelege</u>
Über ein Herbarium von Jungermann ist uns nichts bekannt, ebenso konnten wir in keinem der von uns untersuchten Herbarien Herbarbelege von ihm auffinden.

<u>Wichtige Veröffentlichungen</u>
• Catalogus plantarum, quae circa Altorfium Noricum et vicinis quibusdam locis. – Altorfi 1615. – • Cornucopiae florae Giessensis. – Giessae, apud Nicolaum Hampelium 1623. – • Catalogus herbarum circa Giessam. – Giessae 1623. [Leider sind Jungermanns Gießener Schriften bis heute verschollen.[12]] – • Catalogus plantarum circa Altdorphinum Noricam sponte crescentium. – ? 1646. – Das Manuskript gebliebene „Viridarium Lipsiense spontaneum" befindet sich in der Universitätsbibliothek Erlangen (Mss. 892).[9]

<u>Biographie</u>
Ludwig Jungermann wurde am 4. Juli 1572 als Sohn eines Professors der Rechtswissenschaft in Leipzig geboren. Er studierte in Leipzig [wie aus der Matrikel erkennbar ist, hat Jungermann an der Artisten-Fakultät hier den ersten akademischen Grad (= Baccalar) erworben[8]], Jena und Altdorf.[1] Seine botanischen Kenntnisse hat er sich wahrscheinlich durch Selbststudium erworben, sicherlich hat er auch manche Anregung von seinem älteren Bruder Joachim empfangen, der 1591 auf einer botanischen Forschungsreise im Orient seinen Tod fand. Im Jahre 1600 schrieb Jungermann an seinem Erstlingswerk, eine Flora von Altdorf, die erst

im Jahre 1615 erschien.[10] Noch im Jahre 1600 verließ er Altdorf, um vorläufig nach Leipzig zurückzukehren. Von hier aus unternahm er botanische Exkursionen in das nördliche Thüringen und möglicherweise auch in den Harz. Im Frühjahr 1602 hielt er sich diesbezüglich in Frankenhausen auf.[1]

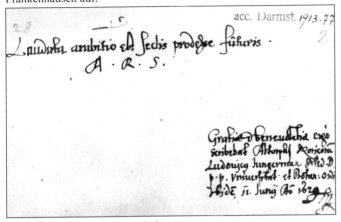

Kurze Zeit nach ihrer Gründung (am 7. Oktober 1607 durch Landgraf Ludwig V.) ging er an die Universität Gießen, wo er im Jahre 1609 den Botanischen Garten (Hortus medicus) anlegte und mit einem Jahresgehalt von 50 Talern zu dessen Direktor ernannt wurde.[1][10] Berücksichtigt man, dass der Botanische Garten

Abb. 112: Handschriftprobe von L. Jungermann

sich seit seiner Gründung noch an seinem ursprünglichen Ort befindet, dann ist der Gießener Hortus medicus sogar der älteste Deutschlands.[12] Am 17. Dezember 1610 ernannte ihn die medizinische Fakultät zum Lizentiaten.[10] Im Jahre 1611 zum Doktor promoviert [die Universität Gießen verlieh ihm wegen seiner Berühmtheit in der Botanik am 4. April 1611 ehrenhalber die Würde eines Dr. med.[5]], erhielt er 1612 vom Fürstbischof Johann Conrad von Gemmingen in Eichstädt den Auftrag, die Herausgabe eines Kupferprachtwerkes zu besorgen, das Pflanzen aus dessen botanischen Garten, der größte Seltenheiten besaß, abbilden sollte.[1] [Das Titelblatt zur ersten Auflage (1613) des „Hortus Eystettensis" nennt nur Basilius Besler als Verfasser. Tatsächlich hat jedoch Jungermann am Text des Buches mitgewirkt. Die Endredaktion lag wohl in den Händen Beslers, da der Text zahlreiche sachliche Fehler enthält.[11]]. Nach Fertigstellung dieses Werkes wurde er [1614 als Nachfolger von Michael Döring[10][12]] zum Professor der Botanik [der Medizin[10]] in Gießen ernannt.[1] Im Jahre 1615 ordnete der Landgraf die Verlegung des Botanischen Gartens in die unmittelbare Nähe des Kolleggebäudes an. Die Umpflanzung und Neuanlage beschäftigte Jungermann jahrelang, sie war 1618 noch nicht vollendet.[10] Jungermann war es auch, der sich für die bauliche Verbesserung des Laboratorium Chymicum einsetzte, das schon 1612 in Gießen existierte.[12] In den Jahren 1616, 1618, 1621 und 1623/24 war er Dekan der medizinischen Fakultät, 1624 auch Rektor der Universität.[10] In all diesen Jahren hat er sich mit der Erforschung der Flora von Gießen beschäftigt.[10] Nach Auflösung der Universität Gießen [sie wurde von 1625 bis 1650 nach Marburg verlegt[12]] folgte er [bereits vorher andere Angebote ausschlagend (so von London)[10] auch von Rostock und Rinteln[12]] im Jahre 1625 dem Ruf seines Freundes Kaspar Hofmann an die Universität Altdorf, wo er die neu eingerichtete Professur für Botanik erhielt. In den Jahren 1634, 1642 und 1650 war Jungermann Rektor der Universität Altdorf. Durch die Anlage des Botanischen Gartens (1626) trug er maßgeblich zur Attraktivität dieser Bildungseinrichtung bei. Seine weitreichende Korrespondenz ermöglichte es ihm, eine Fülle seltener Pflanzen in den Hortus medicus einzugliedern. Mit dem „Catalogus plantarum"

(1615) schuf er die erste Beschreibung der Flora des Nürnberger Raums.[6] Er starb im Alter von fast 81 Jahren am 7. Juni 1653 in Altdorf.[1][6][10] Mit der Begründung „er werde dann heiraten, wenn man ihm eine Pflanze bringe, welche er nicht kenne" war er Junggeselle geblieben.[12] Seine Bücher und Sammlungen vermachte er testamentarisch der Altdorfer Bibliothek. Der größte Teil dieser Bibliothek kam im Jahre 1818 nach Erlangen.[1]

Jungermann galt als einer der besten Pflanzenkenner seiner Zeit, der mit zahlreichen bedeutenden Botanikern im Briefwechsel stand [u. a. mit C. Bauhin in Basel (siehe oben). In der Universitätsbibliothek zu Erlangen (Mss. 1822) werden zwei Briefe aufbewahrt, die Bauhin an Jungermann richtete (vom 29. August 1609 und vom 17. März 1616[9]]. Er war mit dem Nordhäuser Senator J. L. Fürer befreundet, der ihm Florenverzeichnisse zukommen ließ.[5] Jungermann hat sich auch mit den Kryptogamen beschäftigt, so dass J. J. Dillenius (1684 bis 1747) einer Gattung der Lebermoose den Namen *Jungermannia* gab.[1] [Nach Jungermann benannte C. von Linné die Gattung *Jungermannia*, ein Name, den bereits Rupp 1718 eingeführt hatte.[7]] Er hat sowohl über die Flora Gießens als auch über die Flora Nürnbergs als Erster geschrieben.[1][6] Er wurde durch eine Straßenbennenung im Loher Moos geehrt.[6]

Quellen

(1) LEIMBACH, G.: Zur 200jährigen Gedenkfeier für Heinrich Bernhard Rupp, den Verf. der ältesten Thüringischen Flora: Beiträge zur Geschichte der Botanik in Hessen aus dem 16., 17. und Anfang des 18. Jahrh. – Programm Fürstl. Realschule zu Arnstadt 1888. – (2) PETRY, A.: Die Vegetationsverhältnisse des Kyffhäuser Gebirges. – Inauguraldissertation, Halle 1889. – (3) Rauschert, S., Halle (24.10.1979, briefl. an K. Kellner, Nordhausen; Nachlass Kellner, im Besitz von J. Pusch) – (4) WEIN, K.: Die Geschichte der Floristik in Thüringen. – Feddes Repert., Beiheft 62: 1–26; 1931. – (5) WEIN, K.: Die Erforschung des Florenkleides von Nordhausen in ihrer geschichtlichen Entwicklung bis zum Ende des 18. Jahrhunderts. – Festschr. 39. Hauptvers. deutsch. Ver. Förder. math. naturwiss. Unterricht e. V. Nordhausen 30. März bis 3. April 1937: 80–111. – (6) Beyerstedt, H. D., Stadtarchiv Nürnberg, Datenbank Stadtlexikon Nürnberg (10.8.2001, briefl. an K.-J. Barthel). – (7) FRAHM, J.-P. & J. EGGERS: Lexikon deutschsprachiger Bryologen. – Norderstedt 2001. – (8) Hesse, P., Universitätsarchiv Leipzig (10.12.2002, briefl. an K.-J. Barthel). – (9) WEIN, K.: Caspar Bauhin an Ludwig Jungermann. – Sudhoffs Archiv für Geschichte der Medizin und der Naturwissenschaften 30(3): 152–166; 1937. – (10) SPILGER, L.: Ludwig Jungermann, der erste Professor der Botanik in Gießen. – Volk und Scholle: Heimatblätter für beide Hessen, Nassau und Frankfurt am Main 5: 120–121; 1927. – (11) WICKERT, K. (Hrsg.): Hortus Eystettensis. Zur Geschichte eines Gartens und eines Buches (Schriften der Universitätsbibliothek Erlangen-Nürnberg). – München 1989. – (12) Material von A. Hofmann, Institut für Allgemeine Botanik und Pflanzenphysiologie der Universität Gießen (2.7.2004, briefl. an K.-J. Barthel).

Kaiser, Ernst

1885–1961

geboren: 23. Dezember 1885 in Hildburghausen
gestorben: 7. Juli 1961 in Hildburghausen

Abb. 113: Ernst Kaiser

Beruf, Leistungen auf floristischem Gebiet

Lehrer, Naturschützer, Botaniker. Mit seiner Arbeit „Die Steppenheiden in Thüringen und Franken zwischen Saale und Main" (1930) lieferte er anhand zahlreicher Vegetationsaufnahmen u. a. aus dem Kyffhäusergebirge und dem südlichen Harzvorland eine große Zahl wertvoller floristischer Angaben. So nennt er zum Beispiel *Peucedanum officinale, Potentilla rupestris, Prunus fruticosa* und *Scorzonera hispanica* vom Wilhelmsteig bei Bad Frankenhausen, *Allium rotundum, Dictamnus albus, Geranium lucidum, Lactuca quercina* und *Scorzonera purpurea* von der Rothenburg, *Bunium bulbocastanum* vom Solberg östlich von Auleben sowie *Gentiana cruciata, Melittis melissophyllum* und *Trifolium rubens* vom Schlösschenkopf bei Sangerhausen. Eine weitere, für Nordthüringen bedeutsame Arbeit erschien im Jahre 1954 unter dem Titel „Das Thüringer Becken zwischen Harz und Thüringer Wald". „Sie bildet den Niederschlag der Exkursionstätigkeit des Geographischen Seminars der Pädagogischen Akademie Erfurt in den Jahren ihres Bestehens (1929 bis 1932). Das Manuskript wurde 1952 und 1953 überarbeitet, auf den neuesten Stand gebracht und die meisten Wanderungen nochmals abgeschritten." Kaiser beschreibt in dieser Arbeit u. a. die Flora des Kyffhäusergebirges (Falkenburg-Massiv, Rothenburg, Kleine Eller, Mittelberg), des Alten Stolberges, des Südharzvorlandes (Questenberg, Kleinleinungen, Wallhausen, Sangerhausen), der Hainleite (Sachsenburgen, Kohnstein, Kahler Berg, Filsberg) und der Salzstellen im Umfeld des Kyffhäusergebirges (Numburg, Esperstedt, Artern). Bemerkenswert sind folgende Funde: *Viola ambigua* am Falkenburg-Massiv, *Geranium lucidum, Orobanche alba, Orobanche artemisiae-campestris* und *Omphalodes scorpioides* an der Rothenburg, *Stipa tirsa* am Mittelberg östlich Auleben, *Orobanche lutea* und *Vicia cassubica* am Harand nördlich Kleinleinungen, *Podospermum laciniatum* und *Seseli hippomarathrum* bei Wallhausen sowie *Campanula bononiensis, Peucedanum officinale* und *Pulsatilla pratensis* am Filsberg bei Hachelbich. Viele dieser Angaben gehen wohl auf K. Wein zurück, der Kaiser mehrfach auf dessen Wanderungen begleitete.

Herbarien, wichtige Herbarbelege

Über ein Herbarium von Kaiser ist uns nichts bekannt, ebenso konnten wir in keinem der von uns untersuchten Herbarien Herbarbelege von ihm auffinden. – Von Kaiser befinden sich viele Briefe im Archiv des Herbarium Haussknecht.[10]

Wichtige Veröffentlichungen

• Beiträge zur Kenntnis der Flora Thüringens, insbesondere des Herzogtums Sachsen-Meiningen. – Mitt. Thüring. Bot. Ver. **21**: 62–70; 1906. – • Die Vegetation des oberen Werratales. – Schriften Verein sächs.-

meining. Gesch. u. Landeskd. <u>84</u>, Hildburghausen 1926. – • Die Pflanzenwelt des Hennebergisch-Fränkischen Muschelkalkgebietes. Eine pflanzensoziologische Monographie. – Feddes Repert., Beih. <u>44</u>; 1926. – • Die Entwicklung der Pflanzendecke Thüringens. – Thüringen <u>3</u>(2): 17–22; 1927/28. – • Die Steppenheiden in Thüringen und Franken zwischen Saale und Main. – Sonderschriften der Akademie gemeinnütziger Wiss. zu Erfurt 1930. – • Die mitteldeutsche Steppenheide. – Feddes Repert., Beih. <u>62</u>: 65–75; 1931. – • Landeskunde von Thüringen. – Erfurt 1933. – • Landschaftsbiologie Thüringens. – Der Thüringer Erzieher <u>3</u>(13/14): 426–429; 1935. – • Das Breitunger Seengebiet. – Urania <u>14</u>(2): 61–65; 1951. – • Das Thüringer Becken zwischen Harz und Thüringer Wald. – Gotha 1954. – • Thüringerwald und Schiefergebirge. – Gotha 1955. – • Südthüringen. Das obere Werra- und Itzgebiet und das Grabfeld. – Gotha 1956. – • Beiträge zur Vegetationskunde der thüringischen Rhön. – Mitt. Thüring. Bot. Ges. <u>2</u>(1): 151–175; 1960. – • Ostthüringen. Der neue Thüringenführer. – Gotha 1961. – • Naturschutz in Australien, Neuseeland und auf den Kerguelen, Idee und Verwirklichung. – Wiss. Veröff. Deutsch. Inst. Länderkunde <u>19/20</u>: 243–265; 1963.

Abb. 114: Handschriftliche Postkarte von E. Kaiser (mit Unterschrift) an P. Rabitz aus dem Jahre 1959

Biographie

Ernst Kaiser wurde am 23. Dezember 1885 als Sohn des Bürovorstehers Gustav Kaiser und dessen Ehefrau Sophie, geb. Krieg, in Hildburghausen geboren. Nach dem Besuch der Volksschule von 1892 bis 1900 in Gräfenthal ging er von 1900 bis 1905 an das Herzogliche Landeslehrerseminar in Hildburghausen und war anschließend bis zum 1. Oktober 1905 als Volksschullehrer in Hümpfershausen (Rhön) tätig.[7] Schon als Jugendlicher widmete er sich der Erforschung seiner näheren Heimat.[2] Nach einer Militärdienstzeit in Hildburghausen war er von 1. Oktober 1906 bis Ostern 1910 als Lehrer in Wahns (Kreis Meiningen) angestellt. Im November 1907 legte er seine zweite Lehrerprüfung ab.[7] Vom Sommersemester 1910 bis zum Sommersemester 1913 studierte er in der Fachrichtung Naturwissenschaften [Philosophie, Pädagogik, Naturwissenschaften und Erdkunde[7]] an der Universität Jena. Laut Inscriptionsbuch (Sign.: UAJ-Bestand BA Nr. 1665 k) und Immatrikulationsakte des Sommersemesters 1910 erfolgte die Immatrikulation am 23. April 1910, der Abgang ist auf den 26. Mai 1913 datiert.[8] Im März 1913 legte er die pädagogische Prüfung an der Universität Jena ab,[7] wo er die Lehrbefähigung für Pädagogik, Philosophie, Botanik, Zoologie, Mineralogie, Geologie und Erdkunde erwarb.[1] Nach seinem Studium an der Universität Jena wurde ihm mit dem 1. April 1913 das Rektorat an der Volks- und Fortbildungsschule in Bad Liebenstein übertragen. Als Oberleutnant nahm er am 1. Weltkrieg teil. Nach schwerer Verwundung war er Erzieher und Lehrer am Kgl. preußischen Kadettenkorps (ab Sommer 1915) und Adjutant in Kassel (1918). Nach dem 1. Weltkrieg wurde er zunächst vertretungsweise und ab 1. September 1919 als Oberlehrer (für Naturwissenschaften und Erdkunde) an das Landeslehrerseminar nach Hildburghausen berufen, wo man ihn am 1. Juni 1925 mit der Leitung dieser Anstalt und der mit ihr verbundenen deutschen Aufbauschule beauftragte.[7] Am 14. Juni 1926 richtete Oberstudienrat Kaiser ein Promotionsgesuch an den Dekan der mathematisch-naturwissenschaftlichen Fakultät der Universität Jena. Das Thema seiner Dissertation lautete: „Die Pflanzenwelt des Hennebergisch-Fränkischen Muschelkalkgebietes. Eine pflanzensoziologische Monographie". Die Promotion zum „doctoris philosophiae naturalis" erfolgte am 21. Juli 1926 (Datum der Urkunde). Der Promotionsvorgang ist in der Promotionsakte der Mathematisch-Naturwissenschaftlichen Fakultät 1926/27 (Sign.: UAJ-Bestand N, Nr. 2) überliefert.[8] Im Jahre 1929 wurde er an die Pädagogische Akademie Erfurt berufen, wo er bis zu ihrer Schließung im Jahre 1932 als Professor für Erdkunde wirkte. Danach war er Schulrat in den Kreisen Ziegenrück und Schleusingen-Suhl.[4] Im Jahre 1945 trat er in den Ruhestand und bezog sein eigenes Haus in Hildburghausen.[2] Er trug wesentlich dazu bei, dass nach dem 2. Weltkrieg im Bezirk Suhl eine organisierte Naturschutzarbeit aufgebaut werden konnte. Auf Grund seiner ausgezeichneten Landeskenntnisse, besonders in biologischer und geographischer Hinsicht, und seinem Engagement für den Naturschutz wurde er im Jahre 1953 zum Bezirksnaturschutzbeauftragten ernannt. Auf seine Anregung hin wurden Naturdenkmale wissenschaftlich untersucht, beschrieben und unter Schutz gestellt. Bei Exkursionen unter seiner Leitung, die stets ein Erlebnis waren, konnten viele engagierte Mitarbeiter für den Naturschutz gewonnen werden.[1] „Dies nicht zuletzt auch deshalb, weil es Kaiser verstand, die Formung der heimatlichen Landschaft in enger Verbindung mit ihrer geschichtlichen und kulturellen Entwicklung sichtbar zu machen."[1] Im Jahre 1958 versuchten H. Meusel und L. Bauer eine „Ehrenpension" für ihn zu erwirken. Leider wurde ein solcher Antrag von den staatlichen Stellen abgelehnt.[9] Bis zu seinem letzten Tag wirkte Kaiser für die Erforschung und den Schutz seiner geliebten Thüringer Heimat.[1] Er starb am 7. Juli 1961 in Hildburghausen.[2)(4]

Kaiser war seit 1904 Mitglied des Thüringischen Botanischen Vereins.[5] Seit 1957 war er Ehrenmitglied der Thüringischen Botanischen Gesellschaft.[6] Im Jahre 1929 wurde er in die Akademie gemeinnütziger Wissenschaften zu Erfurt aufgenommen.[3] Er gehörte als Sekretär der naturwissenschaftlichen Klasse sowie als Leiter der Arbeitsgemeinschaft „Zur wissenschaftlichen Erforschung der Heimat" dem Senat dieser Akademie an.[1] Zwischen 1929 und 1944 hielt er auf insgesamt 10 Sitzungen der Sozietät einen Vortrag, von denen einige auch gedruckt wurden. So sprach er z. B. am 8. Juni 1932 über die „Beziehungen von Pflanzen-, Agrar- und Siedlungsgeographie in Thüringen" und am 27. September 1933 über einen „Versuch einer Entwicklungsgeschichte der Pflanzen- und Tierwelt Mitteldeutschlands in postglazialer Zeit."[3] Auch in der Bezirksorganisation der Natur- und Heimatfreundebewegung des Kulturbundes der DDR leistete er Vorbildliches. Insgesamt hat er 143 wissenschaftliche Arbeiten veröffentlicht.[1]

Quellen

(1) HIEKEL, W. & G. WEISS: Zur Erinnerung an Prof. Dr. Ernst Kaiser. – Landschaftspflege Naturschutz Thüringen 18(4): 109–111; 1981. – (2) HEIM, B.: Der Geograph Südthüringens. – Südthüringer Rundschau vom 30. September 1999. – (3) Kiefer, J., Institut für Geschichte der Medizin Jena (13.3.2001, briefl. an K.-J. Barthel). – (4) Römhild, M., Stadtmuseum Hildburghausen (14.4.2001, briefl. an K.-J. Barthel). – (5) Mitgliederverzeichnis in Mitt. Thüring. Bot. Ver. 20: IV–VI; 1904/05. – (6) MEYER, F. K.: 100 Jahre Thüringische Botanische Gesellschaft. – Haussknechtia 1: 3–16; 1984. – (7) KAISER, E.: Die Pflanzenwelt des Hennebergisch-Fränkischen Muschelkalkgebietes. Eine planzensoziologische Monographie (Lebenslauf). – Dissertation, Hildburghausen 1926. – (8) Hartleb, M., Universitätsarchiv Jena (25.5.2001, briefl. an K.-J. Barthel). – (9) Bauer, L., Halle (5.8.2001, briefl. an J. Pusch). – (10) Manitz, H., Herbarium Haussknecht Jena (8.3.2004, briefl. an J. Pusch).

Kappel, Franz   1855–1909

geboren: 25. Mai 1855 in Dürrkunzendorf
gestorben: 18. Mai 1909 in Artern

Beruf, Leistungen auf floristischem Gebiet
Sekretär und Oberschichtmeister beim Salzamt Artern, Botaniker (insbesondere Salzpflanzen). Kappel trat zwar nicht mit eigenen botanischen Veröffentlichungen hervor, beteiligte sich aber mit zahlreichen Diskussionsbeiträgen an den Hauptversammlungen des Thüringischen Botanischen Vereins. Auf der Herbst-Hauptversammlung am 1. Oktober 1893 in Arnstadt erwähnte er an eingeschleppten Pflanzen *Anchusa azurea, Cerinthe minor* und *Salvia aethiopis* an einem neu aufgeschütteten Bahndamm bei Artern. Des Weiteren fand er *Potentilla rupestris* bei Udersleben, die er zur Frühjahrs-Hauptversammlung in Mühlhausen im Mai 1894 eingesandt hatte. Weitere Neuheiten aus seinem Florengebiet, wie *Alopecurus myosuroides* von einer Wiese bei Artern, *Epipactis microphylla* von den nördlichen Abhängen der Hainleite bei Sachsenburg und *Centaurium littorale* von einer Ausschachtung von etwa 10 ar Größe bei Borxleben legte er auf der Herbst-Hauptversammlung am 20. Oktober 1901 in Weimar vor. In dieser Ausschachtung hatte er u. a. noch *Alopecurus aequalis, Eleocharis quinqueflora, Glaux maritima, Leontodon saxatilis, Lotus tenuis, Melilotus dentata, Plantago maritima, Ranunculus sardous* und *Samolus valerandi* gefunden. Kappel beschäftigte sich mit den Sumpf-Löwenzahnen, deren Formenreichtum im Raum Artern er bereits kannte. Der Typus-Beleg von *Taraxacum apiculatum* SOEST (Sektion *Palustria*) wurde am 6. Mai 1903 von Kappel gesammelt und befindet sich in der Botanischen Staatssammlung (M) in München.[11]

Herbarien, wichtige Herbarbelege
Der Großteil der Herbarbelege von Kappel befindet sich im Herbarium Hausknecht, so dass davon ausgegangen werden kann, dass dessen Sammlungen nach seinem Tode im wesentlichen nach Jena (JE) gekommen sind. Weitere Belege befinden sich u. a. in Berlin (B), Dresden (DR), Halle (HAL), Hamburg (HBG), Lyon (LY), München (M), Pruhonice bei Prag (PR) und Tübingen (TUB). Wichtige Belege aus dem Kyffhäusergebiet sind u. a. *Allium angulosum*: Artern (JE, 24.7.1900); *Artemisia pontica*: bei Oldisleben (JE, 20.9.1895); *Artemisia rupestris*: Artern (JE, 1901); *Biscutella laevigata*:

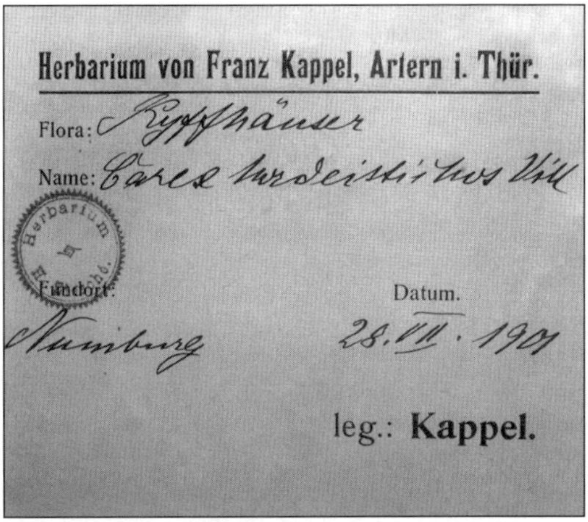

Abb. 115: Handschriftliches Herbaretikett von F. Kappel

Kohnstein bei Nordhausen (JE, 14.6.1902); *Bupleurum tenuissimum*: Solgraben bei Artern (JE, Sept. 1892); *Carex hordeistichos*: Numburg (JE, 28.7.1901); *Carex hordeistichos*: Kindelbrück (JE, 19.6.1904); *Centaurium littorale*: Borxleben bei Artern (JE, 15.7.1901); *Epi-*

pactis microphylla: Sachsenburg (JE, Juli 1906); *Glyceria distans* v. *versicolor*: Artern (JE, 1.7.1902, rev. H. Scholz 1962 als *Puccinellia limosa*); *Hymenolobus procumbens*: Frankenhausen (JE, August 1903); *Lactuca saligna*: Numburg bei Kelbra (HAL, 28.7.1901); *Plantago maritima*: Saline Artern (JE, 10.10.1897); *Salix hastata*: Stempeda (JE, 15.6.1892); *Sisymbrium strictissimum*: Udersleben (JE, 19.6.1895); *Taraxacum hollandicum*: Artern (M, 1903); *Taraxacum subalpinum*: Artern (DR, 1901); *Ventenata dubia*: Artern (JE, Juli 1906). – Von Kappel befinden sich viele Briefe (so an Bornmüller, Haussknecht, Hergt, Quelle und Torges) im Archiv des Herbarium Haussknecht.[14]

Wichtige Veröffentlichungen
Außer den Berichten zu den Hauptversammlungen des Thüringischen Botanischen Vereins, in denen Kappel zur Flora der Umgebung von Artern, aber auch zur Flora des Kyffhäusergebirges und der Hainleite sprach, liegen uns keinerlei botanische Veröffentlichungen des Genannten vor. – • Bericht über die Herbst-Hauptversammlung in Weimar am 20. Oktober 1901 (u. a. über *Centaurium littorale* in einer Ausschachtung bei Borxleben und *Epipactis microphylla* an den Abhängen der Hainleite bei der Sachsenburg). – Mitt. Thüring. Bot. Ver. <u>16</u>: 17–18; 1901. – • Bericht über die Herbst-Hauptversammlung in Weimar am 8. Oktober 1905 (über die Suche von *Artemisia laciniata* und *Carex hordeistichos* zwischen Artern und Borxleben). – Mitt. Thüring. Bot. Ver. <u>21</u>: 109; 1906.

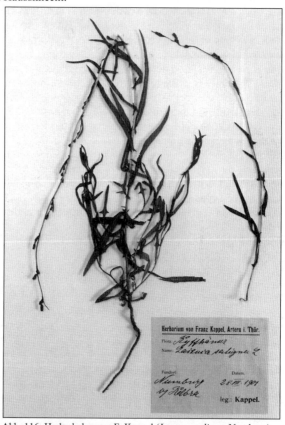

Abb. 116: Herbarbeleg von F. Kappel (*Lactuca saligna*, Numburg)

Biographie
Franz Kappel wurde am 25. Mai 1855 in Dürrkunzendorf [bzw. Kunzendorf[12]], Kreis Neiße, geboren.[4] Seine Eltern waren der Schmiedemeister Franz Kappel und Beate Kappel, geb. Ulbrich.[12] Am 9. August 1877 ging er zunächst als Zivilanwärter und von 1882 bis 1883 als Assistent an die Saline Artern. Ab 1. Juni 1883 wurde er Büroassistent beim Salzamt Artern (lt. Verfügung des Oberbergamtes Halle vom 28. Mai 1883). Durch Verfügung des Oberbergamtes Halle vom 20. Januar 1888 erfolgte die Beförderung zum „Sekretär" (ab 1. April 1888 war er auch Schichtmeister).[4] Im Dezember 1903 wurde er als Oberschichtmeister und Mitglied der Einkommenssteuervoreinschätzungskommission geführt.[5] Schon vorher, von 1884 bis 1887, war er Vorsitzender des Konsum-Vereins der Saline Artern.[4] Er wohnte in der Königlichen Saline.[12] Kappel, der auf der Frühjahrs-Hauptversammlung des Thüringischen Botanischen Vereins am 23./24. Mai 1893 auf der

Sachsenburg als neues Mitglied aufgenommen wurde,[1] hieß auf der Herbst-Hauptversammlung am 25. September 1898 die Mitglieder in Artern willkommen und erhielt den Dank für seine umsichtigen Vorbereitungen vom Vereinsvorsitzenden.[2] Auf der Herbst-Hauptversammlung am 8. Oktober 1899 in Weimar verteilte Kappel frische Pflanzen vom Arterner Salzgebiet, u. a. *Ruppia maritima*.[13] Oft botanisierte er mit dem Nordhäuser Lehrer Louis Oßwald,[7] mit dem er befreundet war.[6] Im Jahre 1903 teilte er August Schulz seinen sehr bemerkenswerten Fund von *Carex hordeistichos* bei Kindelbrück brieflich mit.[8] [siehe auch Herbarbeleg von 1904.] Kappel kultivierte in seinem Garten *Urtica pilulifera*; ein Riesenexemplar davon präsentierte er auf der Herbst-Hauptversammlung des Thüringischen Botanischen Vereins am 2. Oktober 1904 in Erfurt.[9] Im September 1905 suchte er mit seiner Frau sämtliche Gräben zwischen Artern und Borxleben, allerdings erfolglos, nach *Artemisia laciniata* ab. Dafür wurde *Carex hordeistichos* aufgefunden; diese Segge war bisher bei Artern nur übersehen worden.[10] Kappel starb am 18. Mai 1909 in Artern[12] [nicht am 14. Mai 1909, wie bei (3) angegeben]. Seine Frau überlebte ihn. Noch im Jahre 1920 erhielt die Witwe Maria Kappel, geb. Niedenzu, wohnhaft in Köppernig bei Neiße, Bezüge aus der Pension ihres Mannes.[5]

Quellen
(1) Hauptversammlung in Mitt. Thüring. Bot. Ver. 5: 5; 1893. – (2) Hauptversammlung in Mitt. Thüring. Bot. Ver. 12: 10; 1898. – (3) Hauptversammlung in Mitt. Thüring. Bot. Ver. 27: 35; 1910. – (4) Landesarchiv Magdeburg – Landeshauptarchiv – Rep. F 45a C l, AR „alt" 2h Nr. 1. – (5) Landesarchiv Magdeburg – Landeshauptarchiv – Rep. F 45a C l, AR „alt" 2h Nr. 2 bzw. Nr. 8. – (6) OßWALD, L.: Die Gattung *Euphrasia* im Harze und in den angrenzenden Gebieten – Mitt. Thüring. Bot. Ver. 17: 18–21; 1902. – (7) WEIN, K.: Louis Oßwald. – Nordhäuser Generalanzeiger (Tägliche Beilage der Nordhäuser Zeitung) vom 17. August 1918. – (8) RAUSCHERT, S.: E) Zur Flora von Thüringen. – Wiss. Zeitschr. Univ. Halle, math.-nat. R. 15(5): 762–765; 1966. – (9) Bericht über die Herbst-Hauptversammlung in Erfurt am 2. Oktober 1904. – Mitt. Thüring. Bot. Ver. 20: 86–93; 1904/05. – (10) Bericht über die Herbst-Hauptversammlung in Weimar am 8. Oktober 1905. – Mitt. Thüring. Bot. Ver. 21: 98–109; 1906. – (11) Engelhardt, M., Tübingen (30.4.2002, briefl. an J. Pusch). – (12) Michel, C., Standesamt Artern (14.7.2003, telef. mit J. Pusch). – (13) Hauptversammlung in Mitt. Thüring. Bot. Ver. 13/14: 131; 1899. – (14) Manitz, H., Herbarium Haussknecht Jena (8.3.2004, briefl. an J. Pusch).

Kellner, Karl   1905–1988

geboren: 5. März 1905 in Nordhausen
gestorben: 5. März 1988 in Nordhausen

Beruf, Leistungen auf floristischem Gebiet

Dreher, Haupttechnologe, Botaniker (insbesondere
Phanerogamen und historische Aspekte).

In seinen
Veröffentlichungen zur Flora Nordthüringens, des
Kyffhäusers, des Südharzes und des Unstrutgebietes
(1959; 1962; 1964), die durchweg in der Wissenschaftlichen Zeitschrift der Universität Halle erschienen, nennt er eine Vielzahl von Neufunden und Bestätigungen bemerkenswerter Arten. Er fand u. a. (z. T.
mit K. Reinhardt, Ellrich) *Allium sphaerocephalon* bei
Hesserode, *Artemisia maritima* an einem Feldweg
südlich Riethnordhausen, *Centaurea pseudophrygia*
auf einer Lichtung südlich Hachelbich, *Cynoglossum
germanicum* nahe der Ebersburg bei Hermannsacker,
Gymnocarpium robertianum in den Bleicheröder
Bergen, *Laserpitium prutenicum* an einem Waldrand

Abb. 117: Karl Kellner

in der Nähe der Pfanne, *Peucedanum officinale* zwi-
schen Wallhausen und Hohlstedt, *Potentilla norvegica* an einer Ruderalstelle bei Woffleben,
Salvia nemorosa am Nordrand der Wöbelsburg bei Hainrode, *Tephroseris integrifolia* an
einem Gipshang südlich Harzungen, *Sorbus aria* am Hagenberg bei Großfurra, *Sorbus domestica* an der Kratzleite bei Günserode, *Spergularia segetalis* an den Sattelköpfen bei Hörningen und *Stipa tirsa* in der Badraer Lehde. Spätere Funde, wie *Amelanchier ovalis* an der
Wöbelsburg, *Cardaminopsis halleri* zwischen Cleysingen und Woffleben, *Digitalis grandiflora* im Alten Stolberg, *Muscari comosum* am Südhang des Mühlberges bei Niedersachswerfen, *Orchis pallens* am Hotzenberg bei Schernberg und *Potentilla rupestris* am Südhang
der Windleite bei Großfurra, wurden u. a. von RAUSCHERT (1966; 1979) zitiert.[13] Im „Atlas
zur Flora von Südniedersachsen" (HAEUPLER 1976) wird er in der Liste der Mitarbeiter geführt. Mit seinen Beiträgen über J. Thal, über T. Irmisch und über die floristische Erforschung der Südharzlandschaft um Nordhausen trat er auch als Geschichtsschreiber der Botanik hervor. Er ist Gewährsmann der „Flora des Kyffhäusergebirges und der näheren Umgebung" (BARTHEL & PUSCH 1999).

Herbarien, wichtige Herbarbelege

Kellner besaß nur ein sehr kleines Herbar, das er zwischen 1948 und 1988 angelegt hatte.
Insgesamt umfasste es etwa 60 Belege aus dem Kyffhäusergebiet und aus dem Umfeld von
Nordhausen. Im Jahre 1998 übergab die Witwe E. Kellner die kleine Sammlung an J. Pusch,
in dessen Herbarium sie einsortiert wurde [HPu-2412 bis 2470] und sich noch heute befindet.
Folgende Belege hieraus sind zu nennen: *Artemisia maritima*: Sumpf bei Riethnordhausen
(HPu-2453, um 1960); *Astragalus cicer*: Greußen (HPu-2449, um 1980); *Carex supina*:
Kyffhäusergebirge, Badraer Lehde (HPu-2465, um 1965); *Filago minima*: Hachelbich, Bunt-
sand (HPu-2443, 1965); *Hieracium rothianum*: Kattenburg bei Bad Frankenhausen (HPu-

2457, 1932, teste G. Gottschlich); *Rosa majalis*: Stempedaer Marktweg (HPu-2440, um 1980); *Samolus valerandi*: Esperstedter Ried (HPu-2460, 1987); *Sclerochloa dura*: Frankenhausen (HPu-2429, um 1980); *Stachys annua*: Hohlstedt (HPu-2459, 1976 oder 1977). – Von Kellner befinden sich Briefe (zumeist Literaturwünsche) im Archiv des Herbarium Haussknecht.[14]

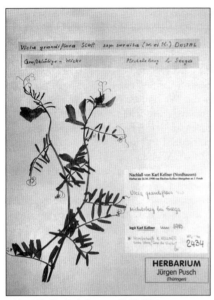

Abb. 118: Herbarbeleg von K. Kellner

Wichtige Veröffentlichungen
• Eine ungewöhnliche Türkenbundlilie. – Der Nordhäuser Roland: 177–178; Juli 1958. – • Floristische Neufunde. – Wiss. Zeitschr. Univ. Halle, math.-nat. R. 8(4/5): 511–512; 1959. – • Floristische Neufunde, Bestätigungen und Veränderungen B) Zur Flora von Nord-Thüringen. – Wiss. Zeitschr. Univ. Halle, math.-nat. R. 11(2): 205; 1962. – • Park Hohenrode in Nordhausen. – Angew. Dendr. im Thüringer Becken, Hrsg. Deutsch. Kulturb., Zentr. Komm. Nat. u. Heimat: 83–96; 1963. – • Floristische Neufunde, Bestätigungen und Veränderungen B) Zur Flora Nordthüringens, des Kyffhäusers, Harzes und Unstrutgebietes. – Wiss. Zeitschr. Univ. Halle, math.-nat. R. 13(9): 654; 1964. – • M. Johann Thal und seine Sylva Hercynia. – Beitr. Heimatk. Stadt Kreis Nordhausen 1: 29–36; 1977. – • Die floristische Erforschung der Südharzlandschaft um Nordhausen, 1. Teil. – Beitr. Heimatk. Stadt Kreis Nordhausen 2/3: 44–57; 1978. – • Zum 100. Todestag von Thilo Irmisch (1816–1879). – Mitt. Florist. Kartierung (Halle) 4(2): 2–5; 1978. – • Die floristische Erforschung der Südharzlandschaft um Nordhausen, 2. Teil. – Beitr. Heimatk. Stadt Kreis Nordhausen 4: 45–61; 1979. – • Die floristische Erforschung der Südharzlandschaft um Nordhausen, 3. Teil. – Beitr. Heimatk. Stadt Kreis Nordhausen 5: 23–43; 1980. – • Die floristische Erforschung der Südharzlandschaft um Nordhausen, 4. Teil. – Beitr. Heimatk. Stadt Kreis Nordhausen 6: 58–72; 1981.
Ein anonym erschienener Beitrag zum 70. Geburtstag von Kurt Wein im Nordhäuser Roland (April 1953, S. 8–9 und S. 12) ist mit großer Wahrscheinlichkeit von Kellner verfasst worden.

Biographie

Otto Paul Karl Kellner wurde am 5. März 1905 als Sohn eines Formers in Nordhausen geboren.[1] Nach dem Besuch der Volksschule (Petersbergschule, 1911 bis 1919) in seiner Vaterstadt erlernte er ab 1919 bei Schmidt, Kranz & Co. in Nordhausen den Beruf eines Drehers.[1] Seit seiner Kindheit interessierte er sich für die lebende Natur. Schon als Schüler unternahm er mit dem Nordhäuser Gymnasialprofessor A. Petry Streifzüge in die Umgebung von Nordhausen. Später erwarb er als Autodidakt ein umfangreiches und fundiertes botanisches Wissen.[2] Im Jahre 1930 heiratete er Martha Liebetrau aus Nordhausen; aus dieser Ehe ging eine Tochter hervor.[1][4] Wertvolle Hinweise und Anregungen erhielt er in den Jahren vor dem 2. Weltkrieg auf Exkursionen mit H. Meusel in die Zechsteingebiete des Südharzes und des Kyffhäusergebirges.[2] In dieser Zeit schrieb er bereits kleinere Beiträge in der Nordhäuser Tagespresse für naturwissenschaftlich interessierte Leser.[3] Eine jahrelange Freundschaft verband ihn mit K. Wein in Nordhausen,[2] dem er Fundortsangaben für die „Zusammenstellung floristischer Neufunde" (z. B. WEIN 1939) zur Verfügung stellte. Kellner war nicht

Soldat im 2. Weltkrieg.[1] Im Jahre 1954 heiratete er seine zweite Frau, Edith Voigt, aus Nordhausen, die ihm Begleiter auf vielen seiner Exkursionen war und ihm später beim Schreiben seiner Manuskripte half. Auch aus dieser Ehe ging eine Tochter hervor.[1][4] Zuletzt arbeitete er als Haupttechnologe im NOBAS-Werk in Nordhausen.[1][2] Schon vorher hatte er sich zum Meister qualifiziert.[1] Infolge einer längeren Krankheit schied Kellner bereits im September 1955 aus dem Berufsleben aus.[1][8] Bereits vor 1960 botanisierte er mit K. Reinhardt in der näheren und weiteren Umgebung von Nordhausen.[12] Am 1. September 1980 wurde er erstmals von K.-J. Barthel, Nordhausen, aufgesucht. In der Folgezeit entwickelte sich zwischen beiden eine fruchtbare Zusammenarbeit auf botanischem Gebiet. So fand bereits am 7. September 1980 eine erste gemeinsame Exkursion in das Windehäuser Holz bei Steigerthal statt.[5] Am 28. Dezember 1986 lernte er auch J. Pusch, Bad Frankenhausen, persönlich kennen, dem er sein Wissen über *Orobanche* im Umfeld des Kyffhäusergebirges zur Verfügung stellte. Noch im August 1987 nahm er mit W. Kausch-Blecken von Schmeling, Bovenden, und K.-J. Barthel an der Speierlingssuche in der östlichen Hainleite (an der Arnsburg) teil.[5] Er starb am 5. März 1988 in Nordhausen an den Folgen eines Schlaganfalls.[2] Die Trauerfeier fand am 11. März auf dem Hauptfriedhof in Nordhausen statt.[5] In dieser Stadt wohnte er zuletzt in der Alfred-Sobik-Str. 10 [heute Welfenweg 10].[1][5] Kellner war seit 1948 Mitglied der Thüringischen Botanischen Gesellschaft.[10] Als langjähriges Mitglied der Arbeitsgemeinschaft „Herzynischer Floristen" übernahm er im Raum Nordhausen Kartierungsarbeiten in mehreren MTB-Quadranten.[2] Kellner gehörte weiterhin der Arbeitsgemeinschaft „Heimische Orchideen" an, in deren Auftrag er für die Kreise Nordhausen und Sondershausen Listen der Orchideenvorkommen zusammenstellte.[7] Besonders hatte es ihm die Umgebung von Steigerthal mit dem Alten Stolberg angetan. In persönlichen Gesprächen brachte er immer wieder seine Begeisterung über die reichhaltige Flora dieser Gegend zum Ausdruck.[2] Noch in seinen letzten Lebensjahren übernahm er die Erstellung einer Geamtflorenliste des NSG „Alter Stolberg" für das Institut für Landschaftsforschung und Naturschutz in Halle/Arbeitsgruppe Jena, wobei er eine „sehr hohe Artenzahl" nachweisen konnte.[2][11] Gern botanisierte er an den Kirschbergen bei Wallhausen, in der Badraer Lehde, am Mittelberg östlich Auleben und an den Salzstellen an der Numburg. Von all diesen Gebieten stellte er Florenlisten für den Eigengebrauch zusammen.[6] Als Dendrologe bestimmte und katalogisierte Kellner in langwieriger Arbeit, besonders in den Jahren nach dem 2. Weltkrieg, die 420 wichtigsten Gehölze im 10 ha großen Nordhäuser Landschaftspark „Hohenrode". Im Rahmen der 1962 nach Nordhausen einberufenen IX. Zentralen Dendrologentagung wurden seine Ergebnisse vorgetragen und veröffentlicht. [Im Stadtarchiv Nordhausen befindet sich ein umfangreiches Manuskript über den Park Hohenrode vom Januar 1969, in dem er u. a. Vorschläge für die weitere Gestaltung des Parks unter Berücksichtigung der Erhaltung und Erhöhung seines dendrologischen Wertes macht.[9]] Verständlich, dass ihn die Sturmschäden vom Juni 1980 besonders schmerzten; damals gingen im Park Hohenrode zahlreiche wertvolle Gehölze für immer verloren. Nicht unerwähnt bleiben sollte, dass Kellner an mehreren Auflagen des botanischen Lexikons „Pflanzennamen und botanische Fachwörter" (SCHUBERT & WAGNER, Neumann-Verlag) bei Korrektur und Manuskriptgestaltung mitwirkte.[2]

Kellner war bescheiden und stets hilfsbereit. Bis in sein hohes Alter stellte er sein Wissen bei Vorträgen und Exkursionen innerhalb des Kulturbundes aber auch bei Einzelkonsultationen zur Verfügung. So erhielt ein interessierter Besucher immer Anregung und Bereicherung. Mit zahlreichen Botanikern des deutschsprachigen Raums [insbesondere mit S.

Rauschert, Halle, W. Eccarius, Eisenach, G. Wagenitz, Göttingen, und M. Müllerott, Regensburg[7]] stand er im regen Schriftverkehr.[2]

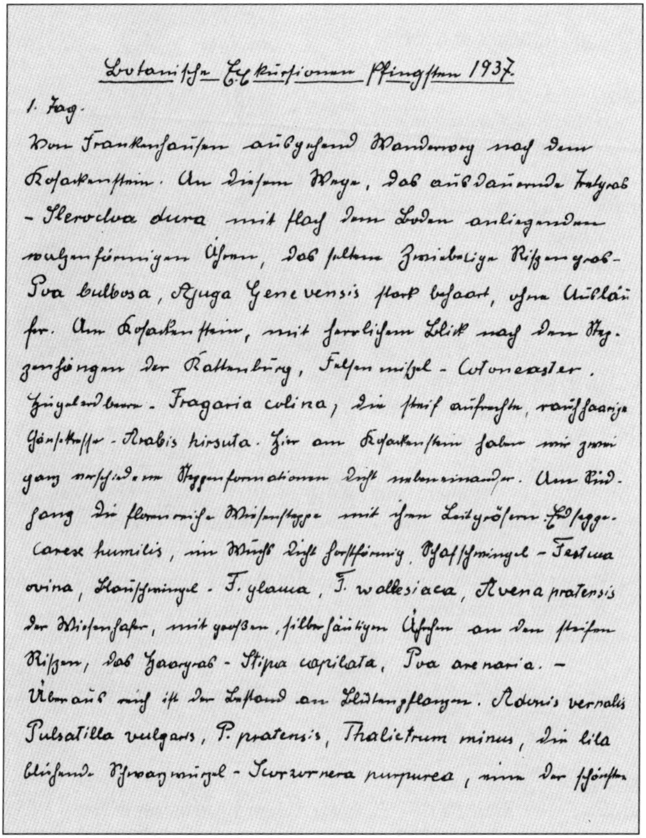

Botanische Exkursionen Pfingsten 1937.
1. Tag.
Von Frankenhausen ausgehend Wanderung nach dem Kosakenstein. An diesem Wege, das ausdauernde Hartgras - Sclerochloa dura mit flach dem Boden anliegenden walzenförmigen Ähren, das seltene Zwiebelige Rispengras - Poa bulbosa, Ajuga Genevensis stark behaart, ohne Ausläufer. Am Kosakenstein, mit herrlichem Blick nach den Berg[illegible] der Kattenburg, Felsenmispel - Cotoneaster. Hügelerdbeere - Fragaria colina, die steif aufrechte, rauhhaarige Gänsekresse - Arabis hirsuta. Hier am Kosakenstein haben wir zwei ganz verschiedene Steppenformationen dicht nebeneinander. Am Südhang die blumenreiche Wiesensteppe mit ihren Leitgräsern: Erdsegge - Carex humilis, im Wuchs dicht horstförmig, Schafschwingel - Festuca ovina, Blauschwingel - F. glauca, F. vallesiaca, Avena pratensis der Wiesenhafer, mit großen, silberglänzenden Ähren an den steilen Rissen, das Haargras - Stipa capilata, Poa arenaria. - Überaus reich ist der Bestand an Blütenpflanzen. Adonis vernalis, Pulsatilla vulgaris, P. pratensis, Thalictrum minus, die lila blühende Schwarzwurzel - Scorzonera purpurea, eine der schönsten

Abb. 119: Handschrift von K. Kellner aus einem seiner Exkursionstagebücher

Quellen

(1) Scholz, R., Tochter von K. Kellner in Zierenberg (19.11.2001, briefl. K.-J. Barthel). – **(2)** BARTHEL, K.-J.: Karl Kellner zum Gedenken. – Mitt. Florist. Kartierung (Halle) 14(1/2): 77–79; 1988. – **(3)** z. B. KELLNER, K.: Naturkundliche Wanderung der Naturfreunde, mit Lehrer Wein im Kyffhäusergebirge. – Beilage der Volkszeitung vom 28. Juli 1932. – **(4)** Gerlach, L., Schwester von Frau E. Kellner in Nordhausen (14.11.2001, mündl. mit K.-J. Barthel). – **(5)** Tagebuchaufzeichnungen K.-J. Barthel, Nordhausen. – **(6)** Abschriften der Listen bei K.-J. Barthel, Nordhausen. – **(7)** Briefe aus dem Nachlass K. Kellner (im Besitz von J. Pusch). – **(8)** Junker, J.-M., Nordhausen, nach Rücksprache mit NOBAS-Buchhaltung (15.2.2002, telef. mit K.-J. Barthel). – **(9)** KELLNER, K.: Der Park Hohenrode in Nordhausen, Beitrag zur Frage der Anbauwürdigkeit fremdländischer Gehölze im mitteldeutschen Raum. – unveröff. Manuskript im Stadtarchiv Nordhausen (Signatur II A 511) vom Januar 1969. – **(10)** Göckeritz, J., Gera (Vorstand Thür. Bot. Ges.) (26.3.2002, briefl. an J. Pusch). – **(11)** Westhus, W., Jena (8.11.1985, briefl. an K. Kellner; Original bei J. Pusch). – **(12)** Reinhardt, K., Ellrich (22.11.2001, mündl. mit K.-J. Barthel). – **(13)** RAUSCHERT, S: Zur Flora von Thüringen. – Wiss. Zeitschr. Univ. Halle, math.-nat. R. 15(5): 762–765; 1966 und Mitt. Florist. Kartierung (Halle) 5(2): 39–52; 1979. – **(14)** Manitz, H., Herbarium Haussknecht Jena (8.3.2004, briefl. an J. Pusch).

Kützing, Friedrich Traugott   1807–1893

geboren: 8. Dezember 1807 in Ritteburg
gestorben: 9. September 1893 in Nordhausen

<u>Beruf, Leistungen auf floristischem Gebiet</u>
Apotheker, Realschullehrer, Botaniker (insbesondere Algen). Kützing entdeckte 1834 die vegetabilische Natur der Hefe und die vitale Natur der Gärung. Er gehört damit noch vor Charles Cagniard de Latour und Theodor Schwann zu den Begründern und Klassikern der vitalen Gärungstheorie, die später von Louis Pasteur ausgebaut wurde.[2] Auch die Entdeckung der SiO_2-Natur der Diatomeen-Skelette (1834) geht auf Kützing zurück.[2] Er war neben Carl Nägeli der Erste, der im Körper der Kieselalgen eine einfache Zelle erkannte.[2] Durch einmalige Leistungen und Entdeckungen auf dem Gebiet der Algenkunde wurde er zu einem Forscher von Weltgeltung, zu einem „Spezialisten im höheren Sinne".[1] Er ist nicht nur Verfasser bedeutender Algenwerke, ungeteilte Anerkennung brachte ihm auch seine erste Veröffentlichung über die Callitrichen (Wassersterne). Weniger bekannt ist, dass er sich mit der Gattung *Viola* näher beschäftigte.[1][2] Kützing beobachtete Plasma-Verbindungen zwischen den Zellen bei Fucoideen (1843) und sah damit noch vor Eduard Tangl (1879) solche Gebilde, die Eduard Strasburger später (1901) als Plasmodesmen benannte. Kützing benannte den roten Farbstoff der Rhodophyceen „Phykoerythrin", wie er auch das „Phykokyan" und das „Phykohämatin" beschrieb.[2]

Abb. 120: Friedrich Traugott Kützing

<u>Herbarien, wichtige Herbarbelege</u>
Die große Algensammlung, die 5.169 Spezies und 727 Varietäten in insgesamt 29.247 Exemplaren enthielt, verkaufte Kützing im Jahre 1872 an W. F. R. Suringar (1832 bis 1898) in Leiden für 3.000 Mark. Im Jahre 1934 gelangte sie durch Schenkung an das Leidener Reichsherbarium. Die schon vorher (1867) abgegebene Diatomeen-Sammlung befindet sich zu Teilen im Britischen Museum in London und im Antwerpener Naturwetenschappelik Museum. Kützing hat nach dem Verkauf seines die Typen enthaltenen Algenherbars an Suringar eine weitere neue Algensammlung angelegt. Sie wurde nach seinem Tode im Jahre 1894 vom Botanischen Museum in Berlin-Dahlem für 1.000 Mark von den Erben erworben und verbrannte in den Bombennächten des Jahres 1943. Da Kützing nach 1869 keine neuen Algenarten mehr beschrieben hat, sind in diesem Herbar auch keine Typen vorhanden gewesen.[1][2] Einzelne Phanerogamen-Belege Kützings befinden sich z. B. in Prag (PR) (z. B. *Artemisia mertensiana* WALLR. = *A. laciniata* WILLD. aus Staßfurt) und in Göttingen (GOET) (aus Jugoslawien, Italien und der Schweiz über das Herbar von A. Vocke, siehe WAGENITZ 1982, S.95).

Wichtige Veröffentlichungen

• Monographia Callitricharum germanicarum. In: H. G. L. REICHENBACH, Iconographia botanica, seu plantae criticae, Nona Centuria Tabularum. – Leipzig 1831, S. 31–32. – • Einige Worte über die mit *Viola montana* und *Viola canina* verwandten Arten. – Linnaea 7: 43–51; 1832. – • Microscopische Untersuchungen über die Hefe und Essigmutter, nebst mehreren andern dazu gehörigen vegetabilischen Gebilden. – Journ. prakt. Chem. 11: 385–409; 1837. – • Phycologia generalis oder Anatomie, Physiologie und Systemkunde der Tange. – Leipzig 1843. – • Die kieselschaligen Bacillarien oder Diatomeen. – Nordhausen 1844. – • Phycologia germanica. – Nordhausen 1845. – • Tabulae phycologicae oder Abbildungen der Tange. – Nordhausen 1845/49–1871. – • Species Algarum. – Leipzig 1849. – • Die Algen-Flora von Nordhausen und Umgebung. – Programm Realschule Nordhausen 1878. – • Der Butterpilz *Hygrocrocis butyricola* nov. spec. – Irmischia 1(2): 5–6; 1881. – • Über die deutschen Callitrichen. – Irmischia 1(11/12): 47; 1881.

Biographie

Friedrich Traugott Kützing wurde am 8. Dezember 1807 in Ritteburg bei Artern geboren. Seine Eltern waren der Ölmüller Johann Daniel Christoph Kützing und Magdalene, geb. Zopf, aus Kalbsrieth. Nach dem Besuch der Dorfschule in Ritteburg (vom Pfarrer erhielt er privaten Lateinunterricht) trat er im Jahre

Abb. 121: Handschriftliches Herbaretikett von F. T. Kützing

1822 kurz nach Ostern als Lehrling in die Sondermannsche Apotheke in Artern ein. Als er erfuhr, dass Sondermann nicht berechtigt war, einen Apothekerlehrling auszubilden, suchte er sich eine neue Lehrstelle, die er von 1823 bis 1827 beim Apotheker E. G. Hornung in Aschersleben fand. Hier botanisierte er besonders mit den Lehrern Suffrian, Wölfert und Lüben in der Umgebung der Stadt. Nach Ostern 1828 ging er als Gehilfe an die Tuckermannsche Apotheke nach Magdeburg, wo er in den Sümpfen und toten Armen der Elbe eine Vielzahl interessanter Wiesen- und Sumpfpflanzen fand. Weitere Gehilfenjahre folgten in Schleusingen (1830/31) und Tennstedt (1831/32). In Schleusingen begann er mit seinen Algenstudien und beendete seine „Monographia Callitricharum germanicarum", die er schon in Magdeburg begonnen hatte und die im Jahre 1831 in Leipzig erschien. Um später einmal eine akademische Laufbahn einschlagen zu können, bezog er im Mai 1832 das neugegründete Pharmazeutische Institut der Universität Halle. Hier hörte er u. a. Vorlesungen in allgemeiner und analytischer Chemie bei Schweigger-Seidel und Botanik bei Sprengel. Da das Pharmazeutische Institut bald wegen fehlender Mittel geschlossen wurde, kehrte Kützing wieder in seinen Beruf zurück und nahm im Oktober 1833 eine Stellung in Eilenburg an (bis Weihnachten 1834). Hier, in der wasserreichen Umgebung der Stadt, entdeckte er die vegetabilische Natur der Hefe und vitale Natur der Gärung (vor Cagniard de Latour und Schwann) sowie die SiO_2-Natur der Diatomeen-Skelette und war mit dem Sammeln von Algen beschäftigt. A. v. Humboldt und die Berliner Akademie der Wissenschaften zollten den Forschungen Kützings höchste Anerkennung und bewilligten anlässlich seines Berlinbesuches 200 Taler für eine Studienreise nach Italien. Mit Empfehlungsschreiben an italienische Gelehrte versehen, trat er am 16. Februar 1835 seine Italienreise an, die ihn u. a. nach Triest, Venedig, Padua, Bologna, Rom, Neapel und Mailand führen sollte und nicht zuletzt seinen Algenstudien galt. Am 14. September 1835 kam er nach Weißenfels zurück und trat bereits am 15. Oktober 1835 eine Stelle als Lehrer für Chemie und Naturgeschichte an der gerade eröffneten Realschule in Nordhausen an.[2] In dieser Stadt schloss er Freundschaft mit

185

F. W. Wallroth, dem er beim Mikroskopieren und Zeichnen half.[3] Am 1. Oktober 1837 heiratete er Maria Elisabeth Brose (geb. 1816) aus Aschersleben;[2] aus dieser Ehe gingen sechs Kinder (vier Söhne und zwei Töchter) hervor.[4] [Drei Kinder verlor er in den Jahren 1861/62.[4]] Im Jahre 1838 wurde er Oberlehrer und unterrichtete im Schuljahr 1838/39 16 Wochenstunden und im Schuljahr 1839/40 19 Wochenstunden an der Realschule.[4] Kützing vernachlässigte seine Lehrtätigkeit niemals, sondern widmete sich dieser mit größter Sorgfalt.[5] Er verfasste mehrere Bücher für den Schulgebrauch, wie das „Compendium der gesammten Naturgeschichte" (1837), „Die Chemie und ihre Anwendung auf das Leben" (1838), die „Elemente der Geographie" (1849) und „Die Naturwissenschaften in den Schulen als Beförderer des christlichen Humanismus" (1850).[2][5] Um Schülern aus abgelegenen Gegenden einen Besuch der Realschule zu ermöglichen, betrieb Kützing zeitweise (so 1848) eine Pension für Knaben.[4] In Nordhausen bzw. Leipzig veröffentlichte er seine großen Algenwerke „Phycologia generalis" (1843), „Die kieselschaligen Bacillarien oder Diatomeen" (1844), „Species Algarum" (1849) und „Tabulae phycologicae oder Abbildungen der Tange" (1845/49 bis 1871), die seinen Weltruhm als Algenforscher begründeten. Nachdem er 48 Jahre erfolgreich als Lehrer an der Nordhäuser Realschule und späterem Realgymnasium gearbeitet hatte, trat er Michaelis 1883 in den Ruhestand und starb am 9. September 1893 in Nordhausen. Am 1. März 1885 war bereits seine Ehefrau verstorben.[2]

Schon zu Lebzeiten wurde Kützing hoch geehrt. Er war Ehrenmitglied der „Irmischia"[4] und des Botanischen Vereins für Gesamt-Thüringen (ab 1886)[6] sowie Ehrenpräsident des Naturwissenschaftlichen Vereins zu Nordhausen (Ausstellungsdatum der Urkunde am 8. Dezember 1887).[9] Am 25. November 1837 erfolgte die Promotion zum Dr. phil. durch die Universität Marburg „propter egregia in studia naturae merita et scripta botanica, typis jam pridem publice mandata satisque comprobata". Im Jahre 1842 wurde er Professor und Mitglied der Leopoldina [seit 15. Oktober 1842, Matrikel-Nr. 1504, cognomen Vaucher I.[7]]. Schon im Jahre 1839 erhielt er für die Lösung einer Preisfrage der Gesellschaft der Wissenschaften zu Harlem eine Goldmedaille und 150 Dukaten. Zu seinem 80. Geburtstag am 8. Dezember 1887 ließ ihm ein Berliner Komitee (unterschrieben von 120 Botanikern) eine goldene Medaille mit seinem Bildnis überreichen.[2] Auf den Nordhäuser Sitzungen der „Irmischia" hielt er zwei Vorträge [am 9. Januar 1881 über den Butterpilz (*Hygrocrocis butyricola*) und am 11. September 1881 über deutsche Callitrichen[8]]. Noch heute erinnern in Nordhausen eine Straße und ein Gedenkstein am Gehegeeingang an das Wirken Kützings in dieser Stadt. Seine letzte Wohnstätte am Petersberg[1] wurde im Frühjahr 1945 während der Bombenangriffe auf Nordhausen zerstört.

Quellen

(1) KELLNER, K.: Die floristische Erforschung der Südharzlandschaft um Nordhausen, 3. Teil. – Beitr. Heimatk. Stadt Kreis Nordhausen 5: 23–43; 1980. – (2) MÜLLER, W. & R. ZAUNICK (Hrsg.): Friedrich Traugott Kützing, 1807–1893, Aufzeichnungen und Erinnerungen. – Leipzig 1960. – (3) SCHROETER, W.: Karl Friedrich Wilhelm Wallroth. Zur Wiederkehr seines 200. Geburtstages. – Beitr. Heimatk. Stadt Kreis Nordhausen 16: 89–112; 1991. – (4) KUHLBRODT, P.: Friedrich Traugott Kützing als Nordhäuser Bürger. – Beitr. Heimatk. Stadt Kreis Nordhausen 25: 57–71; 2000. – (5) STIEDE, E.: Friedrich Traugott Kützing. Ein Leben für die Wissenschaft. – Aratora 8: 57–65; 1998. – (6) MEYER, F. K.: 100 Jahre Thüringische Botanische Gesellschaft. – Haussknechtia 1: 3–16; 1984. – (7) Lämmel, E., Archiv Leopoldina Halle (29.11.2001 und 30.9.2002, briefl. an K.-J. Barthel). – (8) Irmischia 1(3/4): 10–12; 1881 und Irmischia 1(11/12): 47; 1881. – (9) Urkunde im Walkenrieder Hof (Museumsdepot) zu Nordhausen.

Lammers, Clemens $\quad$ 1806–1893

geboren: $\quad$ 4. März 1806 in Ahlefeld
gestorben: $\quad$ 21. März 1893 in Rottleben

Beruf, Leistungen auf floristischem Gebiet

Gärtner, Botaniker. Als Gewährsmann der „Flora von Nord-Thüringen" (LUTZE 1892) und der „Flora von Nordhausen und der weiteren Umgebung" (VOCKE & ANGELRODT 1886) lieferte er eine Fülle wichtiger Fundortsangaben aus dem Kyffhäusergebirge und seiner näheren Umgebung. Auch in den „Vegetationsverhältnissen des Kyffhäuser Gebirges" (PETRY 1889) und in den „Veränderungen in der Flora von Sondershausen, bezw. Nordthüringen" (LUTZE 1882) wird er mehrfach als Finder genannt. So entdeckte er *Helianthemum canum* am Kahlen Berg bei Göllingen und an zwei Stellen im Kyffhäusergebirge (Großer Schlauch bei Steinthaleben und Kalktal bei Frankenhausen).[1] Am Schlachtberg nördlich von Frankenhausen sah er *Pyrola media*, das entsprechende Waldstück wurde schon vor 1889 in Ackerland umgewandelt.[1] Weiterhin fand er u. a. *Allium sphaerocephalon* auf Äckern nahe Steinthaleben, *Centaurea pseudophrygia* bei Bonnrode, *Gagea bohemica* an Berghängen zwischen Bendeleben und Hachelbich, *Pyrola chlorantha* im Bendeleber Forst oberhalb des Kuhteiches, im Jahre 1870 *Sisymbrium strictissimum* bei Udersleben, *Teucrium scordium* bei Bendeleben, *Torilis arvensis* bei Allstedt, *Trifolium spadiceum* am Wiesendamm bei Steinthaleben,[2] *Genista pilosa* zwischen Steinthaleben und den Kelbraer Steinbrüchen, *Lactuca saligna* bei Göllingen, *Leontodon saxatilis* bei Rottleben, *Orobanche elatior* im Steingraben bei Ichstedt,[3] *Anacamptis pyramidalis* bei Artern, *Sorbus domestica* bei Seega[4] sowie *Turgenia latifolia* am Schorn bei Steinthaleben.[5] Er war wohl auch der Letzte, der *Poa badensis* im Kyffhäusergebirge sah.[1]

Herbarien, wichtige Herbarbelege

Lammers besaß selbst vermutlich kein eigenes Herbarium. In Jena (JE) befinden sich jedoch einige wenige Belege von ihm, die er an andere zeitgenössische Botaniker gab (z. B. an Sagorski, Irmisch, Vocke) und die über deren Herbarien in das Herbarium Haussknecht nach Jena gekommen sind. Auch in der Heimatsammlung des Herbariums der Martin-Luther-Universität Halle (HAL) befinden sich Einzelbelege von Lammers.[11]

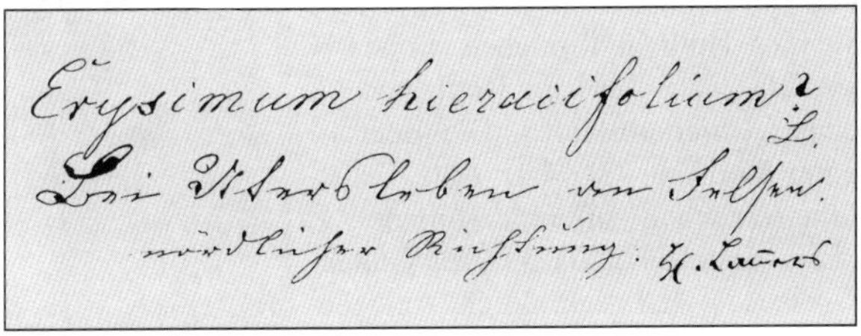

Abb. 122: Handschriftliches Herbaretikett von C. Lammers

Folgende von Lammers gesammelte Belege aus unserem Bearbeitungsgebiet sollen genannt werden: *Artemisia pontica*: Göllingen, Weinberge (JE, September 1888, ex Herbar Sagorski); *Chenopodium ficifolium*: bei Rottleben (HAL, August 1883); *Helianthemum canum*: Göllingen (JE, Juni 1883, ex Herbar Sagorski); *Sisymbrium strictissimum*: „bei Udersleben an Felsen nördlicher Richtung" (JE, 1870 und 1871, ex Herbar Irmisch; Beizettel von T. Irmisch zum Beleg: „Im nördl. Thüringen zuerst von Herrn Lammers (ehemal. Schloßgärtner in Bendeleben) bei dem schwarzburg. Dorf Udersleben „an (Kalk=) Felsen in nördlicher Richtung" 1870 gefunden und mir 1870 und 71 ein tocknes bzw. frisches Exempl. mit-

187

getheil. Th. I."), *Ventenata dubia*: in Bergen bei Sondershausen (JE, Juni 1881, ex Herbar Vocke).

Wichtige Veröffentlichungen
Uns sind keine botanischen Veröffentlichungen von Lammers bekannt.

Biographie

Clemens Lammers, katholischer Konfession, wurde am 4. März 1806 in „Ahlefeld im Hannoverschen" geboren.[6] Er arbeitete u. a. als Schlossgärtner in Bendeleben.[9] Am 14. August 1877 teilte er T. Irmisch brieflich mit, dass er die seit der Separation verschollene *Ruppia maritima* im Solbachbett zwischen Auleben und der Numburg wieder aufgefunden habe.[3] Wohl auf Grund seines hohen Alters trat er nicht dem 1880 gegründeten Botanischen Verein für das nördliche Thüringen „Irmischia" bei, sandte aber 1881 ein Glückwunschschreiben an dessen Vorstand.[8] Für Lutzes Beitrag „Die Rosen in der Flora von Sondershausen" (1885) sammelte er „Material" aus der Umgebung von Rottleben.[13] Lammers lebte zuletzt bei seinem Schwiegersohn, dem früheren Postagenten Huth in Rottleben. Er starb am 21. März 1893 in Rottleben an einem Unterleibsleiden. Die Beerdigung fand am 23. März statt. Seine Frau war schon vor ihm gestorben.[6] „Lammers, früher Gärtner des Grafen Gneisenau, hat sich durch Anlegen des Parkes zu Bendeleben [er hat den Park jedoch nicht neu angelegt, da dieser anhand der vorhandenen Bäu-

Abb. 123: Herbarbeleg von C. Lammers (vgl. Abb. 124)

me deutlich älter ist[10]], der Badegärten in Frankenhausen und anderen Anlagen auf großen Gütern, sowie durch Rath und That bei Bepflanzungen von Gottesäckern um die hiesige Umgebung sehr verdient gemacht. Außerdem war er bis in sein hohes Alter als Botaniker eifrig und thätig, so daß sein Name bezüglich der Thüringer Flora in der Gelehrtenwelt nicht unbekannt war. Sein Wesen war etwas zurückhaltend, dabei war er anspruchslos und gefällig."[7]

Möglicherweise identisch mit unserem Clemens Lammers ist der „Lammers, C." im „Lexikon deutschsprachiger Bryologen" (FRAHM & EGGERS 2001). Hier wird Lammers als

Sammler in der Pfalz bei Zweibrücken, bei Trippstadt, bei Bonn und um 1830 im Harz genannt. Nach diesem wurde *Cephalozia lammersiana* (HÜB.) SPRUCE benannt.[12]

Quellen
(1) PETRY, A.: Die Vegetationsverhältnisse des Kyffhäuser Gebirges. –
Inauguraldissertation, Halle 1889. –
(2) LUTZE, G.: Flora von Nord-
Thüringen. – Sondershausen 1892. –
(3) LUTZE, G.: Ueber Veränderungen
in der Flora von Sondershausen, bezw.
Nordthüringen. – Programm Fürstl.
Realschule Sondershausen, Nr. 636,
1882. – (4) VOCKE, A. & C. ANGEL-
RODT: Flora von Nordhausen und der
weiteren Umgebung. – Nordhausen
1886. – (5) PETRY, A. & G. LUTZE:
Nachträge und Berichtigungen zu
VOCKE & ANGELRODT, Flora von
Nordhausen (1886). – Mitt. Florist.
Kartierung (Halle) 5(2): 12–26; 1979.
– (6) Behr, T., Pfarrer in Bendeleben
(15.8.2001, briefl. an J. Pusch). – (7)
Behr, T., Pfarrer in Bendeleben –
Eintragung des damaligen Pfarrers in

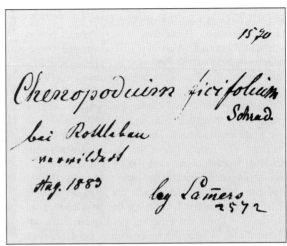

Abb. 124: Herbaretikett von C. Lammers (vgl. Abb. 123)

Rottleben Heinrich Gustav Bloß (15.8.2001, briefl. an J. Pusch). – (8) Glückwunschschreiben in Irmischia
1(5): 19; 1881. – (9) Im Herbarium Haussknecht (JE) existiert ein Herbarbeleg zu *Sisymbrium strictissimum*
aus dem Herbar Irmisch, aus dem hervorgeht, dass Lammers früher Schlossgärtner in Bendeleben war; siehe
„Herbarien, wichtige Herbarbelege". – (10) Neumerkel, W., Bendeleben (25.9.2000, mündl. mit J. Pusch). –
(11) Krumbiegel, A., Halle (9.1.2002, briefl. an J. Pusch, in Auswertung des Herbars HAL in Vorbereitung
einer neuen Flora von Sachsen-Anhalt). – (12) FRAHM, J.-P. & J. EGGERS: Lexikon deutschsprachiger Bryologen. – Norderstedt 2001. – (13) LUTZE, G.: Die Rosen in der Flora von Sondershausen. – Irmischia 5(4):
26–29; 1885.

Lange, Siegfried   1927–

geboren: 7. August 1927 in Badra

Beruf, Leistungen auf floristischem Gebiet
Oberstufenlehrer (Erweiterte Oberschule), Natur-
schützer, Botaniker. Von ihm sind zahlreiche Orchi-
deenfunde bekannt. So fand er u. a. *Epipogium aphyl-
lum* unweit des Possens bei Sondershausen (1982),
Orchis pallens in der Badraer Schweiz südlich des
Zuckerhutes (1952) und *Orchis tridentata* im oberen
Hopfental nordöstlich von Badra (1960). In seinem
Buch „Sehnsucht nach Thuringia" (2. überarbeitete
Auflage 1997) stellt Lange die verschiedenen Land-
schaften Nordthüringens vor. Dabei geht er besonders
auf geologische, botanische und historische Beson-
derheiten ein. Er beschreibt u. a. die Flora der Großen
Eller bei Badra, der Umgebung des Segelteiches im
Bendeleber Forst, des Filsberges bei Hachelbich, der
Bottendorfer Höhen, des Spatenberges bei Hemleben
und der Keupergebiete um Greußen. Besonders wert-   Abb. 125: Siegfried Lange im Jahre 1999
voll ist seine ganzheitliche Betrachtung der Salzflora an der Numburg wenige Jahre vor dem
Aufstau der Helme im Jahre 1967, die er mit zahlreichen Abbildungen untermauert. Um
1950 fand er noch *Althaea officinalis, Apium graveolens* und *Carex hordeistichos*[4], Arten,
die heute im gesamten Salzgebiet zwischen Auleben und Kelbra als verschollen gelten. Bereits um 1940 beobachtete er an der Solwiese den Anbau von *Artemisia maritima* zu pharmazeutischen Zwecken.[4] Lange ist Gewährsmann der „Flora des Kyffhäusergebirges und der
näheren Umgebung" (BARTHEL & PUSCH 1999).

Herbarien, wichtige Herbarbelege
Es wurde kein Herbarium angelegt. Lange erhielt aber nach dem Tode von P. Rabitz dessen
Orchideen-Herbarium. Dieses kleine Herbarium ist bei ihm noch heute vorhanden.[3]

Wichtige Veröffentlichungen
Insgesamt veröffentlichte Lange mehr als 100 heimatkundliche Beiträge in der regionalen Tagespresse („Das
Volk"; „Thüringer Allgemeine"; „Allgemeiner Anzeiger Nordhausen/Sondershausen"). Davon seien genannt:
• Neuer Erdfall im Bendelebener Forst. – Das Volk vom 5. August 1959. – • Die Pflanzenwelt der Wip-
perhänge bei Hachelbich. – Sondershäuser Wochenspiegel Nr.14 vom 5. April 1962. – • Zwischen „Osterkip-
pe" und „Kloßloch". – Das Volk vom 16. März 1988. – • Solquellen versiegt. – Das Volk vom 15. Februar
1989. – • Verbreitung Stechapfel. – Thüringer Allgemeine vom 19. März 1992. – • Das Naturschutzgebiet
Himmelsberg und die Wüstungsflur zwischen Großberndten und Schernberg. – Allgemeiner Anzeiger Nord-
hausen/Sondershausen vom 17. Februar 1993. – • Der Stöckey – Landschaft der Steinbrüche. – Allgemeiner
Anzeiger Nordhausen/Sondershausen vom 23. Juni 1993. – • Kannte Nordthüringens Pflanzen wie [seine]
Westentasche, Dr. Paul Rabitz zum Gedächtnis. – Thüringer Allgemeine vom 9. Juli 2002. – • Als sein
Hauptwerk gilt jedoch das in zwei Auflagen (1996 und 1997) in Sondershausen erschienene Buch „Sehnsucht
nach Thuringia".

Biographie

Karl August Siegfried Lange wurde am 7. August 1927 als Sohn des Tischlermeisters und Holzhauermeisters Karl Albert Lange in Badra geboren. Nach dem Besuch der Volksschule (1934 bis 1941) im Heimatort ging er von 1941 bis 1944 an die damalige Deutsche Aufbauschule nach Sondershausen, die er mit einer Vorsemesterbescheinigung (Kriegsabitur) beenden musste. Anschließend wurde er 1944 zum Arbeitsdienst (Panzergrabenbau und Ausbildung an der Waffe) in das Saargebiet und in die Westmark bei Metz eingezogen. Noch im gleichen Jahr absolvierte er in Mühlhausen/Thür. einen Reserveoffiziersbewerber-Lehrgang und wurde an der Westfront als Artilleriefunker eingesetzt. Mitte April 1945 geriet er in amerikanische Kriegsgefangenschaft, die er in einem Lager bei Bad Kreuznach verbringen musste. Nach seiner Entlassung im Juli 1945 kehrte er nach Badra zurück. An den ab Oktober 1945 wieder eröffneten nunmehr Vereinigten Oberschulen legte er im Juli 1947 das Abitur ab. Im Oktober 1947 bezog er die Universität Jena und nahm ein Pädagogikstudium (Fachrichtung Germanistik) auf, das er 1951 mit der Staatsexamensarbeit „Die Heimatkunde als Unterrichtsfach und Unterrichtsprinzip" abschloss. Von 1951 bis 1960 war er als Lehrer in Badra tätig, wo er vorwiegend die naturwissenschaftlichen Fächer unterrichtete. In Badra heiratete er am 2. Juni 1952 die Verwaltungsangestellte Melitta Ose. Aus dieser Ehe gingen drei Kinder hervor. 1960 wurde er an die Erweiterte Oberschule (EOS) versetzt, wo er besonders in den Fächern Deutsch, Biologie, Geographie und Latein Unterricht erteilte. 1984 wurde er aus politischen Gründen an die Polytechnische Oberschule „Borntal" in Sondershausen versetzt und musste mehrfach als sogenannter „Springer" in allen Klassenstufen fungieren. 1990 trat er in den Ruhestand.[1] Lange war kurzzeitig (im Jahre 1961) in der Thüringischen Botanischen Gesellschaft[2] und von 1955 bis 1958 Mitglied der Fachkommission Heimatkunde. Die ehrenamtliche Funktion des Kreisnaturschutzbeauftragten für den Landkreis Sondershausen bekleidete er über 25 Jahre und führte eine Vielzahl von Exkursionen.[1][4] Für die Verfasser übersetzte er die „Vita" Arthur Petrys aus dem Lateinischen ins Deutsche.

Quellen
(1) Lange, S., Badra (Februar 2004, briefl. an K.-J. Barthel). – (2) Göckeritz, J., Gera (Vorstand Thür. Bot. Ges.) (8.3.2004, telef. mit J. Pusch). – (3) Lange, S. (5.10.2001, briefl. an J. Pusch). – (4) LANGE, S.: Sehnsucht nach Thuringia (mit Kurzbiographie des Autors, S. 271). – Sondershausen 1997.

Lebing, Carl

1839–1907

geboren: 19. Januar 1839 in Braunsroda
gestorben: 4. Februar 1907 in Sangerhausen

Beruf, Leistungen auf floristischem Gebiet
Volksschullehrer, Lehrer am Gymnasium (Elementar-
und technischer Lehrer), Botaniker. Lebing wurde als
der beste Kenner der Flora von Sangerhausen in weiten Kreisen geschätzt.[8] In seinem Beitrag „Neue
Funde aus der Umgebung von Sangerhausen" (1885)
und als Gewährsmann der „Flora von Nordhausen und
der weiteren Umgebung" (VOCKE & ANGELRODT
1886) lieferte er eine größere Zahl von Fundortsangaben aus der näheren Umgebung von Sangerhausen. So
fand er u. a. *Anacamptis pyramidalis* an der Steinklippe bei Wendelstein, *Aruncus dioicus* im Wald nahe
Bahnhof Riestedt, *Astrantia major* und *Ventenata
dubia* in der Mooskammer bei Morungen, *Dactylorhiza sambucina* und *Ornithopus perpusillus* bei Allstedt
sowie *Sorbus domestica* und *Tordylium maximum* bei
Sangerhausen (letztere Art im Eschental). Er nannte

Abb. 126: Carl Lebing

den Hohen Berg als den „hauptsächlichsten Fundort" der interessanten Flora um Sangerhausen, wo er *Anemone sylvestris, Aster amellus, Fragaria moschata, Melampyrum cristatum,
Melittis melissophyllum, Pulsatilla vulgaris, Trifolium rubens, Veronica verna* und *Viola
rupestris* nachweisen konnte.[9] Auf den Salzwiesen zwischen Hackpfüffel und Riethnordhausen stellte er erstmals *Plantago maritima, Salicornia europaea, Samolus valerandi, Suaeda maritima, Tetragonolobus maritimus* und *Triglochin maritimum* fest.[12] Lebing be-
zeichnete sich selbst als den Entdecker der Salzflora bei Hackpfüffel.[15]

Herbarien, wichtige Herbarbelege
Lebing besaß offenbar ein umfangreiches und ordentlich geführtes Herbarium, das er kurz
vor seinem Ruhestand dem Sangerhäuser Gymnasium vermachte. Es enthielt Belege aus der
weiteren Umgebung von Sangerhausen, aus der Hainleite und aus dem Kyffhäusergebirge
und war das Ergebnis einer 20- bis 25-jährigen Sammeltätigkeit. Es enthielt „außerdem noch
eine große Anzahl typischer Gewächse zur Vergleichung aus anderen Gegenden Deutschlands".[15] Dieses Herbarium wurde infolge des 2. Weltkrieges teilweise vernichtet[3] und galt
nach 1980 bereits als verschollen. [Im Gymnasium zu Sangerhausen ist es nicht mehr vorhanden.[5]] Erst im August 2002 wurden bei Umräumarbeiten im Spengler-Museum zu Sangerhausen noch existierende Teile des Lebingschen Herbariums wieder aufgefunden.[18] In
einer Pappkiste befinden sich etwa 170 Belege (Mappen hauptsächlich mit Hahnenfuß-,
Mohn-, Nelken-, Kreuzblüten- und Veichengewächsen). Sie wurden zumeist von Lebing
gesammelt, wenige stammen von A. Vocke aus Nordhausen. Die getrockneten Pflanzen
liegen lose innerhalb eines gefalteten Bogens und sind mit ebenfalls losen Herbaretiketten
versehen. Zwischen 1970 und 1980 (wahrscheinlich von R. Zeising) wurden die Belege
registriert, z. T. aufgeklebt und in gesonderten Mappen (Aktendeckel) verwahrt. Im Speng-

ler-Museum befinden sich u. a. folgende Belege: *Alyssum montanum*: Queste bei Questenberg (Juni 1879); *Ceratocephala falcata*: bei Greußen (April 1880); *Moenchia erecta*: auf Triften bei Allstedt (1877); *Nigella arvensis*: auf bergigen Äckern unter dem Hohen Berge [bei Sangerhausen] (Juli 1879) und *Parnassia palustris*: Brühlwiese [bei Sangerhausen] (August 1879).

Einzelne Belege aus dem Kyffhäusergebiet begegneten uns in Göttingen (GOET), Halle (HAL), Hamburg (HBG), Jena (JE) und Münster (MSTR) sowie im Heimatmuseum von Kölleda. Die nach Göttingen gelangten Belege kamen über das Herbar A. Vocke dorthin. Folgende von Lebing gesammelte Belege aus unserem Bearbeitungsgebiet sollen noch genannt werden: *Adonis flammea*: unter der Saat auf kalkhaltigen Äckern bei Hohlstedt (JE, Juli 1877); *Androsace elongata*: grasige Raine bei Sangerhausen (JE, April 1877); *Androsace elongata*: bei Sangerhausen (HAL, April 1877); *Artemisia maritima*: Solgraben bei Artern (GOET, 15.9.1879); *Artemisia rupestris*: Salztriften bei Artern (GOET, 15.9.1879); *Centaurium pulchellum*: salzige Wiesen bei der Numburg (JE, Sept. 1877); *Lactuca saligna*: an einem Graben nach dem Eschental bei Sangerhausen (HAL, August 1878); *Orobanche elatior*: auf *Centaurea scabiosa* bei Landgrafroda am Kahlen Berge (MSTR, 1.7.1879); *Schoenoplectus tabernaemontani*: Wassergräben bei Hackpfüffel (JE, Juli 1878); *Tephroseris integrifolia*: Kalkberge bei Frankenhausen (JE, 3.6.1879); *Ventenata dubia*: Rand der Mooskammer bei Sangerhausen (GOET, 1878).

Wichtige Veröffentlichungen
• Neue Funde aus der Umgebung von Sangerhausen. – Irmischia 5(3): 20; 1885. – • Ein vorhandenes größeres Manuskript über die Flora von Sangerhausen und der näheren Umgebung wurde leider nicht veröffentlicht.[3] Dessen Verbleib ist uns unbekannt.

Biographie
Carl Friedrich Lebing wurde am 19. Januar 1839 [als Sohn eines möglicherweise erst späteren Webermeisters[17]] in Braunsroda bei Eckertsberga geboren[1](2)(11) und am 27. Januar 1839 getauft.[11] [im Taufregister des Kirchenbuches 1800 bis 1855 von Braunsroda (Fotokopie) lässt sich der Beruf des Vaters nicht entziffern.[11]] Nach der

Abb. 127: Herbarbeleg von C. Lebing (*Androsace elongata*, 1877 Sangerhausen)

Elementarschule besuchte er zunächst die Präparandenanstalt und seit Ostern 1857 das Königlich-Evangelische Schullehrerseminar in Weißenfels.[3](17) Nach bestandenem Lehrerexamen (Ausstellungsdatum der Entlassungsurkunde am 17. April 1860) war er vom 1. Mai bis 11. November 1860 an der städtischen Bauhofschule in Halle/Saale als Hilfslehrer beschäftigt.[17] Nachdem sich Lebing am 13. September 1860 beim Sangerhäuser Magistrat u. a. als Turnlehrer beworben hatte, kam er am 15. November 1860 an die Sangerhäuser Stadtschule, wo er acht Jahre lang die erste Mädchenklasse unterrichtete.[2][17] Zunächst waren weder Turnsaal, noch Turnplatz oder Turngeräte vorhanden.[17] Seine zweite Lehrerprüfung legte er am 8. und 9. Mai 1862 in Eisleben ab.[3][17] Am 3. August 1862 heiratete er Pauline Wilhelmine Nürnberger (geb. am 10. November 1839).[13] Im Jahre 1868 ließ er sich wegen „schwankender Gesundheit" an die Sangerhäuser Bürgerschule versetzen, wo er die 3. Mädchenklasse übernahm.[2][17] Im April 1871 trat er als Elementar- und technischer Lehrer in das neu gegründete Progymnasium zu Sangerhausen ein. Dieses wurde am 26. September 1877 als „vollständiges Gymnasium" anerkannt. Lebing unterrichtete hier u. a. Zeichnen (bis 1899), Gesang (bis 1880) und Turnen. Turnunterricht hatte er schon in der Sangerhäuser Stadtschule gegeben (ab April 1861 für Knaben, ab 1866 für Mädchen). Im Jahre 1874 war er nicht nur Turnlehrer am Progymnasium, sondern auch an der Mittel- und Stadtschule in Sangerhausen. Am 14. April 1875 bat Lebing, ihn vom Turnunterricht an den Elementarschulen zu entbinden. Nur am Progymnasium wollte er ihn weiter erteilen, bis sich eine geeignete Person gefunden hätte.[2] Im Schuljahr 1879/80 unterrichtete er 7 Stunden Zeichnen, 4 Stunden Naturbeschreibung, 6 Stunden Schreiben, 4 Stunden Rechnen, 3 Stunden Religion und 4 Stunden Gesang pro Woche vorwiegend in Quinta und Sexta.[17]

Etwa seit 1875 sammelte er Pflanzen in der weiteren Umgebung von Sangerhausen, in der Hainleite und im Kyffhäusergebirge.[15] Am 19. August 1883 hielt er im Rahmen der 11. Hauptversammlung der „Irmischia" im Schützenhaus zu Sangerhausen den Vortrag „Geognostisch-botanische Skizze von Sangerhausen". Er ging dabei u. a. auf die Flora des Hohen Berges bei Sangerhausen, der Mooskammer bei Morungen, der Umgebung von Questenberg und der Salzstelle bei Hackpfüffel ein.[9] Im Jahre 1889 wohnte er in Sangerhausen im Haus

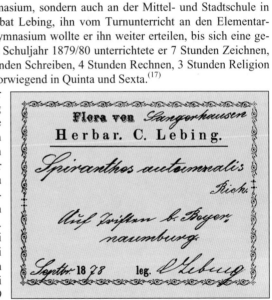

Abb. 128: Handschriftliches Herbaretikett von C. Lebing

Markt 12, u. a. mit Kreisphysikus Dr. O. Werner.[16] Am 2. Juni 1902 stellte er wegen schlechter Gesundheit einen Pensionierungsantrag.[17] Nach 42-jähriger Dienstzeit trat Lebing am 1. Oktober 1902 in den wohlverdienten Ruhestand. Bei einer Abschiedsfeier in der Aula des Sangerhäuser Gymnasiums fand der Direktor herzliche Worte der Anerkennung, indem er nicht nur seine stets erfolgreiche Lehrtätigkeit, sondern auch seine nie versagende Pflichttreue, seine sonstigen trefflichen Charaktereigenschaften und seine Beliebtheit bei Lehrern und Schülern gebührend würdigte.[10] Unmittelbar vor seinem Ruhestand, in einem Schreiben vom 8. September 1902, überließ er sein Herbarium „nebst den dazu gehörigen Notizen" dem Sangerhäuser Gymnasium. In diesem Schreiben heißt es: „Ich hoffe, daß sich unter den Naturgeschichtslehrern jemand finden möchte, dem meine Vorarbeiten willkommenes Material zur Aufstellung und Bearbeitung einer Lokalflora von Sangerhausen und Umgebung bieten möchte und so meine Arbeit zum Abschluß gebracht würde".[15] Lebing starb am 4. Februar 1907 in Sangerhausen.[17] Die letzte Ruhestätte fand er in Belzig bei Potsdam.[3][17] [Die Beerdigung in Belzig fand am 8. Februar durch Pastor K. Reichardt aus Sangerhausen statt.[3]] Seine Frau überlebte ihn.[16]

Lebing war Mitglied der „Irmischia" (Mitgliedsnummer 31).[4] Auf deren 2. Sitzung am 9. Januar 1881 in Nordhausen machte er interessante Angaben zu Arten der Gattung *Thalictrum*.[6] Für das Jahr 1885 wurde er als Auswärtiges Mitglied in den Vorstand der „Irmischia" gewählt.[7] Als Mitglied des Vereins für Geschichte und Naturwissenschaft in Sangerhausen hielt er zwei öffentliche Vorträge,[3] so am 19. Mai 1890 einen Vortrag über die Förderung und Regulierung der Transpiration bei den Pflanzen.[8] Er gilt als einer der Mitbegründer des Sangerhäuser Rosariums und des örtlichen Verschönerungsvereins. Ansonsten trat er infolge des unerwarteten Todes seines ältesten Sohnes nur wenig in der Öffentlichkeit auf.[3] Wein benannte im Jahre 1911 *Rosa dumetorum* THUILL. var. *lebingii* K. WEIN nach Lebing,[14] die Letzterer in den Steppenheidewaldarealen auf dem Schlösschenkopf bei Sangerhausen fand.[3]

Quellen

(1) Real, U., Spengler-Museum Sangerhausen (13.2.2001, briefl. an K.-J. Barthel). – **(2)** SCHMIDT, F.: Geschichte der Stadt Sangerhausen, zweiter Teil. – Sangerhausen 1906. – **(3)** Nachlass Zeising, R., Sangerhausen (8.3. 2001, übergeben zur Einsichtnahme durch die Witwe E.-M. Zeising). – **(4)** Mitgliederverzeichnis „Irmischia". – Irmischia 1(1): 3–4; 1881. – **(5)** Wrobel, D., ehemaliger Lehrer und Direktor an der Geschwister-Scholl-Oberschule zu Sangerhausen. – **(6)** Sitzungsberichte. – Irmischia 1(3/4): 9–12; 1881. – **(7)** Amtliche Mitteilungen. – Irmischia 5(1): 1; 1885. – **(8)** Mitt. Ver. Geschichte u. Naturwissenschaft Sangerhausen 6: 123; 1907. – **(9)** Sangerhäuser Zeitung vom 20. August 1883. – **(10)** Sangerhäuser Zeitung vom 7. Oktober 1902. – **(11)** Kühn, G., Evang. Pfarramt Braunsroda – Fotokopie aus Taufregister des Kirchenbuches 1800 bis 1855 (15.3.2001, briefl. an K.-J. Barthel). – **(12)** ZEISING, R.: Die Pflanzenwelt des Kreises Sangerhausen. In: Heimat- und Wanderbuch des Kreises Sangerhausen. – Halle 1966. – **(13)** Hopfstock, I., Stadtarchiv Sangerhausen (25.4.2002, briefl. an K.-J. Barthel). – **(14)** ECKARDT, Th.: Ein Leben für die Geschichte der Botanik. – Ber. Bayer. Bot. Ges. 30: 9–15; 1954. – **(15)** Hopfstock, I., Stadtarchiv Sangerhausen – Kopie des Briefes vom 8. September 1902 an das Sangerhäuser Gymnasial-Curatorium (aus Akte Karl Lebing U 103) (25.4.2002, briefl. an K.-J. Barthel). – **(16)** Hopfstock, I., Stadtarchiv Sangerhausen (2.4.2002, briefl. an K.-J. Barthel). – **(17)** Akte des Magistrates zu Sangerhausen betreffend Lehrer C. Lebing (Stadtarchiv Sangerhausen unter U 103, eingesehen von K.-J. Barthel). – **(18)** Frohriep, M., Spengler-Museum Sangerhausen (21.8.2002, telef. mit K.-J. Barthel).

Leimbach, Gotthelf   1848–1902

geboren: 4. Januar 1848 in Treysa
gestorben: 11. Juni 1902 am Jungfernsprung
               bei Arnstadt

Beruf, Leistungen auf floristischem Gebiet
Gymnasiallehrer, Geologe, Entomologe, Botaniker
(insbesondere Orchideen). In seiner Arbeit „Beiträge
zur geographischen Verbreitung der europäischen
Orchideen" (1881) erläutert er zumeist anhand von
Tabellen die Verbreitung der Orchideen in den nord-
europäischen Ländern (Belgien, Holland, Westfriesi-
sche Inseln, Niederrhein, nördliches Deutschland,
russische Ostseeprovinzen, britische Inseln, Farörer,
Ostseeinseln einschließlich Jütland, Skandinavien und
Finnland). Leimbach schreibt: „Ich muß bitten, diese
Beiträge nur als Material für spätere Untersuchungen
zu betrachten, welches vorläufig nur dazu dienen soll,
einerseits die Mannigfaltigkeit der Orchideenfluren
der verschiedenen Gegenden, den Reichtum gewisser
bevorzugter Plätze, andernseits die genaue Verbrei-

Abb. 129: Gotthelf Leimbach

tung jeder einzelnen Art innerhalb der Grenzen des genannten Gebietes zu veranschauli-
chen." Von Mecklenburg nennt er u. a. *Anacamptis pyramidalis, Cephalanthera longifolia,
Corallorrhiza trifida, Dactylorhiza incarnata, Epipactis palustris, Epipogium aphyllum,
Goodyera repens, Hammarbya paludosa, Herminium monorchis, Liparis loeselii, Orchis
morio, Orchis palustris* und *Spiranthes spiralis.*[10] Auffallend ist, dass Leimbach keinerlei
Beiträge zur Flora der Kyffhäuserregion verfasste. Zur Ausübung seiner Tätigkeit als Vor-
standsvorsitzender des Botanischen Vereins „Irmischia" fehlte es ihm anscheinend an ausrei-
chenden botanischen Kenntnissen und zwar vor allem an einer sicheren Vertrautheit mit den
Arten der Thüringer Flora. „Sein Wissen und Können auf diesem Gebiete waren so wenig
gründlich, dass es ihm auf die Dauer nicht gelingen konnte, seine unzulängliche Bekanntschaft mit den Angehörigen der heimischen Pflanzenwelt vor den tüchtigen Floristen, die
Thüringen damals in einer größeren Zahl als heute besaß, verborgen zu halten."[4] In seinen
späteren Jahren trat Leimbach als Geschichtsschreiber der Botanik hervor (u. a. mit Biographien zu L. Jungermann und H. B. Rupp).

Herbarien, wichtige Herbarbelege
Das Herbarium von G. Leimbach erwarb nach dessen Tod Carl Haussknecht. Auch heute
noch befinden sich die Aufsammlungen im Herbarium Haussknecht in Jena.[8][9] So sind u. a.
zahlreiche Orchideen-Exsikkate in Jena mit handschriftlichen Herbaretiketten Leimbachs
versehen [z. B. von „*Epipogium Gmelini*" (= *Epipogium aphyllum*)].
      Folgende von Leimbach gesammelte bzw. beschriftete Belege aus unserem Bearbei-
tungsgebiet sollen genannt werden: *Althaea officinalis*: im Rieth bei Esperstedt (JE, o. D.);
Chenopodium foliosum: Rottleben, verwildert im Schlossgarten (JE, o. D.); *Erysimum odoratum*: Seehäuser Wald (JE, o. D.); *Euphorbia palustris*: im Rieth bei Ringleben (JE, Juli o. J.);

Glaucium flavum: Galgenberg bei Frankenhausen (JE, o. D.); *Gnaphalium luteo-album*: Berga (JE, August 1882); *Laserpitium prutenicum*: Göllinger Berge (JE, August o. J.); *Moenchia erecta*: Jecha bei Sondershausen (JE, o. D.); *Nigella arvensis*: Jechaburg (JE, 1881); *Papaver hybridum*: Galgenberg bei Frankenhausen (JE, o. D.); *Pulicaria dysenterica*: Kleine Wipper bei Rottleben (JE, o. D.); *Sisymbrium strictissimum*: Kalkberge bei Udersleben (JE, o. D.); *Teucrium scordium*: feuchte Wiese bei Göllingen (JE, o. D.); *Viola rupestris*: Sondershausen (JE, o. D.).[z. T. 12] – Von Leimbach befinden sich viele Briefe im Archiv des Herbarium Haussknecht.[13]

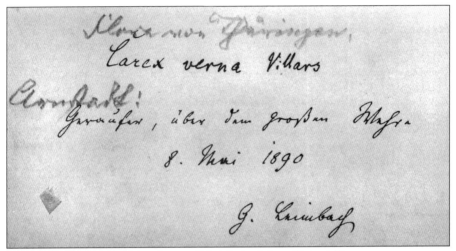

Abb. 130: Handschriftliches Herbaretikett von G. Leimbach mit dessen Unterschrift

Wichtige Veröffentlichungen
• Beiträge zur geographischen Verbreitung der europäischen Orchideen. – Programm Gymnasium Sondershausen 1881. – • Sitzungsberichte (über Blütenbau und Befruchtung der Orchideen). – Irmischia $\underline{1}$(6): 21–22; 1881. – • Über die „Schnupftabaksblume" (*Arnica montana* L.). – Irmischia $\underline{1}$(10): 46; 1881. – • Die Floren der deutschen Universitätsstädte. – Irmischia $\underline{6}$(1/2): 3–4 und $\underline{6}$(3/4): 14–16; 1886. – • Zur 200jährigen Gedenkfeier für Heinrich Bernhard Rupp, den Verf. der ältesten Thüringischen Flora: Beiträge zur Geschichte der Botanik in Hessen aus dem 16., 17. und Anfang des 18. Jahrh. – Programm Fürstl. Realschule Arnstadt 1888. – • Florula Arnstadiensis. Die älteste Flora von Arnstadt. Von Lic. Joh. Conr. Axt, Stadtphysikus und Konsul zu Arnstadt 1701. Herausgegeben und mit Anmerkungen versehen von Prof. Dr. G. Leimbach, Direktor der Fürstl. Realschule zu Arnstadt – Beilage Osterprogramm Realschule Arnstadt 1894. – • [Über die *Cerambyciden* des Harzes. – Programm Gymnasium Sondershausen 1886.] – • Außerdem schrieb Leimbach zahlreiche Sitzungsberichte des botanischen Vereins „Irmischia".

Biographie
Anton Ludwig Gotthelf Leimbach wurde am 4. Januar 1848 als Sohn des Lehrers Johann Heinrich Leimbach in Treysa [heute zu Schwalmstadt)[1]] bei Ziegenhain geboren. Er besuchte zunächst die Elementarschule in Schlüchtern, danach die Bürgerknabenschule und das Gymnasium (ab Ostern 1857) in Marburg, wo er Ostern 1866 die Reifeprüfung bestand. Anschließend studierte er an der Universität Marburg Mathematik und Naturwissenschaften. Hier promovierte er am 4. Januar 1870 [mit der Dissertation: „Über die permische Formation

bei Frankenberg in Kurhessen"[7]] zum Dr. phil. Noch im selben Jahr (18. November) bestand er die Prüfung für das höhere Lehramt. Er unterrichtete zunächst (schon vor seiner Staatsprüfung) von Februar 1870 bis September 1871 an der Realschule in Elberfeld, danach von Oktober 1871 bis September 1874 an der Gewerbeschule in Krefeld und von Oktober 1874 bis Januar 1880 an der höheren Bürgerschule in Wattenscheid.[3] Im Dezember 1878 wurde er kommissarischer Rektor der Anstalt und am 7. April 1879 fand die erste Abiturientenprüfung statt.[7] Am 30. Januar 1880 wurde er unter Ernennung zum Professor als Oberlehrer an das Gymnasium nach Sondershausen berufen [als Nachfolger T. Irmischs[1][2]]. Er trat dieses Amt am 13. April 1880 an.[3] Im Oktober 1880 gründete Leimbach, der ein ausgezeichnetes Organisationstalent besaß, in Sondershausen den Botanischen Verein „Irmischia", der „eine gründliche (planmäßige) allseitige Erforschung der Flora des nördlichen Thüringens" auf seine Fahnen geschrieben hatte.[4] [Die erste Sitzung dieses Vereins fand am 12. Dezember 1880 in der Restauration Schiffler in Sondershausen statt.[14]] „Bereits in den ersten Tagen nahmen einige Mitglieder Anstoß an der Beschränkung auf das nördliche Thüringen und wünschten eine sofortige Ausdehnung des Vereins über ganz Thüringen. Jedoch konnte das [...] spürbare Besteben einer umfassenderen Orientierung nicht im Sinne des kleinbürgerlichen Leimbach sein."[5] Die Beschränkung der Vereinstätigkeit auf Nordthüringen [in den Satzungen war die Bestimmung verankert, dass der Vorsitzende des Vereins im Fürstentum Schwarzburg-Sondershausen ansässig sein solle[5]] sollte sich bald als Nachteil erweisen, so dass der von C. Haussknecht im Jahre 1882 aus der Erfurter Sektion der „Irmischia" gegründete „Botanische Verein für Gesamt-Thüringen" der „Irmischia" den Rang ablief.[1] In seiner Sondershäuser Zeit gab Leimbach die „Irmischia, Correspondenzblatt des botanischen Vereins für das nördliche Thüringen" sowie die „Abhandlungen des Thüringischen Botanischen Vereins Irmischia zu Sondershausen" heraus, gründete den „Botanischen Tauschverein für Thüringen" (1881) und die „Deutsche Botanische Monatsschrift" (1883) und beschäftigte sich besonders mit dem Vorkommen heimischer Orchideen.[1] [Auf der 4. Sitzung der „Irmischia" am 13. März 1881 in Sondershausen hielt er einen Vortrag „über Blütenbau und Befruchtung der Orchideen".[11]] Am 1. Mai 1886 wurde er Direktor der Fürstlichen Realschule zu Arnstadt. Hier sammelte er auf zahlreichen Exkursionen Material, das er für eine neue „Flora von Arnstadt" verwenden wollte. Außerdem galt seine Liebe den Mollusken, den Käfern und den verschiedensten Versteinerungen der Arnstädter Fauna.[3] Leimbach pflegte von sich selbst zu sagen: „Meine Neigung zur Geologie ist der zur botanischen Wissenschaft von Hause auch gleich; ich habe auch meine Doktorarbeit darin gemacht."[4] Im Jahre 1902 verunglückte er während einer allein unternommenen geologischen Exkursion.[1][3] [Möglicherweise beging er Selbstmord, da er sich an einer Schülerin vergriffen hatte.[9]] Man fand die Leiche des seit dem 11. Juni Vermissten erst am Sonntag, dem 15. Juni, am Fuße des Jungfernsprunges im Jonasthale bei Arnstadt. Am 17. Juni 1902 wurde er im Erbbegräbnis seiner Familie auf dem Friedhof in Krefeld beigesetzt.[3] Leimbachs Handexemplar der „Flora von Mittelthüringen" (ILSE 1866) mit einigen handschriftlichen Notizen und z. T. datierten Fundortsangaben (vor allem aus dem Raum Arnstadt) befindet sich im Besitz von J. Pusch, der es im Jahre 2000 eher zufällig über einen antiquarischen Buchversand (Koeltz) erworben hat. Leimbach hatte die „Flora von Mittelthüringen" offenbar im Jahre 1884 erhalten und bis mindestens 1901 mit Notizen versehen.

Leimbach war ordentliches Mitglied der Deutschen Botanischen Gesellschaft, des Botanischen Vereins der Provinz Brandenburg und des Preußischen Botanischen Vereins zu Königsberg. Er war weiterhin korrespondierendes Mitglied des Schlesischen Vereins für vaterländische Kultur zu Breslau und des Vereins für Freunde der Naturgeschichte in Mecklenburg.[6]

Quellen
(1) HENZE, U., W. ECCARIUS, H. HIRSCHFELD, K. LENK & E. SCHNEIDER: Orchideen im Kyffhäuserkreis. – Arbeitskreis Heimische Orchideen Thüringen e. V. 2000. – (2) Lenk, K., Sondershausen (2.5.2000, briefl. an J. Pusch). – (3) REINECK, E. M.: Dem Andenken eines Forschers. – Deutsche Bot. Monatsschr. 20: 81–85; 1902. – (4) WEIN, K.: Die Gründung des Botanischen Vereins für Gesamt-Thüringen. – Mitt. Thüring. Bot. Ver. 41: XVIII–XXIX; 1933. – (5) MEYER, K. F.: 100 Jahre Thüringische Botanische Gesellschaft. – Haussknechtia 1: 3–16; 1984. – (6) Titelblatt der Deutschen Bot. Monatsschrift 3; 1885. – (7) ANONYM: Andere namhafte Naturwissenschaftler Arnstadts. – Alt-Arnstadt, Beiträge zur Heimatkunde von Arnstadt und Umgebung 8: 28–54; 1929. – (8) Meyer, F. K., Jena (27.3.2000 briefl. an J. Pusch). – (9) Meyer, F. K. (18.9.2001 briefl. an J. Pusch). – (10) LEIMBACH, G.: Beiträge zur geographischen Verbreitung der europäischen Orchideen. – Programm Gymnasium Sondershausen 1881. – (11) Sitzungsberichte. – Irmischia 1(6): 21–22; 1881. – (12) Herbarerfassungen von H. Korsch zu selteneren Arten für die neue „Flora von Thüringen" (25.1.2002, briefl. an J. Pusch). – (13) Manitz, H., Herbarium Haussknecht Jena (8.3.2004, briefl. an J. Pusch). – (14) Sitzungsberichte. – Irmischia 1(3/4): 9–10; 1881.

Lutze, Günther   1840–1930

geboren: 9. Januar 1840 in Sondershausen
gestorben: 10. Juni 1930 in Sondershausen

Beruf, Leistungen auf floristischem Gebiet

Realschullehrer, Heimatforscher, Botaniker. Schon 1882 hatte Lutze „Ueber Veränderungen in der Flora von Sondershausen, bezw. Nordthüringen" geschrieben. Hier macht er die fortschreitende Umwandlung der Wiesen und Lehden in Ackerland, die Begradigung von Bächen während der Separation, das Trockenlegen von Teichen, das Anpflanzen von Nadelhölzern aber auch das „allzufleißige Botanisieren" für die Artenverluste der letzten Jahrzehnte verantwortlich. Aus dem an dieser Stelle (S. 18–25) mitveröffentlichten Nachtrag zu Irmischs Pflanzenverzeichnis der Schwarzburgischen Unterherrschaft (IRMISCH 1846, 1849), der unter Mithilfe zahlreicher Gewährsleute entstand, seien genannt: *Campanula cervicaria* von Uthleben, *Helianthemum canum* von den Kalkbergen bei Göllingen und Rottleben, *Omphalodes*

Abb. 131: Günther Lutze im Jahre 1925

scorpioides von der Rothenburg, *Orchis tridentata* x *O. ustulata* von der Kattenburg bei Frankenhausen, *Schoenoplectus triqueter* vom Schacht bei Bendeleben und *Sisymbrium strictissimum* von Udersleben. Als botanisches Hauptwerk Lutzes gilt seine „Flora von Nordthüringen" (1892). Diese Flora behandelt weite Teile Nordthüringens mit den Eckpunkten Nordhausen, Artern, Tennstedt und Bleicherode. Er nennt u. a. *Amelanchier ovalis* bei Bleicherode, *Artemisia pontica* bei Göllingen, *Carduus defloratus* bei Holzthaleben, *Camelina alyssum* und *Cuscuta epilinum* im Schneidtal südlich Hachelbich, *Euphorbia amygdaloides* im Bendeleber Forst, *Marrubium vulgare* bei Greußen, *Oenanthe fistulosa* bei Sondershausen, *Orlaya grandiflora* bei Ebeleben, *Pulmonaria angustifolia* an der Abtsliethe bei Badra, *Stachys arvensis* bei Greußen sowie *Vicia dumetorum* bei Sachsenburg. Weitere Arbeiten beschäftigen sich u. a. mit den Salzflorenstätten Nordthüringens (als Erwiderung zu F. Breitenbach), den Rosen im Umfeld von Sondershausen und mit der Geschichte und Kultur der Blutbuchen. Er führt die Blutbuche in unseren Anlagen auf eine wildwachsende gemeinsame Stammmutter in den Hainleiter Forsten bei Sondershausen (im Oberspierschen Forste, südlich vom Klappenthale und nördlich von der mit Nadelholz bestockten Kirchengelschen Wiese) zurück.[11] In seiner Abhandlung „Die Salzflorenstätten in Nordthüringen" beschreibt LUTZE (1913) ein Salzgebiet am Ostrand von Frankenhausen, das sich in einer Breite von wenigen 100 m an der linken Seite des Solgrabens [also nördlich des Solgrabens] befand und im Volksmund „der Salzfleck" genannt wurde. Hier fand er seinerzeit noch *Hymenolobus procumbens,* eine Pflanze, die später an dieser Stelle verschwand.

Herbarien, wichtige Herbarbelege

Über ein umfangreicheres Herbarium von G. Lutze ist uns nichts bekannt. Im Herbarium Haussknecht in Jena (JE) und in Halle (HAL) fanden wir jedoch einzelne Belege von ihm.

Gemeinsam mit Torges sammelte Lutze z. B. *Schoenoplectus triqueter* im Sumpf bei Bende-leben (JE, Juli 1894) und allein *Isolepis setacea*: Sondershausen, Bendeleber Forst, im Pfarr-tal (JE, 28.9.1894). In der mitteldeutschen Heimatsammlung der Universität Halle (HAL) befindet sich ein Herbarbeleg von *Epipogon aphyllus* aus dem Spierental bei Sondershausen, den Lutze im September 1888 sammelte. Der Beleg stammt aus dem Herbar von Max Schul-ze. Im Rahmen seiner Herbarerfassungen für die neue „Flora von Thüringen" (in Vorb.) zu selteneren Arten in JE, HAL, M und GOET teilte uns H. Korsch, Jena, die Existenz weiterer Herbarbelege mit: *Aira caryophyllea*: Trift bei Sondershausen (JE, 3.6.1890); *Carex supina*: Sondershausen, Badra (JE, 1893); *Dryopteris cristata*: Sondershausen, am Sumpf im Bebraer Forst (JE, 7.9.1889) und *Veronica verna*: Sondershausen, Hardt (Waldrand) (JE, 3.6.1890). – Von Lutze befinden sich viele Briefe im Archiv des Herbarium Haussknecht.[12]

Abb. 132: Herbarbeleg von G. Lutze (vgl. Abb. 133)

Wichtige Veröffentlichungen
• Ein Ausflug in den Thüringer-wald am 4. und 5. Juli 1881. – Irmischia 1(10): 45; 1881. – • Ueber Veränderungen in der Flora von Sondershausen, bezw. Nord-thüringen. – Programm Fürstl. Realschule Sondershausen, Nr. 636, 1882. – • Die Rosen in der Flora von Sondershausen. – Irmi-schia 5(4): 26–29; 1885. – • Die Rosen in der Flora von Sonders-hausen. – Irmischia 5(12): 90–92; 1885. – • Zur Geschichte und Kultur der Blutbuchen. – Mitt. Thüring. Bot. Ver. 2: 28–33; 1892. – • Flora von Nord-Thüringen. – Sondershausen 1892. – • Die Vegetation Nordthüringens in ihrer Beziehung zu Boden und Klima, als Einleitung zu seinem Buche: Flora von Nordthüringen. – Beila-ge Programm Realschule Sonders-hausen, Nr. 720, Ostern 1893. – • Die Salzflorenstätten in Nordthü-ringen. – Mitt. Thüring. Bot. Ver. 30: 1–16; 1913. – • Die Salzfloren-stätten in Nordthüringen und Herr Kanalinspektor Breitenbach (als Antwort auf F. Breitenbach). – missbräuchlich „als Beilage zu den Mitteilungen des Thür. Bot. Ver-eins – Jahrgang XXX 1913 – vom Verfasser herausgegeben".[6] – [• Aus Sondershausens Vergangen-heit. Ein Beitrag zur Kultur- und Sittengeschichte früherer Jahrhunderte, 3 Bde. – Sondershausen 1905, 1909 (1901), 1919.]

Biographie
Günther [Karl[7]] Lutze wurde am 9. Januar 1840 als Sohn eines fürstlichen Dieners in Sondershausen geboren.[5] Seine Eltern waren Friedrich Lutze (1819 bis 1893) und dessen Ehefrau Henriette geb. Setzepfandt (1819 bis 1892). Die Familie war seit langem in Sondershausen ansässig.[7] Lutze besuchte die Volksschule, die Realschule und das Lehrerseminar [1856 bis 1858[7]] in seiner Vaterstadt. Er zeigte besondere Neigungen für die Musik, für die Heimatkunde und für die Naturwissenschaften. Nach

Abb. 133: Handschriftliches Herbaretikett von Lutze (vgl. Abb. 132)

bestandener Lehrerprüfung wurde er [am 1. Oktober[7]] 1858 als zweiter Lehrer in Altenfeld bei Großbreitenbach angestellt.[1] Hier lernte er auch seine spätere Ehefrau Sidonie Bulle kennen, die er am 13. Dezember 1863 heiratete. Aus dieser Ehe gingen ein Sohn und eine Tochter hervor.[7] Am 1. Oktober 1861 wurde ihm die vierte Knabenlehrerstelle an der Sondershäuser Bürgerschule übertragen, die er bis 1868 innehatte.[7] Noch im selben Jahr (1868) wurde er an die Vorschule der hiesigen Realschule berufen. Da er sich hier intensiv mit den Naturwissenschaften beschäftigte, rückte er bald zum Fachlehrer der beschreibenden Naturwissenschaften auf.[1][7] Die naturwissenschaftlichen Sammlungen der Realschule und des Städtischen Museums wurden durch ihn in mühsamer Arbeit geordnet und mustergültig verwaltet.[1][5] Leider sind sich T. Irmisch und Lutze, die beinahe „Wand an Wand" naturwissenschaftlichen Unterricht erteilten, auf Grund der übergroßen Bescheidenheit Lutzes nur selten näher gekommen.[5] Auf der 5. Sitzung der „Irmischia" am 3. April 1881 in Sondershausen hielt Lutze einen Vortrag „Über Veränderungen im Florengebiete von Sondershausen".[8] Verwilderte Exemplare von *Ornithogalum nutans* aus dem Schlossgarten zu Sondershausen zeigte er auf der 6. Sitzung am 8. Mai 1881 in Greußen vor.[15] [Die Art ist noch heute im Lustgarten des Sondershäuser Schlosses zu finden.] Anfang Juli 1881 unternahm er einen Ausflug in den Thüringer Wald (Raum Ilmenau/Oberhof), wo er u. a. *Eriophorum vaginatum, Vaccinium oxycoccus, Trifolium spadiceum* und *Vaccinium uliginosum* fand.[9] Exemplare von *Epipogium aphyllum* aus der Hainleite bei Sondershausen verteilte er auf der Herbst-Hauptversammlung des Botanischen Vereins für Gesamtthüringen am 30. September 1888 in Erfurt.[14] Auf der Herbst-Hauptversammlung des Thüringischen Botanischen Vereins am 27. September 1891 in Neudietendorf hielt er einen Vortrag zur Geschichte und Kultur der Blutbuchen.[11] Seine im Jahre 1892 erschienene „Flora von Nord-Thüringen" wurde jahrzehntelang in den Sondershäuser höheren Schulen als Lehrbuch benutzt. Zunächst zum Kollaborator und später zum Oberlehrer ernannt, trat er im Jahre 1909 in den Ruhestand.[1][2] [Mit seiner Pensionierung am 1. April 1909 wurde der Kollaborator Lutze zum Oberlehrer ernannt.[7]] Im Zusammenhang mit der Veröffentlichung „Eine neu entdeckte Salzflora" (BREITENBACH 1909) in den Mitteilungen des Thüringischen Botanischen Vereins begann seine Kontroverse mit F. Breitenbach. Er war geradezu empört, dass dieser die längst bekannte Salzflora bei Esperstedt als „neu entdeckt" hinstellte und schrieb diesbezüglich an L. Grube-Einwald nach Coburg: „Man muss über die Unverfrorenheit erstaunen, mit der hier eine ganz haltlose Behauptung aufgestellt wird, und ich kann unserem Vorstande den Vorwurf nicht ersparen, ungeprüft eine Mitteilung in eine Zeitschrift aufzunehmen, mit der unserem Vereine [...] ein Armutszeugnis ausgestellt wird."[13] Lutze teilte auf der Herbst-Hauptversammlung des Thüringischen Botanischen Vereins am 2. Oktober 1910 in Weimar mit, dass die für Nordthüringen seltene *Scilla bifolia* am Hotzenberg bei Schernberg nicht ursprünglich vorhanden war, sondern durch einen Forstaufseher dorthin verpflanzt worden sei.[10] Nicht zuletzt wegen eines Augenleidens (starke Kurzsichtigkeit)[5] wandte er sich in den letzen Jahrzehnten seines Lebens verstärkt der Heimatgeschichte zu.[1] So erschien in den Jahren 1905, 1909, 1919 „Aus Sondershausens Vergangenheit – Ein Beitrag zur Kultur- und Sittengeschichte früherer Jahrhunderte" in drei Bänden (Der zweite Band erschien separat bereits 1901). Lutze starb kurze Zeit nach seinem 90. Geburtstag am 10. Juni 1930 in Sondershausen.[2] Seine Frau und Tochter waren schon vor ihm gestorben[1] [beide im Jahre 1925, der Sohn starb bereits 1895[7]]. Die Grabstätte der Familie Lutze befindet sich auf dem Sondershäuser Hauptfriedhof. Seit dem 19. März 1992 steht sie unter besonderem Schutz der Stadt Sondershausen.[7] Noch heute erinnert eine Gedenktafel in der Güntherstraße 9 an seine letzte frühere Wohnstätte in Sondershausen.

Lutze war Vorstandsmitglied der Irmischia („Schriftführer", Mitgliedsnummer 2)[3] und Mitglied und Ehrenmitglied (seit 1920) des Thüringischen Botanischen Vereins.[4] Auch den Sondershäuser Vereinen für Geschichte und Altertumskunde, für Naturwissenschaften und für Erdkunde gehörte er an, die ihn sämtlich zu ihrem Ehrenmitglied ernannten.[1] 1894 erhielt er das Fürstlich Schwarzburgische Ehrenkreuz IV. Klasse, 1906 die „Goldene Medaille für Verdienste um Kunst und Wissenschaft" und anlässlich seines fünfzigjährigen Amtsjubiläums am 1. Oktober 1908 das Fürstlich Schwarzburgische Ehrenkreuz III. Klasse. Im Jahre 1922 wurde er zum Ehrenbürger der Stadt Sondershausen ernannt.[7]

Quellen
(1) „Der Deutsche" vom 9. Januar 1930. – (2) LANG, R.: Persönlichkeiten in Sondershausen. – Sondershausen 1993. – (3) Mitgliederverzeichnis „Irmischia". – Irmischia 1(1): 3–4; 1881. – (4) Mitglieder-Verzeichnis 1926 – Mitt. Thüring. Bot. Ver. 37: 83–87; 1927. – (5) MÜLLER, H.: Günther Lutze. – Mitt. Thüring. Bot. Ver. 40: III–IV; 1931. – (6) Vereinsvorstand in Mitt. Thüring. Bot. Ver. 31: 66–67; 1914. – (7) MAY, W.: Persönlichkeiten in Sondershausen, Günther LUTZE (1840–1930). – Kulturamt der Stadtverwaltung Sondershausen, 2000. – (8) Sitzungsberichte. – Irmischia 1(9): 40–41; 1881. – (9) LUTZE, G.: Ein Ausflug in den Thüringerwald am 4. und 5. Juli 1881. – Irmischia 1(10): 45; 1881. – (10) Bericht über die Herbst-Hauptversammlung in Weimar am 2. Oktober 1910. – Mitt. Thüring. Bot. Ver. 28: 87–92; 1911. – (11) LUTZE, G.: Zur Geschichte und Kultur der Blutbuchen. – Mitt. Thüring. Bot. Ver. 2: 28–33; 1892. – (12) Manitz, H., Herbarium Haussknecht Jena (8.3.2004, briefl. an J. Pusch). – (13) Zitat Lutze in einem Brief von L. Grube-Einwald an B. Hergt vom 19. September 1909; Original im Archiv des Herbarium Haussknecht. – (14) Botanischer Verein für Gesamtthüringen. Sitzungsbericht (am 30. September 1888). – Mitt. Geograph. Ges. (Thüringen) 7: 10; 1888–1889. – (15) Sitzungsberichte. – Irmischia 1(10): 43–44; 1881.

Mahn, Ernst-Gerhard

1930–

geboren: 3. Juli 1930 in Dessau

Abb. 134: E.-G. Mahn im Jahre 1998

<u>Beruf, Leistungen auf floristischem und vegetationskundlichem Gebiet</u>

Hochschullehrer, Botaniker (insbes. Pflanzensoziologe). Floristische Arbeiten seinerseits erfolgten in größerem Umfang vor allem in Zusammenarbeit mit W. Hilbig bei der Erarbeitung von Frequenzkarten von ausgewählten Segetalarten des herzynischen Raumes wie für das Gebiet der heutigen neuen Bundesländer (auf MTB- bzw. MTB-Quadrantenebene).[3]

Bereits sein Lehrer H. Meusel regte ihn mit der Vergabe seiner Diplomarbeit dazu an, „die nur ungenügend bekannten Beziehungen zwischen Pflanzen und ihren Standorten zu analysieren und entsprechende Bezüge zu ihrer Vergesellschaftung innerhalb klimageographisch unterschiedlicher Naturräume herzustellen. So waren seine Untersuchungen bzw. die seiner Mitarbeiter und Studenten vor allem darauf gerichtet, das Beziehungsgefüge zwischen Pflanze, Pflanzengesellschaft, Standort und Naturraum kausalanalytisch zu betrachten. Zunehmend erfolgte dabei eine Orientierung auf die Analyse der Rolle sich verändernder anthropogener Einflussnahmen auf Struktur und Dynamik der Vegetation. Dabei wurden seit den 1980er Jahren populationsbiologische Untersuchungen verstärkt in die Forschungsprogramme einbezogen".[3] Seine vegetationsbezogenen Hauptarbeitsgebiete waren die Xerothermrasen, die Segetalvegetation und die Pioniervegetation der Braunkohlentagebaulandschaften.[3]

Mahn unternahm zahlreiche Exkursionen in das Kyffhäusergebiet, u. a. eine am 9. Juni 1998 gemeinsam mit den Verfassern in die Umgebung der Rothenburg zwecks Klärung eines vermeintlichen Vorkommens von *Stipa dasyphylla* an der Sommerwand.[5]

<u>Herbarien, wichtige Herbarbelege</u>

Im Herbarium der Universität Halle (HAL, Heimatsammlung) befinden sich einzelne von Mahn gesammelte Belege zur Flora von Mitteldeutschland (Xerothermrasen- und Segetalarten, aus dem heutigen Sachsen-Anhalt insgesamt 39 Belege).[2] Ein Privatherbar wurde nicht geführt.[1]

Folgende von Mahn gesammelte Belege sollen genannt werden: *Aphanes australis* [= *A. microcarpa*]: Winterroggenacker ca. 3,5 km östlich Seega (HAL, 15.7.1966); *Bupleurum rotundifolium*: Köllme, Nikolausberg nordwestlich des Ortes (HAL, 24.6.1980); *Centunculus minimus*: Acker ca. 500 m südlich Hundeluft, an der Straße Roßlau–Wiesenburg (HAL, 14.8.1965); *Buglossoides arvensis* subsp. *sibthorpianum*: Kyffhäusergebirge, Ochsenburg, Überhang zum Plateau (HAL, 30.5.1964, diesem Beleg wurde seinerzeit eine Xerothermrasen-Vegetationsaufnahme beigefügt)[6]; *Polygala amarella*: Todtental ca. 1,2 km ostsüdöstlich Gößnitz (Kreis Naumburg) (HAL, 15.5.1966).

• Botanische Exkursionen im Ostharz und im nördlichen Thüringen (MAHN, E.-G., R. SCHUBERT, G. STÖCKER & H. WEINITSCHKE). – Halle 1961. – • Vegetationsaufbau und Standortsverhältnisse der kontinental beeinflußten Xerothermrasengesellschaften Mitteldeutschlands. – Abh. Sächs. Akademie der Wissensch. zu Leipzig, math.-nat. Klasse 49(1): 1–138; 1965. – • Die ökologisch-soziologischen Artengruppen der Xerothermrasen Mitteldeutschlands. – Bot. Jb. 85(1): 1–44; 1966. – • Zur Verbreitung von Ackerunkräutern im südlichen Teil der DDR. 1. Folge (HILBIG, W., E.-G. MAHN & G. MÜLLER). – Wiss. Zeitschr. Univ. Halle, math.-nat. R. 18: 211–270; 1969. – • Die Kartierung von Ackerunkräutern als Grundlage für den gezielten Einsatz von Herbiziden (HILBIG, W. & E.-G. MAHN). – SYS-Reporter (Schwarzheide) H. 3; 1971. – • Zur Verbreitung von Ackerunkräutern im

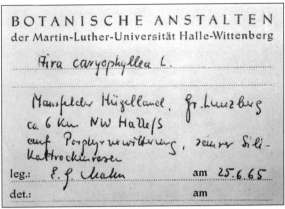

Abb. 135: Handschriftliches Herbaretikett von E.-G. Mahn

südlichen Teil der DDR. 2. Folge (HILBIG, W., E.-G. MAHN & G. MÜLLER). – Wiss. Zeitschr. Univ. Halle, math.-nat. R. 23(1): 5–57; 1974. – • Beiträge zur Wirkung des Herbizideinsatzes auf Struktur und Stoffhaushalt von Agro-Ökosystemen (HELMECKE, K., B. HICKISCH, E.-G. MAHN, J. PRASSE & G. STERNKOPF). – Hercynia 14(4): 375–398; 1977. – • Strategien zur Regeneration belasteter Agrarökosysteme des Mitteldeutschen Trockengebietes (KÖRSCHENS, M. & E.-G. MAHN); 1995. – • Spontane und gelenkte Sukzessionen in Braunkohlentagebauen – eine Alternative zu traditionellen Rekultivierungsmaßnahmen? (MAHN, E.-G. & S. TISCHEW). – Verh. Ges. Ökol. 24: 585–592; 1995. – • Einfluß von Flächengröße, Entwicklungszeit und standörtlicher Vielfalt isolierter Offenstandorte auf die Struktur xerothermer Vegetationskomplexe (PARTZSCH, M. & E.-G. MAHN) – In: BRANDES, D. (Hrsg.): Vegetationsökologie von Habitatinseln und linearen Strukturen. Tagungsbericht des Braunschweiger Kolloquiums vom 22.–24. November 1996; Braunschweiger Geobotanische Arbeiten 5: 95–112. – • Hermann Meusel – ein Nachruf (JÄGER, E. J. & F.-G. MAHN). – Hercynia 30: 153–154; 1997. – • Feinanalyse der Dynamik der Pioniervegetation auf wechselnassen Standorten im Bereich des ehemaligen Salzigen Sees (Mitteldeutsches Trockengebiet) (RAUCHHAUS, U., A. GRÜTTNER & E.-G. MAHN). – In: BRANDES, D. (Hrsg.): Vegetation salzbeeinflußter Habitate im Binnenland. Tagungsbericht des Braunschweiger Kolloquiums vom 27.–29. November 1998. Braunschweig, S. 29–52. – • Die Halbtrockenrasen im Raum Questenberg (Südharz) in Beziehung zu ihrer Nutzungsgeschichte (JÄGER, C. & E.-G. MAHN). – Hercynia 34: 213–235; 2001.

Außerdem ist E.-G. Mahn für ROTHMALER, Bd. 2 und Bd. 4 seit 1976 teilverantwortlich und seit 2000 alleinverantwortlich für die Angaben zu Standort und Soziologie aller Taxa (außer *Rubus*).[3]

Biographie

Ernst-Gerhard Mahn wurde am 3. Juli 1930 als Sohn eines Chemikers in Dessau geboren. Nach der Volksschule (1937 bis 1941) besuchte er ab 1941 das Humanistische Gymnasium (Philanthropin) in seiner Vaterstadt, wo er 1949 das Abiturzeugnis erwarb. Im Jahre 1949 nahm er an der Universität Halle ein Biologiestudium auf, das er im Jahre 1954 mit der Diplomarbeit „Über die Vegetations- und Standortsverhältnisse einiger Porphyrkuppen bei Halle" (Betreuer H. Meusel) abschloss.[1] Als Student zeigte er für die verschiedenen biologischen Teilgebiete, wie Botanik, Zoologie, Pflanzenphysiologie und Phytopathologie gleichermaßen Interesse.[4] Von 1955 bis 1970 war er Assistent bzw. Oberassistent am Institut für Geobotanik und Botanischen Garten der Universität Halle. Mit der Dissertation „Vegetations- und standortkundliche Untersuchungen an Felsfluren, Trocken- und Halbtrockenrasen Mitteldeutschlands" promovierte er im Jahre 1959 unter H. Meusel zum Dr. rer. nat. Mahn habilitierte sich im Jahre 1967 mit der Arbeit „Untersuchungen über das Verhalten von Segetalarten gegenüber einigen Bodenfaktoren" an der Universität Halle. Im Jahre 1976 heiratete er Gudrun Hänsel aus Bautzen; aus dieser Ehe ging ein Sohn hervor. Von 1970 bis 1990 war er Dozent und von 1990 bis zu seiner Emeritierung im Jahre 1995 Professor für Geobotanik an der Universität Halle.[1] Neben seiner Forschungsarbeit nahm er umfangreiche Lehraufgaben wahr und konnte auf mehreren Auslandsexkursionen und -studienaufenthalten seine Kenntnisse speziell zur Vegetation Mittel- und Südosteuropas vertiefen.[4][6] Auf einer Exkursion nach Südfrankreich lernte er im Jahre 1958 den Altmeister der Pflanzensoziologie J. Braun-Blanquet persönlich kennen.[4]

Mahn ist Mitglied der Floristisch-soziologischen Arbeitsgemeinschaft e. V. (seit 1957), der Internationalen Vereinigung für Vegetationskunde (seit 1975) und der Gesellschaft für Ökologie (seit 1990). Er ist Mitherausgeber der „Flora" (seit 1988), der „Hercynia" (seit 1994), des „Archivs für Naturschutz und Landschaftsforschung" (seit 1993) und der „Beiträge zur Ökologie (Jena)" (seit 1996). Zeitweilig gab er das „Journal of Vegetation Science", die „Verhandlungen der Gesellschaft für Ökologie" und „Agroecosystems" mit heraus.[3] Bis zum Jahre 2000 veröffentlichte er mehr als 130 Beiträge auf vegetationskundlichem, ökologischem und populationsbiologischem Gebiet in nationalen und internationalen Zeitschriften. Neben seinen Forschungsaufgaben nahm sich Mahn auch viel Zeit für die Organisation und Durchführung der studentischen Ausbildung. In seinen Lehrveranstaltungen versuchte er die Studenten für geobotanische und ökologische Zusammenhänge zu begeistern. Er betreute eine große Zahl von Staatsexamens-, Diplom- und Doktorarbeiten,[4] die zu einem größeren Teil Untersuchungen zur Flora und Vegetation Mitteldeutschlands zum Inhalt hatten.[6]

Quellen
(1) Mahn, E.-G., Halle (10.7.2001, briefl. an J. Pusch). – (2) Krumbiegel, A., Halle (9.1.2002, briefl. an J. Pusch, in Auswertung des Herbars HAL in Vorbereitung einer neuen Flora von Sachsen-Anhalt). – (3) Mahn, E.-G. (26.11.2002, briefl. an J. Pusch). – (4) JÄGER, E. J. & M. PARTZSCH: Prof. Dr. Ernst-Gerhard Mahn zum 70. Geburtstag. – Hercynia N. F. 33: 1–3; 2000. – (5) BARTHEL, K.-J. & J. PUSCH: Flora des Kyffhäusergebirges und der näheren Umgebung. – Jena 1999. – (6) Mahn, E.-G. (16.3.2004, briefl. an J. Pusch).

Meusel, Hermann

1909–1997

geboren: 2. November 1909 in Coburg
gestorben: 3. Januar 1997 in Halle/Saale

Beruf, Leistungen auf floristischem Gebiet
Hochschullehrer, Geobotaniker. In seiner bedeutenden
und richtungsweisenden Arbeit „Die Vegetationsverhältnisse der Gipsberge im Kyffhäuser und im südlichen Harzvorland" (1939), die unter der Mitwirkung
mehrerer ehrenamtlicher Heimatforscher entstand,
brachte Meusel eine Gesamtdarstellung der auf den
Gipsböden im südlichen Kyffhäusergebirge und im
Südharzvorland vorkommenden Pflanzengesellschaften. Die zahlreichen, hier mit aufgeführten Vegetationsaufnahmen und Verbreitungskarten liefern
zugleich eine Fülle von Fundortsangaben bemerkenswerter Arten. So werden u. a. genannt: *Stipa tirsa* am
Kosakenstein und an der Falkenburg, *Lactuca peren-*
nis an der Rothenburg, *Biscutella laevigata* am Nord-
abhang des Kohnsteins bei Niedersachswerfen, *Car-*
daminopsis petraea am Fuß der Steilhänge des Alten

Abb. 136: Hermann Meusel ca. 1995

Stolbergs bei Stempeda, *Arabis pauciflora* an der Pfanne, *Hieracium peleterianum* an der
Kattenburg, *Parnassia palustris* im Hopfental bei Badra, *Prunus fruticosa* und *Rosa majalis*
am Wilhelmsteig nördlich Bad Frankenhausen sowie *Trifolium rubens* und *Vicia cassubica*
an der Ochsenburg. Schon vorher, im Jahre 1938, veröffentlichte Meusel seine Arbeit „Über
das Vorkommen des Schmalblättrigen Federgrases, *Stipa stenophylla* CERN., im nördlichen
Harzvorland". Er weist darin nach, dass der westlichste Fundort dieser südlich-kontinentalen
Art nicht, wie bisher angenommen, in Böhmen, sondern im nördlichen Harzvorland liegt.
Des Weiteren wird auf einen Fund der bisher nur bis Mähren bekannten *Stipa dasyphylla* an
der Steinklöbe bei Nebra aufmerksam gemacht.

Herbarien, wichtige Herbarbelege
Das einige zehntausend Belege umfassende Herbarium von Meusel befindet sich in Halle
(HAL) und beinhaltet seine Aufsammlungen aus Deutschland, Europa, dem Mittelmeerraum,
Indien, China und Japan.[11] Die Herbar-Etiketten sind fast ausnahmslos mit Schreibmaschine
geschrieben und zu großen Teilen von seiner Sekretärin Frau Günthner eingetippt worden.
Das Material in der mitteldeutschen Heimatsammlung des Herbars stammt vorwiegend von
der Mitte der 30er Jahre des 20. Jahrhunderts aus der Umgebung von Halle, dem Unstruttal,
dem Harz und dem Kyffhäusergebiet. In Bezug auf das weltweit zusammengetragene Herbarmaterial ist die Zahl der regionalen Belege (ca. 232 Belege aus Sachsen-Anhalt) ver-
schwindend gering.[13][14]
    Folgende von Meusel gesammelte Belege aus unserem Bearbeitungsgebiet sollen ge-
nannt werde: *Apium graveolens*: Kyffhäuser, Gräben an der Numburg (HAL, 5.8.1934);
Arabis alpina: Zechsteingipshänge bei Ellrich (HAL, 19.4.1935); *Atriplex rosea*: Weg zwischen Artern und Mönchpfiffel (HAL, 30.7.1935); *Artemisia rupestris*: Salzstelle bei Artern

(HAL, 30.7.1935); *Carex hordeistichos*: Numburg am Kyffhäuser (HAL, Juli 1933); *Epipactis microphylla*: Hainleite (HAL, Juni 1934); *Halimione pedunculata*: Artern (HAL, September 1948); *Inula britannica*: Gräben in den Wiesen zwischen Artern und Mönchpfiffel (HAL, 30.7.1935); *Inula germanica*: Steinklöbe bei Klein-Wangen (HAL, 1.8.1935); *Plantago maritima*: Salzstelle bei Artern (HAL, 30.7.1935); *Polycnemum majus*: Hainleite, Äcker auf dem Kohnstein (HAL, 7.8.1934); *Spergularia maritima*: Salzstelle bei Artern (HAL, 30.7.1935). – Von Meusel befinden sich viele Briefe im Archiv des Herbarium Haussknecht.[19]

Wichtige Veröffentlichungen

• Verbreitungskarten mitteldeutscher Leitpflanzen, 1. Reihe. – Hercynia 1(1): 115–120; 1937. – • Mitteldeutsche Vegetationsbilder. 1. Die Steinklöbe bei Nebra und der Ziegelrodaer Forst. – Hercynia 1(1): 8–98; 1937. – • Verbreitungskarten mitteldeutscher Leitpflanzen, 2. Reihe. – Hercynia 1(2): 309–326; 1938. – • Über das Vorkommen des Schmalblättrigen Federgrases, *Stipa stenophylla* CERN., im nördlichen Harzvorland. – Hercynia 1(2): 285–308; 1938. – • Die Vegetationsverhältnisse der Gipsberge im Kyffhäuser und im südlichen Harzvorland. – Hercynia 2(4): 1–372; 1939. – • Verbreitungskarten mitteldeutscher Leitpflanzen, 3. Reihe. – Hercynia 2(4): 314–354; 1939. – • Die Grasheiden Mitteleuropas. Versuch einer vergleichend-pflanzengeographischen Gliederung. – Bot. Arch. 41: 357–519; 1940. – • Verbreitungskarten mitteldeutscher Leitpflanzen, 4. Reihe. – Hercynia 3(5): 144–171; 1940. – • Verbreitungskarten mitteldeutscher Leitpflanzen, 5. Reihe. – Hercynia 3(6): 310–337; 1942. – • Vegetationskundliche

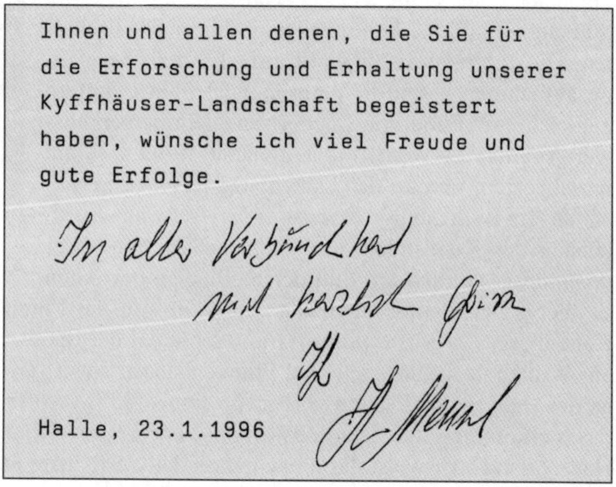

Ihnen und allen denen, die Sie für die Erforschung und Erhaltung unserer Kyffhäuser-Landschaft begeistert haben, wünsche ich viel Freude und gute Erfolge.

Im alle Verbund hat mit herzl. Grüßen

Halle, 23.1.1996

Abb. 137: Handschriftliche Widmung mit Unterschrift von H. Meusel

Studien über mitteleuropäische Waldgesellschaften. 2. Die Gliederung der Buchenwälder im mitteldeutschen Trias-Hügelland (MEUSEL, H. & H. HARTMANN). – Bot. Arch. 44: 521–543; 1943. – • Vergleichende Arealkunde, 2 Bde. – Berlin-Zehlendorf 1943. – • Verbreitungskarten mitteldeutscher Leitpflanzen, 6. Reihe. – Hercynia 3(7/8): 661–676; 1944. – • Die Eichen-Mischwälder des mitteldeutschen Trockengebietes. – Wiss. Zeitschr. Univ. Halle, math.-nat. R. 1(1/2): 49–72; 1952. – • Vegetationskundliche Studien über mitteleuropäische Waldgesellschaften. 4. Die Laubwaldgesellschaften des Harzgebietes. – Angew. Pflanzensoziologie Wien, Aichinger Festschrift 1: 437–472; 1954. – • Verbreitungskarten mitteldeutscher Leitpflanzen, 7. Reihe. – Wiss. Zeitschr. Univ. Halle, math.-nat. R. 3(1): 11–49; 1954. – • Über die Wälder der mitteldeutschen Löß-Ackerlandschaften. – Wiss. Zeitschr. Univ. Halle, math.-nat. R. 4(1): 21–35; 1954. – • Die Laubwaldgesellschaften des Harzgebietes. – Wiss. Zeitschr. Univ. Halle, math.-nat. R. 4(5): 901–908; 1955. – • Verbreitungskarten mitteldeutscher Leitpflanzen, 8. Reihe. – Wiss. Zeitschr. Univ. Halle, math.-nat. R. 5(2): 297–333; 1955. – • Verbreitungskarten mitteldeutscher Leitpflanzen, 9. Reihe. – Wiss. Zeitschr. Univ. Halle, math.-nat. R. 9(1): 165–223; 1960. – • Verbreitungskarten mitteldeutscher Leitpflanzen, 10. Reihe (MEUSEL, H. & A. BUHL). – Wiss. Zeitschr. Univ. Halle, math.-nat. R. 11(11): 1245–1317; 1962. – • Verbreitungskarten mitteldeutscher Leitpflanzen, 11. Reihe (MEUSEL, H. & A. BUHL). – Wiss. Zeitschr. Univ. Halle, math.-nat. R. 17(3): 377–439; 1968. – • Verbreitungsgrenzen südlicher Florenelemente in Mitteldeutschland. – Feddes Repert. 81: 289–309; 1970. – • Reliktflora und naturnahe Laubwälder, unersetzliche Schätze der Gipskarstlandschaft am Südrand von Harz und Kyffhäuser. – Ber. Landesamt Umweltschutz Sachsen-Anhalt 6: 14–16; 1992.

Meusel war Mitherausgeber der Exkursionsflora von W. Rothmaler.

Biographie

Heinz Hubert[5] Hermann Meusel wurde am 2. November 1909 [als Sohn des Bildhauers Edmund Meusel[2)(5)] in Coburg geboren.[1] Er erhielt im April 1930 an der Oberrealschule zu Coburg das Zeugnis der Reife.[5] Schon während seiner Schulzeit durchwanderte er seine fränkisch-thüringische Heimat. Ein beliebtes Exkursionsziel waren die Wälder des Grabfeldes.[1] Im Sommersemester 1930 und im Wintersemester 1930/31 studierte er an der Universität Würzburg [Biologie und Geowissenschaften[1]]. Seine damalige Anschrift lautete Würzburg, Harfenstraße 5/II.[3] Im Sommersemester 1931 und im Wintersemester 1931/32 studierte er an der Philosophischen Fakultät Innsbruck die naturhistorischen Disziplinen bei A. Sperlich (Botanik), H. Gams (Botanik), O. Steinböck (Zoologie), F. Metz (Geographie), B. Sander (Mineralogie) und R. Klebelsberg (Geologie).[2] An der Universität München studierte Meusel im Sommersemester 1932 (Immatrikulation 30. April, Exmatrikulation 19. Oktober).

Abb. 138: Herbarbeleg von H. Meusel (*Astrantia major*, Hauteroda)

Hier belegte er folgende universitäre Veranstaltungen: „Syst. Morphologie der Angiospermenblüte" und „Botanische Exkursionen" bei W. Troll, „Vererbung und Entwicklung" bei von Wettstein, „Insekten und Mollusken" sowie „Zoologische Exkursionen" bei Döderlein, „Zoologisches Großpraktikum" bei von Frisch, „Geologie der Alpen" bei Boden und „Nord- und Mittelamerika" sowie „Geographische Übungen für Anfänger" bei von Drygalski.[4] Im Jahre 1932 folgte er seinem Lehrer W. Troll an die Universität Halle, wo er sich am 1. November 1932 immatrikulieren ließ.[5] Seine Lehrer waren u. a. W. Troll (Morphologie und Biologie der höheren Pflanzen; Großes Botanisches Praktikum; Anleitung zu wissenschaftlichen Arbeiten; Vorweisungen im Botanischen Garten; Allgemeine Blütenmorphologie; Morphologie und Biologie der Moose; Botanisches Kolloquium), Mothes (Ernährungsphysiologie; Physiologie der Entwicklung und Bewegung; Pflanzenphysiologisches Praktikum), Ludwig (Systematik und Biologie der Insekten; Sexualitätsproblem im Tierreich; Skelett der Wirbeltiere; Tierpsychologie), J. Weigelt (Allgemeine Geologie; Erdgeschichtliche Entwicklung des deutschen Bodens; Lebewelt unserer Braunkohle; Paläontologie der Wirbellosen) und von Wolff (Gesteinslehre; Mineralogie; Mineralogische Übungen). In Halle beschäftigte sich Meusel weiterhin mit Geographie, Chemie, Philosophie und Pädagogik.[5] Nach seiner Exmatrikulation am 6. April 1935[5] promovierte er am 25. Oktober 1935 mit einer Arbeit über „Wuchsformen und Wuchstypen der europäischen Laubmoose" [unter der Leitung von W. Troll[6]] an der Mathematisch-Naturwissenschaftlichen Fakultät der Universität Halle zum Dr. rer. nat.[5][6] Bereits im Jahre 1934 gründete er die Arbeitsgemeinschaft zur Erfassung der mitteldeutschen Pflanzenwelt [Botanische Vereinigung Mitteldeutschlands[10]] (später Arbeitsgemeinschaft Mitteldeutscher bzw. Herzynischer Floristen). Damit begann mit zahlreichen Freizeitforschern die systematische und umfassende floristische Erkundung des mitteldeutschen Raumes.[7] [Meusel war der eigentliche Motor der Vereinigung.[10]] In Zusammenarbeit mit diesen Lokalfloristen konnten in den Jahren vor und während des 2. Weltkrieges insgesamt sechs Folgen der Verbreitungskarten mitteldeutscher Leitpflanzen herausgebracht werden.[8] Im Jahre 1935 wurde Meusel Assistent am Botanischen Institut der Universität Halle.[6] Er beschäftigte sich nun verstärkt mit vegetationskundlichen Problemen[1][6] und legte im Jahre 1937 das Staatsexamen für das höhere Lehramt in den Fächern Biologie, Geologie und Geographie ab.[6] In seiner 1939 abgeschlossenen Habilitationsschrift „Die Vegetationsverhältnisse der Gipsberge im Kyffhäuser und im südlichen Harzvorland" bringt er eine Gesamtdarstellung der auf den Gipsböden im südlichen Kyffhäusergebirge und im Südharzvorland vorkommenden Pflanzengesellschaften und schuf damit ein Standardwerk, das diese Gebiete „von naturschutzfachlich herausragendem Wert erstmals gründlich beschreibt".[1] Meusel hielt im Sommersemester 1941 und 1942 Vorlesungen über die „Systematik der Blütenpflanzen mit besonderer Berücksichtigung der kolonialen Nutzpflanzen",[10] da in der Zeit des 2. Weltkrieges die Bezugnahme auf nationale Belange zur Überlebenstaktik der hallischen Floristik gehörte.[10] Da der Hallenser Botanische Garten während des Krieges auch kriegswichtige Forschungen („Faserforschung") betrieb, konnte W. Troll für Meusel eine Freistellung vom Kriegsdienst erwirken.[10] [1942 diente er beim Marinewetterdienst.[20]] Nach intensiver Beschäftigung mit den Verbreitungsformen der Pflanzen konnte er im Jahre 1943 die „Vergleichende Arealkunde" herausbringen, ein Werk, das ihn international als Pflanzengeograph bekannt machte.[6][7]

Nach 1945 setzte sich Meusel mit ganzer Kraft für die Weiterführung der taxonomisch-morphologischen und geobotanischen Forschung und den Wiederaufbau des Botanischen Gartens der Universität Halle ein, wo er im Jahre 1947 zum Professor mit vollem Lehrauftrag ernannt wurde.[6][12] Im Jahre 1952 wurde er zum Ordinarius an der Universität Halle berufen.[6] Als Direktor des Instituts für Systematische Botanik und Pflanzengeographie und des Botanischen Gartens[7][9] betreute er eine Vielzahl von Diplom-, Promotions- und Habilitationsarbeiten.[1][6] Ganz besonders engagierte er sich für den Naturschutz und die ehrenamtliche Heimatforschung in der ehemaligen DDR. In enger Zusammenarbeit mit H. Stubbe, dem Präsidenten der Deutschen Akademie der Landwirtschaftswissenschaften, gründete er im Jahre 1953 das Institut für Landschaftsforschung und Naturschutz Halle als zentrale Einrichtung für den Naturschutz und die Koordinierung der ehrenamtlichen Heimatforschung mit insgesamt fünf Zweigstellen (Halle, Jena, Dresden, Potsdam, Greifswald).[9] Als Direktor dieses Instituts [von 1953 bis 1963[7]] war er langjähriger Chefredakteur der von ihm begründeten Zeitschrift „Archiv für Naturschutz und Landschaftsforschung".[1] Mit der drei Bände umfassenden (jeweils ein Text- und ein Kartenteil) „Vergleichenden Chorologie der zentraleuropäischen Flora" (1965, 1978 und 1992) schuf er ein bedeutendes Werk zur Verbreitung mitteleuropäischer Pflanzensippen.[9] Nach seiner Emeritierung [am 30. August 1975[12]] blieb er in Forschung und Lehre an den Universitäten Halle und Wien weiterhin tätig.[6] Noch im hohen Alter hatte er sich für die Ausweisung der Gipskarstlandschaft des Südharzes und des Kyffhäusergebirges als mögliches Biosphärenreservat eingesetzt.[1] Im Jahre 1994 engagierte er sich für eine wissenschaftliche Begleitung bei der Erschließung von Verkehrs- und Wirtschaftsräumen in den neuen Bundesländern, um noch größere Schäden in unserer Naturlandschaft zu vermeiden.[9] Er starb am 3. Januar 1997 in Halle.[9] Seine letzte Ruhestätte fand er auf dem Friedhof in Halle/Trotha.[17]

Abb. 139: Kurt Wein, Max Militzer, ein Unbekannter und Hermann Meusel (von links nach rechts) um 1962 vor der Wohnung von H. Meusel in der Turmstraße in Halle

Meusel war Mitglied der Akademie der Landwirtschaftswissenschaften der DDR, der Österreichischen Akademie der Wissenschaften und der Akademie der Naturforscher Leopoldina zu Halle [seit 25. März 1969, Matrikel-Nr. 5515, kein cognomen[16]]. Er war von 1943 bis 1995 Mitglied der Thüringischen Botanischen Gesellschaft.[18] Die Biologische Gesellschaft der DDR verlieh ihm die Ehrenmitgliedschaft und die Universität Halle 1974 die Erinnerungsmedaille. Im Jahre 1966 wurde er durch die Verleihung des Nationalpreises der DDR geehrt.[6] Reisen führten ihn u. a. in den Ural, den westlichen Himalaya und die Mittelmeerländer.[15]

Quellen
(1) WESTHUS, W.: Zum Gedenken an Professor Dr. Hermann Meusel. – Landschaftspflege Naturschutz Thüringen 34(1): 30; 1997. – (2) Goller, P., Universitätsarchiv Innsbruck (5.6.2001, briefl. an K.-J. Barthel). – (3) Scheuermann, M., Universität Würzburg (6.6.2001, briefl. an K.-J. Barthel). – (4) Lochner, U., Universitätsarchiv München (31.5.2001, briefl. an K.-J. Barthel). – (5) Hünert, S., Universitätsarchiv Halle (13.7.2001, briefl. an K.-J. Barthel). – (6) SCHUBERT, R.: Hermann Meusel zum 75. Geburtstag. – Flora 176: 5–6; 1985. – (7) BAUER, L.: Prof. Dr. Hermann MEUSEL 65 Jahre alt. – Arch. Naturschutz u. Landschaftsforsch. 15(1): 3–4; 1975. – (8) JÄGER, E. J. & E.-G. MAHN: Hermann Meusel – ein Nachruf. – Hercynia 30: 153–154; 1997. – (9) HENTSCHEL, P.: Zum Gedenken Prof. Dr. Hermann MEUSEL. – Naturschutz Land Sachsen-Anhalt 34(2): 49–50; 1997. – (10) NICKEL, G.: Wilhelm Troll (1897–1978). Eine Biographie. – Deutsche Akademie der Naturforscher Leopoldina Halle (Saale); 1996. – (11) Sammlerkartei des Herbariums der Universität Halle (HAL),

211

geführt von K. Werner. – **(12)** Hünert, S., Universitätsarchiv Halle (28.11.2001, briefl. an K.-J. Barthel). – **(13)** KRUMBIEGEL, A.: Die Mitteldeutsche Heimatsammlung im Herbarium der Martin-Luther-Universität Halle – Umfang, Bedeutung und Anmerkungen zu einigen Sammlern. – Schlechtendalia 7: 35–43; 2001. – **(14)** Krumbiegel, A., Halle (9.1.2002, briefl. an J. Pusch, in Auswertung des Herbars HAL in Vorbereitung einer neuen Flora von Sachsen-Anhalt). – **(15)** FRAHM, J.-P. & J. EGGERS: Lexikon deutschsprachiger Bryologen. – Norderstedt 2001. – **(16)** Lämmel, E., Archiv Leopoldina Halle (30.9. 2002, briefl. an K.-J. Barthel). – **(17)** Meusel, D., Rodach (21.8.2001, briefl. an J. Pusch). – **(18)** Göckeritz, J., Gera (Vorstand Thüring. Bot. Ges.) (26.3.2002, briefl. an J. Pusch). – **(19)** Manitz, H., Herbarium Haussknecht Jena (8.3.2004, briefl. an J. Pusch). – **(20)** HARDTKE, H.-J., F. KLENKE & M. RANFT: Biographien sächsischer Botaniker. – Berichte der Arbeitsgemeinschaft sächsischer Botaniker 19 (Sonderheft): 1–477; 2004.

212

Meyer, Friedrich Karl   1926–

geboren: 29. Dezember 1926 in Freiberg/Sachsen

Beruf, Leistungen auf floristischem Gebiet

Botaniker (insbesondere Bearbeiter der Gattungen *Thlaspi, Acantholimon, Soldanella* und *Malpighia*). In seinen „Beiträgen zur Flora von Thüringen" (1957, mit O. SCHWARZ) und seinen Exkursionsberichten der Thüringischen Botanischen Gesellschaft (1984, 1987, 1988) bringt er eine Vielzahl von Neufunden und Bestätigungen bemerkenswerter Arten aus dem nördlichen Thüringen. Es werden u. a. genannt: *Astragalus exscapus* zwischen Greußen und Nausiß (1957), *Euphorbia palustris, Oenanthe fistulosa* und *Teucrium scordium* am Westrand von Sömmerda (1988), *Glaucium corniculatum* am Totenhügel bei Nausiß (1984), *Marrubium vulgare, Oxytropis pilosa* und *Podospermum laciniatum* an der Weißenburg bei Tunzenhausen (1988), *Monotropa hypophegea* und *Vicia dumetorum* am Possen bei Sondershausen (1987), *Muscari botryodes* bei Rohnstedt sowie *Scor-*

Abb. 140: F. K. Meyer im Jahre 1999

zonera parviflora am Ostrand von Bad Frankenhausen (1957). Meyer ist Verfasser mehrerer Biographien bekannter Botaniker (u. a. von Haussknecht, Schönheit und Rauschert). Er schrieb zahlreiche historische Arbeiten über die Thüringische Botanische Gesellschaft und über das Herbarium Haussknecht in Jena.

Herbarien, wichtige Herbarbelege

Das Herbarium von F. K. Meyer umfasst einige zehntausend Belege (Schwerpunkte Thüringen, Kaukasus, Südosteuropa, Mittelasien, Südalpen) und befindet sich im Herbarium Haussknecht in Jena (JE), deren Leiter und Kustos er über mehrere Jahrzehnte war. Die Vielzahl seiner Auslands-Exkursionen (außer Kuba) ergab allein schon über 23.000 Sammelnummern. Während der sieben bis acht Aufenthalte in Kuba sind mit weiteren beteiligten Kollegen nochmals mehrere tausend Belege zusammengekommen. Die Zahl der Aufsammlungen im ehemaligen Gebiet der DDR (Schwerpunkt Thüringen, aber auch Sachsen-Anhalt und Sachsen) beträgt mindestens noch einmal etwa 10.000 Belege.[5]

Folgende von F. K. Meyer gesammelte Belege aus dem Bearbeitungsgebiet sollen genannt werden: *Ajuga chamaepitys*: Bad Frankenhausen, Galgenberg (JE, 11.6.1950); *Allium sphaerocephalon*: Ochsenburg (JE, 20.8.1978); *Artemisia pontica*: Frankenhausen, Schlachtberg (JE, 4.9.1949); *Artemisia rupestris*: Artern (JE, 17.9.1950); *Centaurium littorale*: Schlachtberg (JE, 4.9.1949); *Epipactis microphylla*: Buchenwald zwischen Kahlem Berg und Schlossberg [bei Seega] (JE, 22.7.1952); *Halimione pedunculata*: Esperstedter Ried (JE, 7.10.1948); *Helianthemum canum*: Göllingen, Kahler Berg (JE, 22.7.1952); *Papaver hybridum*: am Kirchhügel in Herrnschwende (JE, 15.7.1973); *Plantago maritima*: Zechstein-Gipsfels südlich der Numburg (JE, 16.9.1951); *Stipa tirsa*: Badraer Lehde (JE, 5.6.1966); *Suaeda maritima*: Esperstedter Ried (JE, 7.10. 1948).

Wichtige Veröffentlichungen
• „Lebende Fossilien" unter den Nadelhölzern – Urania 17(6): 216–220; 1954. – • Beiträge zur Flora von Thüringen (SCHWARZ, O. & K. MEYER). – Mitt. Thüring. Bot. Ges. 1(4): 181–200; 1957. – • 75 Jahre Thüringische Botanische Gesellschaft. –
Mitt. Thüring. Bot. Ges. 2(1): 5–12; 1960. – • Gesneriaceae als Glieder der Flora des Tertiär in Europa. – Wiss. Zeitschr. Univ. Jena, math.-nat. R. 19(3): 401–411; 1970. – • Conspectus der „Thlaspi"-Arten Europas, Afrikas und Vorderasiens. – Feddes Repert. 84(5/6): 449–470; 1973. – • Kritische Revision der „Thlaspi"-Arten Europas, Afrika und Vorderasiens. I. Geschichte, Morphologie und Chorologie. – Feddes Repert. 90(3): 129–154; 1979. – • 100 Jahre Thüringische Botanische Gesellschaft. – Hausknechtia 1: 3–16; 1984. – • Exkursion in das Helbetal westlich Greußen und an die Steppenhügel bei Herrnschwende, Nausiß und Günstedt östlich Greußen am 15. Mai. – Hausknechtia 1: 52; 1984. – • Otto

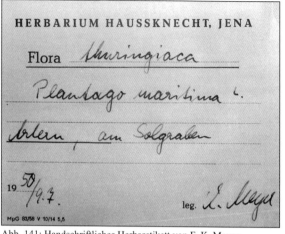

Abb. 141: Handschriftliches Herbaretikett von F. K. Meyer

Schwarz (1900–1983). – Hausknechtia 2: 3–6; 1985. – • Beitrag zur Kenntnis ost- und südosteuropäischer Soldanella-Arten. – Hausknechtia 2: 7–41; 1985. – • Die europäischen Acantholimon-Sippen, ihre Nachbarn und nächsten Verwandten. – Hausknechtia 3: 3–48; 1987. – • Exkursion in die Hainleite um den Possen bei Sondershausen am 4. August. – Hausknechtia 3: 95; 1987. – • Stephan Rauschert (1931–1986). – Hausknechtia 4: 3–5; 1988. – • Exkursion ins Unstruttal zwischen Sömmerda und Bad Tennstedt am 6. Juli 1986. – Hausknechtia 4: 89–90; 1988. – • Carl Haussknecht, ein Leben für die Botanik. – Hausknechtia 5: 5–20; 1990. – • Die Entwicklung der Hausknechtschen Gründungen – Herbarium Haussknecht und Thüringische Botanische Gesellschaft – bis zur Gegenwart. – Hausknechtia 5: 71–78; 1990. – • Friedrich Christian Heinrich Schönheit und die Flora von Thüringen. – Hausknechtia 6: 3–16; 1997. – • Revision der Gattung Malpighia L. (Malpighiaceae). – Berlin, Stuttgart 2000. – • Kritische Revision der „Thlaspi"-Arten Europas, Afrikas und Vorderasiens. Spezieller Teil. I. Thlaspi L. – Hausknechtia 8: 3–42; 2001. – • Kritische Revision der „Thlaspi"-Arten Europas, Afrikas und Vorderasiens. Spezieller Teil. II. Neurotropis (DC.) F. K. MEY. – Hausknechtia 8: 43–58; 2001. – • Kritische Revision der „Thlaspi"-Arten Europas, Afrikas und Vorderasiens. Spezieller Teil. III. Microthlaspi F. K. MEY. – Hausknechtia 9: 3–59; 2003. – • Kritische Revision der „Thlaspi"-Arten Europas, Afrikas und Vorderasiens. Spezieller Teil. IV. Thlaspiceras F. K. MEY. – Hausknechtia 9: 61–113; 2003. – • Kritische Revision der „Thlaspi"- Arten Europas, Afrikas und Vorderasiens. Spezieller Teil. V. Noccidium F. K. MEY. – Hausknechtia 9: 115–124; 2003. – • Kritische Revision der „Thlaspi"-Arten Europas, Afrikas und Vorderasiens. Spezieller Teil. VI. Kotschyella F. K. MEY. – Hausknechtia 9: 125–134; 2003.

Biographie

Friedrich Karl Meyer wurde am 29. Dezember 1926 in Freiberg/Sachsen als Sohn eines Gärtnereibesitzers geboren.[1] Nach der Grundschule in Freiberg (1933 bis 1937) besuchte er zunächst die dortige Oberschule (1937 bis 1941) und danach [da der Vater die Gärtnerei zwangsweise verkaufen musste[4]] die Oberschulen in Mannheim (1941) und Weimar (1942 bis 1944).[2] Nachdem er im Mai 1944 zur Wehrmacht eingezogen worden war, kam er im Januar 1945 zum Fronteinsatz. Als Kriegsgefangener arbeitete er zunächst in Schlesien und in der CSR. Im Oktober 1945 kam er in ein Kriegsgefangenenlager nach Sibirien.[4] Nach

214

seiner Entlassung im Dezember 1947[4] ging er an die Oberschule nach Mühlhausen [hier leitete der Vater die Stadtgärtnerei und weitere gärtnerische Einrichtungen[4]], wo er im Jahre 1949 das Abiturzeugnis erwarb.[1] Von 1949 bis 1955 studierte er an der Universität Jena Biologie und Geologie. Bereits seit 1950 war er als Hilfsassistent am Herbarium Haussknecht (JE) tätig. Am 14. Dezember 1955 schloss er sein Studium mit der Arbeit „Vorarbeiten zu einer Monographie der europäischen Gesneriaceae" (Betreuer O. Schwarz) als Diplom-Biologe ab. Anschließend (1955 bis 1972) wurde er als Wissenschaftlicher Assistent und Wissenschaftlicher Mitarbeiter mit der Führung der Geschäfte des Herbarium Haussknecht beauftragt. Verschiedene botanische Sammelreisen führten ihn in dieser Zeit u. a. in den Kaukasus, nach Bulgarien, Rumänien, Albanien, Mittelasien [Kasachstan, Usbekistan, Tadshikistan[2]], in die Mongolei und nach Kuba.[1] Im Jahre 1960 heiratete er Jutta Reichardt aus Moderwitz.[2] Am 1. September 1972 wurde er zum Kustos des Herbariums Haussknecht ernannt. Mit der Dissertation „Kritische Revision der *Thlaspi*-Arten Europas, Afrikas und Vorderasiens" promovierte er am 20. September 1972 an der Universität Jena (bei O. Schwarz) zum Dr. rer. nat. Am 31. Dezember 1991 endete sein Arbeitsverhältnis mit der Universität Jena. Er unternahm aber weiterhin botanische Sammelreisen, die ihn u. a. in die Alpen, nach Zypern und Kreta führten.[1]

Meyer ist seit 1942 Mitglied des Thüringischen Botanischen Vereins.[2] Im Jahre 1950 wurde er zum Schriftführer und im Jahre 1967 zum Vorsitzenden der Thüringischen Botanischen Gesellschaft gewählt.[4] Letzteres Amt hatte er bis zum 18. November 2.000 inne. Noch am selben Tag wurde er zum Ehrenvorsitzenden gewählt.[3] Er ist weiterhin Mitglied (regular member) der International Association of Plant Taxonomy (IAPT) (seit 1950) und gehörte (bis zum erzwungenen Austritt der DDR-Botaniker im staatlichen Anstellungsverhältnis) der Deutschen Botanischen Gesellschaft, der Bayerischen Botanischen Gesellschaft und der Floristisch-soziologischen Arbeitsgemeinschaft Stolzenau an. Er war auch Mitglied der Biologischen Gesellschaft der DDR.[4]

Quellen
(1) CASPER, J. (Hrsg.): Herbarium Haussknecht, Weimar 1896 – Jena 1996, Geschichte und Gegenwart. Haussknechtia Beiheft 8: 26; 1997. – (2) Meyer, F. K., Jena (16.7.2001, briefl. an J. PUSCH). – (3) HELLWIG, F.: Thüringische Botanische Gesellschaft e. V. Protokoll zur Mitglieder-Versammlung am 18. November 2000 in Jena, Hörsaal Am Planetarium. – (4) Meyer, F. K. (22.8.2001, briefl. an K.-J. Barthel). – (5) Meyer, F. K. (7.7.2002, briefl. an K.-J. Barthel).

Meyer, Georg Friedrich Wilhelm   1782–1856

geboren: 18. April 1782 in Hannover
gestorben: 19. März 1856 in Göttingen

Beruf, Leistungen auf floristischem Gebiet
Forstbeamter, Hochschullehrer, Botaniker. Er verfasste mehrere Floren, darunter die „Chloris Hanoverana"
(1836) und die groß angelegte, nie vollendete „Flora
des Königreichs Hannover" (1842–1854).[2] Die
„Chloris Hanoverana" nennt nach Meyers eigener
Angabe Aussagen zu 2.106 Pflanzenformen, die
Fundortsangaben belaufen sich auf 19.000.[11] Sie
berücksichtigte auch die Flora der damaligen Grafschaft Hohnstein, die zum Königreich Hannover gehörte. Diesem hannoverschen Anteil der Südharzlandschaft ist in der „Chloris" zu wenig Aufmerksamkeit
geschenkt worden, obwohl die Umgebung der Orte
Steigerthal, Ilfeld, Niedersachswerfen u. a. zu den
pflanzenreichsten des ehemaligen Landes Hannover
gehörte. Auch war die Grafschaft Hohnstein bei wei-

Abb. 142: G. F. W. Meyer

tem nicht so ausgedehnt, als man nach der „Chloris" glauben könnte, die viele zu Thüringen
gehörende Orte dazurechnete. Dagegen war Himmelgarten östlich von Nordhausen nicht,
wie auf Seite 334 angegeben ist, preußisch, sondern gehörte zum Königreich Hannover.[3]
IRMISCH (1838) liefert in seinen „Nachträgen zu Meyer's Chloris Hanoverana aus der Grafschaft Hohnstein" ein recht umfangreiches Verzeichnis der von Meyer übergangenen Pflanzen (u. a. *Cuscuta epilinum* bei Steigerthal, *Hippuris vulgaris* an Teichen hinter der Kuckucksmühle bei Himmelgarten, *Hornungia petraea* an den Gipsbergen bei Steigerthal, *Sa-
gittaria sagittifolia* bei Ilfeld und *Spiranthes spiralis* bei Himmelgarten östlich von Nordhausen).[3] Für den Harz können Meyers Fundortsangaben im Allgemeinen als zuverlässig gelten, da sie wohl im Wesentlichen auf E. Hampe und dessen Umfeld zurückgehen. Ungeachtet
dessen war Meyer ein eifriger Geländebotaniker und dürfte selbst zahlreiche Funde beigesteuert haben.[11] Seine „Flora Hanoverana excursoria" (1849) enthält 1.497 Pflanzenarten,
einbezogen sind auch die damaligen Provinzen Brandenburg und Sachsen.[11] Auf Veröffentlichungen Meyers gehen u. a. folgende Funde zurück: *Campanula latifolia* von Sophienhof,
Cephalanthera longifolia vom Mühlberg bei Niedersachswerfen, *Corrigiola litoralis* von
Niedersachswerfen, *Gypsophila fastigiata* von Petersdorf bei Nordhausen, *Torilis arvensis*
von Steigerthal, *Trifolium spadiceum* von Sophienhof und *Vicia dumetorum* von Ilfeld.[4] Der
Meinung, dass die Angaben von Meyer zu wenig zuverlässig seien, begegnet Albert Peter,
Göttingen, mit den Worten: „Ich finde im Gegensatz dazu, dass Meyer viel mehr Vertrauen
verdient, weil ich an so manchem von ihm genannten Fundorte die seither verschollen gewe-
senen Pflanzen wieder aufzufinden vermochte."[4] Meyer beschäftigte sich auch mit Moosen
und Flechten, so fand er *Mnium cinclidioides* auf dem Hohen Meissner als neu für Mitteleuropa.[7]

216

Herbarien, wichtige Herbarbelege
Das Herbar von G. F. W. Meyer (auch Moose und Flechten) befindet sich in Göttingen
(GOET). Es enthält außer den eige-
nen Sammlungen (meist aus dem
Königreich Hannover = Niedersachsen) Belege zahlreicher Zeitgenossen
und auch Teile des Herbars Ehrhart.
Das Herbar wurde 1856 [von GOET]
erworben (ca. 200 Faszikel) und
1880/81 aufgelöst [in das Göttinger
Herbar eingeordnet] und zum großen Teil „direkt beseitigt".[5]

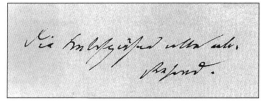

Abb. 143: Handschriftprobe von G. F. W. Meyer

GARVE (1991) nennt z. B. folgende Belege in Göttingen (GOET) aus dem Herbarium
von G. F. W. Meyer: *Asperula arvensis*: Hainberg Göttingen, inter segetes (10.8.1814); *Orchis morio*: bei Göttingen (1808); *Torilis arvensis*: Göttingen, Drakenberg, Stiftsgarten (?);
Trifolium rubens: Kronsberg Hannover-Bemerode (9.7.1808).[9]

Wichtige Veröffentlichungen
• Primitiae Florae Essequeboensis. – Göttigen 1818. – • Die Verheerungen der Innerste im Fürstenthume
Hildesheim nach ihrer Beschaffenheit ihren Wirkungen und ihren Ursachen betrachtet, nebst Vorschlägen zu
ihrer Verminderung und zur Wiederherstellung des versandeten Terrains. – Göttingen 1822. – • Nebenstunden
meiner Beschaeftigungen in Gebiete der Pflanzenkunde. Erster Theil. – Göttingen 1825. – • Chloris Hanoverana. – Göttingen 1836. – • Flora des Königreichs Hannover. – Göttingen 1842–1854. – • Flora Hanoverana
excursoria. – Göttingen 1849.

Biographie
Georg Friedrich Wilhelm Meyer wurde am 18. April 1782 in Hannover geboren. Er studierte
von 1801 bis 1803 an der Universität Göttingen und danach für eineinhalb Jahre in Dillen-
burg Natur- und Forstwissenschaften. Im Jahre 1806 wurde er Berg- und Forstamtsauditor
am hannoverschen Harze und danach Oberförster. 1808 wurde er Forstinspektor im Pader-
bornschen und im Jahre 1813 preußischer Regierungsrat sowie interimistischer Direktor der
Forsten in den Fürstentümern Paderborn, Höxter und Corvey. Nach einer von ihm nachge-
suchten Entlassung setzte er im Jahre 1814 seine naturwissenschaftlichen Studien an der
Universität Göttingen fort. Hier promovierte er am 8. August 1818 zum Dr. phil.[1] [Welche
Arbeit er in Göttingen vorlegte, geht aus der Promotionsakte nicht hervor, vermutlich war es
das Manuskript der im gleichen Jahre erschienenen „Primitiae Florae Essequeboensis".[2]] Im
Jahre 1820 wurde er zum Physiographen (Naturbeschreiber) des Königreichs Hannover er-
nannt.[1)(8)] Meyer hatte selbst vorgeschlagen, den Posten eines Landesphysiographen zu
schaffen und hatte sich auch als Kandidat dafür angeboten.[8] Eine von der Königl. Gesellschaft der Wissenschaften zu Göttingen im Jahre 1820 gestellte ökonomische Preisaufgabe
[Untersuchung der Ursachen des Schadens, den die Innerste (ein Fluss) den angrenzenden
Ländereien auf ihrem Lauf durch das Hildesheimsche zufügt, nebst Vorschlägen zu seiner
Verhütung[1)]] konnte er auf die „ausgezeichneteste Weise" lösen.[1] Von 1832 bis 1856 war er
ordentlicher Professor der Forstwissenschaften in Göttingen.[2] Hier starb er am 19. März
1856.[1)(2)] Nach seinem Tode wurde der Lehrstuhl in Göttingen nicht mehr besetzt.[7]
Meyer wurde im Jahre 1832 zum Hofrat ernannt.[1] Er gehörte der Leopoldina an [seit 28.
November 1820, Matrikel-Nr. 1192, cognomen Brownius I.[6]] und war seit 1843 ordentliches Mitglied der Gesellschaft der Wissenschaften zu Göttingen.[2] Die „Flora des König-

reichs Hannover" sollte nach einer ausführlichen Einleitung Farbtafeln aller Arten im Folioformat enthalten. An den Tafeln wurde nicht gespart, sie gehören zu dem Besten, was in Niedersachsen an naturhistorischen Abbildungen erschienen ist. Aber „die Kosten liefen davon" und schließlich sind nur 30 Tafeln erschienen.[8]

Seine Schrift „Die Verheerungen der Innerste im Fürstenthume Hildesheim" (1822) stellt den Beginn der Umweltforschung dar.[10] Er beschreibt hierin die katastrophalen Auswirkungen der Überschwemmungen der Innerste auf die Landwirtschaft und untersuchte in diesem Zusammenhang die Vegetation des Pochsandes der Harzer Hütten. Nach seinen Ergebnissen gehören zur spontanen Vegetation des Pochsandes *Armeria maritima* subsp. *halleri* und *Minuartia verna*. Er erkannte, dass es sich bei diesen Arten um „Harz-Schwemmlinge" handelt. Entsprechendes wies er für *Cardaminopsis halleri* nach. Meyer untersuchte die Wirkung des Pochsandes auf Kulturpflanzen, wobei insbesondere bei Getreide und Obstbäumen starke Schäden festgestellt wurden. Pochsandzugabe zeigte im Experiment dieselben Pflanzenschäden wie nach Hochwässern der Innerste. Durch chemische Analyse stellte er fest, dass Pochsand bzw. Innersteschlamm stark zinkhaltig waren. Er konnte weiterhin zeigen, dass durch Zusatz von Zinksulfatlösungen dieselben Schäden wie durch Hochflutsedimente ausgelöst wurden.[10]

Meyer untersuchte bereits die Waldschäden in unmittelbarer Umgebung der Harzer Hütten, die er vor allem auf staubförmiges Bleioxyd zurückführte. Dabei stellte er bei Laubbäumen weniger starke Schädigungen fest als bei Fichten. Mit zunehmender Belastung fielen alle weiteren Arten bis auf *Calluna vulgaris, Vaccinium myrtillus* und *Deschampsia flexuosa* aus. Zu allerletzt hielt nur noch *Silene vulgaris* stand.[10]

Quellen

(1) Nachrichten von der G. A. Universität und der Königl. Gesellschaft der Wissenschaften zu Göttingen 1856: 129–130, 282–283; 1856. – (2) WAGENITZ, G.: Göttinger Biologen, 1737–1945. Eine biographisch-bibliographische Liste. – Göttingen 1988. – (3) IRMISCH, T.: Nachträge zu Meyer's Chloris Hanoverana aus der Grafschaft Hohnstein. – Linnaea 12: 38–49; 1838. – (4) PETER, A.: Flora von Südhannover. – Göttingen 1901. – (5) WAGENITZ, G.: Index collectorum principalium herbarii Gottingensis. – Göttingen 1982. – (6) Lämmel, E., Archiv Leopoldina Halle (29.11.2001 und 30.9.2002, briefl. an K.-J. Barthel). – (7) FRAHM, J.-P. & J. EGGERS: Lexikon deutschsprachiger Bryologen. – Norderstedt 2001. – (8) WAGENITZ, G.: Floristik und Geobotanik in Göttingen von Albrecht von Haller bis Heinz Ellenberg. – Tuexenia 23: 41–50; 2003. – (9) GARVE, E.: Herbarbelege der in Niedersachsen verschollenen Gefäßpflanzenarten am Göttinger Universitätsherbarium (GOET). – Braunschw. naturkundl. Schr. 3(4): 877–893; 1991. – (10) BRANDES, D.: Die Entwicklung der Geobotanik in Niedersachsen. – Ber.Reinh.-Tüxen-Ges. 5: 23–46; 1993. – (11) Kison, H.-U., Quedlinburg (2004, briefl. an J. Pusch).

Müller, Hermann   1891–1984

geboren: 21. Februar 1891 in Sondershausen
gestorben: 9. Mai 1984 in Sondershausen

Abb. 144: Hermann Müller

Beruf, Leistungen auf floristischem Gebiet
Lehrer, Heimatforscher, Ornithologe, Botaniker. In
den Jahren kurz nach dem 1. Weltkrieg unternahm er
jeden Sommer mit K. Wein ausgedehnte floristische
Wanderungen in den Harz, in das Kyffhäusergebirge,
in die Hainleite, in die Schmücke sowie Finne und in
die Bleicheröder Berge. Es kamen im Laufe der Jahre
zahlreiche Botaniker [u. a. Ernst Kaiser [5]] zu ihm
nach Badra, um die Seltenheiten der Gips- und Salzflora zu sehen.[1] Auch an der Orchideensuche war er
beteiligt. So fand er u. a. *Corallorrhiza trifida* bei
Sondershausen (in einigen Exemplaren), *Orchis* x
dietrichiana im östlichen Kyffhäusergebirge (1963),
Orchis pallens in der Hainleite bei Sondershausen
(1965 etwa 400 Exemplare) und *Spiranthes spiralis*
auf dem Kuhberg bei Sondershausen (bis 1920).[2] In
einem Zeitungsartikel (1925) nennt er u. a. *Carex*
hordeistichos, Hordeum secalinum, Lemna gibba, Samolus valerandi, Scorzonera parviflora
und *Selinum carvifolia* vom Esperstedter Ried.[7]
Müller beschäftigte sich mit den Biographien bedeutender Sondershäuser Persönlichkeiten.
So verfasste er im Jahre 1931 einen Nachruf zu Günther Lutze, wobei er dessen floristische
Leistungen eingehend würdigte.[3] Ihm ist es wesentlich mit zu verdanken, dass wir noch
heute über den Inhalt eines kleinen Teiles der etwa 420 an T. Irmisch gerichteten Botaniker-
Briefe Bescheid wissen. „Die Sammlung der von 44 Briefpartnern an Irmisch gerichteten
Briefe liegt leider nicht mehr in der Urschrift vor; die Originale sind 1945 bei einem Luftangriff verbrannt. Zum Glück hatte Studienrat K. Engel, Sondershausen, die Briefe seit 1938
abgeschrieben, die Hauptlehrer H. Müller wiederum 1966 in Maschinenschrift übertragen
hat, was offenkundig von beiden mit größter Sorgfalt durchgeführt wurde" (MÜLLEROTT
1980). Später wurden die Müllerschen Abschriften ausgeliehen und nicht mehr zurück gegeben. Auch die Abschriften von K. Engel sind heute nicht mehr aufzufinden. Nur insgesamt
vier der an Irmisch gerichteten Briefe wurden von MÜLLEROTT (1980) abgedruckt.[4]

Herbarien, wichtige Herbarbelege
Es wurde ein kleineres Herbarium für Schulzwecke angelegt, das aber in den Wirren des
Jahres 1945 verloren gegangen ist.[5]

Wichtige Veröffentlichungen
• An alle Freunde der Natur. – Frankenhäuser Zeitung vom 22. August 1925. – • Günther Lutze. – Mitt.
Thüring. Bot. Ver. 40: III–IV; 1931. – • Über die Vegetation der Hainleite. In: Das Naherholungszentrum
„Possen", 2. Auflage. – Sondershausen 1987. – [• Beitrag zur Vogelkunde der Heimat. Die Vögel der Umge-
bung von Badra. – Mitt. des Vereins für deutsche Geschichts- und Altertumskunde Sondershausen 5: 43–52;
1928.]

Biographie
Hermann Müller wurde am 21. Februar 1891 als Sohn eines Bäckermeisters in Sondershausen geboren. Nach der Volksschule in Sondershausen besuchte er bis März 1913 das dortige Lehrerseminar und wurde im Juni 1913 kurzzeitig als Schulamtsanwärter in Ebeleben eingesetzt. Am 1. Oktober 1913 ging er als Lehrer nach Gehren (Kreis Rudolstadt). Im 1. Welt-

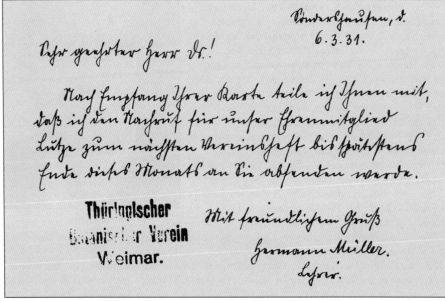

Abb. 145: Handschriftliche Postkarte von Hermann Müller an Paul Michael in Weimar vom 6.3.1931

krieg diente er als Soldat, wobei er mehrmals verwundet wurde. Am 25. Dezember 1916 heiratete er Paula Hirschfeld aus Frankenhausen; aus dieser Ehe gingen eine Tochter und ein Sohn hervor. Seine zweite Lehrerprüfung legte er am 18. November 1918 ab. Am 1. Januar 1919 wurde ihm eine Lehrerstelle an der Volksschule in Badra übertragen. Hier war er bis 1928 im Dienst. In der dörflichen Abgeschiedenheit in Badra hatte er beste Möglichkeiten seinen Interessen und Neigungen nachzugehen. Zahlreiche Anregungen auf ornithologischem Gebiet erhielt er von seinem Schwiegervater Friedrich Hirschfeld, der ehemals Mitglied der „Irmischia" war. Bereits im Jahre 1925 wandte sich Müller in einem Zeitungsartikel gegen die Trockenlegung der Rohrwiesen zwischen Esperstedt und Seehausen. Im April 1928 wurde er Lehrer in Bebra bei Sondershausen (bis März 1931), bis ihm im April 1931 eine Lehrerstelle an der Volksschule in Mehrstedt bei Schlotheim übertragen wurde, die er bis zum April 1945 innehatte. Wie so viele Pädagogen wurde auch er im Jahre 1945 aus dem Schuldienst entlassen. Nach einer zwischenzeitlichen Tätigkeit als Industriearbeiter in Schlotheim konnte er im Jahre 1952 wieder in den Schuldienst zurück (zuerst an die Grundschule Heyerode bei Mühlhausen und danach an die Grundschule in Schlotheim). In Schlotheim war er bis zu seinem 65. Lebensjahr im Dienst. Im August 1957 zog er mit seiner zweiten Frau Frieda, geb. Büchel, wieder nach Sondershausen. Müller starb am 9. Mai 1984 in Sondershausen. Seine letzte Ruhestätte fand er auf dem dortigen Hauptfriedhof.[5]

Müller war seit 1925 Mitglied des Thüringischen Botanischen Vereins.[6] Seit 1920 war er Mitglied des Sondershäuser Vereins für Deutsche Geschichte und Altertumskunde, in dessen Auftrag er Ausgrabungen an vorgeschichtlichen Hügelgräbern auf dem Solberg östlich von Auleben übernahm. In den Jahren seines Ruhestandes schrieb er als damaliger Volkskorrespondent unzählige Beiträge für die Tagespresse, insbesondere auf den Gebieten der Regionalgeschichte, der Botanik und der Geologie. Im Rahmen der von ihm geführten Exkursionen setzte er sich besonders für den Schutz der heimischen Orchideen ein.[5]

Quellen

(1) HIRSCHFELD, K.: Hermann Müller 80 Jahre. Ein Leben für Natur und Heimat. – Landschaftspflege Naturschutz Thüringen 8(1): 38–40; 1971. – (2) HIRSCHFELD, H.: Orchideenverbreitung um Bad Frankenhausen. – Mitt. Arbeitskreis Heimische Orchideen DDR 3: 3–11; 1967. – (3) MÜLLER, H.: Günther Lutze. – Mitt. Thüring. Bot. Ver. 40: III–IV; 1931. – (4) MÜLLEROTT, M.: Thilo Irmisch 1816 – 1879. Ein biobibliographischer Versuch nebst Proben seines wissenschaftlichen Briefwechsels. – Hoppea, Denkschr. Regensb. Bot. Ges. 39: 51–76; 1980. – (5) Müller, H. jun., Sondershausen (4.3.2004, briefl. an K.-J. Barthel). – (6) Verzeichnis der Mitglieder. – Mitt. Thüring. Bot. Ver. 41: III–V; 1933. – (7) MÜLLER, H.: An alle Freunde der Natur. – Frankenhäuser Zeitung vom 22. August 1925.

Oertel, Gustav   1834–1908

geboren: 7. April 1834 in Zeitz
gestorben: 26. Dezember 1908 in Sondershausen

Beruf, Leistungen auf floristischem Gebiet
Lehrer, Botaniker (auch Bryologe und Mykologe). In seinem „Verzeichnis der in Vorder-
und Mittelthüringen beobachteten Cyperaceen" (1881) bringt er eine Vielzahl von Fundorten
aus der Umgebung des Kyffhäusergebirges (u. a. Frankenhausen, Artern und Esperstedt),
aber auch von Naumburg, Eisleben, Jena, Halle und anderen Orten. Seine Moosstudien gip-
felten in seinen „Beiträgen
zur Moosflora der vorderen
Thüringer Mulde" (1882),
in denen er zahlreiche Arten
aus Thüringen und aus der
weiteren Umgebung von
Halle erwähnt. Als Ge-
währsmann der „Moosflora
des Harzes" (LOESKE 1903)
bringt er eine Vielzahl von
bemerkenswerten   Arten,
besonders aus dem Südharz
(Benneckenstein,   Lauterberg, Walkenried, Ilfelder

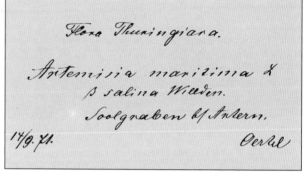

Abb. 146: Handschriftliches Herbaretikett von Gustav Oertel

Tal, Sangerhausen, Alter Stolberg, u. a.), aber auch aus der Umgebung des Brockens und
anderen Örtlichkeiten, sogar aus dem Kyffhäusergebirge. Mit seinen „Beiträgen zur Flora der
Rost- und Brandpilze (Uredineen und Ustilagineen) Thüringens" (1883–1887) nennt er 184
Arten, einschließlich ihrer Wirtspflanzen, darunter (Nr.183) Urocystis Leimbachii nov. spec.,
die er nach G. Leimbach benannte. [U. leimbachii ist eine gute Art, die auch heute uneinge-
schränkt anerkannt wird (auf Adonis aestivalis). Am locus typi (Schlossberg) von K. F. Günther im Jahre 1989 wiedergefunden.[31]] Von Oertel liegt eine große Zahl von Herbarbelegen
aus Nordthüringen vor. Er sammelte als letzter Botaniker im Jahre 1876 Artemisia laciniata
auf salzhaltigen Triften bei Borxleben; der entsprechende Beleg liegt im Herbarium des
Botanischen Institutes der Universität Halle (HAL). Die beiden interessantesten Moosfunde
von Oertel sind Ptychomitrium polyphyllum (Kyffhäuser, an einer Stelle auf Porphyr, 1862)
und Hookeria lucens (im Wolwedatal am Kyffhäuser).[30]
        In seinen wissenschaftlichen Korrespondenzen und Veröffentlichungen zeigen sich
jedoch verschiedene Ungereimtheiten und z. T. auch offensichtliche Fälschungen, die seine
Angaben mitunter zwielichtig erscheinen lassen. Einige davon seien hier aufgezählt:
1. So will er die Hybride Carex diandra x C. paniculata [C. x beckmannii] im Frühjahr 1886
bei Dessau gefunden haben. Die „Dessauer" Exemplare erwiesen sich aber als die des Erst-
finders C. Beckmann aus der Bassumer Flora.[2]
2. Sein Aufsatz „Über Panicum ambiguum GUSS." (1884) ist bis auf einige unwesentliche
Änderungen und Kürzungen wörtlich dem unter gleicher Überschrift in der Oesterreich. Bot.
Zeitschrift 1875, S. 345–348 von Haussknecht veröffentlichten Beitrag entnommen worden.
Seine Angabe, dass er schon vor Haussknecht „das Vergnügen gehabt habe", die fragliche

Pflanze in Thüringen „zu sammeln" ist unkontrolliert. Ob er sie auch vor Haussknecht erkannt hat, darüber lässt er den Leser im Ungewissen.[2]

3. Bei seiner Angabe zu *Carex nitida* HOST. „Südlicher Abhang des Harzrandes auf Kalk bei Stempeda und am Kohnstein. Sehr selten" (OERTEL 1881) dürfte es sich um eine Fälschung handeln.[3]

4. Bei *Carex secalina* WAHLENB. „auf salzhaltigen Wiesen an der Numburg bei Auleben" (OERTEL 1881) handelt es sich um eine Verwechslung mit *Carex hordeistichos*. Im Herbarium der Universität Halle (HAL) existiert ein von Oertel im Jahre 1881 an der Numburg gesammelter Herbarbeleg mit der Aufschrift „*Carex secalina*". Diesen Beleg revidierte Rauschert bereits im Jahre 1966 zu *Carex hordeistichos*.[4]

5. Eine vermeintlich neue Moosart (an Kalkfelsen bei Frankenhausen), die er zu Ehren H. Töpfers *Pleuridium toepferi* nov. spec. nannte,[12][17] erwies sich „in nichts von *Pleuridium alternifolium* verschieden".[17]

Herbarien, wichtige Herbarbelege

Um sein schmales Lehrergehalt aufzubessern, sah sich Oertel gezwungen, Herbarien anzulegen und zu verkaufen. Er verkaufte größere Herbarien nach Leiden, Freising, Berlin[1] und Halle. Letzteres Herbarium, das schätzungsweise einige tausend Belege, vor allem auch aus Mitteldeutschland, umfasst, bildet einen wesentlichen Grundstock der Mitteldeutschen Heimatsammlung des Herbariums der Universität Halle (HAL). So stammen allein aus dem heutigen Sachsen-Anhalt 1.228 Belege von Oertel.[21][23] Leider haftet auf Grund der nachgewiesenen Fundortfälschungen (siehe oben) dem gesamten Herbarmaterial ein Makel der Unzuverlässigkeit an. Auch in der Hauptsammlung der Hallenser Universität (HAL) befindet sich zahlreiches Material von Oertel, so z. B. aus dem Riesengebirge und der Schweiz.[21] Einzelbelege von Oertel findet man in zahlreichen Herbarien Deutschlands und

Abb. 147: Herbarbeleg von G. Oertel (*Apium graveolens*, Artern, 1885)

223

Europas, so sind uns z. B. auch in Görlitz (GLM), Göttingen (GOET), Jena (JE), Luxemburg (LUX, über Herbar Ilse), Münster (MSTR) und Pruhonice bei Prag (PR) sowie im Heimatmuseum von Kölleda Exsikkate von Oertel begegnet. Oertel zählt vermutlich zu denjenigen, die die Flora Mitteldeutschlands im 19. Jahrhundert am gründlichsten besammelt und damit belegt haben. Nicht ganz grundlos wurde er in diesem Zusammenhang, z. B. von Max Schulze, als „übler Pflanzenräuber" bezeichnet.[8]

Folgende von Oertel im Bearbeitungsgebiet gesammelte Belege sollen genannt werden: *Artemisia laciniata*: auf salzhaltigen Triften bei Borxleben (HAL, September 1871 und September 1876); *Artemisia rupestris*: auf salzhaltigen Triften bei Artern (PR, 30.8.1878); *Astragalus exscapus*: Kattenburg bei Frankenhausen (HAL, 3.6.1880); *Bromus commutatus*: auf Äckern bei Frankenhausen (HAL, Juli 1884); *Centunculus minimus*: feuchte Waldtriften bei Gehofen (HAL, August 1871); *Chenopodium murale*: Schutthaufen bei Artern (HAL, September 1882); *Chenopodium opulifolium*: Gottesacker bei Voigtstedt (HAL, August 1871); *Corrigiola litoralis*: an der Zorge bei Nordhausen (HAL, August 1881); *Euphorbia palustris*: auf feuchten Wiesen bei Gehofen (HAL, August 1869); *Helianthemum canum*: auf Kalk bei Frankenhausen (HAL, Mai 1880); *Hymenolobus procumbens*: salzhaltige Triften bei Frankenhausen (JE, 9.6.1878); *Lactuca saligna*: an Dämmen bei Gehofen (HAL, August 1884); *Marrubium vulgare*: bei Roßleben (HAL, Juli 1872); *Oenanthe fistulosa*: Gräben bei Gehofen (HAL, Juli 1870); *Omphalodes scorpioides*: auf felsigem Boden an der Rothenburg (HAL, Juni 1881); *Oxytropis pilosa*: auf Kalkboden bei Bottendorf (HAL, Mai 1879); *Polycnemum arvense*: sandige Äcker bei Roßleben (HAL, Juli 1864); *Ranunculus sardous*: auf Sand der Felder bei Heldrungen (HAL, August 1872); *Torilis arvensis*: Arnsburg bei Frankenhausen (JE, 21.8.1871); *Vaccaria hispanica*: auf kalkigen Äckern bei Gehofen (HAL, Juli 1871); *Ventenata dubia*: auf Triften bei Sondershausen (HAL, 1881); *Viola pumila*: bei Gehofen (HAL, Juni 1869). – Von Oertel befinden sich Briefe an Haussknecht, Bornmüller, Hergt und Torges im Archiv des Herbarium Haussknecht.[29]

Wichtige Veröffentlichungen
• Sitzungsberichte (Bryologisches aus Thüringen). – Irmischia 1(5): 17–18; 1881. – • Verzeichnis der in Vorder- und Mittelthüringen beobachteten Cyperaceen. – Irmischia 1(9): 37–40; 1881. – • *Urocystis Leimbachii* nov. spec. – Irmischia 2(1): 4; 1881. – • Beiträge zur Moosflora der vorderen Thüringer Mulde. – Abh. Thür. Bot. Ver. Irmischia Sondershausen 1/2: 98–154; 1882. – • Beiträge zur Flora der Rost- und Brandpilze (Uredineen und Ustilagineen) Thüringens. – Deutsche Bot. Monatsschr. (1883–1887). – • Über *Panicum ambiguum* GUSSONE. – Irmischia 4(1/2): 3–4; 1884. – • Exkursionsberichte aus dem Riesengebirge. – Irmischia 4(10): 44–45; 1884. – • *Pleuridium Toepferi* nov. spec. – Deutsche Bot. Monatsschr. 2: 3; 1884. – •
Melica picta neu für die Flora von Thüringen. – Zeitschr. Naturwissenschaften Bd. 60 (4. Folge Bd. 6): 324;

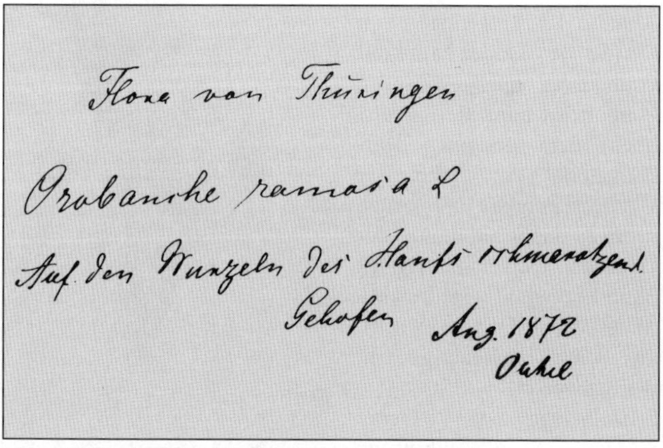

Abb. 148: Handschriftliches Herbaretikett von G. Oertel

1887. – • Bericht über die Herbsthauptversammlung in Erfurt am 2. Oktober 1904 (zwei für die Flora Nordthüringens neu aufgefundene Moose). – Mitt. Thüring. Bot. Ver. <u>20</u>: 87–88; 1904/05. – • *Phoma Kühniana* nov. sp. – Separat-Abdruck aus „Annales Mycologici" (vol. V, Nr. 5, 1907).

Biographie

Karl Gustav Oertel wurde am 7. April 1834 [nicht 1833, wie z. T. falsch angegeben] als Sohn des Lehrers Gottlob Oertel und dessen Ehefrau Sophie Wilhelmine, geb. Reichel, in Zeitz geboren.[1][25] Seinen ersten Unterricht erhielt er an der Bürgerschule in Zeitz. Nachdem sein Vater im Jahre 1841 nach Voigtstedt bei Artern versetzt worden war, besuchte er die dortige Dorfschule. Da er Lehrer werden wollte, wurde er im Jahre 1849 von seinen Eltern auf die Präparandenanstalt nach Eisleben gebracht. Michaelis 1852 bestand er das Aufnahmeexamen für das Königliche Schullehrerseminar in Eisleben, das er nach dreijährigem Unterricht mit der Abgangsnote „gut bestanden" verließ. Schon als Seminarist war er naturwissenschaftlich interessiert. Besonders die Beschäftigung mit der Botanik bereitete ihm „hohen geistigen Genuß".[1] Im Jahre 1856 wurde er nach Kölleda zur Rekrutierung herangezogen, aber „nicht zum Militärdienst für tauglich befunden und zur Armeereserve zurückgeschrieben".[1] Seine erste Anstellung als Lehrer erhielt er in Dietrichsroda bei Naumburg, wo er die dortige Schullehrer- und Organistenstelle zunächst nur provisorisch übernahm. Nach anderthalbjähriger Tätigkeit in Dietrichsroda wurde ihm eine Lehrerstelle an der Arterner Bürgerschule übertragen. Nachdem er die zweite Lehrerprüfung in Eisleben bestanden hatte, wurde er im Januar 1858 in Artern fest angestellt. Nach nur einjährigem Wirken in dieser Stadt erhielt er die Elementarlehrerstelle in Gehofen bei Artern.[1] Am 9. Januar 1859 heiratete er in Gehofen Friederike Ernestine Bohse[25] [auch Bosse[9][26]] [Oertel selbst gibt das Jahr 1860 in seinem handgeschriebenen Lebenslauf als Heiratsjahr an.[1]]; aus dieser Ehe gingen die Tochter Anna (geb. 1859) und der Sohn Karl (geb. 1861) hervor.[25]

Da er infolge des geringen Gehalts seine Familie nur schwerlich ernähren konnte, bewarb er sich wiederholt um eine höher bezahlte Lehrerstelle. Trotz der „günstigsten Zeugnisse des Lokalschulinspektors und Kreisschulaufsehers" war es ihm nicht möglich, eine bessere Stellung als Lehrer zu erlangen. Er versuchte nun durch Anlegen von Herbarien und deren Verkauf seine „pekuniäre Lage" wenigstens etwas zu verbessern. Nachdem er schon einige Herbarien verkaufen konnte, wurde er durch den Verkauf eines solchen mit Prof. Julius Kühn (1825 bis 1910) aus Halle persönlich bekannt, der Oertel das Anerbieten machte, zu ihm an das Landwirtschaftliche Institut nach Halle zu kommen. „Mit Erlaubnis der Hohen Königlichen Regierung" und „schweren Herzens" verließ er das Lehramt in Gehofen und trat Michaelis 1872 seine neue Stellung in Halle an, „um hier die Stelle eines Sekretarius an dem Institute zu verwalten und zugleich die Reinhaltung der verschiedenen Culturgewächse im Sortiment im bot.-ökon. Garten zu überwachen".[1]

Auf der dritten Sitzung der „Irmischia" am 6. Februar 1881 in Sondershausen hielt der nunmehr am Landwirtschaftlichen Institut der Universität Halle zum Kustos Ernannte einen Vortrag über „Bryologisches aus Thüringen".[10] Am 7. Juni 1881 fand er die verschollene *Ruppia maritima* im „Solbache an der Numburg" wieder auf. In dieser Zeit war er mit dem bekannten Sondershäuser Botaniker Günter Lutze befreundet.[11] Einen weiteren Vortrag „Über *Panicum ambiguum* GUSSONE" hielt er auf der Hauptversammlung der „Irmischia" am 1. Dezember 1883 in Sondershausen.[12] Am 2. Juni 1884 fand er auf einer Bergwiese bei Lauterberg am Harz einen Pilz, den Prof. Kühn, Halle, Oertel zu Ehren *Peronospora Oerteliana* nannte.[13] [Name nach wie vor korrekt, Originalpublikation in Hedwigia <u>23</u>: 173; 1884.[31]] Im August 1884 weilte er im Riesengebirge, um die dortige Flora zu studieren.[14]

225

Oertel und August Schulz, Halle, teilten im Oktober 1885 mit, dass sie mit der Abfassung einer „Flora von Thüringen und der angrenzenden Gegenden" beschäftigt seien (diese ist offensichtlich niemals fertiggestellt worden). Gleichzeitig sollte ein „Herbarium Thuringiacum" angelegt werden.[15] Am 20. Juli 1894 wurde Oertel aus Anlass des 200-jährigen Gründungsjubiläums der Universität Halle zum Rechnungsrat ernannt.[24] Im Jahre 1895 war er noch Kustos am Landwirtschaftlichen Institut in Halle.[22] Zum 1. Januar 1903 trat er in den Ruhestand.[18] Auf der Herbst-Hauptversammlung des Thüringischen Botanischen Vereins am 2. Oktober 1904 in Erfurt sprach er über zwei für die Flora Nordthüringens neu aufgefundene Moose: *Plagiothecium ruthei* zwischen Sondershausen-Bebra und Schernberg und *Amblystegium rigescens* am Göldner bei Sondershausen. Er teilte weiterhin mit, dass ein von ihm auf *Coronilla coronata* erstmals gefundener Pilz von SACCARDO (1894) als *Sphaerella Oerteliana* [korrekter Name: *Mycosphaerella oerteliana* (SACC.) TOMILIN[31]] benannt worden sei.[27] Oertel wohnte um 1905 bereits in Sondershausen.[5] Hier lebte er zuletzt als Rechnungsrat a. D.[9] Er starb am 26. Dezember 1908[16] an einem Krebsleiden[26] in Sondershausen, wo er zuletzt in der Karlstr. 4 (heute Wilhelm-Külz-Str.) wohnte.[9] [Es handelt sich hierbei um die 1897/98 erbaute Villa seines Sohnes, der hier seine Arztpraxis hatte. Oertel war bereits am 18. Dezember 1902, von Halle kommend, hierher gezogen. Die in diesem Grundstück auch heute befindlichen seltenen Bäume haben ihren Ursprung darin, dass die Ehefrau des Sohnes Karl eine der Töchter des Fürstlichen Gartendirektors Max Riese war.[28]] Das Begräbnis fand am 29. Dezember in Sondershausen statt.[26] Seine Frau war schon zwei Jahre (1906) vor ihm gestorben.[9][26]

Gustav Oertel war Mitglied der „Irmischia" (Mitgliedsnummer 19).[19] Seit dem zweiten Vereinsjahr (November 1881) gehörte er zu deren Vorstand.[20] Dem Thüringischen Botanischen Verein gehörte er bereits vor dem Jahre 1891 an.[5] Als Vorsitzender des Entomologischen Vereins zu Halle[6] gab er das „Korrespondenzblatt des Entomologischen Vereins zu Halle" heraus.[7] Im September 1902 wurde ihm der Rote Adler Orden 4. Klasse verliehen.[24]

Quellen

(1) Hünert, S., Universitätsarchiv Halle – Kopie des Lebenslaufes aus der Personalakte Gustav Oertel (PA 12109) (28.11.2001, briefl. an K.-J. Barthel). – (2) BECKMANN, C.: Ein von Herrn G. Oertel angeblich bei Dessau beobachteter *Carex*-Bastard. – Verh. Bot. Ver. Provinz Brandenburg 30: 76–78; 1889. – (3) WEIN, K.: Über das angebliche Vorkommen der *Carex nitida* HOST am südlichen Harzrande. – Allgm. Bot. Zeitung 19: 72–73; 1913. – (4) BARTHEL, K.-J. & J. PUSCH: Flora des Kyffhäusergebirges und der näheren Umgebung. – Jena 1999. – (5) Mitgliederverzeichnis. – Mitt. Thüring. Bot. Ver. 20: IV–VI; 1904/05. – (6) Herbsthauptversammlung der Irmischia und des entomologischen Vereins zu Halle am 12. und 13. Dezember 1885 in Sondershausen. – Irmischia 5(11): 88; 1885. – (7) Werner, A., Universitäts- und Landesbibliothek Sachsen-Anhalt (24.9.2001, briefl. an K.-J. Barthel). – (8) Sammlerkartei des Herbariums der Universität Halle (HAL), geführt von K. Werner. – (9) Bohn, G., Standesamt Sondershausen (26.11.2001, telef. mit J. Pusch). – (10) Sitzungsberichte (Bryologisches aus Thüringen). – Irmischia 1(5): 17–18; 1881. – (11) LUTZE, G.: Ueber Veränderungen in der Flora von Sondershausen, bezw. Nordthüringen. – Programm Fürstl. Realschule Sondershausen, Nr. 636, 1882. – (12) Herbst-Hauptversammlung der „Irmischia". – Irmischia 4(3/4): 10–13; 1884. – (13) Auszeichnung. – Irmischia 4(10): 42; 1884. – (14) Exkursionsberichte aus dem Riesengebirge. – Irmischia 4(10): 44–45; 1884. – (15) Amtliche Bekanntmachungen. – Irmischia 5(10): 73; 1885 bzw. – Irmischia 5(10): 80; 1885. – (16) Bericht über die Frühjahrshauptversammlung in Nordhausen am 5./6. Juni 1909. – Mitt. Thüring. Bot. Ver. 27: 35; 1910. – (17) SCHULZ, A.: Die floristische Litteratur für Nordthüringen, den Harz und den provinzsächsischen wie anhaltischen Teil der norddeutschen Tiefebene. – Halle 1888. – (18) Hünert, S., Universitätsarchiv Halle (28.11.2001, briefl. an K.-J. Barthel). – (19) Mitglieder-Verzeichnis. – Irmischia 1(1): 3–4; 1881. – (20) Geschäftliche Mitteilungen. – Irmischia 2(1): 12; 1881. – (21) KRUMBIEGEL, A.: Die Mitteldeutsche Heimatsammlung im Herbarium der Martin-Luther-Universität Halle – Umfang,

Bedeutung und Anmerkungen zu einigen Sammlern. – Schlechtendalia: 7 35–43; 2001. – **(22)** Verzeichnis der Mitglieder (Sommer 1895). – Mitt. Thüring. Bot. Ver. 8: I–IV; 1895. – **(23)** Krumbiegel, A., Halle (9.1.2002, briefl. an J. Pusch, in Auswertung des Herbars HAL in Vorbereitung einer neuen Flora von Sachsen-Anhalt). – **(24)** Haasenbruch, R., Universitätsarchiv Halle (14.1.2002, briefl. an J. Pusch). – **(25)** Kopien der Evangelischen Regionalgemeinde Roßleben/Wiehe (21.8.2002, briefl. an J. Pusch). – **(26)** Sterbebuch (ST 1895–1911) im Pfarramt I Sondershausen. – **(27)** Bericht über die Herbst-Hauptversammlung in Erfurt am 2. Oktober 1904. – Mitt. Thüring. Bot. Ver. 20: 87–88; 1904/05. – **(28)** Stadtverwaltung Sondershausen, Koordinationsbeauftragter 2. Thür. Landesausstellung 2004 (11.12.2002, briefl. an J. Pusch). – **(29)** Manitz, H., Herbarium Haussknecht Jena (8.3.2004, briefl. an J. Pusch). – **(30)** Meinunger, L., Ludwigsstadt-Ebersdorf (17.12.2002, briefl. an J. Pusch und K.-J. Barthel). – **(31)** Hirsch, G., Jena (am 20.11.2004 übergeben an J. Pusch).

Oßwald, Louis   1854–1918

geboren: 12. Juni 1854 in Ranis
gestorben: 11. August 1918 in Nordhausen

Beruf, Leistungen auf floristischem Gebiet
Volksschullehrer, Botaniker (auch Moose, Pilze, Flechten und Algen). Gilt als gründlicher Erforscher der Flora des Harzes und des Nordhäuser Raums, der sich u. a. mit den kritischen Gattungen *Euphrasia, Mentha* und *Rosa* beschäftigte. Er veröffentlichte ab 1893 (z. T. mit F. Quelle) zahlreiche Erstfunde aus dem Raum Nordhausen, aus dem Südharzgebiet und der Hainleite, seltener aus dem Kyffhäusergebirge. So fand er u. a. *Carlina acaulis* bei Bleicherode, *Crepis praemorsa* an den Gipsbergen bei Questenberg, *Drosera rotundifolia* bei Mackenrode, *Hypochoeris maculata* und *Sisymbrium strictissimum* am Himmelberg bei Woffleben sowie *Vicia dumetorum* an der Wöbelsburg. Im Juni 1908 entdeckte Oßwald am Kohnstein nordwestlich von Nordhausen einen zweiten Fundort der Spieß-Weide (*Salix hastata*) in Thüringen.[10] Er ist Gewährsmann der „Flora von Nord-Thüringen" (LUTZE 1892) und der „Flora von Südhannover" (PETER 1901). Mit einer Arbeit über das Leben Wallroths trat er auch als Geschichtsschreiber der Botanik hervor. Die Herausgabe einer neuen „Flora des Harzes", mit der er seit längerem beschäftigt war,[10] konnte er nicht mehr verwirklichen. „Was er [Oßwald] in Bezug auf die Erforschung der Flechten unserer Heimat getan hat, das hat Flora mit goldenen Lettern in ihr Geschichtsbuch eingetragen, das kann, darf und wird ihm die Wissenschaft nicht vergessen. In welcher sorgfältigen Weise er Flechten beobachtet und gesammelt hat, das hat der berühmte Flechtenkenner Max Britzelmayr rückhaltlos anerkannt."[8]

Herbarien, wichtige Herbarbelege
Das hinterlassene Herbarium (vor allem Belege aus dem Harz und Nordthüringen) verbrannte im Frühjahr 1945 während der Bombenangriffe auf Nordhausen.[2][18]
     Es liegen aber von Oßwald gesammelte Einzelbelege in den Herbarien der Universitäten Göttingen (GOET), Hamburg (HBG), Jena (JE) und München (M) sowie des Museums für Naturkunde und Vorgeschichte Münster (MSTR), so z. B. von *Atriplex tatarica*: Schuttplätze bei Nordhausen (M, 15.9.1894); *Centaurium littorale*: salzhaltige Triften bei Borxleben (MSTR, 20.7.1903); *Chenopodium murale*: Straßen in Heringen (JE, 8.10.1895); *Erysimum repandum*: Nordhausen, Schutthaufen an der Zorge (JE; 6.7.1892); *Galium parisiense*:

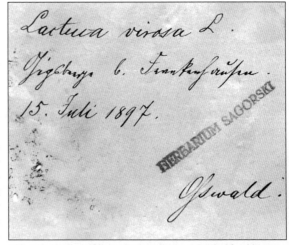

Abb. 149: Handschriftliches Herbaretikett von Louis Oßwald

Hanfäcker bei Thaleben (JE, 20.7.1895); *Gentianella amarella*: Mittelberg bei der Numburg (JE, 1.9.1894); *Hymenolobus procumbens*: an der Saline bei Frankenhausen (MSTR, 24.5.1879, ex Herbar Wenzel); *Lactuca virosa*: Gipsberge bei Frankenhausen (JE, 15.7.1897); *Leonurus villosa* DESF. (Kleinart von *L. cardiaca*): Berga bei Nordhausen (JE, 20.9.1893); *Lepidium perfoliatum*: auf Schutt bei Nordhausen (GOET, 20.6.1892); *Omphalodes scorpioides*: Rothenburg (JE, 11.5.1890); *Pinguicula vulgaris*: Kohnstein bei Nordhausen (M, 15.9.1902); *Tephroseris integrifolia*: Gipsberge bei Frankenhausen (JE, 15.6.1891); *Thalictrum simplex*: Gipsberge bei Steigerthal (JE, 20.7.1897); *Vicia dumetorum*: Wöbelsburg bei Hainrode (GOET, 31.8.1894). – Im Archiv des Herbarium Haussknecht befinden sich von Oßwald 19 handschriftliche Briefe bzw. Karten an J. Bornmüller, 17 an F. Quelle, 14 an C. Haussknecht, 8 an E. Torges, 7 an B. Hergt und 3 an M. Schulze.[21]

Wichtige Veröffentlichungen
• Beiträge zur Flora von Nord-Thüringen. – Mitt. Thüring. Bot. Ver. 3/4: 57–59; 1893. – • Beiträge zur Flora des Harzes und Nordthüringens. – Mitt. Thüring. Bot. Ver. 5: 19–20; 1893. – • Beiträge zur Flora Nordthüringens und des Harzes. – Mitt. Bot. Ver. 7: 23–25; 1895. – • Aus dem Leben Wallroths. – Mitt. Thüring. Bot. Ver. 9: 14–27; 1896. – • Beiträge zur Flora des Harzes und Nordthüringens (OßWALD, L. & F. QUELLE). – Mitt. Thüring. Bot. Ver. 9: 29–31; 1896. – • Zur Rosenflora des Harzes. – Mitt. Thüring. Bot. Ver. 15: 37–40; 1900. – • Die Gattung *Euphrasia* im Harze und den angrenzenden Gebieten. – Mitt. Thüring. Bot. Ver. 17: 18–21; 1902. – • Bericht über die Hauptversammlung in Heiligenstadt am 25. und 26. Mai 1904 (über Gattung *Festuca* am Südharze). – Mitt. Thüring. Bot. Ver. 19: 130–132; 1904. – • Beiträge zu einer Flechtenflora des Harzes und Nordthüringens (OßWALD, L. & F. QUELLE). – Mitt. Thüring. Bot. Ver. 22: 8–25; 1907. – • *Hieracium aurantiacum* L. im Harz. – Mitt. Thüring. Bot. Ver. 23: 30–33; 1908. – • Beobachtungen über Saison-Dimorphismus in der Flora des Harzes. – Mitt. Thüring. Bot. Ver. 25: 40–49; 1909. – • Bericht über die Frühjahrs-Hauptversammlung in Nordhausen am 5./6. Juni 1909 (u. a. über *Salix hastata* am Kohnstein und *Sisymbrium strictissimum* bei Woffleben). – Mitt. Thüring. Bot. Ver. 27: 30–31; 1910. – • Über Formen der Gattung *Mentha* in dem Thüringisch-Hercynischen Florengebiet (SAGORSKI, E. & L. OßWALD). – Mitt. Thüring. Bot. Ver. 26: 1–83; 1910. – • Das Windehäuser Holz und der Alte Stolberg. – 4./5. Jahresber. Niedersächs. Bot. Abb. 150: Herbarbeleg von L. Oßwald (*Chenopodium murale*)

229

Ver.: 42–64; 1912. – • Bericht über die Herbst-Hauptversammlung in Frankenhausen am 6. und 7. Oktober 1912 (über die Flora von Sylt). – Mitt. Thüring. Bot. Ver. <u>30</u>: 128–129; 1913.

Biographie

Die Geburtseintragung von Louis Oßwald findet man im Geburten- und Taufbuch Ranis des Jahres 1854 unter der Nummer 30 (S. 446/447). Danach wurde Louis Heinrich Wilhelm Oßwald am 12. Juni 1854 in Ranis geboren und am 2. Juli durch Pastor Grebner getauft. Seine Eltern waren der Webermeister Johann Christian Hermann Theodor Oßwald (geb. 1826 in Ranis) und Johanna Friedericke Elisabeth, geb. Hofmann, aus Ehrenstein. Zwei vor ihm geborene Geschwister waren bereits als Kleinkinder gestorben.[1] Die Familie zog im Jahre 1861 von Ranis nach Rudolstadt, wo der Vater als Strohhutfabrikant beschäftigt war. Hier verlebte Oßwald seine weitere Kindheit und besuchte in den Jahren 1866 bis 1869 nachweislich das hiesige Gymnasium.[8][17] An den botanischen Ausflügen seiner Lehrer (u. a. mit Julius Speerschneider, der im Jahre 1883 einen Beitrag zur Flora des mittleren Saaletalgebietes herausgab) nahm er freiwillig teil. Zahlreiche größere und kleinere Exkursionen führten ihn in das Saaletal und in die Vorberge des Thüringer Waldes. Seine weitere Schulbildung erhielt er am Gymnasium in Mühlhausen.[8] [Hier konnte sein Aufenthalt von Ostern 1869 bis Ostern 1870 nachgewiesen werden.[19]]. Warum Oßwald frühzeitig das Mühlhäuser Gymnasium verließ, konnte bisher nicht geklärt werden. Möglicherweise musste er die Eltern beim Unterhalt der kinderreichen Familie (drei weitere Geschwister) unterstützen, hatte doch der Vater bereits im Jahre 1867 das Strohflechtergewerbe in Rudolstadt abgemeldet.[17] Zum Volksschullehrer bildete er sich als Autodidakt aus und legte seine Prüfungen am Seminar in Erfurt ab. Seine erste Lehrerstelle erhielt Oßwald in Münchenlohra, anschließend war er in Wolkramshausen tätig. Sein Schwiegervater war Lehrer in Stempeda. Hier lernte er die Flora des „Alten Stolbergs" kennen. Auch die Flora des nahen Harzes begeisterte ihn, so dass er sich nach seiner Übersiedlung nach Nordhausen (1886)[8] [hier wurde er Lehrer an der Nordhäuser Mädchenschule (= Volksschule), die 1888 insgesamt 19 Klassen hatte[15]] fortan mit ihr beschäftigte. So unternahm er mit F. Quelle, dessen Förderer er war, mehrfach größere Exkursionen in das gesamte Harzgebiet und trat mit zahlreichen Harzfloristen (u. a. mit W. Becker in Wettelrode, mit L. Scheffler in Blankenburg und mit A. Zobel in Dessau) in Verbindung. Sehr oft botanisierte er mit F. Kappel aus Artern, mit dem er befreundet war. Er besuchte alle Gebiete Thüringens, die Lüneburger Heide, die Insel Sylt, Böhmen, Tirol und die Schweiz.[8] In den Jahren 1890 und 1891 hielt er im Nordhäuser Männerbildungsverein zwei Vorträge, darunter einen am 24. März 1890 über die Pflanze im Vergleich zum Tier.[20] Ende Juni 1906 besuchte er mit einigen Mitgliedern des Nordhäuser Naturwissenschaftlichen Vereins ein wildwachsendes Vorkommen von *Hieracium aurantiacum* auf einer Wiese bei Hohegeiß im Harz.[6] Auf der Frühjahrs-Hauptversammlung des Thüringischen Botanischen Vereins am 6. Juni 1909 in Nordhausen sprach er über *Salix hastata* am Kohnstein bei Nordhausen und über *Sisymbrium strictissimum* am Himmelberg bei Woffleben.[10] Am 28. Mai 1911 führte Oßwald eine Exkursion des Niedersächsischen Botanischen Vereins in das Windehäuser Holz und den Alten Stolberg;[9] schon vorher (am 5. Juni 1909) hatte er mit den Mitgliedern des Thüringischen Botanischen Vereins eine Exkursion dorthin unternommen.[10] Auf der Herbst-Hauptversammlung des Thüringischen Botanischen Vereins am 6. Oktober 1912 in Frankenhausen sprach er über die Flora von Sylt.[14] In den letzten Lebensjahren beschäftigte er sich mit dem Plankton der Nordhäuser Talsperre. Die schwierige Ernährungslage in den Jahren des 1. Weltkrieges veranlasste ihn, sich näher mit den „Wildgemüsen" zu beschäftigen und Kenntnisse darüber im Volke zu fördern.[8] Bis zu seinem Tode war er an den Volksschulen der Stadt Nordhausen tätig.[2] In dieser Stadt lebte er zuletzt in der Löbnitzstraße 12.[11] Die angespannte Tätigkeit im Lehrerberuf während der letzten Kriegsjahre und wohl auch gesundheitliche Probleme ließen ihm für wissenschaftliche Arbeiten wenig freie Zeit.[2] Er starb am 11. August 1918 in Nordhausen [nicht am 12. August, wie bei **(2)** angegeben] nach schwerer Krankheit.[7] Die Beerdigung fand am 15. August durch Pfarrer Horn auf dem Zentralfriedhof in Nordhausen statt.[7][16] Seine Witwe Margarete Oßwald, geb. Unrein, wohnte im Jahre 1919 noch in der Löbnitzstraße 12.[12]

Oßwald war langjähriges Vorstandsmitglied des Naturwissenschaftlichen Vereins zu Nordhausen[5] und seit September 1891 Mitglied des Thüringischen Botanischen Vereins.[3] Wein benannte im Jahre 1909 *Festuca osswaldii* K. Wein[22], im Jahre 1911 *Papaver osswaldii* K. Wein und im Jahre 1912 *Rumex osswaldii* K. Wein (= *Rumex aquaticus* x *R. sanguineus*) nach Oßwald.[13][23]

In einem Nachruf des Lehrerkollegiums und der Schülerinnen der Mädchen-Volksschule I[4] heißt es: „Mit ihm ist ein lieber Mensch aus unserer Mitte geschieden, den wir als begeisterten, schaffensfreudigen Amtsgenossen und aufrichtigen Freund gleich hochschätzten und verehrten. Sein einfaches, schlichtes Wesen, sein durch und durch lauterer Charakter und sein tiefes, gemütvolles Erfassen des Lebens in Wiese, Wald und Feld sichern ihm auch über das Grab hinaus unsere Hochachtung und Liebe. Er war ein treuer Lehrer und Erzieher und dabei seinen Schülerinnen stets ein väterlicher Freund, dem sie mit seltener Anhänglichkeit und Verehrung zugetan waren, so daß sie ihn nie vergessen werden." In einem weiteren Nachruf des Naturwissenschaftlichen Vereins zu Nordhausen[5] lesen wir: „In seinem Sonderfach, der Botanik, hat der Heimgegangene, ausgehend zunächst von dem engeren Kreis der heimischen Phanerogamenflora in unermüdlichem Sammeleifer seine Kenntnisse Schritt um Schritt erweitert, hatte sich erfolgreich auch in die schwierigeren Formen der Kryptogamen eingearbeitet und in den letzten Jahren mit den Kleinlebewesen der Süßwässer, insbesondere auch der unserer Talsperre sich vertraut gemacht. Mit der Erweiterung der morphologisch-systematischen Kenntnisse wuchs zugleich sein Interesse für pflanzengeographische und biologische Erscheinungen. Die Freude an der eigenen Erkenntnis verstand er in der ihm eigenen gemütvollen Art auch auf seine Hörer zu übertragen, und gern und willig hat der Entschlafene sein lebendiges Wissen in den Dienst unseres Vereins, weiterhin aber auch der Allgemeinheit zur Verfügung gestellt und dadurch in weiteren Kreisen belehrend und anregend gewirkt."

Mit dem Archiv und der wertvollen Bibliothek des Naturwissenschaftlichen Vereins verbrannte auch der aufbewahrte botanische Nachlass von Oßwald (Herbarium, gesammeltes Material für eine neue Flora des Harzes, fertiggestelltes Manuskript über das Phytoplankton der Nordhäuser Talsperre) im April 1945 während der Bombenangriffe auf Nordhausen.[2]

Quellen
(1) Hagert, D., Sup. i. R., Ev.-Luth. Pfarramt Ranis (15.8.2000, briefl. an K.-J. Barthel). – **(2)** Kellner, K.: Die floristische Erforschung der Südharzlandschaft um Nordhausen, 3. Teil. – Beitr. Heimatk. Stadt Kreis Nordhausen 5: 23–43; 1980. – **(3)** Hauptversammlung in Mitt. Thüring. Bot. Ver. 2: 2; 1892. – **(4)** Nachruf der Mädchen-Volksschule I. – Nordhäuser Zeitung und Generalanzeiger vom 13. August 1918, S. 4. – **(5)** Nachruf des Naturwissenschaftlichen Vereins. – Nordhäuser Zeitung und Generalanzeiger vom 13. August 1918, S. 4. – **(6)** Oßwald, L.: *Hieracium aurantiacum* L. im Harz. – Mitt. Thüring. Bot. Ver. 23: 30–33; 1908. – **(7)** Todesanzeige Louis Oßwald. – Nordhäuser Zeitung und Generalanzeiger vom 12. August 1918, S. 3. – **(8)** Wein, K.: Louis Oßwald. – Nordhäuser Generalanzeiger (Tägliche Beilage der Nordhäuser Zeitung) vom 17. August 1918, S. 1–2. – **(9)** Oßwald, L.: Das Windehäuser Holz und der Alte Stolberg – 4./5. Jahresber. Niedersächs. Bot. Ver.: 42–64; 1912. – **(10)** Bericht über die Frühjahrshauptversammlung in Nordhausen

am 5. und 6. Juni 1909. – Mitt. Thüring. Bot. Ver. 27: 25–37; 1910. – **(11)** Adreßbuch der Stadt Nordhausen für das Jahr 1914. – **(12)** Adreßbuch der Stadt Nordhausen für das Jahr 1919. – **(13)** ECKARDT, Th.: Ein Leben für die Geschichte der Botanik. – Ber. Bayer. Bot. Ges. 30: 9–15; 1954. – **(14)** Bericht über die Herbst-Hauptversammlung in Frankenhausen am 6. und 7. Oktober 1912. – Mitt. Thüring. Bot. Ver. 30: 128–129; 1913. – **(15)** Adreßbuch für die Stadt Nordhausen 1888. – **(16)** Sterbebuch St. Blasii (1893 bis 1931) zu Nordhausen. – **(17)** Krohn, M.-L., Leiterin Stadtarchiv Rudolstadt (13.3.2003, briefl. an K.-J. Barthel). – **(18)** WAGENITZ, G.: Index collectorum principalium herbarii Gottingensis. – Göttingen 1982. – **(19)** Kaiser, B., Stadtarchivarin in Mühlhausen (18.3.2003, briefl. an K.-J. Barthel). – **(20)** Festschrift zum 50jährigen Stiftungs-Feste des Bildungs-Vereins zu Nordhausen 1913. – **(21)** Manitz, H., Herbarium Haussknecht Jena (8.3.2004, briefl. an J. Pusch). – **(22)** Repert. Spec. Nov. Regni Veg. 7: 18; 1909. – **(23)** RAUSCHERT, S.: In memoriam K. Wein. – Hercynia 9(2): 166–178; 1972.

Oswald, Johannes   1557–1617

geboren: 1557 in Nordhausen
gestorben: 20. April 1617 in Nordhausen

Beruf, Leistungen auf floristischem Gebiet
Arzt, Botaniker. In BAUHINs „Phytopinax" (1596) befindet sich auf Seite 11 ein Verzeichnis: „A quibus plantae vel semina communicata", in dem die Namen derjenigen angegeben werden, die an Caspar Bauhin Pflanzen geliefert haben.[2] Unter ihnen befindet sich auch „Jo. Osvvaldus Nordhusanus D." Hier ist auch eine Pflanze, von Oswald geliefert, auf S. 667 aufgeführt worden: „LIV. Trifolium Italicum folliculis rotundis. Melilotus Italica Camer. Hort. pac. 99 icone 29. Hoc primum Northuso a Doctore Johanne Osvvaldo Loti vesicariae nomine accepimus: postmodum in multis hortis vidimus".[2] Carl **Riemenschneider**, Nordhausen, vermutete, dass sich vielleicht Briefe von Oswald an Bauhin in der Universitätsbibliothek zu Basel befinden könnten. Eine Durchsicht der dortigen Briefsammlung brachte drei Originalbriefe Oswalds zutage. Der erste ist am 18. Juni (1589 ?), der zweite am 31. März 1590 und der dritte am 23. August 1590 geschrieben worden.[2][3] Für die Geschichte der heimischen Floristik ist der Brief vom 31. März 1590 von Bedeutung, denn er gibt Auskunft über 17 Pflanzenarten, die Bauhin von Oswald erhalten hatte.[2][3] Außer einer Reihe von Gartenpflanzen (u. a. *Melilotus italicus*, die Oswald *Lotus vesicaria* nannte) lagen dieser Sendung sechs Salzpflanzen bei, die „auf einem Felde in der Nähe der Frankenhausen genannten Stadt, in der Salinen sind" aufgefunden worden waren. Dabei handelte es sich nach K. Wein um folgende Arten: *Artemisia laciniata* (?), *Artemisia maritima, Glaux maritima, Salicornia europaea, Spergularia media* (oder *Spergularia salina*) und *Suaeda maritima*.[3] Des Weiteren wurde *Ajuga chamaepitys* von einem Felde, eine halbe Meile von Nordhausen entfernt, aufgeführt.[3] Ob sich Oswald „eingehender mit der heimischen Flora beschäftigt hat",[2] ist zweifelhaft. Er hat zwar botanische Exkursionen durchgeführt (ob bis Frankenhausen ?) und aus damaliger Sicht seltene Pflanzen in seinem Garten kultiviert, doch nennt er sich selbst im Brief vom 31. März 1590 als „des Pflanzenwesens nicht hervorragend kundig". Auch war es ihm „wegen gewisser Geschäfte nur ganz selten vergönnt, Ausflüge behufs Suchens von Pflanzen zu machen".[3] Die Hauptbedeutung von Oswald dürfte wohl darin liegen, dass durch ihn eine Brücke zwischen dem im Vergleich zu ihm in botanischer Beziehung weit bedeutenderen Johann Ludwig Fürer und Caspar Bauhin geschlagen worden ist.[1][3]

Herbarien, wichtige Herbarbelege
Über ein eigenes Herbarium von J. Oswald ist uns nichts bekannt, ebenso konnten wir in keinem der von uns untersuchten Herbarien Belege von ihm auffinden. Dass Oswald Pflanzen gesammelt hat, ist erwiesen, da er zumindest einige ihm unbekannte Arten an Caspar Bauhin nach Basel sandte.[3] Über den Verbleib dieser Pflanzen liegen uns bisher keine Informationen vor, möglicherweise sind sie in die Sammlungen von C. Bauhin, die sich in Basel (BAS) befinden, mit aufgenommen worden. Das von Oswald an Bauhin „übermittelte Stück" von *Melilotus italicus* ist in dessen Herbar nicht mehr vorhanden.[3]

Wichtige Veröffentlichungen
Uns sind keine botanischen Veröffentlichungen von Oswald bekannt.

Biographie

Johannes Oswald wurde im Jahre 1557 als Sohn des Wollenwebers und späteren Bürgermeisters Martin Oswald (gest. 1609) in Nordhausen geboren. Nach dem Besuch des Gymnasiums seiner Heimatstadt wurde er 1580 Schüler an der Klosterschule zu Ilfeld unter Michael Neander. Im Sommer 1582 nahm er ein Studium an der Universität Leipzig auf.[3] Im Mai 1587 wurde er an der Universität Basel immatrikuliert, wo er am 4. März 1589 unter dem Dekanat von Heinrich Pantaleon zum Dr. med. promovierte.[2)(3] Bauhin erteilte den Studenten bei ihrem Abgange von der Universität den Auftrag Pflanzen zu sammeln und ihm zu übersenden.[3] Bereits im Juni 1589 war Oswald wieder in Nordhausen, wo er als Arzt praktizierte. Im Herbst 1590 heiratete er Katharina Pauland, eine Tochter des Nordhäuser Bürgermeisters Andreas Pauland. Am 10. März 1601 übernahm Oswald das Amt des Rektors am Gymnasium seiner Vaterstadt; er dankte jedoch bald ab (1602), „weil ihm der Schulstaub nicht schmecken wollte". Später (1612 oder 1615) wurde ihm das Stadtphysikat übertragen, das er bis zu seinem Tode am 20. April 1617 innehatte.[3] Die Beisetzung erfolgte in der im Jahre 1945 total zerstörten Nordhäuser Nikolaikirche.[1)(3] Seine Frau überlebte ihn und wird urkundlich noch 1626 genannt.[3]

Carl Riemenschneider referierte auf der Frühjahrsversammlung des Thüringischen Botanischen Vereins am 25. Mai 1915 in Weimar über die Nordhäuser Botaniker Johannes Oswald und Johann Ludwig Fürer. Das Material für diese Ausführungen hatte er in Basel gesammelt, wo er das Herbarium Caspar Bauhins und die Universitätsbibliothek durchforschte.[2] Unter Benutzung der von Riemenschnei-der hinterlassenen Aufzeichnungen verfasste K. Wein seine Arbeit „Johannes Oswald und Johann Ludwig Fürer, zwei Nordhäuser Botaniker des 16. und 17. Jahrhunderts" (1927).[3] Überhaupt war Riemenschneider naturwissen-schaftlich und heimatkundlich sehr

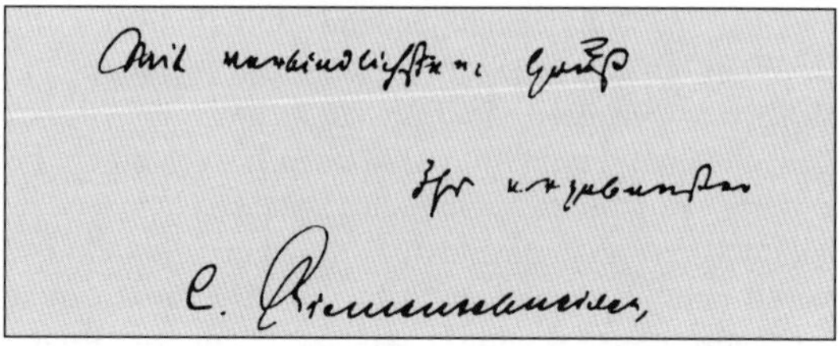

Abb. 151: Handschriftliches Briefende von C. Riemenschneider

interessiert. Er schrieb bereits im Jahre 1880 einen Beitrag zur Molluskenfauna des Harzes, in dem er 6 Nacktschnecken, 53 Landschnecken, 19 Süßwasserschnecken und 6 Muscheln aufzählt. Zum 75. Jahrestag der Gründung des Realgymnasiums zu Nordhausen verfasste er eine Festschrift, die alle Lehrer und ab 1885 alle Absolventen der Anstalt aufführt.[5] Die naturwissenschaftliche Abteilung des Städtischen Museums zu Nordhausen verdankte ihm zu wesentlichen Teilen ihre Entstehung.[4] Diesem Museum vermachte er auch seine wertvolle Sammlung von Muscheln und Schneckengehäusen aus aller Welt.[5] Er kannte ein Vorkommen der Eibe im Südharzgebiet (Trogstein bei Walkenried).[6] Carl Riemenschneider wurde am 17. September 1858 in Nordhausen geboren. Nach dem Besuch der Nordhäuser Realschule kam er Ostern 1874 zum Bürodienst der Eisenbahn, aus dem er am 1. Januar 1917 als Königl. Rechnungsrat ausschied.[5)(11] Er war mit A. Petry befreundet, mit dem er oft exkursierte.[5] Im Jahre 1914 wohnte er in Nordhausen, Schüt-zenstr. 22.[9] Am 23. Februar 1917 hielt er einen Vortrag „Zum Ausbau des Städtischen Mu-seums in heimatkundlicher Beziehung"[10] und am 22. Februar 1918 über „Die Universität Wittenberg und die auf ihr studierenden Nordhäuser im 16. Jahrhundert" im Geschichts- und Altertumsverein zu Nordhausen.[11] Riemenschneider war verheiratet und hatte eine Tochter.[4] Er starb am 8. Mai 1918 in Nordhausen [4] [nicht am 9. Mai, wie bei (5) angegeben] Die Beerdigung fand am 11. Mai in Nordhausen statt.[4]

Riemenschneider war Mitglied der „Irmischia" (Mitgliedsnummer 68)[7], des Thüringischen Botanischen Vereins (seit Juni 1909)[8], des Naturwissenschaftlichen Vereins zu Nordhausen (seit 1876), des Nordhäuser Geschichts- und Altertumsvereins sowie des Nordhäuser Kunst- und Gewerbevereins. Er war weiterhin Vorstandsmitglied des Nationalliberalen Vereins zu Nordhausen und Mitglied der Stadtverordnetenversammlung.[4] In einem Nachruf des Naturwissenschaftlichen Vereins zu Nordhausen[4] heißt es: „Sein Name und seine Tätigkeit sind mit der Geschichte und der Entwicklung unseres Vereins aufs Innigste verknüpft. Er gehörte zu den [...] Mitbegründern des Naturwissenschaftlichen Vereins, hat von Anbeginn bis heute als Schatzmeister die Geschäfte des Vereins mustergültig geführt und alle Zeit durch Vorträge und Austausch von eigenen Beobachtungen zur Hebung der Vereinsziele ganz wesentlich mitgewirkt. [...] Seine Ernennung zum Ehrenmitgliede gelegentlich der 40jährigen Jubelfeier des Vereins [1916] war Ausdruck unserer Hochschätzung und Dankbarkeit. Auf dem Sondergebiete der Conchyliologie besaß er eine ebenso umfassende wie eingehende Kenntnis, daneben galt den Objekten und Vorgängen der heimatlichen organischen und anorganischen Natur sein volles Interesse. Mit liebevoller Vertrautheit vertiefte er sich gern in die biologischen Beziehungen der heimischen Organismen und ihrer Umwelt und wußte das äußerlich Geschaute und innerlich Erkannte mit klarem Urteil in anregender Form wiederzugeben. Vielen von uns ist er in jahrzehntelanger Zusammenarbeit ein treuer Kamerad und zuverlässiger Freund gewesen, den wir schmerzlich vermissen werden."

Von Riemenschneider liegen drei Briefe an Bornmüller im Archiv des Herbarium Haussknecht in Jena.[12]

Die Riemenschneidersche Konchyliensammlung (ein Schrank mit 52 Schubladen) wurde aus dem Nordhäuser Museum ausgelagert und befindet sich z. Z. (2005) im Walkenrieder Hof (Museumsdepot) zu Nordhausen in einem noch recht guten Zustand. Die Sammelobjekte stammen aus dem In- und Ausland und sind gut lesbar beschriftet. In zwei kleineren Schränken befinden sich weitere Teile der Riemenschneiderschen Sammlung.

Quellen
(1) KELLNER, K.: Die floristische Erforschung der Südharzlandschaft um Nordhausen, 1. Teil. – Beitr. Heimatk. Stadt Kreis Nordhausen 2/3: 44–57; 1978. – (2) Riemenschneider in Frühjahrsversammlung in Weimar am 25. Mai 1915. – Mitt. Thüring. Bot. Ver. 33: 73–76; 1916. – (3) WEIN, K.: Johannes Oswald und Johann Ludwig Fürer, zwei Nordhäuser Botaniker des 16. und 17. Jahrhunderts. – Der Roland von Nordhausen 4: 1–89; 1927. – (4) Lokalnachrichten und Anzeigen in „Nordhäuser Zeitung und Generalanzeiger" vom 10. Mai 1918. – (5) KELLNER, K.: Die floristische Erforschung der Südharzlandschaft um Nordhauen. 3. Teil. – Beitr. Heimatk. Stadt Kreis Nordhausen 5: 23–43; 1980. – (6) PETRY, A.: Beiträge zur Kenntnis der heimatlichen Pflanzen- und Tierwelt. I. Teil: Über Naturdenkmäler und Verbreitungsgrenzen in der Umgebung von Nordhausen. – Programm Realgymnasium Nordhausen, Nr. 360, 1910 (Fußnote S. 28). – (7) Mitglieder-Verzeichnis. – Irmischia 1(2): 6–7; 1881. – (8) Bericht über die Frühjahrs-Hauptversammlung in Nordhausen am 5. und 6. Juni 1909. – Mitt. Thüring. Bot. Ver. 27: 37; 1910. – (9) Adressbuch der Stadt Nordhausen für das Jahr 1914. – Nordhausen 1914. – (10) Vortrag (gedruckt) im Stadtarchiv Nordhausen unter II A 834. – (11) Festschrift zum 50jährigen Jubiläum des Nordhäuser Geschichts- und Altertumsvereins. – Nordhausen 1920. – (12) Manitz, H., Herbarium Haussknecht Jena (8.3.2004, briefl. an J. Pusch).

Peitzsch, Jürgen   1940–

geboren: 31. Januar 1940 in Küstrin

Beruf, Leistungen auf floristischem Gebiet
Oberstufenlehrer, Botaniker (insbesondere heimische
Orchideen und Pilze). In seinem Beitrag „Orchideen
im Kreis Sangerhausen" (1973) nennt Peitzsch u. a.
Vorkommen von *Cypripedium calceolus* bei Lengefeld, Hainrode, Pölsfeld und Kleinleinungen, von
Dactylorhiza incarnata auf Wiesen bei Questenberg,
von *Epipactis microphylla* im Nassetal bei Questenberg und bei Hainrode, von *Ophrys apifera* bei Hainrode, von *Orchis morio* im Kyffhäusergebirge bei
Ichstedt, von *Platanthera chlorantha* in einem lichten
Laubwald bei Hainrode sowie von *Spiranthes spiralis*
auf einer Trift bei Tilleda. Insgesamt wurden bisher
für den Kreis Sangerhausen 32 Orchideenarten nachgewiesen, davon galten 9 Arten im Jahre 1973 bereits
als verschollen oder erloschen. Später (nach 1973)
fand Peitzsch noch folgende Arten: *Ophrys apifera*
westlich des Weinlagers bei Sangerhausen, *Orchis*

Abb. 152: Jürgen Peitzsch

militaris am Sachsgraben bei Wallhausen und *Orchis pallens* am Wickeröder Weg nördlich
Wickerode.[4] In den letzten Jahren beschäftigte er sich besonders mit der Flora des Hohen
Berges nördlich von Sangerhausen, wo er eine deutliche Ausbreitung von *Dictamnus albus,
Gentiana cruciata, Melittis melissophyllum* und *Orchis purpurea* infolge eingeleiteter Entbu-
schungsmaßnahmen feststellen konnte. Am Westfuß dieses Berges wies er erstmals ein Vor-
kommen von *Dentaria bulbifera* nach.[5] In seiner Arbeit „Pilzvorkommen im Gipskarst des
Landkreises Sangerhausen" (1997) werden insgesamt 551 verschiedene Pilze des Südharzer
Gipskarstes aufgeführt, darunter 4 in Sachsen-Anhalt vom Aussterben bedrohte, 12 stark
gefährdete, 13 gefährdete und 20 potentiell gefährdete Arten. Von Peitzsch liegen für die
Umgebung von Sangerhausen folgende Pilzerstfunde vor: *Amanita vittadinii* (Spindelfüßiger
Wulstling) bei Riethnordhausen und Sangerhausen, *Boletus aereus* (Bronze-Röhrling) bei
Sangerhausen und in der Brückschen Heide, *Boletus satanas* (Satans-Röhrling) an den Spat-
bergen bei Hainrode und *Leucocoprinus badhamii* (Rotschneidiger Faltenschirmling) bei
Sangerhausen am Stadion. Bei Hainrode fand er den seltenen Ascomyceten *Sarcosphaera
coronaria* (Kronen-Becherling) in einem Kiefernwald.[4] Peitzsch zeigte den Verfassern im
Jahre 1998 u. a. das nur aus wenigen Horsten bestehende Vorkommen von *Stipa joannis*
südsüdwestlich Hainrode bei Wallhausen.

Herbarien, wichtige Herbarbelege
Das während des Studiums an der Pädagogischen Hochschule Halle zusammengestellte
kleine Herbar (ca. 60 Belege zur Diplomarbeit) und etwa 250 weitere Belege (Exkursionsbe-
lege, Sammeltätigkeit mit Kindern der Ökologiestation) befinden sich, für Lehrzwecke ge-
nutzt, in der Ökologiestation (Kyselhäuser Straße) der Stadt Sangerhausen.[2] Eine umfang-
reichere Sammlung wurde jedoch nicht angelegt.

236

Wichtige Veröffentlichungen

• Orchideen im Kreis Sangerhausen. – Beitr. Heimatf. (Sangerhausen) 3: 9–18; 1973. – • Pilzvorkommen im Gipskarst des Landkreises Sangerhausen. – Gipskarst im Landkreis Sangerhausen 60–74; 1997. – • Der Bronzeröhrling. – Naturschutz Land Sachsen-Anhalt 36(2): 2; 1999. – • Zur Tier- und Pflanzenwelt von Meliorationsgräben in der Goldenen Aue und Hinweise zu Pflegemaßnahmen (NICK, A., L. BUTTSTEDT, M. JENTZSCH & J. PEITZSCH). – Naturschutz im Land Sachsen-Anhalt 37(2): 44–54; 2000. – • Die floristische Situation am Hohen Berg bei Sangerhausen. Ein Situationsbericht. – Gipskarst im Landkreis Sangerhausen 32–38; 2000.

Biographie

Jürgen Peitzsch wurde am 31. Januar 1940 in Küstrin/Oder als Sohn eines Elektrikers geboren. Nach dem Besuch der Zentralschule in Obersdorf bei Sangerhausen (1946 bis 1954) erlernte er von 1954 bis 1957 in Sangerhausen den Beruf eines Möbeltischlers. Von 1957 bis 1960 studierte er am Lehrerbildungsinstitut in Köthen und war danach als Unterstufenlehrer im Kreis Köthen angestellt. Im Jahre 1963 ging er an die Station Junger Naturforscher und Techniker nach Sangerhausen, wo er zunächst (bis 1975) als pädagogischer Mitarbeiter und von 1975 bis 1990 als deren Leiter tätig war. Im Jahre 1964 heiratete er die Lehrerin Dagmar Conrad aus Hackpfüffel; aus dieser Ehe gingen ein Sohn und eine Tochter hervor. Die Qualifikation eines Biologielehrers bis zur 10. Klasse erwarb er sich im Fernstudium (ab 1965) an der Pädagogischen Hochschule in Halle, das er 1970 mit der Diplomarbeit „Pflanzensoziologische Untersuchungen am Schloßberg bei Grillenberg" abschloss.[1] Im Jahre 1975 legte er seine Pilzberaterprüfung in Halle ab.[5] Seine Pilzfunde aus der Region des Südharzes lösten in früheren Jahren auf Pilzausstellungen in Halle oft Erstaunen aus.[3] Seit September 1990 war er zunächst pädagogischer Mitarbeiter in der Jugend-Freizeiteinrichtung und ab Januar 1992 Leiter der Ökologiestation e. V. in Sangerhausen. Im Januar 2000 ging er in den Ruhestand.[1]

Als Mitglied der Arbeitsgemeinschaft Herzynischer Floristen führte Peitzsch Kartierungsarbeiten innerhalb des MTB 4433 (Wippra) durch. Um 1970 gehörte er der Arbeitsgemeinschaft Heimische Orchideen an. Er ist Mitglied des Landesfachausschusses Mykologie Sachsen-Anhalts und des Landesverbandes der Pilzsachverständigen von Sachsen-Anhalt. Seit 1975 ist er Pilzberater für den Kreis Sangerhausen. Weiterhin ist er Vorsitzender des Vereins „Ökologiestation e. V. Sangerhausen". In Zusammenarbeit mit der Kreisverwaltung Sangerhausen (Untere Wasserbehörde) nahm er ab 1991 mit der Ökologiestation ökologische Untersuchungen an verschiedenen Fließgewässern des Kreises Sangerhausen vor.[5]

Quellen

(1) Peitzsch, J., Sangerhausen (17.12.2000, briefl. an K.-J. Barthel). – (2) Peitzsch, J., (16.12.2000, briefl. an J. Pusch). – (3) PEITZSCH, J.: Pilzvorkommen im Gipskarst des Landkreises Sangerhausen. – Gipskarst Landkreis Sangerhausen 60–74; 1997. – (4) Peitzsch, J. (30.7.2002, briefl. an K.-J. Barthel). – (5) Peitzsch, J. (19.2.2003, mündl. mit K.-J. Barthel).

Peter, Albert   1853–1937

geboren: 21. August 1853 in Gumbinnen
gestorben: 4. Oktober 1937 in Göttingen

Abb. 153: Albert Peter

Beruf, Leistungen auf floristischem Gebiet

Hochschullehrer, Sammlungsreisender, Botaniker. Im Jahre 1901 erschien seine „Flora von Südhannover nebst den angrenzenden Gebieten, umfassend: das südhannoversche Berg- und Hügelland, das Eichsfeld, das nördliche Hessen mit dem Reinhardswalde und dem Meissner, das Harzgebirge nebst Vorland, das nordwestliche Thüringen und deren nächste Grenzgebiete". Peter fasst die Fundorte aus bisher 57 erschienenen floristischen Schriften zusammen, bringt aber zugleich eine große Zahl eigener Funde. Innerhalb der Grenzen des heutigen Landkreises Nordhausen werden Vorkommen aus dem Unterharz, aus dem Gipsgebiet des Südharzes einschließlich Nordhausen und aus dem Raum Bleicherode genannt. Von den Arten, die Peter selbst gesehen hat, seien u. a. genannt: *Arabis alpina* von der Papiermühle bei Ellrich, *Arabis auriculata* vom Alten Stolberg, *Digitalis grandiflora* von Netzkater, *Filago arvensis* von Krimderode bei Nordhausen, *Lycopodium clavatum* von Sülzhayn, *Petasites albus* von Netzkater und *Salix hastata* vom Alten Stolberg bei Stempeda. Peter befasste sich durch eine Reihe von ihm angeregter Dissertationen auch mit Kryptogamen. Er wollte dazu eine Gesamtflora erstellen. Die beste dieser Arbeiten ist die von F. Quelle über Göttingens Moosvegetation.[5] Peter war einer der ersten Biologen, die sich systematisch mit der Ermittlung der Lebensdauer von Diasporen im Boden befassten.

Herbarien, wichtige Herbarbelege

Das umfangreiche Herbarium von A. Peter (auch Kryptogamen) befindet sich in Göttingen. Es umfasst vor allem Belege aus Mittel-, Nord- und Südosteuropa sowie aus Südwest- , Süd- und Ostafrika. Belege von seinen Afrikareisen befinden sich auch in Kew (K) und Berlin (B), wo sie zum Teil im Jahre 1943 mit verbrannt sind.[3] Eine größere Anzahl von Herbarbelegen aus Niedersachsen, die von Peter gesammelt wurden und in Göttingen liegen, werden von GARVE (1991) aufgezählt, so z. B. *Orlaya grandiflora*: Göttingen, Dransfeld, Äcker auf dem Sesebühl (GOET, 13.7.1899); *Silene dichotoma*: Kleefeld unweit Bovenden (GOET, 25.6.1895) und *Vulpia bromoides*: Münden, am Wege zum Schäferhof (GOET, 23.6.1898).[6] In Göttingen liegen aber auch aus Thüringen einige Belege, u. a. von *Artemisia maritima*: Salzquelle auf dem Friedhof bei Artern (GOET, 16.5.1894), *Artemisia maritima*: am Soolgraben bei Artern (GOET, 12.5.1898) und *Asperugo procumbens*: Ruinen der Rothenburg im Kyffhäusergebirge (GOET, 11.6.1898). – Von Peter befinden sich Briefe an Hausknecht und M. Schulze im Archiv des Herbarium Hausknecht.[7]

Wichtige Veröffentlichungen

• Die *Hieracien* Mittel-Europas. Monographische Bearbeitung der Piloselloiden mit besonderer Berücksichtigung der mitteleuropäischen Sippen (NÄGELI, C. & A. PETER). – München 1885. – • Die *Hieracien* Mitteleuropas. Bd. 2. Monographische Bearbeitung der Archieracien, P. 1–3 (NÄGELI, C. & A. PETER). – München 1886–1889. – • Die Flora des Harzes. In: HOFFMANN, H.: Der Harz (S. 22–38). –Leipzig 1899. – • Flora von Südhannover nebst den angrenzenden Gebieten. 2 Teile. – Göttingen 1901. – • Aufgaben und Ziele des Unterrichtes in der Botanik an Schulen und Universitäten. – Zeitschr. Natur u. Schule <u>6</u>: 1–12; 1907. – • Der Diatomeen-Bestand in Südhannover mit Einschluß des Harzes und seine Verteilung auf die Gewässer des Gebietes. – Nachr. k. Ges. Wiss. Göttingen, math.-phys. Kl. 1913: 1–83.
Ein Schriftenverzeichnis von Peter findet sich bei SCHMUCKER (1939), S. (212)–(213).[1]

Biographie

Gustav Albert Peter wurde am 21. August 1853 als Sohn des Schmiedemeisters Ludwig Peter in Gumbinnen/Ostpreußen geboren. Von 1861 bis 1868 besuchte er die höhere Bürgerschule in Gumbinnen, legte 1870 in Königsberg die Reifeprüfung ab und studierte anschließend an der Universität Königsberg Naturwissenschaften. Hier promovierte er am 5. Dezember 1874 mit einer Arbeit „Über Gefäße und gefäßartige Gebilde im Holze, besonders in der Markscheide einiger Dicotylen" zum Dr. phil. Schon vorher, im Oktober 1874, bestand er die Prüfung für das höhere Lehramt

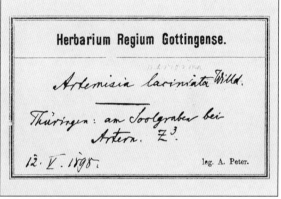

Abb. 154: Handschriftliches Herbaretikett von A. Peter

(für Chemie und beschreibende Naturwissenschaften). Danach ging er als Assistent zu Nägeli an die Universität München, wo er sich besonders mit den *Hieracien* beschäftigte. In München habilitierte er sich im Jahre 1884 mit einer Arbeit über natürliche und künstliche *Hieracien*-Bastarde.[1] Im Jahre 1888 wurde Peter zum ordentlichen Professor und Direktor des Botanischen Gartens an der Universität Göttingen ernannt.[2] Er erweiterte den Botanischen Garten[1] und „vermehrte die Sammlungen des Botanischen Instituts in vielfacher Hinsicht".[2] Im Jahre 1890 legte er einen Versuchsgarten für Alpenpflanzen auf dem Brocken an, den er für ökologische Versuche nutzen wollte.[1] Viel Wert legte er auf kleinere und größere Exkursionen. So war er z. B. 1897 mit 19 Studenten an der Adria und in Ungarn.[1] Als wissenschaftliche Aufgabe hatte sich Peter eine „Topographische Flora von Mitteleuropa" vorgenommen, die weit über die üblichen Floren hinaus auch den inneren Bau und alles das erfassen sollte, was wir heute unter Ökologie verstehen. Als er die hierfür notwendigen Geldmittel nicht erhielt, konzentrierte er sich auf die weit bescheidenere „Flora von Südhannover", die im Jahre 1901 erschien.[4] Von 1913 bis 1919 unternahm er eine botanische Sammelreise nach Süd- und Ostafrika, wo er infolge des 1. Weltkrieges zeitweilig interniert wurde. Nach seiner Rückkehr nahm er den Unterricht an der Universität Göttingen wieder auf, wo er bis 1923 im Amt blieb. Da ein großer Teil seiner Sammlungen während seiner Afrikareise in Daressalem verlorenging, unternahm er im Jahre 1925 eine zweite Afrikareise, die ihn wieder nach Süd- und Ostafrika führte. Er brachte ein Riesenherbar (50.000 Exemplare) mit nach Göttingen zurück.[1] Seine „Flora von Deutsch-Ostafrika" hingegen konnte er nicht mehr vollenden.[2] Nach mehreren Schlaganfällen starb er am 4. Oktober 1937 in Göttingen.[1]

Peter war seit 1889 ordentliches Mitglied der Gesellschaft der Wissenschaften zu Göttingen[2] und wurde im Jahre 1910 zum „Geheimen Regierungsrat" ernannt.[1]

Quellen

(1) SCHMUCKER, T.: Albert Peter. – Ber. Deutsche Bot. Ges. 56: (203)–(213); 1939. – (2) WAGENITZ, G: Göttinger Biologen, 1737–1945. Eine biographisch-bibliographische Liste. – Göttingen 1988. – (3) WAGENITZ, G.: Index collectorum principalium herbarii Gottingensis. – Göttingen 1982. – (4) WAGENITZ, G.: Albert Peter, 1853–1937. In: ARNDT, K., G. GOTTSCHALK & R. SMEND (Hrsg.): Göttinger Gelehrte, Bd. 1 – Göttingen 2001. – (5) Wagenitz, G., Göttingen (22.7.2003, briefl. an J. Pusch). – (6) GARVE, E.: Herbarbelege der in Niedersachsen verschollenen Gefäßpflanzenarten am Göttinger Universitätsherbarium (GOET). – Braunschw. naturkundl. Schr. 3 (4): 877–893; 1991. – (7) Manitz, H., Herbarium Haussknecht Jena (8.4.2004, briefl. an J. Pusch).

Petry, Arthur

1858–1932

geboren: 12. Februar 1858 in Tilleda
gestorben: 3. März 1932 in Nordhausen

<u>Beruf, Leistungen auf floristischem Gebiet</u>
Gymnasiallehrer, Pflanzengeograph, Botaniker und Entomologe. Ihn beschäftigten besonders vergleichende Studien zwischen Harz und Kyffhäusergebirge auf pflanzen- und zoogeographischem Gebiet. Er lieferte den Nachweis der bis ins Kleinste gehenden Kongruenz in den Arealen gewisser heimatlicher Pflanzen- und Tiergruppen, ein Umstand, aus dem Petry ein neuartiges Argument für den Reliktcharakter der Bewohner der Kalk- und Gipsberge Nordthüringens herleitete. Seine Dissertation „Die Vegetationsverhältnisse des Kyffhäuser Gebirges" (1889) enthält ein Verzeichnis der wildwachsenden Gefäßpflanzen dieses Gebirges (859 Arten) und zusätzlich der des Salzgebietes zwischen Auleben und der Numburg (59 Arten). Eine Fülle von Fundortsangaben bemerkens-

Abb. 155: Arthur Petry

werter Arten aus dem gesamten Nordthüringer Raum liefern seine „Beiträge zur Kenntnis der heimatlichen Pflanzen- und Tierwelt. I. Teil" (1910) und seine handschriftlichen Eintragungen in ein Handexemplar der „Flora von Nordhausen und der weiteren Umgebung" (VOCKE & ANGELRODT 1886). Dabei ging er besonders auf die Vorkommen von *Arabis alpina, Biscutella laevigata, Cardaminopsis petraea, Gypsophila repens, Pinguicula vulgaris (P. gypsophila* WALLR.) und *Salix hastata* im Südharzgebiet ein. Aber auch den sog. Steppenpflanzen und den subozeanischen Arten der westlichen Hainleite widmete er seine Aufmerksamkeit. Er fand u. a. *Amelanchier ovalis* an den Hellen Klippen bei Niedergebra, *Arnoseris minima* und *Ornithopus perpusillus* auf der Haide nördlich von Tilleda, *Lactuca saligna* an der Straße Badra–Kelbra, *Laserpitium prutenicum* im Rathsholz bei Frankenhausen sowie *Trifolium rubens* an der Kattenburg.[23] „Ihn zu veranlassen, [...] den Buntsandsteinhöhen bei Wallhausen oder dem Bottendorfer Höhenzug seine Aufmerksamkeit zuzuwenden, blieben vergeblich."[16] Bekannt wurde Petry auch als Gewährsmann der „Flora von Nordhausen und der weiteren Umgebung" (VOCKE & ANGELRODT 1886) und der „Flora von Nord-Thüringen" (LUTZE 1892).

<u>Herbarien, wichtige Herbarbelege</u>
Petry besaß vermutlich kein umfangreicheres Herbarium. Einige wenige Herbarbelege von ihm befinden sich in Göttingen (GOET) und Jena (JE). Nach Göttingen sind Einzelbelege über A. Vocke gelangt. Auch STAFLEU & COWAN (1983, Vol. 4) geben an, dass über ein Herbar von Petry bzw. dessen Verbleib nichts bekannt ist.

    Folgende von Petry im Bearbeitungsgebiet gesammelte Belege sollen genannt werden: *Centaurium littorale*: Kalkthal (GOET, o. D., ex Herbar Vocke); *Orobanche alba* (= *O. epithymum*): Rothenburg im Kyffhäusergebirge (JE, 21.7.1888); *Spergula morisonii*: Kyffhäuser, Triften pr. Kelbra (GOET, 18.5.1886). – Von Petry befinden sich viele Briefe im Archiv des Herbarium Haussknecht.[28]

<u>Wichtige Veröffentlichungen</u>
• Die Vegetationsverhältnisse des Kyffhäuser Gebirges. – Inauguraldissertation, Halle 1889. – • Bericht über die Frühjahrshauptversammlung in Nordhausen am 5./6. Juni 1909 (über *Prunus fruticosa* am Mutzenbrunnen und *Stipa pennata* zwischen Niedersachswerfen und Rüdigsdorf). – Mitt. Thüring. Bot. Ver. <u>27</u>: 32–33; 1910. – • Beiträge zur Kenntnis der heimatlichen Pflanzen- und Tierwelt. I. Teil: Über Naturdenkmäler und Verbreitungsgrenzen in der Umgebung von Nordhausen. – Programm Realgymnasium Nordhausen, Nr. 360, 1910. – • *Gypsophila fastigiata* L. und ihre Bewohner unter den Lepidopteren als Zeugen einer einstigen Periode kontinentalen Klimas. – Deutsch. Entomol. National-Bibliothek II <u>23</u>: 182–184; 1911. – • Zur Kritik des Herrn A. Schulz. – Sonderabdruck aus dem Archiv f. Landes- u. Volkskunde Prov. Sachsen (Mitt. Sächs.-Thür. Ver. Erdkunde Halle): 142–144; 1912. – • Nachträge und Berichtigungen zu VOCKE & ANGELRODT, Flora von Nordhausen (1886) (PETRY, A. & G. LUTZE) – Mitt. Florist. Kartierung (Halle) <u>5</u>(2): 12–26; 1979. Ein Verzeichnis der Druckschriften Petrys findet sich bei BERGMANN (1932), S. 59.[21]

<u>Biographie</u>
August Arthur Petry wurde am 12. Februar 1858 [nicht 1859, wie bei **(3)** angegeben] im Forsthaus in Tilleda [heute Schulstraße 10 in Tilleda] geboren und am 12. März 1858 getauft. Seine Eltern waren August Carl Ludwig Petry, fürstl. Schwarzburgischer Revierförster, und Alwine Friedericke Therese Emilie Petry, geb. Ziegenhorn. Die Familie der Mutter

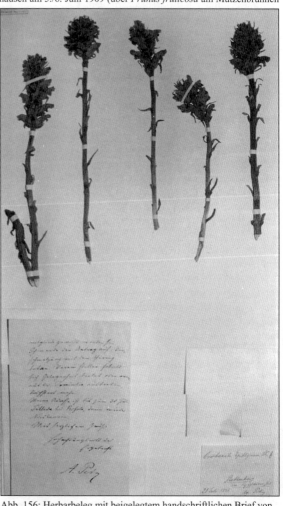

Abb. 156: Herbarbeleg mit beigelegtem handschriftlichen Brief von A. Petry zu *Orobanche epithymum* = *O. alba* (vgl. Abb. 157)

von Arthur Petry stammt aus Seega, was sich an den Taufpaten erkennen lässt.[1] Er besuchte zunächst die Volksschule in Tilleda und von Ostern 1868 bis Ostern 1871 das Progymnasium in Kelbra. Anschließend bezog er das Gymnasium in Eisleben, das er am 25. April 1877 mit dem Zeugnis der Reife verließ. [Schon als Schüler hatte er sich verschiedene Sammlungen angelegt.[(2)]] Danach ging er zum Studium der Naturwissenschaften und Erdkunde zunächst an die Universität Göttingen und ab Herbst 1878 an die Universität Halle.[(7)(18)] Für ein zwischenzeitliches Studium an der Universität München[(3)(16)(18)] hat sich in den Unterlagen der dortigen Universität[(13)] kein Hinweis gefunden. In Halle waren Credner, von Fritsch, Giebel, Grenacher, Haym, Heintz, Kirchhoff, Kramer, Kraus, Luedecke, Rathke, Schmidt, Steudener, E. Taschenberg, O. Taschenberg, Thiele und Volhard seine Lehrer.[(7)] Nachdem er im Juli 1882 die Prüfung für das höhere Lehramt bestanden hatte, absolvierte er 1882/83 das Probejahr am Gymnasium zu Nordhausen.[(18)] Anschließend wurde Petry wissenschaftlicher Hilfslehrer und ab Oktober 1887 ordentlicher Lehrer bzw. Oberlehrer an derselben Anstalt.[(19)] Er unterrichtete hier Naturgeschichte, Geographie, Mathematik und Deutsch.[(9)] Im Frühjahr 1889 promovierte er an der Universität Halle zum Dr. phil. Er wurde am 13. Februar 1889 von den Professoren Erdmann, Kirchhoff und von Fritsch geprüft und erhielt die Promotionsurkunde am 6. Mai 1889 (Ausstellungsdatum).[(12)] Im Juli 1899 unternahm er mit Fabrikant M. Liebmann aus Arnstadt eine größere Reise nach Korsika.[(8)] Die Reise diente vor allem dem Sammeln von Schmetterlingen, aber auch, soweit es die Zeit erlaubte, zu botanischen Studien.[(27)] Nachdem er im Januar 1906 zum Professor ernannt worden war [durch Patent vom 27. Januar 1906[(25)]], wechselte er Ostern 1906 an das Nordhäuser Realgymnasium.[(3)(19)] [Am Gymnasium war durch Zusammenlegung der Primen eine Lehrkraft entbehrlich geworden.[(26)]] Im März 1906 wurde ihm der Rang der Räte 4. Klasse verliehen.[(19)] Im Schuljahr 1906/07 war er über längere Zeit krank, so dass u. a. Ferdinand Quelle seinen Unterricht übernehmen musste.[(24)] Am Realgymnasium unterrichtete er Naturkunde, Erdkunde sowie Mathematik und nach Einführung des Biologieunterrichts im Schuljahr 1908/09 auch Biologie.[(10)] Auf einer zum 100. Geburtstag F. T. Kützings veranstalteten Ausstellung des Naturwissenschaftlichen Vereins zu Nordhausen im Jahre 1907 stellte Petry seine umfangreiche Sammlung von Kleinschmetterlingen aus.[(6)] In der Zeit des 1. Weltkrieges wurde er mit dem Erfurter Entomologen O. Rapp näher bekannt und unternahm mit ihm mehrere Exkursionen im Nordhäuser Raum.[(22)] Ostern 1923 [im Jahre 1922[(14)]] ging er in den Ruhestand,[(3)(16)] wohnte aber weiterhin in Nordhausen (Blödaustraße 26)[(4)] und starb völlig unerwartet am 3. März 1932 in Nordhausen.[(3)(16)] Seine Frau, eine Bergratstochter aus Eisleben, war schon Jahre vor ihm gestorben.[(2)] Er hatte einen Sohn und eine Tochter.[(2)]

„Seine Forschungsstätte war vor allem der Kyffhäuser. [...] Lodenmantel, Rucksack mit Fanggeräten und ein Eichenstock war seine Ausrüstung. So kam er nach Erledigung seiner beruflichen Tätigkeit in Frankenhausen an, begrüßte kurz seine hier lebenden Verwandten und begab sich zu seinem Standquartier, dem Waldschlößchen. [...] Um den Fang von Nachtschmetterlingen recht ausgiebig betreiben zu können, wurde die Nacht oft im Schlafsack unter dem Sternenhimmel verbracht. [...] Besonders gern weilte er in der Gegend der Kattenburg."[(2)]

An einer weiteren Stelle heißt es: „Petry war ein stiller, bescheidener Mensch trotz seiner reichen Kenntnisse, abhold allen lärmenden Vergnügungen, auf die er bei seinem reichen Innenleben leicht verzichten konnte, tolerant den Ansichten anderer gegenüber, stets bereit, seine großen Kenntnisse und reichen Erfahrungen auf naturwissenschaftlichem und vor allem entomologischem Gebiete seinen Freunden und Bekannten selbstlos zur Verfügung zu stellen. [...] Ein besonders sympatischer Zug [war] sein Streben, seltene Tiere und Pflanzen als Naturdenkmäler vor Vernichtung und Ausrottung zu bewahren."[(21)]

In einem Nachruf des Thüringischen Botanischen Vereins[(5)] heißt es weiter: „Petrys Name hat besonders im Hinblick auf die pflanzengeographischen Erkenntnisse Nordthüringens einen guten Klang, sind doch seine gediegenen Untersuchungen über die „Vegetations-verhältnisse des Kyffhäuser Gebirges" (1889) von grundlegender Bedeutung geworden. Er geriet später fast ganz in den Bann der Entomologie, wobei er auf die Herausarbeitung der Beziehungen zwischen Pflanzen- und Tierverbreitung großen Wert legte und dadurch zu einem der bedeutendsten Förderer der vergleichenden Tier- und Pflanzengeographie wurde".

Petry, der schon frühzeitig bei seinem Vater die Pflanzenwelt des Kyffhäusergebirges kennen lernte, gehörte dem Naturwissenschaftlichen Verein zu Nordhausen[3] sowie der „Irmischia"[17] an und war Mitglied und Ehrenmitglied (seit 1927) des Thüringischen Botanischen Vereins.[5] Im Hinblick auf seine außerordentlichen Verdienste, die er sich um die Erforschung der heimatlichen Pflanzen- und Insektenwelt, besonders der Schmetterlinge des Kyffhäusergebirges erwor-

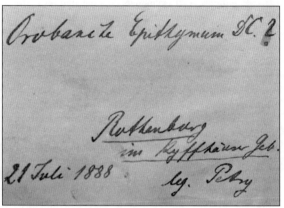

Abb. 157: Handschriftliches Herbaretikett von Petry (vgl. Abb. 156)

ben hatte, wurde er aus Anlass des 50-jährigen Bestehens des Naturwissenschaftlichen Vereins zu Nordhausen im Jahre 1926 zu dessen Ehrenmitglied ernannt.[15] Er war auch seit längerem Ehrenmitglied des Thüringer Entomologenvereins.[21] Im Frühjahr 1928 wurde er Auswärtiges Mitglied der Königlich Preußischen Akademie gemeinnütziger Wissenschaften zu Erfurt.[15] Aufgrund einer Kontroverse mit dem Hallenser Pflanzengeographen A. Schulz wandte sich Petry mit zunehmendem Alter rein entomologischen Themen zu und ließ nur noch kleinere Beiträge in entsprechenden Zeitschriften erscheinen.[3] Petry hat eine große Zahl neuer Arten und Formen unter den Kleinschmetterlingen sowohl in seiner näheren Heimat als auch in Ost- und Südeuropa entdeckt und beschrieben.[21] Seine Sammlungen zu den Lepidopteren, Bombiden, Dipteren und Orthopteren gingen nach seinem Tode zu Otto Rapp nach Erfurt[11] und sind noch heute im dortigen Naturkundemuseum zu sehen.[3] Schmetterlingsdubletten hat das Museum in Halberstadt erhalten.[11] Die hinterlassene Käfersammlung verbrannte in Leipzig während eines Bombenangriffs im Jahre 1944.[3] [Käfer von ihm befinden sich auch im Zoologischen Museum in Berlin.[29]] Wein benannte im Jahre 1911 *Rosa canina* L. var. *petryi* K. WEIN nach Petry.[20]

Quellen
(1) Dräger, M., Pfarrer, Ev.-Luth. Pfarramt Kelbra (3.6.1997, briefl an J. Pusch). – (2) HEIDELCK, F.: Professor Dr. A. Petry. – Das Fränksche Land und sein Heimatmuseum 5(1): 4; 1932. – (3) KELLNER, K.: Die floristische Erforschung der Südharzlandschaft um Nordhausen, 3. Teil. – Beitr. Heimatk. Stadt Kreis Nordhausen 5: 23–43; 1980. – (4) Mitglieder-Verzeichnis 1926. – Mitt. Thüring. Bot. Ver. 37: 83–87; 1927. – (5) Nachruf des Thür. Bot. Ver. – Mitt. Thüring. Bot. Ver. 41: VI; 1933. – (6) NEITZSCH, M.: Zum 50jährigen Jubiläum des Naturwissenschaftlichen Vereins zu Nordhausen. – Allgemeine Zeitung (Nordhäuser Tageblatt und Anzeiger) am 11. November 1926, S. 3–4. – (7) PETRY, A.: Die Vegetationsverhältnisse des Kyffhäuser Gebirges (VITA). – Inauguraldissertation, Halle 1889. – (8) PETRY, A.: Beschreibung neuer Microlepidopteren aus Korsika. – Stettiner Entomol. Zeitschr.: 242–254; 1904. – (9) Programm Gymnasium Nordhausen 1885. – (10) Programm Realgymnasium Nordhausen 1911. – (11) Brief im Stadtarchiv Nordhausen (24.8.1954, W.

Liebeskind an Herrn Müller). – **(12)** Haasenbruch, R., Universitätsarchiv Halle (30.10.2000, briefl. an K.-J. Barthel). – **(13)** Lochner, U., Universitätsarchiv München (16.10.2000, briefl. an K.-J. Barthel). – **(14)** GRABS, F.: Statistik über Lehrer und Schüler des Realgymnasiums. In: Festschrift zur Jahrhundertfeier des Staatl. Realgymnasiums zu Nordhausen 1835–1935.– **(15)** Urkunde im Stadtarchiv Nordhausen. – **(16)** WEIN, K.: Arthur Petry. – Der Nordhäuser Roland 3: 57–58 und 63–65; März 1958. – **(17)** Amtliche Mitteilungen. – Irmischia 5(5/6): 33; 1885. – **(18)** Programm Gymnasium Nordhausen 1883. – **(19)** RIEMENSCHNEIDER, C.: Das Königliche Realgymnasium zu Nordhausen von 1835–1910. – Nordhausen 1910. – **(20)** ECKARDT, Th.: Ein Leben für die Geschichte der Botanik. – Ber. Bayer. Bot. Ges. 30: 9–15; 1954. – **(21)** BERGMANN, A.: Professor Dr. Arthur Petry als Naturforscher und Entomologe. – Internationale Entomologische Zeitschr. 26(5): 53–59; 1932. – **(22)** BEER, P.: In memoriam Otto Rapp (1878–1953). – Veröff. Naturkundemuseum Erfurt 17: 5–14; 1998. – **(23)** PETRY, A. & G. LUTZE: Nachträge und Berichtigungen zu VOCKE & ANGEL-RODT, Flora von Nordhausen (1886). – Mitt. Florist. Kartierung (Halle) 5(2): 12–26; 1979. – **(24)** Jahresbericht Realgymnasium Nordhausen 1907. – **(25)** Jahresbericht Gymnasium Nordhausen 1906. – **(26)** Jahresbericht Gymnasium Nordhausen 1907. – **(27)** Bericht über die Frühjahrs-Hauptversammlung in Coburg am 10. und 11. Juni 1900. – Mitt. Thüring. Bot. Ver. 15: 1–7; 1900. – **(28)** Manitz, H., Herbarium Haussknecht Jena (8.3.2004, briefl. an J. Pusch). – **(29)** Deutsches Entomologisches Institut Müncheberg (9.12.2004, briefl. an J. Pusch).

Pflaumbaum, Liselotte   1917–1998

geboren: 3. Februar 1917 in Döbbelin bei Stendal
gestorben: 10. Oktober 1998 in Bad Frankenhausen

Beruf, Leistungen auf floristischem Gebiet
Lehrerin, Museologin. Sie begann nach 1953 mit dem
Anlegen einer wertvollen Herbarsammlung und der
Erstellung einer umfangreichen Pflanzenkartei des
Kyffhäusergebirges und der näheren Umgebung.
Hierin befinden sich zahlreiche bemerkenswerte
Nachweise (u. a. *Centaurium littorale* vom Napptal
nördlich von Bad Frankenhausen, *Chenopodium foliosum* vom Nordrand von Bad Frankenhausen, *Orchis
morio* vom Langen Tal nordwestlich Ichstedt und
Pyrola rotundifolia von der Straße Bad Frankenhausen–Rathsfeld), die für die „Flora des Kyffhäusergebirges und der näheren Umgebung" (BARTHEL &
PUSCH 1999) ausgewertet werden konnten. Bekannt
wurde sie vor allem durch ihre Arbeit „Beziehungen
zwischen Mensch und Wald im Kyffhäuser, ein Beitrag zu seiner Waldgeschichte bis 1800" (1980), in der

Abb. 158: Liselotte Pflaumbaum ca. 1998

sie u. a. den Weinbau im südlichen Kyffhäusergebirge beschreibt (eine Karte der Weinbau-
gebiete von 1592 mit insgesamt 40 Weinbergen in der Gemarkung Frankenhausen wurde
beigefügt). Im Zusammenhang mit dem Weinanbau nennt Pflaumbaum „häufige Vorkommen" von *Prunus tenella* (= *Amygdalus nana*) oberhalb von Frankenhausen, deren Früchte
zur Reife gelangten und auch abgeerntet wurden. Solche Vorkommen der Zwergmandel
wurden erstmals 1755 genannt, sind aber heute am Nordrand von Bad Frankenhausen nicht
mehr vorhanden. [Gegenwärtig existiert noch in der Badraer Lehde ein größerer Bestand.]

Herbarien, wichtige Herbarbelege
Das, eine große Mappe mit etwa 300 Belegen umfassende Herbarium von Pflaumbaum befindet sich im Kreisheimatmuseum von Bad Frankenhausen. Hierin liegen Belege aus den
50er und 60er Jahren des 20. Jahrhunderts. Sie stammen nur aus dem Kyffhäusergebiet.
       Folgende von Pflaumbaum gesammelte Belege aus dem Kreisheimatmuseum sollen
genannt werden: *Centaurium littorale*: Kyffhäusergebirge, Napptal, Wiesensteppe
(22.7.1955); *Centaurium pulchellum*: auf dem Schlachtberg [bei Frankenhausen] (9.9.1955);
Fumana procumbens: Hohnberg [südwestlich Kelbra] (8.9.1955); *Gentiana cruciata*: Napptal [nördlich Bad Frankenhausen] (21.7.1955); *Lappula squarrosa*: Unterhalb der Falkenburg
[nördlich Rottleben] (20.7.1956); *Orobanche caryophyllacea*: Unterhalb der Kattenburg
(15.6.1955); *Parnassia palustris*: Kyffhäusergebirge, Hohnberg (9.9.1955); *Plantago maritima*: Seehäuser Ried (28.8.1957); *Suaeda maritima*: Solquelle zwischen Numburg und Auleben (8.9.1955).

Wichtige Veröffentlichungen
• Beziehungen zwischen Mensch und Wald im Kyffhäuser, ein Beitrag zu seiner Waldgeschichte bis 1800. –
Veröff. Kreisheimatmus. Bad Frankenhausen <u>6</u>: 21–57; 1980. – [• Ein Merowingergräberfeld bei Steinthale-

ben, Kreis Artern (PFLAUMBAUM, L. & H. GÜNTHER). – Jahresschr. Mitteldeutsche Vorgeschichte 47: 371–382; 1963.]

Biographie

Liselotte Pflaumbaum wurde am 3. Februar 1917 als Tochter eines Lehrers in Döbbelin bei Stendal geboren. Im Jahre 1923 zog die Familie nach Arneburg, wo der Vater Direktor einer Schule wurde. Hier half sie schon als Kind dem Vater bei der Einrichtung eines kleinen Heimatmuseums. In Arneburg besuchte sie das Oberlyzeum, wo sie im Jahre 1936 das Reifezeugnis erhielt. Anschließend studierte sie in Halle [nicht an der Universität Halle[4]] Landwirtschaft und Pädagogik. Ab 1940 unterrichtete sie an den Mädchenberufsschulen für Landwirtschaft [Schwerpunktfach Mathematik[3]] in Arneburg, Bismark und anderen kleineren Städten. Wegen einer schweren Tuberkulose-Erkrankung musste sie im Jahre 1944

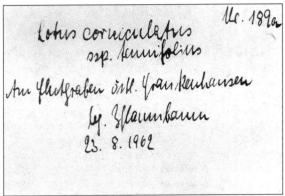

Abb. 159: Handschriftliches Herbaretikett von L. Pflaumbaum

ihren Beruf aufgeben. Sie fand Heilung in einer Dresdner Klinik und wohnte dann wieder in Arneburg bei ihren Eltern. Hier zwang sie ein Kehlkopfleiden zu einer mehrjährigen Invalidität. Während dieser Zeit reifte in ihr der Gedanke, ein Studium der Ur- und Frühgeschichte aufzunehmen, denn der angegriffene Kehlkopf verwehrte ihr die Rückkehr in den Schuldienst.[1] Sie nahm eine Tätigkeit im Heimatmuseum Arneburg auf, wo ihr später die Leitung des Bad Frankenhäuser Heimatmuseums angeboten wurde. Am 1. September 1953 kam sie an das Heimatmuseum Bad Frankenhausen.[1] „Sicherlich war der Anfang schwer, und manch einer hätte in der Trostlosigkeit des damaligen Zustandes kein Ziel gesehen. Aber L. Pflaumbaum wußte, weshalb sie sich für Bad Frankenhausen entschied. Es waren die Natur, aber auch gerade die Tatsache, daß die Reste kaum noch als Museum zu bezeichnen waren. Hier konnte man Ideen verwirklichen, hier war man Lernender und Lehrender zugleich."[2] Zunächst wurde der Aufbau der Abteilung Geologie in Angriff genommen, danach galt ihr besonderes Interesse der Botanik und Ornithologie.[1] „L. Pflaumbaum besaß Energie und Überzeugungskraft, Ehrgeiz und eine besondere Fähigkeit, Themen der Region aus Geschichte sowie einer außergewöhnlich bemerkenswerten Flora und Fauna in den Ausstellungen miteinander zu verknüpfen. [...] Die methodisch hervorragende Ausstellung entsprach besonders den Anforderungen der Schulen, welche die museumspädagogischen Angebote zur Ergänzung des Lehrplanes nutzten. Das Museum war damals ein Vorzeigebeispiel für viele, vorwiegend naturkundliche Museen."[2] Seit 1969 gab Pflaumbaum die Schriftenreihe „Veröffentlichungen des Kreisheimatmuseums Bad Frankenhausen" heraus, die auch heute noch existiert. Im Jahre 1980 ging sie in den Ruhestand. Danach blieb sie eng mit dem Museum und ihren Mitarbeitern verbunden.[1][2] Sie starb [unverheiratet und kinderlos[3]] am 10. Oktober 1998[1][2] in Bad Frankenhausen, wo sie zuletzt in der Heimstättenstraße 21 wohnte. Ihre letzte Ruhestätte fand sie auf dem Friedhof in Arneburg.[3]

„Das Frankenhäuser Heimatmuseum, dessen erste Aufbaujahre in die Zeit der Weimarer Republik fielen, zählt zu den jungen Museen. Den Grundstein legte Studienrat Dr. Berg mit der Herausgabe eines Heimatkalenders sowie dem Sammeln von naturkundlichem und kulturgeschichtlichem Material. [...] Förderung erfuhr die Museumsarbeit vor allem durch einen kleinen Kreis ehrenamtlicher Mitarbeiter unter Leitung von Dr. Berg und später von **Studienrat Heidelck**. Bis zur Machtübernahme durch den Nationalsozialismus trugen diese wesentlich zur Entwicklung des Museums bei. Von 1933 bis 1945 geriet das Museum fast in Vergessenheit."[1]

Franz Heidelck leitete von 1923 bis 1937 das im Jahre 1921 gegründete Frankenhäuser Heimatmuseum. Von 1928 bis 1935 übernahm er die Schriftleitung der von ihm gegründeten Beilage „Das Fränksche Land und sein Heimatmuseum"[5], wofür er u. a. Ernst Kaiser als Autor gewann. In dieser Beilage zur Frankenhäuser Zeitung veröffentlichte er im Jahre 1932 einen Nachruf auf Arthur Petry.[6] Am 20. April 1933 teilte Heidelck dem Bürgermeister von Bad Frankenhausen seine Vorstellungen über die Einrichtung eines Naturschutzgebietes im südlichen Kyffhäusergebirge (Gebiet um Georgshöhe, begrenzt durch Kyffhäuserstraße, Napptal und Wüstes Kalktal) in einem offiziellen Schreiben mit. Ein solches Schutzgebiet wurde leider durch den damaligen Landeskonservator abgelehnt. Im Oktober 1922 beteiligte sich Heidelck mit Schülern der Oberklassen des Realgymnasiums bei den Ausgrabungen an den Hügelgräbern im Borntal bei Seega. In den Jahren 1930 bis 1933 gestaltete er den Alten Friedhof in Bad Frankenhausen zu einem botanischen

Abb. 160: Franz Heidelck

Garten (einige seltene Gehölze) um.[5] Noch heute ist dieser kleine Park eine beliebte Erholungsstätte der Bad Frankenhäuser Bürger.

Franz Heidelck wurde am 12. Oktober 1891 als Sohn eines Oberlandmessers in Konitz (Westpreußen) geboren. Er besuchte ab 1901 das Königliche Gymnasium in Bromberg, wo er am 18. März 1911 das Reifezeugnis erhielt. Von Ostern 1911 bis Michaelis 1912 studierte er Naturwissenschaften in Jena und von Michaelis 1912 bis Ostern 1913 ein Semester Philosophie in Berlin. Anschließend studierte er, nur unterbrochen durch die Teilnahme am 1. Weltkrieg (von 1914 bis 1918), in Jena wieder Naturwissenschaften, wo er im Jahre 1920 die Prüfung für das höhere Lehramt (in den Fächern Botanik, Chemie, Geologie und Mineralogie) bestand. 1921 heiratete er in Großschwabhausen die Pfarrerstochter Katharina Tauber; aus dieser Ehe gingen fünf Kinder hervor. Noch im gleichen Jahr kam er als Lehrer an das Realgymnasium nach Frankenhausen, wo er am 1. April 1922 zum Studienrat ernannt wurde und bis 1937 verblieb. Danach unterrichtete er bis zum Ausbruch des 2. Weltkrieges an der Aufbauschule in Weimar. Nach seinem Kriegsdienst (1939 bis 1944) unterrichtete er an den Oberschulen in Weimar (1945 bis 1948), Sondershausen (1948 bis 1950), Apolda (1950 bis 1951) und Berlin-Schöneberg (1951 bis 1957). Am 31. März 1957 trat er in den Ruhestand. Er starb am 29. Januar 1961 in Berlin.[5]

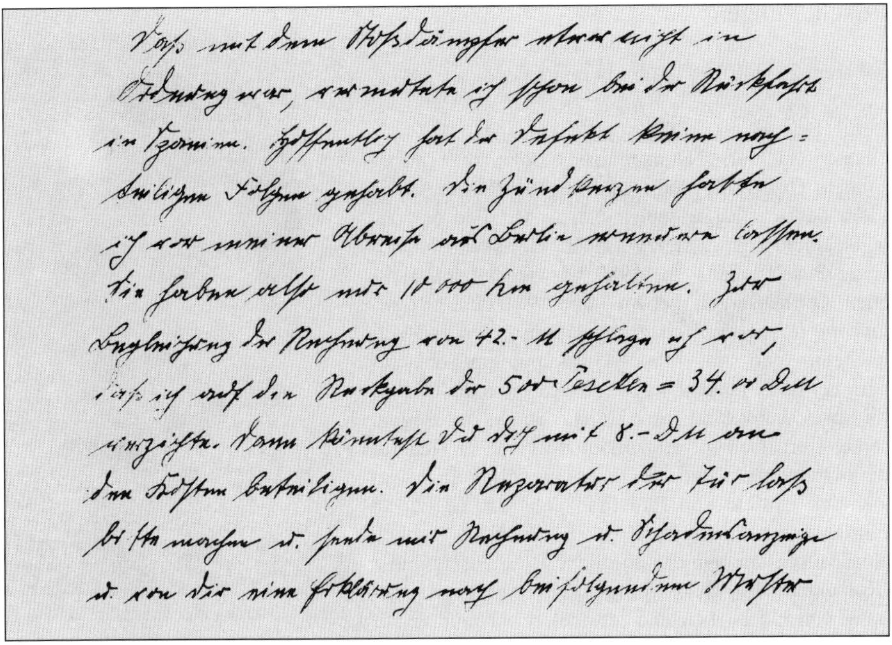

Abb. 161: Handschriftprobe von F. Heidelck

Quellen
(1) FAU – Gemeinnützige Förderungsgesellschaft Arbeit & Umwelt: Bedeutende und bemerkenswerte Frauen im Kyffhäuserkreis, S. 103–107. – Sondershausen 1999. – (2) WEINERT, R.: Liselotte Pflaumbaum – Ein Leben für das Frankenhäuser Museum. – Wochenblatt der Kur- und Erholungsstadt Bad Frankenhausen. Nr. 22: 3–4; 1998. – (3) Weinert, R., Leiterin des Kreisheimatmuseums Bad Frankenhausen (20.9.2001, mündl. mit J. Pusch). – (4) Haasenbruch, R., Universitätsarchiv Halle (14.1.2002, briefl. an J. Pusch). – (5) Informationen von Heidelck, V., Sohn von Franz Heidelck in Karlsruhe (17.8.2004, briefl. an J. Pusch und am 25.8.2004 telef. mit K.-J. Barthel). – (6) HEIDELCK, F.: Prof. Dr. A. Petry. – Das Fränksche Land und sein Heimatmuseum 5(1): 4; 1932.

Pusch, Jürgen

1962–

geboren: 22. Juli 1962 in Bad Frankenhausen

Abb. 162: Jürgen Pusch im Jahre 2005

Beruf, Leistungen auf floristischem Gebiet

Oberstufenlehrer, Naturschützer, Botaniker (insbesondere *Orobanche*, Salz- und Segetalpflanzen sowie Flora des Kyffhäusergebietes). Als Mitglied der Arbeitsgemeinschaft „Herzynischer Floristen" botanisierte Pusch bereits vor 1980 vorwiegend im südlichen Kyffhäusergebirge. Im Jahre 1981 fand er *Centaurium littorale* auf einer vegetationsarmen und völlig baum- und strauchlosen Gipskuppe am Schlachtberg bei Bad Frankenhausen; danach blieb die Pflanze für zwei Jahrzehnte verschollen. Schon zu Beginn seiner floristischen Tätigkeit interessierte er sich für die Orchideen- und Sommerwurzvorkommen im weiteren Umfeld von Bad Frankenhausen. Ab 1986 führten seine Exkursionen (z. T. mit K.-J. Barthel, Nordhausen) auch in das nördliche Kyffhäusergebirge (Rothenburg, Kyffhäuserburgen) sowie in die Umgebung von Udersleben und Ichstedt. 1992 fand er auf der Heide nördlich von Udersleben zahlreiche bemerkenswerte Magerrasen-Arten (u. a. *Filago lutescens, F. minima, Helichrysum arenarium, Spergula pentandra, Teesdalia nudicaulis, Trifolium striatum* und *Vicia lathyroides*). Schon seit etwa 1987 trugen sich Pusch und Barthel mit dem Gedanken, eine „Kyffhäuserflora" zu schreiben. In diesem Zusammenhang untersuchte Pusch in den Jahren 1990 bis 1996 besonders die Flora der naturnahen Binnensalzstellen sowohl im Umfeld des Kyffhäusergebirges als auch in Gesamtthüringen, so konnte u. a. die nach 1980 in Thüringen verschollene *Scorzonera parviflora* im Esperstedter Ried wieder aufgefunden werden. Ab 1990 nahm Pusch aktiv an der Floristischen Kartierung Thüringens (Kyffhäusergebiet, Umgebung von Erfurt) teil. An bemerkenswerten Funden der letzten Jahre seien genannt: *Carex hordeistichos* an der Kleinen Wipper nördlich von Rottleben (2000), an der Teichmühle westlich von Bad Frankenhausen (1998) und in den Ackerbrachen nördlich von Borxleben (2004), *Centaurium littorale* oberhalb des Napptalweges nördlich von Bad Frankenhausen (2000, Wiederbestätigung für Thüringen), *Draba muralis* an der Sommerwand nahe der Rothenburg (1996), *Hymenolobus procumbens* an der Rückstandshalde Roßleben (1995, auf thüringischem Gebiet), *Leontodon saxatilis* an der Kleinen Wipper nördlich von Rottleben (2000), *Orobanche bohemica* (= *O. purpurea* var. *bohemica*) in einem Steinbruch östlich von Steinthaleben (1997), *Papaver hybridum* unweit des Sportplatzes in Kannawurf (1997), *Phleum paniculatum* auf einem Acker am Großen Loh bei Berka (1997) sowie *Radiola linoides* an einem feuchten Fahrweg nahe des Kyffhäuserhotels südlich Sittendorf (2001). Bei der von ihm thüringenweit betriebenen Kartierung wertvoller Äcker und Segetalarten (seit 1995) fand Pusch u. a. *Hypochoeris glabra* bei Langenhain (Tabarz) (1997), *Scandix pecten-veneris* bei Marolterode (1997) und *Misopates orontium* bei Stempeda (1995). Wissenschaftliche Sammelreisen führten ihn u. a. nach Portugal, Spanien, Norditalien, Österreich, Tschechien und in die Schweiz.

Herbarien, wichtige Herbarbelege
Das Herbar von Pusch umfasst
über 3.000 Farn- und Blüten-
pflanzenbelege vor allem aus dem
Kyffhäusergebiet und dem Umfeld von Erfurt. Es beinhaltet
auch einige Belege bzw. kleinere
Aufsammlungen anderer mitteldeutscher bzw. thüringischer
Botaniker, so z. B. von K. Kellner
(Nordhausen), R. Zeising (Sangerhausen), K.-J. Barthel (Nordhausen), D. Weber (Bad Berka),
K. Schubert (Sömmerda) und B.
Würzburg (Sömmerda). Daneben
existiert ein über 400 Belege
umfassendes *Orobanche*-Herbar
mit ca. 50 Sippen der mittel- und
südwesteuropäischen Flora.[1]

Folgende von Pusch ge-
sammelte Belege aus dem Bearbeitungsgebiet sollen genannt
werden: *Astragalus exscapus*:
Südwesthang des Kosakensteins
nordwestlich Bad Frankenhausen
(HPu-361, 1.5.1989); *Bupleurum
tenuissimum*: Esperstedt, Stra-
ßenbrücke über den Solgraben
(HPu-672, 27.7.1991); *Centaurium littorale*: Napptal nördlich
Bad Frankenhausen (HPu-2826,

Abb. 163: Herbarbeleg von J. Pusch (*Oxytropis pilosa*, Lückenhügel)

13.7.2000); *Chenopodium vulvaria*: Acker am Nordwestende der Streuobstwiese nördlich
Kachstedt (mit K.-J. Barthel) (HPu-1516, 6.8.1996); *Filago lutescens*: Wegrand ca. 800 m
nördlich Udersleben (Heidestelle) (HPu-774, 5.7.1992); *Gagea bohemica* subsp. *saxatilis*:
Schlachtberg nördlich Bad Frankenhausen, Wiese ca. 100 m westlich Panorama (HPu-352,
13.8.1989); *Orobanche bohemica*: Kyffhäusergebirge, Sandgrube ca. 200 m nördlich Sport-
platz Steinthaleben (HPu-OR-16, 29.6.1997); *Scorzonera parviflora*: Salzwiese ca. 1200 m
nordöstlich Seehausen (HPu-984, 4.7.1993).

Wichtige Veröffentlichungen
Pusch veröffentlichte zunächst kleinere Arbeiten zur Flora der Kyffhäuserlandschaft (1985 bis 1987) und ab
1988 (mit K.-J. Barthel) Beiträge zur Flora des südlichen und südwestlichen Kyffhäusergebirges (1988 bis
1995), zur Flora der Kyffhäuser-Nordrandstufe (1990 bis 1995), zur Flora des nordwestlichen Kyffhäuservorlandes (1994 bis 1995) und zur Flora des Wippertales zwischen Hachelbich und Günserode (1991). Alle diese
Beiträge sind als Vorarbeiten der „Flora des Kyffhäusergebirges und der näheren Umgebung" (BARTHEL &
PUSCH 1999) zu werten und sind im Literaturverzeichnis dieser Flora aufgelistet.

Mehrere Arbeiten von Pusch (z. T. mit K.-J. Barthel) beschäftigen sich mit den naturnahen Binnensalzstellen in der Umgebung des Kyfhäusergebirges und ganz Thüringens, u. a. mit der Flora längs des Solgrabens Bad Frankenhausen–Schönfeld (1991, 1994), mit dem aktuellen Vorkommen von *Scorzonera parviflora* im Esperstedter Ried (1993) und der Salzflora zwischen Riethnordhausen und Hackpfüffel (1995, 1996). Die Ergebnisse all dieser Untersuchungen wurden in den Beiträgen „Naturnahe Binnensalzstellen in Thüringen" (PUSCH, J., K.-J. BARTHEL & W. WESTHUS) – Naturschutzreport 12: 9–62; 1997 und „Binnensalzstellen im weiteren Umfeld der Kaliindustrie" – Naturschutzreport 12: 118–132; 1997 zusammengefasst. Mit dem Beitrag „Über historische und aktuelle Vorkommen von Salzpflanzen in den Niederungen zwischen Bad Frankenhausen und Bendeleben (Thüringen)" (mit K.-J. Barthel) wurde in den „Veröffentlichungen des Naturkundemuseums Erfurt" eine bis dahin weitgehend unbekannte Salzstelle der Öffentlichkeit vorgestellt.

Pusch verfasste zahlreiche Arbeiten über die Gattung *Orobanche* im Kyfhäusergebirge, in Ostdeutschland und Europa. Davon seien aufgeführt: • Über Merkmale und Verbreitung der Gattung *Orobanche* L. in den östlichen Bundesländern Deutschlands (mit K.-J. Barthel). – Gleditschia 20(1): 33–56; 1992. – • Die Sommerwurzarten Europas (mit H. Uhlich und K.-J. Barthel) – Neue Brehm Bücherei Bd. 618, Magdeburg 1995. – • Die Sommerwurzarten des (ehemaligen) Kreises Artern, ed. 2. – Erfurt 1996. – • Über die Verbreitung von *Orobanche caryophyllacea* SM. (Nelken-Sommerwurz) und *Orobanche lutea* BAUMG. (Gelbe Sommerwurz) in den östlichen Bundesländern Deutschlands" (mit K.-J. Barthel und R. Schäfter). – Haussknechtia 6: 21–34; 1997. – • *Orobanche pancicii* – neu für Österreich und ganz Mitteleuropa – Flor. Rundbr. 34(1): 29–42; 2000.

Zu den umfangreicheren Veröffentlichungen von Pusch (mit K.-J. Barthel) gehören auch die Beiträge zu den floristischen Erfassungen an den Ackerrändern in Nordthüringen und im nordöstlichen Mittelthüringen (1996, 2001), – • Zur aktuellen Situation der Therophyten-Fluren im Kyffhäusergebirge/Thüringen (1998) sowie zu den • Obstsorten im Kyffhäusergebirge (PUSCH, SCHURICHT, PATEK, GRAMM, REINICKE & ROSENSTOCK 2002), die alle in den „Veröffentlichungen des Naturkundemuseums Erfurt" erschienen. Eine weitere größere Arbeit „Zum Vorkommen der *Stipa*-Arten im Kyffhäusergebirge" (mit K.-J. Barthel) wurde im Jahre 2003 in der Hercynia publiziert.

Von den historischen Arbeiten (mit K.-J. Barthel) seien genannt: • Vorarbeiten „Zu den Botanikern des Kyffhäusergebietes" am Beispiel von Gustav Oertel (1834–1908) – Schlechtendalia 8: 23–31; 2002. – • Carl Friedrich Lebing (1839 bis 1907) – ein bedeutender Sangerhäuser Botaniker – Beitr. Heimatf. (Sangerhausen) 12: 112–120; 2002. – • Die Lehrer Ernst Bradler (1877–1954) und Wilhelm Rudolph (1841–1913) – zwei bedeutende Erfurter Botaniker – Veröff. Naturkundemuseum Erfurt 21: 63–68; 2002.

Biographie

Horst Jürgen Pusch wurde am 22. Juli 1962 als Sohn des Werkzeugmachers und Obermeisters Horst Pusch in Bad Frankenhausen geboren. Seine Mutter, Christa Pusch, war Grundschullehrerin und Horterzieherin. Die frühe Kindheit verlebte Pusch in dieser Stadt, wo er von 1969 bis 1977 die Polytechnische Oberschule „Thomas Müntzer" besuchte. Im September 1977 ging er an die Erweiterte Oberschule Bad Frankenhausen, die er im Jahre 1981 mit dem Abitur abschloss. Schon dieser Zeit beschäftigte er sich, angeregt und gefördert durch seinen Biologielehrer K. Karlstedt, seinen Mitschüler M. Heiland und den Naturschutzbeauftragten der Region W. Sauerbier, mit der Pflanzenwelt seiner näheren Heimat. So unternahm er mit K. Engelmann, Bad Frankenhausen, mehrere Exkursionen in das nahe Kyffhäusergebirge, nahm Kontakt mit dem Kreisheimatmuseum Bad Frankenhausen auf und begann einen umfangreichen Briefwechsel mit Botanikern der Universitäten Halle (insbesondere mit E. Weinert und S. Rauschert) und Jena. Nach seinem Wehrdienst von November 1981 bis Oktober 1984 studierte er ab November 1984 Pädagogik (Fachrichtung Mathematik/Physik) an der Pädagogischen Hochschule Erfurt/Mühlhausen (Studienort Erfurt). Da er sich an den Wochenenden und zwischen den Semestern oftmals bei seinen Eltern in Bad Frankenhausen aufhielt, führten viele seiner Exkursionen auch weiterhin in das Kyffhäusergebirge (z. B. mit J. Duty, Rostock). Im Mai 1986 nahm er brieflichen Kontakt zu K.-J. Barthel auf, mit dem er am 12. Juli 1986 erstmals in Nordhausen zusammentraf und eine gemeinsame Exkursion in das Windehäuser Holz bei Steigerthal unternahm. Seitdem ergab sich eine fruchtbare Zusammenarbeit, u. a. zu den Salzstellen in Thüringen und zu den Sommerwurzarten Ostdeutschlands, die im Jahre 1999 mit der Herausgabe der „Flora des Kyffhäusergebirges und der näheren Umgebung" einen vorläufigen Höhepunkt erreichte. Mit seiner Diplomarbeit „Theoretische Untersuchungen zur Deuterium-Kernresonanz in polymeren Festkörpern" schloss Pusch am 30. Juni 1989 sein Studium ab und wurde anschlie-

Ajuga chamaepitys (L.) SCHREBER
Thüringen, Kyffhäusergebirge: Udersleben ca.
1000 m Küche Rottleben, ehemaliges dichtes Ge-
busch, das im August 2003 völlig abgesammt
K...!
leg. J. PUSCH am 01.07.2004
3250

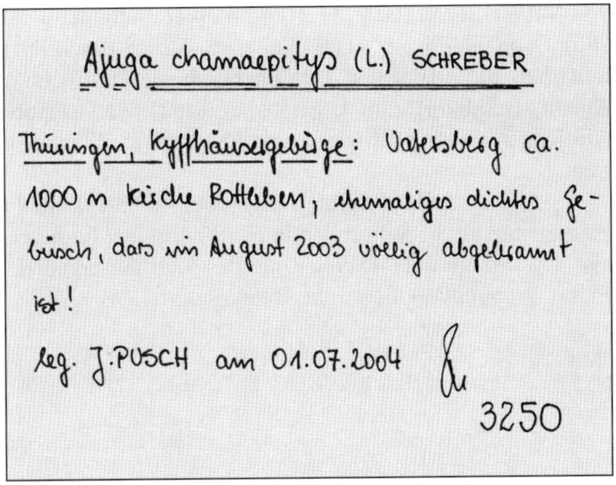

Abb. 164: Handschriftliches Herbaretikett von J. Pusch

ßend als Wissenschaftlicher Assistent am Institut für Physik der Pädagogischen Hochschule Erfurt/Mühlhausen (in Erfurt) angestellt. Im Jahre 1992 heiratete er Katrin Weikert aus Erfurt (Scheidung 2000). Parallel zu seiner Assistententätigkeit studierte er in den Jahren 1991/92 noch zwei Semester Mathematik an der Universität Jena. Nach Beendigung der befristeten Assistenz an der Pädagogischen Hochschule Erfurt (31. Dezember 1993) und anschließender Arbeitslosigkeit, in der er seine Dissertation beendete, war er vom 14. März 1994 bis zum 31. Dezember 1994 als Umweltberater (Lehrer, Gutachter) im Landschaftsplanungsbüro D. Stremke in Tromlitz bei Magdala angestellt. Am 11. November 1994 promovierte er (Betreuer: Dr. B. Walter, Marlieshausen) mit der Dissertation „^{2}D-NMR-Untersuchungen zur molekularen Dynamik in den nichtkristallinen Bereichen teildeuterierter LLDPE-Proben" zum Dr. rer. nat. Am 1. Mai 1995 gründete er in Erfurt eine eigene Ein-Mann-Firma „Botanische Studien & Naturschutzarbeit", die bis zum Jahre 1997 bestand.

Anschließend (ab 1. August 1997) nahm er die auf zehn Jahre befristete Stelle des Projektleiters des Naturschutzgroßprojektes „Kyffhäuser" (Förderprogramm Bund, Land, Landkreis) beim Landratsamt des Kyffhäuserkreises an. Hier ist er vor allem für die Sicherung (Ankauf, Unterschutzstellung) und die Pflege der wertvollsten Bereiche des Kyffhäusergebirges verantwortlich. Unter seiner Leitung wurde ab dem Jahre 2000 der Obstsorten-Erhaltungsgarten auf dem Schlachtberg nördlich von Bad Frankenhausen mit über 1.000 Obstbäumen in etwa 400 verschiedenen Sorten angelegt. Am 25. März 2000 zog er mit seiner neuen Lebenspartnerin Sabine Falley, geb. Groß, aus Sondershausen und deren Sohn Christian nach Bad Frankenhausen (Rottlebener Straße 67), wo am 15. Mai 2001 ihr gemeinsamer Sohn Tobias geboren wurde und wo sie am 20. Dezember 2001 heirateten. Am 16. Dezember 2003 wurde der Sohn Sebastian geboren.[1]

Pusch ist seit 1989 Mitglied der Thüringischen Botanischen Gesellschaft. Am 25. Oktober 1997 wurde er in deren Vorstand gewählt. Er ist ferner Mitglied des Arbeitskreises „Heimische Orchideen Thüringen e. V." (seit Januar 1993), des Botanischen Vereins von Sachsen-Anhalt (seit Januar 2001) und seit November 2002 des Fachbeirates für Arten- und Biotopschutz des Freistaates Thüringen.[1] Pusch ist weiterhin Spezialbearbeiter der Orobanchaceae im ROTHMALER (Bd. 4, 2002 mit Holger Uhlich, Dresden), der „Illustrierten Flora von Mitteleuropa" (Begr. G. HEGI, Vorbereitung der 3. Auflage seit 1992) und in der neuen „Flora von Thüringen". Des Weiteren wurden durch ihn in den vergangenen Jahren 3 Diplomarbeiten (H. Böttcher, J. Wäldchen beide FH Eberswalde und N. Papendick Hochschule Anhalt, Bernburg) zum Esperstedter Ried, der Diasporen-Keimfähigkeitsdauer von Segetalpflanzen und zur Effizienz von Landschaftspflegemaßnahmen im Kyffhäusergebirge betreut.

Allein seit 1998 führte Pusch über 40 botanische Fachexkursionen in das Kyffhäusergebirge und an die Salzstellen in Nordthüringen. In dieser Zeit hielt er deutschlandweit mehr als 30 Vorträge über Themen, die das Kyffhäusergebiet betreffen (Naturschutzgroßprojekt, Flora, *Orobanche*, Obstsorten, Binnensalzstellen).

Quellen
(1) Eigene Angaben J. Pusch (2.1.2002, 11.7.2003, 2.2.2004, 4.1.2005).

Quelle, Ferdinand   1876–1963

geboren: 10. Dezember 1876 in Nordhausen
gestorben: 30. Januar 1963 in Berlin

<u>Beruf, Leistungen auf floristischem Gebiet</u>
Gymnasiallehrer, Botaniker (besonders Moose, Algen
und Flechten), Entomologe. Zunächst mit den Phanerogamen im Umkreis von Nordhausen beschäftigt,
spezialisierte er sich bald auf die Erforschung der
Kryptogamen und war später besonders auf dem Ge-
biet der Moose, Flechten und Algen im Umfeld des
Harzes erfolgreich. Gemeinsam mit L. Oßwald fand er
Campanula cervicaria und *Drosera rotundifolia* bei
Mackenrode, *Cicuta virosa* bei Limlingerode, *Galium
parisiense* bei Steinthaleben, *Prenanthes purpurea* in
Waldungen zwischen Stolberg und Schwenda, *Trifo-
lium striatum* bei Stempeda, *Turgenia latifolia* bei
Hainrode sowie *Veronica prostrata* und *Crepis prae-
morsa* bei Questenberg.[11] Von ihm liegt eine große
Zahl sehr bemerkenswerter Herbarbelege aus der
Umgebung von Nordhausen, aus der Hainleite und aus

Abb. 165: Ferdinand Quelle

dem Kyffhäusergebirge vor. Quelle ist Gewährsmann der „Flora von Südhannover" (PETER
1901) und der „Moosflora des Harzes" (LOESKE 1903). Loeske erhielt von ihm „sehr viele"
Fundortsangaben aus dem gesamten Harzgebiet sowie „zahlreiche wertvolle Unterstützungen
verschiedener Art" und nennt ihn als den besten Kenner der bryologischen Vegetationsverhältnisse des Südharzes. Quelle fand als Erster *Clevea hyalina* um 1900 über der Barbarossahöhle, *Riccia bischoffii* am Schlachtberg bei Frankenhausen (beides Lebermoose), *Myurella
julacea* und *Plagiobryum zierii* am Sachsenstein bei Walkenried sowie *Tortula fiorii* (*Barbula fiorii*) im Jahre 1904 am Südharz und bald darauf im Kyffhäusergebirge (alles Laubmoose).[17] „Vor ziemlich genau 100 Jahren entdeckte Ferdinand Quelle auf Gipshügeln zwischen
Krimderode und Rüdigsdorf (nördlich Nordhausen) eine kleine Pottiacee, die er *Barbula
fiorii* VENTURI bestimmte [...]. Diese heute zu *Tortula revolvens* (SCHIMP.) G. ROTH gestellte
Art war damals nur aus Italien bekannt."[21] Bereits am 27. März 1904 sammelte Quelle *A-
caulon casasianum* BRUGUES & H. A. CRUM [wurde erst im Jahre 1984 als neue Art be-
schrieben] an den Gipsbergen bei Krimderode, ein Laubmoos (Pottiaceae), das er als *Acaulon triquetrum* bestimmte. Der entsprechende Beleg befindet sich im Herbarium Haussknecht
(JE) in Jena.[21]

<u>Herbarien, wichtige Herbarbelege</u>
Quelle besaß ein recht umfangreiches Herbarium mit vermutlich einigen Tausend Exsikkaten. Nach seinem Tod konnte es durch F. K. Meyer für das Herbarium Haussknecht (JE)
übernommen werden.[13] In Göttingen (GOET) befindet sich ein Moosherbar, das Belege
enthält, die Quelle für seine Dissertation gesammelt hatte.[22]
    Folgende von Quelle im Bearbeitungsgebiet gesammelte Belege sollen genannt wer-
den: *Allium angulosum*: bei Kelbra an der Chaussee (JE, 22.7.1895); *Allium sphaerocepha-*

lon: auf und an Äckern bei Steinthaleben (JE, 22.7.1895); *Androsace elongata*: Hartmanns-
damm bei Nordhausen (JE, 7.5.1891); *Apium graveolens*: Salzgraben bei der Numburg (JE,
2.9.1894); *Arabis alpina*: bei Ellrich (JE, 19.5.1895); *Biscutella laevigata*: Gipsberge des
Kohnsteins (JE, 19.6.1892); *Bromus secalinus*: Äcker an der Helme (JE, 1893); *Cardaminopsis petraea*: Alter Stolberg an Gipsfelsen (JE, 30.8.1891); *Carex hordeistichos*: Salzquelle bei der Numburg (JE, o. D.); *Carex supina*: Am Südabhang der Rothenburg im Kyffhäusergebirge (JE, 30.4.1892); *Centaurium littorale*: Kalktal bei Frankenhausen (JE, 21.7.
1894); *Chenopodium murale*: in Woffleben (JE, 20.10.1895); *Chenopodium vulvaria*: Heringen (JE, 14.9.1891); *Epipactis microphylla*: Alter Stolberg (JE, 12.7.1891); *Gagea bohemica*
subsp. *saxatilis*: Marktrasen bei Nordhausen (JE, 25.3.1893); *Gentianella amarella*: Mittelberg östlich Auleben (JE, 14.9.1891); *Isolepis setacea*: Äcker unter dem Kyffhäuser bei
Sittendorf (JE, 5.9.1896); *Omphalodes scorpioides*: schattige Stellen an der Rothenburg (JE,
11.5.1892); *Papaver hybridum*: Äcker bei Frankenhausen (JE, 24.6.1894); *Pinguicula vulgaris*: Südharz, Gipsfelsen am Kohnstein (JE, 19.6.1892); *Polycnemum arvense*: am Wehrhäu-
schen bei Nordhausen (JE, 25.8.1895); *Poa badensis*: an der Sachsenburg (JE, 23.5.1893);
Salix hastata: in einer Schlucht des Alten Stolbergs (JE, 8.6.1892). – Von Quelle befinden
sich zahlreiche Briefe und Postkarten im Archiv des Herbarium Haussknecht.[20]

Wichtige Veröffentlichungen

• Beiträge zur Flora des Harzes und Nordthüringens (OßWALD, L. & F. QUELLE). – Mitt. Thüring. Bot. Ver. 9:
29–31; 1896. – • Ein Beitrag zur Kenntnis der Moosflora des Harzes. – Beihefte Bot. Centralbl. (Cassel)
21(84): 402–410; 1900. – • Bericht über die Herbsthauptversammlung in Weimar am 20. Oktober 1901 (u. a.
Teucrium montanum bei Nordhausen und Moose des Harzes). – Mitt. Thüring. Bot. Ver. 16: 15–17; 1901. – •
Die Kryptogamen in Thals „Sylva Hercynia". – Mitt. Thüring. Bot. Ver. 19: 49–59; 1904. – • Zur Biologie
der Polytrichaceen. – Mitt. Thüring.
Bot. Ver. 19: 17–22; 1904. – •
Barbula Fiorii, ein Charaktermoos
mitteldeutscher Gipsberge. – Hed-
wigia 45: 289–297; 1906. – • Bei-
träge zu einer Flechtenflora des
Harzes und Nordthüringens (Oß-
WALD, L. & F. QUELLE). – Mitt.
Thüring. Bot. Ver. 22: 8–25; 1907. –
• Zur Kenntnis der Algenflora von
Nordhausen. – Mitt. Thüring. Bot.
Ver. 22: 36–39; 1907. – • Bemer-
kungen über den inneren Bau einiger
Süßwasser-Diatomeen. – Mitt.
Thüring. Bot. Ver. 22: 25–31; 1907.

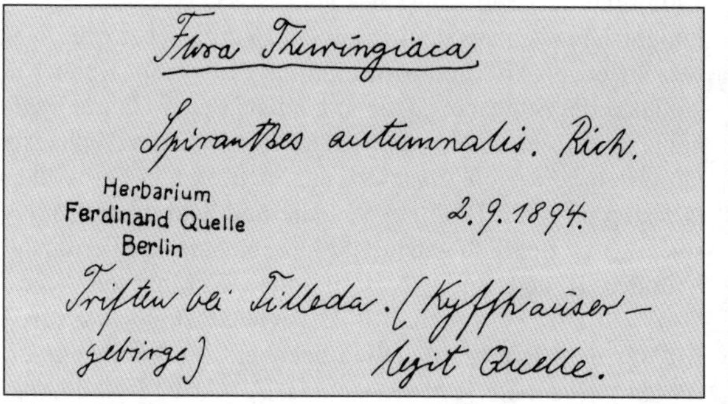

Abb. 166: Handschriftliches Herbaretikett von F. Quelle

– • Algenflora von Nordhausen. Auf Grund Kützingscher und eigener Forschungen dargestellt. – Mitt. Thüring. Bot. Ver. 23: 33–61; 1908. – • Bericht über die Frühjahrsversammlung in Naumburg a. S. am 2. Juni
1914 (Bemerkung zur Bacillariaceen-Flora des Numburg-Baches). – Mitt. Thüring. Bot. Ver. 33: 68–69;
1916. – [• *Elater hjorti* Rye (Col. Elat.). – Mitt. Deutsch. Entomol. Ges. 6(3/4): 33–35; 1935. – • Mein Aqua-
rium (KIRSTEIN, G. & F. QUELLE). – Berlin 1953.]

Biographie

Ferdinand Friedrich Hermann Quelle wurde am 10. Dezember 1876 als Sohn eines Kaufmanns in Nordhausen geboren. Er besuchte insgesamt 11 Jahre (davon zwei Jahre in der
Prima) das Gymnasium in Nordhausen (Abitur Ostern 1896).[5] Schon als Gymnasiast botanisierte er mit dem Nordhäuser Volksschullehrer und Botaniker L. Oßwald, der ihm ein ver-

ständnisvoller Freund und Förderer war.[1] Bereits mit 14 Jahren begann er mit dem Anlegen eines eigenen Herbariums. Seine erste Veröffentlichung „Beiträge zur Flora des Harzes und Nordthüringens" (gemeinsam mit L. Oßwald) erschien im Jahre 1896 in den Mitteilungen des Thüringischen Botanischen Vereins.[11] Am 17. April 1896 ließ er sich an der Universität Göttingen immatrikulieren,[8] um unter A. Peter Botanik und Naturwissenschaften zu studieren.[1] Nach einem Semester, am 10. August 1896 (Tag der Exmatrikulation), verließ er die Universität Göttingen wieder.[8] Im Jahre 1898 besuchte er erstmals Südtirol[15] und (im Sommer 1898) die Bayerischen Alpen.[4] Quelle war erneut vom 20. Oktober 1898 bis zum 23. März 1903 an der Universität Göttingen eingeschrieben.[9] Während der Universitätsferien unternahm er von Nordhausen aus zahlreiche botanische Ausflüge, so dass bereits im Jahre 1900 „Ein Beitrag zur Kenntnis der Moosflora des Harzes" erscheinen konnte.[19] Auf der Herbst-Hauptversammlung des Thüringischen Botanischen Vereins am 20. Oktober 1901 in Weimar berichtete er über einen zweiten Fundort von *Teucrium montanum* am Südharz, den ein Gymnasiast aus Nordhausen an den Steinbergen bei Petersdorf fand.[4] Im Jahre 1902 promovierte er mit einer Arbeit über „Göttingens Moosvegetation" unter A. Peter (Hauptgutachter) zum Dr. phil.[2][18] Das Promotionsverfahren begann am 20. Dezember 1901. Er wurde von den Professoren A. Peter (Botanik), E. Ehlers (Zoologie) und O. Wallach (Chemie) mündlich geprüft. Die Promotionsurkunde wurde auf den 29. April 1902 ausgestellt.[8] Nach seiner Promotion studierte er in Göttingen noch zwei Semester, um sich auf das Oberlehrer-Staatsexamen vorzubereiten.[25] Im Sommer 1902 sammelte er Moose in der Umgebung von Innsbruck und im Ortlergebiet.[24] Von 1904 bis 1906 hatte er eine Assistentenstelle am Botanischen Museum der Universität Göttingen inne. Im Jahre 1906 bestand er in Göttingen die Prüfung für das höhere Lehramt in den Fächern Botanik, Zoologie, Chemie, Mineralogie und Physik.[2] Nachdem er von Johannis bis Michaelis 1906 am Realgymnasium Nordhausen den Unterricht für den erkrankten Prof. A. Petry erteilt hatte,[6] absolvierte er im Jahre 1907 ein Seminarjahr an der Guericke-Oberrealschule in Magdeburg und im Jahre 1908 ein Probejahr am Realgymnasium in Pankow. Am 14. Februar 1907 heiratete er in Göttingen Maria Rosinski aus Gleiwitz; aus dieser Ehe gingen eine Tochter (geb. 1909) und ein Sohn (geb. 1910) hervor.[26] Berlin blieb auch weiterhin sein Arbeitsort. Im Jahre 1909 war er schon Oberlehrer.[2] [Später wurde er Studienrat.[18]] Im 1. Weltkrieg diente er als Soldat[10] an der Ostfront und kam in russische Gefangenschaft. Dabei erlernte er im Rahmen der Möglichkeiten die russische Sprache.[26] 1939 trat er in den Ruhestand,[2] arbeitete aber nach 1945 noch einige Jahre als Lehrer an der Friedrich-Liszt-Oberschule in Berlin-Niederschönhausen (Fächer Biologie und Physik). Zuletzt (bis Juni 1959) unterrichtete er im Bischöflichen Vorseminar für Priester in Schöneiche bei Berlin.[26] Seit 1923 war er Mitglied der Deutschen Entomologischen Gesellschaft und beschäftigte sich seit dieser Zeit mit den Elateriden, die er bis zum Jahre 1959 im Zoologischen Museum der Humboldt-Universität zu Berlin bearbeitet hatte.[7] [Elateriden (Schnellkäfer) leben hauptsächlich im Totholz, aber auch auf lebendem Holz und krautigen Pflanzen.[23]] Er arbeitete auch biologisch-kriminalistisch für die Kriminalpolizei. Noch im Alter war er ein großer, hochgewachsener, lebhafter und sehr interessierter Mann.[13] So beschäftigte er sich ernsthaft mit Astronomie.[26] Er wohnte zuletzt mit seiner Frau und seiner Tochter Eva Quelle in Berlin-Niederschönhausen, Kuckhoffstraße 82.[13] Sein Haus war seit 1910 zu jeder Zeit ein Treff- und Anlaufpunkt für ehemalige Schüler und Kollegen.[26] Quelle starb am 30. Januar 1963 in Berlin.[1][13] Seine letzte Ruhestätte fand er auf dem Friedhof III in Berlin-Pankow.[26] Der Sohn, Eberhard Quelle, lebte im Jahre 1963 in Heiligenhaus bei Düsseldorf.[13]

Quelle war seit Oktober 1892 Mitglied des Thüringischen Botanischen Vereins.[3] Im Jahre 1961 wurde er zum Ehrenmitglied der Thüringischen Botanischen Gesellschaft ernannt.[12] Seine Käfersammlung wurde nach seinem Tod der Coleopteren-Kollektion des Museums für Naturkunde der Humboldt-Universität Berlin übereignet.[14] Wein benannte 1911/12 *Rosa tomentosa* SM. var. *quellei* K. WEIN nach Quelle.[16]

Quellen

(1) KELLNER, K.: Die floristische Erforschung der Südharzlandschaft um Nordhausen, 4. Teil. – Beitr. Heimatk. Stadt Kreis Nordhausen 6: 58–72; 1981. – **(2)** GRUMMANN, V.: Biographisch-bibliographisches Handbuch der Lichenologie. – Lehre 1974. – **(3)** Herbst-Hauptversammlung zu Nordhausen am 2. Oktober 1892 – Mitt. Thüring. Bot. Ver. 3/4: 21; 1893. – **(4)** Herbst-Hauptversammlung in Mitt. Thüring. Bot. Ver. 16: 15–17; 1901. – **(5)** Programm Gymnasium Nordhausen 1896. – **(6)** Jahresbericht Realgymnasium Nordhausen 1907. – **(7)** Glückwünsche zum 85. Geburtstag von Ferdinand Quelle. – Mitt. Deutsch. Entomol. Ges. 20: 67; 1961. – **(8)** Hunger, U., Universitätsarchiv Göttingen (22.1.2001, briefl. an K.-J. Barthel). – **(9)** Hunger, U., Universitätsarchiv Göttingen (31.1.2001, briefl. an K.-J. Barthel). – **(10)** Hauptversammlung in Mitt. Thüring. Bot. Ver. 33: 73; 1916. – **(11)** OßWALD, L. & F. QUELLE: Beiträge zur Flora des Harzes und Nordthüringens. – Mitt. Thüring. Bot. Ver. 9: 29–31; 1896. – **(12)** MEYER, F. K.: 100 Jahre Thüringische Botanische Gesellschaft. – Haussknechtia 1: 3–16; 1984. – **(13)** Meyer, F. K., Herbarium Haussknecht Jena (6.1.1981, briefl. an K. Kellner). – **(14)** Wendt, H., Museum für Naturkunde der Humboldt-Universität Berlin (26.9.2001, briefl. an K.-J. Barthel). – **(15)** FRAHM, J.-P. & J. EGGERS: Lexikon deutschsprachiger Bryologen. – Norderstedt 2001. – **(16)** ECKARDT, Th.: Ein Leben für die Geschichte der Botanik. – Ber. Bayer. Bot. Ges., 30: 9–15; 1954. – **(17)** REIMERS, H.: Bemerkenswerte Moos- und Flechtengesellschaften auf Zechstein-Gips am Südrande des Kyffhäuser und des Harzes. – Hedwigia 79: 81–174; 1940. – **(18)** WAGENITZ, G.: Göttinger Biologen, 1737–1945. Eine biographisch–bibliographische Liste. – Göttingen 1988. – **(19)** QUELLE, F.: Ein Beitrag zur Kenntnis der Moosflora des Harzes. – Beihefte Bot. Centralbl. (Cassel) 21(84): 402–410; 1900. – **(20)** Manitz, H., Herbarium Haussknecht Jena (8.3.2004, briefl. an J. Pusch). – **(21)** ECKSTEIN, J.: *Acaulon casasianum* (Musci, Pottiaceae) – neu für die Flora von Mitteleuropa. – Haussknechtia 10: 103–112; 2004. – **(22)** WAGENITZ, G.: Index collectorum principalium herbarii Gottingensis. – Göttingen 1982. – **(23)** Weipert, J., Plaue (22.12.2004, mündl. mit K.-J. Barthel). – **(24)** Bericht über die Herbsthauptversammlung in Weimar am 8. Oktober 1905 (Bryoflora von Österreich, Italien und Deutschland). – Mitt. Thüring. Bot. Ver. 21: 98–101; 1906. – **(25)** Brief vom 15. Mai 1902 an Carl Haussknecht. – **(26)** Eckert, B., Enkelin von F. Quelle in Rothenklempenow bei Pasewalk (8.2.2005, briefl. an K.-J. Barthel).

Rabitz, Paul   1888–1977

geboren: 12. Dezember 1888 in Frankenhausen
gestorben: 9. Juli 1977 in Mühlhausen/Thür.

Abb. 167: Paul Rabitz

Beruf, Leistungen auf floristischem Gebiet
Gymnasiallehrer, Botaniker (insbesondere Orchideologe). Ihm verdanken wir aus den Jahren 1920 bis
1970 eine große Zahl wertvoller Fundortsangaben zur
Flora des Kyffhäusergebirges und der näheren Umgebung, die er in einer Art Exkursionstagebuch festhielt.
Mit besonderer Sorgfalt bearbeitete er die Orchideen
des Kyffhäusergebirges, der Hainleite und der näheren
Umgebung von Sondershausen. Dadurch besitzen wir
heute zuverlässige Angaben über frühere Vorkommen
von *Anacamptis pyramidalis* aus der Umgebung von
Bad Frankenhausen,[1][2] von *Dactylorhiza incarnata*
nördlich der Westquelle nahe der Numburg,[1] von
Dactylorhiza sambucina am Hostienberg südlich von
Bad Frankenhausen,[1][2] von *Epipogium aphyllum* am
Büchenbrunnen bei Sondershausen,[1][2] von *Orchis
palustris* im Esperstedter Ried und von *Spiranthes
spiralis* aus der Umgebung von Tilleda.[1] *Artemisia pontica* fand er im Herbst des Jahres
1920 am Lückenhügel östlich von Frankenhausen, *Papaver hybridum* im Mai 1921 an der
Steinsäule des Kosakenberges, *Digitalis grandiflora* im Juni 1924 im Steintal nahe der Rothenburg bei Kelbra, *Centaurium littorale* im August 1932 auf der Schlachtberghochfläche
und *Parnassia palustris* im September 1950 in Menge auf den Höhen östlich des Hopfentales
bei Kelbra.[1] Rabitz führte ab 1922 im südlichen Kyffhäusergebirge Ansalbungsversuche mit
Glaucium flavum durch.[1]

Herbarien, wichtige Herbarbelege
Das Herbarium von Rabitz wurde um 1985 durch seinen Sohn A. Rabitz dem Fuhlrott-
Museum in Wuppertal übergeben.[3][7] Es befand sich in einer Blechkiste von etwa 60 cm
Länge, 50 cm Breite und 50 cm Höhe.[7] Ein kleineres Orchideen-Herbar erhielt S. Lange,
Badra, wo es heute noch vorhanden ist und eingesehen werden kann.[8] Es umfasst etwa 50
von Rabitz gesammelte Orchideen-Exsikkate (knapp 45 Sippen) vor allem aus Deutschland
und dem Alpengebiet. Einige Belege sind undatiert und ohne Ortsangaben. Aus dem Kyffhäusergebiet sind folgende Belege enthalten:[9] *Anacamptis pyramidalis*: Frankenhausen:
über der Eschenecke, gegenüber (nördlich) den Ausgrabungen an Höhe 276,7 (o. D.); *Dactylorhiza incarnata*: Wiese zwischen der Numburg und Aumühle (16.6.1919); *Dactylorhiza
sambucina*: Hostienberg (beim Mutzenbrunnen), gelbe und rote Form (8.5.1921); *Orchis
palustris*: im Esperstedter Ried (13.6.1934); *Spiranthes spiralis*: Tilleda–Sittendorf
(20.9.1919).

Wichtige Veröffentlichungen
• Die Peridermbildung von Holzgewächsen in ihrer Beziehung zum Bau der Rinde. – Inauguraldissertation,
Jena 1916.

259

Biographie

Paul Ferdinand Albert Rabitz wurde am 12. Dezember 1888 als Sohn eines Oberlehrers in Frankenhausen geboren.[3][5] Nach der Volksschule in Frankenhausen besuchte er zunächst das dortige Progymnasium und danach (ab 1905) das Gymnasium in Eisenach, wo er am 2. März 1908 das Reifezeugnis erhielt. Anschließend ging er zum Studium (Botanik, Zoologie, Chemie, Erdkunde) an die Universität Jena, das er im Sommersemester 1909 an der Universität Marburg fortsetzte. Vom 1. Oktober 1909 bis zum 30. September 1910 absolvierte er seinen Militärdienst als Einjährig-Freiwilliger in Rudolstadt.

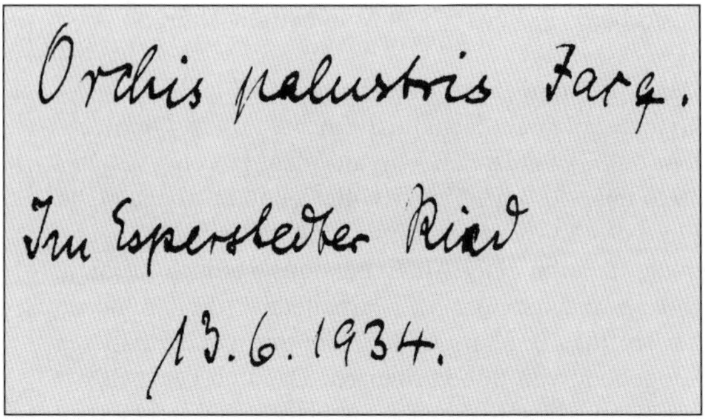

Abb. 168: Handschriftliches Herbaretikett von P. Rabitz

Danach studierte er an der Universität Marburg (1910 bis 1911) und von 1911 bis 1914 wieder an der Universität Jena. Hier promovierte er am 22. Februar 1916 mit der Dissertation „Die Peridermbildung von Holzgewächsen in ihrer Beziehung zum Bau der Rinde" zum Dr. phil. Schon vorher nahm er als Soldat am 1. Weltkrieg teil[3] [von 1915 bis 1917 fünf Verwundungen und entsprechende Lazarettaufenthalte;[3] 1915 wurde er Leutnant;[5] mehrere Auszeichnungen, u. a. Eisernes Kreuz 1. Klasse[3][5]]. Nachdem er im März 1919 die Prüfung für das höhere Lehramt (in den Fächern Botanik, Zoologie, Chemie und Erdkunde) bestanden hatte, ging er noch im selben Jahr als Studienreferendar an das Realgymnasium nach Nordhausen. Im Jahre 1920 wurde er Studienassessor am Gymnasium in Sondershausen, wo er im Jahre 1921 Oberlehrer und später Studienrat wurde. Am 23. März 1923 heiratete er Frieda Döring aus Sondershausen, eine Tochter von Edmund und Natalie Döring. Aus dieser Ehe gingen ein Sohn und eine Tochter hervor.[3] Auf der Frühjahrsversammlung des Thüringischen Botanischen Vereins am 14. Juni 1931 in Greußen wies er auf Eibenvorkommen am Hagenberg und am Frauenberg bei Sondershausen hin.[10] Ab September 1939 nahm er als Soldat am 2. Weltkrieg teil, wurde aber aus gesundheitlichen Gründen bereits im Frühjahr 1943 als Hauptmann der Reserve entlassen. Danach war er wieder als Lehrer am Gymnasium in Sondershausen angestellt. Wie so viele Lehrer, wurde auch er im Jahre 1945 aus dem Schuldienst entlassen.[3] Nach mehreren Jahren handwerklicher Tätigkeit in einer Tischlerei[3] arbeitete er von 1952 bis August 1955 wieder als Biologie- und Chemielehrer an der Oberschule in Sondershausen.[4][11] Die Jahre seines Ruhestandes verbrachte Rabitz weiterhin in der Gartenstraße 5 in Sondershausen. Seine Frau starb 1974, er selbst am 9. Juli 1977 nach einem kurzen Klinikaufenthalt (12 Tage) in Mühlhausen/Thür.[3][4] Seine letzte Ruhestätte fand er auf dem Friedhof in Sondershausen in der Familiengrabstätte Döring/Rabitz.[3]

Rabitz war seit 1925 Mitglied des Thüringischen Botanischen Vereins; er war bereits 1933 Studienrat und wohnte in der Gartenstraße 5 in Sondershausen.[6] Schon während seiner Studienreferendarzeit am Realgymnasium Nordhausen botanisierte er mit dem dortigen Gymnasialprofessor A. Petry. Beide fanden im Juni 1919 *Dactylorhiza incarnata* auf einer Wiese nördlich der Westquelle nahe der Numburg.[1] Von 1947 bis 1964 war er Naturschutzbeauftragter für den Kreis Sondershausen.[3][4] In dieser Funktion botanisierte er mehrfach mit Ernst Kaiser im Kyffhäusergebiet.[12]

Quellen

(1) Floristische Aufzeichnungen von P. RABITZ in Form eines systematisch geordneten Notizbuches (etwa 470 Seiten), zwischen 1921 und 1970 angelegt. Im Besitz von S. Lange, Badra. – (2) HENZE, U., W. ECCARIUS, H. HIRSCHFELD, K. LENK & E. SCHNEIDER: Orchideen im Kyffhäuserkreis. – Arbeitskreis Heimische Orchideen Thüringen e. V. 2000. – (3) Rabitz, A., Sohn von P. Rabitz in Tönisvorst (31.8.2001, briefl. an K.-J. Barthel). – (4) Lenk, K., Sondershausen (15.7.2000, schriftl. an J. Pusch). – (5) Lange, S., Badra (Juli 2001, briefl. an K.-J. Barthel). – (6) Verzeichnis der Mitglieder. – Mitt. Thüring. Bot. Ver. 41: III–V; 1933. – (7) Rabitz, A. (16.10.2001, briefl. an J. Pusch). – (8) Lange, S. (5.10.2001, briefl. an J. Pusch). – (9) Lange, S. (1.11.2001, mündl. mit J. Pusch und Herbareinsicht). – (10) Frühjahrsversammlung in Greußen (Hotel zum Schwan) am 14. Juni 1931. – Mitt. Thüring. Bot. Ver. 40: VII–XI; 1931. – (11) Rabitz, A. (12.11.2002, briefl. an K.-J. Barthel). – (12) Postverkehr (Postkarten) P. Rabitz – E. Kaiser (im Besitz von S. Lange).

Ratzenberger, Caspar

1533–1603

geboren: 15. Februar 1533 in Saalfeld
gestorben: 22. November 1603 in (Naumburg ?)

Beruf, Leistungen auf floristischem Gebiet
Stadtphysikus (Stadtarzt) in Naumburg. Gartenbesitzer und Pflanzensammler, der auch im Umfeld des Kyffhäusergebirges botanisierte. Das derzeit älteste Herbarium Thüringens aus dem Jahre 1598, das sich in der Forschungsbibliothek in Gotha befindet, wurde von Ratzenberger zusammengestellt. Von ihm existiert ein weiteres Herbarium aus dem Jahre 1592 im Naturkundemuseum Ottoneum in Kassel. Dabei handelt es sich um das älteste erhaltene Herbarium in Deutschland. Als Besitzer eines Kräuter- und Lustgartens kultivierte Ratzenberger zahlreiche Pflanzen aus dem Mittelmeergebiet und aus Amerika (u. a. Kartoffel, Tomate, Mais, Tabak, Stechapfel).[3] Er fand *Artemisia maritima* und *Salicornia europaea* östlich von Frankenhausen.

Herbarien, wichtige Herbarbelege
Das Gothaer Herbar von Ratzenberger umfasst vier verschieden starke Bände (50 cm lang, 20 cm breit) in Holzdeckeln, die außen mit gepresstem Leder überzogen sind.[2][4] Es enthält insgesamt 926 verschiedene Pflanzen, davon sind 57 Pflanzen mit Fundorten versehen [darunter 16 aus Deutschland[4]]. Im 4. Band sind allein 73 Drogen enthalten.[3] Einen Beleg von *Artemisia maritima* „In lacubus salsis Franckenhusanis Herciniae"[4] sammelte Ratzenberger an den heute längst verschwundenen Salzteichen östlich von Frankenhausen.[1] Auch ein Beleg von *Salicornia europaea* „Ad lacus salsos Frankenhusanos Harciniae" liegt vor.[4] Zwei Pflanzen, die von Ratzenberger als *Stachis seu Syderitis Mansfeldica et Hercinia* bezeichnet und von G. ZAHN (1901) als *Sideritis monta-*

Abb. 169: Herbarbeleg von Ratzenberger zu *Artemisia maritima* von Frankenhausen

na L. erklärt wurden,[4] erwiesen sich später als *Marrubium peregrinum* bzw. als *Marrubium peregrinum* x *M. vulgare*.[6] Aus dem Namen *Stachis seu Syderitis Mansfeldica* darf man wohl schließen, dass sie in der Grafschaft Mansfeld (im Raum Erdeborn–Wormsleben) gesammelt wurden, wo sie heute noch vorkommen.[6] Der derzeitige Zustand des Gothaer Herbariums, das in der Handschriftensammlung unter der Signatur Chart. A 153–156 eingeordnet wurde, ist noch „recht gut".[2] Das Kasseler Herbar umfasst drei Bände mit 746 Pflanzen. Bei insgesamt 108 Pflanzen wurde der Fundort angegeben, davon kamen 32 Pflanzen aus Deutschland und 16 weitere aus Ratzenbergers Garten.[3] Im Internet ist eine vollständige Liste der Belege und Fundorte des Kasseler Herbars abrufbar.[7]

Wichtige Veröffentlichungen
Es sind uns keine gedruckten botanischen Schriften von Ratzenberger bekannt.

Biographie

Caspar Ratzenberger wurde am 15. Februar 1533 in Saalfeld als drittes Kind einer wohlhabenden und angesehenen Familie geboren. Am 24. April 1549 ließ er sich an der Universität Wittenberg immatrikulieren. Seine Lehrer waren u. a. Philipp Melanchthon und Caspar Peucer. Vor allem Peucer übte bleibenden Einfluss auf Ratzenberger aus, da er durch ihn zahlreiche Pflanzen kennen lernte. Im Jahre 1555 unterbrach er sein Studium und ging als Hauslehrer nach Gotha und ein Jahr später nach Lübben. 1557 kehrte er nach kurzem Aufenthalt in Saalfeld nach Wittenberg zurück, um hier im Februar 1558 seine Studien mit dem Magistergrad abzuschließen. Im März 1558 studierte er bereits an der Universität Jena, wo er seine medizinischen Kenntnisse erweitern wollte. Nach einem Zwischenaufenthalt in Saalfeld (Januar 1559) und Gotha (Februar 1559)[3] reiste er noch im selben Jahr über Augsburg, Innsbruck und Trient nach Italien[3][4] und danach in das südliche Frankreich (Montpellier, Narbonne, in die Provence). In Orange schloss er seine Studien ab und promovierte zum Dr. med.[3] Anschließend reiste er über Lyon, Lausanne, Ingolstadt und Nürnberg zurück in die Heimat. Er hatte in seinem Gepäck an die drei Zentner Pflanzen, Sämereien, Früchte u. a. mitgebracht.[3][4] Im Jahre 1562 finden wir ihn als Schularzt an der Fürstenschule zu Pforta.[3] Um 1564 muss er sich in Naumburg als „Medicus physicus" niedergelassen haben.[4] Hier wurde er der Schwiegersohn des Apothekers, Arztes und Bürgermeisters Johannes Steinhöfer, dessen Apotheke (die spätere Löwenapotheke) er im Jahre 1567 übernahm.[5] In Naumburg legte er sich einen Kräuter- und Lustgarten an, in dem er zahlreiche exotische Pflanzen kultivierte [auch Granatapfel, Lorbeer, Feige, Hyazinthe usw.].[3] Als Arzt wurde er auch von den Fürstenhöfen in Thüringen und Hessen gerufen. Sein Nachfolger in der Apotheke wurde im Jahre 1601 Pancratius Wolff.[5] Ratzenberger, der viermal verheiratet war,[3] starb am 22. November 1603[3][4] höchstwahrscheinlich in Naumburg.[4][5]

Die beiden oben genannten Herbarien bilden nicht die einzige Hinterlassenschaft Ratzenbergers. „In der Lutherhalle in Wittenberg befindet sich ein handschriftlicher Sammelband, der, neben einigen theologischen Abhandlungen und chronikalischen Notizen Abschriften von 102 Briefen aus den Jahren 1521 bis 1530 enthält, darunter 52 von Luther und 32 von Melanchthon; 63 der Briefe sind an Agricola gerichtet. [...] Erster nachweisbarer Besitzer des Sammelbandes war Caspar Ratzenberger, der ihn am 30. März 1586 seinem Verwandten Christoph Gruner schenkte."[3]

Quellen
(1) BARTHEL, K.-J. & J. PUSCH: Flora des Kyffhäusergebirges und der näheren Umgebung. – Jena 1999. – (2) Hopf, C., Forschungsbibliothek Gotha (15.12.2000, briefl. an K.-J. Barthel). – (3) KUPLER, W.: Der Naumburger Stadtarzt Caspar Ratzenberger (1532–1602) [Jahreszahlen im Titel falsch angegeben, im Text korrekt]. – Saale-Unstrut-Jahrbuch 6: 65–71; 2001. – (4) ZAHN, G.: Das Herbar des Dr. Caspar Ratzenberger (1598) in der Herzoglichen Bibliothek zu Gotha. – Mitt. Thüring. Bot. Ver. 16: 50–121; 1901. – (5) HEIN, W.-H. & H.-D. SCHWARZ: Deutsche Apotheker-Biographie. Ergänzungsband II. – Stuttgart 1997. – (6) SCHULZ, A.: Über das Vorkommen von *Marrubium creticum* MILL. und *M. creticum* MILL. x *vulgare* L. in der Grafschaft Mansfeld im 16. Jahrhundert. – Mitt. Thüring. Bot. Ver. 30: 65–68; 1913. – (7) Raabe, U., Marl (23.2.2005, telef. mit J. Pusch).

Rauschert, Stephan   1931–1986

geboren: 1. September 1931 in Sundhausen
gestorben: 6. Mai 1986 in Halle/Saale

Abb. 170: Stephan Rauschert

Beruf, Leistungen auf floristischem Gebiet
Botaniker (insbesondere Phanerogamen und Pilze).
Seine besonderen und umfangreichen Pflanzenkenntnisse, die er auf zahllosen Exkursionen erworben
hatte, stellte er u. a. in insgesamt 14 Beiträgen „Zur
Flora von Thüringen" und in 10 Beiträgen „Zur Flora
des Bezirkes Halle" der Öffentlichkeit vor. Aus der
Vielzahl der hier genannten Neufunde und Bestätigungen bemerkenswerter Arten seien nur folgende
aufgeführt: *Cnidium dubium* an einer Sumpfwiese am
Nordhang des Schlösschenkopfes bei Sangerhausen,
Dorycnium herbaceum und *Orobanche purpurea* an
den Gatterbergen nördlich Hachelbich, *Gentianella
amarella* am Igelsumpf bei Hörningen, *Puccinellia
limosa* an der Westquelle östlich Auleben, *Rosa majalis* am Spatenberg nördlich Rottleben und *Scleranthus
verticillatus* am Südhang des Nebraer Berges bei
Tröbsdorf. In einem seiner Beiträge (1963) berichtet er über eine bisher unbekannte Salzwiese mit *Aster tripolium, Glaux maritima, Juncus gerardii, Lotus tenuis, Spergularia media*
(etwa 30 Exemplare), *Trifolium fragiferum* und *Triglochin maritimum* am Ostrand von Seega. Rauschert bemühte sich besonders um die Aufdeckung der durch die Literatur mitge-
schleppten Fehlangaben. Aus diesem Grunde veröffentlichte er einen „Aufruf zur Neubestätigung verschollener und zweifelhafter Pflanzenfundorte in Thüringen" (1963), dem wenig
später ein „Aufruf zur Neubestätigung verschollener und zweifelhafter Pflanzenfundorte im
Bezirk Halle" (1966) folgte. Diese Aufrufe haben entscheidend dazu beigetragen, dass einige
der verschollenen Pflanzenfunde wieder bestätigt werden konnten. Auch an der Erarbeitung
und Herausgabe der Roten Listen der Farn- und Blütenpflanzen Sachsen-Anhalts (1978) und
Thüringens (1980) war Rauschert maßgeblich beteiligt. Nicht zuletzt sei auf die Mitheraus-
gabe der „Mitteilungen zur floristischen Kartierung Halle" verwiesen, einem Publikationsorgan der Arbeitsgemeinschaft „Herzynischer Floristen". Er ist Gewährsmann der „Flora des
Kyffhäusergebirges und der näheren Umgebung" (BARTHEL & PUSCH 1999). „Rauschert
widmete aber auch den Pilzen Aufmerksamkeit, z. B. leistete er Pionierarbeit bei der Erforschung der Steppen- (Xerothermrasen-) Pilze in Mitteleuropa und trat intensiv für die Entwicklung, korrekte Anwendung und Popularisierung der internationalen Nomenklaturregeln
ein."[8]

Herbarien, wichtige Herbarbelege
Rauschert hat selbst kein größeres Herbarium geführt.[4] Von selteneren Arten hat er jedoch
mitunter Belege entnommen und diese vor allem im Hallenser Herbar (HAL) hinterlegt. Aus
Sachsen-Anhalt stammen 209 Belege von Rauschert.[6][7] Sein Sammelgebiet umfasste vor
allem Bereiche der heutigen Bundesländer Sachsen-Anhalt, Sachsen und Thüringen. Einzel-

ne Exsikkate liegen auch in Jena (JE). Nach dem Tode von S. Rauschert gab dessen Frau weiterhin etwa 50 Pilz-Exsikkate in das Herbarium Haussknecht nach Jena (u. a. Erdsterne).[5]

Folgende von Rauschert im Bearbeitungsgebiet gesammelte Belege sollen genannt werden: *Artemisia rupestris*: Artern (JE, 3.8.1953); *Chenopodium botryodes*: Esperstedter Ried (HAL, 31.7.1973); *Chenopodium murale*: am Südausgang des Ortes Esperstedt (HAL, 20.10.1962); *Cnidium dubium*: Sangerhausen, Schlösschenkopf (JE und HAL, 11.9.1962); *Gentianella amarella*: Igelsumpf bei Woffleben, Seslerietum auf feuchtem Grund (HAL, 10.9.1980); *Hieracium peleterianum*: Kyffhäuser, Kattenburg (HAL, 23.7.1977); *Puccinellia limosa*: Solgraben bei Artern (JE, 15.6.1957); *Rosa majalis*: unterer Wilhelmsteig bei Bad Frankenhausen (HAL, 5.9.1962); *Scleranthus verticillatus*: Südhang des Nebraer Berges bei Tröbsdorf (HAL, 9.5.1961); *Ventenata dubia*: Wegrand südöstlich Großleinungen (HAL, 11.7.1963).

Wichtige Veröffentlichungen
• Wiesen- und Weidepflanzen. Erkennung, Standort und Vergesellschaftung, Bewertung und Bekämpfung. – Radebeul 1961. – • Floristische Neufunde, Bestätigungen und Veränderungen. A) Zur Flora von Thüringen. – Wiss. Zeitschr. Univ. Halle, math.-nat. R. 11(2): 200–205; 1962. – • Floristische Neufunde, Bestätigungen und Veränderungen. C) Zur Flora von Thüringen I. – Wiss. Zeitschr. Univ. Halle, math.-nat. R. 12(9): 710–713; 1963. – • Floristische Neufunde, Bestätigungen und Veränderungen. A) Zur Flora Thüringens und der nordöstlich angrenzenden Gebiete. – Wiss. Zeitschr. Univ. Halle, math.-nat. R. 13(9): 651–653; 1964. – • Zur Flora Thüringens und der nordöstlich angrenzenden Gebiete (Zweiter Beitrag). – Wiss. Zeitschr. Univ. Halle, math.-nat. R. 14(6): 494–498; 1965. – • Das Federgras (*Stipa pennata* L.) in Mitteldeutschland. – Landschaftspflege Naturschutz Thüringen 2(1): 9–16; 1965. – • Floristische Neufunde, Bestätigungen und Veränderungen. A) Zur Flora des Bezirks Halle. – Wiss. Zeitschr. Univ. Halle, math.-nat. R. 15(5): 737–750; 1966. – • Floristische Neufunde, Bestätigungen und Veränderungen. E) Zur Flora von Thüringen. – Wiss. Zeitschr. Univ. Halle, math.-nat. R. 15(5): 762–765; 1966. – • Valerius Cordus (1515–1544) als Entdecker der *Achillea setacea* W. et K. – Hercynia 4(3): 339–343; 1967. – • Zur Flora von Thüringen, 6. Beitrag. – Wiss. Zeitschr. Univ. Halle, math.-nat. R. 16(6): 869–871; 1967. – • In memoriam Kurt Wein. –

Abb. 171: Herbarbeleg von S. Rauschert (vgl. Abb. 172)

Hercynia 9(2): 166–178; 1972. – • Zur Flora von Thüringen, 9. Beitrag. – Wiss. Zeitschr. Univ. Halle, math.-nat. R. 22(6): 30–31; 1973. – • Zur Flora des Bezirkes Halle, 5. Beitrag. – Wiss. Zeitschr. Univ. Halle, math.-nat. R. 22(6): 32–33; 1973. – • Zur Flora von Thüringen, 10. Beitrag. – Wiss. Zeitschr. Univ. Halle, math.-nat. R. 24(6): 79–83; 1975. – • Zur Flora des Bezirkes Halle, 6. Beitrag. – Wiss. Zeitschr. Univ. Halle, math.-nat. R. 24(6): 84–91; 1975. – • Zur Flora des Bezirkes Halle, 7. Beitrag. – Mitt. Florist. Kartierung (Halle) 3(1): 50–65; 1977. – • Zur Flora von Thüringen, 11. Beitrag. – Mitt. Florist. Kartierung (Halle) 3(2): 41–47; 1977. – • Johannes Thal, Sylva Hercynia. Neu herausgegeben, ins Deutsche übersetzt, gedeutet und erklärt von Stephan Rauschert. – Leipzig 1977. – • Bestimmungsschlüssel für die Federgräser der DDR und BRD (*Stipa* sect. *Stipa*). – Mitt. Florist. Kartierung (Halle) 4(2): 6–25; 1978. – • Zur Flora von Thüringen, 12. Beitrag. – Mitt. Florist. Kartierung (Halle) 5(2): 39–52; 1979. – • Zur Flora des Bezirkes Halle, 8. Beitrag. – Mitt. Florist. Kartierung (Halle) 5(2): 57–73; 1979. – • Zur Flora von Thüringen, 13. Beitrag. – Mitt. Florist. Kartierung (Halle) 6(1/2): 36–42; 1980. – • Zur Flora des Bezirkes Halle, 9. Beitrag. – Mitt. Florist. Kartierung (Halle) 6(1/2): 30–36; 1980. – • Über das Vorkommen von *Dorycnium herbaceum* VILL. im nördlichen Thüringen. – Mitt. Florist. Kartierung (Halle) 6(1/2): 72–80; 1980. – • Zur Flora von Thüringen, 14. Beitrag. – Mitt. Florist. Kartierung (Halle) 8(2): 59–63; 1982. – • Zur Flora des Bezirkes Halle, 10. Beitrag. – Mitt. Florist. Kartierung (Halle) 8(2): 55–59; 1982. Eine Auflistung der Veröffentlichungen von Rauschert findet sich bei WEINERT (1986), S. 8–19.[2]

Biographie

Stephan Rauschert wurde am 1. September 1931 als Sohn des Volksschullehrers Willi Rauschert und dessen Ehefrau Emma, geb. Keller, in Sundhausen, Kr. Gotha, geboren. Mit Hilfe des Vaters lernte er schon frühzeitig die Pflanzenwelt seiner näheren Heimat kennen.[2] Nach dem Besuch der Grundschule von 1938 bis 1941 in Gotha ging er von 1942 bis 1950 an das dortige Gymnasium Ernestinum[1] [Dieses wurde 1946 als altsprachlicher Zweig in die Arnoldi-Oberschule eingegliedert[1]]. Hier eigne-

Abb. 172: Handschriftliches Herbaretikett von Rauschert (vgl. Abb. 171)

te er sich besonders gründliche Kenntnisse in Latein und Griechisch an, die ihm später als Biologen von großem Nutzen waren. Nach dem Abitur ging er von 1950 bis 1952 zum Thüringischen Landeskonservatorium nach Erfurt, wo er im Jahre 1952 eine Prüfung für Musikerzieher im Hauptfach Klavier ablegte. Ein nachfolgendes Musikstudium an der Musikhochschule Weimar musste er aus gesundheitlichen Gründen abbrechen.[2] Da er bereits als Oberschüler (1948) Mitglied der Thüringischen Botanischen Gesellschaft wurde[2] und hier seit 1952 eigene Exkursionen führte,[3] absolvierte er in der Zeit von 1953 bis 1958 ein Biologiestudium an der Universität Jena, das er mit einer Diplomarbeit „Beitrag zur Kenntnis der xeromorphen *Festuca*-Arten Thüringens" bei O. Schwarz abschloss.[2][3] Während des Studiums war er Hilfsassistent im Herbarium Haussknecht in Jena, wo er sich u. a. mit der Sortierung und Neuordnung der Pteridophyten-Sammlung beschäftigte.[3] Im

Jahre 1959 heiratete er Rosemarie Vollkammer aus Weißenfels. Nach zweijähriger Tätigkeit (1958 bis 1960) am Institut für Acker- und Pflanzenbau der Universität Jena und nach kurzer Zeit am Institut für Allgemeine Botanik, ebenfalls in Jena, ging er im Jahre 1961 an die Universität Halle als Wissenschaftlicher Mitarbeiter in die Arbeitsgruppe zu H. Meusel. Hier promovierte er im Jahre 1969 mit einer Arbeit über die xerothermen Gebüschgesellschaften Mitteldeutschlands zum Dr. rer. nat.[2][3]

Vielfältig waren seine Bemühungen zur Erforschung der Flora im Gebiet der ehemaligen DDR, die ihren Niederschlag in zahlreichen Publikationen fanden. Sein erstes Buch „Wiesen- und Weidepflanzen" erschien ab 1961 in mehreren Auflagen und war in erster Linie für Studierende und Praktiker der Pflanzenproduktion gedacht. Seit 1973 arbeitete Rauschert an der „Vergleichenden Chorologie der zentraleuropäischen Flora", deren 2. Teil im Jahre 1978 unter seiner Mitautorschaft in Jena erschien.[2] 1975 wurde er in den Vorstand der Thüringischen Botanischen Gesellschaft gewählt.[3] Von herausragender Bedeutung war die erneute Herausgabe der „Sylva Hercynia" von J. Thal im Jahre 1977, die von ihm ins Deutsche übersetzt, gedeutet und erklärt wurde. K. Wein war es, der ihn auf dieses Werk aufmerksam gemacht hatte. Unter den zahlreichen weiteren Publikationen ist besonders die Vielzahl nomenklatorischer und mykofloristischer Veröffentlichungen zu nennen.[2]

Am 6. Mai 1986 verstarb Rauschert in Halle [er wohnte zuletzt in der Turmstraße 47[1]]. Seine letzte Ruhestätte fand er auf dem Südfriedhof in Halle.[1] Um Anderen sein Wissen mitzuteilen, gönnte er sich während seiner dreijährigen Krankheit keine Schonung. Er schrieb in dieser Zeit 20 Arbeiten zur Publikation sowie in Erstfassung fünf Manuskripte.[2]

Quellen
(1) Rauschert, R., Ehefrau von S. Rauschert (briefl. an J. Pusch, eingegangen am 16.2.2001). – (2) WEINERT, E.: In memoriam Stephan Rauschert (1931–1986). – Mitt. Florist. Kartierung (Halle) 12: 4–19; 1986. – (3) MEYER, F. K.: Stephan Rauschert (1931–1986). – Haussknechtia 4: 3–5; 1988. – (4) Rauschert, R., Halle (1999, mündl. mit J. Pusch). – (5) Günther, K.-F., Jena (7.12.2001, mündl. mit J. Pusch). – (6) KRUMBIEGEL, A.: Die Mitteldeutsche Heimatsammlung im Herbarium der Martin-Luther-Universität Halle – Umfang, Bedeutung und Anmerkungen zu einigen Sammlern. – Schlechtendalia 7: 35–43; 2001. – (7) Krumbiegel, A., Halle (9.1.2002, briefl. an J. Pusch, in Auswertung des Herbars HAL in Vorbereitung einer neuen Flora von Sachsen-Anhalt). – (8) DÖRFELT, H. & H. HEKLAU: Die Geschichte der Mykologie. – Schwäbisch Gmünd 1998.

Reimers, Hermann   1893–1961

geboren: 17. Juni 1893 in Uetersen/Holstein
gestorben: 18. Mai 1961 in Berlin

Beruf, Leistungen auf floristischem Gebiet
Hochschullehrer, Botaniker (insbesondere Moose
und Flechten). In seiner Arbeit „Bemerkenswerte
Moos- und Flechtengesellschaften auf Zechsteingyps
am Südrande des Kyffhäuser und des Harzes" (1940)
beschreibt Reimers zunächst neuere Moosfunde der
Zechsteingebiete des Südharzes und des Kyffhäusergebirges, die z. T. auf F. Quelle zurückgehen. Weitere Abschnitte beschäftigen sich mit der Bunten
Flechtengesellschaft und ihren verschiedenen Vari-
anten. [Nach G. Wagenitz (Göttingen) hat Reimers
die Bunte Erdflechtengesellschaft entweder überhaupt als erster beschrieben oder aber zuerst für
Mitteldeutschland nachgewiesen.[6]] Zugleich geht er
auf einige Phanerogamen-Vorkommen des Kyffhäusergebirges und seiner Umgebung mit ein. Er nennt

Abb. 173: Hermann Reimers im Jahre 1958

u. a. *Prunus fruticosa* vom oberen Wilhelmsteig,
Astragalus exscapus westlich des Kosakensteins, *Pulsatilla pratensis* und *Viola collina* vom
Falkenburg-Plateau, *Lactuca perennis* von der Rothenburg sowie *Helianthemum canum* vom
Kahlen Berg bei Göllingen und vom Pfarrkopf bei Seega. Folgende Moosfunde gehen auf
Reimers zurück: *Clevea hyalina* „in weiterer Verbreitung" im Kyffhäusergebirge, *Grimaldia
fragans* am Sachsenstein bei Walkenried, *Pleurochaete squarrosa* im Zechsteingips des
Kyffhäusergebirges und in der Hainleite sowie *Scapania gymnostomophila* am Sachsenstein
bei Walkenried.[3] Für die „Vegetationsverhältnisse der Gipsberge im Kyffhäuser und im
südlichen Harzvorland" (MEUSEL 1939) überprüfte er die Bestimmung der Moose und stellte
eigene Beobachtungen zur Verfügung.[4]

Herbarien, wichtige Herbarbelege
Das Herbarium von Reimers befindet sich in Berlin (B). Er führte auch ein Privatherbar, das
nach seinem Tode dem Botanischen Museum in Berlin-Dahlem (B) übergeben wurde.[1] –
Von Reimers befinden sich viele Briefe im Archiv des Herbarium Haussknecht.[5]

Wichtige Veröffentlichungen
• Eine interessante Flechten- und Moosgesellschaft auf Zechsteingips am Südrand des Kyffhäuser. – Verh.
Bot. Ver. Provinz Brandenburg 77: 121–124; 1937. – • Bemerkenswerte Moos- und Flechtengesellschaften
auf Zechsteingyps am Südrande des Kyffhäuser und des Harzes. – Hedwigia 79: 81–178; 1940. – • Geographische Verbreitung der Moose im südlichen Harzvorland (Nordthüringen) mit einem Anhang über die
Verbreitung einiger bemerkenswerter Flechten. – Hedwigia 79: 175–373; 1940. – • Nachtrag zur Moosflora
des südlichen Harzvorlandes. – Feddes Repert. Beiheft 131: 155–179; 1942. – • Beiträge zur Kenntnis der
Bunten Erdflechten-Gesellschaft. I. Zur Systematik und Verbreitung der Charakterflechten der Gesellschaft
besonders im Harzvorland. – Ber. Dtsch. Bot. Ges. 63: 147–156; 1950. – • Beiträge zur Kenntnis der Bunten
Erdflechten-Gesellschaft. II. Allgemeine Fragen. – Ber. Dtsch. Bot. Ges. 64: 37–51; 1951. – • Zweiter Nachtrag zur Moosflora des südlichen Harzvorlandes I. – Feddes Repert. 58: 145–156; 1955. – • Zweiter Nachtrag

zur Moosflora des südlichen Harzvorlandes II. – Feddes Repert. 59: 117–140; 1956. – • Zur Moosflora von Thüringen und Sachsen. – Mitt. Thüring. Bot. Ges. 2(1): 208–213; 1960.
Eine Auflistung der Veröffentlichungen von Reimers findet sich bei SCHOLZ & SCHOLZ (1962), S. 26–32.[1]

Biographie

Hermann Reimers wurde am 17. Juni 1893 als Sohn eines Volksschullehrers in Uetersen/Holstein geboren. Nach dem Abitur (1913) am Christianeum in Hamburg-Altona studierte er Naturwissenschaften bis 1915 in Freiburg und bis 1917 in Kiel. Im Jahre 1917 wurde er zum Militärdienst eingezogen, bestand aber während eines Urlaubs die Prüfung für das Höhere Lehramt in den Fächern Biologie, Chemie und Physik. Nach dem 1. Weltkrieg nahm Reimers eine Stelle am Deutschen Forschungsinstitut für Textilstoffe in Karlsruhe an, wo er Leiter der biologischen Abteilung wurde. Am 4.

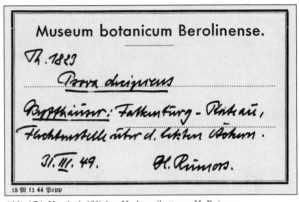

Abb. 174: Handschriftliches Herbaretikett von H. Reimers

März 1922 promovierte er in Hamburg mit einer Arbeit über die innere Struktur der Bastfasern. Schon am 1. Januar 1922 wurde er von L. Diels als Assistent an das Botanische Museum nach Berlin-Dahlem berufen. 1922 und 1923 untersuchte er vor allem die Moorgesellschaften der Rhön. Eine Forschungsreise führte ihn 1928 nach Kamerun. Am 19. Juli 1930 heiratete er die Bibliothekarin Else Schönbeck; aus dieser Ehe ging eine Tochter hervor. 1933 wurde er Oberassistent und 1948 Kustos für das Moosherbar. Während seiner Tätigkeit in Berlin betreute er stets das gesamte Moosherbar, zeitweilig auch das Farnherbar. Durch eigene Sammeltätigkeit und dadurch, dass er viele Moosfunde des Auslands bestimmte, konnte er den Umfang des Berliner Moosherbars wesentlich erweitern. Nach der Zerstörung des Herbars des Botanischen Museums durch einen Luftangriff im Jahre 1943 (er verlor seine gesamte Bibliothek, seine Sammlungen und seine Manuskripte, darunter eine fast fertige „Flora der Mark Brandenburg") wurde Reimers an das Botanische Institut der Technischen Hochschule Dresden und später an die Forsthochschule Tharandt versetzt. Ab 1950 begann er in Berlin mit dem Aufbau eines neuen Moosherbars. Neben seiner Tätigkeit am Botanischen Museum hatte Reimers einen Lehrauftrag an der Universität Berlin (ab 1936) und von 1947 bis 1951 an der Humboldt-Universität in Ost-Berlin. Auf Grund der genannten Lehraufträge wurde er zum Professor ernannt. Auch nach seiner Pensionierung im Juli 1958 hielt er dem Botanischen Museum die Treue. Er starb am 18. Mai 1961 in Berlin.[1][2]

Reimers war mehrere Jahre lang Herausgeber der „Hedwigia", Mitarbeiter an der „Revue bryologique", 1. Vorsitzender des Botanischen Vereins der Provinz Brandenburg, Schriftführer der Deutschen Botanischen Gesellschaft und Ehrenmitglied der Sullivant Moss Society in den USA. Er war weiterhin Mitglied der Gesellschaft für Erdkunde, des Hamburger Botanischen Vereins und der Floristisch-Soziologischen Arbeitsgemeinschaft Stolzenau. Seine Exkursionen in Deutschland führten ihn besonders in die Mark Brandenburg, in den Südharz und in das Kyffhäusergebirge. Er befasste sich neben den Moosen und Flechten auch mit Phanerogamen, speziell mit den schwierigen Sippen *Carex, Hieracium* und *Rubus*.[1][2] Reimers verfasste 102 wissenschaftliche Arbeiten, hauptsächlich über Moose.[1] Nach ihm wurden die Pottiaceen-Gattung *Reimersia* sowie *Micropterygium reimersianum, Vesicularia reimersiana* u. a. Arten benannt.[2]

Quellen

(1) SCHOLZ, H. & I. SCHOLZ: Hermann Reimers. – Willdenowia 3(1): 21–32; 1962. – (2) FRAHM, J.-P. & J. EGGERS: Lexikon deutschsprachiger Bryologen. – Norderstedt 2001. – (3) REIMERS, H.: Bemerkenswerte Moos- und Flechtengesellschaften auf Zechsteingyps am Südrande des Kyffhäuser und des Harzes.– Hedwigia 79: 81–174; 1940. – (4) MEUSEL, H.: Die Vegetationsverhältnisse der Gipsberge im Kyffhäuser und im südlichen Harzvorland. – Hercynia 2(4): 1–372; 1939. – (5) Manitz, H., Herbarium Haussknecht Jena (8.3.2004, briefl. an J. Pusch). – (6) Wagenitz, G., Göttingen (13.10.2004, briefl. an J. Pusch).

Reinhardt, Kurt 1924–

geboren: 22. September 1924 in Nordhausen

<u>Beruf, Leistungen auf floristischem Gebiet</u>
Oberstufenlehrer, Botaniker. Schon vor 1960 botanisierte er gemeinsam mit K. Kellner, Nordhausen, im
Kyffhäusergebirge, im Alten Stolberg, in der Hainleite, in der Windleite und im Südharzgebiet.[1] Im Rahmen dieser Exkursionen konnte eine Vielzahl bemerkenswerter Arten aufgefunden werden, die z. T. von
KELLNER (1959, 1962, 1964) und RAUSCHERT (1966)
veröffentlicht wurden. Dabei wurden u. a. nachgewiesen: *Asplenium viride* in einem kleinen Steinbruch im
Spierental bei Sondershausen, *Ceterach officinarum*
an einer Mauer in Großfurra, *Buglossoides arvensis*
subsp. *sibthorpianum* an der Ochsenburg, *Muscari
comosum* am Südhang des Mühlberges bei Niedersachswerfen, *Orchis pallens* am Hotzenberg bei
Schernberg, *Sorbus domestica* an der Arnsburg bei
Seega und *Teucrium scorodonia* an der Auffahrt zum
Kyffhäuser südöstlich von Kelbra.[1][4] Besondere
Aufmerksamkeit widmete Reinhardt dem Vorkom-

Abb. 175: Kurt Reinhardt im Jahre 2001

men von *Arabis alpina* im Gipskarst östlich von Ellrich.[2] Da die Pflanze im Gipsgeröll der
„Klippen" bei der ehemaligen Papiermühle östlich von Ellrich (locus classicus) infolge der
bevorstehenden Erweiterung des Steinbruchgebietes stark gefährdet war,[2] entnahm er Samen von hier und säte ihn im Jahre 1969 an geeigneter Stelle im Igelsumpf zwischen Hörningen, Mauderode und Woffleben aus.[4] Während spätere Auspflanzungsversuche (1979
durch Reinhardt, Ebel und Rauschert) hier längerfristig erfolglos blieben, sind die Nachkommen der Erstaussaat noch heute (2001) vorhanden.[4] Die nach 1970 von Reinhardt im
Bereich des Stolleneingangs an der Südwestecke des Himmelberges bei Woffleben ausgesä-
ten Exemplare entwickelten sich zunächst gut, gingen aber im Zusammenhang mit der Nutzung des Stollens durch die Champignonzucht später verloren.[3][4] Auch die Auspflanzungen
an der Nordseite des Mühlberges (durch Reinhardt und Ebel) blieben letztlich ohne Erfolg.[4]
Im Jahre 1980 fand Reinhardt im alten Steinbruchgelände des Ellrich-Cleysinger Gipswerkes
(etwa 1 km östlich der „Klippen") ein weiteres natürliches Vorkommen von *Arabis alpina*.[7]
Hier sind die Pflanzen noch heute vorhanden. Das Vorkommen am locus classicus existiert
dagegen (seit 1982) nicht mehr.[4]
Nach 1990 erstellte Reinhardt mehrere Gutachten über einstweilig gesicherte Naturschutzgebiete, u. a. vom Mühlberg bei Niedersachswerfen, vom Himmelberg bei Woffleben und von
den Sattelköpfen bei Hörningen (einschließlich des Igelsumpfes).[1] Am 29. Juni 2000 zeigte
er K.-J. Barthel, Nordhausen, das Vorkommen von *Cardaminopsis petraea* im Gipsschotter
an der Nordseite des Mühlberges bei Niedersachswerfen.[6]

<u>Herbarien, wichtige Herbarbelege</u>
Ein eigenes Herbar wurde nach persönlicher Auskunft von K. Reinhardt nicht angelegt.

Wichtige Veröffentlichungen
Das gegenwärtige Vorkommen der Alpengänsekresse bei Ellrich. – Landschaftspflege Naturschutz Thüringen 18(3): 71–73; 1981.

Biographie

Kurt Reinhardt wurde am 22. September 1924 als Sohn eines Angestellten in Nordhausen geboren. Er besuchte zunächst von 1931 bis 1935 die Volksschule und danach (ab 1935) das Realgymnasium in Nordhausen, wo man ihm im Jahre 1942 das Reifezeugnis zuerkannte. Von 1942 bis 1945 war er Soldat bei der Marine. Nach seiner Entlassung aus britischer Kriegsgefangenschaft [von Mai 1945 bis Mai 1946[4]] nahm er von Juni bis Oktober 1946 an einem Vierteljahreskurs zur Wiederholung des Abiturs an der Humboldt-Schule in Nordhausen teil. Nach dem Besuch der Pädagogischen Fachschule in Nordhausen [Oktober 1946 bis Juli 1947[3]] wurde er bereits im September 1947 als Neulehrer an den Grundschulen der Stadt Nordhausen angestellt. Im Jahre 1950 heiratete er Gudrun Walter aus Niedergebra; aus dieser Ehe gingen zwei Töchter hervor.[1] Von 1950 bis 1958 war er an der Grundschule in Kleinfurra tätig. Durch ein Fernstudium am Deutschen Pädagogischen Zentralinstitut (1952 bis 1954, Konsultationspunkt Erfurt) erwarb er die Qualifikation eines Fachlehrers für Biologie (bis zur 8. bzw. 10. Klasse). Am Deutschen Pädagogischen Zentralinstitut (Konsultationspunkt Mühlhausen) erhielt er im Jahre 1957 mit Abschluss eines weiteren Fernstudiums auch die Qualifikation eines Fachlehrers für Chemie. Am 1. September 1958 wurde er an die Grundschule (später Polytechnische Oberschule) nach Ellrich versetzt. Von 1965 bis 1970 war er am Institut für Lehrerbildung in Nordhausen angestellt. Durch ein Fernstudium (ab 1966) an der Pädagogischen Hochschule Potsdam (in Betreuung durch die Universität Halle) erwarb Reinhardt die Qualifikation eines Fachlehrers für Biologie bis zur 12. Klasse.[3] Dieses Studium schloss er mit der Staatsexamensarbeit „Floristische und pflanzensoziologische Untersuchungen im Südharzvorland" im Jahre 1970 ab.[5] Von 1970 bis 1972 arbeitete er an der Polytechnischen Oberschule „Käthe Kollwitz" in Nordhausen. Anschließend ging er an die Polytechnischen Oberschulen nach Ellrich und Woffleben.[3] Im Jahre 1989 trat er in den Ruhestand.[1] Er wohnt in Ellrich, Zorgerstraße 31.

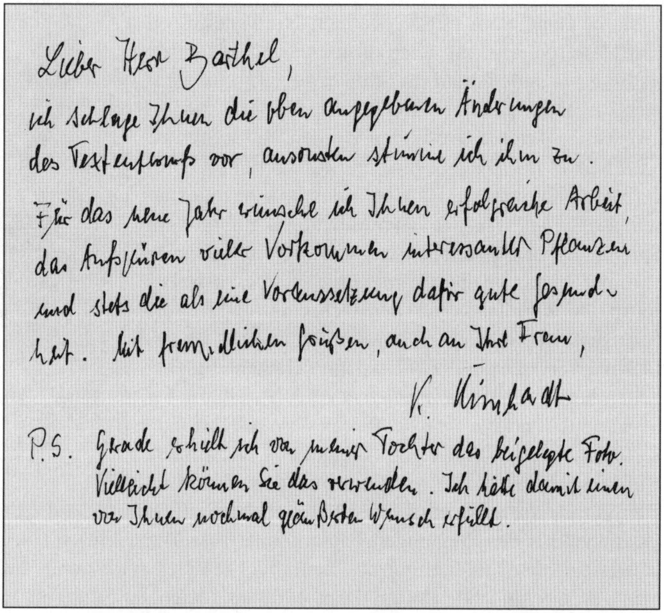
Lieber Herr Barthel,
ich schlage Ihnen die oben angegebenen Änderungen des Textentwurfs vor, ansonsten stimme ich ihm zu.
Für das neue Jahr wünsche ich Ihnen erfolgreiche Arbeit, das Aufspüren vieler Vorkommen interessanter Pflanzen und stets die als eine Voraussetzung dafür gute Gesundheit. Mit freundlichen Grüßen, auch an Ihre Frau,
K. Reinhardt
P.S. Gerade erhielt ich von meiner Tochter das beigelegte Foto. Vielleicht können Sie das verwenden. Ich hätte damit einen von Ihnen nochmal geäußerten Wunsch erfüllt.

Abb. 176: Handschriftlicher Brief von K. Reinhardt an K.-J. Barthel

Reinhardt legte bereits in der Zeit seines ersten Fernstudiums eine umfangreiche Foto-Sammlung (Dias und Bilder) bemerkenswerter Pflanzenarten aus dem nördlichen Thüringen an. Er kartierte als Mitglied der Arbeitsgemeinschaft Herzynischer Floristen (sowie für seine Staatsexamensarbeit) in den MTB 4429 (Ellrich) und 4430 (Nordhausen-Nord). Im Rahmen seiner Mitgliedschaft in der Biologischen Gesellschaft der DDR nahm er im Jahre 1964 an einer Kaukasusreise teil. Von 1988 bis 1999 war er Kreisnaturschutzbeauftragter (des Landkreises Nordhausen). In diesen Jahren unternahm er zahlreiche Exkursionen u. a. mit J. Thomas, Klettenberg. Nach 1990 wirkte er als beratendes Mitglied des Ausschusses für Umwelt und Natur beim Kreistag Nordhausen und des Umweltausschusses der Stadt Ellrich. Noch heute (2001) ist er Naturschutzwart des Harzklub-Zweigvereins Ellrich (ab 1989), in dessen Wirkensbereich er u. a. einen Naturlehrpfad anlegte.[3]

Quellen
(1) Reinhardt, K., Ellrich (29.6.2000, mündl. mit K.-J. Barthel). – (2) RAUSCHERT, S.: Zur Flora von Thüringen (12. Beitrag). – Mitt. Florist. Kartierung (Halle) 5(2): 39–52; 1979. – (3) Reinhardt, K. (20.10.2001, briefl. an K.-J. Barthel). – (4) Reinhardt, K. (22.11.2001, mündl. mit K.-J. Barthel). – (5) HEINRICH, W., W. HILBIG, R. MARSTALLER & W. WESTHUS: Bibliographie der pflanzensoziologischen und vegetationsökologischen Literatur Thüringens. – Naturschutzreport 6(2): 261–349 1993. – (6) Tagebuchaufzeichnungen K.-J. Barthel. – (7) RAUSCHERT, S.: Zur Flora von Thüringen (13. Beitrag). – Mitt. Florist. Kartierung (Halle) 6(1/2): 36–42; 1980.

Reuther, Rolf

1926–

geboren: 26. April 1926 in Oelze im Thüringer Wald

Beruf, Leistungen auf floristischem Gebiet

Hochschullehrer, Botaniker. Seit seiner Staatsexamensarbeit „Die *Sorbus*-Arten des Eichsfeldes und der angrenzenden Gebiete" (1962) beschäftigt sich Reuther mit den *Sorbus*-Sippen in Thüringen, insbesondere mit den endemischen Kleinarten des *Sorbus latifolia*-Aggregates. Im Jahre 1971 beschrieb er mit *Sorbus acutisecta* R. REUTHER et O. SCHWARZ eine neue Art der Gattung *Sorbus* im nördlichen Thüringen. Mit *Sorbus isenacensis* R. REUTHER am Großen Hörselberg bei Eisenach stellte er uns im Jahre 1997 eine weitere neue *Sorbus*-Sippe aus Thüringen vor. In seinen Beiträgen „Zur Flora des Unstrut-Hainich-Kreises" (1995, 1996, 2000, 2002) bringt er Neufunde und Bestätigungen bemerkenswerter Arten aus den ehemaligen Kreisen Bad Langensalza und Mühlhausen (mit einigen „Grenzüberschreitungen" auch aus dem Kyffhäuserkreis und aus dem Landkreis Söm-

Abb. 177: Rolf Reuther etwa im Jahre 2002

merda). Er nennt u. a. *Acroptylon repens* am Bahneinschnitt zwischen Straußfurt und Gangloffsömmern 1 km nördlich Straußfurt, *Bromus secalinus* an einer Brache 300 m nordwestlich Großbrüchter (mit *B. commutatus*), *Centaurea diffusa* am Bahnhof Gangloffsömmern, *Chenopodium foliosum* an der Helbe in Ebeleben, *Consolida orientalis* in einem Roggenfeld nördlich Schilfa, *Diplotaxis muralis* an einem Acker südlich Schilfa und an einer Ruderalstelle am Bahnhof Straußfurt, *Erysimum repandum* am Dreisenberg bei Gangloffsömmern, *Hypericum elegans* an der Tretenburg nördlich Gebesee, *Papaver hybridum* am Osterberg östlich Bad Tennstedt, *Sclerochloa dura* an einem Weg oberhalb des Helbetales östlich Thüringenhausen sowie *Tulipa sylvestris* und *Veronica filiformis* auf dem Friedhof in Hainrode/Hainleite. In den Jahren 1997 und 1998 konnte er erstmals *Rumex salicifolius* für Thüringen nachweisen (am nördlichen Ortseingang und am Bahnhof von Straußfurt). In seiner Arbeit „Floristische Beobachtungen auf Bahnhöfen in Nordwest-Thüringen" (2002, mit U. Fickel) beschreibt er u. a. die Flora der Bahnhöfe der Region Sondershausen (Bahnhöfe Straußfurt, Greußen, Hohenebra, Sondershausen, Bad Tennstedt, Ebeleben). Auch die Flora des Bahnhofs Bleicherode-Ost wurde untersucht. Für den Bahnhof Straußfurt werden u. a. *Geranium purpureum, G. rotundifolium* und *Senecio inaequidens* aufgeführt. Im Jahre 1993 fertigte Reuther Schutzwürdigkeitsgutachten für die Gebiete „Grabsche Berge" (NSG) bei Mühlhausen und „Uhlenstein-Heiligenberg-Schlossberg-Bischofsstein" (damals einstweilig gesichert, jetzt Sicherung ausgelaufen) im Landkreis Eichsfeld sowie für die Geschützten Landschaftsbestandteile und Naturdenkmale im Unstrut-Hainich-Kreis an.[2] Sein besonderes Interesse galt der Flora des Hanfsees im NSG „Sonder" bei Schlotheim.[2] Im Jahre 2000 konnte er das genaue Geburtsdatum und den Geburtsort sowie weitere bis dahin unbekannte Fakten aus dem Leben des Tennstedter Apothekers und Botanikers Franz Buddensieg ermitteln.[5]

Herbarien, wichtige Herbarbelege

Außer einem *Sorbus*-Herbar (etwa 30 Belege), das sich noch in Schlotheim (Straße der Gemeinschaft 16) befindet und später an das Herbarium Haussknecht (JE) nach Jena gehen soll, wurde kein besonderes Herbar angelegt. Einzelbelege anderer bemerkenswerter Arten aus Thüringen wurden bereits dem Herbarium Haussknecht in Jena übergeben, so z. B. *Arabis sagittata, Bifora radians, Bromus racemosus, Pulmonaria montana, Rumex salicifolius* und *Senecio sarracenicus*. Auch *Sorbus acutisecta* und *S. isenacensis*-Belege (zur Artdiagnose) liegen jetzt (2003) schon in Jena.[5]

Folgende von Reuther gesammelte Belege aus dem Bearbeitungsgebiet bzw. Thüringen sollen genannt werden: *Anemone* x *lipsiensis*: Stadtwald Mühlhausen, NO-Ecke des ehemaligen Fabrikgeländes (JE, 8.4.1989); *Arabis sagittata*: Waldrand an der Straße nach Großbartloff (JE, Anfang 1993); *Rumex triangulivalvis* [= *R. salicifolius*]: Bahnhof Straußfurt, mehrere Pflanzen an einem stillgelegten Gleis (JE, 29.5.1998); *Senecio sarracenicus*: Creuzburg a. d. Werra, bei Wilhelmsglücksbrunn, an mehreren Stellen (JE, 20.8.1991).

Wichtige Veröffentlichungen
• Die *Sorbus*-Arten des Eichsfeldes und der angrenzenden Gebiete. – Staatsexamensarbeit, Univ. Jena 1962. – • *Sorbus acutisecta* R. REUTHER et O. SCHWARZ – eine neue Art der Gattung *Sorbus* in Nordwestthüringen. – Wiss. Zeitschr. Pädagog. Hochschule Erfurt-Mühlhausen, math.-nat. R. 7(1): 53–60; 1971. – • Vorkommen und Verbreitung der thüringischen Sippen der Breitblättrigen Mehlbeere (*Sorbus latifolia*). – Schriftenreihe Thüring. Landesanst. Umwelt 13: 14–26; 1995. – • Zur Flora des Unstrut-Hainich-Kreises. – Mitt. Florist. Kartierung (Halle) 20: 89–97; 1995. – • Zum Vorkommen und zur Vergesellschaftung des Fluss-Greiskrautes (*Senecio sarracenicus*) im Thüringischen Mittelwerragebiet zwischen

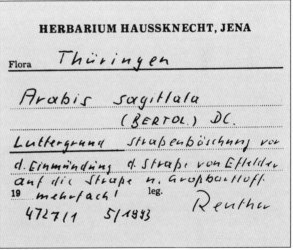

HERBARIUM HAUSSKNECHT, JENA

Flora *Thüringen*

Arabis sagittata
(BERTOL.) DC.

Luttergrund Straßenböschung vor d. Einmündung d. Straße von Effelder auf die Straße n. Großbartloff.
19 mehrfach! leg.
472711 5/1993 *Reuther*

Abb. 178: Handschriftliches Herbaretikett von R. Reuther

Creuzburg und Großburschla. – Inform. Florist. Kartierung Thüringen 9: 13–16; 1995. – • Zur Flora des Unstrut-Hainich-Kreises, 2. Beitrag. – Inform. Florist. Kartierung Thüringen 10: 6–13; 1996. – • Zur Flora des Unstrut-Hainich-Kreises, 3. Beitrag (REUTHER, R. & H.-J. TILLICH). – Inform. Florist. Kartierung Thüringen 11: 22–26; 1996. – • Eine neue *Sorbus* aus Thüringen. – Haussknechtia 6: 17–20; 1997. – • Erstnachweis des Weidenblatt-Ampfers (*Rumex triangulivalvis* [DANSER] RECH. fil.) für Thüringen. – Inform. Florist. Kartierung Thüringen 16: 21–22; 1999. – • Zur Flora des Unstrut-Hainich-Kreises und angrenzender Gebiete (4. Beitrag). – Inform. Florist. Kartierung Thüringen 18: 17–27; 2000. – • Zum Vorkommen von Speierling (*Sorbus domestica* L.) und Echter Mehlbeere (*Sorbus aria* [L.] CRANTZ) in der westlichen Hainleite (Landkreis Nordhausen) (BARTHEL, K.-J. & R. REUTHER). – Inform. Florist. Kartierung Thüringen 20: 2–4; 2001. – • Floristische Beobachtungen auf Bahnhöfen in Nordwest-Thüringen (REUTHER, R. & U. FICKEL). – Inform. Florist. Kartierung Thüringen 21: 17–24; 2002. – • Zur Flora des Unstrut-Hainich-Kreises und angrenzender Gebiete in Nordwest-Thüringen (5. Beitrag) (REUTHER, R. & U. FICKEL). – Inform. Florist. Kartierung Thüringen 21: 25–30; 2002. – • Elsbeeren – Mehlbeeren – Ebereschen. Die *Sorbus*-Arten des Eichsfeldes. –

Eichsfeld-Jahrbuch 10: 283–296; 2002. – • Flora und Vegetation der Mauern in Dörfern und Städten des Unstrut-Hainich-Kreises. – Mühlh. Beiträge 25: 15–24; 2002. – • Die floristische Kartierung Thüringens, ihre Ergebnisse für die Flora von Mühlhausen (REUTHER, R. & U. FICKEL). – Mühlh. Beiträge 26: 7–17; 2003.

Biographie

Rolf Reuther wurde am 26. April 1926 als Sohn eines Schlossermeisters in Oelze im Thüringer Wald geboren. Nach dem Besuch der Volksschule (1933 bis 1940) in Oelze und Suhl absolvierte er von 1940 bis 1944 eine Ausbildung an der Lehrerbildungsanstalt Paradies, Kreis Meseritz/Neumark.[1] Im Jahre 1944 wurde er zur Wehrmacht eingezogen und war von 1945 bis 1948 in französischer Kriegsgefangenschaft.[2] Von 1948 bis 1949 besuchte er die Pädagogische Fachschule in Nordhausen. Danach arbeitete er von 1949 bis 1953 als Lehrer in Schleusingen, wo er – was seinen Interessen und Fähigkeiten entsprach – vorwiegend Biologie und Chemie unterrichtete. Von 1953 bis 1954 studierte er im Direktstudium am Pädagogischen Institut Mühlhausen Biologie. Danach unterrichtete Reuther (1954 bis 1969) an dieser Lehranstalt dieses Fach. Von 1969 bis zu seinem Ausscheiden im Jahre 1991 lehrte er an der neugegründeten Pädagogischen Hochschule Erfurt/Mühlhausen vorwiegend Pflanzenphysiologie.[1] In dieser Zeit betreute er zahlreiche Staatsexamens- und Diplomarbeiten und unternahm mit seinen Studenten zahlreiche botanische Exkursionen (u. a. in die Hohe Tatra, in die Beskiden, in das Riesengebirge und in die Steppengebiete der Ukraine).[2] Im Jahre 1958 heiratete er Ada Leukert aus Reichenberg (CSR); aus dieser Ehe gingen drei Kinder hervor.[1] Durch ein Fernstudium an der Pädagogischen Hochschule Potsdam (ab 1955) erwarb Reuther die Qualifikation eines Lehrers für die Oberstufe im Fach Biologie (bis zur 12. Klasse).[3] Dieses Studium schloss er im Jahre 1962 mit der Staatsexamensarbeit „Die Sorbus-Arten des Eichsfeldes und der angrenzenden Gebiete" (unter O. Schwarz) an der Universität Jena ab. Neben seiner Lehrtätigkeit war er auch in die Forschung im Wissenschaftsbereich Botanik, Physiologie und Biochemie der Pflanzen eingebunden. So promovierte er im Jahre 1975 an der Pädagogischen Hochschule Erfurt/Mühlhausen mit der Dissertation „Der Einfluß von Simazin auf die Nucleinsäuren etiolierter Keimpflanzen von Sinapis alba L. cv. Kastor unter besonderer Berücksichtigung der ribosomalen RNA" unter H. Gräser zum Dr. rer. nat.[1][2] Auch nach seinem Ausscheiden aus dem aktiven Berufsleben beriet er weiterhin Naturschutzbehörden, Planungsbüros und Naturschutzbeiräte.[2]

Reuther ist seit 1955 Mitglied der Thüringischen Botanischen Gesellschaft.[3][4] Für den „Verbreitungsatlas der Farn- und Blütenpflanzen Ostdeutschlands" (BENKERT et al. 1996) bzw. für den „Verbreitungsatlas der Farn- und Blütenpflanzen Thüringens" (KORSCH et al. 2002) kartierte er in den MTB Keula, Schlotheim, Ebeleben, Bad Langensalza, Großvargula und Gebesee. 1994 wurde er Mitglied des Fachbeirates für Arten- und Biotopschutz an der Thüringer Landesanstalt für Umwelt,[2] wo er bis zum Jahre 2002 tätig war.[1] Im Jahre 1991 war er Gründungsmitglied des Arbeitskreises Heimische Orchideen e. V.

Quellen

(1) Reuther, R., Schlotheim (Januar 2003, briefl. an K.-J. Barthel). – (2) KAISER, R. & W. WESTHUS: Glückwünsche zum 75. Geburtstag von Dr. rer. nat. Rolf Reuther. – Landschaftspflege Naturschutz Thüringen 38(2): 71–72; 2001. – (3) Reuther, R., Leipzig (20.2.2003, briefl. an J. Pusch). – (4) Göckeritz, J., Gera (24.2.2003, telef. mit J. Pusch). – (5) Reuther, R. (25.3.2002, briefl. an J. Pusch).

Rothmaler, Werner

1908–1962

geboren: 20. August 1908 in Sangerhausen
gestorben: 13. April 1962 in Leipzig

<u>Beruf, Leistungen auf floristischem Gebiet</u>
Gärtner, Sammlungsreisender, Hochschullehrer, Botaniker (u. a. Flora des Mittelmeergebietes). Seine ersten Veröffentlichungen (ab 1925) beschäftigen sich mit den Gefäßpflanzen Thüringens, wobei auch mehrere Funde aus dem nordthüringer Raum aufgeführt werden. So nennt er in seinem Beitrag „Die Pteridophyten Thüringens" (1929) u. a. *Asplenium septentrionale* von der Rothenburg, vom Steinthal bei Kelbra und vom Hohen Berg bei Gangloffsömmern, *Blechnum spicant* von einem der Volperstäler bei Kelbra, *Botrychium lunaria* von Sondershausen, *Ceterach officinarum* von Großenehrich an Mauern, *Gymnocarpium robertianum* vom Frauenberg bei Sondershausen und *Pilularia globulifera* von Artern. Große Verdienste erwarb er sich mit insgesamt zehn Beiträgen seiner „Systematischen Vorarbeiten zu einer Mo-

Abb. 179: Werner Rothmaler

nographie der Gattung *Alchemilla*" (1934 bis 1962), mit seinem Buch „Allgemeine Taxonomie und Chorologie der Pflanzen" (1950) und mit der Herausgabe der „Exkursionsflora" (ab 1952). Es sind vor allem die verschiedenen Auflagen der Exkursionsflora, die ihm einen bleibenden Platz in der Geschichte der Speziellen Botanik sichern.[2] Von Rothmaler liegen uns zahlreiche Herbarbelege aus dem Kyffhäusergebirge und den Salzstellen seiner Umgebung vor.

<u>Herbarien, wichtige Herbarbelege</u>
Das umfangreiche Herbarium von Rothmaler befindet sich heute hauptsächlich in Jena (JE), andere Aufsammlungen auch noch in Berlin (B) und in weiteren großen Herbarien (vergl. STAFLEU & COWAN 1983, Vol. 4, S. 924). Auch die Aufsammlungen aus dem Kyffhäusergebirge liegen größtenteils in Jena (JE). Nur kleinere Teile seines Herbars befinden sich im Herbarium der Universität Greifswald (GFW), seinem letzten Wirkungsgebiet.[4] Auch in der Heimatsammlung des Herbariums der Martin-Luther-Universität Halle (HAL) befinden sich insgesamt 43 Herbarbelege von Rothmaler (z. T. mit H. Eichler und K. Werner gesammelt) aus dem heutigen Sachsen-Anhalt.[5]

Folgende von Rothmaler im Bearbeitungsgebiet gesammelte Belege sollen genannt werden: *Allium angulosum*: Artern, feuchter Rasen am Kyffhäuserbach (JE, 31.7.1924); *Artemisia rupestris*: Artern (JE, 1954); *Astragalus exscapus*: an der Falkenburg (JE, 14.6.1925); *Carex hordeistichos*: salzbeeinflusste Gräben bei Esperstedt (JE, 26.5.1955); *Glaux maritima*: Sumpfwiese am Hackloch bei Riethnordhausen (JE, 20.6.1929); *Gymnocarpium robertianum*: Questenberg, schattige Felsen südöstlich vom Ort, Gips (JE, 24.6. 1930); *Hordeum secalinum*: salzhaltige, sehr sumpfige Wiesen bei Esperstedt (JE, 12.7.1924); *Malva pusilla*: Äcker und Ackerränder beim Bahnhof Esperstedt (JE, 7.8.1932);

Melilotus dentata: Heldrungen, Sumpfränder längs der Bahn gen Artern (JE, 5.8.1932); *Oenanthe fistulosa*: Heldrungen, Sumpf in den Eisenbahnausschachtungen gen Artern (JE, 5.8.1932); *Plantago maritima*: am Rain eines Baches nordwestlich Artern (JE, 31.7.1924); *Stipa pulcherrima*: Kyffhäusergebirge, Ochsenburg (JE, 26.6.1956); *Teucrium scordium*: Feuchte Gräben zwischen Schilf an der Unstrutbrücke bei Sachsenburg (JE, 5.8.1932); *Triglochin maritimum*: Sumpfwiese am Hackloch bei Riethnordhausen (JE, 20.6.1929). – Von Rothmaler befindet sich nahezu der „gesamte Briefwechsel" im Archiv des Herbarium Hausknecht.[8]

Wichtige Veröffentlichungen
• Beobachtungen über Vermehrung und Verbreitung der Gattung *Ophrys* in Thüringen. – Allg. Bot. Zeitschr. 28/29: 40–41; 1925. – • Beiträge zur Kenntnis der Flora von Thüringen (SCHWARZ, O. & W. ROTHMALER). – Mitt. Thüring. Bot. Ver. 38: 77–84; 1929. – • Die Pteridophyten Thüringens. – Mitt. Thüring. Bot. Ver. 38: 92–118; 1929. – • Biographien alter thüringischer Floristen. – Mitt. Thüring. Bot. Ver. 41: 46–60; 1933. – • Neue Pflanzenfundorte in Thüringen und Sachsen. – Mitt. Thüring. Bot. Ver. 41: 80–87; 1933. – • Allgemeine Taxonomie und Chorologie der Pflanzen. Grundzüge der Speziellen Botanik – Jena 1950. – • Exkursionsflora (unter Mitarbeit von H. FÖRSTER, W. LEMKE, E. PÜSCHEL, H. REICHENBACH & R. SCHUBERT). – Berlin 1952. – • Die *Alchemilla*-Arten des Erzgebirges. – Drudea 1(3./6.): 33–42; 1961.– • Systematische Vorarbeiten zu einer Monographie der Gattung *Alchemilla*. X. Die Mitteleuropäischen Arten. – Feddes Repert. 66: 194–234; 1962. – Ein Verzeichnis der wissenschaftlichen Publikationen von Rothmaler findet sich im Anschluss an SCHWARZ (1963), S. 6–12.[2]

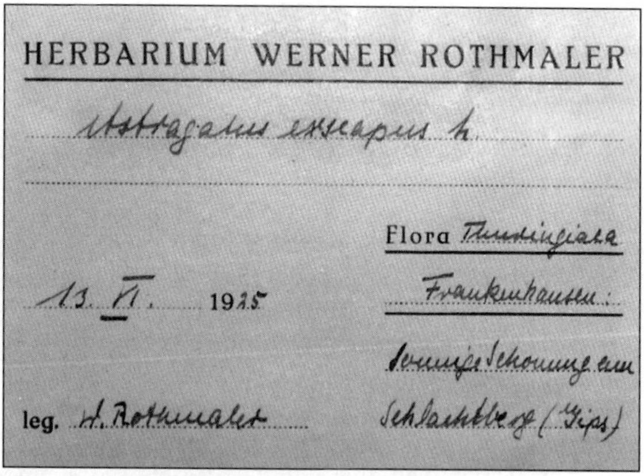

Abb. 180: Handschriftliches Herbaretikett von W. Rothmaler

Biographie
Werner Walter Hugo Paul Rothmaler wurde am 20. August 1908 in Sangerhausen[1] als Sohn eines Gutsbesitzers geboren. Da der Vater frühzeitig verstarb, musste die kinderreiche Familie von den geringen Erträgen, die ihr aus der Verpachtung des landwirtschaftlichen Besitzes zugingen, den Unterhalt bestreiten. Trotzdem konnte Rothmaler das humanistische Gymnasium in Weimar besuchen, wo er bereits Pflanzen sammelte. In dieser Zeit lernte er O. Schwarz kennen, der ihm beim Botanisieren half. Noch vor dem Abitur verließ er die Schule und begann 1927 eine Gärtnerlehre an der Parkgärtnerei des Schlosses Belvedere bei Weimar. Diese setzte er dann an den Staatlichen Gärten der Potsdamer Schlösser fort und blieb dort bis 1930 als Gärtnergehilfe. In seiner Freizeit war er oft im Herbarium des Botanischen Museums Berlin-Dahlem zu finden. Anschließend ging er an die Universität Jena, wo er als Gasthörer zugelassen wurde.[2] 1931 war er Archivar in Hohenthurm und Glauchau.[6] Er lernte G. Kretschmer (Doktorand bei L. Diels in Berlin) kennen, der ihn für die Flora der Mittelmeerländer begeisterte. Um für das Dahlemer Herbar Pflanzen zu sammeln, ging er im Jahre 1933 nach Spanien, wo er unter Font Quer in verschiedene Landesteile reiste und als „Collektor" Pflanzen für die Universität Barcelona sammelte.[2] Am 30. März 1934 heiratete er in Madrid Wilhemine Neumann aus Karlsruhe.[6] Im Jahre 1936 unternahm Rothmaler

eine Sammelreise nach Galicien. Infolge des Bürgerkrieges in Spanien musste er nach Portugal ausweichen. Hier fand er zunächst am Agronomischen Institut in Coimbra eine bescheidene Anstellung.

Ende 1937 siedelte er nach Lissabon über,[2] wo er als Leiter der Abteilung Pflanzengeographie und Systematik der „Estacao Agronomica Nacional" angestellt wurde.[1] Nach seiner Rückreise im Jahre 1940 ließ er sich an der Berliner Universität immatrikulieren und erhielt gleichzeitig eine Assistentenstelle am Kaiser-Wilhelm-Institut für Biologie. Im Jahre 1941 wurde er als Soldat eingezogen, aber bald wegen eines Lungenleidens [offene Tuberkulose[2][6]] wieder entlassen. Nach seiner Genesung nahm er 1942 an einer Forschungsreise nach Griechenland teil[2] und promovierte am 13. Juni 1943[10] mit der Dissertation „Promontorium Sacrum. Vegetationsstudien im südwestlichen Portugal" zum Dr. rer. nat. an der Berliner Universität.[2][9] [Wenn SCHWARZ (1963)[2] von einer „Promotion 1942" spricht, könnte dahinter eine vorgezogene mündliche Prüfung, sozusagen eine kriegsbedingte „Notpromotion" stecken.[9]] Im Jahre 1943[10] kam Rothmaler an das neugegründete Kaiser-Wilhelm-Institut für Kulturpflanzenforschung in Wien als Oberassistent in die von O. Schwarz geleitete Abteilung Systematik und Pflanzengeographie. Später wurde

Abb. 181: W. Rothmaler, 1950er Jahre

dieses Institut nach Stecklenberg und Gatersleben verlegt. In Gatersleben war er als Abteilungsleiter tätig. Im Jahre 1947 habilitierte er sich an der Universität Halle und war dort zunächst Dozent [ab 1949[6]] und seit 1950 Professor für Spezielle Botanik.[2] 1948 heiratete er seine 2. Frau, Elisabeth Kecker aus Pillau.[6] Als Professor mit vollem Lehrauftrag ging er im Jahre 1953 nach Greifswald, wo er im Jahre 1956 Professor mit Lehrstuhl für Spezielle Botanik und Agrobiologie wurde. Seit 1954 wirkte er als Präsident der „Gesellschaft zur Verbreitung wissenschaftlicher Kenntnisse". Nachdem er schon längere Zeit herzleidend war,[2] starb er am 13. April 1962 in Leipzig.[6][10] Die letzte Ruhestätte fand er in Weimar (hinter der Fürstengruft).[10] Er hatte zwei Söhne und zwei Töchter.[6] – Rothmaler war seit 1925 Mitglied des Thüringischen Botanischen Vereins.[3] Auf der Hauptversammlung des Thüringischen Botanischen Vereins am 29. Mai 1928 in Naumburg sprach er über die Verbreitung einiger thüringischer Gefäßkryptogamen.[7]

Quellen
(1) CASPER, J. (Hrsg.): Herbarium Hausknecht, Weimar 1896 – Jena 1996, Geschichte und Gegenwart. – Hausknechtia Beiheft 8: 1–48; 1997. – (2) SCHWARZ, O.: In memoriam Werner Rothmaler. – Feddes Repert. 68(1): 1–5; 1963. – (3) Mitgliederverzeichnis in Mitt. Thüring. Bot. Ver. 41: III–V; 1933. – (4) Starke, S., Herbarium der Universität Greifswald (GFW) (28.9.2001, briefl. an J. Pusch). – (5) Krumbiegel, A., Halle (9.1.2002, briefl. an J. Pusch, in Auswertung des Herbars HAL in Vorbereitung einer neuen Flora von Sachsen-Anhalt). – (6) Schöller, S., Tochter von Rothmaler (über Zeigerer, A., 16.1.2002, briefl. an J. Pusch). – (7) Hauptversammlung in Naumburg a. S. am 29. Mai 1928. – Mitt. Thüring. Bot. Ver. 38: VI–IX; 1929. – (8) Manitz, H., Herbarium Hausknecht Jena (8.3.2004, briefl. an J. Pusch). – (9) Raus, T., Freie Universität Berlin (21.3.2005, briefl. an K.-J. Barthel). – (10) Schöller, S., Erfurt (19.4.2005, briefl. an K.-J. Barthel).

Rudolph, Wilhelm

1841–1913

geboren: 23. Juli 1841 in Burgheßler bei Naumburg
gestorben: 3. Dezember 1913 in Erfurt

Beruf, Leistungen auf floristischem Gebiet
Volksschullehrer, Botaniker. Rudolph botanisierte in
seiner Freizeit u. a. in der weiteren Umgebung von
Erfurt, in der östlichen Hainleite, im Raum Heldrungen
und am Arterner Solgraben. So berichtete er auf der
Herbst-Hauptversammlung des Thüringischen Botanischen Vereins am 10. Oktober 1897 in Erfurt über ein
Vorkommen von *Orobanche reticulata* bei Kannawurf,[4] auf der Herbst-Hauptversammlung am 8. Oktober 1899 in Weimar über *Saxifraga tridactylitis* mit
Veronica prostrata und *Veronica agrestis* an den Südhängen der Hainleite gegenüber Kannawurf[5] sowie
auf der Herbst-Hauptversammlung am 5. Oktober 1902
in Erfurt über einen Fund von *Linum tenuifolium* an
einem Südhang im Rabental bei Seega, zusammen mit
Asperula tinctoria, Helichrysum arenarium, Lactuca

Abb. 182: Wilhelm Rudolph

virosa, Lavatera thuringiaca und *Lithospermum officinale.*[6] Rudolph sprach auf der Herbst-
Hauptversammlung am 27. September 1903 in Weimar über bemerkenswerte Arten, die er an
den sumpfigen Kiesausschachtungen längs der Bahn bei Heldrungen fand: *Carex paniculata,
Geranium pyrenaicum, Lathyrus palustris, Oenanthe fistulosa, Potamogeton pectinatus,
Samolus valerandi, Stachys germanica, Thalictrum flavum* und *Typha angustifolia.*[7] Weiterhin hatte er *Bunias orientalis* nahe des Bahnhofes Heldrungen und *Digitalis grandiflora* an
einem Abhang der Schmücke nahe der Straße Heldrungen–Sachsenburg bemerkt.[7]
Rudolph ist Gewährsmann der „Flora von Erfurt" (REINECKE 1914), u. a. wird er als Finder
von *Chenopodium botrys* in einer Kiesgrube bei Erfurt-Nord genannt.[10]

Herbarien, wichtige Herbarbelege
Rudolph besaß ein ordentlich geführtes Herbarium von Phanerogamen und Kryptogamen in
weit über 100 Mappen. Besonderes Interesse zeigte er für die Holzgewächse der städtischen
Anlagen Erfurts mit ihren zahlreichen fremdländischen Arten. In seinem Nachlass fanden
sich darüber Zusammenstellungen und Verzeichnisse. Leider hat Rudolph zu Lebzeiten nicht
verfügt, was nach seinem Tode mit der Sammlung geschehen soll. Weder seine Frau, die für
die wissenschaftliche Arbeit ihres Mannes nie Verständnis gezeigt hatte, noch die beiden
Töchter wussten mit der Sammlung etwas anzufangen. Glücklicherweise wurde sie im Mai
1914 von Museumsdirektor Redslob für nur 100 Mark erworben und später in die „Heimische" bzw. „Mitteleuropäische Sammlung" des damaligen Naturkundemuseums Erfurt „Haus
zum Stockfisch" eingereiht.[8] 1957 wurde die gesamte Herbarsammlung über F. K. Meyer
vom Herbarium Haussknecht (JE) in Jena übernommen.[9][11] Einzelbelege von Rudolph
wurden von uns in Dresden (DR), Göttingen (GOET), Halle (HAL), Münster (MSTR) und
Prag (PR) gefunden.

Folgende von Rudolph in Thüringen bzw. dem Bearbeitungsgebiet gesammelte Herbarbelege sollen genannt werden: *Adonis aestivalis:* Erfurt, am alten Steiger (HAL, 10.6.1887); *Androsace elongata:* Erfurt, Ringelberg (JE, 10.5.1886); *Artemisia rupestris:* Solgraben bei Artern (PR, 1.9.1891); *Asperula arvensis:* Erfurt, Felder am Riechheimer Berg (GOET, 6.6.1885); *Astragalus exscapus:* Vitzenburg bei Nebra (PR, 15.5.1890); *Bupleurum tenuissimum:* Artern, am Solgraben (JE, 26.8.1892); *Epipactis microphylla:* unter Buchen auf der Hainleite (JE, 14.7.1896); *Glaux maritima:* am Solgraben bei Artern (JE, 26.9.1902); *Leondoton saxatilis:* Luisenhall bei Stotternheim (JE, 1888 und 1894); *Pinguicula vulgaris:* Alter Stolberg (JE, 5.6.1909); *Plantago maritima:* Solgraben Artern (JE, 18.9.1893); *Poa badensis:* Sachsenburg (JE, 19.5.1888); *Salix hastata:* Alter Stolberg (JE, Juni 1909); *Samolus valerandi:* Bahnausstiche bei Heldrungen (JE, 15.7.1903); *Suaeda maritima:* am Solgraben bei Artern (ex Herbar S. Kupcok) (PR, 14.9.1902); *Teucrium scordium:* Alperstedt (JE, 23.8.1887); *Thalictrum simplex:* Windehäuser Holz (JE, 5.6.1909). – Von Rudolph befinden sich viele Briefe (so an Bornmüller, Haussknecht, Hergt und Torges) im Archiv des Herbarium Haussknecht.[12] Am 8. August 1897 wandte er sich mit der Bitte um Bestimmung einer *Orobanche,* die er bei Kannawurf gefunden hatte (= *Orobanche reticulata*), an C. Haussknecht.[13]

<u>Wichtige Veröffentlichungen</u>
Uns sind keine eigenen botanischen Veröffentlichungen zur Flora Nordthüringens von Rudolph bekannt. Es liegen uns nur Berichte und Diskussionsbeiträge zu den Hauptversammlungen des Thüringischen Botanischen Vereins vor, in denen Rudolph in Aktion trat.

<u>Biographie</u>
Wilhelm Rudolph wurde am 23. Juli 1841 in Burgheßler bei Naumburg geboren.[1][8] Nach einer Ausbildung in einem privaten Lehrerseminar in Bibra fand er am 1. April 1862 in Thalwinkel bei Naumburg eine Anstellung als Lehrer. Ostern 1864 legte er seine 2. Lehrerprüfung ab. Er war ver-

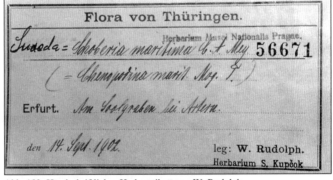

Abb. 183: Handschriftliches Herbaretikett von W. Rudolph

heiratet mit Emilie Bindernagel (geb. 1842) aus Bucha; aus dieser Ehe gingen die Töchter Agnes (geb. 1865) und Martha (geb. 1867) hervor. Am 1. April 1876 übernahm er eine Lehrerstelle in Erfurt (nördlicher Volksschulenverband). Seit 1880/81 wurde er als Lehrer an der Mädchenbürgerschule (Erfurt, Marktstraße 6, nach 1884 Umzug in die Kasinostraße 1) geführt. Er unterrichtete im Sommerhalbjahr 1886 Schreiben, Lesen, Rechnen, Erdkunde, Naturkunde, Deutsch, Geschichte und Religion. Ab 1906 war er in Erfurt Lehrer an der Evangelischen Bürgerschule II für Knaben und Mädchen (nördlicher Verband). Um 1909 trat er in den Ruhestand. Er starb am 3. Dezember 1913 in Erfurt. Zuletzt wohnte er in der Udestedter Straße (heutige Bebelstraße). Seine Frau überlebte ihn.[1]

Rudolph war Mitglied der „Irmischia" (Mitglieds-Nr. 335)[3] und des Thüringischen Botanischen Vereins.[2] [Er gehörte bereits seit 1882 dem Botanischen Verein für Gesamt-Thüringen an.[2]] Mit dem bekannten Erfurter Botaniker Karl Reinecke war er freundschaftlich verbunden.[8]

Quellen

(1) Zeigerer, A., Erfurt, Recherche über Lehrer Rudolph im Stadt- und Verwaltungsarchiv Erfurt (6.2.2002, briefl. an J. Pusch). – **(2)** Mitgliederverzeichnis. – Mitt. Thüring. Bot. Ver. 20: IV–VI; 1904/05. – **(3)** Mitgliederverzeichnis. – Irmischia 2(3/4): 27; 1882. – **(4)** Bericht über die Herbst-Hauptversammlung in Erfurt am 10. Oktober 1897. – Mitt. Thüring. Bot. Ver. 11: 12–21; 1897. – **(5)** Bericht über die Herbst-Hauptversammlung in Weimar am 8. Oktober 1899. – Mitt. Thüring. Bot. Ver. 13/14: 117–132; 1899. – **(6)** Bericht über die Herbst-Hauptversammlung in Erfurt am 5. Oktober 1902. – Mitt. Thüring. Bot. Ver. 17: 120–128; 1902. – **(7)** Bericht über die Herbst-Hauptversammlung in Weimar am 27. September 1903. – Mitt. Thüring. Bot. Ver. 18: 31–47; 1903. – **(8)** Hartmann, M., Naturkundemuseum Erfurt (28.5.2002, briefl. an K.-J. Barthel). – **(9)** PONTIUS, H.: 60 Jahre Erfurter Naturkundemuseum (Teil 2). – Veröff. Naturkundemuseum Erfurt 2: 3–17; 1983. – **(10)** REINECKE, K.: Flora von Erfurt. – Erfurt 1914. – **(11)** Naturkundemuseum Erfurt, Festschrift zur Wiedereröffnung 1995. – Erfurt 1995. – **(12)** Manitz, H., Herbarium Haussknecht Jena (8.3.2004, briefl. an J. Pusch). – **(13)** Brief im Herbarium Haussknecht.

Rupp, Heinrich Bernhard 1688–1719

geboren: 26. (?) August 1688 in Gießen
gestorben: 7. März 1719 in Jena

Beruf, Leistungen auf floristischem Gebiet

Botaniker. Mit seiner „Flora Jenensis" (1718, 1726) unternahm er einen ersten Versuch, die Flora Thüringens landesweit zu erfassen.[3] Er nennt Fundorte aus der Umgebung von Jena, aus der unteren Unstrutgegend, von Eckartsberga, Sulza, Naumburg, Erfurt usw., vom Harz (namentlich Ilfeld), von Eisleben, Halle, Wittenberg und ganz Mitteldeutschland.[4] Vom Kyffhäusergebirge werden in der 2. Auflage keine Pflanzen erwähnt.[1][5] In der von A. von Haller im Jahre 1745 neu herausgegebenen und auf den neuesten Stand gebrachten 3. Auflage finden sich jedoch *Allium victorialis, Allium scorodoprasum* und *Sedum rupestre* von dort.[1][2][5] Während die letzteren Arten von Haller im Kyffhäusergebirge gesammelt wurden,[1] gibt er bei *Allium victorialis* ausdrücklich Rupp als Gewährsmann an. Haller muss also in den hinterlassenen Manuskripten Rupps die entsprechenden Angabe nachträglich gefunden haben.[5] Rupp hat allerdings *Allium victorialis* mit *Allium strictum* verwechselt, letztere Art kam noch 1838 oder 1839 westlich des Kyffhäuserturmes vor.[5]

Rupp gilt als der Vater der thüringischen Bryologie. Er hat manches Moos als erster gekannt und von anderen unterschieden. In der 2. Auflage der „Flora Jenensis" (1726) führt er in vorlinnéischen Phrasen insgesamt 15 Lebermoose und 54 Laubmoose aus der näheren und weiteren Umgebung von Jena auf, die von WEIN (1931) den heutigen Moosen zugeordnet wurden.[6] Von Rupp stammt der Gattungsname *Jungermannia*.[6][7]

Abb. 184: Titelblatt der „Flora Jenensis" (RUPP 1726)

Herbarien, wichtige Herbarbelege

Über das Vorhandensein bzw. den Verbleib eines Herbariums von Rupp ist nichts bekannt (vergl. STAFLEU & COWAN 1983, Vol. 4).

Wichtige Veröffentlichungen

• Flora Ienensis sive enumeratio plantarum, tam sponte circa Ienam et in locis vicinis nascentium. – Frankfurt am Main und Leipzig 1718.

Eine noch von Rupp verbesserte 2. Auflage erschien erst posthum im Jahre 1726. Eine 3. Auflage folgte im Jahre 1745 und wurde von A. von Haller bearbeitet (ist wohl als die beste und vollständigste „Flora Jenensis" zu werten).

Biographie

Heinrich Bernhard Rupp wurde im August 1688 [möglicherweise am 26.[1][2]] in Gießen geboren.[1][2] Über den Stand seines Vaters Johann Otto und über die Familie seiner Mutter Susanne ist nichts Näheres bekannt.[1][2] Er besuchte das Pädogogikum seiner Vaterstadt und ließ sich am 5. September 1704 an der Universität Gießen immatrikulieren,[1][2] höchstwahrscheinlich um Medizin zu studieren.[1] Hier schien er eifrig die Flora Gießens durchforscht zu haben. Wertvolle Anregungen für seine botanischen Studien erhielt er durch J. J. Dillenius (1684 bis 1747), dem Verfasser einer Flora von Gießen, vermutlich auch auf gemeinsamen Exkursionen durch Hessen.[1] Wie lange Rupp in Gießen studierte, ist leider nicht bekannt.[1] Fest steht, dass er am 18. Juni 1711 an der Universität Jena immatrikuliert wurde,[1][2] wo er sich weiterhin mit Botanik befasste.[1] Bereits nach einem Jahr, im Oktober 1712, ging er an die Universität Leiden,[1][2] um unter Boerhave Medizin und Botanik zu studieren.[1] [Der Botanische Garten in Leiden hatte unter dessen Leitung Weltruf erlangt.[1]] Möglicherweise hat Rupp die Reise nach Leiden mit dem Schiff auf dem Rhein gemacht.[1] Im Laufe des Sommers 1713 müsste er wieder nach Jena zurückgekehrt sein.[1] Weitere Universitäten[3] dürfte Rupp nicht besucht haben, denn in den Matrikeln der Universitäten Halle, Wittenberg und Leipzig ist sein Name nicht zu finden.[1][2] Ein Nachweis, „dass er sich unzweifelhaft in diesen drei Städten für längere Zeit aufgehalten hat",[2] lässt sich nicht erbringen.[1] In Jena legte Rupp „auf die Äußerlichkeiten des Lebens nicht den geringsten Wert, selbst Reinlichkeit war ihm verhasst. Eine Wohnung pflegte er im allgemeinen ebensowenig zu besitzen, wie Geld, suchte sich auch, nachlässig wie er war, solches nicht durch geregelte Arbeit zu erwerben. Alles, was er für kleine geleistete Dienste von Freunden erhielt, die ihn wohl beherbergten und für seine Nahrung und Bekleidung sorgten, pflegte er [...] bei sich zu tragen. Bücher besaß er, wie es scheint, im allgemeinen nicht. Gegen die Vertreterinnen des schwächeren Geschlechtes hegte er den erbittersten Hass [...]. Dagegen liebte er sehr den Alkohol, dem er wohl mehr als gut, namentlich in seinen letzten Lebensjahren, zusprach."[1] Rupp hat auch nicht versucht, ein akademisches Amt zu erlangen. Er legte keinerlei Wert auf die Erlangung der Doktorwürde und hat mehr als eine Berufung an Universitäten abgelehnt,[1] weil er „ein unstetes, aber völlig unabhängiges Leben als Botaniker allem anderen vorzog."[1] Totz dieser Lebensumstände hat Rupp infolge seiner außerordentlichen Begabung als Botaniker viel geleistet. Er hatte ein erstaunliches Gedächtnis, das ihm eine Bibliothek ganz entbehrlich machte. Auch seine Beobachtungen, die er auf seinen zahlreichen Reisen machte, scheint er, zumindest teilweise, im Gedächtnis festgehalten zu haben. Auch soll er sieben Sprachen gesprochen haben.[1] Seine botanischen Exkursionen und Reisen führten ihn u. a. in die Umgebung von Jena, nach Erfurt, Greußen, Sondershausen, Eckartsberga, Sulza, Naumburg, Halle, Leipzig, Wittenberg, Eisleben, in den Harz [in Ilfeld soll er sich mehrere Wochen aufgehalten haben[1]], in das Gebiet der Mansfelder Seen[1][2][4] und auch in das Kyffhäusergebirge.[1][2][5]

Auf Grund seines Lebenswandels und seines beißenden Spotts gegenüber den Professoren, insbesondere Slevogt, der damals Botanik lehrte und ihm an Kenntnissen weit zurückstand, war man auf Rupp an der Universität Jena nicht gut zu sprechen. Wohl auf Slevogts Betreiben wurde ihm die Abhaltung botanischer Vorlesungen verboten. Deshalb begann er solche heimlich zu halten. Slevogt erhielt davon Mitteilung und machte diesen Vorlesungen ein vorzeitiges Ende. Um der Bestrafung zu entgehen, flüchtete Rupp nach Gießen, kehrte aber bald nach Jena zurück.[1]

Wohl im Jahre 1717 hatte Rupp ein Manuskript zu einem ersten, ganz unfertigen Entwurf seiner „Flora Jenensis" an seinen Bekannten J. H. Schütte verkauft, ohne daran zu denken, dass dieser es veröffentlichen könnte.[1] Mit verschiedenen Änderungen versehen, ließ Schütte das Manuskript im Jahre 1718 im Verlag von Ernst Bailliar in Frankfurt am Main und Leipzig erscheinen. Dabei nennt er ausdrücklich Rupp als Verfasser. Dieser ist empört über die fehlerhafte und unvollständige Schrift unter seinem Namen und beginnt sofort mit deren Verbesserung. Er entfernte die zahlreichen Fehler und trug die noch fehlenden Beobachtungen ein.[1] Als er am 7. März 1719 ganz plötzlich an einem Herzschlag [an einem „Schlagfluß"[2][3]] [in Jena[8]] stirbt, hatte er das neue Manuskript schon fast zu Ende geschrieben.[1]

C. von Linné benannte nach Rupp die Pflanzengattung *Ruppia*,[1] innerhalb dieser Gattung ist uns *Ruppia maritima* vom Arterner Solgraben bekannt.

Quellen
(1) FITTING, H.: Geschichte der hallischen Floristik. – Zeitschr. f. Naturwiss. 69: 289–386; 1896. – (2) LEIMBACH, G.: Zur 200jährigen Gedenkfeier für Heinrich Bernhard Rupp, den Verf. der ältesten Thüringischen Flora: Beiträge zur Geschichte der Botanik in Hessen aus dem 16., 17. und Anfang des 18. Jahrh. – Programm Fürstl. Realschule Arnstadt 1888. – (3) ECCARIUS, W.: Zur Geschichte der Orchideenkunde in Thüringen. In: AHO Thüringen: Orchideen in Thüringen. – Uhlstädt 1997. – (4) SCHULZ, A: Die floristische Litteratur für Nordthüringen, den Harz und den provinzialsächsischen wie anhaltischen Teil an der norddeutschen Tiefebene. – Halle 1888. – (5) PETRY, A.: Die Vegetationsverhältnisse des Kyffhäuser Gebirges. – Inauguraldissertation, Halle 1889. – (6) WEIN, K.: H. B. Rupp als Bryolog. – Mitt. Thüring. Bot. Ver. 40: 42–58; 1931. – (7) FRAHM, J.-P. & J. EGGERS: Lexikon deutschsprachiger Bryologen. – Norderstedt 2001. – (8) Mann, C., Stadtarchiv Jena (17.7.2003, telef. mit J. Pusch).

Scheuermann, Richard 1873–1949

geboren: 6. November 1873 in Bützow
gestorben: 8. Januar 1949 in Nordhausen

Beruf, Leistungen auf floristischem Gebiet
Postbeamter, Botaniker (insbesondere Adventivflorist). Er galt als guter Kenner der deutschen Flora von Lothringen bis Oberschlesien,[3] der sich sowohl mit der Adventivfloristik als auch mit der allgemeinen Floristik befasste. Auch auf den Gebieten der hochalpinen Flora[3] und der Moose[12] war er zu Hause. In seiner Arbeit „Die Solstellen am Kyffhäuser und ihre Pflanzenwelt in Vergangenheit und Gegenwart" (1954) beschrieb er die Salzstellen vor allem aus historischer Sicht und nannte mögliche Ursachen für das Verschwinden einzelner Arten. Er ging in den Fußnoten auch auf das Vorkommen einiger Nicht-Salzpflanzen ein, so fand er *Inula britannica, Pulicaria dysenterica* und *Teucrium scordium* an Gräben nahe der Straße Auleben–Aumühle und *Catabrosa aquatica* in einem Graben nahe der genannten Straße

Abb. 185: Richard Scheuermann

und nördlich der Numburger Westquelle. In einem Handexemplar der „Flora von Nordhausen und der weiteren Umgebung" (VOCKE & ANGELRODT 1886) nahm Scheuermann zwischen 1927 und 1949 zahlreiche handschriftliche Eintragungen vor.[9] So fand er u. a. *Atriplex rosea* im Jahre 1928 am Bahnhof Esperstedt und an der Aumühle bei Görsbach, *Bothriochloa ischaemum* am 28. August 1928 an Wegen über Hohlstedt bei Wallhausen, *Centaurea solstitialis* am 27. August 1928 bei Badra unter Luzerne, *Chenopodium foliosum* am 28. Mai 1948 auf Bombenschutt in Nordhausen, *Chenopodium urbicum* im Jahre 1934 bei Auleben auf einem Komposthaufen, *Kickxia spuria* am 26. Juli 1936 auf Äckern bei Günserode, *Lactuca saligna* am 13. August 1934 auf einem Schuttplatz in Nordhausen und am 4. September 1937 bei Borxleben, *Omphalodes scorpioides* am 12. Juni 1932 an der Rothenburg unter dem Burschenschaftsdenkmal im beschatteten Walde sowie *Picris echioides* am 20. September 1945 auf einem Luzerneacker am Wege von Auleben nach Badra.[9] Zeitweise befasste er sich viel mit den Moosen in der Umgebung seiner verschiedenen Dienstorte.[12]

Herbarien, wichtige Herbarbelege
Nach STAFLEU & COWAN (1885, Vol. 5) befindet sich das Herbar von Scheuermann in Hannover (HAN), weiteres Material auch in Münster (MSTR). Ob in Hannover und Münster auch Belege aus dem Kyffhäusergebiet liegen, muss noch überprüft werden. – Von Scheuermann befinden sich Briefe an Bornmüller und Rothmaler im Archiv des Herbarium Haussknecht.[13]

Wichtige Veröffentlichungen
• Beitrag zur Kenntnis der bei der Stadt Hannover und ihrer Umgebung auftretenden Adventivpflanzen. – 4./5. Jahresber. Niedersächs. Bot. Ver.: 65–85; 1912. – • Beitrag zur Kenntnis der Adventivflora Hannovers. –

6.–11. Jahresber. Niedersächs. Bot. Ver.: 62–80; 1918. – • Dritter Beitrag zur Kenntnis der Adventivflora Hannovers. – 69.–74. Jahresber. Naturhist. Ges. Hannover: 54–66; 1924. – • Die Ruderalflora Oberschlesiens. – Der Oberschlesier <u>6</u>: 414–420; 1924. – • Die Pflanzenwelt Oberschlesiens. – Der Oberschlesier <u>7</u>: 248–254, 400–406, 475–484; 1925. – • Die Pflanzenwelt Oberschlesiens. – Der Oberschlesier <u>8</u>: 96–104, 330–335, 392–397, 640–647; 1926. – • Einschleppung fremder Pflanzen. – Die Umschau <u>41</u>(38): 864–866; 1937. – • Die Gartenunkräuter in der Stadt Nordhausen (SCHEUERMANN, R. & K. WEIN). – Hercynia <u>1</u>(2): 232–264; 1938. – • Die Pflanzen des Vogelfutters. – Die Natur am Niederrhein <u>17</u>(1): 1–13; 1941. – • Wesen und Entwicklung der Adventivfloristik. – 92. u. 93. Ber. Naturhist. Ges. Hannover: 38–43; 1942. – • Die Solstellen am Kyffhäuser und ihre Pflanzenwelt in Vergangenheit und Gegenwart. – 102. Ber. Naturhist. Ges. Hannover: 39–47; 1954.

Biographie

Richard Scheuermann wurde am 6. November 1873 als Sohn des Mühlenbesitzers Franz Scheuermann in Bützow/Mecklenburg geboren. Nach dem Besuch des Realgymnasiums in Schwerin wollte er Naturwissenschaften studieren. Da er aber infolge eines verheerenden Brandes in den väterlichen Mühlen ein Studium nicht aufnehmen konnte, trat er in Metz/Lothringen als Lehrling in den Postdienst ein, dem er bis zu seiner Verabschiedung die Treue hielt. Nach seiner Lehrzeit kam er nach Schwerin zurück, wo er heirate-

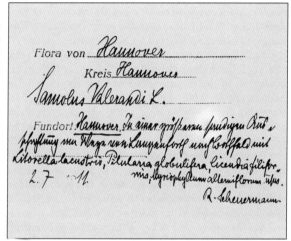

Abb. 186: Handschriftliches Herbaretikett von R. Scheuermann

te. Danach wurde er nach Hannover versetzt,[1] wo er in den Jahren 1909 bis 1921 Beobachtungen für seine „Beiträge zur Kenntnis der Adventivflora Hannovers" vornahm[5] [In Hannover war er im Jahre 1909 Postinspektor.[6]]. Den Adventivpflanzen galt sein besonderes Interesse, nachdem er bereits im Jahre 1896 an der Wollkämmerei Döhren/Hannover das nordamerikanische Malvengewächs *Sida spinosa* L. nachweisen konnte.[2] [In Südamerika, vielleicht auch in Nordamerika sowie wohl in allen Tropen ist diese Ruderalpflanze weit verbreitet.[14]] Anregung fand er auch durch die bahnbrechende Arbeit „Flore adventice de Montpellier" (1911/12) von Albert Thellung und durch die Veröffentlichungen der Schweizer Botaniker R. Probst, Aellen und Schnyder.[3] „Die von Thellung aufgestellten Gruppen der Adventivpflanzen, welche durch den Handel eingeschleppt werden, Getreideunkräuter, Wollpflanzen, Ballastpflanzen wurden noch erweitert durch Ölpflanzen, Vogelfutterpflanzen und Südfruchtbegleiter und besonders den letzteren wendete er [Scheuermann] seine Aufmerksamkeit zu."[3] Von Hannover ging Scheuermann zunächst nach Oppeln und anschließend als Oberpostrat nach Dortmund.[1] [1927 war er in Dortmund noch Postrat.[9]] In Oppeln beschäftigte er sich besonders mit allgemeiner Floristik, so veröffentlichte er in den Jahren 1924 bis 1926 mehrere Beiträge zur Flora von Oberschlesien (u. a. zur Frühlingsflora und zur Ruderalflora).[4] In Dortmund wandte er sich wieder verstärkt den Adventivpflanzen zu. „Unermüdlich untersuchte Scheuermann die Fundgrube der Adventivpflanzen auf Güterbahnhöfen, Schuttplätzen, an Mühlen, in Häfen usw. Im Ruhrgebiet wurde er in befreundeten

Kreisen scherzhafterweise 'der Adventist' genannt."[3] Im Jahre 1929 machte er von den Güterbahnhöfen des rheinisch-westfälischen Industriegebietes rund 270 Mittelmeerpflanzen namhaft, denen er weitere 110 anfügte, die von Schweizer Bahnhöfen bekannt waren. Ein Nachtrag von 1934 erhöhte diese Zahlen noch gewaltig.[11] „Unermüdlich war auch seine Hilfsbereitschaft den botanischen Freunden gegenüber im Bestimmen des oft schwierigen Pflanzenmaterials, welches ihm von allen Seiten zuging. Er war stets freudig und eifrig, in uneigennützlichster Weise bemüht, mit seinen erstaunlichen Kenntnissen der in- und ausländischen Flora zu helfen. [...] Er sorgte auch für die Verbindung und das Bekanntwerden der Floristen untereinander, für den Austausch ihrer Funde und der aus Wollstaub, Vogelfuttersamen, Südfruchtpackmaterial und aus den Rückständen der Saatgetreidereinigung durch Aussaat auf Versuchsbeete erzielten Resultate."[3] Gemeinsam mit O. Fiedler, Leipzig, entdeckte er in Wollstaubaussaat das noch unbekannte Kreuzblütengewächs der australischen Steppe *Geococcus fiedleri*.[3] Da Scheuermann von den Nationalsozialisten in den dauernden Ruhestand versetzt wurde,[3] nahm er im Jahre 1934 Nordhausen als seinen ständigen Wohnsitz.[1][3] [Hier wohnte er im Jahre 1937 in der Hohensteiner Str. 14.[10]] Sein Haus in Nordhausen stand den botanischen Freunden immer offen. [Eine produktive Zusammenarbeit bestand mit K. Wein, mit dem er bereits im Jahre 1938 eine gemeinsame Arbeit über die Gartenunkräuter Nordhausens veröffentlichte.] Tagelang durchwanderte er mit ihnen bei jeder Wetterlage die nähere und weitere Umgebung der Stadt.[3] Der Alte Stolberg, das Kyffhäusergebirge und die Salzstellen seiner Umgebung gehörten zu seinen Lieblingszielen.[2] Der 2. Weltkrieg und besonders die Nachkriegsjahre hatten Scheuermann wirtschaftlich und gesundheitlich schwer getroffen. Sein Haus in Nordhausen wurde beschlagnahmt und er selbst und seine langjährige Pflegerin in einer Notwohnung untergebracht.[3] Nachdem er sich bei einer naturkundlichen Wanderung in den Harz bei hohem Schnee eine Lungenentzündung zugezogen hatte, starb er, Wochen später, am 8. Januar 1949 [nicht am 9. Januar, wie bei (3) angegeben] an einem Herzschlag in Nordhausen.[1] Die Beerdigung fand am 12. Januar in Nordhausen statt.[8]

Scheuermann war Mitglied der Naturhistorischen Gesellschaft zu Hannover.[6] Noch im Jahre 1954 erschien in der Schriftenreihe dieser Gesellschaft seine Arbeit „Die Solstellen am Kyffhäuser und ihre Pflanzenwelt in Vergangenheit und Gegenwart" (Das Manuskript hatte er schon im August 1948 übergeben.). In einer Vorbemerkung der Herausgeber heißt es: „Als letzte Ehrung des Verfassers, der zu den besten Kennern der Adventivflora gehörte und in dieser Hinsicht eine fruchtbare schriftstellerische Tätigkeit entfaltete, wird die Arbeit der Öffentlichkeit übergeben".[7] Scheuermann stand mit zahlreichen in- und ausländischen Floristen in Verbindung, so mit den Schweizern P. Aellen und R. Probst, den Niederländern P. Jansen und A. W. Kloos, mit C. Blom (Göteborg), Cherff (Chicago) und Klew (Washington).[3] Die Flora der Alpen hat er auf mehreren Hochtouren kennen gelernt.[3]

Quellen
(1) FIEDLER, O.: Necrologia, Richard Scheuermann, 1873–1949. – Revista Sudamericana de Botanica Montevideo, Vol. 10: 29; 1951. – (2) KELLNER, K.: Die floristische Erforschung der Südharzlandschaft um Nordhausen, 4. Teil. – Beitr. Heimatk. Stadt Kreis Nordhausen 6: 58–72; 1981. – (3) MÜLLER, T.: Richard Scheuermann. – Westdeutscher Naturwart 2(2): 45–49; 1951. – (4) PAX, F.: Bibliographie der Schlesischen Botanik. Schlesische Bibliographie, 4. Bd. – Breslau 1929. – (5) SEELAND, H.: Zur Literatur über die Flora von Hildesheim. – Mitt. Roemer-Museum Hildesheim 27; Mai 1927. – (6) Becker-Platen, J. D., Naturhistorische Gesellschaft Hannover (5.3.2001, briefl. an K.-J. Barthel). – (7) SCHEUERMANN, R.: Die Solstellen am Kyffhäuser und ihre Pflanzenwelt in Vergangenheit und Gegenwart. – 102. Bericht der Naturhistorischen Gesellschaft zu Hannover: 39–47; 1954. – (8) Todesanzeige Richard Scheuermann. – Thüringer Volk vom 11. Januar 1949. –

(9) Handexemplar der „Flora von Nordhausen und der weiteren Umgebung" (VOCKE & ANGELRODT 1886) von R. Scheuermann mit zahlreichen datierten Einträgen zwischen 1927 und 1949. Handexemplar im Besitz der Bibliothek des Botanischen Gartens und Museums Berlin-Dahlem. – **(10)** Einwohnerbuch von Nordhausen 1937. – **(11)** FIEDLER, O.: Die Fremdpflanzen an der Mitteldeutschen Großmarkthalle zu Leipzig 1932–1936 und ihre Einschleppung durch Südfruchttransporte. – Hercynia 1(1): 124–148; 1937. – **(12)** KOPPE, F.: Die Moose des Niedersächsischen Tieflandes. – Abh. naturw. Ver. Bremen 36(2): 237–424; 1964. – **(13)** Manitz, H., Herbarium Haussknecht Jena (8.3.2004, briefl. an J. Pusch). – **(14)** Gutte, P., Markkleeberg (24.7.2004, briefl. an J. Pusch).

Schmiedtgen, Gustav

1839–1911

geboren: 16. Juni 1839 in Paulinzella
gestorben: 13. Mai 1911 in Bendeleben

<u>Beruf, Leistungen auf floristischem Gebiet</u>
Förster, Botaniker. Als Gewährsmann der „Flora von Nordhausen und der weiteren Umgebung" (VOCKE & ANGELRODT 1886) und der „Flora von Nord-Thüringen" (LUTZE 1892) lieferte er zahlreiche Fundortsangaben aus der Umgebung von Bendeleben. Auch in den „Veränderungen in der Flora von Sondershausen, bezw. Nordthüringen" (LUTZE 1882) wird er mehrmals als Finder genannt. Er sah u. a. *Ceratophyllum submersum* im Bendeleber Parkteich, *Gnaphalium luteo-album* in Bendeleben, *Herniaria hirsuta* im Bendeleber Schlosspark, *Lycopodium clavatum* bei den Erdfällen im Bendeleber Forst, *Medicago arabica* und *Nonea pulla* (mit gelben Blüten) bei Bendeleben, *Schoenoplectus triqueter* am „alten Schacht" bei Bendeleben, *Sparganium minimum* am Kiebitz bei Bendeleben und *Tephroseris helenitis* in den Müllerstälern im Bendeleber Forst. *Sarothamnus scoparius* fand er an zwei Stellen im Markthale (Bendeleber Forst). Bei *Schoenoplectus triqueter* (Dreikant-Teichsimse) handelt es sich um den Erst- und bisher einzigen Fund in Thüringen und Ostdeutschland. Heute gilt diese Art in Ostdeutschland als verschollen.[13]

Abb. 187: Herbarbeleg von G. Schmiedtgen (vgl. Abb. 188)

<u>Herbarien, wichtige Herbarbelege</u>
Das Herbarium von Schmiedtgen ist offenbar nach Jena (JE) gekommen. Hier finden wir zahlreiche Belege aus dem Kyffhäusergebiet. Einzelbelege von ihm liegen in Halle (HAL, Heimatsammlung), diese sind über andere Sammler (z. B. G. Oertel) hierher gekommen.

Folgende von G. Schmiedtgen gesammelte Belege aus dem Bearbeitungsgebiet sollen genannt werden:
Apium graveolens: Numburg (JE, o. D.); *Carex distans*: sumpfige Wiesen bei Bendeleben (JE, Mai 1883); *Centaurium pulchellum*: feuchte Wiesen bei Bendeleben (JE, August 1883); *Glaux maritima*: Salzquelle bei der Numburg (JE, Juni 1883); *Gnaphalium luteo-album*:

Waldungen bei Bendeleben (JE, Juli 1882); *Melilotus dentata*: salzhaltige Wiesen bei der Numburg (JE, Juli 1883); *Leontodon saxatilis*: Wiesen bei Bendeleben (JE, August 1883); *Orobanche arenaria*: bei Badra (JE, 1883); *Oxytropis pilosa*: Gipsberge bei Badra (JE, Juni 1883); *Podospermum laciniatum*: Feldrain bei Bendeleben (JE, Juni 1883); *Schoenoplectus triqueter*: Bendeleben (JE, 1879); *Schoenoplectus triqueter*: in einem Wassertümpel bei Bendeleben (JE, September 1882); *Schoenoplectus triqueter*: an einem Teiche bei Bendeleben, leg. G. Schmiedtgen und G. Oertel (HAL, Sept. 1881); *Tephroseris integrifolia*: bei Badra (JE, o. D.). – Von G. Schmiedtgen befinden sich Briefe an Haussknecht, Dufft und M. Schulze im Archiv des Herbarium Haussknecht.[14]

In Jena (JE) befinden sich auch Belege aus dem Bendeleber Raum (z. B. von *Teucrium scordium* 1887 und *Epipactis microphylla* 1887) von einem **Ottomar Schmiedtgen**. Hierbei handelt es sich vermutlich um den Vater oder aber den Sohn von Gustav Schmiedtgen oder gar einen weiteren Verwandten.

Wichtige Veröffentlichungen
Uns sind keine botanischen Veröffentlichungen von Schmiedtgen bekannt.

Biographie
Gustav Reinhold Ernst Schmiedtgen wurde am 16. Juni 1839 als Sohn des Fürstl. Schwarzburg. Kanzleirates am Appellationsgericht zu Eisenach, Theobald Emil Ottomar Schmiedtgen, in Paulinzella geboren. Um 1870 war er als gutsherrschaftlicher Revierförster in Bendeleben angestellt. Am 29. November 1870 heiratete er Theodora Luise

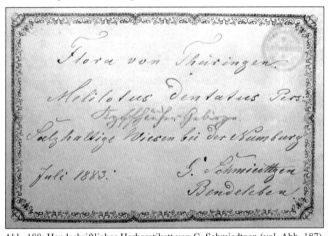

Abb. 188: Handschriftliches Herbaretikett von G. Schmiedtgen (vgl. Abb. 187)

Auguste Herzer aus Badra. Aus dieser Ehe gingen der Sohn Günther Thilo Ottomar (geb. 1871) und die Tochter Marie Julie Caroline (geb. 1873) hervor.[1] Er botanisierte zwischen 1880 und 1890 besonders bei Bendeleben, bei Badra und an der Numburg.[2] Für Lutzes Beitrag „Die Rosen in der Flora von Sondershausen" (1885) sammelte er „Material" aus der Umgebung von Rottleben.[15] Um 1880 fand er *Schoenoplectus triqueter* in einem ehemaligen Braunkohlen-Tagebau an der Straße Bendeleben–Steinthalleben. Die Pflanze wurde während einer Sitzung der „Irmischia" am 14. August 1881 erstmalig der Öffentlichkeit vorgelegt.[2] Offensichtlich ist die Pflanze schon zwei Jahre früher gefunden worden, denn im Herbarium Haussknecht existiert ein Beleg von Schmiedtgen aus dem Jahre 1879. Der Revierförster Schmiedtgen beaufsichtigte im Jahre 1896 das Forstwesen des Rittergutes Bendeleben und nahm von 1886 bis 1896 für das Königl. Meteorologische Institut in Berlin Niederschlagsmessungen sowie Gewitterbeobachtungen vor.[3] Auch beteiligte er sich an den phänologischen Beobachtungen im Rahmen der „Irmischia" (Beobachtungsort Bendeleben).[12] Er starb als Oberförster am Rittergute am 13. Mai 1911 in Bendeleben an einem Schlaganfall. Seine Frau war schon vor ihm verstorben.[10]

Schmiedtgen war Mitglied der „Irmischia" (Mitgliedsnummer 32).[4] [In den Jahren 1885 und 1886 gehörte er ihrem Vorstand an.[5][6]] Den Sammlungen der „Irmischia" übergab er im Jahre 1881 bituminöses Holz und Braunkohlen mit deutlichen Blattresten aus einem verlassenen Braunkohlenbergwerk südlich des Kyffhäusergebirges.[7] Der Bibliothek der „Irmischia" schenkte er ein Exemplar „Zur Morphologie der monokotylischen Knollen- und Zwiebelgewächse" (IRMISCH 1850), dieses war besonders wertvoll, weil es ein eigenhändig verfasstes Widmungsgedicht von Irmisch enthielt.[11] Als Mitglied des Thüringischen Botanischen Vereins [er gehörte bereits vor 1891 dem Botanischen Verein für Gesamt-Thüringen an[8]] legte er während der Frühjahrs-Hauptversammlung in Frankenhausen am 31. Mai/1. Juni 1898 einige junge Stämmchen aus einer Eichenpflanzung vor, die durch den parasitischen Pilz *Rosellinia quercina* R. HARTIG abgetötet waren. Dieser Pilz richtet in Eichenpflanzungen großen Schaden an.[9]

Quellen

(1) Behr, T., Pfarrer in Bendeleben (26.1.2000, briefl. an K.-J. Barthel). – (2) LUTZE, G.: Ueber Veränderungen in der Flora von Sondershausen, bezw. Nordthüringen. – Programm Fürstl. Realschule Sondershausen, Nr. 636, 1882. – (3) WEDEMANN, H.: Chronik von Bendeleben – Sondershausen 1899, S. 150/51 und S. 175. – (4) Mitgliederverzeichnis „Irmischia". – Irmischia 1(1): 3–4; 1881. – (5) Amtliche Mitteilungen. – Irmischia 5(1): 1; 1885. – (6) Amtliche Mitteilungen. – Irmischia 6(1/2): 1; 1886. – (7) Sammlungen. – Irmischia 1(7): 27; 1881. – (8) Mitgliederverzeichnis in Mitt. Thüring. Bot. Ver. 20: IV–VI; 1904/05. – (9) Hauptversammlung in Mitt. Thüring. Bot. Ver. 12: 5; 1898. – (10) Behr, T., Pfarrer in Bendeleben (15.8.2001, briefl. an J. Pusch). – (11) Bibliothek. – Irmischia 1(5): 19; 1881. – (12) Phänologische Beobachtungen in Thüringen (1885). – Irmischia 6(1/2): 4–8; 1886. – (13) BENKERT, D., F. FUKAREK & H. KORSCH (Hrsg): Verbreitungsatlas der Farn- und Blütenpflanzen Ostdeutschlands – Jena 1996. – (14) Manitz, H., Herbarium Haussknecht Jena (8.3.2004, briefl. an J. Pusch). – (15) LUTZE, G.: Die Rosen in der Flora von Sondershausen. – Irmischia 5(4): 26–29; 1885.

Schönheit, Friedrich Christian Heinrich · 1789–1870

geboren: 18. September 1789 in Teichröda
gestorben: 28. April 1870 in Singen

Beruf, Leistungen auf floristischem Gebiet

Pfarrer, Botaniker. Mit seinem „Taschenbuch der Flora Thüringens" (1850) schuf er eine erste umfassende Flora von Gesamtthüringen, die bis in die Gegenwart hinein (bis 2005) die Einzige geblieben ist. E. G. Hornung, Aschersleben, schrieb im „Archiv der Pharmazie" (1850): „Mit wahrem Vergnügen begrüssen wir die Flora eines Strichs von Deutschland, der zu den reichsten und interessantesten des ganzen deutschen Vaterlandes gehört. Viele Oertlichkeiten dieses Florengebiets sind sehr sorgfältig durchsucht, von manchen Orten haben wir mehrere zum Theil aus früheren Zeiten stammende Floren, wie von Halle, Jena, Erfurt; von anderen theils Floren, theils Verzeichnisse der selteneren Pflanzen, aber es fehlte bisher noch eine Gesammtflora des ganzen schönen, an reizenden Gegenden so reichen Gebiets."[1] Aus

Abb. 189: F. C. H. Schönheit

dem nordthüringer Raum führt Schönheit u. a. auf (mit Irmisch als Gewährsmann): *Arabis auriculata* vom Frauenberg bei Sondershausen, *Campanula bononiensis* von Hachelbich, *Halimione pedunculata* von der Numburg, *Hypericum elegans* von Badra, *Marrubium vulgare* von Frankenhausen, *Orlaya grandiflora* vom Brückental bei Sondershausen, *Scorzonera purpurea* von Frankenhausen und *Trifolium rubens* von Jechaburg bei Sondershausen. Er geht auch auf Exemplare von *Gypsophila repens* ein, die er auf dem Wege des Tauschverkehrs mit der Fundortsbezeichnung „Nordhausen" auf dem Herbaretikett erhielt. Dazu schreibt er wörtlich: „Ob wirklich aus dessen nächster Umgebung oder tiefer aus der Harzflora, wage ich nicht zu entscheiden." Möglicherweise erhielt er diese Exemplare von F. W. Wallroth, der dafür bekannt ist, dass er die Fundorte seltener Arten nur sehr allgemein angab oder sogar ganz verschwieg.

Herbarien, wichtige Herbarbelege

Schönheit bot ein Herbarium mit 680 Arten am 29. November 1834 im Schwarzburg-Rudolstädter Wochenblatt zum Verkauf an. Dieses wurde vom „Fürstlichen Naturalienkabinett" in Rudolstadt erworben.[1] Es ist noch heute im Thüringer Landesmuseum Heidecksburg Rudolstadt zu finden.[4] Ein weiteres Herbar soll bei einem Brand im Pfarrhaus zu Singen verloren gegangen sein.[1] Nach STAFLEU & COWAN (1985, Vol. 5) befindet sich einiges Herbarmaterial in Regensburg (REG) und Wien (W). Einige Belege aus dem Herbarium von Schönheit sind offenbar auch nach Münster (MSTR) und Jena (JE) gelangt.

Folgende von Schönheit in Thüringen bzw. dem Bearbeitungsgebiet gesammelte Herbarbelege sollen genannt werden: *Glaux marima*: Frankenhausen, Acker- und Wiesenränder am Solgraben (JE, o. D.); *Hymenolobus procumbens*: im Solgraben bei Frankenhausen (JE, o. D.); *Lathyrus heterophyllus*: Willinger Berg bei Griesheim (JE, 1832); *Minuartia viscosa*:

Singer Berg (JE, o. D.); *Sagina subulata*: Teichröda bei Rudolstadt (JE, 2.7.1844); *Stellaria longifolia*: Paulinzella (JE, o. D.); *Veronica prostrata*: Schwellenburg (JE, o. D.). – Von Schönheit liegen einige Briefe im Archiv des Herbarium Haussknecht.[5]

Wichtige Veröffentlichungen

• Phytographische Bemerkungen. – Flora 15: 337–352; 1832. – • Bemerkungen über thüringische Pflanzen. – Flora 17: 529–543 und 555–559; 1834. – • Botanische Bemerkungen, hauptsächlich bei Leitung des botanischen Tauschvereins gemacht. – Flora 22: 177–192; 1839. – • Taschenbuch der Flora Thüringens. – Rudolstadt 1850. – • Nachtrag zur Flora von Thüringen. – Bot. Zeitung 8: 594; 1850. – • Der sich selbst belehrende Forstbotaniker. – Weimar 1853. – • Ergänzender und berichtigender Nachtrag zu dem Taschenbuche der Flora von Thüringen. – Linnaea 33: 309–338; 1864. – • Weitere Nachträge und Verbesserungen zu Schönheits Taschenbuch der Flora von Thüringen. – Linnaea 33: 751–753; 1865.

Biographie

Friedrich Christian Heinrich Schönheit wurde am 18. September 1789 in Teichröda bei Rudolstadt geboren. Seine Eltern waren der Pfarrer Johann Georg Schönheit und Johanne Henriette, geb. Wohlfart, die beide aus Kirchhasel bei Rudolstadt stammten. Nach erstem Unterricht bei seinem Vater besuchte er das Gymnasium in Rudolstadt. Schon in seiner frühen Jugendzeit beschäftigte er sich mit Pflanzen, Tieren und

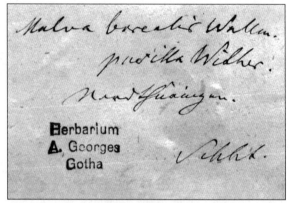

Abb. 190: Handschriftliches Herbaretikett von F. C. H. Schönheit

Gesteinen seiner Umgebung. Im Jahre 1808 ging er an die Universität Jena, um Theologie zu studieren.[1] Hier hörte er auch Vorlesungen über naturwissenschaftliche und medizinische Themen.[2] Er hätte sich wohl ganz den Naturwissenschaften gewidmet, wenn die Eltern nicht mit der Entziehung ihrer Unterstützung gedroht hätten. Da die Eltern kränklich wurden, kehrte er nach Beendigung seines Studiums nach Teichröda zurück. Als sich der Gesundheitszustand des Vaters weiter verschlechterte, wurde er ihm [1815[3]] im Amt beigegeben.[1] Am 16. Juli 1815 hielt er in Teichröda seine erste Predigt.[6] Nach dem Tode des Vaters im Jahre 1816 übernahm er dessen Pfarrstelle in Teichröda.[1] Im Jahre 1815[2] heiratete er Wilhelmine Marie Elisabeth Eichhorn aus Volkstedt; aus dieser Ehe gingen 9 Kinder hervor, wovon zwei in früher Jugend verstarben. Um die Familie ernähren zu können, versuchte er, mit dem Betreiben einer Landwirtschaft sein Einkommen zu erhöhen.[1] „Sein Interesse für die Landwirtschaft bekundete er durch mancherlei Kulturversuche, wie u. a. mit verschiedenen Futterkräutern, Kartoffelsorten und Tabak."[3] Im Jahre 1826 bemühte er sich um die etwas besser honorierte Pfarrstelle in Singen, wo er auch die Dörfer Hengelbach, Gösselborn und Paulinzella zu betreuen hatte. Er nahm hier Fischereirechte wahr, wurde von den Förstern zu Jagden eingeladen und unternahm vor allem botanische Exkursionen, die ihn bis nach Ilmenau führten. Im Jahre 1827 erfroren ihm bei -30° C auf einem seiner Amtswege die Zehen, so dass diese an einem Fuß amputiert werden mussten. Seine Amtsführung wurde stets lobend erwähnt.[1]

Im Jahre 1833 übernahm er die Leitung des „Botanischen Tauschvereins für Deutschland", wodurch er mit zahlreichen Botanikern Deutschlands und Österreichs bekannt wurde. Am 23. Februar 1842 rief er im „Allgemeinen Anzeiger und Nationalzeitung der Deutschen" zur Gründung eines „Vereins für Beförderung der Pflanzenkunde Thüringens" auf, nachdem schon vorher Becker und Horn (zunächst anonym) in der gleichen Zeitung (am 27. November 1841) zur Bildung eines naturwissenschaftlichen Vereins in und für Thüringen aufgefordert hatten. So kam es schließlich am 8. Juni 1842 in Erfurt zur Gründung eines „Naturwissenschaftlichen Vereins für Thüringen" (Geschäftsführer: Regierungs- und Medizinalrat Horn aus Erfurt) mit zahlreichen Fachsektionen. Hier entwickelte Schönheit seine Ideen zu einer gemeinsamen Erforschung der Flora Thüringens. Jedes Mitglied der botanischen Sektion sollte dem Vorstand ein Verzeichnis der in seiner Gegend wachsenden Pflanzen einreichen und auch sonstige Beobachtungen über die Pflanzenwelt mitteilen. Bereits auf der vierten Versammlung der botanischen Sektion am 14/15. Mai 1845 in Ilmenau wurde beschlossen, das vorhandene Material zur Herausgabe einer Flora von Thüringen zu nutzen. Es war der Wunsch der Versammlung, dass Schönheit mit der Abfassung des Manuskriptes beginnen solle. Leider bereiteten die politischen Wirren des Jahres 1848 dem zunächst vielversprechenden Verein ein jähes Ende. Schönheit gab jedoch das einmal Begonnene nicht auf. So erschien im Jahre 1850 sein „Taschenbuch der Flora Thüringens" „im Auftrag und unter Mitwirkung der botanischen Section des naturwissenschaftlichen Vereins für Thüringen", dem 1857 ein Nachdruck folgte[1] [ohne Schönheits Mitwirkung und Genehmigung[3]]. Gewährsleute aus dem Nordthüringer Raum waren u. a. F. Buddensieg aus Tennstedt und T. Irmisch aus Sondershausen.

„Nach Beschluss der Sektion diente KOCHs Synopsis zur Grundlage des Werkes. Um aber auch dem Anfänger und minder Geübten das Bestimmen der Pflanzen zu erleichtern, gab Schönheit bei den einzelnen Arten noch verschiedene, in den Diagnosen nicht berücksichtigte Hilfsmerkmale, welche auf Exkursionen deshalb Wert haben, weil man oft nicht so glücklich ist, alle charakteristischen Kennzeichen an den aufgefundenen Pflanzen vereinigt zu finden. Diese von feiner Beobachtungsgabe zeugenden Bemerkungen sind eine der wertvollsten Beigaben des Buches, und wer dieses selbst gebraucht hat, wird sich von der Zweckmäßigkeit und der geschickten Auswahl derselben überzeugt haben."[3]

Auch in späteren Jahren blieb Schönheit der Botanik treu. Im Jahre 1865 feierte er sein fünfzigjähriges Amtsjubiläum und seine Goldene Hochzeit. Am 2. Osterfeiertag 1870 erledigte er seine letzte Amtshandlung und starb kurze Zeit später, am 28. April 1870 in Singen. Am 1. Mai wurde er auf dem dortigen Friedhof beerdigt.[2]

Neben seinen Funktionen als Geschäftsführer des „Botanischen Tauschvereins für Deutschland" und als Vorsitzender der Botanischen Sektion (ab 1845) des „Naturwissenschaftlichen Vereins für Thüringen" war Schönheit Ehrenmitglied der Botanischen Gesellschaft vom Mittel- und Niederrhein sowie korrespondierendes Mitglied der Regensburger Botanischen Gesellschaft.[1] Des Weiteren war er Ehrenmitglied der „Naturforschenden Gesellschaft in Meiningen" und korrespondierendes Mitglied des „Naturwissenschaftlichen Vereins des Harzes". Der Fürst von Schwarzburg-Rudolstadt verlieh ihm den „Schwarzburgischen Hausorden 2. Klasse".[3] Anlässlich der Frühjahrsversammlung des Thüringischen Botanischen Vereins am 29. Mai 1912 in Singen wurde am dortigen Pfarrhaus eine Gedächtnistafel zu Ehren Schönheits enthüllt.[2]

Quellen

(1) MEYER, F. K.: Friedrich Christian Heinrich Schönheit und die Flora von Thüringen. – Haussknechtia <u>6</u>: 3– 16; 1997. – **(2)** HERGT, B.: Gedächtnisrede für F. C. H. Schönheit am 29. Mai 1912 in Singen. – Mitt. Thüring. Bot. Ver. <u>30</u>: 109–114; 1913. – **(3)** SCHMIDT, O.: Friedrich Christian Heinrich Schönheit. Ein Lebensbild des thüringer Floristen zur Säkularfeier seines Geburtstages. – Mitt. Geograph. Ges. (Thüringen) Jena <u>8</u>: 46– 52; 1890. – **(4)** MEY, E., Thüringer Landesmuseum Heidecksburg Rudolstadt (29.11.2001, briefl. an J. Pusch). – **(5)** Manitz, H., Herbarium Haussknecht Jena (8.3.2004, briefl. an J. Pusch). – **(6)** MÖLLER, R.: Friedrich Christian Heinrich Schönheit. – Rudolstädter Heimathefte <u>6</u>: 148–154; 1955.

Schrader, Heinrich Adolph

1767–1836

geboren: 1. Januar 1767 in Alfeld bei Hildesheim
gestorben: 22. Oktober 1836 in Göttingen

Beruf, Leistungen auf floristischem Gebiet
Arzt, Hochschullehrer, Botaniker (insbesondere Systematik). In seinem „Spicilegium florae germanicae" (1794) [als Vorläufer eines geplanten umfassenden Werkes über die deutsche Flora gedacht[4]] nennt er auch Arten aus dem südlichen Harzvorland. So fand er u. a. *Festuca altissima* bei Ilfeld sowie *Aster amellus, Huperzia selago, Pseudorchis albida, Rubus saxatilis, Scabiosa ochroleuca, Stipa capillata, Stipa pennata* und *Thesium bavarum* bei Steigerthal.[3] „Zwei [seiner] Arbeiten, die die deutsche Flora darstellen sollten, blieben unvollendet. Einige großformatige Werke mit farbigen Tafeln behandeln neue Arten und Gattungen, meist nach Pflanzen, die in den Gärten von Göttingen und Hannover kultiviert wurden, kürzere Arbeiten sind einzelnen Pflanzengattungen gewidmet. Schrader arbeitete auch über Kryptogamen

Abb. 191: Heinrich Adolph Schrader

und gab als einer der ersten eine käufliche Sammlung von „cryptogamischen Gewächsen" heraus. Sein „Journal für die Botanik" (1799 bis 1803) und das „Neue Journal für die Botanik" (1806 bis 1810) gehörten zu den frühesten speziell der Botanik gewidmeten Zeitschriften."[8] „Seine mykologischen Verdienste liegen besonders auf dem Gebiet der Systematik verschiedener Poriales-Taxa und der Myxomyceten."[7] Schraders „Spicilegium" (1794) enthält insgesamt 5 Moosarten, darunter das zuerst für Deutschland auf dem Brocken nachgewiesene *Cynodontium strumiferum*. Er beschrieb mehrere Lebermoosarten sowie *Trichodon cylindricus*, das er am Herzberg bei Ilfeld entdeckt hatte.[12]

Herbarien, wichtige Herbarbelege
Nach WAGENITZ (1982, S. 150) befindet sich das Herbarium von Schrader in St. Petersburg (LE), wohin es im Jahre 1841 gekommen ist. Einzelbelege von ihm sind über das Herbar Herrenhausen auch nach Göttingen (GOET) gelangt.
Als F. G. Bartling (1798 bis 1875) ein auch für Studenten zugängliches Universitätsherbar zur Forschung und Doku-

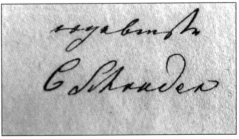

Abb. 192: Handschriftliches Briefende von H. A. Schrader

mentation schaffen wollte, gefiel dies Schrader überhaupt nicht, weil es sein eigenes Herbarium abwertete. Bis dahin hatten nämlich die Professoren nur private Herbarien besessen. Sie wurden beim Fortgang von Göttingen mitgenommen (wie bei Haller und Hoffmann) oder nach dem Tode von den Witwen verkauft (wie bei Murray und Schrader). Bartling setzte sich aber durch und somit ist das Jahr 1832 die Geburtsstunde des Göttinger Herbars.[10]

Wichtige Veröffentlichungen
• Spicilegium florae germanicae. – Hannover 1794. – • Flora Germanica Vol. 1. – Göttingen 1806. Es ist nur der erste Band mit den Klassen I–III (Monandria – Triandria) des Linnéschen Systems erschienen (darin eine ausführliche Behandlung der Cyperaceae und Poaceae heutiger Systeme).[9] – • Reliquiae Schraderianae. – Linnaea 12: 353–476; 1838.

Biographie

Heinrich Adolph Schrader wurde am 1. Januar 1767 in Alfeld bei Hildesheim geboren. Nach einem Schulbesuch in Hildesheim studierte er von 1789 bis 1793 an der Universität Göttingen Medizin. Im Jahre 1795 promovierte er in Göttingen zum Dr. med.[1] [In den Akten in Göttingen lässt sich eine Promotion nicht nachweisen.[2]] Von 1794 bis 1802 war er Privatdozent.[2] [Er erhielt bereits vor der Promotion die Erlaubnis Vorlesungen zu halten.[2]] Von 1802 [1803[8]] bis 1809 war er in Göttingen zunächst außerordentlicher und von 1809 bis 1836 ordentlicher Professor für Botanik (in der Medizinischen Fakultät) sowie Direktor des Botanischen Gartens.[2] „Seine Vorlesungen umfassten die allgemeine Botanik, die Anatomie und Physiologie der Pflanzen, die Cryptogamen, die Medizinalgewächse und die Pharmacologie, für welche er eine eigene Sammlung besass, endlich auch die ökonomische und Forstbotanik.“[1] Mit seinen Studenten unternahm er Exkursionen in die Umgebung von Göttingen. Der botanische Garten, der unter seinem Vorgänger G. F. Hoffmann ziemlich vernachlässigt worden war, wurde unter Schrader räumlich erweitert und vorbildlich geführt. Im Jahre 1811 übertrug man ihm auch die Leitung des ökonomischen Gartens.[1] Seine Arbeiten trugen „alle das Gepräge gewissenhaftester Forschung [...], blieben aber infolge des schwer zu befriedigenden Strebens ihres Verfassers nach immer größerer Vertiefung, häufig unvollendet.“[4] Schrader unternahm keine größeren Reisen, da er von schwächlicher Gesundheit war. Sein Privatleben war einfach und sein Umgang blieb auf einen kleineren Kreis beschränkt.[6] Er heiratete erst im Jahre 1825[1][6] und starb kinderlos am 22. Oktober 1836 in Göttingen.[1][2]

Schrader war u. a. ordentliches Mitglied der Gesellschaft der Wissenschaften zu Göttingen (ab 1804), ab 1812 korrespondierendes Mitglied der Akademie der Wissenschaften zu Berlin und seit 1820 Mitglied der Leopoldina.[2][5] Im Jahre 1816 wurde er zum Hofrat ernannt.[1] Bereits im Jahre 1797 erhielt er den Titel eines fürstlichen Hildesheimischen Medizinalrates und war Mitglied der Königl. Botanischen Gesellschaft zu Regensburg.[6] Nach ihm wurden mehrere Moose (Gattungen und Arten) benannt.[12] In Halle befinden sich insgesamt 11 Briefe von Schrader an Schlechtendal aus den Jahren 1816 bis 1836.[11]

Quellen
(1) Reliquiae Schraderianae. – Linnaea 12: 353–476; 1838. – (2) WAGENITZ, G.: Göttinger Biologen, 1737–1945. Eine biographisch-bibliographische Liste. – Göttingen1988. – (3) WEIN, K.: Die Erforschung des Florenkleides von Nordhausen in ihrer geschichtlichen Entwicklung bis zum Ende des 18. Jahrhunderts. – Festschr. 39. Hauptvers. deutsch. Ver. Förder. math. naturwiss. Unterricht e. V. Nordhausen 30. März bis 3. April 1937: 80–111. – (4) WUNSCHMANN, E.: Schrader, H. A. – Allgemeine Deutsche Biographie 32: 429–430; 1891. – (5) Lämmel, E., Archiv Leopoldina Halle (29.11.2001, briefl. an K.-J. Barthel). – (6) KILLERMANN, S.: Heinrich Adolph Schrader (1767–1836). – Zeitschrift für Pilzkunde 25. Jubiläumsband (Band 20 Neue Folge) Doppelheft 1/2: 22–23; August 1941. – (7) DÖRFELT, H. & H. HEKLAU: Die Geschichte der Mykologie. – Schwäbisch Gmünd 1998. – (8) WAGENITZ, G.: Heinrich Adolph Schrader, 1767–1836. In: ARNDT, K., G. GOTTSCHALK & R. SMEND (Hrsg.): Göttinger Gelehrte, Bd. 1. – Göttingen 2001. – (9) Wagenitz, G., Göttingen (22.7.2003, briefl. an J. Pusch). – (10) WAGENITZ, G.: Floristik und Geobotanik in Göttingen von Albrecht von Haller bis Heinz Ellenberg. – Tuexenia 23: 41–50; 2003. – (11) Sammlerkartei des Herbariums der Universität Halle, geführt von K. Werner. – (12) FRAHM, J.-P. & J. EGGERS: Lexikon deutschsprachiger Bryologen. – Norderstedt 2001.

Schroeter, Werner   1922–1992

geboren: 30. Dezember 1922 in Wernrode
gestorben: 28. Juni 1992 in Nordhausen

Abb. 193: Werner Schroeter

Beruf, Leistungen auf floristischem Gebiet
Lehrer (Erweiterte Oberschule) und Botaniker mit viel
pflanzengeographischem Verständnis. Er veröffentlichte eine Reihe lesenswerter floristisch-
vegetationskundlicher Arbeiten über verschiedene
Teile der Hainleite und der Bleicheröder Berge. In
allen diesen Beiträgen wird die Bedeutung von Lokal-
klima und geologischem Untergrund für Flora und
Vegetation des jeweiligen Untersuchungsgebietes
umfassend dargestellt. Folgende Funde sind u. a.
bemerkenswert: *Amelanchier ovalis*, *Anemone sylvestris*, *Euphorbia amygdaloides*, *Helleborus viridis*
und *Taxus baccata* von den Bleicheröder Bergen,
Sorbus aria und *Sorbus domestica* vom Zengenberg
bei Wernrode, *Arabis pauciflora*, *Carduus defloratus*,
Cynoglossum germanicum, *Lunaria rediviva* und
Orobanche alsatica von der Wöbelsburg bei Hainrode sowie *Cotoneaster integerrimus*,
Hypochoeris maculata und *Laserpitium latifolium* von den Hellen Klippen bei Niedergebra.
In seinem Beitrag „Floristisch-vegetationskundliche Beobachtungen an Felsklippen und
Bergsturzhalden im Nordthüringer Muschelkalk" (1990) beschreibt Schroeter die Pflanzen-
gesellschaften der Felsvorsprünge der Hainleite (Helle Klippen, Wöbelsburg, Zengenberg,
Rauchenberg, Feuerkuppe, Frauenberg) und der Bleicheröder Berge (Gelbe Klippen, Krajaer
Kopf, Windolskopf, Vogelsberg, Gebraer Kopf). Er trat mit Veröffentlichungen über Johann
Thal und Friedrich Wilhelm Wallroth auch als Geschichtsschreiber der Botanik hervor.

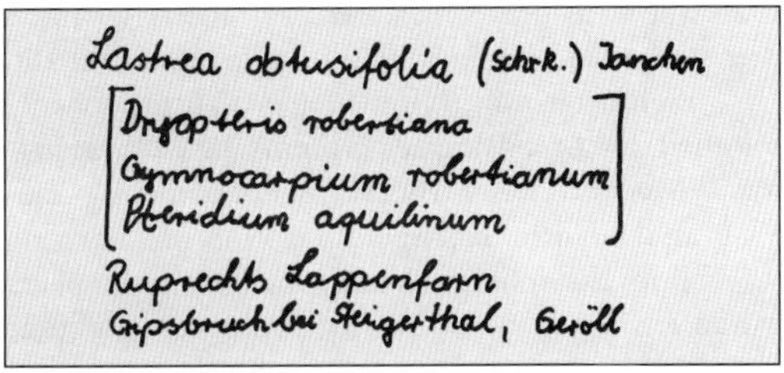

Herbarien, wichtige Herbarbelege
Schroeter hat nur ein kleines Privatherbar zu Unterrichtszwecken
angelegt (weniger als 100 Belege).
Davon sind ca. 32 Belege erhalten
geblieben (z. T. ohne Datum und
Fundortsangabe), die sich heute im
Besitz von Frau E. Schroeter befinden. – Folgende von Schroeter im

Abb. 194: Handschriftliches Herbaretikett von W. Schroeter

Bearbeitungsgebiet gesammelte Herbarbelege sollen genannt werden: *Cystopteris fragilis*:
Zechstein, Stempeda (o. D.); *Equisetum sylvaticum*: Nähe Birkenmoor (Juni 1973); *Festuca
pseudovina*: Numburg (Juli 1975); *Gymnocarpium robertianum*: Gipsbruch bei Steigerthal,
Geröll (o. D.).

Wichtige Veröffentlichungen
• Die Deutsche Hundszunge (*Cynoglossum germanicum* JACQUIN) in der Waldvegetation der Wöbelsburg. –
Beitr. Heimatk. Stadt Kreis Nordhausen 4: 34–37; 1979. – • Zur Flora und Vegetation der Bleicheröder Berge.

– Beitr. Heimatk. Stadt Kreis Nordhausen 5: 53–63; 1980. – • Die Pflanzenwelt am Felshang des Zengenberges (Hainleite). – Beitr. Heimatk. Stadt Kreis Nordhausen 6: 27–34; 1981. – • Ein Porträt des Naturschutzgebietes „Wöbelsburg" (Hainleite). – Beitr. Heimatk. Stadt Kreis Nordhausen 8: 60–70; 1983. – • Im Landschaftsschutzgebiet „Dün – Helbetal". – Beitr. Heimatk. Stadt Kreis Nordhausen 10: 48–55; 1985. – • Die Briefe Friedrich Christian Lessers an Carl von Linné, 1. Teil. – Beitr. Heimatk. Stadt Kreis Nordhausen 11: 77–80; 1986. – • Die Briefe Friedrich Christian Lessers an Carl von Linné, 2. Teil. – Beitr. Heimatk. Stadt Kreis Nordhausen 12: 16–19; 1987. – • 400 Jahre Drucklegung der Sylva Hercynia. – Beitr. Heimatk. Stadt Kreis Nordhausen 13: 70–72; 1988. – • Floristisch-vegetationskundliche Beobachtungen an Felsklippen und Bergsturzhalden im Nordthüringer Muschelkalk. – Ein geobotanischer Beitrag zum Vorkommen einiger bemerkenswerter Pflanzengesellschaften der Hainleite und Bleicheröder Berge. – Beitr. Heimatk. Stadt Kreis Nordhausen 15: 84–95; 1990. – • Karl Friedrich Wilhelm Wallroth. Zur Wiederkehr seines 200. Geburtstages. – Beitr. Heimatk. Stadt Kreis Nordhausen 16: 89–112; 1991. – • Zur Flora der Hainleite. – Mitt. Florist. Kartierung (Halle) 17(1/2): 38–45; 1991.

Biographie

Alwin Gerhard Werner Schroeter wurde am 30. Dezember 1922 in Wernrode (Kreis Nordhausen) als Sohn eines Volksschullehrers geboren. Er besuchte zunächst von 1928 bis 1932 die Volksschule in Wernrode und danach von 1932 bis 1940 das Gymnasium in Sondershausen.[2] Anschließend war er fünf Jahre Soldat im 2. Weltkrieg, so dass er ein geplantes Medizinstudium nicht verwirklichen konnte.[1] Im Januar 1946 begann er eine Ausbildung zum Neulehrer an der Pädagogischen Fachschule in Nordhausen. Bereits im September 1946 wurde er als Lehrer an der einklassigen Grundschule in Wernrode angestellt.[3] Im Jahre 1949 heiratete er die Lehrerin Eva Wagner aus Nordhausen; aus dieser Ehe gingen zwei Söhne und eine Tochter hervor.[2] Am 1. September 1950 übernahm er die Leitung der Zentralschule Wolkramshausen.[3] Ab 1951 war er als Lehrer an der späteren Erweiterten Oberschule „Wilhelm von Humboldt" in Nordhausen tätig.[1]

Durch ein Fernstudium an der Pädagogischen Hochschule Potsdam (ab 1956) erwarb Schroeter die Qualifikation als Fachlehrer für Biologie bis zur 12. Klasse. Dieses Studium schloss er mit der Staatsexamensarbeit „Untersuchungen am Fettkörper blattminierender Insekten" im Jahre 1962 ab. An der Pädagogischen Hochschule Potsdam erhielt er im Jahre 1963 auch die Qualifikation eines Fachlehrers für Chemie bis zur 10. Klasse.[3] Im Februar 1988 trat er in den Ruhestand.[1][5] Zuletzt wohnte er „Am Frauenberg 31" in Nordhausen. Hier starb er am 28. Juni 1992 infolge eines langjährigen Herzleidens.[2]

Schroeter war Mitglied der Thüringischen Botanischen Gesellschaft (seit 1974)[4], Mitglied des Arbeitskreises „Heimische Orchideen" und langjähriger Pilzberater in Nordhausen.[1] Mit W. Kausch-Blecken von Schmeling und K.-J. Barthel beteiligte er sich im Jahre 1986 an der Suche des Speierlings (Sorbus domestica L.) in der Hainleite und im Kyffhäusergebirge. So konnten damals mehrere Exemplare dieses Baumes gefunden werden, u. a. wurde ein schon von A. Petry genanntes Vorkommen am Kirchberg bei Großfurra bestätigt.[1] Schroeter war entomologisch sehr interessiert. Er sammelte Schmetterlinge, Libellen und Käfer.[5] Außerdem war er künstlerisch begabt; • spielte Klavier, leitete 15 Jahre einen Chor und zeichnete gut.[6]

Quellen

(1) BARTHEL, K.-J.: Werner Schroeter zum Gedenken. – Beitr. Heimatk. Stadt Kreis Nordhausen 18: 121–123; 1993. – (2) Schroeter, Eva, Witwe von W. Schroeter in Nordhausen (Februar 2000, briefl. an K.-J. Barthel). – (3) Schroeter, Eva (März 2001, mündl. mit K.-J. Barthel). – (4) Göckeritz, J., Gera (Vorstand Thür. Bot. Ges.) (26.3.2002, briefl. an J. Pusch) – (5) Schroeter, Eva (Mai 2002, mündlich mit K.-J. Barthel). – (6) Schroeter, Eva (10.1.2002, mündl. mit K.-J. Barthel und J. Pusch).

Schubert, Karl H. 1926–

geboren: 20. November 1926 in Friedland

Beruf, Leistungen auf floristischem Gebiet
Grundschullehrer, Kirchenmusiker, Botaniker (Phanerogamen). Er war vor allem im Raum Sömmerda und Heldrungen, in der Hohen Schrecke und in der Hainleite floristisch tätig. Auch von den Stromtalwiesen zwischen Artern und Reinsdorf stellte er ein Pflanzenverzeichnis zusammen. Neben mehreren Beiträgen, die er in den Jahren 1985 bis 1995 in den „Mitteilungen zur floristischen Kartierung Halle" veröffentlichte, existiert eine etwa 150 Schreibmaschinenseiten umfassende Arbeit „Beiträge zu einer Flora von Thüringen – ausgewählte Standorte im Thüringer Becken und seinen Randhöhen" als Manuskript in vier Exemplaren (Herbarium Haussknecht in Jena; Landratsamt Sömmerda; J. Pusch; K. H. Schubert). In seinen Veröffentlichungen nennt Schubert u. a. *Amaranthus albus* vom Bahnhof Heldrungen, *Arnoseris minima* von einem sandigen Acker bei Oberheldrun-

Abb. 195: Karl H. Schubert etwa 1990

gen, *Campanula rapunculus* vom Alten Friedhof in Bad Frankenhausen, *Erucastrum gallicum* von Frömmstedt und Grüningen, *Euphorbia falcata* aus der Umgebung von Nausiß, Tunzenhausen und Weißensee, *Oenanthe fistulosa, Pulicaria dysenterica* und *P. vulgaris* aus der Umgebung von Sömmerda sowie *Papaver hybridum, Ranunculus arvensis* und *Scandix pecten-veneris* von einem Acker 500 m nordöstlich von Nausiß. Er bemühte sich ab 1984 besonders um das Auffinden der seinerzeit in Thüringen verschollenen *Euphorbia falcata*. Im Jahre 1999 erschien von ihm ein größerer Aufsatz über die Flora in der Umgebung von Sömmerda mit einer Vielzahl von Neufunden und Bestätigungen bemerkenswerter Arten. Dabei nennt er die Phanerogamen der Trockenrasen, Wiesen, Äcker, Gewässer und Ruderalstellen, führt aber auch einige Farne, Schachtelhalme und niedere Pflanzen, wie *Chara hispida*, auf. Schubert ist Gewährsmann der „Flora des Kyffhäusergebirges und der näheren Umgebung" (BARTHEL & PUSCH 1999).

Herbarien, wichtige Herbarbelege
Schubert besitzt ein umfangreiches Herbarium, das etwa 1.570 Sippen von verschiedenen Fundorten (schwerpunktmäßig Thüringen) umfasst. Darin befindet sich auch das von B. Würzburg übernommene Herbar. Seltenere Aufsammlungen aus Thüringen wurden von Schubert bereits zu Lebzeiten nach Jena (JE) gegeben, genauso die etwa 200 von A. Neumann für B. Würzburg gesammelten Exoten.[3] Einige Belege, die vor allem das Kyffhäusergebiet betreffen, sind im Jahre 1998 an J. Pusch für dessen Herbarium (HPu) übergeben worden.

    Folgende Belege von Schubert sollen genannt werden: *Carex pilosa*: Hainleite, Stellweg nördlich Oberbösa (HPu-1249, 18.6.1995); *Euphorbia falcata*: skelettreicher Acker am Südhang der Weißenburg nordwestlich Sömmerda (HPu-84, 20.10.1985); *Filago minima*:

Gatterberge nördlich Hachelbich (HPu-1255, 28.6.1995); *Geranium molle*: Bahnhofsvorplatz Reinsdorf bei Artern (HPu-646, 17.6.1991); *Holcus mollis*: Wegränder am Bahnhof Heldrungen (HPu-1273, 11.8.1995); *Muscari comosum*: südlicher Weg Schlossholz Heldrungen, Böschung am Acker (Herbar Schubert, 4.7.1969); *Nigella arvensis*: Acker am Spaten bei Hemleben (HPu-784, 7.7.1992); *Pulicaria vulgaris*: Wiese östlich der Kiesgrube westlich Sömmerda, an der Straße nach Weißensee (Herbar Schubert, 1.9.1986); *Ranunculus circinatus*: Tümpel südöstlich Tunzenhausen bei Sömmerda (HPu-650, 12.7.1991); *Scutellaria hastifolia*: feuchter Raum an der Bundesstraße 86 nördlich Bahnhof Reinsdorf (HPu-1257, 10.7.1995).

Wichtige Veröffentlichungen
• Zur Flora des Naturschutzgebietes „Finnberg" bei Burgwenden (Kreis Sömmerda). – Landschaftspflege Naturschutz Thüringen 20(4): 113–115; 1983. – • Floristische Beobachtungen im Thüringer Becken und im Unstrut-Helme-Hügelland. – Mitt. Florist. Kartierung (Halle) 11(1/2): 49–54; 1985. – • Floristische Beobachtungen im Thüringer Becken und im Unstrut-Helme-Hügelland, 2. Teil. – Mitt. Florist. Kartierung (Halle) 13(1/2): 57–59; 1987. – • Floristische Beobachtungen im Thüringer Becken und seinen Randhöhen. – Mitt. Florist. Kartierung (Halle) 17(1/2): 69–71; 1991. – • Floristische Beobachtungen im Thüringer Becken und seinen

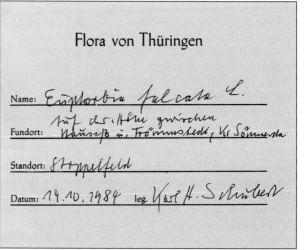

Abb. 196: Handschriftliches Herbaretikett von K. H. Schubert

nördlichen Randhöhen. – Mitt. Florist. Kartierung (Halle) 20: 97–99; 1995. – • Zur Pflanzenwelt – der Flora – um Sömmerda. – Sömmerdaer Heimatheft 11: 3–18; 1999. – • Zeitalter der Hochstauden. – Thüringer Allgemeine vom 1. Juni 2002. – • Auf ewig verschollen. – Thüringer Allgemeine vom 8. Juni 2002. – [• Die beiden Pfarrkirchen in der Stadt Sömmerda St. Bonifatii und S. S. Petri et Pauli, Geschichte, Bauwerke und deren Ausstattung. – Sömmerda 1996; 3. Aufl. 2004]

Biographie
Karl H. Schubert wurde am 20. November 1926 in Friedland, Bezirk Breslau, geboren. Nach der Grundschule in Friedland besuchte er von 1939 bis 1944 das Gymnasium in Waldenburg/Schlesien.[1] Bereits hier eignete er sich gründliche fremdsprachliche Kenntnisse (u. a. in Latein) an.[6] Seit seiner Gymnasialzeit interessierte er sich für die heimatliche Flora. 1943/1944 war er Luftwaffenhelfer, 1944 Soldat und wurde im Dezember 1946 aus amerikanischer Kriegsgefangenschaft entlassen.[1][6] Bereits am 1. Januar 1947 nahm er in Halle eine Ausbildung zum Fachlehrer für Russisch auf, die er im April 1948 beendete. Anschließend unterrichtete er an der Grundschule in Könnern/Saale. In den Jahren 1950/51 absolvierte er in Könnern eine Zusatzausbildung zum Musiklehrer. 1952 bestand er die zweite Lehrerprüfung. Da er im Februar 1951 eine nebenberufliche Organistentätigkeit in Könnern aufnahm, kam es in deren Zusammenhang zu Kontroversen mit der Schulbehörde in Halle, die schließ-

lich im November 1952 zur Entlassung aus dem Schuldienst führten. Da er bereits seit 1947 ein Fernstudium an der Kirchenmusikschule in Halle aufgenommen hatte, setzte er dieses in den Jahren 1953/54 nun im Direktstudium fort. Parallel hierzu erhielt er eine Ausbildung zum Religionslehrer.[5] Nach dem Abschluss seines Studiums war Schubert von 1954 bis zu seinem Ruhestand (Mai 1994) Kantor, Organist und Katechet in Sömmerda.[1] Dabei stand ihm in der Bonifatiuskirche in Sömmerda eine große und prächtige Barockorgel zur Verfügung (1703 bis 1708 von Johann Georg Krippendorff aus Kölleda gebaut).[5] Im Jahre 1956 heiratete er Dorothea Witthauer aus Schmiedefeld (Rennsteig); aus dieser Ehe gingen zwei Söhne und zwei Töchter hervor.[1][6] Seit etwa 1960 botanisierte er mit B. **Würzburg**, der ihm ein verständnisvoller Freund und Förderer war.[2] Schubert gab in Sömmerda jährlich eine Reihe von Orgelkonzerten. Außerdem gab er bis 1984 in Erfurt regelmäßig Konzerte innerhalb der dortigen Konzertreihen.[5]

Schubert ist seit 1965 Mitglied der Thüringischen Botanischen Gesellschaft.[4] Als Mitglied der Arbeitsgemeinschaft Herzynischer Floristen kartierte er ab 1967 die MTB 4832 Sömmerda, 4732 Weißensee, 4733 Oberheldrungen und punktuell, auf besonderem Wunsch von E. Weinert, den südlichen Teil des MTB 4731 Greußen. Seit 1990 nahm er an der floristischen Kartierung Thüringens teil (MTB 4832 und 4733).[3] Schubert fand im Stadtarchiv Weißensee einen eindeutigen Beleg dafür, dass Johann Sebastian Bach am 16. Dezember 1737 in Weißensee war und in der Kirche St. Peter und Paul im Auftrag des Rates der Stadt eine neue Orgel geprüft hat (gebaut von Conrad Wilhelm Schäfer aus Kindelbrück).[7] Für die Verfasser übersetzte er die „Vita" von H. Ilse und weitere kleinere Texte (*Orobanche*) aus dem Lateinischen ins Deutsche.

Berthold Würzburg wurde am 14. Januar 1894 in Berlin geboren. Er studierte in Berlin Theologie. Hier hörte er auch Vorlesungen über botanische Themen. Nach dem Studium übernahm er von 1919 bis 1934 eine Pfarrstelle in der Neumark und von 1934 bis 1945 eine in Gassen, Kr. Sorau. Nach dem 2. Weltkrieg war er ab 1945 Pfarrer in Beichlingen, 1946 in Großmonra und von 1947 bis zu seinem Tode, am 6. Februar 1966 in Leubingen. Er botanisierte um Leubingen, Kölleda, auf der Schmücke, in der Hainleite und im Kyffhäusergebirge. Auch der Arterner Solgraben war ein bevorzugtes Untersuchungsobjekt. Würzburg galt als ein ausgezeichneter Kenner von Zierpflanzen und Ziergehölzen. Er hat nichts veröffentlicht, korrespondierte aber mit H. Meusel in Halle und vor allem mit A. Neumann, Stolzenau/Weser. Sein umfangreiches Herbarium, das im Jahre 1966 1.637 Sippen (z. T. von verschiedenen Fundorten) umfasste, befindet sich heute im Besitz von K. Schubert.[2][3] Zusätzlich liegen einzelne Belege vom Kyffhäuser und dessen Umfeld im Herbarium von J. Pusch (HPu). Folgende Belege sollen genannt

Abb. 197: Berthold Würzburg

werden: *Artemisia rupestris*: Solgraben Artern (HPu-3, 20.9.1948); *Carex pallescens*: Kyffhäusergebirge (HPu-14, 8.6.1950); *Chenopodium urbicum*: Chausseegraben dicht bei Frohndorf Richtung Kölleda (HPu-18, 10.9.1951); *Digitalis grandiflora*: an der oberen Sachsenburg (HPu-1, 30.5.1946); *Filago arvensis*: Hohe Schrecke, Wegrand zwischen Reinsdorf und Gehofen (HPu-16, 11.8.1951); *Hypericum elegans*: Moorberg bei Battgendorf (Herbar Schubert, 15.6.1946) und *Scutellaria hastifolia*: Leubingen, Ufer der Lossa, hinter dem Dorf (Herbar Schubert, 24.8.1947).

Quellen
(1) Schubert, K., Sömmerda (10.4.2000, briefl. an K.-J. Barthel). – (2) Schubert, K. (24.2.2000, briefl. an K.-J. Barthel) – (3) Schubert, K. (19.2.2002, briefl. an J. Pusch). – (4) Göckeritz, J., Gera (Vorstand Thür. Bot. Ges.) (26.3.2002, briefl an J. Pusch). – (5) Schubert, K. (28.8.2002, briefl. an J. Pusch). – (6) Schubert, K. (11.9.2002, mündl. mit J. Pusch). – (7) ALBOLD, B.: Der Meister selbst war in Weißensee. – Thüringer Allgemeine vom 19. Februar 2000.

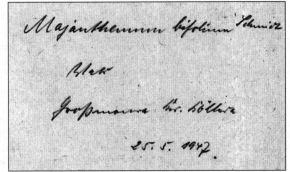

Abb. 198: Handschriftliches Herbaretikett von B. Würzburg

Schulz, August 1862–1922

geboren: 8. Dezember 1862 in Stettin
gestorben: 7. Februar 1922 in Halle

<u>Beruf, Leistungen auf floristischem Gebiet</u>
Arzt, Hochschullehrer, Pflanzengeograph, Botaniker
(insbesondere Phanerogamen). Aus der Verbreitung
der einzelnen Arten erschloss er die Entwicklungsgeschichte der Pflanzenwelt Mitteleuropas seit dem
Tertiär und kam so zu konkreten Vorstellungen über
die Wanderwege der Pflanzen seit der letzten Eiszeit.
Er war einer der besten Kenner der mitteldeutschen
Flora. Zu Beginn des 20. Jahrhunderts führten ihn
viele seiner Exkursionen in das Kyffhäusergebirge
und zu den Salzstellen seiner Umgebung. Hier fand er
u. a. *Centaurium littorale* im Kalktal nördlich von
Frankenhausen (bereits von Haussknecht im Jahre
1887 entdeckt), *Thalictrum simplex* am Kleinen
Herrnkopf nordöstlich von Rottleben sowie *Halimione*
pedunculata und *Suaeda maritima* im Esperstedter

Abb. 199: August Schulz

Ried. In seinem Beitrag über die Wohnstätten einiger Phanerogamenarten im Zechstein-
Gebiet am Südrande des Harzes (1912) nennt er Vorkommen von *Arabis alpina* nahe der
ehemmaligen Papiermühle bei Ellrich, von *Cardaminopsis petraea* am Mühlberg bei Niedersachswerfen, an der Nordostseite des Kohnsteins, an den Steilhängen des Alten Stolberges
bei Stempeda und an den Hängen des Steingrabens oberhalb Steigerthals, von *Gypsophila*
repens am Sachsenstein, am Kranichstein und am Großen Trogstein unweit von Walkenried
sowie von *Salix hastata* im Alten Stolberg oberhalb von Steigerthal und am Kohnstein bei
Niedersachswerfen. Des Weiteren untersuchte er prähistorische und mittelalterliche Getreide-
reste in Thüringer Burgen und lieferte damit wertvolle Beiträge zur Geschichte unserer Kulturpflanzen. Auch als Geschichtsschreiber der Botanik trat er hervor.

<u>Herbarien, wichtige Herbarbelege</u>
Die wertvolle Getreide-Sammlung (1910 bis 1920) und das in 20 großen Pappkisten unterge-
brachte mitteldeutsche Herbar (1900 bis 1920) ging in den Besitz des Saatzucht-Direktors
Bertram Kalt in Roßleben über.[7][11] Das Herbar wurde von der Universität Halle nicht er-
worben und gilt heute als verschollen.[6][9] Über das Herbar Wüst sind jedoch einige wenige
Belege nach Halle (HAL) gelangt.[11] Einzelbelege von Schulz wurden von uns auch in Jena
(JE) und Münster (MSTR) gesehen.
    Folgende von Schulz in Mitteldeutschland bzw. im Bearbeitungsgebiet gesammelte
Herbarbelege sollen genannt werden: *Arabis auriculata*: Gipsberge an der Weißen Küche bei
Frankenhausen (HAL, 28.5.1896, ex Herbar Wüst); *Arabis alpina*: Ellrich (JE, o. D.);
Bupleurum tenuissimum: Nördlicher Saalebezirk, Salziger See (JE, o. D.); *Carex hordeisti-*
chos: Salzquelle unmittelbar westlich von der Numburg bei Kelbra (JE, 13.7.1911); *Halimi-*
one pedunculata: Numburg (MSTR, 1910); *Helianthemum canum*: Kahler Berg, Göllingen
(JE, Juni 1909); *Helianthemum canum*: Am Kohnstein bei Seega am Wipperdurchbruch auf

Muschelkalkfelsen (JE; Juni 1909); *Salix hastata*: Alter Stolberg (JE, 12.4.1911). – Von Schulz liegen viele Briefe im Archiv des Herbarium Haussknecht.[12]

<u>Wichtige Veröffentlichungen</u>
- Grundzüge der Entwicklungsgeschichte der Pflanzenwelt Mitteleuropas seit dem Ausgange der Tertiärperiode. – Inaugural-dissertation, Halle 1892 (Druck des Wai-senhauses). – • Die Vegetationsverhältnis-se des Saalebezirkes. – Habilitationsschrift Halle 1894 (Druck des Waisenhauses). – • Grundzüge einer Entwicklungsgeschichte der Pflanzenwelt Mitteleuropas seit dem Ausgange der Tertiärzeit. – Jena 1894. – • Über die Wohnstätten einiger Phaneroga-menarten (*Salix hastata, Gypsophila re-pens, Arabis alpina* und *A. petraea*) im Zechstein-Gebiete am Südrande des Harzes und die Bedeutung des dortigen Vorkom-mens dieser Arten für die Beurteilung der Entwicklungsgeschichte der gegenwärtigen phanerogamen Flora und Pflanzendecke Mitteldeutschlands. – Mitt. Thür Bot. Ver.

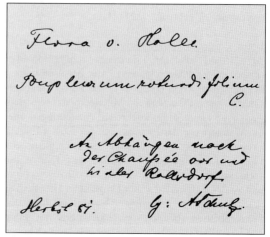

Abb. 200: Handschriftliches Herbaretikett von A. Schulz

<u>29</u>: 1–20; 1912. – • Über die Verbreitung von *Thalictrum simplex* L. im Saalebezirke und im westlicheren Norddeutschland, sowie über das Vorkommen von *Th. angustifolium* JACQ. im Südsaaleunterbezirke. – Mitt. Thüring. Bot. Ver. <u>30</u>: 23–30; 1913. – • Die im Saalebezirke wildwachsenden strauchigen Sauerkirschen. – Mitt. Thüring. Bot. Ver. <u>30</u>: 30–42; 1913. – • Über das Vorkommen von *Erythraea litoralis* FR. bei Franken-hausen. – Mitt. Thüring. Bot. Ver. <u>30</u>: 42–43; 1913. – • Über das Vorkommen von *Marrubium creticum* MILL. und *M. creticum* MILL. x *vulgare* L. in der Grafschaft Mansfeld im 16. Jahrhundert. – Mitt. Thüring. Bot. Ver. <u>30</u>: 65–68; 1913. – • Über die Ansiedlung und Verbreitung halophiler Phanerogamenarten in den Niederungen zwischen Bendeleben und Nebra. – Mitt. Thüring. Bot. Ver. <u>31</u>: 11–29; 1914. – • Über die Verbreitung von *Silene otites* L. und *Gypsophila fastigiata* L. im Südsaalebezirke. – Mitt. Thüring. Bot. Ver. <u>31</u>: 50–56; 1914. – • Über neue Funde von Getreideresten aus prähistorischer Zeit in den thüringisch-sächsischen Ländern. – Naturw. Wochenschr. <u>14</u>(17): 266–270; 1915. – • Valerius Cordus als mitteldeutscher Florist. – Mitt. Thüring. Bot. Ver. <u>33</u>: 37–66; 1916.
Ein vollständiges Schriftenverzeichnis von Schulz findet sich bei HARMS (1921).[2]

Biographie

August Albert Heinrich Schulz wurde am 8. Dezember 1862 als Sohn des Obertelegrafen-Sekretärs Heinrich Schulz in Stettin geboren. Der Vater wurde mehrfach versetzt, so dass sein Junge öfter die Schule wechseln musste. So kam er im sechsten Lebensjahr nach Stral-sund, danach nach Anklam, nach Neustadt an der Orla, schließlich nach Sorau, wo er das Gymnasium besuchte. Später wurde der Vater nach Minden und nach Münster/Westfalen versetzt. Einige glückliche Schuljahre verlebte Schulz in Münster,[2] wo er bereits fleißig botanisierte.[3] Im Frühjahr 1885 erwarb er auf dem Stadtgymnasium zu Halle/Saale das Reifezeugnis[2] und studierte danach vom 15. April 1885 bis 27. Juli 1889 in Halle Medizin[5] und Naturwissenschaften.[2] Schulz und G. Oertel, Halle, teilten im Oktober 1885 mit, dass sie mit der Abfassung einer „Flora von Thüringen und der angrenzenden Gegenden" beschäf-tigt seien. Gleichzeitig sollte ein „Herbarium Thuringiacum" angelegt werden.[8] Am 21. Mai 1890 bestand Schulz die medizinische Staatsprüfung. Als Arzt war er nur kurze Zeit tätig, so im Riesengebirge und als Polizeiarzt in Halle. Da er seine medizinische Tätigkeit aus gesundheitlichen Gründen (Schwerhörigkeit, Lungenleiden, angeborene Muskelschwäche der rechten Hand) bald aufgeben musste, wandte er sich dem Studium der Rechte zu. Eine heftige Influenza machte auch diesen Plan zunichte.[2] Er beschäftigte sich zunehmend mit Botanik, erwarb am 10. August 1893 unter Gregor Kraus den philosophischen Doktorgrad und habilitierte sich dort mit einer Arbeit über die Vegetationsverhältnisse des Saalebezirkes als Privatdozent der Botanik. Er wirkte nun als Lehrer an der Universität, wo er im Rahmen von Vorlesungen und Exkursionen seine Schüler in die Floristik und Florengeschichte einführte.[2] Allerdings wurde ihm als Privatdozent weder die Benutzung des Botanischen Gartens noch anderer Einrichtungen des Botanischen Instituts gestattet.[4] Da sein Vater im Jahre 1896 starb, musste er sich um seine zunehmend kranke Mutter (gest. 1907) kümmern, so dass seine wissenschaftliche Tätigkeit sehr eingeschränkt wurde.[2] Er lebte unter sehr ärmlichen Verhältnissen. Da er sich nach mündlicher Überlieferung auf Exkursionen nur von Möhren ernährte, wurde er auch „Möhren-Schulz" genannt.[9] Mit vielen seiner Ansichten stand er im krassen Gegensatz zu denen der damals maßgebenden Pflanzengeographen.[1] Am 24. Juni 1908 wurde er zum Professor ernannt, ohne dass er deshalb Anspruch auf Besoldung gehabt hätte.[4] Da nach 1910 das Herbarium der Universität Halle reichlich vernachlässigt und von Ungeziefer befallen war, wollte Schulz die Sammlungen pflegen. Ihm wurde aber der Zugang zum Herbarium wie zum Botanischen Institut verwehrt.[6] Im Jahre 1917 erhielt er den Auftrag, in der Türkei das gesamte Landwirtschaftswesen neu zu ordnen und ein türkisches Landesherbar anzulegen. Diesen konnte er nicht verwirklichen, da der Zusammenbruch des Osmanischen Reiches unmittelbar bevorstand.[2] Im Jahre 1918 nahm er eine Stellung als Bibliothekar an der Leopoldinisch-Carolinischen Akademie der Naturforscher in Halle an,[2] bald auch die eines Hilfsarbeiters an der Universitäts-Bibliothek mit monatlich 100 Mark Gehalt.[4] Da seine Gesundheit auf Grund der vielen Entbehrungen sehr angegriffen war, erkrankte er im Januar 1922 an einer Grippe mit nachfolgender Lungenentzündung und starb am 7. Februar 1922 an Herzschwäche.[2] Am 10. Februar fand er seine letzte Ruhestätte auf dem Nordfriedhof in Halle, wo auch seine Eltern begraben sind.[7]

Schulz war Mitglied der „Irmischia"[10] und langjähriges Mitglied des Thüringischen Botanischen Vereins.[1] Auf der Versammlung der „Irmischia" 1886 in Arnstadt hielt er einen Vortrag zur Phylogenese der Cariceae.[13] Ab 1909 war er Mitglied (später Vorstandsmitglied) der botanischen Sektion des Westfälischen Provinzialvereins für Wissenschaft und Kunst.[3] Seit 1888 war er Mitglied des Botanischen Vereins der Provinz Brandenburg.[2]

Quellen
(1) BERNAU, K.: August Schulz als Thüringer Botaniker. – Mitt. Thüring. Bot. Ver. 41: XXIX–XXXIV; 1933. – (2) HARMS, H.: August Schulz. – Ber. Deutsche Bot. Ges. 39: 115–127; 1921. – (3) MÜLLER, J.: August Schulz. – 51./52. Jahresbericht des Westfälischen Provinzial-Vereins für Wissenschaft und Kunst (Botanische Sektion) für die Rechnungsjahre 1922/23 und 1923/24: 206–214. – (4) ROTHMALER, W.: August Schulz – ein Gelehrtenschicksal. – Sonderdruck aus der Festschrift zur 450 Jahrfeier der Martin-Luther-Universität Halle-Wittenberg: 457–463; 1952. – (5) Haasenbruch, R., Universitätsarchiv Halle-Wittenberg (24.3.2000, briefl. an K.-J. Barthel). – (6) WERNER, K.: Zur Geschichte des Herbariums der Martin-Luther-Universität Halle-Wittenberg nebst Anmerkungen zu einigen Sammlern. – Hercynia 25(1): 11–26; 1988. – (7) BERNAU, K.: August Schulz. – Bericht der Vereinigung zur Erforschung der heimischen Pflanzenwelt in Halle a. d. Saale, 2. Bd.: 12–26; 1922. – (8) Amtliche Bekanntmachungen. – Irmischia 5(10): 73; 1885 bzw. Aufruf. – Irmischia 5(10): 80; 1885. – (9) Jäger, E. J., Halle (19.4.2000, briefl. an K.-J. Barthel). – (10) Amtliche Mitteilungen. – Irmischia 6(3/4): 9–10; 1886. – (11) Sammlerkartei des Herbariums der Universität Halle (HAL), geführt von K. Werner. – (12) Manitz, H., Herbarium Haussknecht Jena (8.3.2004, briefl. an J. Pusch). – (13) SCHULZ, A.: Zur Phylogenese der Cariceae. – Irmischia 6(5/6): 17–21; 1886.

Schwarz, Otto   1900–1983

geboren: 28. April 1900 in Weimar
gestorben: 7. April 1983 in Jena

Abb. 201: Otto Schwarz

Beruf, Leistungen auf floristischem Gebiet
Botaniker, Hochschullehrer. Bearbeitete u. a. die
Eichen Europas und des Mittelmeergebietes, die Gattungen *Cyclamen, Globularia, Primula* und *Rhinanthus* sowie die Flora Thüringens. In „Thüringen,
Kreuzweg der Blumen" (1952) stellt uns Schwarz eine
pflanzengeographische Arbeit vor, die sich an breite
Kreise der Bevölkerung wendet. Aus pflanzengeographischer Sicht wird das Vorkommen einer großen
Zahl thüringischer Pflanzen näher erläutert. Eine
Vielzahl von Abbildungen, die fast durchweg von O.
Fröhlich (1891 bis 1975) beigesteuert wurden, machen den Text für jedermann verständlich. „Um den
geschilderten pflanzengeographischen Tatsachen an
Ort und Stelle nachgehen zu können", werden in einem Anhang 12 Exkursionen empfohlen, die einen
Querschnitt durch Thüringens Flora vermitteln sollen.
Fundortsangaben, u. a. aus dem Kyffhäusergebirge, sind zumeist sehr allgemein gehalten,
dennoch sind für uns folgende Angaben interessant: *Prunus tenella* (= *Amygdalus nana*)
früher an einem baumfreien Gipshang bei Frankenhausen, *Helichrysum arenarium* auf den
Gipsen des Kyffhäusers, *Seseli hippomarathrum* und *Scorzonera purpurea* an den Kirschbergen nahe Wallhausen sowie *Ventenata dubia* an Wegrändern, besonders vor Großleinungen. In seinen „Beiträgen zur Flora von Thüringen" (1957, mit F. K. MEYER) bringt er zahlreiche Neufunde und Bestätigungen bemerkenswerter Arten. Es werden u. a. genannt: *Astragalus exscapus* an vielen Stellen der Keupergipshügel zwischen Greußen und Nausiß (mit
A. danicus, Oxytropis pilosa und *Onobrychis arenaria*), *Campanula bononiensis* an Berghängen über Göllingen, *Epipogium aphyllum* am Possen bei Sondershausen, *Nepeta pannonica* am Kirchhügel bei Herrenschwende, *Papaver hybridum* an Keupergipshängen bei Nausiß, *Scorzonera parviflora* an einer Salzwiese am Ostrand von Bad Frankenhausen und *Stipa
tirsa* von Herrenschwende bei Greußen.

Herbarien, wichtige Herbarbelege
Das Herbarium von Schwarz befindet sich in Jena (JE). Von *Ranunculus auricomus* agg.
sind auch in Halle (HAL) einige Belege und Typen.[6] In der Heimatsammlung des Herbariums der Martin-Luther-Universität Halle (HAL) liegen insgesamt 7 Herbarbelege von
Schwarz (alle gemeinsam mit H. Eichler gesammelt) aus dem heutigen Sachsen-Anhalt.[7]
Nach STAFLEU & COWAN (1985, Vol. 5) befinden bzw. befanden sich seine Aufsammlungen
aus den Karpaten, den Abruzzen und aus Anatolien in Berlin (B), anderes Herbarmaterial
auch in Ankara (ANK) und Kiel (KIEL).
    Folgende von Schwarz im Bearbeitungsgebiet gesammelte Herbarbelege sollen genannt werden: *Astragalus exscapus*: Schlachtberg (JE, 7.6.1925); *Artemisia maritima*:

Kachstedt (JE, 25.8.1924); *Carex hordeistichos*: Kachstedt (JE, 25.8.1924); *Carex hordeistichos*: Artern, am Kyffhäuserbach (JE, 25.8.1924); „*Prunus fruticosa*": Frankenhausen, Kalktal (JE, 7.6.1925); *Oxytropis pilosa*: Erosionsschlucht südlich Waldschlösschen (JE, 7.6.1925); *Pulsatilla vulgaris* subsp. *grandis*: Frankenhausen, Kalktal (JE, 7.6.1925); *Salicornia europaea*: Ried bei Oldisleben (JE, 25.8.1924); *Scorzonera parviflora*: Ried bei Oldisleben (JE, 25.8.1924); *Stipa dasyphylla*: Steinklöbe bei Kleinwangen (JE, 30.5.1928); *Stipa joannis*: Frankenhausen, Kalktal: (JE, 7.6.1925). – Von Schwarz befindet sich der gesamte Briefwechsel (soweit vorhanden) im Archiv des Herbarium Haussknecht.[9]

Wichtige Veröffentlichungen
• Beiträge zur Nomenklatur und Systematik der mitteleuropäischen Flora. – Mitt. Thüring. Bot. Ges. 1(1): 82–119; 1949. – • Beiträge zur Kenntnis kritischer Formenkreise im Gebiete der Flora von Thüringen. – Mitt. Thüring. Bot. Ges. 1(1): 120–143; 1949. – • Thüringen, Kreuzweg der Blumen. – Jena 1952. – • Beiträge zur Flora von Thüringen (SCHWARZ, O. & F. K. MEYER). – Mitt. Thüring. Bot. Ges. 1(4): 181–200; 1957. – • Die Populationen mediterraner Eichen in Mitteleuropa nördlich der Alpen-Karpaten-Schranke. – Drudea 2(1–4): 11–36; 1962. – • Die deutschen *Epipactis*-Arten. – Drudea 4(1): 5–10; 1964. – • Die kritischen *Hypericum*-Arten der mitteleuropäischen Flora. – Drudea 5(1): 59–66; 1965. – Ein Verzeichnis der Veröffentlichungen von Schwarz findet sich bei MANITZ & DIETRICH (1983).[10]

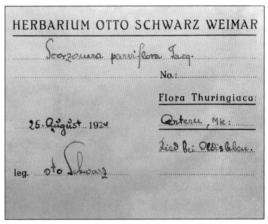

Abb. 202: Handschriftliches Herbaretikett von O. Schwarz

Biographie
Otto Karl Anton Schwarz wurde am 28. April 1900 als Sohn des Tischlermeisters Karl Schwarz in Weimar geboren. Von 1906 bis 1918 besuchte er die Bürgerschule und das Realgymnasium in Weimar. Nach dem Abiturabschluss studierte er von 1919 bis 1920 Chemie an der Universität Jena.[1] In den drei Semestern hörte er auch botanische Vorlesungen bei E. Stahl und W. Detmer sowie zoologische bei L. Plate.[3] Um sein weiteres Studium zu finanzieren, wurde er von 1920 bis 1926 Angestellter in der Kunst- und Antiquitätenabteilung des väterlichen Geschäftes.[1][3] Auch in dieser Zeit hörte er botanische Vorlesungen in Hamburg (1921 bis 1923) und in Berlin (1924 bis 1926). Im Sommer 1924 reiste er mit Bornmüller in die Abruzzen.[3] Von 1926 bis 1928 studierte Schwarz Botanik an der Universität Berlin.[1] Hier war er schon 1926 Vorlesungsassistent. Im Jahre 1926 heiratete er Emi Haase aus Arnstadt; aus dieser Ehe ging ein Sohn hervor.[3] Am 22. Mai 1928 promovierte er [mit einer Arbeit über die Vegetationsverhältnisse in Nordaustralien[3]] bei L. Diels zum Dr. phil. Danach war er Assistent an der Biologischen Reichsanstalt für Land- und Forstwirtschaft in Berlin-Dahlem. Von 1931 bis 1934 ging er zwecks Aufbaus eines Instituts für Pflanzenschutz nahe Izmir in die Türkei. Im Jahre 1934 wurde er aus der Reichsanstalt aus politischen Gründen fristlos entlassen, danach arbeitete er als freischaffender Wissenschaftler[1] [mit Hilfe von Stipendien der Deutschen Forschungsgemeinschaft am Botanischen Museum Ber-

lin-Dahlem. In dieser Zeit entstanden viele Bearbeitungen, die seinen wissenschaftlichen Ruf begründeten[3].

Um 1943 wurde er Leiter der Abteilung Systematik am neu gegründeten Kaiser-Wilhelm-Institut für Kulturpflanzenforschung in Wien [noch in den letzten Kriegstagen erfolgte die Verlegung in das Nordharzgebiet[3] und später nach Gatersleben[8]]. Im Frühjahr 1946 übernahm er als dessen Konservator die Leitung des Herbarium Haussknecht in Weimar und wurde Wissenschaftlicher Assistent am Botanischen Institut der Universität Jena.[8] Am 30. Oktober 1946 erfolgte seine Ernennung zum außerordentlichen Professor und am 21. September 1948 zum ordentlichen Professor am Lehrstuhl für Spezielle Botanik in Jena. Unter seiner Leitung wurde in den Jahren 1949/50 das Herbarium Haussknecht von Weimar nach Jena überführt. Auch nach seiner Emeritierung am 1. September 1965 blieb er als kommissarischer Direktor dem Institut für Spezielle Botanik treu. Erst am 31. August 1966 schied er aus dem Dienstverhältnis mit der Universität Jena. Er starb am 7. April 1983 in Jena.[1]

Schwarz hat fast 140 botanische Arbeiten veröffentlicht. Vieles ist unvollendet geblieben.[3] Sein Plan, eine „Flora von Thüringen" und ein „Taschenbuch der Flora Mitteleuropas" heraus zu geben, scheiterte u. a. am Fehlen der Bearbeitungen der kritischen Gattungen *Hieracium* und *Rubus*. Beide unvollendet gebliebenen Manuskripte liegen heute im Nachlass von Schwarz im Archiv des Herbarium Haussknecht in Jena.[4]
Schwarz war seit 1921 Mitglied des Thüringischen Botanischen Vereins[5] und von 1947 bis 1967 Vorsitzender der Thüringischen Botanischen Gesellschaft.[1] Danach wurde er Ehrenvorsitzender. Schon einmal (1927 bis 1928) war er Vorsitzender des Thüringischen Botanischen Vereins, trat aber wieder zurück, weil er noch in Berlin studierte und dadurch die Leitung des Vereins immer schwieriger wurde.[2)(3]

Quellen

(1) CASPER, J. (Hrsg.): Herbarium Haussknecht, Weimar 1896 – Jena 1996, Geschichte und Gegenwart. – Haussknechtia Beiheft 8: 1–48; 1997. – (2) MEYER, F. K.: 100 Jahre Thüringische Botanische Gesellschaft. – Haussknechtia 1: 3–16; 1984. – (3) MEYER, F. K.: Otto Schwarz (1900–1983). – Haussknechtia 2: 3–6; 1985. – (4) MEYER, F. K.: Friedrich Christian Heinrich Schönheit und die Flora von Thüringen. – Haussknechtia 6: 3–16; 1997. – (5) Mitgliederverzeichnis in Mitt. Thüring. Bot. Ver. 41: III–V; 1933. – (6) Sammlerkartei des Herbariums der Universität Halle (HAL), geführt von K. Werner. – (7) Krumbiegel, A., Halle (9.1.2002, briefl. an J. Pusch, in Auswertung des Herbars HAL in Vorbereitung einer neuen Flora von Sachsen-Anhalt). – (8) Meyer, F. K., Jena (22.7.2003, briefl. an J. Pusch). – (9) Manitz, H., Herbarium Haussknecht Jena (8.3.2004, briefl. an J. Pusch). – (10) MANITZ, H. & H. DIETRICH: Verzeichnis der Veröffentlichungen von Prof. Dr. h.c. Otto Schwarz. – Wiss. Zeitschr. Univ. Jena, math.-nat. R. 32: 843–848; 1983.

Schwarzberg, Bodo

1964–

geboren: 6. Dezember 1964 in Nordhausen

Beruf, Leistungen auf floristischem Gebiet
Oberstufenlehrer, Naturschutzgutachter, Verlagsinha-
ber, Botaniker. In seinem Beitrag „Bemerkenswerte
Pflanzenfunde im Landkreis Nordhausen" (1998)
beschreibt er u. a. die Flora der Rüdigsdorfer Schweiz
(insbesondere des Kalkberges) und des Harzfelder
Holzes nördlich von Nordhausen, des Windehäuser
Holzes und des Alten Stolbergs östlich von Steigerthal, der Pfaffenköpfe und der Windlücke nordöstlich
von Nordhausen, der Windleite bei Uftrungen und
Heringen sowie des Igelsumpfes und der Sattelköpfe
nördlich von Hörningen. Die Fundortsangaben „wurden zumeist im Rahmen der Erstellung von Schutzwürdigkeitsgutachten und Pflege- und Entwicklungs-
plänen sowie durch private Exkursionen [...] gewonnen und stellen zum Teil Bestätigungen von Angaben
früher tätiger Floristen dar".[4] Schwarzberg nennt u.
a. *Cephalanthera longifolia* 500 m nordöstlich von

Abb. 203: Bodo Schwarzberg

Rüdigsdorf, *Cynoglossum germanicum* westlich der Ruine der Harzfelder Kirche, *Dianthus
armeria* am Ameisenkopf südlich von Uthleben, *Geranium lucidum* im Steinmühlental nahe
Sülzhayn, *Gypsophila muralis* an der Neustädter Talsperre, *Lycopodium clavatum* vom Harz
südöstlich der Gaststätte Hufhaus und *Myosotis discolor* nördlich der Straße Gudersleben–
Obersachswerfen.[1] Die Angabe von *Stipa tirsa* „100 m nordöstlich des Steinbruches am
Kalkberg in exponiertem Erdseggen-Rasen"[4] ist zu überprüfen, da bisher an dieser Stelle
nur *Stipa pennata* s. str. aufgefunden wurde. Von seinen Funden der letzten Zeit (2003/04)
seien aufgeführt: *Campanula cervicaria* etwa 2.300 m nordöstlich Eisfelder Talmühle (an der
Bahnstrecke nach Birkenmoor, 33 Exemplare), *Cardaminopsis petraea* an einer Gipswand
am Igelsumpf, *Minuartia hybrida* an den Sattelköpfen bei Hörningen (etwa 20 Exemplare
auf Gipsgrus) und *Trifolium striatum* am Rande einer Streuobstwiese 1 km südwestlich
Buchholz.[3]

Herbarien, wichtige Herbarbelege
Es wurde kein Herbarium angelegt.[3]

Wichtige Veröffentlichungen
• Einfluß von Thioharnstoff (Präparat CKB 1500) auf die Aktivität der Glutamatdehydrogenase (GDH) in
Keimpflanzen von *Hordeum vulgare* L. (ZELMER, I. & B. SCHWARZBERG). – Wiss. Zeitschr. Päd. Hochschule
Halle-Köthen 6: 42–44; 1988. – • Sukzessionsuntersuchungen in aufgelassenen Gipssteinbrüchen am Südrand
des Harzes. – Artenschutzreport 5: 43–48; 1995. – • Bemerkenswerte Pflanzenfunde im Landkreis Nordhau-
sen. – Inform. Florist. Kartierung Thüringen 15: 20–27; 1998. – • Flora und Fauna auf den Kupferschieferhalden des Mansfelder Landes. Ein Beitrag zur Biozönoseforschung (SCHUHMANN, U. & B. SCHWARZBERG). –
Schriftenreihe Mansfeld-Museum Hettstedt 5: 46–60; 2000.

Biographie
Bodo Schwarzberg wurde am 6. Dezember 1964 als Sohn eines Zahnarztes in Nordhausen geboren. Er besuchte zunächst die Polytechnische Oberschule und danach (1979 bis 1983) die Erweiterte Oberschule „Wilhelm von Humboldt" in Nordhausen. Nach dem Abitur begann er eine Lehre zum Facharbeiter für Chemische Produktion in Böhlen/Bezirk Leipzig. Anschließend nahm er ein Lehrerstudium an der Pädagogischen Hochschule in Halle (Fachrichtung Biologie/Chemie) auf, das er im Jahre 1989 mit der Diplomarbeit „Einfluß von Isothiocyanat-2 (= Thioharnstoff) auf die Enzymaktivität der Glutaminsäuredehydrogenase in *Hordeum vulgare* L." abschloss. Danach (1989 bis 1992) übernahm er an der Pädagogischen Hochschule in Halle eine wissenschaftliche Tätigkeit im Bereich Pflanzenphysiologie. Von 1992 bis 1997 war er freiberuflich als Landschaftsplaner (gutachterliche Tätigkeit mit Schwerpunkt Naturschutz) tätig, anschließend fand er eine Anstellung in einem Ingenieurbüro für Landschaftsplanung (bei BIANCON in Halle). Im Jahre 1998 kam es zur Gründung des Verlages „Bodo Schwarzberg" in Halle. Hier erschienen bisher 4 Bände über Persönlichkeiten der Region Halle sowie 5 Hefte mit Sagen, Bräuchen und Geschichten aus verschiedenen ostdeutschen Regionen in der Reihe „Sagenhafte Heimat". Am 17. Februar 2002 bestieg Schwarzberg den 6.962 m hohen Aconcagua in Argentinien.[1]

Schwarzberg ist Mitglied der Thüringischen Botanischen Gesellschaft. Er interessiert sich besonders für die Flora des Südharzer Zechsteingebietes im Umfeld von Nordhausen. So erstellte er Geobotanische Gutachten zum Kalkberg nördlich von Nordhausen, zum Ameisenkopf bei Uthleben und zum Goldborntal bei Heringen und war maßgeblich an der Erfassung aller gefährdeten und geschützten Farn- und Blütenpflanzen der Rüdigsdorfer Schweiz und des Harzfelder Holzes beteiligt. In diesem Zusammenhang nahm er auch an der Floristischen Kartierung Thüringens teil.[1] Im „Verbreitungsatlas der Farn- und Blütenpflanzen Thüringens" (KORSCH et al. 2002) wird ihm eine „Mitarbeit durch die Bearbeitung großer Gebiete" bescheinigt.[2] Im Jahre 1991 erhielt Schwarzberg den Sven-Simon-Umweltpreis der BILD-Zeitung für sein Engagement um die Pflege und Unterschutzstellung eines Schlank-Seggenriedes mit *Dactylorhiza majalis* und *Ophioglossum vulgatum* bei Nordhausen (MTB 4431/33). Seit der Unterschutzstellung 1990 und der damit verbundenen ein- bis zweimaligen Mahd stieg die Anzahl blühender Exemplare von *Dactylorhiza majalis* von 35 im Jahre 1989 auf 172 im Jahre 1995 auf einer Fläche von nur 0,2 ha an (heute GLB „Feuchtgebiet Windlücke").[1] Schwarzberg bemüht sich seit Jahren um die Pflege von Standorten bedrohter Pflanzenarten (z. B. von *Minuartia hybrida* an den Sattelköpfen). An den Pfaffenköpfen nahm er großflächige Entbuschungen vor.[3]

Quellen
(1) Schwarzberg, B., Halle (9.3.2005, briefl. an K.-J. Barthel). – (2) KORSCH, H., W. WESTHUS & H.-J. ZÜNDORF: Verbreitungsatlas der Farn- und Blütenpflanzen Thüringens. – Jena 2002. – (3) Schwarzberg, B. (19.3.2005, briefl. an J. Pusch). – (4) SCHWARZBERG, B.: Bemerkenswerte Pflanzenfunde im Landkreis Nordhausen. – Inform. Florist. Kartierung Thüringen 15: 20–27; 1998.

Steinmann, Friedrich   1827–1889

geboren: 3. September 1827 in Oberspier
gestorben: 7. Dezember 1889 in Sondershausen

Beruf, Leistungen auf floristischem Gebiet
Förster, Botaniker. Als Gewährsmann der „Flora von Nordhausen und der weiteren Umgebung" (VOCKE & ANGELRODT 1886), der „Flora von Nord-Thüringen" (LUTZE 1892) und „Ueber Veränderungen in der Flora von Sondershausen, bezw. Nordthüringen" (LUTZE 1882) lieferte er mehrere Fundortsangaben aus der näheren Umgebung von Sondershausen. So fand er u. a. *Cardamine impatiens* an der Nordseite der Rothenburg, *Carex elata* im O-berspierschen Forst, *Centaurea montana* am Hotzenberg bei Schernberg, *Epilobium obscurum* am Segelteich bei Badra, *Malva moschata* im Wippertal bei Sondershausen, *Myriophyllum verticillatum* bei Esperstedt und *Ventenata dubia* bei Hachelbich. Seine Angabe „*Carex ericetorum* im Küchenjohn des Hachelbicher Forstes" könnte auf einer Fehlbestimmung beruhen, wie bereits LUTZE (1892, S. 72) vermutete.

Herbarien, wichtige Herbarbelege
Das vermutlich nur einige hundert Belege umfassende Herbar von Steinmann befindet sich offenbar zu großen Teilen in Jena (JE). Hierher ist es wahrscheinlich mit den Herbarien von Ekart und Irmisch Mitte der 50er Jahre des 20. Jahrhunderts gekommen und wurde dort mit „Herbarium F. Steinmann Sondershausen" gestempelt.[5] Einzelne Belege von Steinmann liegen auch in Halle (HAL) und Göttingen (GOET).

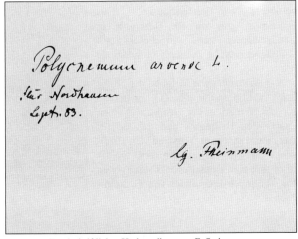

Abb. 204: Handschriftliches Herbaretikett von F. Steinmann

Folgende von Steinmann im Bearbeitungsgebiet gesammelte Herbarbelege sollen genannt werden: *Adonis flammea*: Hachelbicher Flur (JE, Juni 1881); *Allium rotundum*: Frauenberg, Ostwand (JE, 10.7.1884); *Chenopodium glaucum*: Numburg, an der Salzquelle (HAL, Sept. 1880); *Gnaphalium luteo-album*: Bendeleber Flur (JE, August 1884); *Hymenolobus procumbens*: Artern (JE, Mai 1885); *Lathyrus heterophyllus*: Frauenberg bei Sondershausen (GOET, August 1882); *Papaver hybridum*: Gipsberge bei Rottleben (JE, 27.5.1882); *Salix hastata*: Alter Stolberg (JE, 13.7.1881); *Stipa joannis*: vom Kyffhäuser (JE, Juni 1881); *Ventenata dubia*: Wipperberge bei Hachelbich (JE, Juni 1882).

Wichtige Veröffentlichungen
Uns sind keine botanischen Veröffentlichungen von Steinmann bekannt.

Biographie

Johann August Friedrich Steinmann wurde am 3. September 1827 als Sohn des Ökonomen und Schultheiß Johann Christian August Steinmann in Oberspier geboren. Er wurde „Fürstlich Schwarzburgischer Oberförster" und wohnte nachweislich im Jahre 1877 in Oberspier (hier wurde 1877 seine Tochter Meta geboren; er war aber nicht in Oberspier als Förster tätig, da die Oberspiersche Försterei nach 1821 nicht mehr mit Förstern aus der Familie Steinmann besetzt wurde). Später zog er nach Sondershausen. Steinmann hat dreimal geheiratet (am 2. Oktober 1853 Amalie Therese Schneemann aus Langula; am 9. Februar 1858 Ottilie Kunze aus Großenehrich; am 13. Dezember 1873 Friederike Luise Förster aus Freyburg).[1][6] Steinmann hatte neun Kinder.[6] Er starb am 7. Dezember 1889 in Sondershausen.[1][6] Das Begräbnis fand am 10. Dezember in Sondershausen statt.[6] In dieser Stadt wohnte er zuletzt in der Güntherstraße 35.[7]

Steinmann war Mitglied der „Irmischia" (Mitgliedsnummer 7).[2] Er lieferte für das Herbarium der „Irmischia" einen „namhaften Beitrag"[3] und gehörte für das Jahr 1886 dem Vorstand der „Irmischia" an.[4] Bereits im Jahre 1881 meldete er sich zum Botanischen Tauschverein für Thüringen (gegründet von G. Leimbach).[8]

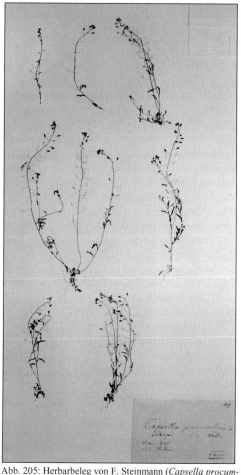

Abb. 205: Herbarbeleg von F. Steinmann (*Capsella procumbens* = *Hymenolobus procumbens*, Artern, Mai 1885)

Quellen

(1) Lenk, K., Sondershausen (5.3.2001, briefl. an J. Pusch). – (2) Mitgliederverzeichnis „Irmischia". – Irmischia 1: 3–4; 1881. – (3) Sammlungen. – Irmischia 1(11/12): 55; 1881. – (4) Amtliche Mitteilungen. – Irmischia 6(1/2): 1; 1886. – (5) F.-K. Meyer, Jena (18.9.2001, briefl. an J. Pusch). – (6) Sterbebuch (ST 1879–1894) im Pfarramt I in Sondershausen. – (7) Standesamt Sondershausen (12.8.2003, briefl. an J. Pusch). – (8) Zum Botanischen Tauschverein für Thüringen. – Irmischia 1(5): 20; 1881.

Sterzing, Hermann   1843–1910

geboren: 25. Oktober 1843 in Sondershausen
gestorben: 29. Dezember 1910 in Sondershausen

Beruf, Leistungen auf floristischem Gebiet

Volksschullehrer, Botaniker. Als Gewährsmann der „Flora von Nordhausen und der weiteren Umgebung" (VOCKE & ANGELRODT 1886) und der „Flora von Nord-Thüringen" (LUTZE 1892) lieferte er eine Fülle von Fundortsangaben aus der Umgebung von Großfurra. Hier fand er u. a. *Dianthus armeria, Podospermum laciniatum, Scandix pecten-veneris, Sorbus domestica, Spergula pentandra, Spiranthes spiralis* und *Trifolium rubens.*[6] Weiterhin kannte er *Allium sphaerocephalon* vom Dorfe Hain südlich von Nordhausen, *Corrigiola litoralis* von den Ausschachtungen der Eisenbahn bei Nordhausen, *Peucedanum alsaticum* vom Sargberg bei

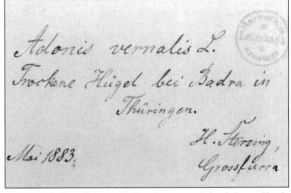

Abb. 206: Herbaretikett von H. Sterzing, vermutlich mit dessen Handschrift (eventuell mit der Handschrift von E. Sagorski)

Großfurra und *Vicia cassubica* von einem Waldgebiet südlich von Frankenhausen.[7] Weniger bekannt ist, dass er Zählungen der Eiben in den Forsten von Sondershausen und Großfurra vornahm. Er fand am Frauenberg 45, am Hagenberg 42, am Bäckersberg 5, am Kirchberg 14 und am Heiligenberg 4 Bäume.[8][15] Unter den 110 Stämmen befanden sich 32 Bäume mit einem Stammdurchmesser von 10 bis 20 cm, 38 Bäume mit einem Durchmesser von 20 bis 30 cm, 25 Bäume mit einem Durchmesser von 30 bis 40 cm, 12 Bäume mit einem Durchmesser von 40 bis 50 cm und 2 Bäume mit einem Durchmesser von 50 bis 60 cm. Der stärkste Baum (am Frauenberg) hatte einen Durchmesser von 64 cm und ein Alter von mehr als 800 Jahren. Junge Bäume wurden nicht mit gezählt.[15] Noch etwas weiter westlich, im Großfurraer Gemeindewald am Stufenberg, ist die Eibe nach H. Sterzing um 1850 verschwunden. Der letzte Eibenklotz wurde dort 1872 ausgerodet.[8][15] Auch die von IRMISCH (1846) genannten Exemplare bei Jechaburg und Straußberg waren um 1850 nicht mehr vorhanden.[15] In seinem Beitrag „Die Trüffel und ihr Vorkommen in den beiden Fürstentümern Schwarzburg" (1910) berichtet er u. a. über die Sommer-Trüffel (*Tuber aestivum*), die seinerzeit in der Hainleite (auf dem Straussberg westlich von Sondershausen) mit abgerichteten Hunden gesammelt wurden. Die Trüffelernte begann mit dem ersten Laubfall im Oktober. Im November war Hochsaison; sogar in der Weihnachtszeit und später konnten noch gute Trüffelernten erzielt werden. H. Sterzing fand drei Trüffelarten [*Tuber album* (korrekter Name: *Choiromyces meandriformis*),[24] *T. mesenterium* und *T. brumale*] als neu für die Umgebung von Sondershausen.[13] Er befasste sich ebenso wie der Sondershäuser Botaniker G. Lutze mit der Geschichte und Kultur der Blutbuchen. In seiner Arbeit „Zur Geschichte und Kultur der Blutbuchen" (1911) stellt er uns die Stammmutter aller Blutbuchen Nordthüringens vor, die durch Mutation der gewöhnlichen Rotbuche entstanden ist. Sie stand nahe Sondershausen und hatte im Jahre 1886 eine Höhe von 27 m und von Süd nach Nord einen Durchmesser von 97 cm (von West nach Ost hatte sie einen Durchmesser von 89 cm). Die wohl erste Blutbuche, die vom Mutterstamm in der Hainleite veredelt worden ist (um 1760), stand am großen Parkteich in Sondershausen und ging infolge von starken Wurzelbeschädigungen bei der weiteren Gestaltung des Parks im Jahre 1841 ein.[21] H. Sterzing sammelte auch Moose. Unter den Moosen, die er in der näheren Umgebung von Großfurra gesammelt hatte, befand sich u. a. *Trichostomum viridulum,* das F. Quelle als solches bestimmte und als neu für Thüringen erkannte.[19] Dieses Moos ist heute in Thüringen wenigstens von 10 bis 20 Stellen bekannt, wird aber nicht allgemein als Art anerkannt.[25]

Herbarien, wichtige Herbarbelege
Mehrere Herbarbelege von H. Sterzing befinden sich in Jena (JE) und in Göttingen (GOET). Auch Herbarium des Nationalmuseums Prag wurde von uns ein Beleg gefunden. Der Großteil der Belege liegt vermutlich in Jena, diese sind z. T. über das Herbar Sagorski hierher gelangt.

Folgende von H. Sterzing im Bearbeitungsgebiet gesammelte Herbarbelege sollen genannt werden: *Androsace elongata*: Sandige Wege bei Nordhausen (JE, Mai 1890); *Artemisia pontica*: Kiesabhänge an der Wipper bei Göllingen (JE, 18.9.1885); *Arabis auriculata*: Frauenberg bei Sondershausen (JE, April 1882); *Biscutella laevigata*: Gipsfelsen des Kohnsteins (JE, 30.5.1888, ex Herbar W. Rudolph); *Carex hordeistichos*: salzhaltige Wiesen der Numburg (PR, 29.7.1885); *Carex hordeistichos*: salzhaltige Wiesen an der Numburg (JE, August 1886); *Corrigiola litoralis*: Aussschachtungen der Eisenbahn bei Nordhausen (JE, August 1887); *Moenchia erecta*: vor dem Paßberge bei Großfurra (JE, 1881); *Erysimum odoratum*: Kalkberge bei Seehausen (JE, Juli 1884); *Papaver hybridum*: Kosakenstein bei Frankenhausen (JE, Mai 1885); *Pin-*

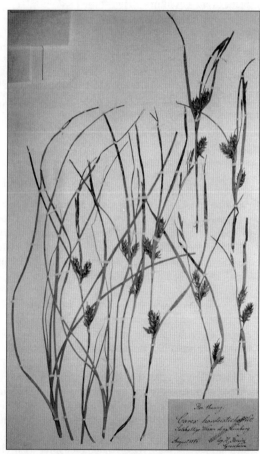

Abb. 207: Herbarbeleg von H. Sterzing (*Carex hordeistichos,* Salzhaltige Wiesen der Numburg, August 1886)

guicula vulgaris: Gipsberge bei Stempeda (JE, 20.6.1897, ex Herbar W. Rudolph); *Podospermum laciniatum*: Badra (JE, Pfingsten 1881); *Sisymbrium strictissimum*: Berge bei

Udersleben (JE, Juli 1887 und Juli 1891); *Ventenata dubia*: oberhalb Jecha bei Sondershausen (JE, Juni 1886); *Vicia dumetorum*: Straußberg bei Großfurra (GOET, 20.7.1884); *Xanthium strumarium*: Furra, auf wüsten Plätzen (GOET, September 1883).

Wichtige Veröffentlichungen
• Botanische Excursion durch den Thüringerwald vom 1. bis 5. August 1881. – Irmischia 1(11/12): 50–52; 1881. – • *Mimulus luteus* L. in Thüringen 1. – Irmischia 2(3/4): 23; 1882. – • Ein verschwundener deutscher Waldbaum. – Nordhäuser Familienblätter (Unterhaltungs-Beilage zur Nordhäuser Zeitung) vom 6. April 1907. – • Das schlitzblättrige Schöllkraut. – Natur und Haus. Illustrierte Zeitschr. für alle Naturfreunde, Stuttgart 17: 278–280; 1909. – • Die Trüffel und ihr Vorkommen in den beiden Fürstentümern Schwarzburg. – Prometheus 21(19): 291–296; 9. Februar 1910 und 21(20): 309–313; 16. Februar 1910. – • Zur Geschichte und Kultur der Blutbuchen. – Heimatbuch. Illustrierte Blätter für die Heimatkunde des Kreises Grafschaft Hohenstein, des Eichsfeldes und der angrenzenden Gebiete 7(15): 116–119; 1. Mai 1911.

Biographie
Heinrich Friedrich Hermann Sterzing wurde am 25. Oktober 1843 in Sondershausen als Sohn des Tischlermeisters Ernst Friedrich August Christian Sterzing geboren.[1] Von 1860 bis 1863 besuchte er das Lehrerseminar in Sondershausen.[2] Anschließend (1863/64) war er Hauslehrer im Thüringer Wald (in Altenfeld).[4] Danach wurde er an der Mädchenschule in Großfurra als Lehrer angestellt.[1][2] In Großfurra war er auch als Kantor tätig.[4] [Im Jahre 1869 wurde Großfurra sein Wohnort.[22]] Im Jahre 1869 nahm er Zählungen und Messungen an den Eiben in den Forsten von Sondershausen und Großfurra vor.[15] Am 27. November 1870 heiratete er Caroline Henriette Ottilie Huke (geb. 1847), die Tochter des Oekonomen Johann Carl Gottfried Huke aus Immenrode. Aus dieser Ehe gingen die Töchter Auguste Frieda Iduna (geb. 1871) und Olga Doris Ella (geb. 1873) hervor.[1] Anfang August 1881 unternahm er eine botanische Exkursion durch den Thüringer Wald, die ihn von Elgersburg über Gehlberg, Großlauter, Suhl, Zella-Mehlis, Benshausen, Ebertshausen, Schwarza und Kühndorf nach Meiningen führte. Bei Mehlis entdeckte er *Mimulus guttatus* an denselben Stellen wieder, wo er die Pflanze bereits 1863/64 aufgefunden hatte.[4] Im Dezember 1891 wurde er von der „Societe d' Etudes scientifiques d' Aude" zu Carcassonne (Frankreich) zum korrespondierenden Mitglied ernannt.[27] Bereits vor 1893 stellte er Kulturversuche mit *Urtica pilulifera* an.[18] Im Jahre 1900 reiste er nach Paris und Versailles.[15] Nachdem H. Sterzing am 1. Oktober 1906 pensioniert worden war,[2] zog er nach Sondershausen, wo er als Kantor a. D. in der Marienstraße 54 wohnte.[16] Hier beschäftigte er sich weiterhin mit verschiedenen botanischen Sachverhalten, deren Ergebnisse er in einigen Familienblättern und populärwissenschaftlichen Zeitschriften veröffentlichte. Er starb am 29. Dezember 1910 in Sondershausen an einem Herzschlag.[17] Bereits am 31. Dezember 1910 erschien im „Deutschen" ein Nachruf in Gedichtform.[23] Das Begräbnis fand am 1. Januar 1911 in Sondershausen statt.[17]

H. Sterzing war Mitglied der „Irmischia" (Mitgliedsnummer 13).[3] Im Jahre 1881 sandte er ein Verzeichnis der Ranunculaceen aus der Umgebung von Großfurra an das Vereinsarchiv der „Irmischia".[5] Bereits im Jahre 1881 meldete er sich zum Botanischen Tauschverein für Thüringen (gegründet von G. Leimbach).[26] Er beteiligte sich auch an den phänologischen Beobachtungen der „Irmischia" (Beobachtungsort Großfurra)[9] und war mit dem französischen Mykologen Paul Dumée (dem Verfasser eines in Frankreich sehr beliebten Pilzbuches) befreundet.[13] KELLNER (1980) nennt H. Sterzing als einen ausgezeichneten Pilzkenner und Korrespondenten der Sorbonne in Paris.[14] H. Sterzing war entomologisch interessiert. Er legte eine Käfersammlung an, wobei der von ihm in der Hainleite gefundene Trüffelkäfer (*Anisotoma cinnamomea*) ein gutes Tauschobjekt war.[13] Auch auf heimatge-

317

schichtlichem Gebiet war er bewandert, so soll er historische Aufsätze über seinen Wohn-
und Arbeitsort Großfurra verfasst haben.[27]

Verwandt mit H. Sterzing war der Sondershäuser
Oberlehrer **Julius Sterzing**. Dieser hatte im Jahre
1860 ein „Systematisches Verzeichniß der um Sondershausen vorkommenden vollkommneren Pilze"
geschrieben, welches das Resultat einer siebenjähri-
gen Durchforschung der Gegend um Sondershausen
war. Er hatte es „zunächst zu dem Zwecke entworfen,
dasselbe den Schülern [...] als ein Unterrichtshülfsmit-
tel, namentlich zum Bestimmen der Pilze, in die Hän-
de zu geben und dadurch die wünschenswerthe
Kenntniß mancher dieser Gewächse aus der Schule
auch in weitere Kreise zu verbreiten".[10] J. Sterzing
beschäftigte sich auch mit allgemeiner Floristik. Er
fand u. a. *Chrysosplenium alternifolium* und *Dactylorhiza sambucina* im bzw. am Herrental bei Auleben,
Gnaphalium luteo-album im Schersental bei Sondershausen, *Ornithogalum nutans* auf Rasenrainen auf
dem Franzberge bei Sondershausen und *Trollius europaeus* an den Pfaffenteichen südlich Hamma. Im

Abb. 208: Julius Sterzing

Mai 1869 entdeckte er auf der Triftwaldhöhe [im
Stadtforst Sondershausen über der Trift [7]] zwei herrliche Exemplare von *Sarothamnus sco-
parius*.[12] J. Sterzing verfasste eine Reimchronik auf Günther Friedrich Carl dem Ersten,
Fürst zu Schwarzburg-Sondershausen, die in den Mitteilungen des Vereins für deutsche
Geschichts- und Altertumskunde in Sondershausen 7. Heft (1932) abgedruckt wurde.

August Julius Adolf Sterzing wurde am 6. Januar 1820 als Sohn eines Tischlermeis-
ters in Sondershausen geboren.[17] In Sondershausen besuchte er zunächst die alte
Lateinschule und danach das Gymnasium. Nach dem Abitur im Jahre 1840 wurde er sofort in
den Schuldienst übernommen. Er erhielt eine Stelle als Lehrer an der höheren
Mädchenschule in Sondershausen. Im Jahre 1847 versetzte man ihn an die hiesige
Realschule,[2][11] unter gleichzeitiger Ernennung zum Oberlehrer.[2] Er war verheiratet mit
Marie Wilhelmine Friederike, geb. Neuse,[20] und hatte einen Sohn (geb. 1856) sowie zwei
Töchter (geb.1859 und 1861).[17] Nach 41-jähriger erfolgreicher Tätigkeit an der
Sondershäuser Realschule trat er im Jahre 1888 in den Ruhestand.[2][11] In Sondershausen
wohnte er in der Luisenstraße13.[16] Er starb am 25. Dezember 1909 in Sondershausen an
Altersschwäche. Seine letzte Ruhestätte fand er in Gotha.[17] Seine Frau war schon vor ihm
gestorben.[20] Wenn der „Rector Sterzing, Sondershausen"[3] mit J. Sterzing identisch ist,
dann gehörte dieser der „Irmischia" an (Mitgliedsnummer 9).[3]

Quellen
(1) Bartnick, G., Pastorin in Großfurra (15.2.2000, briefl. an K.-J. Barthel). – **(2)** Lenk, K., Lehrer in Sondershausen (2.5.2000, briefl. an J. Pusch). – **(3)** Mitgliederverzeichnis „Irmischia". – Irmischia 1(1): 3–4; 1881. –
(4) STERZING, H.: Botanische Excursion durch den Thüringerwald vom 1. bis 5. August 1881. – Irmischia
1(11/12): 50–52; 1881. – **(5)** Vereinsarchiv. – Irmischia 1(3/4): 14–15; 1881. – **(6)** VOCKE, A. & C. ANGEL-

RODT: Flora von Nordhausen und der weiteren Umgebung. – Berlin 1886. – **(7)** LUTZE, G.: Flora von Nord-Thüringen. – Sondershausen 1892. – **(8)** PETRY, A.: Beiträge zur Kenntnis der heimatlichen Pflanzen- und Tierwelt. I. Teil: Über Naturdenkmäler und Verbreitungsgrenzen in der Umgebung von Nordhausen. – Programm Realgymnasium Nordhausen, Nr. 360, 1910. – **(9)** Phänologische Beobachtungen in Thüringen (1884). – Irmischia 5(12): 92–96; 1885. – **(10)** STERZING, J.: Systematisches Verzeichniß der um Sondershausen vorkommenden vollkommneren Pilze. – Programm Fürstl. Realschule Sondershausen 1860. – **(11)** LUTZE , G.: Aus Sondershausens Vergangenheit – Ein Beitrag zur Kultur- und Sittengeschichte früherer Jahrhunderte, 1. Bd. – Sondershausen 1905. – **(12)** LUTZE, G.: Ueber Veränderungen in der Flora von Sondershausen, bezw. Nordthüringen. – Programm Fürstl. Realschule Sondershausen, Nr. 636, 1882. – **(13)** STERZING, H.: Die Trüffel und ihr Vorkommen in den beiden Fürstentümern Schwarzburg. – Prometheus 21(19): 291–296; 9. Februar 1910 und 21(20): 309–313; 16. Februar 1910. – **(14)** KELLNER, K.: Die floristische Erforschung der Südharzlandschaft um Nordhausen. – Beitr. Heimatk. Stadt Kreis Nordhausen 5: 23–43; 1980. – **(15)** STERZING, H.: Ein verschwundener deutscher Waldbaum. – Nordhäuser Familienblätter (Unterhaltungs-Beilage zur Nordhäuser Zeitung) vom 6. April 1907. – **(16)** Adressbuch von Sondershausen 1904 bzw.1910. – **(17)** Sterbebuch (1895–1911) im Pfarramt I in Sondershausen. – **(18)** OßWALD, L.: Beiträge zur Flora von Nord-Thüringen. – Mitt. Thüring. Bot. Ver. 3/4: 57–59; 1893. – **(19)** RÖLL, J.: Die Thüringer Torfmoose und Laubmoose und ihre geographische Verbreitung (S. 13). – Mitt. Thüring. Bot. Ver. 32: 1–287; 1915. – **(20)** Standesamt Sondershausen (12.8.2003, briefl. an J. Pusch). – **(21)** STERZING, H.: Zur Geschichte und Kultur der Blutbuchen. – Heimatbuch. Illustrierte Blätter für die Heimatkunde des Kreises Grafschaft Hohenstein, des Eichsfeldes und der angrenzenden Gebiete 7(15): 116–119; 1. Mai 1911.– **(22)** STERZING, H.: Das schlitzblättrige Schöllkraut. – Natur und Haus. Illustrierte Zeitschr. für alle Naturfreunde, Stuttgart 17: 278–280; 1909. – **(23)** „Der Deutsche" vom Sonnabend, den 31. Dezember 1910. – **(24)** Hirsch, G., Jena (20.11.2004, an J. Pusch). – **(25)** Meinunger, L., Ludwigsstadt-Ebersdorf (1.12.2004, briefl. an K.-J. Barthel und J. Pusch). – **(26)** Zum Botanischen Tauschverein für Thüringen. – Irmischia 1(5): 20; 1881. – **(27)** Müller, H. (jun.), Sondershausen (1.2.2004, briefl. an J. Pusch).

Stiede, Ernst

1926–

geboren: 15. Oktober 1926 in Nordhausen

Beruf, Leistungen auf floristischem Gebiet

Oberstufenlehrer (bis 12. Klasse), Naturschützer, Botaniker. Im Rahmen seiner botanischen Exkursionen fand Stiede u. a. *Campanula cervicaria* etwa 1600 m nordöstlich Bahnhof Eisfelder Talmühle (1964), *Orchis pallens* am Kalkberg bei Nordhausen-Krimderode [1964, Erstfund für Nordhausen und das südliche Harzvorland[3]] und *Orobanche reticulata* am Steinbruch Unterberg nordöstlich Bahnhof Eisfelder Talmühle (1997, auf *Cirsium oleraceum*). Im Jahre 1960 sah er letztmalig *Pinguicula vulgaris* am Hocheberg südlich von Woffleben und im Jahre 1970 *Scandix pecten-veneris* bei Rüdigsdorf. Im „Atlas zur Flora von Südniedersachsen" (HAEUPLER 1976) wird er in der Liste der Mitarbeiter geführt. Große Verdienste erwarb er sich um die Ausweisung der „Rüdigsdorfer Schweiz" als Naturschutzgebiet, u. a. unternahm er

Abb. 209: Ernst Stiede

zwischen 1960 und 1991 gemeinsam mit seiner Frau Eva Stiede vegetationskundliche und floristische Untersuchungen in der Gipskarstlandschaft zwischen Nordhausen-Krimderode, Rüdigsdorf und Petersdorf. Noch am 6. Juli 1998 zeigte er K.-J. Barthel, Nordhausen, *Viburnum lantana* und *Consolida regalis* am Kalkberg bei Nordhausen-Krimderode, zwei Arten, die am Nordrand von Nordhausen nur selten vorkommen. Seine historischen Arbeiten beinhalten die Leistungen und Biographien von F. T. Kützing, von dem Zoologen Richard Hesse (1868 bis 1944) und dem Geologen Franz Meinecke (1885 bis 1971). Letzterer war in Nordhausen als Gymnasiallehrer tätig.

Arnoseris minima (L.)
SCHWEIGG. et KOERTE
Kleiner Lämmersalat
Fam. /Asteraceae
Fundort: Osterode / Kreis Nord.
gef. am 18.8.69
E. Stiede

Abb. 210: Handschriftliches Herbaretikett von E. Stiede

Herbarien, wichtige Herbarbelege

Stiede hat gemeinsam mit seiner Frau ein Herbarium angelegt, das er auch für Unterrichtszwecke nutzte. Noch heute befinden sich mehrere hundert Belege in Familienbesitz.[1] Folgende Belege sollen genannt werden: *Arnoseris minima*: Osterode [bei Ilfeld] Kr. Nordhausen (16.8.1969); *Astrantia major*: Steigerthal (23.8.1970); *Drosera rotundifolia*: Moosloch bei Großwechsungen (5.8.1951); *Myosurus minimus*: Harzungen (9.5.1963); *Parnassia palustris*: Schnabelsburg/Kohnstein [bei Nordhausen] (6.9.1963); *Potentilla alba*: Kalkhütte [Alter Stolberg] (20.6.1958); *Potentilla sterilis*: Alter Stolberg (25.4.1959); *Potentilla alba* x *P. sterilis*: Kalkhütte [Alter Stolberg] (15.6.1964); *Salvia verticillata*: Obergrasmühle bei Steigerthal (23.6.1954); *Silene dichotoma*: Nordhausen-Krimderode, 500 m westlich Mühle Jericho (17.8.1975); *Thalictrum simplex*: Nordhausen-Krimderode (15.8.1965).

Wichtige Veröffentlichungen
• Der Kohnstein nur noch eine Naturruine. – Harzkurier, 14. Mai 1990. – • Einzigartiges muß erhalten bleiben. – Harzkurier, 19. Mai 1990. – • Reportage am Rathaus, Gipsindustrie kneift. – Harzkurier, 9. März 1991. – • Zum 100. Todestag von Friedrich Traugott Kützing. – Beitr. Heimatk. Stadt Kreis Nordhausen 18: 47–55; 1993. – • Friedrich Traugott Kützing. Ein Leben für die Wissenschaft. – Aratora 8: 57–65; 1998. – [• Dr. Franz Meinecke (1885–1971), ein Lebensbild. – Jahrbuch Landkreis Nordhausen 8: 143–150; 2001. – • Zum 60. Todestag des Prof. der Zoologie Richard Hesse. – Nordhäuser Nachrichten 13(1): 6–8; 2004.]

Biographie

Rudolf Ernst Stiede wurde am 15. Oktober 1926 als Sohn eines Elekromeisters in Nordhausen geboren. Nach der Volksschule (Petersbergschule, 1933 bis 1937) besuchte er von 1937 bis 1944 das Realgymnasium in Nordhausen. Vom Herbst 1944 bis zum Frühjahr 1945 war er Soldat im 2. Weltkrieg (Frankreich/Schlesien). Nach seiner Entlassung aus sowjetischer Kriegsgefangenschaft (Juli 1946) begann er im September 1946 eine pädagogische Ausbildung an der Pädagogischen Fachschule in Nordhausen. Bereits am 1. September 1947 wurde er als Lehrer an den Grundschulen der Stadt Nordhausen angestellt. Im Jahre 1949 heiratete er die Lehrerin Eva Seidenstricker aus Nordhausen; aus dieser Ehe gingen ein Sohn und eine Tochter hervor. Nach einjährigem Direktstudium am Pädagogischen Institut in Mühlhausen (1952/53) legte er seine Prüfung als Fachlehrer für Biologie ab. Von 1953 bis 1955 arbeitete er als Lehrer am Institut für Lehrerbildung in Nordhausen, wo er Biologie unterrichtete. Durch ein Fernstudium (ab 1955) an der Pädagogischen Hochschule Potsdam (in Betreuung durch die Universität Halle) erwarb Stiede die Qualifikation eines Fachlehrers für Biologie bis zur 12. Klasse.[1] Dieses Studium schloss er mit der Staatsexamensarbeit „Floristische und vegetationskundliche Untersuchungen im südlichen Buntsandsteinvorland des Harzes" im Jahre 1961 ab.[1][2] Von 1955 bis zu ihrer Auflösung (1967) ging er als Biologielehrer an die Sportschule in Nordhausen. Anschließend war er an den Polytechnischen Oberschulen der Stadt Nordhausen beschäftigt. Im Jahre 1992 trat er in den Ruhestand.[1] Er wohnt in Nordhausen, An der Bleiche 68.

Als Mitglied der Arbeitsgemeinschaft Herzynischer Floristen (ab 1955) kartierte Stiede in den MTB 4430 (Nordhausen-Nord) und 4330 (Benneckenstein). Im Rahmen seiner Mitgliedschaft in der Biologischen Gesellschaft der DDR nahm er im Jahre 1964 an einer Kaukasusreise teil (u. a. mit F. K. Meyer, Jena, und K. Reinhardt, Ellrich). Zwischen 1960 und 1980 wirkte er als pädagogischer Gutachter bei der Erarbeitung von Biologielehrbüchern, Rundfunksendungen und Fernsehreihen. Bis zum Jahre 1989 war er Fachberater für Biologie an den Schulen der Stadt Nordhausen. In mehreren kleineren Beiträgen für die Nordhäuser Tagespresse setzte er sich für den Erhalt der Zechsteinlandschaft des Südharzes ein. Seit 1992 gehört er dem Beirat für Naturschutz beim Landratsamt Nordhausen an. Im Jahre 2001 wurde er anlässlich der 6. Umweltfesttage für seine Verdienste um die Umwelt- und Naturschutzbildung sowie für seinen unermüdlichen Einsatz um den Erhalt der Gipskarstlandschaft im südlichen Harzvorland vom Landrat des Kreises Nordhausen mit einer Ehrung bedacht.[1]

Quellen
(1) Stiede, E., Nordhausen (13.2.2002, mündl. mit K.-J. Barthel). – (2) HEINRICH, W., W. HILBIG, R. MARSTALLER & W. WESTHUS: Bibliographie der pflanzensoziologischen und vegetationsökologischen Literatur Thüringens. – Naturschutzreport 6(2): 261–349; 1993. – (3) RAUSCHERT, S.: Zur Flora Thüringens und der nordöstlich angrenzenden Gebiete (zweiter Beitrag). – Wiss. Zeitschr. Univ. Halle, math.–nat. R. 14(6): 494–498; 1965.

Thal, Johann   1542–1583

geboren: 1542 in Erfurt
gestorben: 18. Juli 1583 in Peseckendorf

Beruf, Leistungen auf floristischem Gebiet
Arzt, Botaniker. Botanisierte schon im 16. Jahrhundert nachweislich im Kyffhäusergebirge.
So nennt er in seiner „Sylva Hercynia" (1588) *Cypripedium calceolus* „auf dem Frankenhäu-
ser Gebirge" (S. 13/14) und
Gypsophila fastigiata „am Alten
Stolberg und an den Bergen von
Frankenhausen" (S. 113/114). An
den sonnigen Bergen im nördlichen
Thüringen findet er *Lithospermum
officinale* (S. 74), *Oxytropis pilosa*
(S. 34), *Scabiosa canescens* (S.
110), *Scorzonera hispanica* (S. 117)
und *Stachys recta* (S. 103). *Arabis
pauciflora* kannte er „in der Hainleite nicht weit von Sondershausen im
Buchenwald" (S. 17/18). Aus der
Umgebung von Ilfeld nennt er u. a.
Aconitum vulparia (S. 7), *Atropa
belladonna* (S. 105), *Campanula
cervicaria* (S. 32), *Cardamine impatiens* (S. 103), *Cynoglossum gema-*

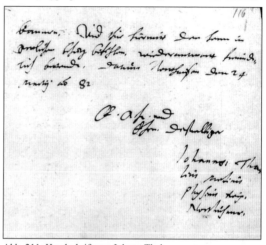

Abb. 211: Handschrift von Johann Thal

nicum (S. 31), *Phyllitis scolopendrium* (S. 89), *Polygonatum verticillatum* (S. 85), *Rubus
saxatilis* (S. 102) und *Senecio germanicus* (S. 27). Am Kohnstein bei Niedersachswerfen sah
er *Biscutella laevigata* (S. 69), an der Burg Hohnstein *Geranium lucidum* (S. 44) und an den
Kalkbergen beim Kloster Walkenried *Gypsophila repens* (S. 115) und *Taxus baccata* (S.
122). Aus der Umgebung von Stolberg werden u. a. *Achillea nobilis* (S. 15), *Adoxa moscha-
tellina* (S. 78), *Ophioglossum vulgatum* (S. 81), *Paris quadrifolia* (S. 57) und *Prenanthes
purpurea* (S. 75) aufgeführt. *Bupleurum rotundifolium* (S. 87) und *Myosurus minimus* (S. 79)
fand er „auf Äckern beim Dorf Hermannsacker" bzw. „auf Äckern an Vorbergen des Harzes
nicht weit von Nordhausen". Ob er vom Alten Stolberg östlich von Nordhausen *Rosa majalis*
kannte,[1] ist mehr als zweifelhaft, zumal der Alte Stolberg nur einmal (so für *Gypsophila
fastigiata*, S. 114) als Fundort genannt wird.

Thal beobachtete die Pflanzen an ihrem Standort, beschrieb sie nach ihrem Leben und
strebte nach möglichst vollständiger Erfassung der Pflanzen eines geographischen Gebietes.
Auch den unauffälligen, wegen ihrer Kleinheit „in der Arznei untüchtigen" Pflanzen schenkte er seine Aufmerksamkeit.[3] „Wenn man unter einer 'Flora' die katalogmäßige, möglichst
vollständige Aufzählung der Wildpflanzen eines größeren oder kleineren Gebietes versteht,
so ist die 'Sylva Hercynia' die erste Flora Deutschlands, ja sie kann wohl sogar als die älteste
Flora überhaupt angesehen werden."[3] Eine große Zahl von Arten wird in der „Sylva Hercynia" erstmalig für die Wissenschaft beschrieben. Des Weiteren hat Thal zahlreiche Arten für
die Pflanzenwelt Deutschlands ersmals festgestellt.[3]

Zu den Arten, die in der „Sylva Hercynia" zum ersten Mal für die Wissenschaft beschrieben worden sind, gehören u. a. *Andromeda polifolia, Arabis auriculata, Biscutella laevigata, Bupleurum longifolium, Campanula bononiensis, Cardamine flexuosa, Carex humilis, Centaurea pseudophrygia, Cephalanthera longifolia, Chaerophyllum hirsutum, Cicerbita alpina, Crepis praemorsa, Cynoglossum germanicum, Erysimum durum, Geranium lucidum, Gypsophila fastigiata, Gypsophila repens, Hieracium alpinum, Lathyrus niger, Minuartia verna, Odontites luteus, Polygala amarella, Potamogeton perfoliatus, Pulsatilla micrantha, Ranunculus lanuginosus, Ranunculus lingua, Scabiosa canescens, Scorzonera humilis, Scorzonera purpurea* und *Vicia pisiformis*.[6]

Zu den Pflanzen, die Thal erstmalig für die Pflanzenwelt Deutschlands festgestellt hat, gehören z. B. *Allium lusitanicum, Astragalus cicer, Buglossoides purpurocaerulea, Centaurea stoebe, Empetrum nigrum, Euphorbia amygdaloides, Genista pilosa, Lysimachia nemorum, Nonea pulla, Ribes alpinum, Silene otites* und *Tanacetum corymbosum*.[6]

Besonders groß ist die Zahl derjenigen Arten, die Thal erstmals für den thüringisch-sächsischen Raum feststellen konnte. Hierzu gehören u. a. *Aconitum vulparia, Campanula glomerata, Carlina acaulis, Cephalanthera rubra, Conringia orientalis, Gentiana cruciata, Gentiana pneumonanthe, Geranium sanguineum, Iris sibirica, Laserpitium latifolium, Lepidium ruderale, Lithospermum officinale, Lonicera periclymenum, Lychnis viscaria, Phyllitis scolopendrium, Potentilla palustris, Prenanthes purpurea, Pulsatilla vulgaris, Teucrium botrys, Trifolium rubens* und *Vaccinium uliginosum*.[6]

Von *Minuartia verna* (S. 11/12), die er für die Wissenschaft erstmals beschrieb,[6] berichtet er, dass sie „an rauhen Orten, an Wegen, desgleichen auf sonnigen rauhen Bergen und ganz besonders um die Erzbergwerke, da wo die Metallschlacken angehäuft werden, vorkommt." Damit ist Thal der erste Forscher, der am Beispiel von *Minuartia verna* auf die Beziehungen zwischen Pflanze und ihrer schwermetallhaltigen Bodenunterlage hinweist. Bei *Lathyrus vernus* (S. 80/81) weist er auf kleine Anhängselchen an den Wurzeln der Hülsenfrüchte hin. In diesen Wurzelknöllchen wird, wie wir heute wissen, mit Hilfe symbiontischer Bakterien der Luftstickstoff gebunden. Auf S. 102 nennt er *Rubus idaeus* var. *albus* ohne nähere Fundortsangabe. Dies ist die älteste Angabe der weißfrüchtigen Himbeere.[3] Thal beschreibt auch Pilze, Flechten, Moose, Schachtelhalme, Bärlappe und Farne, darunter ist besonders *Matteuccia struthiopteris* zu nennen. „Die ausführliche Beschreibung dieses Farnes bildet den Höhepunkt der Mitteilungen über Kryptogamen und findet, was die Darstellungsweise betrifft, wohl auch nicht unter den Phanerogamen der 'Sylva Hercynia' ihres Gleichen. Ginge man in Prioritätsfragen bis ins 16. Jahrhundert zurück, so müsste unbedingt der schöne Farn die Bezeichnung *Struthiopteris cordi* THAL 1588 tragen."[8]

Der Brocken wird von Thal 32-mal als Fundort genannt.[3] Er war einer der Ersten, der zu wissenschaftlichen Zwecken den Brocken besuchte.

Herbarien, wichtige Herbarbelege

Thal hat auch eine Art Herbarium angelegt bzw. besessen. So berichtet er (S. 5), dass er *Asplenium adiantum-nigrum* nicht selbst gefunden habe, sondern nur in einem Buch auf Papier beklebt besitze. Von *Drosera rotundifolia* (S. 117) und *Ranunculus repens* (S. 99) besaß er getrocknete Pflanzen, die er auf Papier aufgeleimt hatte. Auch hat er nicht nur getrocknete und auf Papier aufgeklebte Pflanzen von seinen Freunden erhalten, sondern höchstwahrscheinlich auch solche verschickt.[4] Erhalten geblieben sind unseres Wissens jedoch keine dieser oben genannten Herbarbelege.

• Sylva Hercynia. – Frankfurt am Main 1588. – Aus Anlass des 400. Jahrestages der Fertigstellung des Thalschen Manuskriptes wurde die „Sylva Hercynia" von S. Rauschert aus dem Lateinischen ins Deutsche übersetzt, gedeutet, erklärt und im Jahre 1977 neu herausgegeben (in 300 Exemplaren).[3]

Biographie

Johann Thal wurde im Jahre 1542 als Sohn des Pfarrers Johannes Thal in Erfurt geboren. Nach einer Schulzeit in Erfurt besuchte er nach dem Tode seines Vaters (1551) die Klosterschule des berühmten Humanisten und Pädagogen Michael Neander (um 1525 bis 1595) zu Ilfeld am Südharz.[1][5] [Der Zeitpunkt des Eintritts von Thal in die Klosterschule muss in der Zeit vom 30. Juni 1550 bis zum Dezember 1558 gelegen haben. Die Schüler blieben in der Regel drei Jahre in Ilfeld, doch hat es zweifellos Ausnahmen gegeben.[5]] Thal beschäftigte sich schon hier nachweislich mit Botanik. Im Jahre 1561 ging er nach Jena, um unter L. Hiel (gest. 1566) Medizin zu studieren. Nach Abschluss seiner Studien (als Magister) praktizierte er zunächst als Arzt in Nordhausen und Stendal.[1] Einige Angaben aus der Altmark in der „Sylva Hercynia" (*Genista pilosa, Gentina pneumonanthe, Kickxia spuria, Ranunculus lingua, Scorzonera purpurea*) weisen darauf hin, dass er auch in Stendal botanisierte.[6] Von 1572 bis 1581 war er Hofmedikus und Stadtphysikus in Stolberg am Harz.[1] Im Jahre 1577 sandte Thal seinem botanischen Freund, dem Nürnberger Stadtarzt J. Camerarius, ein Verzeichnis der Pflanzen des Harzes und seiner Vorberge, um das ihn dieser gebeten hatte.[3] Dieses Verzeichnis enthielt mehr als 600 Phanerogamen und Kryptogamen in alphabetischer Reihenfolge, die größtenteils kommentiert und mit Fundorten versehen wurden.

Da sich der Aufenthalt für Thal in Stolberg nur wenig angenehm gestaltete (Wohnungsprobleme, schleppende Bezahlung), bewarb er sich um das seit Oktober 1580 vakante Stadtphysikat zu Nordhausen. Nach Verhandlungen mit dem Rat der Stadt trat er im Mai 1581 das Amt in Nordhausen an. Er erhielt ein festes Gehalt von jährlich 80 Gulden und einen Garten für die Apotheke.[1] Als seine Wohnung dürfte ein Haus in der Domstraße neben der Dechanei anzusehen sein, denn er schrieb kurz nach seiner Übersiedlung nach Nordhausen an den Stolberger Grafen: „Ich wohne im Dome, neben den geistlichen Herren".[7] Nur zwei Jahre später verunglückte er am 30. Juni 1583 während der Fahrt zu einem Patienten bei Schermke und starb am 18. Juli 1583 in Peseckendorf bei Oschersleben an den Folgen dieses Unfalls.[1] Hier wurde er wahrscheinlich auch begraben.[2]

Thal befand sich Ende Juni 1583 gerade in Peseckendorf, als er zu einem Patienten gerufen wurde.[2] „Er fuhr an einem Sonntagsmorgen, den 30. Juni, dorthin. Kaum hatte er sein Morgengebet verrichtet, und fuhr nichts ahnend weiter, da gingen bei dem Dorfe Schermke die Pferde mit dem Wagen durch. Thal stürzte heraus und brach den rechten Unterschenkel nahe über dem Fuße in einer so entsetzlichen Weise, daß beide gebrochenen Knochen durch den Stiefel herausragten. Eine halbe Stunde lag er am Boden, ehe der Wagen, den die Pferde weit weg geführt hatten, wieder zurückgebracht wurde. In dem kläglichen Zustande wurde er nach Peseckendorf zurückgefahren, wo er die größte Teilnahme und die beste Pflege fand. Man holte einen Chirurgen aus Oschersleben, der den Knochenbruch wieder einrichtete und einen Verband anlegte. Thal ertrug alles mit der größten Standhaftigkeit. Es wurden dann noch zwei tüchtige Chirurgen aus Magdeburg herbeigeholt, und nach einigen Tagen schien wenigstens für das Leben des Patienten nichts mehr zu befürchten; er selbst glaubte auch an eine baldige gänzliche Wiederherstellung. [...] Es war aber anders mit ihm beschlossen. Sein Zustand verschlimmerte sich mehr und mehr, und er starb, wie es scheint, an einem Lungenschlage."[2]

Sein Lehrer, Rektor Neander in Ilfeld, verfasste zu seinem Lob folgende Verse:

„Mancherlei Leiden erkannte er schnell mit forschendem Blicke,
Treffliche Kenntnis besaß er von jedwedem Kraute der Erde,
Säftchen und Pillen verschrieb er mit Einsicht, die süßen und bittern,
Ein sehr kundiger Arzt, mehr wert, denn viele Kollegen.“[7]

Das von Thal im Jahre 1577 an J. Camerarius geschickte Verzeichnis der Pflanzen des Harzes und seiner Vorberge ließ dieser erst im Jahre 1588 unter dem Namen „Sylva Hercynia" in Frankfurt am Main drucken.[3] Die Handschriften Thals und die reichhaltige Bibliothek sind auf seinen Bruder und Amtsnachfolger Wendelin übergegangen und von diesem zerstreut worden.[7] Schon 1577 schrieb er im Manuskript seiner „Sylva Hercynia" [bei *Oxytropis pilosa*, S. 34] von einer „Historia montium", deren Herausgabe er in Aussicht stellte; in ihr sollten die Berge der Umgebung des Harzes mit ihren Pflanzen beschrieben werden. Sein Bruder Wendelin hatte ursprünglich die Absicht, diese Schriften herauszugeben.[2] Ein Ölgemälde, eine Madonna der Cranachschen Schule, befindet sich noch im Nordhäuser Museum, von dem gesagt wird, dass es aus dem Nachlass von Thal herrühre und eine Stiftung seiner Erben an die Stadt sei.[1][7] Aus Anlass seines 300. Todestages hatte der Botanische Verein für Thüringen „Irmischia" die Absicht, „dem ältesten Floristen auf deutschem Boden" einen einfachen, aber würdigen Denkstein zu errichten.[7] Unseres Wissens ist es aber dazu nicht gekommen. Linné benannte nach Thal seine *Arabis* (*Arabidopsis*) *thaliana* und D. Villars (1745 bis 1814) sein *Trifolium thalii.*[3]

Quellen
(1) KELLNER, K.: M. Johann Thal und seine Sylva Hercynia. – Beitr. Heimatk. Stadt Kreis Nordhausen 1: 29–36; 1977. – (2) IRMISCH, T.: Ueber einige Botaniker des 16. Jahrhunderts, welche sich um die Erforschung der Flora Thüringens, des Harzes und der angrenzenden Gegenden verdient gemacht haben. – Programm Gymnasium Sondershausen 1862. – (3) RAUSCHERT, S.: Johannes Thal, Sylva Hercynia. Neu herausgegeben, ins Deutsche übersetzt, gedeutet und erklärt. – Leipzig 1977 – (4) WEIN, K.: Die Stellung von Johann Thal in der Geschichte der Herbarien. – Mitt. Thüring. Bot. Ver. 28: 76–79; 1911. – (5) WEIN, K.: Die Erforschung des Florenkleides von Nordhausen in ihrer geschichtlichen Entwicklung bis zum Ende des 18. Jahrhunderts. – Festschr. 39. Hauptvers. deutsch. Ver. Förder. math. naturwiss. Unterricht e. V. Nordhausen 30. März bis 3. April 1937: 80–111. – (6) RAUSCHERT, S.: Johann Thal, Leben und Werk. – Florenwandel und Florenschutz. II. Zentrale Tagung für Botanik 1977: 9–24. – (7) Herbst-Hauptversammlung der Irmischia am 1. und 2. Dezember 1883 zu Sondershausen. – Irmischia 4(8/9): 34–37; 1884. – (8) QUELLE, F.: Die Kryptogamen in Thals „Sylva Hercynia". – Mitt. Thüring. Bot. Ver. 19: 49–59; 1904.

Thomas, Jürgen   1951–

geboren: 10. September 1951 in Nordhausen

Abb. 212: Jürgen Thomas im Jahre 2002

Beruf, Leistungen auf floristischem Gebiet

Werkzeugmacher, Botaniker. Als Gewährsmann der „Flora des Kyffhäusergebirges und der näheren Umgebung" (BARTHEL & PUSCH 1999) stellte er eine Vielzahl von Fundortsangaben zur Verfügung, die er im Rahmen seiner floristischen Tätigkeit für die Naturparkverwaltung „Kyffhäuser" ermittelt hatte. Davon seien genannt: *Astragalus cicer* von der Kleinen Wipper zwischen Bendeleben und der Falkenburg, *Ceratophyllum submersum* vom Egelsee bei Göllingen, *Euphorbia platyphyllos* an einem Grabenrand südwestlich der Aulebener Fischteiche, *Filago minima* vom Rettenberg nordwestlich von Göllingen, *Kickxia spuria* von einem Luzerneacker östlich von Günserode, *Lathyrus hirsutus* vom Mühlental nordöstlich von Seega, *Ophrys apifera* vom Eckertsberg nördlich von Badra, *Petrorhagia prolifera* von einem Xerothermrasen südwestlich des Steingrabens bei Ichstedt, *Sisymbrium strictissimum* vom Eingang des Wettautales westlich von Udersleben und *Spiranthes spiralis* nahe der Heidestelle nördlich von Udersleben. Später kamen noch hinzu: *Asplenium septentrionale* vom Steintal nahe der Rothenburg, *Hieracium bauhini* vom Breiten Feld ostnordöstlich von Udersleben (2002), *Melilotus dentata* von der Kleinen Wipper nördlich von Rottleben (1999), *Prunella laciniata* vom Keltertalsteinbruch nordöstlich von Steinthaleben (2000) und *Spergula pentandra* vom Jacobsberg südlich von Göllingen (1999). Während seiner Kartierungsarbeiten im nordwestlichen Teil des Landkreises Nordhausen (Raum Klettenberg–Limlingerode–Mackenrode–Schiedungen–Obersachswerfen) fand er u. a. *Agrimonia procera* im Setetal bei Limlingerode, *Betula pubescens* und *Thelypteris palustris* in einem Erdfall südlich von Schiedungen, *Carlina acaulis* im ehemaligen Grenzstreifen nördlich vom Mackenrode, *Filago arvensis* und *Lycopodium clavatum* im ehemaligen Grenzstreifen westlich von Mackenrode, *Gentianella campestris* agg. und *Hypericum pulchrum* in der Hundegrube bei Klettenberg sowie *Vicia lutea* im ehemaligen Grenzstreifen zwischen Klettenberg und Branderode.[1] Bei einer Exkursion am 20. Juli 2002 im Raum Klettenberg–Limlingerode–Mackenrode–Schiedungen–Obersachswerfen zeigte er K.-J. Barthel, Nordhausen, *Agrimonia procera, Betula pubescens* und *Lycopodium clavatum* an den o. g. Fundorten. Leider konnten *Filago arvensis, Hypericum pulchrum* und *Thelypteris palustris* nicht mehr aufgefunden werden, dafür gelangen Neufunde von *Carex pseudocyperus* und *Ornithopus perpusillus* an der thüringischen Landesgrenze westlich von Mackenode.

Herbarien, wichtige Herbarbelege

Es wurde kein eigenes Herbarium angelegt. Nur zu einigen wenigen kritischen Sippen wurden Einzelbelege entnommen und an andere Botaniker bzw. Herbarien weitergegeben, so z.

B. von *Hieracium bauhini* vom Breiten Feld bei Udersleben (leg. J. Thomas 11.6.2002, Herbarium J. Pusch, HPu-2979, teste G. Gottschlich, Tübingen).

Wichtige Veröffentlichungen
• Vorarbeiten für eine „Flora des Kyffhäusergebirges und der näheren Umgebung" (3. Beitrag, Funde aus dem Jahre 1998) (BARTHEL, K.-J., J. PUSCH, J. THOMAS & S. UTHLEB). – Inform. Florist. Kartierung Thüringen 16: 2–9; 1999.

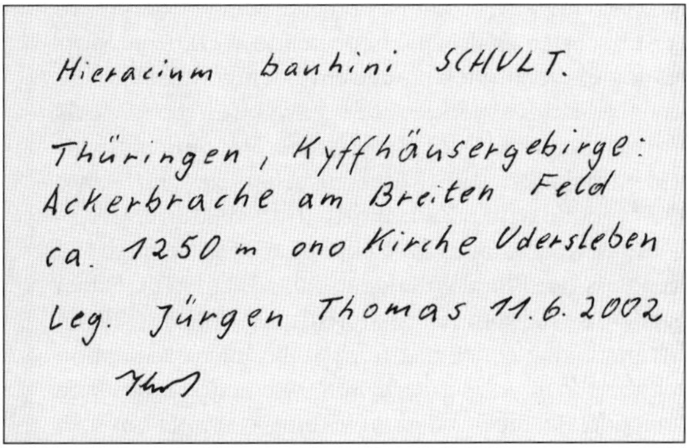

Biographie
Hans-Jürgen Thomas wurde am 10. September 1951 als Sohn eines Metallarbeiters in Nordhausen geboren. Nach dem Besuch der Polytechnischen Oberschule Klettenberg (1957 bis 1967) nahm er im Jahre 1967 im Ifa-Motorenwerk Nordhausen eine Lehre als Werkzeugmacher auf, die er im Jahre 1970 mit dem Facharbeiterbrief beendete. Nach seinem

Hieracium bauhini SCHULT.
Thüringen, Kyffhäusergebirge:
Ackerbrache am Breiten Feld
ca. 1250 m ono Kirche Udersleben
Leg. Jürgen Thomas 11.6.2002

Abb. 213: Handschriftliches Herbaretikett von J. Thomas

Wehrdienst (NVA) vom Herbst 1970 bis zum Frühjahr 1972 in Heiligenstadt und Dessau arbeitete er von 1972 bis 1992 im Ifa-Motorenwerk Nordhausen als Werkzeugmacher. Schon in dieser Zeit nahm er an der Biotopkartierung Thüringens teil und besuchte die Fachgruppe Botanik im Thomas-Mann-Klub in Nordhausen. Oft botanisierte er mit K. Reinhardt, Ellrich, der ihm Mentor und Förderer war. Nach 1992 ging er im Rahmen einer Arbeitsbeschaffungsmaßnahme (ABM) zur Unteren Naturschutzbehörde Nordhausen, wo er sich u. a. an Entbuschungsaktionen beteiligte. Während einer anschließenden Arbeitslosigkeit fertigte er Schutzwürdigkeitsgutachten der damals einstweilig gesicherten Naturschutzgebiete „Hundegrube" bei Klettenberg und „Katzenschwanz" bei Obersachswerfen an. Danach war er mit floristischen Kartierungsarbeiten bei der „Entwicklungsgesellschaft Nordhausen" beschäftigt. Seit 1994 ist er bei der Naturparkverwaltung „Kyffhäuser" (Rottleben) angestellt, wo er für den Arten- und Biotopschutz verantwortlich ist. Hier führt er u. a. eine umfangreiche und flächenscharfe Kartei zu den wertgebenden Flächen des Naturparks, wobei er auf der Grundlage einer Literatur-, Gutachten- und PEPL-Auswertung sowie durch eigene floristische Erfassungen Daten zu deren floristisch-faunistischen Ausstattung ermittelt.[1]

Thomas beteiligte sich an der floristischen Kartierung Thüringens. Er kartierte in den Messtischblättern 4429 (Bad Sachsa) und 4430 (Nordhausen-Nord) sowie in den Viertelquadranten 4431/34 (Stolberg), 4528/31 (Worbis) und 4628/12 (Leinefelde).[2] Im „Verbreitungsatlas der Farn- und Blütenpflanzen Thüringens" (KORSCH et al. 2002) wird ihm die „Mitarbeit durch die Bearbeitung großer Gebiete" bescheinigt. Auch im „Verbreitungsatlas der Farn- und Blütenpflanzen Ostdeutschlands" (BENKERT et al. 1996) wird er als Mitarbeiter genannt.

Quellen
(1) Thomas, J. (8.8.2001 und 16.9.2001, mündl. mit K.-J. Barthel). – (2) Thomas, J. (6.3.2003, briefl. an J. Pusch).

Troll, Wilhelm   1897–1978

geboren: 3. November 1897 in München
gestorben: 28. Dezember 1978 in Mainz

Beruf, Leistungen auf floristischem Gebiet

Hochschullehrer, Botaniker, insbesondere Morphologe. Er schrieb zahlreiche bedeutende Werke zur Morphologie, die an vielen deutschsprachigen Universitäten als Standardwerke galten bzw. noch gelten. Als Vorstandsmitglied der Botanischen Vereinigung Mitteldeutschlands und Mitherausgeber der im Jahre 1937 gegründeten Zeitschrift „Hercynia" veröffentlichte er während des 2. Weltkrieges die „Beiträge zur Kenntnis der Flora Mitteldeutschlands" (1942). Dabei handelt es sich um einige floristische Notizen, „deren Hauptaufgabe es ist, das floristische Interesse auch in schwerer Zeit wach zu erhalten". Bemerkenswert sind folgende Angaben: *Ophioglossum vulgatum* in den Sumpfwiesen an den Steinbergen bei Petersdorf, *Potentilla rupestris* im Steppenheidewald an den Steilhängen der Windleite bei Hachelbich, *Scandix*

Abb. 214: Wilhelm Troll im Jahre 1949

pecten-veneris an Äckern zwischen Artern und Bretleben und *Stipa tirsa* an der Falkenburg im Kyffhäusergebirge. *Ceratophyllum demersum* und *Zannichellia palustis,* von Troll im Esperstedter Ried als „verschwunden" angegeben,[6] sind dort noch heute vorhanden.

„Troll leistete Bedeutendes nicht nur in der Forschung, sondern auch in seiner Tätigkeit als Hochschullehrer. [...] Er übernahm 1932 unter schwierigen Anfangsbedingungen die Leitung des Botanischen Institutes und des Botanischen Gartens der Martin-Luther-Universität Halle. Er brachte mit der typologischen Morphologie eine neue Richtung in die bis dahin eher physiologisch orientierte biologische Forschung und Lehre an der halleschen Hochschule. Mit enormen Einsatz baute Troll den ziemlich vernachlässigten Botanischen Garten zu einer international anerkannten Lehr- und Forschungsstätte aus."[1]

Herbarien, wichtige Herbarbelege

Das Herbarium von Troll befindet sich in Mainz (MJG). „Troll sammelte bzw. herbarisierte Pflanzen in den Jahren 1911 bis 1921, 1929, 1961, 1967 und 1971. Das Troll-Herbar [in Mainz] umfasst 4.424 Belege. Die meisten Belege, nämlich 3.392 stammen aus Deutschland. Die überaus meisten Belege wiederum aus Süddeutschland, wo Troll als Schüler und Student entweder allein oder mit seinem Bruder Karl (später Carl) sammelte. Unter den Exsikkaten befinden sich viele Moose, die z. T. von Th. Herzog nachbestimmt wurden. Von einem Forschungsaufenthalt auf Sumatra stammen 181 Belege."[2] Einzelne Belege von Troll liegen auch in Jena (JE). Moosbelege aus dem Fichtelgebirge befinden sich in der Botanischen Staatssammlung (M) in München.[3]

Da uns aus dem Bearbeitungsgebiet keine Belege von Troll begegnet sind, sollen folgende Exsikkate aus dem Mainzer Herbarium (MJG), die von ihm gesammelt und beschriftet worden sind, genannt werden: *Androsace chamaejasme*: Frauenalpe im Wetterstein

(23.8.1919); *Orthilia secunda*: Fichtenwald bei Leonhardspfunzen bei Rosenheim (Ende Juni 1915); *Pyrola minor*: Fichtenwald am Hofstätter See bei Rosenheim (Juni 1915). – Von Troll befinden sich mehrere Briefe im Archiv des Herbarium Haussknecht.[5]

Wichtige Veröffentlichungen
• Taschenbuch der Alpenpflanzen. – Esslingen und München 1924. – • Organisation und Gestalt im Bereich der Blüte (Monographien aus dem Gesamtgebiet der wissenschaftlichen Botanik, herausgegeben von Wilhelm BENECKE, August SEYBOLD, Hermann SIERP, Wilhelm TROLL, Bd. 1). – Berlin 1928. – • Vergleichende Morphologie der höheren Pflanzen. Bd. I: Vegetationsorgane, 1. Teil (1. Hauptteil: Die Gestaltungsverhältnisse der höheren Pflanzen in ihren Grundzügen dargestellt an Einzelbeispielen. 2. Hauptteil: Der Aufbau des Sprosses und der Sproßsysteme). – Berlin 1937. – • Vergleichende Morphologie der höheren Pflanzen. Bd. I: Vegetationsorgane, 2. Teil (3. Hauptteil: Morphologie des Blattes). –

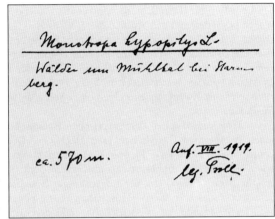

Abb. 215: Handschriftliches Herbaretikett von W. Troll

Berlin 1939. – • Beiträge zur Kenntnis der Flora Mitteldeutschlands. Floristische Notizen. I. Reihe. – Hercynia 3(6): 338–339; 1942. – • Vergleichende Morphologie der höheren Pflanzen. Bd. I: Vegetationsorgane, 3. Teil (4. Hauptteil: Wurzel und Wurzelsysteme). – Berlin 1943. – • Allgemeine Botanik. Ein Lehrbuch mit vergleichend-biologischer Grundlage. – Stuttgart 1948. – • Das Virusproblem in ontologischer Sicht. – Wiesbaden 1951. – • Praktische Einführung in die Pflanzenmorphologie. 1. Teil: Der vegetative Aufbau. – Jena 1954. – • Praktische Einführung in die Pflanzenmorphologie. 2. Teil: Die blühende Pflanze. – Jena 1957. – • Die Inforeszenzen. Typologie und Stellung im Aufbau des Vegetationskörpers. Bd. 1 (I. Abschnitt: Deskriptive Morphologie der Inforeszenzen. II. Abschnitt: Typologie der Inforeszenzen). – Stuttgart 1964. – • Die Inforeszenzen. Typologie und Stellung im Aufbau des Vegetationskörpers. Bd. 2 (Teil 1; III. Abschnitt: Monotele Synforeszenzen). – Stuttgart/Portland (USA) 1969.

Biographie
Wilhelm Julius Georg Hubert Troll wurde am 3. November 1897 als Sohn des Arztes Theodor Julius Troll in München geboren. Er besuchte zunächst die Volksschule und die dreijährige Lateinschule (Realschule) in Wasserburg/Inn, danach das Humanistische Gymnasium in Rosenheim und 1915/16 das Wilhelmsgymnasium in München. Bereits in seinen ersten Schuljahren besaß er erstaunliche botanische Kenntnisse. Von Juni 1916 bis Dezember 1918 war er Soldat im 1. Weltkrieg (Westfront), konnte aber zwischenzeitlich (1917) eine sog. Kriegsreifeprüfung ablegen. Von 1919 bis 1921 studierte er Biologie (Schwerpunktfach Botanik) und Naturwissenschaften, insbesondere Geologie, an der Universität München. Mit einer Dissertation „Über Staubblatt- und Griffelbewegungen und ihre teleologische Deutung" promovierte er im Jahre 1921 unter Karl von Goebel zum Dr. phil. Im Juli 1923 bestand er die Prüfung für das höhere Lehramt. Im selben Jahr wurde er Wissenschaftlicher Assistent am Botanischen Institut der Universität München. Bereits im Jahre 1925 habilitierte er sich mit der Arbeit „Die natürlichen Wälder im Gebiet des Isarvorlandgletschers. Eine pflanzengeographische Studie" und wurde im März 1925 als Privatdozent in die Philosophische Fakultät der Universität München aufgenommen. Im Dezember 1925 heiratete er Magarete

Weissenberg aus Troppau; die Ehe blieb kinderlos. Von Dezember 1928 bis Februar 1930 nahm er an einer von der Notgemeinschaft der deutschen Wissenschaft finanzierten Forschungsreise nach Sumatra, Java und den Molukken teil. Am 23. März 1931 wurde er zum außerordentlichen Professor der Universität München ernannt. Im Oktober 1932 übernahm er den Lehrstuhl für Botanik an der Universität Halle, den er bis 1945 innehatte. Hier bemühte er sich besonders um den Ausbau des Botanischen Gartens. Nach Beendigung des 2. Weltkrieges wurde Troll durch die Amerikaner in die amerikanische Besatzungszone beordert. Hier war er zunächst von Januar bis Mai 1946 Leiter einer Oberschule in Kirchheimbolanden/Pfalz. Am 15. Mai 1946 wurde zum ordentlichen Professor für Botanik an die Universität Mainz berufen. Nachdem er im März 1966 emeritiert wurde, starb er am 28. Dezember 1978 in Mainz-Kastel an den Folgen eines Schlaganfalls. Er wurde auf dem Mainzer Hauptfriedhof bestattet.[1]

Troll war Mitglied der Bayerischen Botanischen Gesellschaft (seit 1919), der Deutschen Botanischen Gesellschaft (seit 1923), der Deutschen Akademie der Naturforscher Leopoldina in Halle [seit 20. Juli 1933, Matrikel-Nr. 4178, kein cognomen[4]], der Botanischen Vereinigung Mitteldeutschlands (seit 23. Juni 1934, Troll war Gründungsmitglied und gehörte dem Vorstand an), der Regensburger Botanischen Gesellschaft (ab 1940), der Heidelberger Akademie der Wissenschaften (korrespondierendes Mitglied seit 1941) und der Mainzer Akademie der Wissenschaften und der Literatur (seit 1949).[1] Er war weiterhin Ehrenmitglied der Zoologisch-Botanischen Gesellschaft in Wien, der Botanical Society of America und der Bayerischen Botanischen Gesellschaft. Mehrere Pflanzenarten wurden nach ihm benannt.[1]

Quellen
(1) NICKEL, G.: Wilhelm Troll (1897–1978). Eine Biographie. – Deutsche Akademie Naturforscher Leopoldina, Halle (Saale) 1996. – (2) Hecker, U., Mainz (29.8.2002, briefl. an J. Pusch). – (3) FRAHM, J.-P. & J. EGGERS: Lexikon deutschsprachiger Bryologen. – Norderstedt 2001. – (4) Lämmel, E., Archiv Leopoldina Halle (30.9.2002, briefl. an K.-J. Barthel). – (5) Manitz, H., Herbarium Haussknecht Jena (8.3.2004, briefl. an J. Pusch). – (6) TROLL, W.: Beiträge zur Kenntnis der Flora Mitteldeutschlands. Floristische Notizen. – Hercynia 3(6): 338–339; 1942.

Vocke, Adolf 1821–1901

geboren: 21. November 1821 in Magdeburg
gestorben: 1. Mai 1901 in Nordhausen

Beruf, Leistungen auf floristischem Gebiet

Gärtner, Botaniker (auch Mooskenner) und Pflanzensammler. Für den Naturwissenschaftlichen Verein zu Nordhausen (gegr. 1876) stellte er ein umfassendes Pflanzenverzeichnis von Nordhausen und der weiteren Umgebung (u. a. mit Altem Stolberg, Harz, Kyffhäusergebirge und Hainleite) zusammen. Dieses Verzeichnis erschien im Jahre 1886 unter dem Titel „Flora von Nordhausen und der weiteren Umgebung". Mitverfasser war der Nordhäuser Volksschullehrer C. Angelrodt, der vor allem die „auf Feldern, in Gärten und Anlagen zu ökonomischen, technischen und medizinischen Zwecken oder zur Zierde gezogenen Kulturgewächse" bearbeitete und die anstehenden Redaktionsarbeiten erledigte. Gewährsleute waren u. a. Buddensieg, Garcke, Hampe, Haussknecht, Ilse, Irmisch, Lammers, Lutze, Oertel, G. Schmiedtgen und H. Sterzing. Dieses Florenwerk, das für jeden floristisch tätigen Heimatforscher im Großraum Nordhausen noch

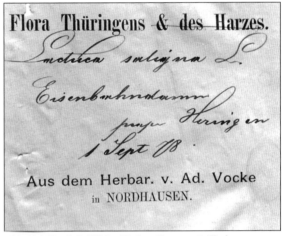

Abb. 216: Handschriftliches Herbaretikett von A. Vocke

heute nützlich ist, schließt das gesamte Kyffhäusergebirge mit ein und bringt eine Reihe von neuen und fast durchweg zutreffenden Fundortsangaben. Später lieferte Vocke Fundortsangaben für die „Flora von Nord-Thüringen" (LUTZE 1892), der „Flora der Provinz Hannover" (BRANDES 1897) und der „Flora von Südhannover" (PETER 1901). Auch für Petrys „Vegetationsverhältnisse des Kyffhäuser Gebirges" (1889) lieferte er „wichtige Standortsangaben". Zugleich überließ er Petry sein reichhaltiges Herbar zwecks „Einsichtnahme in schwierigen Fällen".[19] Er fand u. a. *Arabis auriculata* am Alten Stolberg bei Stempeda, *Bupleurum tenuissimum* auf völlig kochsalzfreiem Boden an der Kuckucksmühle nordöstlich Nordhausen, *Centaurea solstitialis* und *Picris echioides* bei Greußen, *Euphorbia seguieriana* bei Sömmerda, *Geranium lucidum* an der Burgruine Hohnstein bei Neustadt, *Herminium monorchis* bei Bleicherode, *Lactuca saligna* bei Heringen, *Pedicularis sylvatica* bei Ilfeld, *Seseli hippomarathrum* bei Artern, *Thalictrum simplex* im Windehäuser Holz bei Steigerthal sowie *Torilis arvensis* an der Arnsburg bei Seega. Einige Moosfunde von Vocke sind in der „Moosflora des Harzes (LOESKE 1903) aufgeführt, u. a. fand er *Leucobryum glaucum* im Eichenforst bei Stolberg, *Pottia starkeana* an Gipsbergen bei Steigerthal und Krimderode [die Art kommt sicher nicht auf Gipsbergen vor, „gemeint" ist damit wohl *Pottia mutica*[32]] sowie *Seligeria pusilla* an schattigen Dolomitblöcken im Alten Stolberg, alles Arten, die von F. Quelle bestätigt wurden.

Herbarien, wichtige Herbarbelege

Große Teile des Herbariums von Vocke befinden sich in Göttingen (GOET),[8] zahlreiche Belege aber auch in Dresden (DR), Halle (HAL), Jena (JE), München (M), Münster (MSTR) und Prag (PRC). Nach Halle sind die Belege vor allem über das Herbar E. Wüst gelangt.[16] Auch in der Heimatsammlung des Herbariums der Martin-Luther-Universität Halle (HAL) befinden sich Herbarbelege von Vocke, u. a. vom Alten Stolberg.[17] 50 bis 100 Moosbelege liegen im Herbarium der Universität Greifswald (GFW).[33] Vocke war wie Haussknecht (und wie vermutlich weitere Botaniker des Kyffhäusergebietes) „Mitarbeiter" am sogenannten „Herbarium Europaeum" von K. G. Baenitz (1837 bis 1913). Dieses war ähnlich wie andere „Botanische Tauschvereine" darauf ausgerichtet, ein möglichst umfangreiches Herbarium aufzubauen (Doublettentausch). Das Baenitzsche „Herbarium Europaeum" war ein weniger auf Vollständigkeit der europäischen Flora ausgerichtetes Projekt, eher eine Ansammlung von Belegen aus der Flora Europas. Auch aus diesem Grunde werden die Baenitzschen Belegnummern nur selten zitiert.[25]

II

Abb. 217: Herbarbeleg von A. Vocke (*Thalictrum simplex*, Alter Stolberg, Juli 1879; Beleg in JE)

Folgende von Vocke im Bearbeitungsgebiet gesammelte Herbarbelege sollen genannt werden: *Adonis flammea*: Badra (JE, 3.7.1893); *Arabis sagittata*: Alter Stolberg (HAL, 23.6.1888 als „*Arabis hirsuta* var. *longisiligum* WALLR.", det. H. Korsch im Jahre 2000 als *A. sagittata*); *Buglossoides arvensis* subsp. *sibthorpianum*: Mittelberg bei Auleben (JE, 20.4.1882); *Bupleurum tenuissimum*: Kuckucksmühle bei Nordhausen (JE, 28.8.1882); *Cardaminopsis petraea*: auf Gipsfelsen bei Stempeda (JE, 14.5.1898); *Centaurium littorale*: Frankenhausen (MSTR, 26.8.1888); *Chenopodium urbicum*: Numburg (GOET, Sept. 1887); *Filago lutescens*: Stempeda (GOET, 1.8.1880); *Gagea bohemica* subsp. *saxatilis*: Nordhausen, Kuhberg (JE, 8.3.1882); *Gentianella amarella*: Mittelberg bei Auleben (JE, 9.9.1887); *Glaucium corniculatum*: Kattenburg (JE, 1881); *Lactuca saligna*: Bahndamm Heringen (JE, 29.7.1881); *Moenchia erecta*: Leimbach bei Nordhausen (JE, 9.5.1882); *Pedicularis palustris*: Numburg (GOET, 18.6.1888); *Pedicularis sylvatica*: Kuhberg bei Nordhausen (GOET, 8.6.1884); *Polycnemum arvense*: bei Nordhausen (HAL, Sept. 1894); *Rosa majalis*:

bei Frankenhausen (GOET, 23.6.1883); *Salix hastata*: bei Stempeda (JE, 11.5.1878); *Teesdalia nudicaulis*: bei Steigerthal auf Sandbrachacker (GOET, 22.5.1883); *Thalictrum simplex*: Windehäuser Holz (JE, 25.7.1890); *Trifolium rubens*: Badra, auf Kalkbergen zwischen Gebüschen (GOET, 12.6.1893); *Urtica pilulifera*: Windehausen (HAL, August 1895); *Vicia cassubica*: Hainleite bei Seega (GOET, 22.6.1883). – Von Vocke befinden sich zwei Briefe an Haussknecht im Archiv des Herbarium Haussknecht.[27]

Wichtige Veröffentlichungen
• Botanische Ernteberichte im Jahre 1881. Über die Flora des Vorderharzes u. Kyffhäusergebirges. – Irmischia 2(5/6): 32–34; 1882. (7): 46–47; 1882. (8/9): 58–59; 1882. (10/11): 75; 1882. (12): 90–94; 1882. – • Schutz der heimischen Flora überschrieben. – Irmischia 3(6/7): 27–28; 1883. – • Fundberichte. – Irmischia 4(5): 22; 1884. – • Flora von Nordhausen und der weiteren Umgebung (VOCKE, A. & C. ANGELRODT). – Berlin 1886. – • Bericht über die Herbst-Hauptversammlung in Nordhausen am 2. Oktober 1892 (über interessante Arten und Spielarten der heimischen Flora). – Mitt. Thüring. Bot. Ver. 3/4: 26–27; 1893.

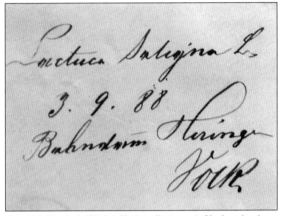

Abb. 218: Handschriftliches Herbaretikett von A. Vocke mit seiner typischen Unterschrift, die mitunter als „Volk" interpretiert wird.

Biographie
Adolf Vocke wurde am 21. November 1821 als Sohn eines Lehrers in Magdeburg geboren.[7] Sein Vater, Carl August Vocke, Prorektor der mittleren Bürgerschule in der Schulstraße1 zu Magdeburg, war ein begeisterter Naturfreund und guter Schmetterlingskenner.[7][22] Nach dem Besuch des Gymnasiums in Magdeburg sollte er auf Wunsch der Eltern Apotheker werden. Schon während seiner Apothekerlehre erkannte er, dass er keine besondere Neigung zu diesem Beruf hatte. Er ging deshalb als Gärtnerlehrling in die bekannten Nathusiusschen Baumschulen nach Alt-Haldensleben. Hier bildete er sich auch auf botanischem Gebiet weiter. Nach dem Abschluss seiner Lehrzeit war er in Polen, in der Steiermark, in Schlesien, in der Altmark, in der Rheinprovinz, in Brandenburg und im Raum Zwickau beschäftigt; überall botanisierte er fleißig,[7] besonders seit seiner Stellung als Obergärtner am Botanischen Garten in Breslau.[7][24] [Im Elsaß sammelte er in den Jahren 1851/52 und in Polen im Jahre 1857.[6]] In Polen entdeckte er eine *Potentilla*-Form, die der Botaniker P. J. Müller aus Weißenburg/Elsaß bereits im Jahre 1858 zur wissenschaftlichen Ehrung von Vocke mit dessen Namen belegte.[7] Aus dem Raum Berlin (Potsdam, Spandau, Berlin) lieferte er Angaben zu Ascherson für dessen „Flora der Provinz Brandenburg, der Altmark und des Herzogthums Magdeburg" (1864). Um 1860 ließ sich Vocke, von Planitz bei Zwickau kommend, in Nordhausen nieder und erwarb in der Weidenstraße eine Kunst- und Handelsgärtnerei.[7] Im Jahre 1864 wurde er Mitglied des Landwirtschaftsvereins „Goldene Aue", der anfänglich auch für den Gartenbau zuständig war.[28] Um 1870 verkaufte er die Gärtnerei wieder.[7] [Auf einer 1873 in Nordhausen stattgefundenen Blumenausstellung stellte Vocke noch Farne aus.[28]] Seitdem lebte er als Rentner, wenn auch nicht unter glänzenden äußeren Verhältnissen, nur

noch für seine botanischen Studien und Sammlungen.[7] Vocke war Vorstandsmitglied des Nordhäuser Männerbildungsvereins, wo er in den Jahren 1865 bis 1881 insgesamt 12 Vorträge hielt, darunter einen am 27. November 1865 über Pflanzenbefruchtung.[26] Die im Jahre 1873 erschienene „Flora Hercynica" von E. Hampe gab ihm wichtige Impulse für sein weiteres botanisches Forschen; er botanisierte in der Folgezeit besonders im Harz und versah sein Handexemplar des Hampeschen Werkes mit zahlreichen handschriftlichen Bemerkungen.[7] Im August 1879 wanderte er mit Gustav Wenzel (dem späteren Rechnungsrat in Minden/Westfalen, der ihn seinen „verehrten Lehrer in der Botanik" nannte) von Nordhausen zum Brocken.[23] Auch die Umgebung von Steigerthal (Windehäuser Holz, Alter Stolberg) wurde von ihm „besonders eifrig durchforscht".[12] Seine in Nordhausen stadtbekannt gewesene große grüne Botanisiertrommel mag als Symbol seiner regen Sammeltätigkeit gelten. Dass er wegen dieses Sammelns, das ihm zum Erwerb wurde, auch angegriffen worden ist, erscheint dem modernen Botaniker nur allzu verständlich.[7]

Adolf Vocke war Mitglied des Naturwissenschaftlichen Vereins zu Nordhausen (seit der Gründung im Jahre 1876),[4] der „Irmischia" (Mitgliedsnummer 21)[1] [für das Jahr 1882 wurde er in deren wissenschaftlichen Ausschuss gewählt[14]] und des Thüringischen Botanischen Vereins (seit Oktober 1892).[3] Auf der 2. Sitzung der „Irmischia" am 9. Januar 1881 in Nordhausen sprach er über die Ranunculaceen in Nordthüringen. „Der Vortrag gewann dadurch sehr an Interesse, daß Herr Vocke ihn illustrierte durch zahllose Exemplare aus seinem reichen Herbarium."[18] Auf einer weiteren Sitzung der „Irmischia" am 5. Februar 1882 in Sondershausen hielt er einen Vortrag über botanische Ernteberichte im Jahre 1881.[10] Er nahm in den Jahren 1881 und 1882 an den phänologischen Beobachtungen dieses Vereins teil.[15] Bereits im Jahre 1881 meldete er sich beim Botanischen Tauschverein für Thüringen (gegründet von G. Leimbach) an, der sowohl Pflanzen- als auch Samenaustausch betreiben sollte.[21] Auf der Herbst-Hauptversammlung des Thüringischen Botanischen Vereins am 2. Oktober 1892 in Nordhausen demonstrierte er interessante Arten und Spielarten aus der Umgebung von Nordhausen und dem Kyffhäusergebirge.[11] Sehr oft verkehrte er mit F. T. Kützing. Bekannte Botaniker, wie C. Haussknecht und Graf zu Solms-Laubach suchten ihn auf; noch im Herbst 1900 führte er den schon älteren Ascherson durch den südlichen Harz.[7] Auch die Nordhäuser L. Baltzer, L. Oßwald und A. Petry erhielten von ihm zahlreiche Anregungen und Hinweise. Nachdem er aus gesundheitlichen Gründen schon nicht mehr an den Sitzungen des Naturwissenschaftlichen Vereins zu Nordhausen teilnehmen konnte,[4] dessen langjähriger Vorsitzender er war,[4] verstarb er nach kurzem Krankenlager am 1. Mai 1901.[7][2] Das Begräbnis fand am 4. Mai durch Pfarrer Horn auf dem Nordhäuser Kommunalfriedhof statt.[20] In Nordhausen wohnte er zuletzt in der Löbnitzstraße 3.[13]

In einem Nachruf des Naturwissenschaftlichen Vereins zu Nordhausen[5] heißt es: „Seit der Gründung unseres Vereins demselben angehörend, hat er auf dem Gebiete der Botanik, das seit Kützings Tode niemand in unserer Stadt und Umgebung gleich ihm beherrschte, anregend und fördernd gewirkt. Wir betrauern tief den Verlust für die Wissenschaft, aber ebenso sehr betrauern wir in ihm den Verlust eines edlen Mannes, eines lieben Freundes, der in seiner harmlosen, kindlich heiteren Weise sich überall leicht die Zuneigung derer erwarb, mit denen er verkehrte".

Die Erbin, Frau Emma Vocke, Nordhausen, Löbnitzstraße 3, verkaufte 383 Faszikeln des Vockeschen Herbars für 330 Mark nach Göttingen.[8] Dem Museum in Nordhausen schenkte Vocke ein separates Herbar der heimatlichen Flora.[7] Auch das Herbar der „Irmischia" erhielt von ihm eine stattliche Kollektion von Phanerogamen, insgesamt 485 Exemplare.[9] Das Vockesche Handexemplar der „Flora von Nordhausen und der weiteren Umgebung" mit zahlreichen handschriftlichen Eintragungen (zwischen den bedruckten Blättern ist jeweils ein ursprünglich leeres Blatt eingebunden) wurde im Jahre 1902 dem Nordhäuser Museum übergeben und kam später in das Nordhäuser Stadtarchiv. Hier ist es heute noch vorhanden (Signatur II A 155). Das Vockesche Handexemplar der „Flora Hercynica" (HAMPE 1873) befindet sich ebenfalls im Nordhäuser Stadtarchiv (Signatur II B 227). Hier nennt Vocke nicht nur zahlreiche Funde (z. T. mit Jahreszahlen) aus dem Harz, sondern auch aus der Umgebung von Nordhausen, vom Kyffhäusergebirge, vom Alten Stolberg, der Hainleite und anderen Orten. Dieses Handexemplar ist somit als der „handschriftliche Vorläufer" der „Flora von Nordhausen"(1886) zu werten.

Bei VOCKE & ANGELRODT (1886) wird auch ein „Staritz" als Gewährsmann genannt. R. Staritz veröffentlichte im Jahre 1884 einen, allerdings recht lückenhaften „Beitrag zur Flora von Eisleben" in der „Deutschen Botanischen Monatsschrift". Hierbei werden auch Fundorte vom Alten Stolberg, Frankenhausen, Heldrungen, Artern, Questenberg und anderen Orten berücksichtigt. Er nennt u. a. *Alyssum montanum* von Görsbach zwischen Roßla und Nordhausen, *Anemone sylvestris* von den Wäldern bei Heldrungen, *Aquilegia vulgaris* vom Alten Stolberg, *Camelina alyssum* unter Lein von Urbach bei Heringen, *Gypsophila fastigiata* vom Alten Stolberg und von Questenberg sowie *Hymenolobus procumbens* von Frankenhausen und Artern.[29]

Abb. 219: Richard Staritz

Unter R. Staritz ist wohl **Richard Staritz** zu verstehen, der am 7. November 1851 als Sohn des Oberinspektors eines landwirtschaftlichen Betriebes in Teutschenthal bei Halle/Saale geboren wurde. In Eisleben besuchte er das Gymnasium und anschließend von 1868 bis 1873 das dortige Lehrerseminar. Von 1873 bis 1876 arbeitete er als Volksschullehrer in Löberitz bei Zörbig, danach in Naumburg (1876 bis Frühjahr 1878), in Stötteritz bei Leipzig und in Eibenstock. Ab 1879 unterrichtete er an der Bürgerschule in Pulsnitz. Im Jahre 1885 nahm er eine Lehrerstelle in Gohrau nordöstlich von Oranienbaum an. Nach einigen Jahren an der Schule in Gröbzig ging er 1897/98 an die Schule nach Ziebigk bei Dessau. Hier unterrichtete er bis zu seiner Pensionierung im Jahre 1921. Er starb am 8. Oktober 1922 in Dessau.[30]

Staritz war Mitglied des Botanischen Vereins für die Provinz Brandenburg (seit 1873) und der Deutschen Botanischen Gesellschaft (seit 1882). Er galt als tüchtiger Mykologe; so gab er im Jahre 1903 seine „Beiträge zur Pilzkunde des Herzogtums Anhalt" in den „Verhandlungen des Botanischen Vereins der Provinz Brandenburg" heraus. Weitere Teile folgten in den Jahren 1913 und 1918. Neben den Großpilzen beschäftigte er sich besonders mit phytoparasitischen Kleinpilzen.[30] Bereits zu Lebzeiten hatte Staritz einen Teil seines Herbars dem Museum für Naturkunde und Vorgeschichte in Dessau übergeben.[30] Das Herbarium von Staritz ist das einzige zusammenhängende Kryptogamenherbarium mit insgesamt

1.562 Exsikkaten, das im Museum für Naturkunde und Vorgeschichte Dessau vorliegt.[31] Zu Ehren von Staritz fand anlässlich seines 150. Geburtstages vom 2. bis 4. November 2001 eine Vortragsveranstaltung in Dessau statt.

<u>Quellen</u>
(1) Mitgliederverzeichnis „Irmischia". – Irmischia <u>1</u>(1): 3–4, 1881. – **(2)** KELLNER, K.: Die floristische Erforschung der Südharzlandschaft um Nordhausen, 3. Teil. – Beitr. Heimatk. Stadt Kreis Nordhausen <u>5</u>: 23–43; 1980. – **(3)** Hauptversammlung in Mitt. Thüring. Bot. Ver. <u>3/4</u>: 21; 1893. – **(4)** NEITZSCH, M.: Zum 50jährigen Jubiläum des Naturwissenschaftlichen Vereins zu Nordhausen. – Allgemeine Zeitung (Nordhäuser Tageblatt und Anzeiger) vom 11. No-

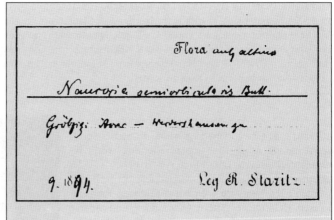

Abb. 220: Handschriftliches Herbaretikett von R. Staritz

vember 1926, S. 3–4. – **(5)** Zeitungsausschnitt im Stadtarchiv Nordhausen. – **(6)** WAGENITZ, G.: Index collectorum principalium herbarii Gottingensis. – Göttingen 1982. – **(7)** WEIN, K.: Adolf Vocke, ein Gedenkblatt zu seinem 100. Geburtstage. – Nordhäuser Generalanzeiger (Tägliche Beilage der Nordhäuser Zeitung) vom 21. Nov. 1921 (<u>74</u>. Jahrgang. Nr. 272. S. 1). – **(8)** Akzessions-Katalog Univ. Göttingen, Etatsjahr 1901, GOET. – **(9)** Sammlungen. – Irmischia <u>1</u>(3/4): 14; 1881. – **(10)** Nächste Versammlung der „Irmischia". – Irmischia <u>2</u>(2): 18; 1881. – **(11)** Hauptversammlung in Mitt. Thüring. Bot. Ver. <u>3/4</u>: 26–27; 1893. – **(12)** OBWALD, L.: Das Windehäuser Holz und der Alte Stolberg. – <u>4/5</u>. Jahresber. Niedersächs. Bot. Ver.: 42–64; 1912. – **(13)** Adreßbuch der Stadt Nordhausen für das Jahr 1900. – **(14)** WEIN, K.: Die Gründung des Botanischen Vereins für Gesamt-Thüringen. – Mitt. Thüring. Bot. Ver. <u>41</u>: XVIII–XXIX; 1933. – **(15)** Phänologische Beobachtungen in Thüringen aus dem Jahre 1881. – Abhandlungen des Th. Bot. Ver. „Irmischia" zu Sondershausen <u>1/2</u>: 85–97; 1882. – **(16)** Sammlerkartei des Herbariums der Universität Halle (HAL), geführt von K. Werner (geb. 1928). – **(17)** Krumbiegel, A., Halle (9.1.2002, briefl. an J. Pusch, in Auswertung des Herbars HAL in Vorbereitung einer neuen Flora von Sachsen-Anhalt). – **(18)** Sitzungsberichte. – Irmischia <u>1</u>(3/4): 9–12; 1881. – **(19)** PETRY, A.: Die Vegetationsverhältnisse des Kyffhäuser Gebirges. – Inauguraldissertation, Halle 1889. – **(20)** Sterbebuch St. Blasii (1893 bis 1931) zu Nordhausen. – **(21)** Zum Botanischen Tauschverein für Thüringen. – Irmischia <u>1</u>(5): 20; 1881. – **(22)** Ballerstedt, M., Stadtarchiv Magdeburg (21.1.2003, briefl. an J. Pusch). – **(23)** WENZEL, G.: Beobachtungen über die Langlebigkeit von Pflanzensamen. – Vierter Bericht des Naturwissenschaftlichen Vereins für Bielefeld und Umgebung (Die Jahre 1914 bis 1921): 246–248; 1922. – **(24)** Obergärtner im Sinne eines gärtnerischen Leiters im Botanischen Garten der Universität Breslau ist Vocke mit Sicherheit nicht gewesen, wohl nur Gärtner oder Gärtnergehilfe (Mularczyk, M., Universität Wroclaw, e-mail vom 7.2.2003 an J. Pusch). – **(25)** Meyer, F. K., Jena (21.4.2003, briefl. an J. Pusch). – **(26)** Festschrift zum 50jährigen Stiftungs-Feste des Bildungs-Vereins zu Nordhausen 1913. – **(27)** Manitz, H., Herbarium Haussknecht Jena (8.3.2004, briefl an J. Pusch). – **(28)** PFEIFFER, A.: Gartenbauliche Traditionen in Nordhausen. In: Nordhausen. Tor zum Harz. – Nordhausen 2004. – **(29)** STARITZ, R.: Beitrag zur Flora von Eisleben. – Deutsche Bot. Monatsschr. <u>2</u>: 21–25, 119–123; 1884. – **(30)** RICHTER, U.: Richard Staritz (1851–1922). – Naturw. Beiträge Museum Dessau <u>14</u>: 5–12; 2002. – **(31)** Kuczius, K., Museum für Naturkunde und Vorgeschichte Dessau. – **(32)** Meinunger, L., Ludwigsstadt-Ebersdorf (1.12.2004, briefl. an K.-J. Barthel & J. Pusch). – **(33)** Eggers, J., Schenefeld (26.12.2004, briefl. an J. Pusch).

Wallroth, Friedrich Wilhelm

1792–1857

geboren: 13. März 1792 in Breitenstein
gestorben: 22. März 1857 in Nordhausen

<u>Beruf, Leistungen auf floristischem Gebiet</u>
Arzt, Botaniker (auch Moose, Pilze und Flechten). Galt als guter Kenner systematisch schwieriger Pflanzensippen. Er nennt in seinen Schriften eine Vielzahl meist sehr allgemein gehaltener Fundortsangaben aus dem nördlichen Thüringen (u. a. vom Kyffhäusergebirge, vom Südharz und vom Alten Stolberg bei Steigerthal). So bringt er im „Annus botanicus" (1815) *Fumana procumbens* und *Scabiosa canescens* von den Gipsbergen bei Auleben, *Sorbus domestica* von Frankenhausen sowie *Halimione pedunculata* vom Salzgebiet an der Numburg.[14] Zahlreicher sind die Angaben, die Wallroth in „Schedulae criticae" (1822) für das Kyffhäusergebirge macht. Es werden u. a. genannt: *Adonis flammea, Adonis vernalis,*

Abb. 221: Friedrich Wilhelm Wallroth

Allium strictum, Arabis auriculata, Hornungia petraea, Lactuca perennis, Orobanche lutea, Orobanche minor, Poa badensis und *Viola rupestris*, ferner vom Numburger Salzgebiet *Hymenolobus procumbens* und *Spergularia media*.[14] Bemerkenswert ist die Angabe einer schmalblättrigen Form von *Veronica teucrium*, die sicherlich Ursache dafür sein kann, dass in der Folgezeit von einigen Botanikern *Veronica austriaca* fälschlicherweise dem Kyffhäusergebirge zugeordnet wird.[14] Zur Flora des Harzes und seiner Umgebung brachte Wallroth im „Scholion" (1840) eine große Zahl von Fundortsangaben seltener Arten, die z. T. auf J. Thal und J. L. Fürer zurückgehen. Die Linnésche Deutung (1753) von *Symphytum petraeum nostrum minus* (THAL 1588) als *Gypsophila repens* wurde von Wallroth durch die Wiederentdeckung der Pflanze am Thalschen Fundort (Sachsenstein bei Walkenried) endgültig gesichert. Für das nördliche Thüringen fand er erstmals *Arabis alpina* (bei Ellrich) und *Salix hastata* (am Alten Stolberg). Seine Bestrebungen, Pflanzensippen neu zu beschreiben oder in den Artrang zu erheben und damit letztlich eine Vielzahl von Synonymen zu schaffen, wurden bereits von E. G. Hornung und E. Hampe kritisiert. „Für die Mykologie sind seine Arbeiten zur Systematik und Floristik von Bedeutung. [...] Im zweiten Band seiner „Flora cryptogamica Germaniae" (1833) sind neben den Algen 3.000 Pilzarten unter Berücksichtigung der Fundorte aufgenommen worden. Wallroth veröffentlichte auch bedeutende Originalarbeiten in Zeitschriften; z. B. wandte er sich 1819 der Systematik, Nomenklatur und Entwicklungsgeschichte der Mehltaupilze zu."[13]

<u>Herbarien, wichtige Herbarbelege</u>
Nach dem Tode Wallroths wurde das umfangreiche Herbarium bzw. große Teile von diesem nach Prag (PR) und Petersburg (LE) verkauft. Die Kryptogamensammlung erwarben Pfarrer Duby in Genf und G. L. Rabenhorst in Dresden.[3] Ein Großteil der Kryptogamen (Pilze,

Flechten) befindet sich heute in Strasbourg (STR). Belege von Wallroth liegen auch in Brüssel bzw. Meise (BR), Genf (G), Göttingen (GOET), Halle (HAL), Jena (JE), Kiel (KIEL), Leiden (L), Moskau (MW), Washington (US), Wien (W) und Wroclaw (WRSL).[10][17] Die umfangreiche „Wallroth-Kollektion" im Nationalmuseum zu Prag (PR) ist mehr oder weniger in ihrem ursprünglichen Zustand. Etwa 100 Typen wurden hier in den letzten Jahren ausgesucht und in eine separate Typenkollektion eingeordnet.[17] Die Wallroth-Kollektion wurde im Jahre 1861 für insgesamt 80 Dollar erworben und umfasste etwa 8.000 Belege bzw. Bögen. Hierin sind auch Belege zahlreicher Zeitgenossen Wallroths enthalten, so z. B. von E. G. Hornung. Die Belege Wallroths in Prag sind nur sehr selten datiert und fast stets ohne genauere Fundortsangaben.[9]

Im Archiv des Nationalmuseums zu Prag (PR) liegt „eine große Menge" von Wallroths Handschriften (z. B. Teile zu „Schedulae criticae" und zur „Naturgeschichte der Flechten", zu seinen Literatur-Recherchen und zu seinen nicht herausgegebenen Schriften).[17]

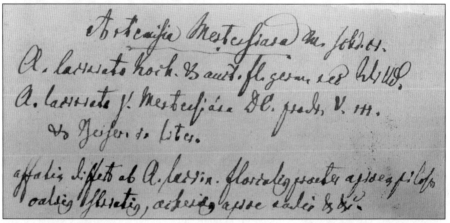

Abb. 222: Handschriftliches Herbaretikett von F. W. Wallroth, Beleg im Nationalmuseum Prag (PR)

Folgende von Wallroth in Thüringen bzw. dem Bearbeitungsgebiet gesammelte Herbarbelege sollen genannt werden: *Arabis auriculata*: Thüringen, Auleben (GOET, o. D.); *Artemisia maritima*: Artern (PR, 1820); *Artemisia rupestris*: Borxleben (JE, um 1820); *Artemisia rupestris*: Borxleben (PR, 1819); *Calamagrostis villosa*: bei Rottleberode (HAL, o. D.); *Hornungia petraea*: „Thuringia" (PR, o. D.); *Orobanche arenaria* (= *O. comosa* WALLR.): Steinklippe pr. Wendelstein (PR, 1808); *Orobanche caryophyllacea* (= *O. galii*): monte Mittelberg Auleben (PR, o. D.); *Orobanche lutea*: Thüringen (PR, o. D.); *Orobanche lutea*: Webelsburg [Wöbelsburg bei Hainrode] (PR, 16.7.1820); *Phleum paniculatum* (= *Chilochloa aspera*): Heringen in Thüringen (JE, o. D.); *Stipa capillata*: Thüringen (PR, o. D.); *Urtica pilulifera*: Windehausen (HAL, o. D.). – Von Wallroth befinden sich zwei Briefe im Archiv des Herbarium Haussknecht.[16]

Wichtige Veröffentlichungen

• Geschichte des Obstes der Alten. – Halle 1812. – • Annus botanicus, sive supplementum tertium ad Curtii Sprengelii floram Halensem. – Halle 1815. – • Schedulae criticae de plantis florae halensis selectis. – Halle 1822. – • Orobanches generis diaskene ad Carolum Mertensium professorem apud Bremanos celeberrimum epistola. – Frankfurt am Main 1825.– • Naturgeschichte der Flechten. – Frankfurt am Main 1825–1827, 2

Bde. – • Rosae plantarum generis historia succincta. – Nordhausen 1828. – • Naturgeschichte der Säulchen-Flechten oder monographischer Abschluss über die Flechten-Gattung Cenomyce Acharii. – Naumburg 1829. – • Flora cryptogamica Germaniae. – Nürnberg 1831–1833, 2 Bde. – • Erster Beitrag zur Flora Hercynica. Scholion, ein Sendschreiben an den Apotheker Herrn Ernst Hampe zu Blankenburg. – Halle 1840. – • Beiträge zur Botanik. Eine Sammlung monographischer Abhandlungen über besonders schwierige Gewächs-Gattungen der Flora Teutschlands, Erster Band. – Leipzig 1842–1844, 2 Hefte.

Biographie

Karl Friedrich Wilhelm Wallroth wurde am 13. März 1792 in Breitenstein (Südharz) als Sohn des Pfarrers Heinrich Wilhelm Anton Wallroth [gest. 1821 in Heringen[1]] geboren. Im Jahre 1800 zog die Familie nach Breitungen, wohin der Vater als Pfarrer versetzt wurde.[6] Wallroth besuchte von 1805 bis 1810 die Klosterschule in Roßleben. Hier wurde sein Verhältnis zur Natur und zur botanischen Wissenschaft, insbesondere durch den Hallenser Professor Kurt Sprengel, einem Freund des Rektors der Klosterschule Wilhelm, wesentlich gefördert. Mit guten Kenntnissen in den alten Sprachen ging er im Jahre 1810 zum Studium der Medizin und der Botanik (unter K. Sprengel) nach Halle. Hier lernte er auf zahlreichen Exkursionen die hallesche Flora in „seltener Gründlichkeit" kennen.[3] Während seiner Studienzeit in Halle war er Sprengels erklärter Liebling und Sprengel gab auch einer Umbellifere den Namen „Wallrothia".[7] Infolge der Kriegswirren des Jahres 1812 ging er nach Heringen/Helme.

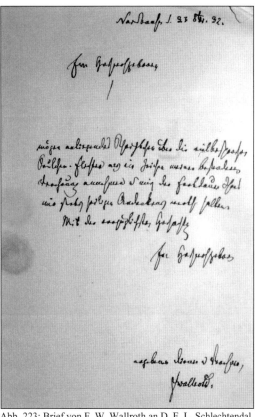

Abb. 223: Brief von F. W. Wallroth an D. F. L. Schlechtendal

[Sein Vater wurde im Jahre 1813 nach Heringen versetzt.[6]] Hier schrieb er 1813 sein erstes größeres Werk „Annus botanicus", das sich mit der Flora im weiteren Umfeld von Halle beschäftigt[1] und das er K. Sprengel widmete.[4] Er beendete sein Medizinstudium an der Universität Göttingen,[3] wo er am 8. April 1815[1] zum Doktor der Medizin und Chirurgie promovierte [ohne Dissertation?[5]]. Nach bestandenem Examen trat er als Oberarzt in Hannoversche Dienste und nahm noch im selben Jahr am Feldzug gegen Frankreich teil.[3] Im Frühjahr 1816 ließ er sich als praktischer Arzt in Heringen nieder und wurde 1817 zum Amts- und Stadtphysikus ernannt.[1] Nebenbei beschäftigte er sich mit der Botanik, insbesondere mit den Kryptogamen. Die Ergebnisse weiterer Exkursionen in den Raum Halle, aber auch in die pflanzenreiche Umgebung von Heringen veröffentlichte er in „Schedulae criticae", einem Werk, das seinen Ruf als glücklichen Entdecker und sorgfältigen Beobachter begründete. Wallroth wurde im Jahre 1822 Kreisphysikus und siedelte als solcher 1825 nach Nordhausen über.[3] Hier beschäftigte er sich besonders mit dem Studium der Flechten und anderer Kryptogamen. Dabei war die Herausgabe der „Flora cryptogamica Germaniae" (1831–1833) zweifellos ein Höhepunkt seiner wissenschaftlichen Arbeit. Bemerkenswert ist, dass der Förster Ferdinand Irmisch (ein Onkel von T. Irmisch) mit abgerichteten Hunden Trüffelnester in der Hainleite aufspürte. Diesem Förster ist es zu verdanken, dass in der „Flora cryptogamica Germaniae" zahlreiche unterirdische Pilze aufgeführt werden konnten. Nach der Veröffentlichung dieses Werkes trug sich Wallroth mit dem Gedanken, eine „Flora von Deutschland" zu schreiben, den er jedoch aufgeben musste, als die „Synopsis Florae Germanicae et Helveticae" des Botanikers W. D. J. Koch im Jahre 1837 erschien. Auch der Plan zur Herausgabe einer „Flora des Harzes" zerschlug sich; mit der Veröffentlichung des „Prodromus Florae Hercyniae" (1836) durch Ernst Hampe kam ihm auch hier ein anderer zuvor.[1] Eine von Wallroth am 17. Februar 1834 brieflich vorgeschlagene gemeinsame Bearbeitung der Harzflora[2] hatte Hampe aus nicht ganz einsichtigen Gründen abgelehnt. Im „Scholion, ein Sendschreiben an den Apotheker Herrn Ernst Hampe zu Blankenburg" (1840) richtete der verärgerte Wallroth scharfe Angriffe gegen Hampe, stellte dessen „Prodromus" als „unvollständige Arbeit" hin und brachte gleichzeitig eine Fülle eigener Fundortsangaben.[1][6] In seinen letzten Lebensjahren beschäftigte er sich noch mit einigen schwierigen Gewächsgattungen der Flora Deutschlands und widmete sich dem Studium der einheimischen Gehölze.[3] „In den letzten Jahren seines Lebens kam er zu keiner größeren Arbeit mehr. Unstet wandte sich sein Interesse bald diesem, bald jenem Gegenstande zu, ohne dass er vermocht hätte, eine Untersuchung bis zum Drucke zu Ende zu führen."[7] Da er oft kränklich war, legte Wallroth sein Amt als Kreisphysikus im Mai 1855 nieder. Nachdem er im Herbst 1856 auf einer Exkursion zusammengebrochen war, blieb er dauernd leidend und starb am 22. März 1857 in Nordhausen.[3] In Nordhausen erinnern noch heute eine Straße, eine Gedenktafel an seinem Wohn- und Sterbehaus (Barfüßer Str. 37, seit 1927) und eine Gedenksäule [seit 1858[4]] an Wallroth.

Wallroth war Mitglied der Halleschen Naturforschenden Gesellschaft (seit 1812) und der Leopoldina [seit 28. November[8] 1823, Matrikel-Nr. 1279, cognomen Leysser[8]]. Friedrich Wilhelm III., König von Preußen, dem er die „Naturgeschichte der Flechten" gewidmet hatte, ernannte ihn 1837 zum Hofrat. Eine Professur, die ihm die Universität Pest-Ofen (heute Budapest) mit 22 Jahren antrug, lehnte er ab.[3]

Wallroth war mit T. Irmisch befreundet, der ihn auf zahlreichen Exkursionen begleitete. Als er sich im Jahre 1837 mit den *Marchantien* beschäftigte, begleitete ihn Irmisch wochenlang fast Tag für Tag auf seinen Streifzügen durch das Windehäuser Holz bei Steigerthal. Mit F. T. Kützing, dem er beim Abfassen lateinischer Texte half und der ihn häufig beim Zeichnen unterstützte, verkehrte er oft.[3] Dem Professor an der Königl. Preuß. höheren Forstlehranstalt J. T. C. Ratzeburg teilte er die Namen zahlreicher Pflanzenarten mit, die er auf den Gips- und Kalkbergen am südlichen Harzrand gesammelt hatte.[16] „Wallroth war in Nordhausen eine durchaus populäre Persönlichkeit. Gegen jedermann war er freundlich, gefällig und im höchsten Grade uneigennützig. Im Verkehre war er ebenso gemütlich als humoristisch." ... „Als praktischer Arzt machte er seine Landtouren in früheren Jahren regelmäßig zu Pferde." ... „Früher wurde er gern zum Hausarzt genommen; aber später mußten die Leute zu oft schicken, ehe er kam, und seine Praxis wurde immer unbedeutender." ... „Die Leute mußten meist recht lange warten, ehe der Hofrat eine Rechnung schickte; Ärmere verschonte er am liebsten ganz damit."[3]

Ein Exkursionsbegleiter Wallroths[11] war der Florist und Pflanzensammler **Carl John** aus Heringen bei Nordhausen.[1] Von ihm liegen uns im Herbarium Haussknecht (JE) in Jena vor allem aus dem Jahre 1827 zahlreiche Herbarbelege aus dem Kyffhäusergebiet mit sehr gut lesbarer Handschrift vor (weit über 100 Exsikkate). Darunter seien genannt: *Artemisia rupestris* bei Borxleben (1823); *Bromus ra-*

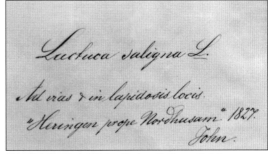

Abb. 224: Handschriftliches Herbaretikett von C. John

cemosus in Wiesen bei Heringen (1827, teste H. Scholz 1998); *Bromus secalinus* bei Heringen (1827, teste H. Scholz); *Chenopodium urbicum* bei Heringen (1827); *Corrigiola litoralis* an Zorge und Helme (1827); *Gagea minima* bei Crimderode nahe Nordhausen (April 1821); *Lactuca saligna* bei Heringen prope Nordhusam (1827); *Laserpitium prutenicum* auf grasigen Hügeln bei Sundhausen [nahe Nordhausen] (1819); *Moenchia erecta* bei Heringen (1827); *Oxytropis pilosa* am Mittelberg bei Auleben (1827); *Polycnemum arvense* in „Heidekrautbergen" bei Heringen (Juli 1827); *Turgenia latifolia* bei Heringen (1827) und *Ventenata dubia* bei Frankenhausen (1843). Bereits im Mai 1827 fand er *Omphalodes scorpioides* an der Rothenburg. Damit ist nicht G. Evers im Jahre 1876 der Entdecker dieser Pflanze an der Rothenburg, wie in der „Flora von Nord-Thüringen" (LUTZE 1892) fälschlicherweise behauptet wird.

Carl Wilhelm John wurde am 23. März 1803 in Heringen geboren und am 28. März getauft. Seine Eltern waren der Kurfürstlich Sächsische Advokat und spätere Bürgermeister Johann Wilhelm August John und Sophie Katherina Amalie, geb. Vollbort.[15] John war zunächst Drogist in Heringen und in späteren Jahren Besitzer einer Fabrik für pharmazeutische Artikel in Berlin.[1] Im Jahre 1843 veröffentlichte er in der „Botanischen Zeitung" einen Beitrag „Ueber einige Pflanzen der Berliner Gegend". Darunter nennt er u. a. *Erucastrum gallicum* und *Sisymbrium irio* aus der Stadtmitte von Berlin sowie *Agrimonia procera* vom Tiergarten, wo er die Pflanze bereits im Jahre 1835 aufgefunden hatte.[12]

Abb. 225: Herbarbeleg von C. John (*Plantago maritima*)

Quellen

(1) KELLNER, K.: Die floristische Erforschung der Südharzlandschaft um Nordhausen, 2. Teil. – Beitr. Heimatk. Stadt Kreis Nordhausen 4: 45–61; 1979. – **(2)** KISON, H.-U. & P. SACHER: Ernst Hampe (1795–1880) Leben und Werk. – Quedlinburg 1995. – **(3)** OßWALD, L.: Aus dem Leben Wallroths. – Mitt. Thüring. Bot. Ver. 9: 14–27; 1896. – **(4)** SCHROETER, W.: Karl Friedrich Wilhelm Wallroth. Zur Wiederkehr seines 200. Geburtstages. – Beitr. Heimatk. Stadt Kreis Nordhausen 16: 89–112; 1991. – **(5)** WAGENITZ, G.: Göttinger Biologen, 1737–1945. Eine biographisch-bibliographische Liste. – Göttingen 1988. – **(6)** WEIN, K.: Friedrich Wilhelm Wallroth. – Nordhäuser Roland: 54–55 und 88–89; März und April 1957. – **(7)** FITTING, H.: Geschichte der hallischen Floristik. – Zeitschr. f. Naturwiss. 69: 289–386; 1896. – **(8)** Lämmel, E., Archiv Deutsche Akademie der Naturforscher Leopoldina in Halle (29.11.2001 und 30.9.2002, briefl. an K.-J. Barthel). – **(9)** Herbaraufenthalt von J. Pusch in Prag bzw. Pruhonice am Nationalmuseum (PR) vom 10. bis 12. Januar 2000, Auskünfte erteilt von Frau B. Skocdopolova. – **(10)** Krumbiegel, A., Halle (9.1.2002, briefl. an J. Pusch, in Auswertung des Herbars HAL in Vorbereitung einer neuen Flora von Sachsen-Anhalt). – **(11)** Meyer, F. K., Jena (27.3.2000, briefl. an K.-J. Barthel). – **(12)** JOHN, C.: Ueber einige Pflanzen der Berliner Gegend. – Botanische Zeitung 1: 689–692; 6. Oktober 1843. – **(13)** DÖRFELT, H. & H. HEKLAU: Die Geschichte der Mykologie. – Schwäbisch Gmünd 1998. – **(14)** PETRY, A.: Die Vegetationsverhältnisse des Kyffhäuser Gebirges. – Inauguraldissertation, Halle 1889. – **(15)** Kirchenbücher des Evang.-luth. Pfarramtes zu Heringen (26.5.2003, eingesehen von K.-J. Barthel mit Pfarrer E. Wolf). – **(16)** RATZEBURG, J. T. C.: Forstnaturwissenschaftliche Reisen durch verschiedene Gegenden Deutschlands. – Berlin 1842. – **(17)** Skocdopolova, B., Pruhonice bei Prag (24.4.2005, e-mail an J. Pusch).

Wein, Kurt   1883–1968

geboren: 22. Februar 1883 in Eisleben
gestorben: 11. März 1968 in Nordhausen

<u>Beruf, Leistungen auf floristischem Gebiet</u>
Mittelschullehrer, Botaniker. Er gehörte zu den besten Kennern der Flora des herzynischen Raumes, der u. a. E. Kaiser und H. Meusel bei floristischen und vegetationskundlichen Untersuchungen hilfreich zur Seite stand. In seinen „Vegetationsverhältnissen der Gipsberge im Kyffhäuser und im südlichen Harzvorland" (1939) schreibt Meusel: „Mein Dank gilt [...] zunächst Herrn Mittelschullehrer K. Wein, Nordhausen, mit dem ich erstmals das Gebiet durchstreifte und der mich vor allem auch unermüdlich unterstützte, wenn es galt, die große Tradition der Heimatforschung im Kyffhäuser und im Harzvorland für vegetationskundliche Untersuchungen soweit als möglich auszuwerten." In zahlreichen Veröffentlichungen hat Wein eine Vielzahl floristischer Neufunde aus Nordthüringen und dem Südharz zusammengestellt. So fand er u. a.

Abb. 226: Kurt Wein

Calla palustris im erdfallreichen Mackenroder Wald in der Nähe des Fischloches, *Campanula cervicaria* im Hesseley bei Uthleben, *Chenopodium botryodes* im Esperstedter Ried, *Cynoglossum germanicum* an der Ebersburg bei Hermannsacker, *Epipactis microphylla* im Buchenhochwald zwischen Udersleben und Bad Frankenhausen, *Nepeta pannonica* am Ankenberg bei Großleinungen, *Potentilla rupestris* im Pfützental zwischen Rathsfeld und Udersleben, *Orobanche alba* am Nacken südlich Bad Frankenhausen, *Prunus fruticosa* am Buchberg bei Wallhausen und zwischen Düppel und Günserode, *Ranunculus lingua* in den Erdfällen des Seekopfes bei Uftrungen, *Rosa arvensis* und *Orobanche alsatica* an der Wöbelsburg bei Hainrode, *Spergularia segetalis* zwischen Hocheberg und den Sattelköpfen bei Hörningen sowie *Tordylium maximum* am Weinlager bei Sangerhausen. Bemerkenswert ist auch das neue Auffinden der heute am locus classicus (Blankenburg/Harz) verschollenen *Bupleurum gerardii* ALL. (*Bupleurum scheffleri* HAMPE) an der Selkesicht im Unterharz. An diesem zweiten deutschen Fundort kommt die Pflanze auch heute noch vor.[3]
Bei einem vermeintlichen Fund von *Scleranthus verticillatus* an den „Sattelköpfen bei Hörningen, in großer Menge auf Zechsteindolomitgeröll mit *Asplenium ruta-muraria* und *Botrychium lunaria*"[12] handelt es sich nach Rauschert[13] um ein Vorkommen am Hocheberg südöstlich von Woffleben, das allerdings im Zuge des Gipsabbaus vernichtet wurde. Wein hat eine größere Zahl neuer Hybriden beschrieben. Von größter Bedeutung sind seine Forschungen über die vorlinnéischen Botaniker und zur Einbürgerungsgeschichte unserer Neophyten und Kulturpflanzen.

<u>Herbarien, wichtige Herbarbelege</u>
Ein richtiges Herbar hat Wein nicht besessen.[3] Die wenigen (etwa 30) fragmentarischen „Herbarbelege" aus seinem Nachlass sind im April 1968 nach Halle (HAL) gekommen.[6]

Welchen etwas abwertenden Stellenwert Wein dem Pflanzensammeln allgemein zugestand, wird aus folgendem Zitat ersichtlich, das er zum Gedenken an Louis Oßwald formulierte: „... ein tiefergehendes pflanzengeographisches Verständnis verhinderte jedoch, daß er im Sammlertum erstarrte."[10] In der Heimatsammlung des Herbariums der Martin-Luther-Universität Halle (HAL) befinden sich insgesamt 6 Herbarbelege von Wein aus dem heutigen Sachsen-Anhalt.[7]

Folgende von Wein in Mitteldeutschland bzw. im Bearbeitungsgebiet gesammelte Herbarbelege, die von uns im Hallenser Herbar (HAL) gefunden wurden, sollen genannt werden: *Omphalodes scorpioides* aus dem Bodetal mit der Aufschrift „Herb. Wein", *Dianthus deltoides* var. *glaucus* von Rübeland (leg. K. Wein, o. D.), *Silene armeria* von der Roßtrappe (leg. K. Wein, o. D.) und *Viola arvensis* von Eisleben (leg. K. Wein, Mai 1903). In Halle befindet sich weiterhin ein von K. Wein revidierter Beleg zu *Chenopodium botryodes* (*Ch. crassifolium*) von G. Oertel vom Salzigen See bei Röblingen (rev. K. Wein am 21.12.1954). In Jena (JE) liegen

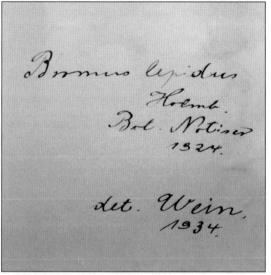

Abb. 227: Handschriftliches Herbaretikett von K. Wein

außerdem Belege von *Bromus lepidus* (Nordhausen, an Wegen nach Steigerthal, 4.6.1932) und *Veronica peregrina* (Nordhausen, in den Freilandkulturen der Gärtnerei, 4.6.1932).[8] – Von Wein befinden sich viele Briefe (so an Bornmüller, Hergt, Rothmaler, Schulze und Torges) im Archiv des Herbarium Haussknecht.[14]

Wichtige Veröffentlichungen
• Beiträge zur Flora von Wippra. I. *Geranium phaeum* L. im Unterharze bei Wippra. – Mitt. Thüring. Bot. Ver. **20**: 68–74; 1904/05. – • Beiträge zur Flora des Harzes. I. *Nepeta nuda* am südlichen Harze. II. *Hieracium aurantiacum* im Harz. – Allg. Bot. Zeitung **16**: 168–170; 1910. – • Die Stellung von Johann Thal in der Geschichte der Herbarien. – Mitt. Thüring. Bot. Ver. **28**: 76–79; 1911. – • Einige Bemerkungen über *Papaver trilobum* WALLR. – Mitt. Thüring. Bot. Ver. **29**: 23–27; 1912. – • Beiträge zur Flora des Harzes. VI. Über *Pinguicula gypsophila* WALLR. – Allg. Bot. Zeitung **18**: 98–103; 1912. – • x *Atriplex northusanum* (*A. oblongifolium* x *patulum*) K. WEIN, nov. hybr. – Repert. Spec. Nov. Regni Veg. **11**: 348–349; 1912. – • Über das angebliche Vorkommen der *Carex nitida* HOST am südlichen Harzrande. – Allg. Bot. Zeitung **19**: 72–73; 1913. – • Die Verbreitung von *Ventenata dubia* (LEERS) COSS. am südlichen Harzrande. – Allg. Bot. Zeitung **20**: 87–88; 1914. – • Adolf Vocke, ein Gedenkblatt zu seinem 100. Geburtstage. – Nordhäuser Generalanzeiger (Tägliche Beilage der Nordhäuser Zeitung) vom 21. November 1921, S. 1–2. – • Die Pflanzenwelt der Umgebung von Nordhausen. – Gartenbauwoche Nordhausen vom 12. bis 20. September 1925: 14–23. – • Die Pflanzenwelt der Umgebung von Sangerhausen in ihrer Abhängigkeit von der Umwelt. – Mitt. Ver. Geschichte u. Naturwiss. in Sangerhausen und Umgebung **16**: 50–85; 1926. – • Die Rolle der Umgebung von Nordhausen in den Verbreitungsgrenzen einiger wichtiger Pflanzengruppen. – Pflüger **4**(5): 219–227; 1927. – • Johannes Oswald und Johann Ludwig Fürer, zwei Nordhäuser Botaniker des 16. und 17. Jahrhunderts. – Der Roland von Nordhausen **4**; 1927. – • Beiträge zur Flora des nördlichen Thüringens. – Mitt. Thüring. Bot. Ver.

<u>38</u>: 20–25; 1929. – • Das Vorkommen von *Calla palustris* am südlichen Harze. – Mitt. Thüring. Bot. Ver. <u>38</u>: 39–41; 1929. – • Die Pflanzenwelt von Questenberg. – Mein Mansfelder Land <u>6</u>(18): 141–143; 1. Mai 1931. – • Die Geschichte der Einführung und ältesten Einbürgerung von *Datura stramonium*. – Repert. Spec. Nov. Regni Veg., Beih. <u>66</u>: 119–179; 1932. – • Beiträge zur Flora von Thüringen. I. *Bromus ramosus* und *B. Benekeni*. II. *Scirpus mammilatus* LINDB. fil. III. *Chenopodium crassifolium*. IV. *Montia limosa*. V. *Veronica triloba*. – Mitt. Thüring. Bot. Ver. <u>41</u>: 60–76; 1933. – • Beiträge der Flora von Thüringen II. 1. *Alisma lanceolatum*. 2. *Melica ciliata* und *M. transsilvanica*. 3. *Poa remota*. 4. *Bromus lepidus*. 5. *Agropyron litorale*. – Mitt. Thüring. Bot. Ver. <u>42</u>: 75–99; 1935. – • Die Pflanzenwelt und die Tierwelt in der Umgebung der Thüringer Pforte. – Aratora <u>13</u>: 45–49; 1935. – • Die Gartenunkräuter in der Stadt Nordhausen (SCHEUERMANN, R. & K. WEIN). – Hercynia <u>1</u>(2): 232–264; 1938. – • Zusammenstellung floristischer Neufunde. I. Reihe. – Hercynia <u>1</u>(3): 462–475; 1939. – • Die Glockennessel von Windehausen. – Nordhäuser Roland: 133–134; Oktober 1953. – • Die Hambuttenbirne, ein merkwürdiger und seltener Obstbaum unserer Heimat. – Nordhäuser Roland: 182 und 187; Dezember 1953. – • Die Pflanzenwelt der Erdfälle des West– und Südharzvorlandes. – Nordhäuser Roland: 80–88; Mai 1955. – • Floristische Neufunde. – Wiss. Zeitschr. Univ. Halle, math.-nat. R. <u>8</u>(4/5): 515; 1959. – • Floristische Neufunde, Bestätigungen und Veränderungen. D) Zur Flora Nordthüringens und des Harzes. – Wiss. Zeitschr. Univ. Halle, math.-nat. R. <u>15</u>(5): 761–762; 1966. – • Zusammenstellung floristischer Neufunde. II. Reihe. – Wiss. Zeitschr. Univ. Halle, math.-nat. R. <u>22</u>(6): 18–29; 1973. – Ein Verzeichnis der Publikationen von Wein findet sich bei RAUSCHERT (1972), S. 172–178[3] sowie bei ECKARDT (1954), S. 12–15.[15]

Biographie

Kurt August Wein wurde am 22. Februar 1883 als Sohn des Kaufmanns Friedrich Hermann Wein und seiner Ehefrau Friederike Berta Rufine, geb. Einicke, in Eisleben geboren. Er besuchte die 1. Bürgerschule in seiner Vaterstadt und danach die Präparandenanstalt und das Lehrerseminar in Eisleben. Am Lehrerseminar war H. Eggers, der ausgezeichnete Kenner der Flora des Mansfelder Landes und Verfasser eines „Verzeichnisses der in der Umgebung von Eisleben beobachteten wildwachsenden Gefäßpflanzen" (1888), einer seiner Lehrer. Seine erste Lehrerstelle als Volksschullehrer erhielt er am 20. Februar 1904 in Rehmsdorf bei Zeitz. Nachdem er im Juni 1906 die zweite Lehrerprüfung abgelegt hatte, erhielt er, im Anschluss an ein militärisches Dienstjahr ab 1. Oktober 1906 in Merseburg, Ende 1907 eine Lehrerstelle in Blankenheim (Kreis Sangerhausen). Schon am 1. April 1909 war er Lehrer in Helbra bei Eisleben. Hier heiratete er am 12. April 1909 die Gutsbesitzerstochter Anna Berta Elisabeth Steinicke aus Liedersdorf (Kr. Sangerhausen).[3] Aus dieser Ehe gingen ein Sohn und eine Tochter hervor.[11] Am 22. Oktober 1914 starb sein Vater, die Mutter hatte er schon als Siebzehnjähriger (27. Oktober 1900) verloren.[3] Im Jahre 1912 kam Wein nach Nordhausen.[1] Hier trat er mit den Botanikern L. Oßwald und A. Petry bald in persönlichen Kontakt.[3] Er bildete zuerst an der Wiedigsburg-Volksschule und nach dem Ende des 1. Weltkrieges an den Mittelschulen der Stadt in fast 35-jähriger Tätigkeit Generationen von Schülern heran und bereicherte ihr heimatliches Wissen. Wie so viele Pädagogen wurde auch er im Jahre 1946 aus dem Schuldienst entlassen; es ist ihm schwer geworden, denn er war Lehrer aus Berufung.[1] Im Jahre 1952 erhielt er eine Anstellung bei H. Stubbe, dem Direktor des Instituts für Kulturpflanzenforschung der Deutschen Akademie der Wissenschaften zu Gatersleben[3] zwecks Bearbeitung der Geschichte unserer Kulturpflanzen.[1] Zur gleichen Zeit übernahm er einen Forschungsauftrag des Rosariums Sangerhausen, um die dort angepflanzten Wildrosen neu zu bestimmen.[1] Wein starb am 11. März 1968 in Nordhausen,[1)(3] wo er zuletzt in der Maxim-Gorki-Str. 6 wohnte.[11] Seine umfassende Kenntnis der gesamten vorlinnéischen botanischen Literatur und sein ausgezeichnetes Gedächtnis hatten ihn bis zuletzt nicht verlassen.[3]

Seine Exkursionen führten ihn zunächst in den Unterharz (Wippra) und in den Raum zwischen Roßla und Sangerhausen, in Gebiete, die aus botanischer Sicht etwas vernachlässigt waren. Als er 1912 nach Nordhausen kam, hatte er mit zahlreichen Veröffentlichungen (ab 1905) bereits weitgehend Anerkennung gefunden.(1) Schon damals zeigte er eine Vorliebe für die kritischen Gattungen *Viola, Rumex, Poa, Bromus, Festuca, Papaver, Barbarea* und *Atriplex* und einen besonderen Scharfblick beim Erkennen von Hybriden. Zunehmend beschäftigte er sich mit historischen Sachverhalten. So verdanken wir ihm zahlreiche Veröffentlichungen über die Nordhäuser Botaniker J. Thal, J. L. Fürer, J. Oswald, F. W. Wallroth, A. Vocke, L. Oßwald und A. Petry. Von größter Bedeutung sind seine Arbeiten über die Einbürgerungsgeschichte fremdländischer Pflanzenarten (u. a. *Fagopyrum tataricum, Datura stramonium, Conyza canadensis, Acorus calamus* und *Helianthus tuberosus*). Auch als Bryologe und Mykologe trat er hervor.(3) Wesentlichen Anteil hat er an der Herausgabe der ersten Reihen der „Verbreitungskarten mitteldeutscher Leitpflanzen“ durch H. Meusel noch vor und in den Jahren des 2. Weltkrieges.(2)

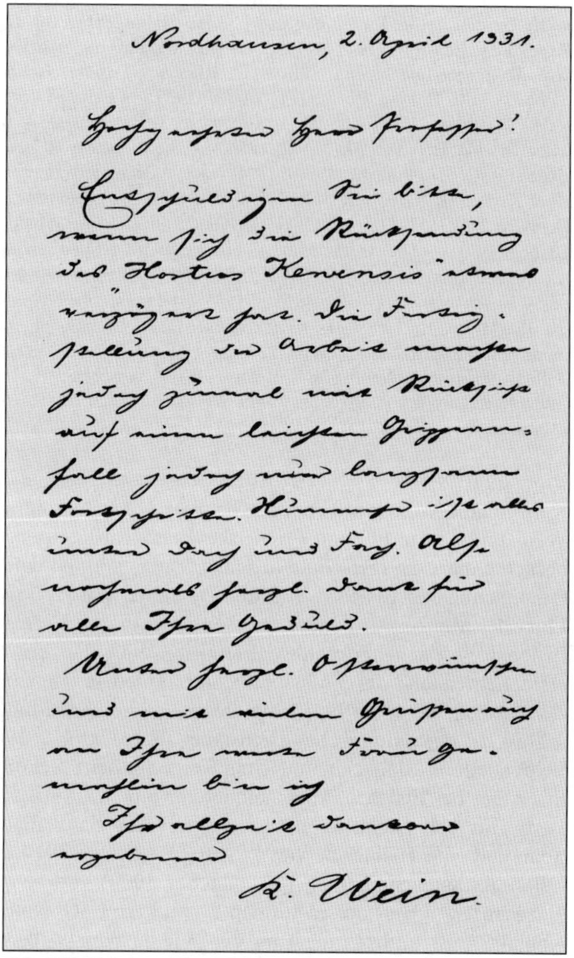
Nordhausen, 2. April 1931.

Hochgeehrter Herr Professor!

Entschuldigen Sie bitte, wenn sich die Rücksendung des „Hortus Kewensis“ etwas verzögert hat. Die Fertigstellung der Arbeit machte jedoch zumal mit Rücksicht auf einen leichten Gesundheitszustand jedoch nur langsam Fortschritte. Nunmehr ist alles unter Dach und Fach. Also nochmals herzl. Dank für all Ihr Gutes.

Unter herzl. Osterwünschen und mit vielen Grüßen an Ihre werte Frau Gemahlin bin ich Ihr allzeit dankbar ergebener

K. Wein

Abb. 228: Brief von Kurt Wein an J. Bornmüller vom 2.4.1931

„Die Verdienste Weins auf populärwissenschaftlichem Gebiet und der Volksbildung sind nicht minder groß. Er war ein Heimatforscher im besten Sinne des Wortes, der sein ganzes Leben lang in zahlreichen Führungen und Vorträgen freudig seine vielseitigen Kenntnisse weitergab. In den 30er Jahren wirkte er als Dozent an der Volkshochschule in Nordhausen. Auf zahlreichen Exkursionen mit den ‘Naturfreunden’, dem Verein ehemaliger Mittelschüler, den Nordhäuser Rosenfreunden, dem Harzklub und der Waldgemeinde ‘Alter Stolberg’ war er ein ausgezeichneter Führer, und jeder der Teilnehmer an diesen Veranstaltungen oder seinen stets interessanten Vorträgen hat immer Anregung und Bereicherung erfahren. Abendwanderungen durch die Nordhäuser Grünanlagen und Friedhöfe zum

Bestimmen von Vogelstimmen und durch den dendrologisch wertvollen Park von Hohenrode gehörten zu seinem festen Programm. Oft wurde er von Studentengruppen der verschiedensten Hochschulen als Exkursionsführer in Anspruch genommen. Dem Naturschutz hatte er sich frühzeitig zur Verfügung gestellt und Jahrzehnte lang als Kreisbeauftragter an der Lösung der anstehenden Aufgaben mitgearbeitet. Weiterhin war er viele Stunden tätig, um als amtlicher Pilzberater Rat und Auskunft zu geben."[1]

Wein war seit 1904 Mitglied des Thüringischen Botanischen Vereins[4] und seit 1924 Vorsitzender des Naturwissenschaftlichen Vereins zu Nordhausen.[9] Er wurde schon zu Lebzeiten hoch geehrt. So ernannte ihn die Akademie gemeinnütziger Wissenschaften zu Erfurt am 1. Oktober 1930 zu ihrem Auswärtigen Mitglied. 1934 wurde er Mitglied der Leopoldina [seit 25. Oktober 1934, Matrikel-Nr. 4240, kein cognomen[5]], 1959 Ehrenmitglied des Botanischen Vereins der Provinz Brandenburg und 1962 Ehrenmitglied des Naturhistorischen Vereins der Rheinlande und Westfalens. Die Deutsche Akademie der Wissenschaften zu Berlin verlieh ihm am 6. Juli 1961 die Leibniz-Medaille. Am 24. Mai 1962 wurde er zum Auswärtigen Mitglied der Linnean Society of London ernannt. Zu seinem 80. Geburtstag erhielt er von der Universität Halle-Wittenberg den Dr. rer. nat. h. c. Das Diplom wurde ihm am 27. Mai 1963 im Rahmen eines Festkolloquiums in Halle überreicht. Die von Wein 1939 beschriebene Hybride *Melica nutans* x *M. uniflora* wurde ihm zu Ehren *M.* x *weinii* HEMPEL benannt.[3] Ab 1905 veröffentlichte er insgesamt 179 größere und kleinere Abhandlungen.[3]

Quellen

(1) KELLNER, K.: Die floristische Erforschung der Südharzlandschaft um Nordhausen, 4. Teil. – Beitr. Heimatk. Stadt Kreis Nordhausen 6: 58–72; 1981. – (2) MEUSEL, H.: Die Verdienste Dr. Kurt Weins um die Erforschung der hercynischen Flora. – Hercynia 9(2): 179–181; 1972. – (3) RAUSCHERT, S.: In memoriam Kurt Wein. – Hercynia 9(2): 166–178; 1972. – (4) Mitgliederverzeichnis in Mitt. Thüring. Bot. Ver. 20: IV–VI; 1904/1905. – (5) Lämmel, E., Archiv Leopoldina Halle (29.11.2001 und 30.9.2002, briefl. an K.-J. Barthel). – (6) Akzessions-Katalog des Herbariums der Universität Halle (HAL), geführt von 1954 bis 2001. – (7) Krumbiegel, A., Halle (9.1.2002, briefl. an J. Pusch, in Auswertung des Herbars HAL in Vorbereitung einer neuen Flora von Sachsen-Anhalt). – (8) Korsch, H., Jena (25.1.2002, briefl. an J. Pusch). – (9) NEITZSCH, M.: Zum 50jährigen Jubiläum des Naturwissenschaftlichen Vereins zu Nordhausen. – Allgemeine Zeitung (Nordhäuser Tageblatt und Anzeiger) vom 11. November 1926, S. 3–4. – (10) WEIN, K.: Nordhausen und die Entwicklung der Naturwissenschaften. – Tausend Jahre Nordhausen, 2. Festausgabe der Nordhäuser Zeitung vom 7. Mai 1927. – (11) Auskunft aus dem Nordhäuser Stadtarchiv. – (12) WEIN, K.: D. Zur Flora Nordthüringens und des Harzes. – Wiss. Zeitschr. Univ. Halle, math.–nat. R. 15(5): 761–762; 1966. – (13) RAUSCHERT, S.: Zur Flora von Thüringen, 12. Beitrag. – Mitt. Florist. Kartierung (Halle) 5(2): 39–52; 1979. – (14) Manitz, H., Herbarium Haussknecht Jena (8.3.2004, briefl. an J. Pusch). – (15) ECKARDT, T.: Ein Leben für die Geschichte der Botanik. – Ber. Bayer. Bot. Ges. 30: 9–15; 1954.

Weinert, Erich   1931–1999

geboren: 4. Dezember 1931 in Bernburg
gestorben: 16. August 1999 in Freital

Abb. 229: Erich Weinert

Beruf, Leistungen auf floristischem Gebiet

Hochschullehrer, Botaniker (insbesondere ökologische Pflanzengeographie). Als Schriftleiter der „Mitteilungen zur Floristischen Kartierung Halle" veröffentlichte Weinert in diesem Publikationsorgan Beiträge zu morphologisch-taxonomischen Fragestellungen (Verwandtschaftskreis von *Kochia scoparia,
Matricaria maritima*-Gruppe, Formenkreis von *Ribes
rubrum, Senecio nemorensis*-Gruppe, *Scilla bifolia*-
Gruppe) und über floristische Neufunde im herzynischen Raum (*Aceras anthropophorum, Asclepias
syriaca, Calepina irregularis*). In seinem Beitrag
„Bemerkenswerte Neufunde und Bestätigungen im
herzynischen Florengebiet" (1988) nennt er eine Vielzahl von Arten, die z. T. von K. Schubert, D. Frank u.
a. aufgefunden wurden. Auf Weinert gehen u. a. die
Funde an der Kratzleite bei Bilzingsleben (*Coronilla
coronata, Dictamnus albus, Melica picta, Orchis tridentata, Orchis ustulata*) zurück. Le-
senswert sind seine Tagungsberichte der Arbeitsgemeinschaft Herzynischer Floristen, deren
Zusammenkünfte in den Räumen der Universität Halle stattfanden. Während dieser Tagun-
gen stellte sich Weinert stets als Exkursionsleiter zur Verfügung. So konnten während einer
botanischen Wanderung am 27. August 1989 von Steigerthal nach Stempeda zahlreiche
submediterrane und subkontinentale Arten, wie *Aster amellus, Aster linosyris, Peucedanum
cervaria* und *Seseli annuum* sowie auf absonnigen Gipsfelsen im Blaugrasrasen (bei Stempeda) *Cardaminopsis petraea* vorgestellt werden.[8] Von den Diplomarbeiten, die Weinert betreute, befassten sich mehrere mit der Flora und Vegetation des Kyffhäusergebietes (z. B. mit
den Salzstellen bei Artern, Kachstedt und Borxleben und mit dem Mühlberg bei Niedersachswerfen). Von 1975 bis 1993 war er verantwortlicher Wissenschaftlicher Mitarbeiter der
Zentralstelle für die Floristische Kartierung Ostdeutschlands (auch der Regionalstelle Sachsen-Anhalt, Sachsen, Thüringen)[3)(7)] und der Arbeitsgemeinschaft Herzynischer Floristen,
die sich vorrangig mit der Erforschung und Kartierung des herzynischen Raumes befasste.[3]
Bei der Organisation der floristischen Kartierung für den „Verbreitungsatlas der Farn- und
Blütenpflanzen Ostdeutschlands" (BENKERT et al. 1996) und bei der Fertigstellung dieses
Werkes hatte er einen „sehr großen Anteil".[3] Weinert war Mitherausgeber bzw. Mitarbeiter
der „Vergleichenden Chorologie der zentraleuropäischen Flora" (1965, 1978 und 1992) und
Mitautor des Rothmalers (Bd. 2 und 4).

Herbarien, wichtige Herbarbelege

Ein umfangreiches Privatherbar wurde nicht geführt. Von seinen Forschungs- und Lehrtätig-
keiten in Bagdad und Addis-Abeba brachte er jeweils eine Kiste mit Herbarbelegen und
Büchern mit nach Hause. Diese sind vermutlich dem Hallenser Herbar (HAL) übergeben

worden.[2] Der Hauptteil der Belege aus dieser Zeit musste allerdings in Bagdad bzw. Adis-

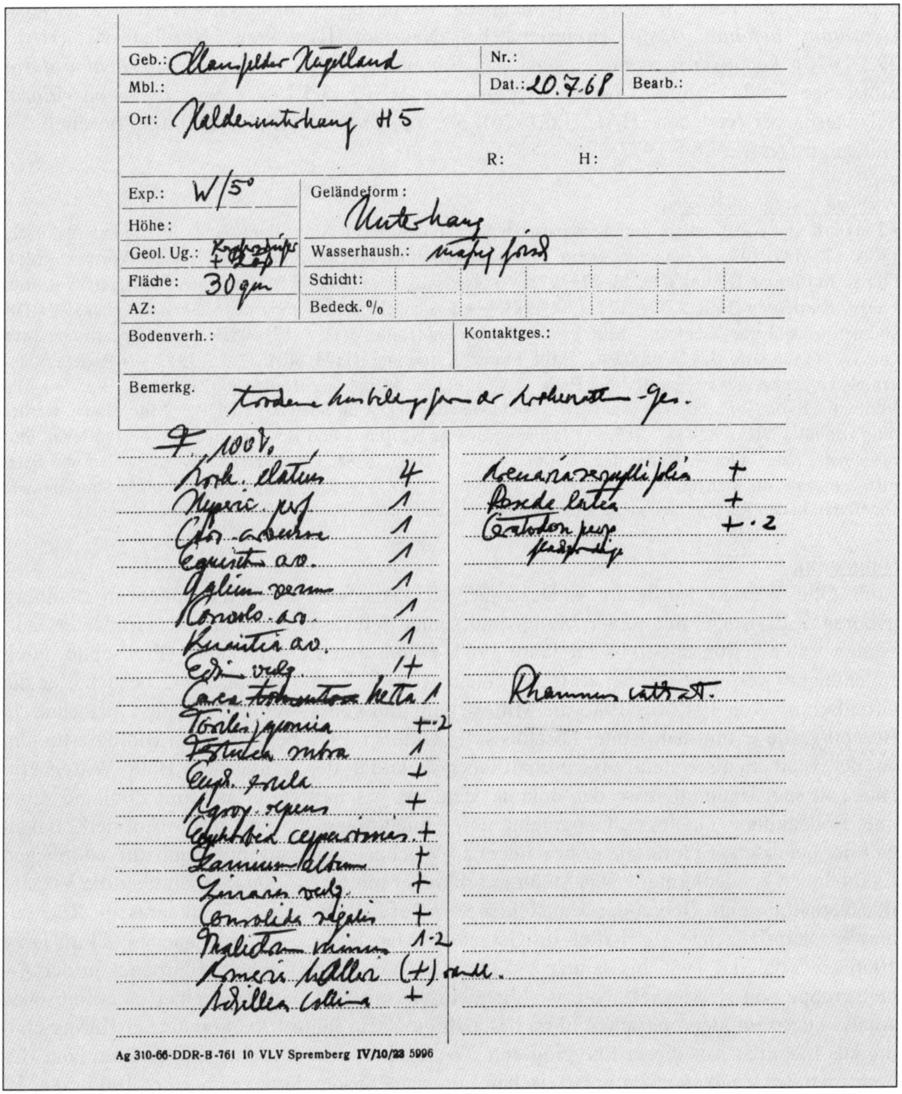

Abb. 230: Handschriftliche Vegetationsaufnahme von E. Weinert aus dem Jahre 1968

Abeba verbleiben, da sie nicht mitgenommen werden durften.[10] In Halle befinden sich auch einige Belege von Weinert aus dem mitteldeutschen Raum. In der Heimatsammlung des Herbariums der Martin-Luther-Universität Halle (HAL) liegen insgesamt 19 Herbarbelege von ihm aus dem heutigen Sachsen-Anhalt.[5]

Folgende von Weinert in Mitteldeutschland bzw. im Bearbeitungsgebiet gesammelte Herbarbelege sollen genannt werden: *Apium graveolens*: Sülldorf, Salzwiese an der Sülze (HAL,

18.9.1977); *Bupleurum tenuissimum*: Salzstelle bei Hecklingen (HAL, 10.9.1983); *Cardaminopsis petraea*: Alter Stolberg bei Stempeda, Nordhang Zechsteingips (HAL, 22.5.1976); *Geranium lucidum*: Burg Hohnstein bei Neustadt [Landkreis Nordhausen] (HAL, 22.5.1976); *Legousia speculum-veneris*: bei Naumburg (HAL, 1.7.1977); *Sclerochloa dura*: Süßer See, Feldweg 300 m östlich Wormsleben (HAL, 13.5.1982); *Scorzonera parviflora*: Salzwiesen bei Aseleben (HAL, 3.6.1976); *Stipa pennata*: Kyffhäusergebirge, nördlich der Falkenburg (HAL, 28.5.1972).

Wichtige Veröffentlichungen

• Herkunft und Areal einiger mitteleuropäischer Segetalpflanzen. – Arch. Naturschutz u. Landschaftsforsch. 13(2): 123–139; 1973. • Bemerkenswerte Pflanzenvorkommen im Ohmgebiete (MTB 4528 Worbis). – Mitt. Florist. Kartierung (Halle) 3(1): 13–27; 1977. – • *Asclepias syriaca* L. im hercynischen Florengebiet. – Mitt. Florist. Kartierung (Halle) 7(2): 127–130; 1981. – • Florengebietsgliederung des südlichen Teiles der DDR und der benachbarten Gebiete. – Mitt. Florist. Kartierung (Halle) 8(1): 8–17; 1982. – • Infraspezifische Taxa von *Kochia scoparia* (L.) SCHRADER. – Mitt. Florist. Kartierung (Halle) 8(2): 71–75; 1982. – • Ruderalpflanzen als Umweltzeiger im Saaletal bei Halle. – Mitt. Florist. Kartierung (Halle) 9(1/2): 20–28; 1983. – • Die Verbreitung von *Scilla bifolia* L. und *Scilla vindobonensis* SPETA im Südteil der DDR. – Mitt. Florist. Kartierung (Halle) 13(1/2): 82–84; 1987. – • Bemerkenswerte Neufunde und Bestätigungen im herzynischen Florengebiet. – Mitt. Florist. Kartierung (Halle) 14 (1/2): 30–33; 1988. – • Salztektonik, Solquellen und Salzpflanzenareale im Mansfelder Seengebiet. – Hercynia 26(3): 216–226; 1989. – • Halophile Stauden- und Grasfluren in den Randbereichen binnenländischer Versalzungsgebiete (Manuskript 1989).

Biographie

Erich Otto Weinert wurde am 4. Dezember 1931 als Sohn eines Klempners in Bernburg geboren.[1] Er wuchs mit seiner Mutter und seiner Schwester im Haus des Großvaters auf. Seinen Vater verlor er bereits im Jahre 1944. Durch einen Unglücksfall (Pfeilschuß durch Jugendliche) verlor er die Sehkraft auf einem Auge.[6] Von 1938 bis 1942 besuchte er die Grundschule, von 1942 bis 1946 die Mittelschule und von 1946 bis 1950 die Oberschule in Bernburg, die er mit dem Abitur abschloss. Im Oktober 1950 begann er ein Biologiestudium an der Mathematisch-naturwissenschaftlichen Fakultät der Universität Halle-Wittenberg. Hier galt sein Hauptinteresse der Botanik, daneben beschäftigte er sich mit Zoologie, Chemie, Bodenkunde, Geologie, Geographie und Klimatologie.[1] Seine größte Aufmerksamkeit galt der heimischen Flora, die er besonders an Wochenenden und im Urlaub auf zahlreichen Exkursionen kennenlernte.[6] Das Studium schloss er mit einer Diplomarbeit über die Vegetationsverhältnisse im Gebiet der Mansfelder Seen bei Eisleben [„Die Trockenrasen-, Ruderal- und Segetalpflanzengesellschaften im Gebiet der Mansfelder Seen bei Eisleben"[6]] im Jahre 1956 ab. Von Mai 1956 bis Januar 1973 war er Wissenschaftlicher Mitarbeiter in der Arbeitsgruppe von H. Meusel, wo er sich gemeinsam mit E. J. Jäger mit einer chorologischen Analyse der zentraleuropäischen Flora beschäftigte.[1] Im Jahre 1963 heiratete er Karin Schönig aus Liegnitz. Aus dieser Ehe ging eine Tochter hervor.[2] Mit einer Arbeit über „die Höhenstufen der Vegetation im holarktischen Eurasien" promovierte er im Jahre 1966 unter H. Meusel zum Dr. rer. nat. Im Januar 1973 wurde er als Dozent an die Universität Bagdad berufen. Hier lehrte er in englischer Sprache in den Fächern Pflanzentaxonomie, Pflanzenökologie und Ökonomische Botanik. In der Zeit seines Aufenthaltes an der Bagdader Universität (bis 1975) untersuchte er die Halophyten-, Wüsten-, Steppen- und Waldvegetation des Irak mit vegetationskundlichen und ökophysiologischen Methoden. Zugleich (1973 bis 1974) amtierte er als Direktor des Botanischen Gartens der Universität Bagdad. Von September 1975 bis August 1980 war Weinert als Wissenschaftlicher Oberassistent im Wissenschaftsbereich Geobotanik und Botanischer Garten an der halleschen Universität angestellt. Eine „phytogeographische Analyse der Vegetation in den ariden Gebieten des Irak" legte er als Dissertation zur Promotion B im Jahre 1979 der Naturwissenschaftlichen Fakultät der Universität Halle-Wittenberg vor. Die Promotion zum Dr. sc. rer. nat. erfolgte im September 1980 in Halle.[1] Ihn beschäftigten „zunehmend Themen über Fragen der Bioindikation von Umweltveränderungen, der floristischen und vegetationskundlichen Erfassung und Kartierung von Biotopen, der Untersuchung schützenswerter Objekte, wie Landschaftsschutzgebiete, Naturschutzgebiete, Totalreservate mit dem Ziel der Erhaltung der naturgegeben Vielfalt der Organismen und Mehrung natürlicher Ressourcen sowie Fragen des Arten- und Umweltschutzes".[1] Zahlreiche Diplomarbeiten und drei Dissertationen, die Weinert betreute, befassten sich mit dieser Thematik. Von 1979 bis 1981 lehrte er als Gastprofessor an der Universität Addis-Abeba. Seine vegetationskundlichen Arbeiten hatten in dieser Zeit die Gebirgsvegetation und die Vegetation der Savannen Ostafrikas zum Inhalt. Am 1. September 1980 wurde er zum Hochschuldozenten für ökologische Pflanzengeographie an die Sektion Biowissenschaften der Universität Halle berufen. Seine „wissenschaftliche Arbeit konzentrierte sich auf die pflanzenökologische, vegetationskundliche und pflanzengeographische Erforschung der Vegetation Europas, Südwestasiens und Ostafrikas unter besonderer Berücksichtigung der floristischen Biotopforschung in Zentraleuropa".[1] Nach seinem Ausscheiden aus dem Dienstverhältnis der Universität Halle [im Jahre 1993[6]] war er Wissenschaftlicher Mitarbeiter bei BIANCON, Halle, wo er als Gutachter für Umwelt- und Landschaftsschutz tätig war. Er starb [an den Folgen von drei Schlaganfällen[10]] am 16. August 1999 in Freital/Sachsen. Seine letzte Ruhestätte fand er auf dem Friedhof in Halle-Kröllwitz.[2] Der Nachlass von Weinert, vor allem Bücher, Sonderdrucke, Diplomarbeiten und Dias, ist an das Museum für Naturkunde und Vorgeschichte nach Dessau gekommen, Herbarbelege jedoch nicht.[2][4]

Weinert war von 1969 bis 1974 Mitglied des Wissenschaftlichen Rates und des Senats der Universität Halle-Wittenberg sowie von 1977 bis 1979 Mitglied der Fachkommission Abiturstufe Biologie bei der Akademie der Pädagogischen Wissenschaften der DDR.[1] Der Thüringischen Botanischen Gesellschaft gehörte er seit 1979 an.[9]

Quellen
(1) Nachlass E. Weinert (26.3.2001, übergeben zur Einsichtnahme durch Witwe K. Weinert). – (2) K. Weinert, Halle (26.3.2001, mündl. mit J. Pusch). – (3) BENKERT, D., F. FUKAREK & H. KORSCH (Hrsg.): Verbreitungsatlas der Farn- und Blütenpflanzen Ostdeutschlands. – Jena 1996. – (4) Wölfel, U., Bitterfeld (28.7.2001, briefl. an J. Pusch). – (5) Krumbiegel, A., Halle (9.1.2002, briefl. an J. Pusch, in Auswertung des Herbars HAL in Vorbereitung einer neuen Flora von Sachsen-Anhalt). – (6) HENTSCHEL, P.: Zum Gedenken an Doz. Dr. sc. nat. Erich Weinert (4. 12. 1931 – 16. 8. 1999). – Naturw. Beiträge Museum Dessau 13: 217–218; 2001. – (7) Schubert, R., Halle (12.3.2003, briefl. an J. Pusch). – (8) WEINERT, E.: Tagung der Arbeitsgemeinschaft Herzynischer Floristen 1989. – Mitt. Florist. Kartierung (Halle) 15(1/2): 4–9; 1989. – (9) Göckeritz, J., Gera (Vorstand Thür. Bot. Ges.) (26.3.2002, briefl. an J. Pusch). – (10) Weinert, K., Halle (2.7.2004, telef. mit J. Pusch).

Wenzel, Gustav   1860–1932

geboren: 13. November 1860 in Großwechsungen
gestorben.: 26. Dezember 1932 in Minden

Beruf, Leistungen auf floristischem Gebiet
Rechnungsrat, Botaniker. Wenzel botanisierte besonders in den Jahren 1878/79 in der näheren und weiteren Umgebung von Nordhausen. In seinem Beitrag „Beobachtungen über die Langlebigkeit von Pflanzensamen" (1922) zitiert er A. Vocke, Nordhausen, der zwischen Nordhausen und dem 4 km entfernten Kohnstein in einer künstlich angelegten flachen Grube reichlich *Cyperus fuscus* vorfand. Offensichtlich hat die Pflanze vor langen Jahren an dieser Örtlichkeit gestanden und wurde durch die Berasung unterdrückt. Nachdem die Rasendecke fortgenommen wurde, hätten die Samen zu treiben begonnen.[7] Vocke selbst schrieb über diesen Sachverhalt: „Nach Abstich von Rasen erschien die Pflanze plötzlich in großer Menge, mit der Neuberasung ist sie wieder verschwunden" (VOCKE & ANGELRODT 1886, S. 269).

Herbarien, wichtige Herbarbelege
Das Herbarium von Wenzel ist nach 1930 vollständig in das Westfälische Museum für Naturkunde (MSTR) nach Münster gekommen, wo es heute noch zu finden ist.[3] Das dortige Westfälische Provinzial-Herbar (bereits 1874 erwähnt) enthält heute rund 300.000 Belege aus aller Welt, vor allem aber aus Westfalen und zählt somit zu den größten Herbarien Deutschlands.[4] Wenzel tauschte offenbar Herbarbelege mit L. Oßwald und vor allem mit A. Vocke, von beiden befinden sich nämlich zahlreiche Belege in Münster, die über das Herbar Wenzel hierher gekommen sind.

Abb. 231: Handschriftliches Herbaretikett von G. Wenzel

Aus diesem Herbar seien folgende Herbarbelege aus Thüringen genannt[6]: *Bupleurum rotundifolium*: am Südrand des Kohnsteins bei Nordhausen (MSTR, Juli 1878); *Bupleurum tenuissimum*: Salzwiesen an der Numburg (MSTR, 25.8.1878); *Bupleurum tenuissimum*: Kuckucksmühle bei Nordhausen, auf grasigen Triften hinter dem Garten am Aufstieg des Weges nach Steigerthal (MSTR, August 1879); *Filago vulgaris*: bei Stempeda (MSTR, 4.8.1878); *Gentiana campestris*: an der Schirmeiche bei Steigerthal (MSTR, 31.8.1879); *Gypsophila fastigiata*: Mittelberg bei der Numburg (MSTR, 4.7.1923); *Hymenolobus procumbens*: Am Soolgraben in Frankenhausen (MSTR, 13.7.1879); *Nonea pulla*: Wegränder um Badra bei Frankenhausen (MSTR, 17.6.1908); *Orobanche lutea*: Schlachtberg bei Frankenhausen (MSTR, 11.7.1923). – Auch in Göttingen (GOET) befinden sich Belege von Wenzel, die mit dem Herbar Vocke dorthin kamen.[9] Belege von ihm wurden ebenso in Prag (PRC) und in Pruhonice bei Prag (PR) gefunden, so von *Orobanche arenaria* und *O. artemisiae-campestris*: Kattenburg bei Frankenhausen (PRC, 23.7.1879, ex Herbar O. Lenecek).

<u>Wichtige Veröffentlichungen</u>
• Beobachtungen über die Langlebigkeit von Pflanzensamen. – Vierter Bericht des Naturwissenschaftlichen Vereins für Bielefeld und Umgebung (Die Jahre 1914 bis 1921): 246–248; 1922.

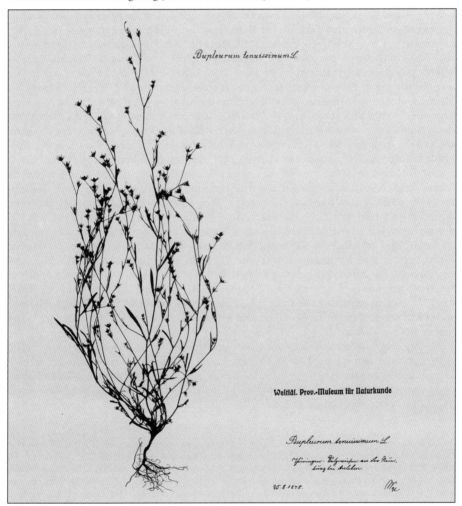

Abb. 232: Herbarbeleg von G. Wenzel (*Bupleurum tenuissimum*, Numburg bei Auleben, 25.8.1878)

Biographie
Gustav Friedrich Ferdinand Wenzel wurde am 13. November 1860 [als Sohn eines Gastwirtes[1]] in Großwechsungen bei Nordhausen geboren. Er besuchte zunächst die Dorfschule in Großwechsungen, kam aber im Jahre 1868, weil die Eltern nach Nordhausen verzogen, an

353

die dortige Bürgerschule (bis 1875). Danach trat er in den Bürodienst der Eisenbahn ein.[2] Im August 1879 unternahm er mit A. Vocke, den er seinen „verehrten Lehrer in der Botanik" nannte, eine Exkursion von Nordhausen zum Brocken.[7] Im gleichen Jahr ging er als Freiwilliger zum Militär, wo er 1880 zum Obergefreiten und 1882 zum Unteroffizier befördert wurde. Im Winter 1881/82 besuchte er die Regimentsschule in Swinemünde. Im Herbst 1882 bezog er die Oberfeuerwerkerschule in Berlin, verließ diese nach bestandener Prüfung im Jahre 1884 und wurde im Mai 1884 zum Feuerwerker befördert. Im April 1886 wurde er als Regimentsschullehrer zum Stab des 2. Hannoverschen Feldartillerieregiments Nr. 26 abkommandiert, wo er Schreiben, Zeichnen, Mathematik, Artilleriewissenschaften und vertretungsweise auch Geschichte und Geographie unterrichtete. Im Oktober 1888 erfolgte die Beförderung zum Oberfeuerwerker. Im Jahre 1889 heiratete er. Ein Jahr später wurde ihm ein Sohn geboren.[2] Danach kamen noch zwei Töchter hinzu.[1] Am 27. Mai 1892 begann der Oberfeuerwerker und Militäranwärter Wenzel ein dreimonatiges Praktikum bei der Mindener Regierung, wurde aber schon zum 1. Juli 1892 als Bürohilfsarbeiter auf sechs Monate zur Probe beim Landratsamt Büren eingesetzt. Nach Ablauf der Probezeit wurde er auf Grund des guten Zeugnisses fest übernommen und schied damit aus dem Westfälischen Fuß-Artillerie-Regiment Nr. 7 aus. Am 1. April 1896 kam er als Bürohilfsarbeiter zum Landratsamt Bielefeld. Auf eigenem Wunsch wurde ihm ab dem 20. Juli 1896 probeweise die kommissarische Verwaltung der Kreissekretärsstelle in Lübbecke übertragen. Am 1. November 1896 wurde er zum Kreissekretär ernannt. Einige Jahre später (April 1901) übernahm Wenzel die Kreissekretärsstelle in Höxter. Am 17. Mai 1902 stellte er auf Grund von Unstimmigkeiten mit seinem Vorgesetzten einen Versetzungsantrag zur Regierung in Minden. Im August 1917 erhielt er das Verdienstkreuz für Kriegshilfe. Mit Urkunde vom 25. Oktober 1917 wurde er zum Rechnungsrat und zum 31. März 1921 als Rechnungsrat und Regierungsobersekretär zum Bürovorsteher ernannt. Mit Verfügung vom 2. April 1924 erhielt er die Amtsbezeichnung „Regierungsoberinspektor".[8] Am 1. April 1926 trat er in den Ruhestand.[3][8] Danach arbeitete er an einer „Flora von Minden",[4] die als Manuskript noch heute im Westfälischen Museum für Naturkunde in Münster zu finden ist.[1][3] Er starb am 26. Dezember 1932 in Minden.[5][8]

Das Wenzelsche Manuskript zur „Flora von Minden" ist maschinegeschrieben, enthält viele Tippfehler und ist nicht abgeschlossen. Es beinhaltet eine kurze Einleitung, danach folgt die Auflistung der Arten mit ihren Fundorten. Alle Funde, die nicht von Wenzel stammen, sind gekennzeichnet. Dabei wurde auch Unglaubwürdiges übernommen; die eigenen Angaben scheinen aber korrekt zu sein.[10]

Quellen
(1) Raabe, U., Marl (17.3.2003, telef. mit J. Pusch). – (2) Handgeschriebener Lebenslauf von G. Wenzel vom Oktober 1891 aus dem Nordrhein-Westfälischen Staatsarchiv Detmold (6.6.2003, briefl. an J. Pusch). – (3) Raabe, U. (8.2.2003, telef. mit J. Pusch). – (4) RUNGE, F.: Geschichte der botanischen Erforschung Westfalens. – Abh. Westfäl. Landesmus. Naturkunde Münster 29(1): 27–43; 1967. – (5) Frau U. Schwegmann, Nordrhein-Westfälisches Staatsarchiv Detmold (3.4.2003, briefl. an J. Pusch). – (6) Tenberger, B., Westfälisches Museum für Naturkunde in Münster (14.2.2003, briefl. an J. Pusch). – (7) WENZEL, G.: Beobachtungen über die Langlebigkeit von Pflanzensamen. – Vierter Bericht des Naturwissenschaftlichen Vereins für Bielefeld und Umgebung (Die Jahre 1914 bis 1921): 246–248; 1922. – (8) Frau U. Schwegmann, Nordrhein-Westfälisches Staatsarchiv Detmold, Auszüge aus der Personalakte von Gustav Wenzel, Sign. M 1 Pr. Pers. I Nr. 1006. (20.8.2003, briefl. an J. Pusch). – (9) WAGENITZ, G.: Index collectorum principalium herbarii Gottingensis. – Göttingen 1982. – (10) Raabe, U. (27.1.2004, telef. mit J. Pusch).

Wüst, Ewald   1875–1934

geboren: 29. September 1875 in Halle/Saale
gestorben: 19. April 1934 in Kiel

Abb. 233: Ewald Wüst

Beruf, Leistungen auf floristischem Gebiet

Hochschullehrer, Geologe, Paläontologe, Botaniker. Verfasste gemeinsam mit A. Schulz und H. Fitting mehrere Nachträge zu Garckes „Flora von Halle".[1] In seiner Erstlingsarbeit[1] „Zur Flora der Gegend von Sangerhausen" (1896) bringt er eine Vielzahl bemerkenswerter Fundortsangaben. So nennt er u. a. *Alyssum montanum* und *Fumana procumbens* an Gipsbergen westlich Eichenberg nördlich Kleinleinungen, *Anemone sylvestris* am Hohen Berg bei Sangerhausen, *Lactuca quercina* über der Landstraße zwischen Roßla und Agnesdorf, *Minuartia verna* auf Schlackenhalden bei Gonna und Obersdorf, *Rapistrum perenne* zwischen dem Hohen Berg und Wallhausen, *Scabiosa canescens* zwischen Butterberg und Wallhausen sowie *Stachys arvensis* bei Drebsdorf. Wüst schreibt in dieser Arbeit: „Es wäre sehr zu wünschen, dass bei der floristischen Untersuchung der weiteren Umgebung von Sangerhausen die Gipsberge zwischen Morungen und Questenberg besonders berücksichtigt würden; denn ohne Zweifel wachsen hier noch manche im südlichen und östlichen Deutschland weiter verbreitete Arten, welche bislang nicht nördlich oder nordwestlich von der Grafschaft Mansfeld, der Gegend der unteren Unstrut und dem Kyffhäusergebirge, wohl aber in der näheren Umgebung von Nordhausen gefunden wurden und vielleicht auch solche, die bei Nordhausen noch nicht nachgewiesen werden konnten."[4]

Herbarien, wichtige Herbarbelege

Das Herbarium von Wüst gelangte in den Jahren 1980 und 1985 über das Geiseltalmuseum nach Halle. Es umfasste nach dem Akzessions-Katalog des Herbariums der Universität Halle (HAL) bzw. der Sammlerkartei etwa 1.500 Bögen.[5][6] Hiervon stammen 486 Belege aus dem heutigen Sachsen-Anhalt.[7][8] Zahlreiches Material der Hallenser Heimatsammlung stammt auch aus dem Kyffhäusergebiet. Darüber hinaus befindet sich in Halle (Hauptsammlung HAL) auch Material aus Süddeutschland, dem Riesengebirge und der Schweiz.[7] „Die Sammelaktivität von E. Wüst in Sachsen-Anhalt konzentriert sich auf das Stadtgebiet und die Umgebung von Halle, vor allem auf das Saaletal im Nordwesten sowie das Muschelkalkgebiet um Lieskau/Köllme im Westen. Außerdem existieren Belege aus der Umgebung von Sangerhausen und Naumburg. Die Fundorte können sicher nachvollzogen werden und sind auf den Etiketten teilweise sogar mit kleinen Skizzen illustriert. Die Aufsammlungen erfolgten zwischen 1890 bis 1900, wobei ca. 80% der Belege von 1895 stammen. Reichlich Material aus dem angrenzenden Thüringen dokumentiert die Flora der Gegend um Sondershausen, Schwarzburg/Rudolstadt und vom Kyffhäuser."[7] Einzelbelege von Wüst befinden sich auch in Stuttgart (STU).

Folgende von Wüst im Bearbeitungsgebiet gesammelte Herbarbelege sollen genannt werden: *Alyssum montanum*: Gipsfelsen zwischen Hainrode, Kleinleinungen und Drebsdorf (HAL, 28.8.1895); *Arabis alpina*: Gips-
geröll bei Ellrich, links von der von Nordhausen kommenden Landstraße (HAL, 25.8.1895); *Biscutella laevigata*: Kreis Nordhausen, Gipsfelsen am Kohnstein (HAL, 25.8.1895); *Cerastium brachypetalum*: Abhang im Sonnenbergstal an der Rothenburg im Kyffhäusergebirge (HAL, 7.6.1895); *Gypsophila repens*: am Sachsenstein bei Walkenried (HAL, 3.6.1896); *Lithospermum officinale*: am oberen Rand des Kalktals bei Frankenhausen

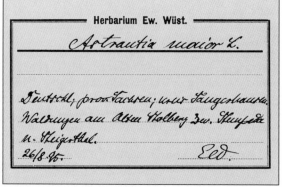

Abb. 234: Handschriftliches Herbaretikett von E. Wüst

(HAL, 8.6.1895); *Lycopodium clavatum*: Kyffhäusergebirge, auf einer Haide an den Bärenköpfen, Granit (HAL, 31.5.1896); *Moenchia erecta*: am Rande des Kyffhäusergebirges, am Fuße der Bärenköpfe bei Sittendorf (HAL, 7.6.1895); *Orchis ustulata*: Kyffhäusergebirge, Triften südlich vom Waldhaus [= Waldschlößchen] bei Frankenhausen (HAL, 27.5.1896). – Von Wüst befindet sich ein Brief an Haussknecht im Archiv des Herbarium Haussknecht.[9]

<u>Wichtige Veröffentlichungen</u>
• Zur Flora der Gegend von Sangerhausen. – Deutsche Bot. Monatsschr. 14: 90–92; 1896. – • Nachtrag zu August Garckes Flora von Halle (FITTING, H., A. SCHULZ & E. WÜST). – Verh. Bot. Ver. Prov. Brandenburg 41: 118–165; 1899. – • Nachtrag zu August Garckes Flora von Halle II. (FITTING, H., A. SCHULZ & E. WÜST). – Verh. Bot. Ver. Provinz Brandenburg 43: 34–53; 1901. – • Beiträge zur Kenntnis der Flora der Umgebung von Halle a. S. (FITTING, H., A. SCHULZ & E. WÜST). – Zeitschr. f. Naturw. 76: 110–116; 1903. – • Beiträge zur Kenntnis der Flora der Umgebung von Halle a. S. II. (SCHULZ, A. & E. WÜST). – Zeitschr. f. Naturw. 78: 166–171; 1906. – • Beiträge zur Kenntnis der Flora der Umgebung von Halle a. S. III. (SCHULZ, A. & E. WÜST). – Zeitschr. f. Naturw. 79: 267–271; 1907. – [• Untersuchungen über das Pliozän und das älteste Pleistozän Thüringens nördlich vom Thüringer Walde und westlich von der Saale. – Stuttgart 1901. – • Säugetierreste auf dem Kalktuffe von Bilzingsleben bei Kindelbrück. – Zeitschr. f. Naturw. 75: 237–239; 1903.] – Ein Verzeichnis der Schriften von Wüst findet sich bei BECKSMANN (1934), S. 548–551.[1]

<u>Biographie</u>
Ewald Wüst wurde am 29. September 1875 als Sohn des außerordentlichen Professors für landwirtschaftliche Maschinenkunde, Albert Wüst, in Halle geboren. Er besuchte die Gymnasien in Halle, Sangerhausen und Arnstadt, wo er 1895 die Reifeprüfung bestand. Danach studierte er zunächst in Halle, dann in Straßburg (1897/98) und anschließend wieder in Halle Geologie. In Halle beschäftigte er sich unter A. Schulz auch mit Botanik.[1] Mit ihm unternahm er im Herbst 1895 eine Exkursion von Roßla über Questenberg und Leinungen nach Sangerhausen.[4] [Bereits im Jahre 1893 unternahm er kleinere Exkursionen in die Umgebung von Sangerhausen.[4]] So trug er sich in seiner Straßburger Zeit mit dem Gedanken Paläobotaniker zu werden. Im Jahre 1899 wurde er Assistent bei von Fritsch in Halle, bei dem er 1900 mit der Arbeit „Untersuchungen über das Pliozän und das älteste Pleistozän Thüringens nördlich vom Thüringer Walde und westlich von der Saale" zum Dr. phil. promovierte. Am

28. Oktober 1903 habilitierte er sich in Halle für Geologie und Paläontologie (mit der Schrift: „Untersuchungen über die Decapoden-Krebse der germanischen Trias").[1] Er blieb zunächst als Privatdozent in Halle,[3] bis er im Sommersemester 1910 als außerordentlicher Professor für Historische Geologie und als Abteilungsleiter am Mineralogischen Institut an die Universität Kiel berufen wurde. Am 1. Weltkrieg nahm er als Kriegsgeologe teil (1917/18 an der Ostfront). Die Ernennung zum persönlichen Ordinarius erhielt er am 20. Januar 1920. Am 1. Februar 1925 wurde er zum ordentlicher Professor und Direktor des Geologisch-Paläontologischen Institutes der Universität Kiel ernannt.[1] Seine Hauptarbeitsgebiete waren die Conchyliologie und die Mammologie.[2] Er zählte zu den besten Kennern der eiszeitlichen Säugetierfauna, besonders der Pferde, Elefanten und Nashörner[3] und gehörte zu den Ersten in Deutschland, die einen großen Teil der geologischen Ausbildung auf Geländeübungen und Exkursionen verlegten.[3] Wüst starb unverheiratet[3] am 19. April 1934 an Lungenkrebs.[1]

Quellen
(1) BECKSMANN, E.: Ewald Wüst (29.9.1875–19.4.1934). – Schrift. Naturwiss. Vereins Schleswig-Holstein 20: 541–551; 1934. – (2) BEURLEN, K.: Ewald Wüst, 29.9.1875 bis 19.4.1934. – Paläontologische Zeitschr. 17: 5–9; 1935. – (3) PRANGE, W.: Wüst, Ewald. – Sonderdruck aus: Biographisches Lexikon für Schleswig-Holstein und Lübeck 7: 333–334; 1985. – (4) WÜST, E.: Zur Flora der Gegend von Sangerhausen. – Deutsche Bot. Monatsschr. 14: 90–92; 1896. – (5) Akzessions-Katalog des Herbariums der Universität Halle (HAL), geführt 1954 bis 2001. – (6) Sammlerkartei des Herbariums der Universität Halle (HAL), geführt durch K. Werner. – (7) KRUMBIEGEL, A.: Die Mitteldeutsche Heimatsammlung im Herbarium der Martin-Luther-Universität Halle – Umfang, Bedeutung und Anmerkungen zu einigen Sammlern. – Schlechtendalia 7: 35–43; 2001. – (8) Krumbiegel, A., Halle (9.1.2002, briefl. an J. Pusch, in Auswertung des Herbars HAL in Vorbereitung einer neuen Flora von Sachsen-Anhalt). – (9) Manitz, H., Herbarium Haussknecht Jena (8.3.2004, briefl. an J. Pusch).

Zeising, Richard

1929–1979

geboren: 24. Februar 1929 in Mohrungen
gestorben: 29. Oktober 1979 in Sangerhausen

<u>Beruf, Leistungen auf floristischem Gebiet</u>
Maschinenschlosser, Lehrer (Erweiterte Oberschule),
Botaniker. Zeising botanisierte zunächst im Raum
Questenberg. In seiner Arbeit „Das Naturschutzgebiet
Questenberg im Südharz" (1963) nennt er u. a. Vor-
kommen von *Alyssum montanum, Cephalanthera
rubra, Gypsophila fastigiata, Libanotis pyrenaica,
Parnassia palustris, Petasites albus, Phleum phleoi-
des* und *Polygonatum verticillatum.* Bekannt wurde
Zeising vor allem mit seinem Beitrag zur Pflanzen-
welt des Kreises Sangerhausen, der im „Heimat- und
Wanderbuch des Kreises Sangerhausen" (1966) er-
schien. Er ging dabei besonders auf die hier vorkom-
menden Pflanzengesellschaften ein und lieferte eine
Reihe von Fundortsangaben bemerkenswerter Arten.
So nennt er Vorkommen von Schwermetallpflanzen
(*Armeria maritima* subsp. *halleri, Minuartia verna*

Abb. 235: Richard Zeising

subsp. *hercynica* und *Silene vulgaris* subsp. *humilis*) auf alten Bergwerkshalden bei Breitungen, Morungen, Wettelrode, Obersdorf und Pölsfeld. Auch die Lebingschen Pflanzenfunde
um 1900 an der Binnensalzstelle bei Hackpfüffel werden erwähnt. Zu Zeisings Lieblingszielen gehörte der Hohe Berg bei Sangerhausen (mit Schlösschenkopf im Westen und „Hohe
Linde" im Osten). In seinem Beitrag „Die Pflanzenwelt des Hohen Berges bei Sangerhausen"
(1969) nennt er u. a. *Cnidium dubium, Dictamnus albus, Melittis melissophyllum, Orchis
militaris, Potentilla alba* und *Trifolium rubens.* Dabei wird *Cnidium dubium* auf einer
„feuchten Wiese auf der Nordabdachung des Hohen Berges nach Lengefeld zu" als besondere Rarität genannt. Eine größere Zahl weiterer Arbeiten veröffentlichte Zeising in der Tagespresse und ganz besonders in der Zeitschrift „Unser Harz". Mit kleineren Beiträgen in Tageszeitungen (z. B. über W. Becker, W. Rothmaler und E. Wüst) trat er auch als Geschichtsschreiber der Botanik hervor.

<u>Herbarien, wichtige Herbarbelege</u>
Das kleine Herbarium von Zeising wurde am 26. März 2001 an J. Pusch übergeben und in
dessen Herbarbestand eingeordnet. Es umfasst etwa 26 Belege (18 Belege von der Ostsee:
Insel Poel und Insel Vilm, leg. R. Zeising 1957 bis 1959, Belege aus dem Umfeld von Mar-
tinsrieth aus dem Jahre 1963, Sammler unbekannt und einen Beleg aus dem Raum Freyburg).
    Folgende von Zeising gesammelte und beschriftete Herbarbelege sollen genannt wer-
den: *Adonis aestivalis*: Tote Täler von Freyburg/Unstrut (HPu-2844, 17.5.1957); *Atriplex
littoralis*: Insel Poel (HPu-2839, 7.8.1959); *Juncus gerardii*: Insel Vilm (HPu-2851, Juli
1957).

Wichtige Veröffentlichungen

• Das Naturschutzgebiet Questenberg im Südharz. – Unser Harz 11(6): 4–7; 1963. – • Der Bauerngraben bei Roßla am Harz. – Unser Harz 12(2): 10–12; 1964. – • Die Pflanzenwelt des Kreises Sangerhausen. In: Heimat- und Wanderbuch des Kreises Sangerhausen. – Halle 1966. – • Untersuchung einer Biozönose. In: Heimat- und Wanderbuch des Kreises Sangerhausen. – Halle 1966. – • Das Naturschutzgebiet Questenberg im Südharz. I. Standortverhältnisse und Tierwelt. – Naturschutz und naturkundliche Heimatforschung in den Bezirken Halle und Magdeburg 3(2): 48–56; 1966. – • Das Naturschutzgebiet Questenberg im Südharz. II. Vegetationsverhältnisse. – Naturschutz und naturkundliche Heimatforschung in den Bezirken Halle und Magdeburg 4(1/2): 54–67; 1967. – • Steppenläufer Windsbock. – Unser Harz 16(3): 48–49; 1968. – • Vom unterirdischen Leben in der Heimkehle. – Unser Harz 16(10): 193–194; 1968. – • Die Pflanzenwelt des Hohen Berges bei Sangerhausen. – Beitr. Heimatf. (Sangerhausen) 1: 39–46; 1969. – • Salzpflanzen bei Auleben in der Goldenen Aue. – Unser Harz 17(8): 152–154; 1969. – • Die Meerstrand-Grasnelken unserer Heimat. – Beitr. Heimatf. (Sangerhausen) 3: 19–25; 1973. – • Ein neuer See zwischen Harz und Kyffhäuser. – Unser Harz 21(2): 29–32; 1973.

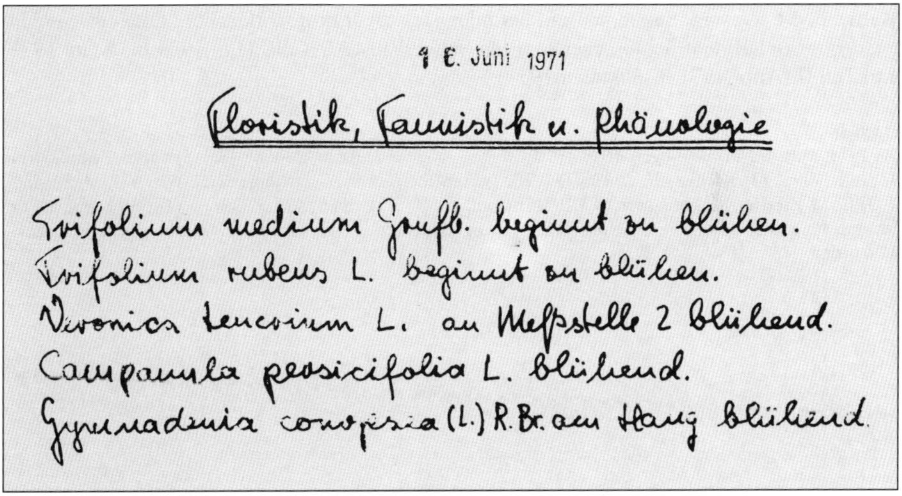
16. Juni 1971

Floristik, Faunistik u. Phänologie

Trifolium medium Grufb. beginnt zu blühen.
Trifolium rubens L. beginnt zu blühen.
Veronica teucrium L. an Meßstelle 2 blühend.
Campanula persicifolia L. blühend.
Gymnadenia conopsea (L.) R.Br. am Hang blühend.

Abb. 236: Handschriftliche Notizen von R. Zeising aus seinen floristisch-ökologischen Protokollbüchern

Biographie

Richard Otto Zeising wurde am 24. Februar 1929 als Sohn eines Steuerberaters in Mohrungen (Ostpreußen) geboren.[3] Da die Familie im Jahre 1930 nach Halle/Saale zog, besuchte er von 1935 bis 1939 die Alte Volksschule und von 1939 bis 1947 die Christian-Thomasius-Oberschule in Halle, an der er auch das Abitur ablegte. Da er zunächst keinen Studienplatz erhielt, absolvierte er von 1947 bis 1949 eine Lehre als Maschinenschlosser in Halle. Nach einer kurzen Zeit als Mitarbeiter beim Kreisvorstand der „Freien Deutschen Jugend" in Halle nahm er im September 1950 ein Pädagogikstudium (Biologie/Chemie) an der Martin-Luther-Universität Halle-Wittenberg auf. Dieses schloss er mit der Staatsexamensarbeit „Die Erziehungsaufgaben des Biologieunterrichtes in der 8. Klasse der Deutschen Demokratischen Schule" im März 1954 ab. Im Jahre 1952 heiratete er die Kindergärtnerin Eva-Maria Lesse[2] aus Halle/Saale;[3] aus dieser Ehe gingen drei Söhne und eine Tochter hervor.[2] Am 1. April 1954 wurde Zeising als Biologie- und Chemielehrer an der „Geschwister-Scholl-Oberschule" (später: Erweiterte Oberschule) in Sangerhausen angestellt. Durch ein Fernstudium (ab März

1958) an der Universität Halle erwarb er die Qualifikation als Fachlehrer für Biologie bis zur 12. Klasse. Dieses Studium schloss er mit der Staatsexamensarbeit „Floristische und vegetationskundliche Übersicht über das Naturschutzgebiet Questenberg" im März 1959 ab.[2] Im Jahre 1961 wurde er vom Institut für Systematische Botanik und Pflanzengeographie (Direktor H. Meusel) der Universität Halle mit den Vorarbeiten zu einer Promotion beauftragt. Leider konnte er seine Dissertation „Die Beziehungen zwischen Geschichte und Vegetation in der Goldenen Aue"[4][1] nicht mehr beenden. Er starb er am 29. Oktober 1979 infolge eines Krebsleidens in Sangerhausen, wo er zuletzt in der Leninstraße 11 wohnte. Seine letzte Ruhestätte fand er auf dem Städtischen Friedhof in Sangerhausen.[3]

Als Mitglied des Kulturbundes und der Gesellschaft zur Verbreitung wissenschaftlicher Kenntnisse (Urania) hielt Zeising zahlreiche Lichtbildervorträge in vielen Orten des Kreises Sangerhausen. Außerdem unterrichtete er Abiturklassen an der Volkshochschule und Biologielehrer bei Weiterbildungsveranstaltungen im Rahmen des Kurssystems.[1][2] Bei der Witwe E.-M. Zeising, Sangerhausen, befinden sich zwei Protokollbücher „Ökologische Untersuchungen auf dem Schlösschenkopf bei Sangerhausen", Teil I (Juli 1964 bis März 1971) und Teil II (April 1971 bis Oktober 1971).

Quellen

(1) ROHLAND, S.: Erinnerungen an einen Botaniker. – Mitteldeutsche Zeitung (Sangerhäuser Zeitung) vom 15. Juli 2000. – (2) Nachlass R. Zeising (8.3.2001, übergeben zur Einsichtnahme durch Witwe E.-M. Zeising). – (3) E.-M. Zeising, Sangerhausen (8.3.2001, mündl. mit K.-J. Barthel und J. Pusch). – (4) Bescheinigung des Instituts für Systematische Botanik und Pflanzengeographie der Universität Halle-Wittenberg; Original bei E.-M. Zeising.

Zinn, Johann Gottfried   1727–1759

geboren: 4. Dezember 1727 in Schwabach
gestorben: 6. April 1759 in Göttingen

Beruf, Leistungen auf floristischem Gebiet

Arzt, Hochschullehrer, Botaniker. Von seinem Lehrer Albrecht von Haller unterscheidet er sich dadurch, dass er in seinem „Catalogus plantarum horti academici et agri Gottingensis" (1757), einer Neuauflage der „Enumeratio plantarum horti regii et agri Gottingensis" (1753) von Haller, bei der Namensgebung der Pflanzen die binäre Nomenklatur wenigstens teilweise als Synonyme aufführt.[3] Er ist damit der Erste gewesen, der für die Pflanzen Mitteldeutschlands die Nomenklatur von Linné mit verwandte.[3] Von Ilfeld nennt er *Chrysanthemum segetum, Cynoglossum germanicum* und *Pyrola minor*. Vom Alten Stolberg werden u. a. *Anthericum ramosum, Asperula tinctoria, Astrantia major, Erysimum marschallianum, Galium glaucum, Gypsophila fastigiata, Inula salicina, Laserpitium latifolium, Libanotis pyrenaica* und *Melampyrum cristatum* aufgeführt. Er war auch der Erste, der die heimatliche Vegetation unter pflanzengeographischen Gesichtspunkten betrachtete, indem er Pflanzen ganz bestimmten Bodenunterlagen zuordnete.[3] „Zinn, nach dem Linné die *Zinnia* (Zinnie) benannte, ist durch seine anatomischen Arbeiten über das Auge bekannter geworden, als über sein botanisches Werk. Er starb zu früh, um erkennen zu lassen, was er hätte leisten können".[4]

Herbarien, wichtige Herbarbelege

Über ein Herbarium von Zinn ist uns nichts bekannt, ebenso konnten wir in keinem der von uns untersuchten Herbarien Belege von ihm auffinden.

Wichtige Veröffentlichungen

[• Descriptio anatomica oculi humani iconibus illustrata. – Gottingae 1755]. – • Catalogus plantarum horti academici et agri Gottingensis. – Goettingae 1757.

Biographie

Johann Gottfried Zinn wurde am 4. Dezember 1727 als Sohn des Finanzbeamten („Kastner") Conrad Stephan Zinn in Schwabach geboren.[1][2] Nach dem Besuch der lateinischen Trivialschule in Schwabach ging er im Jahre 1746 an die Universität Göttingen, um unter A. von Haller Medizin zu studieren. Hier promovierte er im Jahre 1749 mit einer Arbeit über das Zentralnervensystem der Tiere zum Dr. med. Anschließend ging Zinn für kurze Zeit als praktischer Arzt nach Ansbach und danach für einige Jahre nach Berlin. In Berlin stand ihm ein umfangreiches „Leichenmaterial" zur Verfügung, wo er sich insbesondere mit dem Bau des Nervensystems und mit der Anatomie des menschlichen Auges beschäftigte. Im Jahre 1753 wurde er als Nachfolger A. von Hallers als a. o. Professor der Medizin nach Göttingen berufen.[1][2] [Haller hatte in Göttingen sowohl die Anatomie, Physiologie, Chirurgie als als auch die Botanik gelesen.[1] Jetzt wurde der Lehrstuhl zwischen Zinn und J. G. Roederer aufgeteilt,[1][2] so dass Zinn die Botanik und die Direktion des Botanischen Gartens übernahm.[1]] Im Jahre 1755 wurde er zum ordentlichen Professor der Medizin ernannt.[1][2] Von Göttingen aus erforschte er die Flora Mitteldeutschlands, die er u. a. auf mehreren Reisen in den Harz kennenlernte.[3] [In den Jahren 1754 und 1756 bestieg er den Brocken.[3]] Im Jahre 1755 erschien Zinns Hauptwerk „Descriptio anatomica oculi humani iconibus illustrata", das sich mit der Anatomie des menschlichen Auges beschäftigte.[1] Er starb bereits am 6. April 1759 in Göttingen,[1][2] wahrscheinlich an Lungenschwindsucht.[1]

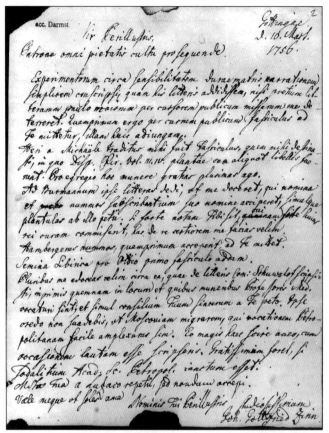

Abb. 237: Handschrift von Johann Gottfried Zinn (Preußischer Kulturbeseitz, Handschriftenabteilung)

Zinn war von 1752 bis 1753 korrespondierendes und ab 1753 ordentliches Mitglied der Gesellschaft der Wissenschaften zu Göttingen. Im Jahre 1753 wurde er auswärtiges Mitglied der Akademie der Wissenschaften in Berlin.[2] In Schwabach trägt eine Straße seinen Namen.[1]

Quellen
(1) Das Buch der Stadt und des Kreises Schwabach, S. 160–176. – Schwabach: Millizer 1950. – (2) WAGENITZ, G.: Göttinger Biologen, 1737–1945. Eine biographisch-bibliographische Liste. – Göttingen 1988. – (3) WEIN, K.: Die Erforschung des Florenkleides von Nordhausen in ihrer geschichtlichen Entwicklung bis zum Ende des 18. Jahrhunderts. – Festschr. 39. Hauptvers. deutsch. Ver. Förder. math. naturwiss. Unterricht e. V. Nordhausen 30. März bis 3. April 1937: 80–111. – (4) WAGENITZ, G.: Anfänge der Botanik an der Georgia Augusta im Spannungsfeld zwischen Haller und Linné. – Nachr. Akad. Wiss. Göttingen, II. Math.-Phys. Kl., Jg. 2001(2): 1–21; 2001.

4. Liste der im Bearbeitungsgebiet tätigen Pflanzensammler

Bei den umfangreichen Herbardurchsichten der vergangenen 15 Jahre durch J. Pusch, die im Zusammenhang mit der Erarbeitung der „Flora des Kyffhäusergebirges und der näheren Umgebung" (BARTHEL & PUSCH 1999), den Recherchen zu den verschiedenen Publikationen zur Gattung *Orobanche* und der hier vorliegenden Arbeit vorgenommen wurden, mussten tausende Herbarbelege des Bearbeitungsgebietes ausgewertet werden. Dabei wurden Belege vieler Sammler untersucht, deren Namen (soweit bekannt) in der nachfolgenden Tabelle zumindest genannt werden sollen, da diese möglicherweise auch für andere historisch arbeitende Botaniker von Interesse sind. Sicher sind in den von uns untersuchten Herbarien noch zahlreiche hier nicht genannte Sammler (des Bearbeitungsgebietes) zu finden, da von uns mitunter nur bestimmte Arten oder einzelne Gattungen (z. B. *Orobanche*) genauer ausgewertet wurden.

Als Anhaltspunkt und zur besseren zeitlichen Einordnung der Sammler wurde angegeben, aus welchem Zeitraum die gefundenen Belege stammen (Anfang des jeweiligen Jahrhunderts: Jahre ..00 bis ..33, Mitte des Jahrhunderts: Jahre ..34 bis ..66, Ende des Jahrhunderts: Jahre ..67 bis ..99). Bei Franz Kappel bedeutet die Angabe „Ende 19–Anfang 20" zum Beispiel, dass seine Belege in den verschiedenen angeführten Herbarien (B, DR, JE, HAL, HBG, LY, M, PR, TUB, Herbarkürzel siehe Abschnitt 8.) im Zeitraum von frühestens 1867 bis spätestens 1933 gesammelt wurden. Der Hauptteil seiner Belege liegt in Jena (JE), dies wurde durch Unterstreichen des Herbarkürzels JE hervorgehoben. Außerdem wurde angegeben, wie viel Belege des jeweiligen Sammlers zu den selteneren Pflanzenarten des Bearbeitungsgebietes insgesamt vorgefunden wurden. Auch wenn die angegebene Anzahl nicht die tatsächlich in den Herbarien vorzufindende Beleg-Zahl darstellen kann, so gibt sie zumindest eine grobe Orientierung, wie „fleißig" in unserem Bearbeitungsgebiet von diesem gesammelt wurde.

Name des Sammlers	Herbarien in denen Belege aus dem Kyffhäusergebiet vorgefunden wurden	Sammelzeitraum	Anzahl Belege
Angelrodt, Carl	GOET, HAL, JE, M	Ende 19	12
Angerstein	BHU	Mitte 19	1
Ascherson, Paul	JE	Mitte 19	1
Baehr, M.	JE	Ende 19	1
Barthel, Klaus-Jörg	JE	Ende 20	2
Bässler, Manfred	JE	Mitte 20	1
Becker, Wilhelm	B, GAT, GJO, GOET, HAL, HBG, JE, PR, Z	Ende 19	über 30
Beckhaus, K.	MSTR	19. Jhd.	1
Beneken, F.	JE	19. Jhd.	1
Bergmann, Adolf	JE	Ende 19	3
Bernau, K.	GAT	Mitte 20	2
Bertram, W.	JE	Mitte–Ende 19	2
Bisse, Johannes	JE	Mitte 20	1
Bock (Kantor)	HAL	Ende 19	4
Bornmüller, Joseph	B, , GOET, JE	Anfang 20	über 20
Bösel, Albert	JE	Ende 19	3
Bradler, Ernst	JE	Anfang 20	17
Branco, Kurt	JE	Mitte 20	3
Breitenbach, Friedrich	JE	Anfang 20	9

Buddensieg, Franz	JE, M	Mitte 19	2
Buek, J. N.	GOET, JE	Anfang 19	2
Conrad, R.	Gera	Ende 20	1
Correns, C.	M	Anfang 20	1
Dietrich, D.	JE	19. Jhd.	1
Döhler, Günter	JE	Mitte 20	1
Doll, Reinhard	JE	Mitte 20	1
Dörfelt, Heinrich	HAL	Ende 20	6
Dufft, Carl	JE	Mitte 19	2
Duty, Joe	JE	Mitte 20	7
Eggert, H.	HAL, MSTR	Mitte–Ende 19	6
Ekart, Tobias Philipp	JE	Mitte 19	7
Elkner, Richard	JE	Anfang 20	4
Engelbrecht, C.	HAL	19. Jhd.	1
Erfurth, Ch. B.	JE	19. Jhd.	1
Fränkel	GLM	Ende 19	2
Freiberg, W.	PR	Anfang 20	1
Freitag, H.	JE	Mitte 20	4
Freytag, W.	HAL	Mitte 20	7
Fröde, E. Th.	GFW	Anfang 20	2
Fröhlich, Otto	JE	Anfang–Mitte 20	9
Fueß, W.	HAL	Ende 19 ?	1
Garcke, August	B, HAL, JE	Mitte 19	1
Gehrt, Kurt	JE	Anfang 20	1
Geier, S.	HAL	Mitte–Ende 20	11
Georges, A.	JE	Mitte 19	2
Gerhard, Wilhelm	PR	19. Jhd.	1
Glotz, Erich	GLM	Mitte 20	1
Goebel, K. C. T. F	JE	19. Jhd.	3
Graebner, Paul (junior)	MSTR	Anfang 20	2
Grebe, H.	JE	Anfang 20	2
Grisebach, A.	GOET	Anfang 19	1
Grolle, Riclef	JE	Mitte 20	3
Grosser (Apotheker)	JE	19. Jhd.	2
Grube-Einwald, L.	JE	Ende 19	3
Gunkel, Eduard	BHU, GOET, HAL, JE	Ende 19	über 50
Günther, Karl-Friedrich	HAL, JE	Mitte 20– Anfang 21	über 100
Gutte, Peter	LZ	Ende 20	1
Haertel, August	PR	19. Jhd.	1
Hammann, R.	JE	Mitte 20	2
Hartmann, Hans	HAL	Mitte 20	3
Haussknecht, Carl	GOET, JE	Mitte–Ende 19	über 100
Heinrich, Wolfgang	JE	Mitte 20	4
Helmecke, Klaus	Erfurt-FH, HAL	Mitte–Ende 20	über 20
Hempel, Werner	BHU	Mitte 20	1
Henze, Ulrich	JE	Ende 20	1
Hergt, Bernhard	JE	Anfang 20	15
Hermann, H.	Erfurt	Mitte 20	4
Hermann, R.	JE	Mitte 20	2
Hesse, Christian	JE, HAL, GOET	Ende 19	3
Hilbig, Ortrud	HAL	Ende 20	1

Hilbig, Werner	HAL	Ende 20	über 10
Hoppe, R.	JE	Ende 19	2
Hornung, Ernst Gottfried	HAL, JE, MSTR, PR	Anfang 19	11
Ilse, Hugo	JE, LUX	Mitte 19	über 50
Irmisch, Thilo	GOET, HAL, JE, PR	Anfang–Mitte 19	über 50
Jäger, Eckehart J.	HAL	Mitte 20	1
John, Carl	JE	Anfang–Mitte 19	über 30
John, H.	Dessau	Ende 20	1
Johnstedt	JE	Ende 19	1
Kappel, Franz	B, DR, HAL, HBG, JE, LY, M, PR, TUB	Ende 19–Anfang 20	über 40
Klett, G. T.	GOET	Anfang 19	1
Knapp, H. D.	HAL	Mitte 20	1
Krüger, Hans	GLM, JE	Anfang 20	3
Kubat, K.	Gera	Ende 20	1
Kunze, Johannes	GOET	Ende 19	1
Lammers, Clemens	HAL, JE	Ende 19	5
Lange, Elsbeth	JE	Mitte 20	8
Lebing, Carl	GOET, HAL, HBG, JE, Kölleda, MSTR, Sangerhausen	Ende 19	über 20
Lemke, Willy	JE	Mitte 20	2
Lewejohann, Klaus	GOET	Ende 20	über 10
Lichtenberg	JE	Mitte 19	1
Liebermann, B.	JE	Ende 20	1
Lippold, Hans	JE	Mitte–Ende 20	6
Lohmeyer, J.	JE	Ende 19	5
Lutze, Günter	HAL, JE	Ende 19	7
Mägdefrau, Karl	JE	Anfang 20	10
Mahn, Ernst-Gerhard	HAL	Mitte 20	3
Manitz, Hermann	JE	Mitte 20	12
Marstaller, Rolf	JE	Ende 20	2
Meißner, Richard	Dessau	Anfang 20	5
Mengersen, von	HAL	19. Jhd.	1
Meusel, Hermann	HAL	Anfang–Mitte 20	über 30
Meyer, Friedrich Karl	JE	Mitte 20	über 40
Militzer, Max	HAL	Mitte 20	über 10
Möller, Ludwig	HAL, JE	Mitte 19	2
Mörchen, G.	HAL	Ende 20	2
Mühlefeld, J. C.	JE	Mitte 19	2
Nauenburg, J. D.	GOET	Ende 20	1
Neureuter, Friedrich	JE	Anfang 20	2
Oberländer, Elke	JE	Mitte 20	2
Oertel, Gustav	GLM, GOET, HAL, JE, Kölleda, MSTR, PR	Mitte–Ende 19	über 200
Oesterreich, H.	GOET	Mitte 20	2
Oßwald, Louis	GOET, HBG, JE, M, MSTR	Ende 19	7
Peter, Albert	B, GOET, K	Ende 19	3
Petry, Arthur	GOET, JE,	Ende 19	4
Petzoldt, Elke	JE	Ende 20	2
Pflaumbaum, Liselotte	Frankenhausen	Mitte–Ende 20	über 100
Polakowsky, G. H.	GOET, JE	Ende 19	2
Pritzel	B	Anfang 20	1
Pusch, Jürgen	JE	Ende 20	2

Quelle, Ferdinand	JE	Ende 19	über 40
Rauschert, Stephan	HAL, JE,	Mitte 20	über 20
Reichel, P.	HAL	Mitte 20	1
Reichenbach, H. G. L.	PR	19. Jhd.	1
Reichenbach, Helmut	JE	Mitte 20	3
Reichenbach, H. G.	JE	19. Jhd.	1
Reinecke, Carl	JE	Ende 19	7
Ritter, Helga	Frankenhausen	Ende 20	über 10
Rothe, H.	GOET, JE, PR	Ende 19	3
Rothmaler, Werner	B, GFW, HAL, JE	Anfang–Mitte 20	über 30
Rudolph, Wilhelm	DR, GOET, HAL, JE, MSTR, PR	Anfang 20	über 20
Sagorski, Ernst	Erfurt, GOET, HAL, JE, PR	Ende 19–Anfang 20	über 20
Schaberg, F.	HAL	Mitte 20	1
Schäfer (Dr.)	JE	Ende 19	1
Schäfer, K.	JE	Mitte 20	1
Schambach (Hauptmann a. D.)	GOET	1876	1
Schartow, R.	MSTR	Anfang 19	6
Schlüter, Heinz	HAL, JE	Mitte 20	2
Schmalz, Gerhard	HAL	Ende 20	3
Schmidt, J.	HBG	Anfang 20	1
Schmidt, P.	Gera	Ende 20	1
Schmiedtgen, Gustav	HAL, JE	Ende 19	11
Schmiedtgen, Ottomar	JE	Ende 19	2
Schneider, Ulrike	GFW, JE	Ende 20	5
Schnell, Adolf	JE	Anfang 20	7
Schnell, Ulrike	JE	Ende 20	1
Schönheit, F. C. H.	JE, REG, W	Mitte 19	über 10
Schulz, August	HAL, JE, MSTR	Anfang 20	5
Schulz, R.	B	Ende 19	1
Schuster	GAT	Mitte 20	6
Schuster	PR	Anfang 20	1
Schwartz, Oskar	HBG	Anfang 20	2
Schwarz, Otto	ANK, B, HAL, JE, KIEL	Anfang 20	17
Söm(m)ering (Herbar Vocke)	JE	1879	1
Steinmann, Friedrich	GOET, HAL, JE	Ende 19	13
Sterzing, Hermann	GOET, JE, PR	Ende 19	über 20
Storz, R.	HAL	1965	6
Suffrian, L. E.	PR	19. Jhd.	1
Thieme, T.	JE	Ende 19	3
Tölle	JE	19. Jhd.	2
Torges, Emil	JE	Ende 19	7
Uhmann, Hans	JE	Anfang–Mitte 20	4
Uttendörfer, O.	DR	Anfang 20	1
Vocke, Adolf	DR, GOET, HAL, JE, M, MSTR, PRC	Ende 19	über 100
Volland	JE	Anfang 20	1
Wagenitz, Gerhard	GOET	Mitte 20	1
Wallroth, Friedrich Wilhelm	HAL, JE, LE, PR, W	Anfang 19	über 100
Walther, Kurt	JE	Mitte 20	1
Weber (Herbar John)	JE	19. Jhd.	1
Wein, Kurt	HAL, JE	Anfang–Mitte 20	3
Weinert, Erich	HAL	Mitte 20	1

Weise, Ernst	JE	Ende 19–Anfang 20	5
Wenzel, Gustav	GOET, MSTR, PR, PRC	Ende 19	12
Werner, Klaus	HAL	Mitte 20	über 20
Wiedenroth, E. M.	HAL	Mitte 20	1
Wildt, Otto	Erfurt, JE	Anfang 20	6
Woitkowitz, O.	HAL	Mitte 20	3
Wünsche, Otto	GOET	Ende 19	1
Wüst, Ewald	HAL, STU	Ende 19	12
Zahn, Gustav	JE	Anfang 20	3
Zenker, E.	Dessau	Ende 20	1
Zinsmeister, J. H.	HAL	Anfang 20	1
Zobel, A.	Dessau	Anfang 20	2
Zündorf, Hans-Joachim	JE	Ende 20	1

5. Übersicht zu den genauer besprochenen Botanikern

Name des Botanikers		geboren (wann und wo)	gestorben (wann und wo)	Porträt	sonstige Abb. (E: Herbaretikett, H: Herbarbeleg, B: Brief, S: sonstiges)	Abb. ges.
Aemylius, G.	A	25.6.1517 Mansfeld	Mai 1569	-	-	0
Altehage, C.	x	1.4.1899 Vlotho	12.12.1970 Osnabrück	1	E	2
Andres, C.	x	16.5.1966 Beckum	-	1	E	2
Angelrodt, C.	x	12.11.1845 Frömmstedt	12.5.1913 Nordhausen	-	E, B	2
Apel, E.	F	4.10.1894 Milbitz	nach 1945 verschollen	-	-	0
Baltzer, L.	x	22.5.1847 Nordhausen	4.3.1885 Grötzingen	-	S	1
Barthel, K.-J.	x	13.7.1940 Dresden	-	1	E	2
Bauer, D.	F	22.1.1949 Kelbra	-	-	-	0
Becker, T.	F	8.1.1967 Kassel	-	-	-	0
Becker, W.	x	24.1.1874 Halberstadt	12.10.1928 Berlin	1	E, H	3
Besthorn, L.	x	17.11.1833 Crottorf	6.3.1921 Nordhausen	1	-	1
Bösel, A.	x	11.5.1834 Kösen	13.6.1920 Friedrichroda	1	-	1
Bornmüller, J.	x	6.12.1862 Hildburghausen	19.12.1948 Weimar	2	E, E	4
Böttcher, H.	F	26.12.1969 Bad Frankenhausen	-	-	-	0
Bradler, E.	x	18.12.1877 Beuthen	22.3.1954 Erfurt	1	E, H	3
Branco, K.	x	24.12.1904 Weimar	2.6.1969 Veszprem (Ungarn)	1	E, H	3
Brandes, W	x	2.4.1834 Hildesheim	8.7.1916 Hannover	-	E, S	2
Breitenbach, F.	x	30.11.1865 Kaan-Marienborn	3.7.1925 Artern	1	B	2
Buddensieg, F.	X	22.8.1812 Gangloffsömmern	22.10.1894 Tennstedt	-	E, H, S, S	4
Buhl, A.	F	28.3.1935 Bautzen	-	-	-	0
Camerarius, J.	x	6.11.1534 Nürnberg	11.10.1598 Nürnberg	1	S	2
Cordus, V.	x	18.2.1515 Erfurt	25.9.1544 Rom	1	-	1
Dersch, G.	F	9.7.1932 Marburg	-	-	-	0
Döring, E.	x	10.1.1860 Sondershausen	8.3.1938 Sondershausen	1	B	2
Drude, O.	x	5.6.1852 Braunschweig	1.2.1933 Bühlau	1	E	2
Duty, J.	x	10.1.1931 Niemes (Tschechien)	24.3.1990 Rostock	1	E	2
Ebel, F.	F	3.12.1934 Liegnitz	-	-	-	0
Eckstein, J.	F	20.6.1976 Rudolstadt	-	-	-	0
Ekart, T. P.	x	21.5.1799 Simau bei Coburg	1.11.1877 Bamberg	-	E, H	2
Elsen, T. von	F	29.8.1959 Wuppertal	-	-	-	0
Engelmann, H.	A	16.4.1917 Frankenhausen	13.11.1997 Bad Frankenhausen	1	-	1
Engelmann, K.	x	25.10.1908 Frankenhausen	21.4.1995 Bad Frankenhausen	1	S	2
Ernst, A.	F	14.11.1970 Bremen	-	-	-	0
Evers, G.	x	26.8.1837 Mengershausen	24.7.1916 Innsbruck	1	E, H	3
Fürer, J. L.	x	um 1576 Nordhausen	16.9.1626 Nordhausen	1	S	1
Garcke, A.	x	25.10. 1819 Bräunrode	10.1.1904 Berlin	1	S	2
Gottschlich, G.	x	14.8.1951 Braunlage	-	1	S	2
Grube-Einwald, L.	A	8.1.1855	9.5.1913 Coburg ?	-	H, B	2
Gunkel, E.	x	25.11.1846 Keula	7.1.1935 Sondershausen	1	E	2
Günther, K.-F.	F	22.3.1941 Langenleuba-Niederhain	-	-	-	0
Haller, A.	x	16.10.1708 Bern	12.12.1777 Bern	1	E, H	3
Hampe, E.	x	5.7.1795 Fürstenberg/Weser	23.11.1880 Helmstedt	1	E	2
Haertel, A.	A	?	?	-	E, H	2
Hartmann, H.	x	13.7.1902 Erfurt	Ende 1944 bei Stalingrad	1	E, H	3
Haussknecht, C.	x	30.11.1838 Bennungen	7.7.1903 Weimar	1	E	2
Heidelck, F.	A	12.10.1891 Konitz	29.1.1961 Berlin	1	S	2
Helmecke, K.	x	14.2.1939 Erfurt	-	1	E	2

Henker, H.	F	7.2.1930 Stargard	-	-	-	0
Henze, U.	x	9.3.1963 Halle	-	1	E	2
Herdam, H.	x	7.9.1939 Halberstadt	-	1	S	2
Hergt, B.	x	10.5.1858 Bergsulza	22.1.1920 Bad Sulza	1	E, H	3
Hesse, C.	x	23.4.1841 Scheßlitz	13.6.1916 Greußen	-	E, H	2
Hesse, H.	A	24.9.1867 Greußen	25.5.1930 Greußen	1	-	1
Hirschfeld, H.	x	5.3.1936 Bad Frankenhausen	-	1	-	1
Hirschfeld, K.	A	1.8.1900 Frankenhausen	31.5.1973 Bad Frankenhausen	1	-	1
Hoch, A.	F	5.8.1961 Köthen	-	-	-	0
Hornung, E. G.	x	15.9.1795 Frankenhausen	30.9.1862 Aschersleben	-	E, H, E	3
Ilse, H.	x	14.8.1835 Brühl bei Köln	25.2.1900 Pfalzburg	-	E, H, E, S	4
Irmisch, T.	x	4.1.1816 Sondershausen	28.4.1879 Sondershausen	1	E	2
Jandt, U.	F	13.6.1965 Göttingen	-	-	S	1
Jansen, W.	x	26.10.1941 Kiel	-	1	H	2
John, C.	A	23.3.1803 Heringen	?	-	E, H	2
Jungermann, L.	x	4.7.1572 Leipzig	7.6.1653 Altdorf	1	S	2
Kaiser, E.	x	23.12.1885 Hildburghausen	7.7.1961 Hildburghausen	1	B	2
Kappel, F.	x	25.5.1855 Dürrkünzendorf	18.5.1909 Artern	-	E, H	2
Karlstedt, K.	A	21.8.1937 Bad Frankenhausen	9.6.1994 Bad Frankenhausen	1	-	1
Kausch-Blecken von Schmeling, W.	F	17.4.1934 Hamburg	-	-	-	0
Kellner, K.	x	5.3.1905 Nordhausen	5.3.1988 Nordhausen	1	H, S	3
Kison, H.-U.	F	15.8.1950 Staßfurt	-	-	-	0
Korneck, D.	F	22.6.1935 Mainz	-	-	-	0
Korsch, H.	F	30.6.1965 Themar	-	-	-	0
Kützing, F. T.	x	8.12.1807 Ritteburg	9.9.1893 Nordhausen	1	E	2
Lammers, C.	x	4.3.1806 Ahlefeld	21.3.1893 Rottleben	-	E, H, E	3
Lange, S.	x	7.8.1927 Badra	-	1	-	1
Lebing, C.	x	19.1.1839 Braunsroda	4.2.1907 Sangerhausen	1	E, H	3
Leimbach, G.	x	4.1.1848 Treysa	11.6.1902 bei Arnstadt	1	E	2
Lewejohann, K.	F	20.5.1937 Munster	-	-	-	0
Lutze, G.	x	9.1.1840 Sondershausen	10.6.1930 Sondershausen	1	E, H	3
Mahn, E. G.	x	3.7.1930 Dessau	-	1	E	2
Marstaller, R.	F	8.1.1939 Jena	-	-	-	0
Meusel, H.	x	2.11.1909 Coburg	3.1.1997 Halle/Saale	2	S, H	4
Meyer, F. K.	x	29.12.1926 Freiberg	-	1	E	2
Meyer, G. F. W.	x	18.4.1782 Hannover	19.3.1856 Göttingen	1	H	2
Möller, L.	F	18.6.1820 Bindersleben	22.1.1877 Mühlhausen	1	E	2
Müller, H.	x	21.2.1891 Sondershausen	9.5.1984 Sondershausen	1	S	2
Müller, J.	F	6.9.1968 Köln	-	-	-	0
Oertel, G.	x	7.4.1834 Zeitz	26.12.1908 Sondershausen	-	E, H, E	3
Oßwald, L.	x	12.6.1854 Ranis	11.8.1918 Nordhausen	-	E, H	2
Oswald, J.	x	1557 Nordhausen	20.4.1617 Nordhausen	-	-	0
Otto, C. A. F.	F	3.5.1810 Rudolstadt	12.2.1872 Rudolstadt	1	-	1
Peitzsch, J.	x	31.1.1940 Küstrin	-	1	-	1
Peter, A.	x	21.8.1853 Gumbinnen	4.10.1937 Göttingen	1	E	2
Petry, A.	x	12.2.1858 Tilleda	3.3.1932 Nordhausen	1	E, H, S	4
Petzoldt, E.	F	1.11.1963 Sangerhausen	-	-	-	0
Pflaumbaum, L.	x	3.2.1917 Döbbelin	10.10.1998 Bad Frankenhausen	1	E	2
Pusch, J.	x	22.7.1962 Bad Frankenhausen	-	1	E, H	3
Quelle, F.	x	10.12.1876 Nordhausen	30.1.1963 Berlin	1	E	2
Raabe, U.	F	30.8.1960 Halle/Westfalen	-	-	-	0

Rabitz, P.	X	12.12.1888 Frankenhausen	9.7.1977 Mühlhausen	1	E	2
Ratzenberger, C.	X	15.2.1533 Saalfeld	22.11.1603 Naumburg (?)	-	H	1
Rauschert, S.	X	1.9.1931 Sundhausen	6.5.1986 Halle	1	E, H, S	4
Reimers, H.	X	17.6.1893 Uetersen	18.5.1961 Berlin	1	H	2
Reinhardt, K.	X	22.9.1924 Nordhausen	-	1	B	2
Reuther, R.	X	26.4.1926 Oelze	-	1	E	2
Riemenschneider, C.	A	17.9.1858 Nordhausen	8.5.1918 Nordhausen	-	B	1
Röse, N.	F	10.7.1937 Kölleda	-	-	-	0
Rothmaler, W.	X	20.8.1908 Sangerhausen	13.4.1962 Leipzig	2	E	3
Rudolph, W.	X	23.7.1841 Burgheßler	3.12.1913 Erfurt	1	E	2
Rupp, H. B.	X	August 1688 Gießen	7.3.1719 Jena	-	S	1
Sauerbier, W.	F	28.4.1951 Bad Frankenhausen	-	-	-	0
Scheuermann, R.	X	6.11.1873 Bützow	8.1.1949 Nordhausen	1	E	2
Schmiedtgen, G.	X	16.6.1839 Paulinzella	13.5.1911 Bendeleben	-	E, H	2
Scholz, P.	F	19.11.1956 Lichtenstein	-	-	-	0
Schönheit, F. C. H.	X	18.9.1789 Teichröda	28.4.1870 Singen	1	E	2
Schrader, H. A.	X	1.1.1767 Alfeld	22.10.1836 Göttingen	1	B	2
Schroeter, W.	X	30.12.1922 Wernrode	28.6.1992 Nordhausen	1	E	2
Schubert, K.	X	20.11.1926 Friedland	-	1	E	2
Schubert, R.	F	26.8.1927 Kobitzschwalde	-	-	-	0
Schulz, A.	X	8.12.1862 Stettin	7.2.1922 Halle/Saale	1	E	2
Schwarz, O.	X	28.4.1900 Weimar	7.4.1983 Jena	1	E	2
Schwarzberg, B.	X	6.12.1964 Nordhausen	-	1	-	1
Sondermann, L.	A	27.7.1824 Artern	?	-	-	0
Staritz, R.	A	7.11.1851 Teutschenthal	8.10.1922 Dessau	1	E	2
Steinmann, F.	X	3.9.1827 Oberspier	7.12.1889 Sondershausen	-	E, H	2
Sterzing, H.	X	25.10.1843 Sondershausen	29.12.1910 Sondershausen	-	E, H	2
Sterzing, J.	A	6.1.1820 Sondershausen	25.12.1909 Sondershausen	1	-	1
Stiede, E.	X	15.10.1926 Nordhausen	-	1	E	2
Stordeur, R.	F	20.11.1950 Cunnersdorf	-	-	-	0
Thal, J.	X	1542 Erfurt	18.7.1583 Peseckendorf	-	S, S	2
Thomas, J.	X	10.9.1951 Nordhausen	-	1	E	2
Troll, W.	X	3.11.1897 München	28.12.1978 Mainz	1	E	2
Uthleb, S.	F	11.9.1963 Erfurt	-	-	-	0
Vocke, A.	X	21.11.1821 Magdeburg	1.5.1901 Nordhausen	-	E, H, E	3
Wagenitz, G.	F	31.5.1927 Potsdam	-	-	-	0
Wallroth, F. W.	X	13.3.1792 Breitenstein	22.3.1857 Nordhausen	1	E, B, S	4
Wein, K.	X	22.2.1883 Eisleben	11.3.1968 Nordhausen	2	E, B	4
Weinert, E.	X	4.12.1931 Bernburg	16.8.1999 Freital	1	S	2
Weinitschke, H.	F	21.02.1930 Oppeln	-	-	-	0
Wenzel, G.	X	13.11.1860 Großwechsungen	26.12.1932 Minden	-	E, H	2
Werner, K.	F	19.11.1928 Landeshut	-	-	-	0
Westhus, W.	F	02.6.1954 Wolmirstedt	-	-	-	0
Würzburg, B.	A	14.1.1894 Berlin	6.2.1966 Leubingen	1	E	2
Wüst, E.	X	29.9.1875 Halle/Saale	19.4.1934 Kiel	1	E	2
Zeising, R.	X	24.2.1929 Morungen	29.10.1979 Sangerhausen	1	S	2
Zinn, J. G.	X	4.12.1727 Schwabach	6.4.1759 Göttingen	-	S	1
Zündorf, H.-J.	F	20.8.1953 Themar	-	-	-	0

6. Literaturverzeichnis

Nachfolgend werden die Literaturquellen aufgeführt, die in den Abschnitten 1. und 2. (Vorwort, Chronologische Darstellung ...) zitiert wurden. Diese wurden in der vorliegenden Arbeit z. T. häufiger benutzt und können in diesem Sinne als „Standard- bzw. wichtige Literatur" aufgefasst werden. Die im 3. Abschnitt (Biographien der wichtigsten Botaniker ...) zitierten Literaturstellen und sonstigen Quellen (briefliche Mitteilungen, telefonische Auskünfte usw.) wurden hingegen unter der Teilüberschrift „Quellen" bei der jeweils behandelten Person bereits aufgeführt, so dass diese nicht nochmals hier genannt werden müssen.

BALTZER, L. V.: Das Kyffhäuser-Gebirge in mineralogischer, geognostischer und botanischer Beziehung. – Nordhausen 1880.

BARTHEL, K.-J. & J. PUSCH: Pflanzenverzeichnis des Kyffhäusergebirges rund 100 Jahre nach der Erfassung von A. Petry (1889). – Veröff. Naturkundemuseum Erfurt 13: 123–147; 1994.

BARTHEL, K.-J. & J. PUSCH: Flora des Kyffhäusergebirges und der näheren Umgebung. – Jena 1999.

BAUHIN, C.: Phytopinax. – Basel 1596.

BAUHIN, C.: Prodromus. – Frankfurt am Main 1620.

BAUHIN, C.: Pinax. – Basel 1623.

BAUHIN, C.: Theatri botanici sive Historae plantarum. – Basel 1658.

BECKER, T.: Zur Rolle von Mikroklima- und Bodenparametern bei Vegetationsabfolgen in Trockenrasen des unteren Unstruttals (Sachsen-Anhalt). – Gleditschia 26(1–2): 29–57; 1998a.

BECKER, T.: Die Pflanzengesellschaften der Felsfluren und Magerrasen im unteren Unstruttal (Sachsen-Anhalt). – Tuexenia 18: 153–206; 1998b.

BECKER, T.: Die Xerothermrasen-Gesellschaften des unteren Unstruttales und einige ökologische Gründe für ihre Verteilung im Raum. – Mitt. Florist. Kartierung Sachsen-Anhalt 4: 3–29; 1999.

BECKER, T.: Die Bedeutung des unteren Unstruttales für den Schutz der Xerothermrasenflora in Deutschland. – Hercynia N. F. 33: 99–115; 2000.

BENKERT, D.: Beitrag zur Kenntnis der Pilzflora des Kyffhäuser. – Gleditschia 4: 127–152; 1976.

BENKERT, D., F. FUKAREK & H. KORSCH (Hrsg.): Verbreitungsatlas der Farn- und Blütenpflanzen Ostdeutschlands. – Jena 1996.

BERNAU, K.: August Schulz als Thüringer Botaniker. – Mitt. Thüring. Bot. Ver. 41: XXIX–XXXIV; 1933.

BRANCO, K.: Floristische Beobachtungen in Thüringen. – Mitt. Thüring. Bot. Ver. 49: 210–228; 1942.

BRANDES, W.: Flora der Provinz Hannover. – Hannover und Leipzig 1897.

BREITENBACH, F.: Eine neu entdeckte Salzflora. – Mitt. Thüring. Bot. Ver. 25: 31–35; 1909.

DÖRFELT, H., U. RICHTER, G. SAUPE & P. SCHOLZ (Hrsg.): Die Geschichte der Mykologie des 20. Jahrhunderts in Sachsen-Anhalt. – Boletus 25(1/2): 1–157; 2001.

DRUDE, O.: Handbuch der Pflanzengeographie. – Stuttgart 1890.

DRUDE, O.: Der hercynische Florenbezirk. – Leipzig 1902.

DRUDE, O.: Ökologie der Pflanzen. – Braunschweig 1913.

ECKSTEIN, J.: *Acaulon casasianum* (Musci, Pottiaceae) – neu für die Flora von Mitteleuropa. – Haussknechtia 10: 103–112; 2004.

ELSEN, T. VAN: Binnensalzstellen an den Rückstandshalden der Kali-Industrie. – Naturschutzreport 12: 63–117; 1997.

FRAHM, J.-P. & W. FREY: Moosflora, 3. Aufl. – Stuttgart 1992.

FRAHM, J.-P. & J. EGGERS: Lexikon deutschsprachiger Bryologen. – Norderstedt 2001

FUKAREK F. & H. HENKER: Neue kritische Flora von Mecklenburg, Teil 1–5. – Archiv Freunde Naturgeschichte Mecklenburg 23 (1983) bis 27 (1987).

GARCKE, A.: Flora von Halle. 1. Phanerogamen. – Halle 1848.

GARCKE, A.: Flora von Halle. 2. Kryptogamen nebst einen Nachtrag zu den Phanerogamen. – Berlin 1856.

GARVE, E.: Herbarbelege der in Niedersachsen verschollenen Gefäßpflanzenarten am Göttinger Universitätsherbarium (GOET). – Braunschw. naturkundl. Schr. 3(4): 877–893; 1991.

HAEUPLER, H.: Atlas zur Flora von Südniedersachsen. – Scripta Geobot. 10: 1–367; 1976.

HAEUPLER, H., A. JAGEL & W. SCHUMACHER: Verbreitungsatlas der Farn- und Blütenpflanzen in Nordrhein-Westfalen. – Recklinghausen 2003.

HAMPE, E.: Flora Hercynica. – Halle 1873.

HARDTKE, H.-J., F. KLENKE & M. RANFT: Biographien sächsischer Botaniker. – Berichte Arbeitsgemeinschaft sächs. Botaniker 19 (Sonderheft): 1–477; 2004.

HEIN, W.-H. & H.-D. SCHWARZ: Deutsche Apotheker-Biographie, Bd. 1. – Stuttgart 1975.

HEIN, W.-H. & H.-D. SCHWARZ: Deutsche Apotheker-Biographie, Bd. 2. – Stuttgart 1978.

HEIN, W.-H. & H.-D. SCHWARZ: Deutsche Apotheker-Biographie, 1. Ergänzungsband. – Stuttgart 1986.

HEIN, W.-H. & H.-D. SCHWARZ: Deutsche Apotheker-Biographie, 2. Ergänzungsband. – Stuttgart 1997.

HEINRICH, W.: Zwischen Rudolstadt, Nordhausen und dem Kyffhäuser, eine Erinnerung an Friedrich Christian Lesser (1692–1754). – Rudolstädter nat. hist. Schr. 11: 3–41; 2003.

HERDAM, H., unter Mitarbeit von H.-U. KISON, U. WEGENER, C. HÖGEL, W. ILLIG, A. BARTSCH, A. GROß & P. HANELT: Neue Flora von Halberstadt. – Quedlinburg 1993.

HOCH, A.: Bemerkenswerte Pflanzenfunde im Landkreis Sangerhausen. – Mitt. Florist. Kartierung Sachsen-Anhalt 8: 45–50; 2003.

HOCH, A.: Bemerkenswerte Pflanzenfunde im Landkreis Sangerhausen (Teil 2). – Mitt. Florist. Kartierung Sachsen-Anhalt 9: 41–45; 2004.

HOLL, G. & G. HEYNHOLD: Flora von Sachsen. – Dresden 1842.

HORNUNG, E. G.: Taschenbuch der Flora Thüringens [Rezension]. – Archiv Pharm. (Berlin) 113: 341–342; 1850.

ILSE, H.: Flora von Mittelthüringen. – Erfurt 1866.

IRMISCH, T.: Systematisches Verzeichniß der in dem unterherrschaftlichen Theile der Schwarzburgischen Fürstenthümer wildwachsenden phanerogamischen Pflanzen mit Angabe der wichtigsten Culturgewächse. – Sondershausen 1846.

IRMISCH, T.: Zur Morphologie der monokotylischen Knollen- und Zwiebelgewächse. – Berlin 1850.

IRMISCH, T.: Ueber einige Botaniker des 16. Jahrhunderts, welche sich um die Erforschung der Flora Thüringens, des Harzes und der angrenzenden Gegenden verdient gemacht haben. – Jahresbericht Gymnasium Sondershausen 1862.

JÄGER, E. J. & K. WERNER (Begr. W. ROTHMALER): Exkursionsflora von Deutschland. Bd. 4, kritischer Band Gefäßpflanzen, 9. Aufl. – Heidelberg, Berlin 2002.

JANDT, U.: Kalkmagerrasen am Südharzrand und im Kyffhäuser. Gliederung im überregionalen Kontext, Verbreitung, Standortsverhältnisse und Flora. – Dissertationes Botanicae Bd. 322: 1–246. – Berlin, Stuttgart 1999.

KAUSCH-BLECKEN von SCHMELING, W.: Der Speierling. – Bovenden 1992 (zweite, überarbeitete Aufl. 2000).

KAUSCH-BLECKEN von SCHMELING, W.: Die Elsbeere. – Bovenden 1994.

KELLNER, K.: M. Johann Thal und seine Sylva Hercynia. – Beitr. Heimatk. Stadt Kreis Nordhausen 1: 29–36; 1977.

KELLNER, K.: Die floristische Erforschung der Südharzlandschaft um Nordhausen, Teil 1–4. – Beitr. Heimatk. Stadt Kreis Nordhausen 2/3 (1978) bis 6 (1981).

KISON, H.-U. & P. SACHER: Ernst Hampe (1795–1880) Leben und Werk. – Quedlinburg 1995.

KISON, H.-U. & K. GRASER: Ernst Gottfried Hornung (1794–1862). Naturforscher und Apotheker in Aschersleben. – Abh. Ber. Mus. Heineanum 4: 1–20; 1998.

KOCH, W. D. J.: Synopsis Florae Germanicae et Helveticae. – Frankfurt am Main 1837.

KOPPE, F.: Die Moose des Niedersächsischen Tieflandes. – Abh. Naturwiss. Ver. Bremen 36: 237–424; 1964.

KORSCH, H.: Kleiner Beitrag zur Flora Thüringens. – Inform. Florist. Kartierung Thüringen 5: 4–6; 1993.

KORSCH, H.: Kleiner Beitrag zur Flora von Thüringen (2). – Inform. Florist. Kartierung Thüringen 9: 9–12; 1995.

KORSCH, H.: Kleiner Beitrag zur Flora von Thüringen (3). – Inform. Florist. Kartierung Thüringen 13: 14–18; 1997.

KORSCH, H.: Kleiner Beitrag zur Flora von Thüringen (4). – Inform. Florist. Kartierung Thüringen 16: 10–15; 1999a.

KORSCH, H.: Kleiner Beitrag zur Flora von Thüringen (5). – Inform. Florist. Kartierung Thüringen 17: 17–21; 1999b.

KORSCH, H.: Kleiner Beitrag zur Flora von Thüringen (6). – Inform. Florist. Kartierung Thüringen 19: 5–11; 2000.

KORSCH, H.: Kleiner Beitrag zur Flora von Thüringen (7). – Inform. Florist. Kartierung Thüringen 21: 8–12; 2002.

KORSCH, H.: Kleiner Beitrag zur Flora von Thüringen (8). – Inform. Florist. Kartierung Thüringen 22: 8–10; 2003.

KORSCH, H. & W. WESTHUS: Rote Liste der Farn- und Blütenpflanzen (Pteridophyta et Spermatophyta) Thüringens. 4. Fassung. – Naturschutzreport 18: 273–296; 2001.

KORSCH, H., W. WESTHUS & H.-J. ZÜNDORF: Verbreitungsatlas der Farn- und Blütenpflanzen Thüringens.– Jena 2002.

LINNÉ, C. von: Species Plantarum. 2 Bde. – Holmiae [Stockholm] 1753.

LOESKE, L.: Moosflora des Harzes. – Leipzig 1903.

LUTZE, G.: Ueber Veränderungen in der Flora von Sondershausen, bezw. Nordthüringen. – Programm Fürstl. Realschule Sondershausen, Nr. 636, 1882.

LUTZE, G.: Flora von Nord-Thüringen. – Sondershausen 1892.

MARSTALLER, R.: Das Acauletum casasiani ass. nov., eine gipsspezifische Moosgesellschaft in Mitteldeutschland. – Haussknechtia 10: 113–122; 2004.

MEUSEL, H.: Die Vegetationsverhältnisse der Gipsberge im Kyffhäuser und im südlichen Harzvorland. – Hercynia 2(4): 1–372; 1939.

MEUSEL, H.: Vergleichende Arealkunde. 2 Bde. – Berlin-Zehlendorf 1943.

MEUSEL, H., E. J. JÄGER & E. WEINERT: Vergleichende Chorologie der zentraleuropäischen Flora, Bd. 1–3 (Bd. 2 mit S. RAUSCHERT, Bd. 3 von H. MEUSEL & E. J. JÄGER). – Jena 1965, 1978, 1992.

MEYER, F. K.: 100 Jahre Thüringische Botanische Gesellschaft. – Haussknechtia 1: 3–16; 1984.

MEYER, F. K.: Friedrich Christian Heinrich Schönheit und die Flora von Thüringen. – Haussknechtia 6: 3–16; 1997.

MÖLLER, L.: Flora von Nordwest-Thüringen. – Mühlhausen 1873.

MÖLLER, R.: Das Rudolstädter Naturalienkabinett und seine Kustoden bis zum Ausgang des 19. Jahrhunderts. In: Zum 200jährigen Bestehen des Naturkunde-Museums in Rudolstadt. – Rudolstadt 1957.

MÜLLER, J.: Vergleich unterschiedlicher Schutzinhalte von Naturschutzflächen im Südharzvorland und Kyffhäuser. – unveröff. Gutachten i. A. Thür. Landesverwaltungsamt Weimar 1997.

PETER, A.: Flora von Südhannover nebst den angrenzenden Gebieten. 2 Teile. – Göttingen 1901.

PETRY, A.: Die Vegetationsverhältnisse des Kyffhäuser Gebirges. – Halle 1889.

PETRY, A.: Beiträge zur Kenntnis der heimatlichen Pflanzen- und Tierwelt. I. Teil: Über Naturdenkmäler und Verbreitungsgrenzen in der Umgebung von Nordhausen. – Programm Realgymnasium Nordhausen, Nr. 360; 1910.

PUSCH, J., W. SCHURICHT, U. PATEK, G. GRAMM, S. REINICKE &. K. ROSENSTOCK: Die Obstsorten im Kyffhäusergebirge. – Veröffentl. Naturkundemuseum Erfurt 21: 103–121; 2002.

RAUSCHERT, S.: Johannes Thal, Sylva Hercynia. Neu herausgegeben, ins Deutsche übersetzt, gedeutet und erklärt von Stephan Rauschert. – Leipzig 1977.

REICHENBACH, H. G. L.: Flora Saxonica. – Dresden und Leipzig 1842.

ROMMEL, R.-P.: Biographien Nordwestthüringer Entomofaunisten. – Veröff. Naturkundemuseum Erfurt 21: 69–82; 2002.

SCHATZ, W.: Flora von Halberstadt. – Halberstadt 1854.

SCHOLZ, P.: Zur Flechtenflora der Naturschutzgebiete im Thüringer Südharz. – Landschaftspflege Naturschutz Thüringen 28(4): 98–107; 1991.

SCHÖNHEIT, F.: Taschenbuch der Flora Thüringens. – Rudolstadt 1850.

SCHROETER, W.: Karl Friedrich Wilhelm Wallroth. Zur Wiederkehr seines 200. Geburtstages. – Beitr. Heimatk. Stadt Kreis Nordhausen 16: 89–112; 1991.

SCHUBERT, R.: Die Pflanzengesellschaften der Bottendorfer Höhe. – Wiss. Zeitschr. Univ. Halle, math.-nat. R. 4(1): 99–120; 1954.

SCHUBERT, R. & G. WAGNER: Pflanzennamen und botanische Fachwörter. 3. Aufl. – Radebeul 1965.

SCHUBERT, R.: Prodromus der Pflanzengesellschaften Sachsen-Anhalts. – Mitt. Florist. Kartierung Sachsen-Anhalt. Sonderheft 2: 1–688; 2001.

SCHUBERT, R., W. HILBIG & S. KLOTZ: Bestimmungsbuch der Pflanzengesellschaften Mittel- und Nordostdeutschlands. – Jena 1995.

SCHUBERT, R., W. HILBIG & S. KLOTZ: Bestimmungsbuch der Pflanzengesellschaften Deutschlands. – Heidelberg, Berlin 2001.

SCHULZ, A.: Die floristische Litteratur für Nordthüringen, den Harz und den provinzialsächsischen wie anhaltischen Teil an der norddeutschen Tiefebene. – Halle 1888.

SCHULZ, A.: Valerius Cordus als mitteldeutscher Florist. – Mitt. Thüring. Bot. Ver. 33: 37–66; 1916.

SCHWARZ, O.: Thüringen, Kreuzweg der Blumen. – Jena 1952.

STAFLEU, F. A.: Index Herbariorum, Part I, The Herbaria of the world. – Utrecht 1981.

STAFLEU F. A. & R. S. COWAN: Taxonomic literature, 2. Auflage. – Utrecht 1976–1988.

STORDEUR, R. & A. ERNST: Beitrag zur Flechtenflora des Kyffhäuser-Gebirges. – Schlechtendalia 8: 47–78; 2002.

STORDEUR, R. & A. ERNST: Nachträge zur Flechtenflora des Kyffhäuser-Gebirges. – Schlechtendalia 10: 75–78; 2003.

THAL, J.: Sylva Hercynia. – Frankfurt am Main 1588.

VOCKE, A. & ANGELRODT: Flora von Nordhausen und der weiteren Umgegend. – Berlin 1886.

VOGEL, H.: Flora von Thüringen. – Leipzig 1875.

WAGENITZ, G.: Index collectorum principalium herbarii Gottingensis. – Göttingen 1982.

WAGENITZ, G.: Göttinger Biologen 1737–1945. Eine biographisch-bibliographische Liste. – Göttingen 1988.

WAGENITZ, G. & R. ECK: Hallers botanische Harzreise im Jahre 1738. – Dissertationes Botanicae Bd. 196 (Festschrift Zoller): 27–40. – Berlin, Stuttgart 1993.

WAGENITZ, G.: Floristik und Geobotanik in Göttingen von Albrecht von Haller bis Heinz Ellenberg. – Tuexenia 23: 41–50; 2003.

WALLROTH, F. W.: Schedulae criticae de plantis florae halensis selectis. – Halle 1822.

WEIN, K.: Johannes Oswald und Johann Ludwig Fürer, zwei Nordhäuser Botaniker des 16. und 17. Jahrhunderts. – Der Roland von Nordhausen 4: 1–89; 1927.

WEIN, K.: Die Geschichte der Floristik in Thüringen. – Feddes Repert., Beiheft 62: 1–26; 1931.

WEIN, K.: Die Gründung des Botanischen Vereins für Gesamt-Thüringen. – Mitt. Thüring. Bot. Ver. 41: XVIII–XXIX; 1933.

WEIN, K.: Die Erforschung des Florenkleides von Nordhausen in ihrer geschichtlichen Entwicklung bis zum Ende des 18. Jahrhunderts. – Festschr. 39. Hauptvers. deutsch. Ver. Förder. math. naturwiss. Unterricht e. V. Nordhausen 30. März bis 3. April 1937: 80–111.

WEINITSCHKE, H.: Die Waldgesellschaften der Hainleite. – Diss. Halle 1959.

WEINITSCHKE, H.: Pflanzenverbreitung in Abhängigkeit von klimatischen und geomorphologischen Gegebenheiten, dargestellt am Beispiel der Hainleite (nördliches Thüringen). – Arch. Naturschutz Landschaftsforsch. 3: 95–116; 1963.

WEINITSCHKE, H.: Beiträge zur Beschreibung der Waldvegetation im nordthüringer Muschelkalk. – Hercynia 2(1): 1–58; 1965.

WESTHUS, W.: Zur Entstehung und Pflegebedürftigkeit herzynischer Binnensalzstellen, dargestellt am Beispiel der „Solwiese" (NSG „Schloßberg-Solwiesen", Kr. Nordhausen). – Arch. Naturschutz u. Landschaftsforsch. 24(3): 177–188; 1984.

WISSKIRCHEN, R. & H. HAEUPLER: Standardliste der Farn- und Blütenpflanzen Deutschlands. – Stuttgart 1998.

WÜNSCHIERS, C.: Erstfund des circum-tethyschen Lebermooses *Riccia gougetiana* (Ricciales, Hepaticae) für Deutschland. – Nova Hedwigia 70(1/2): 233–244; 2000.

ZAHN, G.: Das Herbar des Dr. Caspar Ratzenberger (1598) in der Herzoglichen Bibliothek zu Gotha. – Mitt. Thüring. Bot. Ver. 16: 50–121; 1901.

7. Abbildungsnachweis

Abbildungen auf dem Außenumschlag vorn und hinten:

vorn: Hintergrundbild: Ochsenburg südöstlich von Steinthaleben mit *Hypochoeris maculata*, Foto R. Krause 1996; – oben: T. Irmisch, Original im Schlossmuseum Sondershausen; H. Haussknecht; Original im Archiv JE; A. Petry, Original im Naturkundemuseum Erfurt; K. Wein, Original im Meyenburg-Museum Nordhausen; H. Meusel, Foto: G. Hensling. – unten: Herbaretikett von A. Vocke, Original in JE; Herbaretikett von C. Angelrodt, Original in JE; Herbaretikett von G. Oertel, Original in HAL; **hinten**: Stängelloser Tragant (*Astragalus exscapus*) am Nordrand von Kachstedt; Foto J. Pusch 1998

Abbildungen im chronologischen Teil: Chronologische Darstellung der Geschichte ...

Abb. 1: Titelblatt der „Sylva Hercynia" von J. THAL (1588) aus RAUSCHERT (1977). **Abb. 2:** Titelblatt des „Phytopinax" von C. BAUHIN (1596); Original in JE. **Abb. 3:** Titelblatt der „Schedulae criticae" von F. W. WALLROTH (1822); Original in JE. **Abb. 4:** Porträt von Kurt Sprengel; Original in HAL. **Abb. 5:** Carl August Ferdinand Otto; Original im Thüringer Staatsarchiv Rudolstadt, Bildersammlung Sign. 1881. **Abb. 6:** Handschriftliches Titelblatt einer geplanten Veröffentlichung (Manuskript) „Systematisches Verzeichniß der in der Umgebung von Tennstaedt wildwachsenden und kultivierten phanerogamischen Pflanzen nebst einigen Kryptogamen und Algen" von F. BUDDENSIEG, später erschienen in der Irmischia 4 (1884) und 5 (1885); Original im Stadtarchiv von Bad Langensalza. **Abb. 7:** Titelblatt der „Flora von Mittelthüringen" von H. ILSE (1866) in den Jahrbüchern der Königlichen Akademie gemeinnütziger Wissenschaften zu Erfurt 4: 14–375. **Abb. 8:** Ludwig Möller; Original im „Archiv Mühlhäuser Museen", Fotokopie über R.-P. Rommel (Ammern) erhalten. **Abb. 9:** Handschriftliches Herbaretikett von L. Möller (*Epipactis atrorubens*); Original in HAL. **Abb. 10:** Titelblatt der Arbeit „Die Vegetationsverhältnisse des Kyffhäuser Gebirges" von A. PETRY (1889); Original in Stadtbibliothek Erfurt. **Abb. 11:** Titelblatt der „Flora von Nord-Thüringen" von G. LUTZE (1892); Original in JE. **Abb. 12:** Oscar Drude; Original in DR. **Abb. 13:** Handschriftliches Herbaretikett von Oscar Drude; Original in DR. **Abb. 14:** Auszug aus einem Exkursionstagebuch von Stephan Rauschert, hier mit Aufzeichnungen zu seinen Exkursionen vom 5.5. und 19.5.1966; Originale bei seiner Frau R. Rauschert, Freyburg a. U. **Abb. 15:** Titelblatt der „Neuen Flora von Halberstadt" von H. HERDAM et al. (1993). **Abb. 16:** Titelblatt der Zeitschrift „Naturschutzreport", Heft 12 zu den Binnensalzstellen in Thüringen aus dem Jahre 1997. **Abb. 17:** Titelblatt der Dissertation von U. JANDT (1999) zu den „Kalkmagerrasen am Südharzrand und im Kyffhäuser". **Abb. 18:** Der Bereich des Schlachtberges am Nordrand von Bad Frankenhausen aus der Luft, Foto D. Stremke 14.7.2003.

Abbildungen im biographischen Teil: Biographien der wichtigsten Botaniker ...

Abb. 19: Carl Altehage als Lehrer am Experimentiertisch; Original bei Gunther Altehage (Alsbach-Hähnlein). **Abb. 20:** Handschriftliches Herbaretikett von Carl Altehage; Original bei Prof. Dr. H. E. Weber (Bramsche). **Abb. 21:** Christian Andres, ca. 1993 in der Naturparkverwaltung „Kyffhäuser"; Foto K. Rosenstock (Rathsfeld). **Abb. 22:** Handschriftliches Herbaretikett von Christian Andres; Original im Herbarium von J. Pusch (HPu-2590). **Abb. 23:** Handschriftliches Herbaretikett von Carl Angelrodt; Original in HAL. **Abb. 24:** Herbarbeleg von Carl Angelrodt; Original in JE. **Abb. 25:** Briefende eines Briefes (mit Unterschrift) von Carl Angelrodt an J. Bornmüller vom 20.10.1912; Original im Archiv JE. **Abb. 26:** Titelblatt der Arbeit von L. V. Baltzer „Das Kyffhäuser-Gebirge in mineralogischer, geognostischer und botanischer Beziehung" aus dem Jahre 1880. **Abb. 27:** Herbarbeleg, den Ludwig Grube-Einwald an den „Gipsbergen bei Frankenhausen" im Jahre 1891 gesammelt und an Emil Torges übergeben hatte (Herbaretikett mit Handschrift E. Torges); Original in JE. **Abb. 28:** Brief von L. Grube-Einwald vom 26.4.1888 an Carl Haussknecht; Original im Archiv JE. **Abb. 29:** Klaus-Jörg Barthel im Jahre 1983. **Abb. 30:** Handschriftliches Herbaretikett von Klaus-Jörg Barthel; Original im Herbarium von J. Pusch (HPu-2913). **Abb. 31:** Bildnis von Wilhelm Becker (rechts) neben seiner Frau (links); Original im Nachlass von R. Zeising bei dessen Witwe E.-M. Zeising (Sangerhausen). **Abb. 32:** Handschriftliches Herbaretikett von W. Becker; Original in HAL. **Abb. 33:** Herbarbeleg W. Becker (*Orobanche lutea* = *O. rubens*); Original in PR (Nr. 57208). **Abb. 34:** Bildnis von Ludwig Besthorn; Original bei Urenkelin Siegrid Besthorn (Greifswald). **Abb. 35:** Albert Bösel; Foto über A. Schmölling (Artern) im Mai 2002 erhalten. **Abb. 36:** Joseph Bornmüller; Original im Archiv JE. **Abb. 37:** Handschriftliches Herbaretikett von Joseph Bornmüller; Original in JE. **Abb. 38**: Joseph Bornmüller am 1.8.1943 am Hornissenberg bei Kahla botanisierend, Foto: O. Fröhlich; Original im Archiv JE. **Abb. 39**: Handschriftliches Herbaretikett von Joseph Bornmüller zu *Carex hordeistichos*-Exemplaren, die er lebend von F. Breitenbach (Artern) erhalten hatte; Original in JE. **Abb. 40**: Ernst Bradler im Jahre 1936; Original bei J. Pusch, 2001 erhalten über Schwiegertochter Gertrud Bradler (Erfurt). **Abb. 41**: Handschriftliches Herbaretikett von Ernst Bradler; Original in JE. **Abb. 42**: Herbarbeleg von Ernst Bradler; *Scorzonera parviflora*: Esperstedter Ried am Solgraben, 27.8.1933; Original in JE. **Abb. 43**: Kurt Branco beim Mikroskopieren; Original bei Witwe L. Branco (Bad Berka). **Abb. 44**: Herbarbeleg von Kurt Branco; *Podospermum laciniatum* von der Falkenburg im Kyffhäusergebirge, leg. 11.6.1939; Original in JE. **Abb. 45**: Handschriftliches Herbaretikett von Kurt Branco (unten) mit einem Beizettel vom Herbarium Haussknecht (oben); Original in JE. **Abb. 46**: Handschriftliches Herbaretikett von Wilhelm Brandes; Original in HBG. **Abb. 47**: Titelblatt der „Flora der Provinz Hannover" von Wilhelm Brandes (1897) mit handschriftlicher Widmung für A. Peter; Kopie über U. Raabe (Marl) erhalten. **Abb. 48**: Friedrich Breitenbach; Original bei Enkel Klaus Breitenbach (Wilhelmshaven). **Abb. 49**: Briefende eines Briefes (mit Unterschrift) von F. Breitenbach an B. Hergt vom 5.11.1912; Original im Archiv JE. **Abb. 50**: Handschriftliches Herbaretikett von Franz Buddensieg; Original in JE. **Abb. 51**: Herbarbeleg von Franz Buddensieg (*Malva rotundifolia* = *M. pusilla*) von Tennstedt, leg. 1850; Original in JE. **Abb. 52**: Handschriftliches Herbaretikett von Franz Buddensieg vom o. g. Herbarbeleg; Original in JE. **Abb. 53**: Handschriftliches Innentitelblatt einer geplanten Veröffentlichung „Systematisches Verzeichniß der in der Umgebung von Tennstaedt wildwachsenden und kultivierten phanerogamischen Pflanzen nebst einigen Kryptogamen und Algen" von F. Buddensieg, später erschienen in der Irmischia <u>4</u> (1884) und <u>5</u> (1885); Original im Stadtarchiv von Bad Langensalza. **Abb. 54**: Joachim Camerarius; Original bei Kunstsammlungen der Veste Coburg, Inv.-Nr. II, 237, 76. **Abb. 55**: Handschriftprobe von Joachim Camerarius; Original in der Staatsbibliothek zu Berlin, Preußischer Kulturbesitz, Signatur Slg Darmst. Lb 1586 (1), Camerarius. **Abb. 56**: Valerius Cordus; aus J. SAMBUCUS (1574): Veterum aliquot ac recentium Medicorum philosophorumq. Icones. **Abb. 57**: Edmund Döring; Original bei Siegfried Lange (Badra). **Abb. 58**: Brief von Edmund Döring an Joseph Bornmüller vom 16.10.1904; Original im Archiv JE. **Abb. 59**: Joe Duty; Original bei Inge Duty (Rostock). **Abb. 60**: Handschriftliches Herbaretikett von Joe Duty; Original in JE. **Abb. 61**: Herbarbeleg von T. P. Ekart, *Urtica pilulifera*, Zäune bei Windehausen; Original in JE. **Abb. 62**: Handschriftliches Herbaretikett zum o. g. Beleg von T. P. Ekart; Original in JE. **Abb. 63**: Kurt Engelmann; Original von Erika Kluwe (Bad Frankenhausen) erhalten. **Abb. 64**: Titelblatt des „Praktische Ratgebers für Pilzfreunde" von Kurt Engelmann (1980), oben links dessen Unterschrift; Original bei J. Pusch. **Abb. 65**: Heinz Engelmann ca. 1986; Original über W. Sauerbier (Bad Frankenhausen). **Abb. 66**: Handschriftliches Herbaretikett von Georg Evers; Original in GZU. **Abb. 67**: Herbarbeleg von Georg Evers (*Orobanche bohemica*, Norditalien: Fondo, leg. G. Evers am 19.7.1902; rev. J. Pusch 2003 von *O. purpurea* zu *O. bohemica*); Original in GZU. **Abb. 68**: Handschriftprobe mit Unterschrift von Johann Ludwig Fürer; Original in der Universitätsbibliothek Erlangen-Nürnberg, Handschriftenabteilung. **Abb. 69**: August Garcke; Original in der Porträtsammlung des Deutschen Museums München; Nr. 3661, Kopie erhalten über K. Werner, in HAL. **Abb. 70**: Handschriftliches Herbaretikett von August Garcke; Original in HAL. **Abb. 71**: Günther Gottschlich während eines Vortrages in Mikulov am 5.6.1998; Foto: Szelag. **Abb. 72**: Handschriftlicher Revisionszettel von G. Gottschlich; Original bei J. Pusch. **Abb. 73**: Eduard Gunkel; Auszug aus einem Gruppenbild des „Sondershäuser Seminars" im Jahre 1900; Original bei Hermann Müller (jun.) in Sondershausen. **Abb. 74**: Handschriftliches Herbaretikett von Eduard Gunkel; Original in JE. **Abb. 75**: Albrecht von Haller; aus DÖRFLER, I. (1907): Botaniker-Porträts, Nr. 27. **Abb. 76**: Herbarbeleg von A. v. Haller; Original in GOET. **Abb. 77**: Handschriftliches Herbaretikett von A. v. Haller (oben) mit einem erläuternden Beizettel des Herbariums der Universität Göttingen zu o. g. Beleg; Original in GOET. **Abb. 78**: Ernst Hampe, aus dem Reprint der „Flora Hercynica" (HAMPE 1873) aus dem Jahre 1995, herausgegeben vom Botanischen Arbeitskreis Nordharz e. V. **Abb. 79**: Handschriftliches Herbaretikett von E. Hampe; Original in JE. **Abb. 80**: Hans Hartmann, Original (aus Reisepass vom 2.9.1927) bei seinem Sohn Wolfgang Hartmann (Nordhausen). **Abb. 81**: Handschriftliches Herbaretikett von Hans Hartmann; Original in HAL. **Abb. 82**: Herbarbeleg von Hans Hartmann (*Chenopodium vulvaria*, an der Numburg oberh. d. Salzquelle, 20.9.1936); Original in HAL. **Abb. 83**: Carl Haussknecht; Original im Archiv JE. **Abb. 84**: Handschriftliches Herbaretikett von Carl Haussknecht mit seinem Signum unten rechts; Original in JE. **Abb. 85**: Klaus Helmecke bei der Durchsicht von Herbarbelegen; Original bei J. Pusch. **Abb. 86**: Handschriftliches Herbaretikett (Druckschrift war wegen besserer Lesbarkeit in HAL von K. Werner gewünscht worden) von Klaus Helmecke; Original in HAL. **Abb. 87**: Ulrich Henze im März 2001 in seinem Dienstzimmer in Sondershausen; Foto: J. Pusch 12.3.2001. **Abb. 88**: Handschriftliches Herbaretikett von U. Henze; Original im Privat-

Herbar von U. Henze. **Abb. 89**: Hagen Herdam unweit des Stausees bei Kelbra botanisierend; Foto A. Hoch 15.7.2004. **Abb. 90**: Bernhard Hergt; Original im Archiv JE. **Abb. 91**: Handschriftliches Herbaretikett von B. Hergt; Original in JE. **Abb 92**: Herbarbeleg von B. Hergt (*Phegopteris robertianum=Gymnocarpium robertianum*, Alter Stolberg bei Nordhausen, 5.6.1909); Original in JE. **Abb. 93**: Handschriftliches Herbaretikett von Christian Hesse; Original in HAL. **Abb. 94**: Herbarbeleg von Christian Hesse (*Glaucium luteum = G. flavum*, Greußen, Juli 1879); Original in JE. **Abb. 95**: Hermann Hesse; Original im Heimatmuseum Greußen. **Abb. 96**: Hartmut Hirschfeld im Jahre 2003; Original bei J. Pusch. **Abb. 97**: Kuno Hirschfeld ca. 1970; Foto: H. Endler; Original bei W. Sauerbier (Bad Frankenhausen). **Abb. 98**: Klaus Karlstedt; Fotokopie über W. Sauerbier (Bad Frankenhausen) erhalten. **Abb. 99**: Handschriftliches Herbaretikett von Ernst Gottfried Hornung; Original in PR. **Abb. 100**: Herbarbeleg von E. G. Hornung (*Lepidium procumbens = Hymenolobus procumbens*, Frankenhausen); Original in JE. **Abb. 101**: Handschriftliches Herbaretikett von E. G. Hornung zum o. g. Herbarbeleg; Original in JE. **Abb. 102**: Handschriftliches Herbaretikett von Hugo Ilse; Original in JE. **Abb. 103**: Herbarbeleg von H. Ilse (*Adonis vernalis*, Erfurt: Nordhang der Schwellenburg bei Kühnhausen, 24.4.1862). Original in LUX. **Abb. 104**: Handschriftliches Herbaretikett von H. Ilse zu o. g. Beleg; Original in LUX. **Abb. 105**: Handschriftliche Herbaretikett von August Haertel; Original im Herbar H. Ilse in LUX. **Abb. 106**: Herbarbeleg von August Haertel von *Thesium intermedium* (= *T. linophyllon*) von Roßleben; Original im Herbar H. Ilse in LUX. **Abb. 107**: Thilo Irmisch; Original im Schlossmuseum Sondershausen. **Abb. 108**: Handschriftliches Herbaretikett von Thilo Irmisch; Original in JE. **Abb. 109**: Werner Jansen im Jahre 1993; Original bei J. Pusch. **Abb. 110**: Herbarbeleg von W. Jansen (*Rubus hevellicus*, Fahrstraße zum Schießplatz südlich Bad Frankenhausen, 22.8.1998); Original im Privat-Herbar von W. Jansen. **Abb. 111**: Ludwig Jungermann; Original in der Staatsbibliothek zu Berlin, Preußischer Kulturbesitz (Handschriftenabteilung); Signatur: Slg, Slg Hansen, Nachw. Bd. 4, Nr. 1. **Abb. 112**: Handschriftprobe von L. Jungermann; Original in der Staatsbibliothek zu Berlin, Preußischer Kulturbesitz, Signatur Slg Darmst. Lb 1615 (1). **Abb. 113**: Ernst Kaiser; Original im Stadtmuseum Hildburghausen. **Abb. 114**: Handschriftliche Karte mit Unterschrift von E. Kaiser an Paul Rabitz vom 23.6.1959; Original bei J. Pusch (über S. Lange aus Badra erhalten). **Abb. 115**: Handschriftliches Herbaretikett von Franz Kappel; Original in JE. **Abb. 116**: Herbarbeleg von Franz Kappel (*Lactuca saligna*, Numburg bei Kelbra, 28.8.1901); Original in HAL. **Abb. 117**: Karl Kellner; Original bei J. Pusch. **Abb. 118**: Herbarbeleg von K. Kellner (*Vicia grandiflora*, Michelsberg bei Seega) aus dessen Nachlass; Original im Herbarium von J. Pusch; HPu-2434. **Abb. 119**: Handschriftprobe von K. Kellner, Auszug aus einem seiner Exkursionstagebücher; Original bei J. Pusch. **Abb. 120**: Friedrich Traugott Kützing; aus MÜLLER & ZAUNICK (1960), S. 7. **Abb. 121**: Handschriftliches Herbaretikett von F. T. Kützing mit seinem Namenskürzel (unten rechts); Original in JE. **Abb. 122**: Handschriftliches Herbaretikett von Clemens Lammers zu *Sisymbrium strictissimum* („*Erysimum hieracifolium* L. ?, Bei Udersleben an Felsen nördlicher Richtung."), wobei (vermutlich) T. Irmisch den Namenszug „H. Lammers" (= Herr Lammers) nachträglich hinzugeschrieben hat; Original nebst handschriftlicher Begleitnotizen von T. Irmisch in JE. **Abb. 123**: Herbarbeleg von C. Lammers (*Chenopodium ficifolium*, bei Rottleben verwildert, August 1889), mit der Hand- und Unterschrift von Lammers, ex Herbar C. Knospe Nr. 23537; Original in HAL. **Abb. 124**: Handschriftliches Herbaretikett von C. Lammers zu o. g. Beleg, ex Herbar C. Knospe Nr. 23537; Original in HAL. **Abb. 125**: Siegfried Lange in Badra vor seinem Haus im Jahre 1999; Foto: J. Pusch. **Abb. 126**: Carl Lebing; Fotokopie aus dem Nachlass von R. Zeising bei E.-M. Zeising (Sangerhausen). **Abb. 127**: Herbarbeleg von C. Lebing (*Androsace elongata*, Auf grasigen Rainen truppweise b. Sangerhausen, April 1877); Original in HAL. **Abb. 128**: Handschriftliches Herbaretikett von C. Lebing; Original in JE. **Abb. 129**: Gotthelf Leimbach, aus ANONYMUS (1929): Gotthelf Leimbach. – Alt-Arnstadt **8**: 44–48. **Abb. 130**: Handschriftliches Herbaretikett von G. Leimbach; Original in JE. **Abb. 131**: Günther Lutze, Porträt mit folgender Widmung auf der Rückseite: „Den Thür. botan. Verein grüßt auf der Hauptversammlung am 7. Juli 1925 in Frankenhausen sein 85 jähr. Senior G. Lutze Sondershausen"; Original im Archiv JE. **Abb. 132**: Herbarbeleg von G. Lutze (*Rumex maritimus*, Am Segelteiche bei Badra, 22.7.1881); Original in HAL. **Abb. 133**: Handschriftliches Herbaretikett von G. Lutze zum o. g. Beleg; Original in HAL. **Abb. 134**: Ernst-Gerhard Mahn im Jahre 1998 an der Sommerwand unweit der Rothenburg im Kyffhäusergebirge; Foto: J. Pusch 1998. **Abb. 135**: Handschriftliches Herbaretikett von E. G. Mahn; Original in HAL. **Abb. 136**: Hermann Meusel ca. 1995 an der Ochsenburg im Kyffhäusergebirge; Foto: Naturparkverwaltung „Kyffhäuser". **Abb. 137**: Hand- und Unterschrift von H. Meusel mit Widmung an J. Pusch vom 23.1.1996; Original bei J. Pusch. **Abb. 138**: Herbarbeleg von H. Meusel (*Astrantia major*, Schmücke bei Hauteroda, 29.7.1935); Original in HAL. **Abb. 139**: H. Meusel (rechts) mit Kurt Wein, Max Militzer und ? (v. l. n. r.) um 1962 vor seiner Wohnung in Halle/Saale (Turmstraße);

Original bei Dorothea Meusel (Halle). **Abb. 140:** Friedrich Karl Meyer 1999 in der Bibliothek des Herbarium Hausknecht in Jena; Foto: J. Pusch. **Abb. 141:** Handschriftliches Herbaretikett von F. K. Meyer; Original in JE. **Abb. 142:** Georg Friedrich Wilhelm Meyer, aus SOMMER, O. (1939): Die Georg-August-Universität zu Göttingen als Forschungs- und Lehrstätte für Forstwirtschaft in Vergangenheit und Zukunft. **Abb. 143:** Handschriftprobe von G. F. W. Meyer auf einem von ihm gesammelten Beleg von *Astragalus danicus*; Original in GOET. **Abb. 144:** Hermann Müller; Original bei seinem Sohn Hermann Müller (jun.) in Sondershausen. **Abb. 145:** Handschriftliche Postkarte von H. Müller an Paul Michael vom 6.3.1931; Original im Archiv JE. **Abb. 146:** Handschriftliches Herbaretikett von Gustav Oertel; Original in HAL. **Abb. 147:** Herbarbeleg von G. Oertel (*Apium graveolens*, Am Soolgraben bei Artern, Juli 1885); Original in HAL. **Abb. 148:** Handschriftliches Herbaretikett von Gustav Oertel; Original in HAL. **Abb. 149:** Handschriftliches Herbaretikett von Louis Oßwald; Original in JE. **Abb. 150:** Herbarbeleg von L. Oßwald (*Chenopodium murale*, Schuttplätze bei Großwerther, 8.10.1895); Original in JE. **Abb. 151:** Handschriftliches Briefende mit Unterschrift von Carl Riemenschneider aus einem vierseitigen Brief an J. Bornmüller vom 17.5.1914; Original im Archiv JE. **Abb. 152:** Jürgen Peitzsch; Original bei J. Pusch. **Abb. 153:** Albert Peter; aus SCHMUCKER, T. (1939): Albert Peter. – Ber. Deutsche Bot. Ges. <u>56</u>: (203)–(213); Porträt nach S. (156). **Abb. 154:** Handschriftliches Herbaretikett zu *Artemisia maritima* (hier falsch „*A. laciniata*") von A. Peter; Original in GOET. **Abb. 155:** Arthur Petry; Original im Naturkundemuseum Erfurt. **Abb. 156:** Herbarbeleg von A. Petry (*Orobanche epithymum* = *O. alba*, Rothenburg im Kyffhäuser Gebirge, 21. Juli 1888) mit beigelegtem Brief an C. Hausknecht zu den gesammelten Pflanzen; Original in JE. **Abb. 157:** Handschriftliches Herbaretikett zum o. g. Beleg; Original in JE. **Abb. 158:** Liselotte Pflaumbaum ca. 1998; Original vom Kreisheimatmuseum Bad Frankenhausen erhalten. **Abb. 159:** Handschriftliches Herbaretikett von L. Pflaumbaum; Original im Kreisheimatmuseum Bad Frankenhausen. **Abb. 160:** Franz Heidelck; Original bei seinem Sohn Volker Heidelck (Karlsruhe). **Abb. 161:** Handschriftprobe von Franz Heidelck; Original bei seinem Sohn Volker Heidelck (Karlsruhe). **Abb. 162:** Jürgen Pusch im Februar 2005; Original bei J. Pusch. **Abb. 163:** Herbarbeleg von J. Pusch (*Oxytropis pilosa*, Bad Frankenhausen, Zentralteil Lückenhügel ca. 100 m nnw Kote 209,1; unterhalb der Terrassen, 17.5.2001); Original im Herbar von J. Pusch (HPu-2868). **Abb. 164:** Handschriftliches Herbaretikett von J. Pusch; Original im Herbar von J. Pusch (HPu-3250). **Abb. 165:** Ferdinand Quelle im Jahre 1959; Original im Museum für Naturkunde Berlin, Bestand Zool. Mus. BI/1995, Foto: G. Steinbach. **Abb. 166:** Handschriftliches Herbaretikett von F. Quelle; Original in JE. **Abb. 167:** Paul Rabitz; Original bei Siegfried Lange (Badra). **Abb. 168:** Handschriftliches Herbaretikett von Paul Rabitz; Original und Orchideenherbar im Herbar von Siegfried Lange (Badra). **Abb. 169:** Herbarbeleg aus dem Herbarium von Caspar Ratzenberger in Gotha aus dem Jahre 1598, (Blatt 241ra) zu *Artemisia maritima* von Frankenhausen; Original in der Forschungsbibliothek Gotha, Chart. A 154, Bl. 241ra. **Abb. 170:** Stephan Rauschert, Original bei Rosemarie Rauschert (Freyburg). **Abb. 171:** Herbarbeleg von S. Rauschert (*Chenopodium botryodes*, Ried sw Esperstedt, 19.8.1980); Original in HAL. **Abb. 172:** Handschriftliches Herbaretikett zum o. g. Beleg von S. Rauschert; Original in HAL. **Abb. 173:** Hermann Reimers im Jahre 1958; Original bei Hildemar Scholz (Berlin). **Abb. 174:** Handschriftlich beschrifteter Flechten-Beleg von H. Reimers; Original in B. **Abb. 175:** Kurt Reinhardt im Jahre 2001; Original bei J. Pusch. **Abb. 176:** Handschriftlicher Brief von Kurt Reinhardt an Klaus-Jörg Barthel vom Januar 2002; Original bei J. Pusch. **Abb. 177:** Rolf Reuther, etwa im Jahre 2002; Original bei J. Pusch, von R. Reuther am 11.2.2003 erhalten. **Abb. 178:** Handschriftliches Herbaretikett von R. Reuther; Original in JE. **Abb. 179:** Werner Rothmaler; Fotokopie über Tochter S. Schöller (Erfurt) im Jahre 2002 erhalten. **Abb. 180:** Handschriftliches Herbaretikett von W. Rothmaler; Original in JE. **Abb. 181:** W. Rothmaler auf Exkursion in den 1950er Jahren, hier mit *Alchemilla*; Original bei Tochter S. Schöller (Erfurt). **Abb. 182:** Wilhelm Rudolph; Original im Naturkundemuseum Erfurt. **Abb. 183:** Handschriftliches Herbaretikett von W. Rudolph; Original in PR. **Abb. 184:** Titelblatt der „Flora Jenensis" von Heinrich Bernhard Rupp aus dem Jahre 1726; Original in JE. **Abb. 185:** Richard Scheuermann, Passbild-Reproduktion; Original in B. **Abb. 186:** Handschriftliches Herbaretikett von R. Scheuermann; Original in MSTR. **Abb. 187:** Herbarbeleg von Gustav Schmiedtgen (*Melilotus dentatus*, Salzhaltige Wiesen bei der Numburg, Juli 1883); Original in JE. **Abb. 188:** Handschriftliches Herbaretikett zum o. g. Beleg von G. Schmiedtgen; Original in JE. **Abb. 189:** Friedrich Christian Heinrich Schönheit; Fotokopie aus Archiv JE. **Abb. 190:** Handschriftliches Herbaretikett von und mit Unterschrift von F. C. H. Schönheit (ex Herbar A. Georges); Original in JE. **Abb. 191:** Heinrich Adolph Schrader; aus Taxon (1974), <u>23</u> (1): 178. **Abb. 192:** Briefende mit Hand- und Unterschrift von H. A. Schrader, Brief von Schrader an D. F. L. Schlechtendal aus dem Jahre 1817, Original in der Briefsammlung „Schlechtendal" in HAL. **Abb. 193:** Werner Schroeter; Original von Witwe Eva Schroeter (Nordhausen) erhalten. **Abb. 194:** Handschriftliches Herbaretikett von W. Schroeter; Original bei Witwe Eva Schroeter (Nordhausen). **Abb.**

195: Karl H. Schubert ca. 1990; Original bei J. Pusch, über K. H. Schubert im Jahre 2002 erhalten. **Abb. 196**: Handschriftliches Herbaretikett von K. H. Schubert; Original bei J. Pusch. **Abb. 197**: Berthold Würzburg im August 1965 in Leubingen; Original bei Karl H. Schubert (Sömmerda). **Abb. 198**: Handschriftliches Herbaretikett von B. Würzburg; Original von Karl H. Schubert (Sömmerda) erhalten. **Abb. 199**: August Schulz; Fotokopie aus Archiv JE. **Abb. 200**: Handschriftliches Herbaretikett von A. Schulz; Original in HAL. **Abb. 201**: Otto Schwarz; Original im Archiv JE. **Abb. 202**: Handschriftliches Herbaretikett von O. Schwarz; Original in JE. **Abb. 203**: Bodo Schwarzberg; Original bei J. Pusch **Abb. 204**: Handschriftliches Herbaretikett von Friedrich Steinmann; Original in HAL. **Abb. 205**: Herbarbeleg von F. Steinmann (*Capsella procumbens = Hymenolobus procumbens*), aus Artern, Mai 1885; Original in JE. **Abb. 206**: Herbaretikett, vermutlich mit der Handschrift von Hermann Sterzing oder der Schrift von Ernst Sagorski? (ex Herbar G. Leimbach); Original in JE. **Abb. 207**: Herbarbeleg von H. Sterzing (*Carex hordeistichos*, Salzhaltige Wiesen der Numburg, August 1886, ex Herbar E. Sagorski); Original in JE. **Abb. 208**: Julius Adolf Sterzing; Porträt aus den Mitt. Ver. deutsche Geschichts- und Altertumskunde Sondershausen, Heft 7, 1932, Seite 8. **Abb. 209**: Ernst Stiede; Original von Ernst Stiede (Nordhausen) erhalten. **Abb. 210**: Handschriftliches Herbaretikett von E. Stiede; Original bei Ernst Stiede (Nordhausen). **Abb. 211**: Handschrift von Johann Thal; erhalten über Staatsbibliothek zu Berlin, Preußischer Kulturbesitz, Handschriftenabteilung, Signatur: Ms. germ. fol. 424, Bl. 116r + v. **Abb. 212**: Jürgen Thomas in der Naturparkverwaltung in Rottleben; Foto: J. Pusch 21.2.2002. **Abb. 213**: Handschriftliches Herbaretikett von J. Thomas; Original im Herbar von J. Pusch (HPu-2979). **Abb. 214**: Wilhelm Troll im Oktober 1949 im Botanischen Garten Mainz; Original aus Nachlass von W. Troll bei Ulrich Hecker (Mainz, MJG). **Abb. 215**: Handschriftliches Herbaretikett von W. Troll; Original in MJG. **Abb. 216**: Vorgedrucktes handschriftliches Herbaretikett von Adolf Vocke; Original in JE. **Abb. 217**: Herbarbeleg von A. Vocke (*Thalictrum simplex*, Alter Stolberg, Juli 1879); Original in JE. **Abb. 218**: Handschriftliches Herbaretikett von A. Vocke mit seiner typischen Unterschrift, die oft als „Volk" interpretiert wird; Original in JE. **Abb. 219**: Richard Staritz; Original bei Enkelin J. Malwitz (Gollmenz). **Abb. 220**: Handschriftliches Pilz-Herbaretikett von R. Staritz; Original im Museum für Naturkunde und Vorgeschichte Dessau. **Abb. 221**: Friedrich Wilhelm Wallroth; aus dem Reprint der „Flora Hercynica" (HAMPE 1873) aus dem Jahre 1995, herausgegeben vom Botanischen Arbeitskreis Nordharz e. V. **Abb. 222**: Handschriftliches Herbaretikett von F. W. Wallroth; Original in PR. **Abb. 223**: Brief von F. W. Wallroth (mit seiner Unterschrift) an D. F. L. Schlechtendal; Original in HAL (Brief-Nr. 00029). **Abb. 224**: Handschriftliches Herbaretikett von Carl John; Original in JE. **Abb. 225**: Herbarbeleg von Carl John (*Plantago maritima*, An den Salzquellen der Numburg in Thüringen, 1827); Original in JE. **Abb. 226**: Kurt Wein; Original im Meyenburg-Museum Nordhausen. **Abb. 227**: Handschriftliches Herbaretikett von K. Wein; Original in JE. **Abb. 228**: Brief von K. Wein an J. Bornmüller vom 2.4.1931; Original im Archiv JE. **Abb. 229**: Erich Weinert; Original bei Witwe K. Weinert (Halle/Saale). **Abb. 230**: Handschriftliche Vegetationsaufnahme von E. Weinert vom 20.7.1968; Original bei Witwe K. Weinert (Halle/Saale). **Abb. 231**: Handschriftliches Herbaretikett von Gustav Wenzel; Original in MSTR. **Abb. 232**: Herbarbeleg von G. Wenzel (*Bupleurum tenuissimum*, Thüringen: Salzwiesen an der Numburg bei Auleben, 25.8.1878); Original in MSTR. **Abb. 233**: Ewald Wüst; Fotokopie unbekannter Herkunft aus dem Nachlass von Richard Zeising (Sangerhausen) erhalten. **Abb. 234**: Handschriftliches Herbaretikett von E. Wüst; Original in HAL. **Abb. 235**: Richard Zeising; Original bei Witwe Eva-Maria Zeising (Sangerhausen). **Abb. 236**: Handschriftliche Notizen von R. Zeising aus seinen floristisch-ökologischen Protokollbüchern aus dem Raum Sangerhausen vom 16.6.1971; Original bei Witwe Eva-Maria Zeising (Sangerhausen). **Abb. 237**: Handschrift von Johann Gottfried Zinn; erhalten über Staatsbibliothek zu Berlin, Preußischer Kulturbesitz, Handschriftenabteilung, Signatur: Slg Darmst. - 3c 1750 (1).

8. Verwendete Herbar- und sonstige Abkürzungen

Große Herbarien mit dem Kürzel gemäß „Index Herbariorum" (STAFLEU 1981)

A	-	Herbarium der Universität Ankara, Türkei
B	-	Herbarium des Botanischen Gartens und Botanischen Museums Berlin-Dahlem
BHU	-	Herbarium der Humboldt-Universität Berlin
BR		Herbarium des Botanischen Gartens Meise, Belgien
C	-	Herbarium des Botanischen Museums und Herbariums Kopenhagen, Dänemark
DR	-	Herbarium des Botanischen Gartens der Technischen Universität Dresden
G	-	Herbarium des Botanischen Gartens Genf, Schweiz
GAT	-	Herbarium des ehemaligen Zentralinstituts für Genetik und Kulturpflanzenforschung Gatersleben
GFW	-	Herbarium der Ernst-Moritz-Arndt-Universität Greifswald
GJO	-	Herbarium des Steirischen Landesmuseums Graz, Österreich
GLM	-	Herbarium des Museums für Naturkunde Görlitz
GOET	-	Herbarium der Universität Göttingen
GZU	-	Herbarium der Univerität Graz, Österreich
HAL	-	Herbarium der Martin-Luther-Universität Halle
HBG	-	Herbarium Hamburgense der Universität Hamburg
IBF	-	Herbarium des Tiroler Landesmuseums Innsbruck, Österreich
JE	-	Herbarium Haussknecht an der Friedrich Schiller Universität Jena
K	-	Herbarium des Königlichen Botanischen Gartens Kew, Großbritannien
KIEL	-	Herbarium der Universität Kiel
L	-	Herbarium des Reichsherbariums Leiden, Niederlande
LE	-	Herbarium der ehemaligen Akademie der Wissenschaften der UdSSR Petersburg, Rußland
LUX	-	Herbarium des Naturhistorischen Museums Luxemburg, Luxemburg
LY	-	Herbarium der Universität Lyon, Frankreich
LZ	-	Herbarium der Universität Leipzig
M	-	Herbarium der Botanischen Staatssammlung München
MJG	-	Herbarium der Johannes-Gutenberg-Universität Mainz
MSTR	-	Herbarium des Museums für Naturkunde und Vorgeschichte Münster
MW	-	Herbarium der Lomonossow-Universität Moskau, Rußland
PR	-	Herbarium des Nationalmuseums Prag, Tschechische Republik
PRC	-	Herbarium der Carls-Universität Prag, Tschechische Republik
REG	-	Herbarium der Regensburgischen Botanischen Gesellschaft an der Universität Regensburg
STR	-	Herbarium der Universität Strasbourg, Frankreich
STU	-	Herbarium des Staatlichen Museums für Naturkunde Stuttgart
TUB	-	Herbarium der Eberhard-Karls-Universität Tübingen
U	-	United States National Herbarium Washington, USA
W	-	Herbarium des Naturhistorischen Museums Wien, Österreich
WRSL	-	Herbarium des Museums für Naturgeschichte Wroclaw, Polen
WU	-	Herbarium der Universität Wien, Österreich
Z	-	Herbarium der Universität Zürich, Schweiz

Kleinere Herbarien von Museen, die nicht im „Index Herbariorum" genannt sind

Dessau	-	Herbarium des Museums für Naturkunde und Vorgeschichte Dessau
Erfurt	-	Herbarium des Naturkundemuseums Erfurt
Erfurt-FH	-	Herbarium der Fachhochschule Erfurt, Leipziger Straße
Frankenhausen	-	Herbarium des Kreisheimatmuseums Bad Frankenhausen, Schloss
Gera	-	Herbarium des Naturkundemuseums Gera
Kölleda	-	Herbarium des Heimatmuseums Kölleda
Sangerhausen	-	Herbarium des Spengler-Museums Sangerhausen

Sonstige häufiger verwendete Abkürzungen

AdL	-	Akademie der Landwirtschaftswissenschaften der DDR
DDR	-	Deutsche Demokratische Republik
EOS	-	Erweiterte Oberschule (Klasse 9–12, mit Abitur)
FH	-	Fachhochschule
ILN	-	Institut für Landschaftspflege und Naturschutz
LPG	-	Landwirtschaftliche Produktionsgenossenschaft
NSG	-	Naturschutzgebiet
o. D.	-	ohne Datumsangabe (Sammeldatum) bei Herbarangaben
o. J.	-	ohne Jahresangabe (Sammeldatum) bei Herbarangaben
PEPL	-	Pflege- und Entwicklungsplan
POS	-	Polytechnische Oberschule (Klasse 1–10)
s. l.	-	im weiteren Sinne (sensu lato)
s. str.	-	im engeren Sinne (sensu stricto)
TU	-	Technische Universität
VEB	-	Volkseigener Betrieb
VEG	-	Volkseigenes Gut

9. Namensregister der genannten Botaniker

Im folgenden Namensregister sind vor allem die Seiten angeführt, auf denen zu den besprochenen Personen biographische Angaben gemacht oder Zusammenhänge zu anderen Botanikern erläutert werden. Botaniker, zu denen ausführlichere biographische Angaben gemacht wurden (ausführliche, Kurz- und an andere Botaniker „angehangene" Biographien), sind im Register fett hervorgehoben, ebenso die Anfangsseite des jeweiligen Hauptbeitrages.

Weitere Bücher, die Sie über den Weissdorn-Verlag erwerben können:

Flora des Kyffhäusergebirges
und der näheren Umgebung

Klaus-Jörg Barthel und Jürgen Pusch

Diese in zahlreichen Rezensionen hoch gelobte und als beispielhaft hervorgehobene Regionalflora gibt einen umfassenden Überblick über die Pflanzenwelt des Kyffhäusergebirges und seiner Umgebung - ein für seinen Artenreichtum bei Botanikern seit langem berühmtes Gebiet. Hier befindet sich ein wichtiges Verbreitungszentrum zahlreicher kontinentaler und salzliebender Pflanzenarten in Deutschland. Die Autoren haben das Gebiet jahrzehntelang durchforscht. Entsprechend tiefgründig wurde die Materie behandelt. Die Beobachtungen werden in umfangreichen Fundortauflistungen dokumentiert, wobei auch viele historische Bezüge hergestellt werden. Kritische Gattungen wurden gesondert bearbeitet und mit Bestimmungsschlüsseln versehen.

Barthel, K.-J. & Pusch, J. (1999): Flora des Kyffhäusergebirges und der näheren Umgebung.
465 S., 82 col. Abb., 1 Karte, Hardcover (155 x 215 mm).
ISBN 3-934146-00-7   Preis: 30,20 €.

Pusch, J. (1996): Die Sommerwurzarten des (ehemaligen) Kreises Artern.
2. vollständig veränderte und aktualisierte Auflage. 86 S., 64 col. Abb., broschiert (150 x 210 mm).
ISBN 3-00-000498-X   Preis: 10,20 € (6,65 € bei gleichzeitigem Erwerb der "Flora des Kyffhäusergebirges").

Weitere Bücher, die Sie über den Weissdorn-Verlag erwerben können:

Weissdorn-Verlag Jena
Dr. Gerald Hirsch
Wöllnitzer Str. 53, 07749 Jena
Tel./Fax: (03641) 396584
eMail: weissdorn-verlag@t-online.de

Korsch, H., Westhus, W. & Zündorf, H.-J. (2002): Verbreitungsatlas der Farn- und Blütenpflanzen Thüringens.
419 S., 1968 Verbreitungskarten, 2 Folien, Hardcover (237 x 295 mm). ISBN 3-936055-01-7   Preis: 29,80 €.

In diesem Atlas wird die heutige und frühere Verbreitung von rund 1970 Farn- und Blütenpflanzen Thüringens dargestellt. Auf der Basis von Messtischblatt - Viertelquadranten - Rastern zeigen die Kartenbilder detaillierte Verbreitungsmuster der reichhaltigen thüringischen Flora und ihren rapiden Wandel. In gut 10 Jahren intensiver Feldarbeit wurden von über 400 beteiligten Mitarbeitern rund 1,8 Millionen Fundortdaten und historische Angaben erhoben. Die Befunde machen deutlich, dass es trotz aller Verluste noch nicht zu spät ist, den heutigen Reichtum unserer Flora zu erhalten. Der Verbreitungsatlas stellt für alle, die sich mit der heimischen Pflanzenwelt beschäftigen, für Botaniker, Zoologen, Ökologen, Naturschützer, Landschaftsplaner, Geographen, Land- und Forstwirte, Gartenbauer, Wasserwirtschaftler, Lehrer und Studierende eine unentbehrliche Wissens- und Arbeitsgrundlage dar.

Vorankündigung:

Flora von Thüringen

Von H.-J. Zündorf, K.-F. Günther, H. Korsch & W. Westhus
Erscheint vorauss. 1. Quartal 2006

Taschenbuch der Flora Thüringens

Von F.C.H. Schönheit
Reprint der Ausgabe von 1850.
Erscheint vorauss. 1. Quartal 2006

Vorbestellungen erwünscht !